보이는 중국사 하

Visible History of China

보이는 중국사 (하)

초판 인쇄 2019년 6월 10일
초판 발행 2019년 6월 20일

편저자 통차오(童超)
옮긴이 이재연
펴낸이 이재연

펴낸곳 다른생각
주소 서울 마포구 독막로 7길 60 (4층)
전화 010-3693-0979
팩스 031) 938-0979
이메일 darunbooks@naver.com
등록 제300-2002-252호(2002. 11. 1)

ISBN 978-89-92486-29-3 03910
값 25,000원

*잘못된 책은 구입한 서점이나 출판사에서 바꿔 드립니다.

이 도서의 국립중앙도서관 출판예정도서목록(CIP)은 서지정보유통지원시스템 홈페이지(http://seoji.nl.go.kr)와 국가자료종합목록 구축시스템(http://kolis-net.nl.go.kr)에서 이용하실 수 있습니다. (CIP제어번호 : CIP2019022134)

보이는 Visible History of China
중국사

새로운 형식의 역사학

하

통차오(童超) 편저 | 이재연 옮김

다른생각

| 일러두기 |

1. 지명의 번역 표기는 두 가지 방식을 혼용하였다. 우선 지명은 한자의 한글 독음으로 표기하는 것을 원칙으로 했으나, 단 "지금의"라는 접두어가 붙은 경우와 그림을 설명하는 캡션에만 중국어 병음 발음으로 표기했다[예: 사천성 팽주(彭州: 지금의 쓰촨성 펑저우) 등]. 그 경우에도 행정구역 단위의 명칭, 예컨대 省, 市, 縣, 鄉, 鎮 등은 역시 한글 독음으로 표기했다. 예를 들면, '湖北省'은 '후베이성'으로, '西安市'는 '시안시'로, '法門鎭'은 '파먼진'으로 표기했다. 또 같은 지명일지라도, 본문에서 역사적 사실을 서술할 때는 한자의 한글 독음으로 표기했고, 오늘날의 사실을 서술할 때는 중국어 병음 발음에 따라 표기하여, 두 가지 표기를 혼용하였다. 그리고 이민족 지역이나 해외 지명을 원어 발음으로 번역 표기한 경우에도 가능하면 ( ) 속에 한자 표기를 병기했다[예: 바그다드(巴格達)]. 그리고 지명 이외의 사찰명, 궁궐명, 기물명 등은 대부분 한자의 한글 독음으로 표기했다.
2. 인명의 번역 표기도 두 가지 방식을 혼용했다. 대부분의 인명은 한자의 한글 독음으로 표기했으나, 유명한 소수민족 인물이나 외국인, 그리고 주요 황실 인명은 원어 발음으로 표기하고, 처음 나오는 경우 ( ) 속에 한자를 병기했다.[예: 누르하치(努爾哈赤), 홍타이지(皇太極)] 그리고 청나라 황실의 경우, 성조(聖祖) 강희제(康熙帝) 아이신기오로 히오완예이(愛新覺羅 玄燁) 대에 이르러 자식의 이름을 지을 때 한족(漢族) 방식에 따라 돌림자를 사용했다. 따라서 이후부터는 이 책의 기본 번역 표기 방침에 따라, 그리고 가독성을 높이기 위해, 청나라 황족의 이름을 한자의 한글 독음으로 표기했다.[예: 윤진(愛新覺羅 胤禛)]
3. ( ) 속의 콜론(:) 표시 뒤에 부가한 내용은 옮긴이가 독자들의 이해를 돕기 위해 추가한 것이다[예: 생사(生祠: 살아 있는 사람을 위해 지은 사당)].
4. 겹따옴표(" ")를 붙인 문장이나 절, 혹은 홑따옴표(' ')를 붙인 용어나 어구는 대부분 중국의 고전이나 고대 역사서들에서 직접 인용된 부분이다.

보이는 중국사 下 차례

제6장

송(宋)

숭문억무(崇文抑武) 정책의 긍정적 효과와 부정적 효과

960년, 조광윤(趙匡胤)이 진교병변(陳橋兵變)을 일으켜 송(宋) 왕조를 건립하고, 개봉(開封)에 도읍을 정했으니, 역사에서는 이를 북송(北宋)이라 부르며, 1127년에 금(金)나라에게 멸망했다. 강왕(康王) 조구(趙構)가 송나라의 제위를 이어받고, 임안(臨安)을 행재소로 삼았으니, 역사는 이를 남송(南宋)이라 부르며, 1279년에 원(元)나라 군대에게 멸망했다. 양송(兩宋)은 모두 18명의 황제에, 320년을 거쳤다.

양송은 경제가 발달하고, 문화가 창성했으며, 사회생활이 매우 활기를 띠어, 중국 고대 사회 발전사에서 새로운 절정에 이르렀다. 그것은 다음과 같은 점들에서 뚜렷이 나타났다. 즉, 간전(墾田: 개간하여 만든 밭)이 5.2억 묘(畝: 1묘는 약 200평)로 확대되었고, 인구는 1,246만 호로 증가했으며, 수공업과 상업이 번영했고, 도시가 방(坊: 주거 구역)과 시(市: 상업 구역)의 구분을 없앴으며, 지폐인 교자(交子)와 회자(會子)가 광범위하게 유통되었고, 해상의 대외 무역은 그 규모나 항로를 막론하고 모두 이전 왕조를 크게 뛰어넘었다. 과학기술은 세계를 선도하는 지위를 차지했다. 중국 고대의 4대 발명품들 가운데 세 가지(지남침, 화약, 인쇄술)가 송대에 발명되었거나, 완전해졌거나, 혹은 광범위하게 응용된 것들이다. 사상·문화 방면에서도 뛰어난 성취가 있었다. 이학(理學)은 유교·도교·불교를 융합하고 통합했으며, 송사(宋詞)는 완약(婉約: 완곡하고 함축적임)과 호방(豪放)의 두 스타일이 서로 빼어남을 다투었고, 회화·조소·서법은 한 시대의 새로운 풍조를 창조해 냈으며, 역사학에서는 『자치통감(資治通鑑)』·『통감기사본말(通鑑紀事本末)』·『통지(通志)』 등 명저들이 출현했다.

정치·사회 및 군사 영역에서는, 양송은 바로 내우외환이 겹쳐 설상가상이었다. 송대의 제도는 태조(太祖) 때 창립되어, 진종(眞宗) 때 형태를 갖추었으며, 이를 '조종가법(祖宗家法)'이라고 부른다. 당 말기 이래 번진이 할거하고, 무인들이 발호했던 교훈에 비추어, 송나라 조정은 일련의 유효한 조치들을 취해 전제주의 중앙 집권을 강화함으로써, 심복(재상과 금군禁軍)이 통제되지 않고 지체(肢體, 즉 지방 세력)가 저절로 강대해지는, 두 가지 보이지 않는 병폐를 제거했다. 그러나 '숭문억무'·'강간약지(强幹弱枝: 줄기를 강화하고, 가지를 약화시킴)'·'수내허외(守內虛外: 내부를 단속하고 외부를 허술히 함)'의 군정(軍政) 체제, "화의(和議)를 중시하고, 전쟁 대비를 소홀히 한" 화전(和戰: 화친과 전쟁) 방침, 그리고 '조종가법'을 힘써 준수한 것은, 오히려 송 왕조로 하여금 행정 효율이 저하하고, 붕당 투쟁이 끊이지 않고, 신정(新政) 변법이 무산되고, 농민의 반항이 빈발하는 정치적 위기로 몰아넣었으며, '용관(冗官: 쓸모없이 남아도는 관리)'·'용병(冗兵: 남아도는 병력)'·'용비(冗費: 불필요한 지출)'와 거액의 세폐(歲幣: 매년 거둬들이는 공물과 세금) 지출이 초래한 재정 위기에 빠뜨렸다. 그리고 모병(募兵)이 느슨해지고 지지부진하여 적을 대응할 능력이 부족해지자, 장수가 황제의 명령을 기다리느라 전쟁에서 승리할 수 있는 기회를 놓치게 했고, 집권자가 오로지 전쟁에 반대하고 화친을 추구함에 따라 빚어진 국방 위기에 빠지게 했다. 양송 시기에는 많은 충신과 명장들이 배출되었다. 예를 들면 범중엄(范仲淹)·왕안석(王安石)·이강(李綱)·종택(宗澤)·악비(岳飛)·문천상(文天祥) 같은 사람들로, 그들의 무한한 충성심과 문도무략(文韜武略: 문무를 겸비하여 지혜롭고 용감함)이 비록 국가가 쇠락하고 외적이 침입하는 국면을 바꿔 놓지는 못했지만, 그들이 온 힘을 다해 위험한 국면을 만회하려 했던 웅대한 뜻과 비장한 행동은 세상 사람들로 하여금 숙연한 존경심을 불러일으키지 않을 수 없고, 무릎을 치며 탄성을 자아내지 않을 수 없게 한다.

북송(北宋) 960년

인물: 송 태조 조광윤 지역: 진교역(陳橋驛) 키워드: 황포가신(黃袍加身)

송(宋) 왕조의 탄생

조광윤은 건륭(乾隆) 원년(960년)에 진교병변(陳橋兵變)을 일으켜, 대송(大宋: 송나라를 높여 부르는 명칭)을 창립할 기반을 마련했다. "오대(五代)의 나라들은, 그 흥망이 군대에 의해 좌우되었던" 교훈은 병변(兵變)을 통해 집안을 일으켜 세운 조광윤으로 하여금 기억을 아직 새롭게 해 주었다. 그리하여 그는 "술잔을 나누며 병권을 내놓게 하는[杯酒釋兵權]" 방법으로 권신들에 대해 "그들의 권한을 빼앗고, 그들의 재정을 통제하고, 그들의 정예병을 거둬들이는" 등 일련의 조치들을 취함으로써 중앙 집권을 강화했다. 지방의 군권·인사권·재정권 등의 권력을 중앙으로 회수하여, 황제가 친히 장악함으로써, 북송 정권은 봉건 전제주의적 중앙 집권제를 한층 강화했다. 그러나 그 정치·군사 및 재정 체제의 개혁은 또한 '용관(冗官)'·'용병(冗兵)'·'용비(冗費)'의 문제를 발생시켰으며, 또 이로 인해 '적빈(積貧: 장기적인 빈곤)' '적약(積弱: 장기적인 쇠약)'의 폐단을 형성했다.

진교병변

당나라 말기의 '안사의 난'부터 오대까지 200여 년 동안, 중원에서는 전란이 멈추지 않고, 전쟁이 끊이지 않자, 민중은 전란의 고통을 다 겪었으며, 중국 대륙

◈ 송대의 문관(文官) 복장

송대의 기록에 따르면, 3품 이상의 관리는 복장이 자색(紫色: 보라색), 5품 이상의 관리는 주색(朱色: 붉은색), 7품 이상의 관리는 녹색, 9품 이상의 관리는 청색이었다.

은 사분오열 되어, "세력이 큰 자는 황제가 되고, 세력이 작은 자는 왕이 되었다". 당 천우(天祐) 4년(907년)에, 절도사 주온(朱溫)이 당 황제를 핍박하여 양위하게 하고, 스스로 양(梁, 역사에서는 후량後梁이라 함)을 건국한 후부터, 중원 일대에서 잇달아 일어선 조대들이 각각 당(唐)·진(晉)·한(漢)·주(周)(역사에서는 이들을 후당·후진·후한·후주라 함)인데, 이들을 합쳐 오대(五代)라고 부른다. 동시에 남쪽에도 크기가 다른 정권들이 존재했으니, 역사에서는 이들을 십국(十國)이라고 부른다. 이때의 중국 대륙은 바로 '사분오열된' 국면에 놓여 있었다.

조광윤은 오대 말기에 후주의 장수였는데, 그는 용감하게 전투를 잘하고, 무공이 탁월하여, 후주 황제에게 깊은 신임을 얻었고, 장병들의 추대를 받았다. 후주 현덕(顯德) 6년(959년), 후주 세종 시영(柴榮)이 병에 걸려 일어나지 못하자, 겨우 7세짜리 시종훈(柴宗訓)이 제위를 물려받았으니, 그가 주 공제(恭帝)다. 이듬해 정월 초, 북한(北漢)이 거란과 결탁하여 후주의 변경을 침입했다는 소식을 듣자, 조정에서는 전전도점검(殿前都点檢) 조광윤에게 군대를 이끌고 북상하여 적을 막으라고 명령했다. 대군이 개봉에서 동북쪽으로 20킬로미터 떨어진 진교역(陳橋驛, 지금의 허난성 평추封丘 동남쪽 천차오전陳橋鎭)에 도착했을 때, 사전에 모의한 계획에 따라 장수들은 미리 준비해 두었던, 황제가 등극하는 데 쓰는 황포(黃袍)를 조광윤의 몸에 입히고, 그를 새로운 황제로 삼았다. 조광윤은 짐짓 몇 차례 사양한 다음, 곧 장병들의 뜻을 따랐다. 이어서 조광윤은 병변을 일으킨 군대를 이끌고 개봉으로 돌아왔다. 고립무원 상태가 된 후주의 황태후와 어린 황제인 공제는 정권을 넘겨줄 수밖에 없었다.

바로 이리하여 정식으로 정권을 장악한 조광윤은 순조롭게 황제의 보위에 올랐으며, 국호를 송(宋)이라 하고, 도읍을 개봉(開封, 변량汴梁, 변경汴京 혹은 동경東京이라고도 함)에 정했다. 역사에서는 습관적으로 조광윤이 건립한 조송(趙宋: 조씨의 송나라) 왕조를 북송(北宋)이라 부르니, 나이가 고작 34세였던 조광윤은 북송의 개국군주가 되었으며, 묘호는 태조(太祖)다.

조광윤이 송을 건립한 후, 직면한 가장 중요한 문제는 바로 어떻게 하면 신생 정권을 공고히 할 수 있느냐 하는 것이었다. 조광윤은 한편으로는 앞 조대의 문무백관들을 구슬리면서 정세를 안정시키는 목적을 이루었다. 또한 논공행상을 잊지 않고, 자신을 옹립하는 데 공을 세운 장병들에게 관작(官爵)을 높여 주고 중책을 맡겼다. 신·구 신하들을 구슬리고 위무하여 조정 내의 질서를 안정시킨 다음, 조광윤은 도성 밖에 있는 강력한 번(藩: 변방과 중요 요충지의 군정을 관장하는 절도사)들에게 눈길을 돌리기 시작했다. 잇달아 이균(李筠)과 이중진(李重進)의 반란을 평정하고 나자, 각지에서 아직 관망 상태에 있던 절도사들이 잇달아 귀순해 왔다. 조광윤이 이균과 이중진의 반란을 평정함으로써, 고산진호(敲山震虎: 산을 두드려 범을 놀라게 함, 즉 간접적으로 경고하여 일깨워 준다는

뜻)와 살계해후(殺鷄駭猴: 닭을 죽여서 원숭이를 놀라게 함, 즉 본보기로 한 사람을 벌하여 다른 사람에게 경고함)의 목적을 거두어, 국가 내부부터 먼저 안정과 통일을 실현했다.

내부의 반항 세력을 일소한 후, 점차 지방 할거 세력을 소멸시켜 전국 통일의 목표를 실현하는 것이, 바로 송 왕조의 의사 일정에 올려졌다. 당시 송나라 정권의 세력 범위는 아직 중원 지역에 한정되어 있었으니, "침상 옆은 모두 다른 집안이 차지하고 있었다[臥榻之側, 皆他人家]"고 할 수 있다. 조광윤은 반복해서 토론하고 고려한 뒤, 먼저 약한 곳을 공격한 다음 나중에 강한 곳을 치며, 먼저 남쪽을 정벌하고 나서 나중에 북쪽을 공략한다는 전략 방침을 정했다.

이러한 구상에 따라, 북송은 우선 군대를 이끌고 남하하여, 형남(荊南)을 병탄하고, 후촉을 멸망시키고, 남한을 정복하고, 남당을 강제로 항복시켰다.

◈ 〈설야방보도(雪夜訪普圖)〉 | 명, 유준(劉俊)

이 그림은 『송사(宋史)』「조보전(趙普傳)」에 기록되어 있는, 송 태조 조광윤이 눈이 내리는 밤에 재상 조보를 방문했다는 역사적 사실에 근거하여 그렸다. 문과 정원이 널찍하고, 여러 채의 집들이 겹쳐 있는 대저택 안에서, 조광윤과 조보 두 사람이 화로 주위에 앉아 국가 대사를 논의하는 태도와 심경을 그려 냈다. 현재 베이징 고궁박물원에 소장되어 있다.

조광윤의 10여 년에 걸친 남정(南征)을 거치면서, 남쪽의 대부분 지역들이 이미 투항하자, 남쪽의 통일은 단지 시간문제였다. 개보(開寶) 9년(976년), 태조 조광윤이 세상을 떠나고, 황제의 동생인 조광의(趙光義, 본명은 조광의趙匡義였는데, 송 태조의 이름을 피휘했기 때문에 이렇게 바꿨고, 즉위한 후에는 조경趙炅으로 고쳤다)가 제위를 이어받았으니, 역사는 그를 태종(太宗)이라고 부른다. 태종 조광의는 남정을 계속했다. 얼마 후, 오월(吳越)이 영토를 헌납했고, 장주(漳州)와 천주(泉州)에 할거하고 있던 진홍진(陳洪進)이 영토를 송에 바치자, 북송 정부의 남쪽을 평정하는 대업은 원만하게 마침표를 찍었다.

파죽지세로 이루어진 남정 대업은 순조롭게 완성되었지만, 유래가 깊은 북쪽의 재난은 일조일석에 해결할 수 있는 것이 아니었다. 용맹하고 싸움을 잘하는 거란족이 건립한 요나라는 줄곧 호시탐탐 노리고 있었고, 당항족(黨項族) 정권과 북송은 단지 명목상으로만 군신 관계를 유지했을 뿐이며, 요나라에 종속되어 있던 북한 정권마저도 침범하려고 움직이고 있었으므로, 북송의 북쪽 변경은 결코 평안하지 않았다.

그때, 국력이 비교적 풍족했던 북송이 초보적으로 북쪽 변경의 주도권을 차지했다. 송나라 군대는 북한을 세 번 공격하여, 마침내 승리를 거두었다. 그러나 뒤이은 두 차례의 요나라 정벌 과정에서 송나라 군대는 참패하여, "송 태종은 간신히 몸만 빠져나와, 탁주(涿州)로 가서 나귀가 끄는 달구지를 훔쳐 타고 도망쳤다". 송나라의 요나라에 대한 투쟁은 공격하는 것에서 대치하는 것으로 바뀌었다. 이리하여 송나라의 영토는 기본적으로 확정되었으며, 통일은 대강 규모를 갖추었다.

술잔을 나누며 병권(兵權)을 내놓게 하다

"오대의 나라는, 그 흥망이 군대에 의해 좌우되었던" 교훈은, 병변을 일으켜 집안을 일으킨 조광윤으로 하여금 기억을 아직 새롭게 해 주어, 병권을 회수하는 것이 급선무가 되었다. 건륭 2년(961년)과 개보 2년(969년), 좌승상 조보(趙普)의 건의를 받고, 조광윤은 두 차례에 걸쳐 석수신(石守信) 등 옛 부하이자 총애하는 장수들과 왕언초(王彥超) 등 각 진(鎭)의 절도사들을 초청하여 연회를 베풀어, 그들에게 병권을 내놓고, 진(鎭)을 폐지하여 관직을 바꾸고, 질 좋은 토지와 멋진 주택을 많이 사서 여생을 보내라고 "권유했다". 천자가 위협적인 암시를 하고 풍성한 재물을 미끼로 유혹하자, 대장들은 잇달아 병을 핑계로 관직을 사직하고, 자신이 보유하고 있던 수많은 병마를 내주었으니, 역사에서는 이를 "술잔을 나누며 병권을 내놓게 했다[杯酒釋兵權]"고 기록했다. 조광윤은 단지 몇 잔의 맛있는 술에 의지하여, 무력 한 번 쓰지 않고 수월하게 공신 노장들이 금군(禁軍: 호위병)을 통솔하는 권력을 해제했다. 그리하여 일찍이 자신과 함께 생명의 위험을 무릅썼던 형제들로 하여금 감사하는 마음을 갖도록 했을 뿐만 아니라, 또한 교묘하게 지방에 흩어져 있던 병권을 되찾음으로써, 금군 통솔자들이 병변을 일으키고 번진이 할거하는 잠재적인 재난을 제거했다.

"술잔을 나누며 병권을 내놓게 하여" 병권을 중앙으로 회수한 것은, 북송이 중앙 집권을 강화하는 중요한 첫 걸음이었다. 이어서 조광윤은 다시 군제(軍制)를 개혁했다. 금군을 셋으로 나누어, '삼아(三衙)'가 통솔하면서, 훈련 업무를 관할하게 했으며, 또 따로 추밀원(樞密院)을 설립하여, 군대를 이동시키고 방어 진지를 옮기는 권한을 관장하게 했다. 만일 출정이 필요하면, 따로 대장을 파견하여 통솔하는 직무를 담당하게 했다. 병력을 장악하는 권한, 병력을 이동시키는 권한, 병력을 통솔하는 권한의 삼권을 분리시켜, 장수들이 병변을 일으킬 가능성을 차단함으로써, 황제의 군대에 대한 절대적인 영도권을 보장했다.

군사 방면에서 온갖 궁리를 다 짜내어 심복의 폐해를 제거한 것 외에, 조광윤은 또한 중앙집권 통치를 강화하는 일련의 조치들을 취했다. 먼저 그는 중앙과 지방 행정 권력의 관할권에 대해 새로운 조정을 했다. 재상의 직무는 셋으로 나누고, 그 밑에 몇 명의 참지정사(參知政事)·추밀사(樞密使)·삼사사(三司使)를 두어, 그의 정권(政權)·군권(軍權)·재권(財權)의 삼권을 분리했다. 지방에는 중앙이 문관을 파견하여 지주(知州)·지현(知縣)으로 임명함과 아울러, 또한 정기적으로 이동시키고 교체했으며, 각 주들에는 또 통판견제지주(通判牽制知州)를 두었다. 그 다음으로, 과거제를 완벽하게 보완하고, 통치의 기초를 확대하여, 문인 학생들을 대량으로 선발하여 통치 계층에 진입시켰다. 이 밖에도, 북송 정부는 또한 지방 재정의 매년 조세 수입은, 지출하여 사용한 것 외에 화폐류는 "모두 수레에 실어 도성으로 보내도록" 규정했다. 지방의 군권·인사권·재정권 등의 권리를 중앙으로 회수함으로써, 북송 정부는 봉건주의적 중앙 집권제를 한층 강화했다.

정치·군사·재정 등 각 방면에서 중앙 집권을 강화한 것 외에, 무인들이 발호하여 권력을 찬탈하는 것을 방지하기 위해, 북송은 또한 숭문억무(崇文抑武) 정책을 실시하자, "조정에 주색(朱色: 5품 이상 문관의 관복 색깔) 옷과 자색(자색: 3품 이상 문관의 관복 색깔) 옷을 입은 귀족들이 가득하여, 온통 학자들뿐인" 문관 정치를 확립함과 동시에, 문관이 우대받고 무관이 천대받는 사회 풍조를 형성했다. 북송의 정치 체제와 군사 체제 정책은 국가의 통일과 안정에는 유리했지만, 또한 관료기구의 비대화와 행정 효율의 저하, 재정 부담의 과중함 및 군사 지휘의 소홀, 군대의 전투력과 기동성 결핍 등 심각한 폐단도 발생시킴에 따라, 북송 왕조가 "장기간 빈곤[積貧]"하면서도 "장기간 허약[積弱]"한 국면을 조성했다.

북송(北宋) 976년

인물: 송 태종 조광의 지역: 개봉(開封) 키워드: 촉영부성(燭影斧聲), 금궤지맹(金匱之盟)

송 태종(太宗)이 제위를 취득한 수수께끼

바로 송 태조 조광윤이 혼자서 득의양양하게 북벌을 진행하려는 준비를 하고 있을 때, 한 바탕 "촉영부성(燭影斧聲: '촛불 그림자가 어른거리고 도끼를 내리치는 소리가 들리다'는 의미로, 송 태조의 죽음이 미스터리함을 비유하는 말)"의 변고 과정에서 조광윤이 뜻밖에 사망했다(일설에 따르면, 그의 동생 조광의가 죽였다고 함). 군주가 어려 나라가 불안할 때, 조광의는 자신이 장악하고 있던 군정(軍政) 권력을 이용해 즉위하여 황제가 되었으니, 그가 송 태종이다. 그런데 그때 형이 죽고 동생이 이어서 제위를 계승하는 것은 도리에 맞지 않았고, 의문점이 매우 많아, 조야의 상하 관리들과 백성들 사이에서 비난이 끊이지 않았다. 전임 재상 조보(趙普)는 기회를 보아 '금궤지맹(金匱之盟)'이라는 주장을 조작하여, 태종의 즉위에 대해 자신의 주장을 그럴듯하게 꾸며댔다. 이 '금궤지맹'이 존재했는지 아닌지를 막론하고, 그것의 출현은 송

◈ **삼채도사리탑**(三彩陶舍利塔) | 북송

이 사리탑은 허난성 미현(密縣) 법해사(法海寺) 지궁에서 출토되었는데, 탑의 높이는 7층이며, 조형이 수려하고, 유채(釉彩)가 산뜻하며 아름다운, 북송 불교 예술의 뛰어난 작품이다. 현재 허난(河南)박물관에 소장되어 있다.

태종 즉위의 합법성을 확실히 하기 위한 법리적인 해석을 제공해 주었다.

촛불 그림자가 어른거리고 도끼를 내려치는 소리가 들리다

개보(開寶) 9년(976년) 10월 20일 이른 새벽, 한창 나이의 송 태조가 갑자기 세상을 떠났으니, 향년 50세였다. 죽기 전에 결코 아무런 급성 질병의 징조도 없었다. 태조가 세상을 떠나기 전날 밤에 눈보라가 몰아쳤는데, 태조는 그의 동생인 진왕(晉王) 조광의(趙光義)를 궁궐로 불러 술자리를 가졌다. 좌우 가까운 시종들은 아무도 시중을 들 수 없었고, 단지 촛불 그림자만이 어른거리는 가운데, 멀리서 진왕이 수시로 자리를 뜨는 것이, 마치 피하면서 정중히 거절하는 것처럼 보였다. 그런 다음 다시 태조가 손에 옥부(玉斧: 옥으로 만든 도끼)를 들고 바닥을 찍으면서, 큰 소리로 진왕에게 이렇게 말했다. "잘해라, 잘해." 뜻밖에 다음날 이른 새벽 날이 아직 밝기도 전에, 태조는 만세전(萬歲殿)에서 숨을 거두었다.

태조의 황후 송씨(宋氏)는 급히 환관 왕계은(王繼恩)을 보내 황자(皇子) 조덕방(趙德芳)을 입궁시켜, 조덕방으로 하여금 제위를 계승하게 하려고 생각했다. 그런데 뜻밖에도 왕계은이 자기 마음대로 결정하고는, 도중에 방향을 바꿔 진왕을 부르러 갔고, 또 이미 관아의 문밖에 마중 나와 있던 진왕의 심복이자 의관(醫官)인 정덕현(程德玄)과 함께 조광의에게 입궁하도록 권유했다. 왕계은이 궁궐로 돌아오자, 황후가 물었다. "덕방이 왔느냐?" 왕계은이 대답했다. "진왕께서 오셨습니다!" 송황후는 조광의를 보자, 대세가 이미 기울었음을 깨달았고, 또 놀랍고도 두려워서, 입으로 "관가(官家)"(송대에는 황제를 속칭 '관가'라고 불렀다)라고 외치면서, 조광의에게 모자의 목숨을 살려달라고 애원했다. 조광의도 흐느끼는 시늉을 하면서 이렇게 말했다. "함께 부귀를 누릴 것이니, 걱정하지 마시오."

개보 9년(976년) 10월 21일, 조광의가 즉위했으니, 그가 송 태종이다. 동시에 그는 관례를 깨고, 곧 그해에 연호를 태평흥국(太平興國) 원년으로 고쳤다.

금궤지맹(金匱之盟)

송 태조가 미심쩍게 사망하자, 송 태종의 즉위도 사람들에게 계속 의혹을 불러일으켜, 후세 사람들에게 '촉영부성'이라는 영원한 수수께끼를 남겨 놓았다. 그리하여 그 당시 사람들 사이에서 분분한 논란이 일면서, 인심은 별로 승복하지 않았다. 태종에게 당장 급한 일은 바로 인심을 무마하고, 자신이 제위를 탈취했다는 혐의를 벗기 위해 허울 좋은 구호를 힘써 찾는 것이었다. 태평흥국 6년(973년), 전대(前代)의 재상이자 하양(河陽)절도사였던 조보가 이른바 '금궤지맹'을 공표하여, 태종을 곤경에서 벗어나게 해 주었다고 할 수 있다.

민간에서 떠도는 주장에 따르면, 태조·태종과 진왕(秦王) 조정미(趙廷美) 형제 세 사람의 생모인 두태후(杜太后)는, 임종 전에 당시 재상인 조보를 궁궐에 들어오라고 불러 유명(遺命: 유언)을 들려 주었다. 두태후는 태조에게 이렇게 물었다. "너는 네가 이 나라를 어떻게 얻었는지 아느냐?" 그러면서 두태후는 그에게 말했다. "네가 천하를 얻을 수 있었던 것은, 주(周) 세종(世宗)이 어린아이로 하여금 즉위하여 황제가 되게 하자, 인심이 따르지 않았기 때문에 그렇게 된 것이다. 만일 주나라에 성년이 된 군주가 있었다면, 네가 천하를 얻어 황제가 될 수 있었겠느냐?"

이어서 두태후는 다시 태조에게 훈계하기를, 후주(後周)처럼 어린 군주의 천하가 되었다가 천하를 잃는 상황이 발생하는 것을 방지하기 위해, 송 왕조는 성년이 된 군주를 후계자로 세워야 한다고 말했다. 그는 태조에게 요구하기를, 태조 사후에 자신의 동생인 조광의에게 제위를 물려주어야 하고, 조광의가 죽은 다음에는 막내 동생인 진왕 조정미에게 물려주어야 하며, 조정미가 죽은

◈ **〈송 태종 입상**(立像)**〉**

송 태종 조광의는 북송의 두 번째 황제로, 그의 재위 기간에 두 번 대대적인 북벌에 나서, 거란의 수중에 있던 유(幽)·운(雲) 16주를 수복하여, 중원 정권이 북부 변경에서 불리하던 전략 태세를 개선하려 했지만, 지휘가 적절하지 못했고, 장수들끼리 불화했기 때문에, 두 차례 북벌은 모두 참패하고 말았다. 이후 송 태종은 어쩔 수 없이 요(遼)나라에 대한 공격을 포기하고, 대신 방어 전략을 채택했다. 이 〈송 태종 입상〉은 현재 타이페이 고궁박물원에 소장되어 있다.

다음에야 곧 태조의 아들인 조덕소(趙德昭)에게 제위를 물려주라고 했다. 태조가 이를 실천하는지 감독하기 위해, 두태후는 다시 조보로 하여금 자신의 말을 기록하여 장래에 황위를 계승하는 근거로 삼도록 했다. 조보는 즉시 두태후의 침상 앞에서 태후의 뜻대로 서약서를 잘 작성하고, 동시에 서약서 말미에 자신의 이름을 적었다. 태조는 곧 서약서를 금궤(金匱)에 넣고 자물쇠를 채워, 신중하고 믿을 만한 궁인에게 주어 관리하도록 맡겨, 궁중에 몰래 보관했다.

서로를 이용하다

송 태종이 제위를 물려받은 뒤, 한때 동생인 조정미를 개봉부윤(開封府尹) 겸 중서령(中書令)으로 삼고, 제왕(齊王)에 봉했으며, 태조의 아들 조덕소를 영흥(永興)절도사 겸 시중(侍中)으로 삼고, 무공군왕(武功郡王)에 봉했다. 동시에 조서를 내려, 제왕 조정미와 무공군왕 조덕소를 재상보다 높은 지위에 두도록 했다. 그러나 자신의 지위가 점차 공고해짐에 따라, 태종은 자신의 아들에게 제위를 물려주려고 결심했지만, 다시 '금궤지맹'의 제한을 받게 되자, 진퇴양난이었다. 태평흥국 4년(979년), 송 태종은 고량하(高粱河) 전투에서 패배하여, 한동안 실종되는 바람에 6군(軍)의 주인이 없게 되자, 군영 내에서는 결국 조덕소를 추대하는 사건이 벌어졌다. 이 사건은 송 태종으로 하여금 심각한 두려움을 느끼게 했다. 태종이 변량(汴梁)으로 돌아와서, 북한(北漢)을 멸망시키고 태원을 공격하여 빼앗는 데 공을 세운 장병들에게 상을 내리지 않고 질질 끌자, 한때 조정과 군영 내에서는 의론이 분분했다. 조덕소가 입궁하여 권고하자, 뜻밖에 태종은 바로 이 때문에 대노하면서, 조덕소에게 싸늘하게 말했다. "기다렸다가 네가 황제가 되고 나서, 상을 줘도 늦지 않다!" 조덕소는 이 말을 들은 후, 너무나도 놀라고 두려워서, 관아로 돌아온 뒤에 자살했다. 2년 후인 태평흥국 6년(981년), 조덕소의 동생인 조덕방도 분명치 않은 이유로 사망했다. 태조의 두 아들이 모두 죽자, 황제 자리에 대해 위협적인 존재는 바로 어린 동생인 조정미만 남게 되었다. 조정미에게 타격을 가하려면, 태종은 당시 자기에게 완전히 유리한 여론과 매우 유능한 조수가 필요했다.

조보는 태조가 개국할 때의 원로대신으로, 태종은 그의 중요한 지위와 정치적 영향력을 빌려 조정미에게 타격을 가할 수 있었다. 그런데 이때의 조보는 계속 푸대접을 받았고, 또 재상 노다손(盧多遜)에게 핍박을 받아 더 이상 물러날 곳이 없었으며, 심지어는 본인과 가족의 생명까지도 매우 위급했다. 조보는 자신을 보호하기 위해, 또한 태종이 필요로 하는 것을 꿰뚫어 보고, 그가 원하는 것에 맞추어 이 '금궤지맹' 수정본 옥패(玉牌)를 제출했다. 이 판본에서는, 두태후의 유서가 오로지 태종 혼자에게만 전하는 것으로 바뀌었다. 그래서 조정미·조덕방에 대해서는 한 마디도 언급이 없었다. 태종에 대한 충성심을 계속 표현하기 위해, 조보는 심지어 태조를 예로 들면서, 태종에게 이렇게 훈계했다. “태조께서 이미 한 차례 실수(태조가 아들 조덕소에게 제위를 물려주지 못하고 죽어, 동생인 조광의가 제위를 차지한 일—옮긴이)를 하셨는데, 어찌 두 번째 실수를 할 수 있겠습니까?” 조보는 개국원로이자 ‘금궤지맹’의 유일한 기록자의 신분으로, 베일에 싸여 있던 태종의 즉위를 명분이 정당하면서 말도 이치에 맞도록 바꿔 놓았을 뿐만 아니라, 태종이 그 다음 단계로 어린 동생을 제거하고, 더 나아가 제위를 친자에게 넘겨줄 계획을 실현하기 위한 길을 닦아 놓았다.

당연히 태종도 은혜를 갚는 것을 잊지 않고, 조보의 재상 직위를 회복시켜 줌과 아울러, 그를 수상(首相: 재상들 가운데 우두머리)의 지위에 배치하자, 바로 노다손의 머리 위에서 짓누르게 되었다. 이듬해, 조보는 태종에게 노다손이 조정미와 긴밀하게 교류하면서 반역을 꾀하고 있다고 고발했다. 태종은 그 기회를 노려 크게 감옥을 지어, 조정미를 방주(房州, 지금의 후베이성 팡현房縣)에 수감하고, 노다손은 애주(崖州, 지금의 하이난海南 산야三亞 야청진崖城鎭)로 유배시켰다. 조정미의 세력이 철저하게 제거되자, 태종이 친자에게 제위를 물려주는 길에 놓여 있던 장애물도 결국 또한 깨끗이 청소되었다.

한걸음더

‘혀끝’ 위의 송대 음식

중국 음식은 역사가 유구한데, 오곡(五穀)을 주로 하고, 소채와 어육(魚肉)을 보조로 하는 음식 구조는 송대에 발전하여, 더욱 풍성하고 다채로운 음식 체계를 형성했다. 송대의 주식 품종은 대체로 반(飯: 밥)·죽·면·빵 등 크게 네 종류로 나뉜다. 송대에는 밥의 품종이 증가했으며, 조미료가 정교해졌다. 특히 여러 가지 재료들로 다양하게 만든 각종 식품들은 독특한 특색을 갖고 있다. 반유반(盤油飯)·이홍반(二紅飯)·반도반(蟠桃飯)·오미반(烏米飯)은 모두 당시 유행했던 밥들이다. 송대의 죽은 더구나 300여 종류에 달하는데, 콩류·꽃·과일·소채·육류가 모두 죽에 들어갈 수 있었다. 죽은 송대에 사대부와 서민 등 민간에서 흔히 볼 수 있는 식품이었을 뿐만 아니라, 또한 부처를 공양하는 경건한 식품이 되었다. 이 밖에 송대의 요리 가운데 국[羹]이 매우 널리 보급되어 있었다. 연자두갱(蓮子頭羹: 연근을 넣고 끓인 국)·하옥선날갱(蝦玉鱔辣羹: 새우와 민물고기를 넣고 끓인 국)·집취갱(集脆羹: 튀김을 넣고 끓인 국) 등 갖가지 국 종류가 매우 환영을 받았으며, 감미로운 국들이 증가한 것도 당시의 한 가지 특징이었다. 송대에 음식 시장은 대단히 번성하여, 도시에서 최대의 업종이었다. 개봉성(開封城) 안에 있던 백반루(白礬樓)는 “도읍의 주점들 가운데 제일이었으며, 술을 마시는 사람들이 항상 천여 명이나 되었다”.

북송(北宋) 1004년

인물: 송 진종 조항(趙恒), 요 성종 야율융서(耶律隆緖) 지역: 전주(澶州) 키워드: 친정(親征)

전연지맹(澶淵之盟)

전연지맹은, 송나라와 요나라가 전략적으로 서로 대치하면서, 쌍방 모두가 결전을 벌일 의도가 없는 상황에서, 전쟁을 멈추고 전쟁 후에 평화롭게 공존할 것을 모색한 결과물이다. 송나라에 대해 말하자면, 해마다 요나라에 군사비를 지원하여 원조하는 것을 승낙한 이 평화 조약은 북송 백성들의 부담을 가중시켰으며, 또한 송나라 통치자들로 하여금 이때부터 타협하는 방식으로 화의를 달성하는 데 몰두하게 했다. 요나라에 대해 말하자면, 이후 중원 문명을 인정하고, 거기에 융합되는 과정을 가속화했다. 양국 군주가 서로를 형제로 부르면서 평등하게 공존하기로 약속한 전연지맹은, 송나라와 요나라 간에 100년 동안 평화를 유지하게 하여, 경제와 무역의 왕래와 민족의 융합을 촉진함으로써, 그 긍정적인 의의를 갖는다는 것이, 송나라와 금나라 간에 체결한 굴욕적 화의와는 다소 다르다.

요(遼)나라 군대의 남하

조광윤은 제위를 찬탈하는 데 성공한 다음 북송을 건립하고, 후주(後周)가 확립해 놓은 강력한 국력에 의지하여, 천하를 통일하는 발걸음을 시작했다. 그러나 조광윤의 재능은 웅재대략(雄才大略: 뛰어난 재능과 크고 원대한 지략)을 지닌 후주 세종 시영(柴榮)에 비하면 다소 부족했으니, 당시 북쪽의 강대한 요나라를 매우 두려워하여,

◈ 송대에 성을 공격할 때 사용하던 군용 기계인 운제(雲梯) (모형)

운제는 중국 고대의 전쟁에서, 성벽을 기어올라 성을 공격하는 기계로 사용되었다.

감히 앞장서 북벌을 진행하지 못했다. 그리하여 먼저 남쪽을 치고 나중에 북쪽을 정벌하며, 먼저 손쉬운 나라를 정복하고 나중에 어려운 나라를 공격한다는 통일 전략을 채택하여, 남쪽을 통일한 다음에 다시 요나라가 점령하고 있는 유(幽)·운(雲) 16주[1]를 수복하려고 생각했다. 당시의 요 목종(穆宗) 야율경(耶律璟)은 보기 드물게 어리석은 군주였으며, 역사에서는 그를 '수왕(睡王: 잠꾸러기 왕이라는 뜻으로, 그가 매일 술에 취해 잠만 잤기 때문에 붙여진 별명이다)'이라고 불렀다. 그가 정권을 잡았던 때는 요나라의 힘이 가장 쇠약했던 시기였다. 이 때문에 후주 세종은 대담하게 북벌을 감행하여, 삼관(三關)[2] 등 연남(燕南: 옛날 연나라 땅 이남 지역으로, 오늘날의 허베이성 일대)의 전 지역을 탈취했다. 요나라의 군신(君臣)들이 후주의 군대를 두려워하여 유주를 지키던 군대를 철수시키자, 유주는 머지않아 함락시킬 수 있었는데, 애석하게도 후주 세종이 갑작스레 병이 나서 어쩔 수 없이 군대를 철수시키는 바람에, 승리를 눈앞에 두었다가 실패하고 말았다.

조광윤은 후주 세종의 담력과 지략을 갖추지 못해, 절호의 기회를 헛되이 날려 버리고 말았다. 북송의 남정이 끝나고 나서, 요나라의 통치자는 여장부인 당대의 여걸 소태후(蕭太后)로 바뀌었다. 이때 요나라는 소태후의 10년에 걸친 휴양생식(休養生息: 백성들의 부담을 덜어 주고 편안하게 해 주어 원기를 회복하게 하는 정책)을 거치자, 국력이 벌써 회복되었고, 실력이 강성해졌다. 조광윤이 세상을 떠난 후, 그의 동생인 조광의가 제위를 계승했는데, 이때 북송은 이미 남쪽 지역을 통일하고, 북벌을 계획하기 시작했다. 북벌을 위한 절호의 기회를 놓쳐 버린 데다가, 또한 조광의의 군사적 재능이 조광윤에 비해 매우 부족했기 때문에, 두 차례의 북벌은 투구와 갑옷을 벗어던지고 황급히 도망치는 결과를 초래하고 말았다. 이때부터 송나라는 요나라를 호랑이처럼 무서워하여, 다시는 감히 경솔하게 함부로 북벌을 말하지 않았다. 그리하여 유·운 16주를 수복하지 못하여, 송나라는 북쪽의 유리한 지형과 장성(長城)의 엄호를 잃게 되어, 전체 화북(華北) 평원은 유목민족의 말발굽 아래 고스란히 노출되었고, 방어해 줄 험준한 지형이 없었다.

송 태종이 사망한 뒤, 태자 조항(趙恒)이 즉위했으니, 그가 송 진종(眞宗)이다. 그해에 송 태종은 요나라 소태후가 정권을 잡은 시기를 틈타 북벌을 하여, 그 의지할 데 없는 여인을 '괴롭히려' 했다. 당시 요나라도 그와 똑같이 했으니, 송 태종이 막 세상을 떠나자, 요나라는 빈번하게 군대를 동원하여 침입했다. 여러 차례의 탐색전 성격의 전투를 거친 다음, 요나라는 송 경덕(景德) 원

1 유(幽)·운(雲) 16주: 유주(幽州)와 운주(雲州)를 포함한 16개 주로, 유주 혹은 연주(燕州)·계주(薊州)·영주(瀛州)·막주(莫州)·탁주(涿州)·단주(檀州)·순주(順州)·운주·유주(儒州)·규주(嬀州)·무주(武州)·신주(新州)·울주(蔚州)·응주(應州)·환주(寰州)·삭주(朔州) 등이다.

2 삼관(三關): '삼관'이 어디인가에 대해서는 몇 가지 다른 설들이 있다. 첫째는 상당관(上黨關)·호구관(壺口關)·석형관(石陘關)이라는 설이며, 둘째는 양평관(陽平關)·강관(江關)·백수관(白水關)이라는 설 등등이다.

◈ 〈역대제왕상〉의 송 진종 | 청, 요문한(姚文瀚)

전연지맹 이후, 암울하고 혼란한 상황을 감추고 태평성대인 것처럼 꾸미기 위해, 송 진종은 태산에 봉선(封禪: 임금이 하늘과 땅에 제사 지내는 일)하는 등 일련의 제사 활동을 진행했다. 또한 7년의 시간과 엄청난 부를 소모하면서 옥청소응궁(玉淸昭應宮)을 짓고, 이른바 '천서(天書)'를 보관함으로써, 백성들에게 엄청나게 큰 부담을 가져다주었다.

년이자 요 통화(統和) 22년(1004년) 윤달 9월에, 요나라 승천태후(承天太后, 즉 소태후)와 성종(聖宗)이 친히 대군을 이끌고 남하했다. 20만 명이라고 알려진 대군이 보주(保州)와 정주(定州)를 거쳐, 곧바로 전주(澶州, 지금이 베이징 미윈密雲)를 탈취하고, 동경인 개봉을 위협했다.

요나라 군대가 대대적으로 송나라를 공격하여, 송나라 조정을 뒤흔들었다. 송 진종은 변방의 신하들이 끊임없이 위급함을 알리며 구원을 요청하는 아우성 속에서 형세가 심각하다는 것을 느끼자, 곧 병력을 이동시키고 장수를 파견하도록 명령을 내려, 전쟁 준비를 강화했다. 이 때문에, 송 진종은 "친히 정벌에 나서 승부를 결정지을" 준비를 하면서, 군신들을 소집하여 자신이 친정(親征)할 기간을 위해 계획을 세웠다. 그러나 구준(寇準)과 소수의 주전파(主戰派) 대신들을 제외하고, 나머지 중신들이 모두 황제가 당장 최전선으로 가는 데 동의하지 않았고, 진종도 결코 친정할 결심을 하지 못했기 때문에, 친정하는 것은 곧 질질 끌며 지연되었다.

경덕 원년(1004년) 윤달 9월 12일, 요 성종과 소태후는 고안(固安, 지금의 허베이성에 속함)에 진주하여, 남경통군사(南京統軍使)·난릉군왕(蘭陵郡王) 소달름(蕭撻凜)과 해부대왕(奚部大王) 소관음노(蕭觀音奴)를 선봉에 임명하고, 송나라 국경을 향해 공격을 개시했다. 15일, 요나라는 병력을 나누어 위로군(威魯軍: '軍'은 송대의 행정구역 단위 중 하나)·순안군(順安軍, 지금의 허베이성 가오양高陽 동쪽의 옛 고양성高陽城)을 공격하여, 순안에 있던 송나라 군대를 격파했다. 16일, 요나라 군대는 다시 위로군을 공격하여, 또 송나라 군대를 격퇴했다. 그런 다음, 요나라 군대는 병력을 서쪽으로 돌려 북평채(北平寨: 지금의 허베이성 완현完縣)를 공격했는데, 송나라 수장(守將)인 전민(田敏)이 인솔하는 부대에게 패배하자, 다시 동쪽의 보주(保州)로 향해 성을 공격했으나 역시 함락시키지 못했다. 이리하여 요나라 선봉장은 결국 성종·소태후와 망도(望都, 지금의 허베이성에 속함)에서 병력을 합류하여 계속 남쪽을 정벌할 준비를 했다.

요나라 군대의 대대적인 공격에 직면하자, 송 진종은 다시 대신들을 소집하여 친정에 대한 문제를 토론했다. 그런데 이때 조정 대신들은 오히려 대다수가 요나라 군대를 두려워했고, 더구나 어떤 사람은 자기 자신의 사사로운 이익을 위해 송 진종에게 천도를 하라고 부추겼다. 예컨대 참지정사 왕흠약(王欽若)은 강남 사람이어서, 몰래 진종에게 금릉(金陵, 지금의 장쑤성 난징)으로 천도하라고 청했으며, 첨추밀원사 진요사(陳堯史)는 촉(蜀) 지역 출신이어서, 또한 성도(成都)로 천도하라고 청했다. 이렇게 천도를 명분으로 삼은 것은, 사실은 국가가 위태로운 때를 틈타 자신의 정치적 이익을 취하려는 것이었다. 이러한 건의에 대해 자연히 구준이 반대하자, 송 진종은 어쩔 수 없이 천도 문제의 논의를 중지시키고, 친히 원정을 감행하여 군심을 진작시키고 사기를 고무시키로 결심했다. 훗날의 역사 발전도 이 정책 결정이 정확했다는 것을 충분히 증명해 주었다.

◈ 영청각화주자주완(影青刻花注子注碗) | 북송

이것은 제작 기술이 정교하고 아름다운 주기(酒器)로, 하반부는 술을 데우는 데 사용하는 주완(注碗: 술대접)이고, 상반부는 술을 담아 두는 주자(注子, 즉 주호注壺: 주전자)이며, 앞쪽 끝에는 술을 따르는 가느다란 주둥이가 있다. 술을 데우는 기능과 술을 담아 두는 기능이 한데 합쳐져 있는, 송대 주구(酒具) 가운데 뛰어난 작품이다.

진종(眞宗)의 친정(親征)

경덕 원년(1004년) 11월 20일, 요나라 장수 소파아이(蕭巴雅爾)·소관음노가 발해(渤海) 군대를 이끌고 덕청군(德淸軍, 지금의 허베이성 칭펑淸豊 서북쪽)을 공격하여 함락시켰다. 이틀 후, 요 성종과 소태후가 주력군을 이끌고 전주성(澶州城) 북쪽까지 진격했다. 요나라 군대의 주력군이 전주성 외곽에 도착한 후, 즉각 동·서·북 세 방면으로부터 전주를 포위했다. 전주의 수비를 맡은 송나라 장수 이계륭(李繼隆) 등은 긴급히 경노(勁弩: 기계식으로 작동하는 강력한 활)를 매복시키고, 요충지를 제어하여, 성을 지킬 방어망을 조직했으며, 요나라 군대도 역시 성을 공격할 준비를 했다. 바로 그때, 요나라 통군사(統軍使) 소달름이 자신의 용감함을 믿고 경기병을 인솔하여 지형을 관찰할 때, 송나라의 상자노(床子弩: 위의 경노와 같은 종류의 무기)를 관장하고 있던 위호군두(威虎軍頭)

장괴(張瑰)가 어디선가 쏜 노(弩)에 맞았다. 이 노는 소달름의 머리를 명중했기 때문에, 소달름은 즉시 말 위에서 땅바닥으로 떨어졌다. 요나라 병사들이 서로 다투어 다가가서 구하려고 도왔지만, 부상 정도가 너무 심해 사망했다. 소달름의 죽음에 대해, 소태후는 매우 비통해 했고, 요나라 군대의 사기는 크게 손상되었지만, 여전히 주력 부대가 전주를 포위함과 동시에, 병력을 나누어 계속 남진했다. 같은 달 25일, 요나라 군대는 다시 통리군(通利軍, 지금의 허난성 쉰현浚縣 동북쪽)을 공격하여 함락시키고, 전주를 한참 지나쳐 개봉으로 다가가는 형세였다.

요나라 군대가 점차 가까이 다가오자, 송 진종의 '친정' 계획은 점점 실시할 수밖에 없게 되었다. 결국 11월 말에, 진종이 전주 북성(北城)에 도착하자 송나라 군대의 사기는 크게 높아졌다. 소태후는 요나라가 일거에 송을 멸망시킬 수 없다는 것을 알았고, 요나라 군대의 선봉도 전투에 참가했다가 목숨을 잃자, 화의(和議)를 요청할 마음이 생겼다. 송 진종은 대신(大臣) 조이용(曹利用)을 요나라 진영에 파견하여 화의를 논의했다. 12월, 요나라는 사신 한기(韓杞)를 보내, 주(周) 세종(世宗) 때 수복한 관남(關南) 땅을 돌려달라고 큰소리쳤다. 진종은 감히 다시 전쟁을 할 엄두가 나지 않았지만, 영토 할양 요구도 받아들이고 싶지 않았다. 그리하여 조이용을 다시 요나라 진영에 파견하여, 몰래 은과 비단을 주고 화의를 할 수는 있다고 알렸다. 얼마 후, 두 나라 군주는 형제의 나라가 되며; 송나라와 요나라가 서약서를 작성하여, 화의를 체결하고; 송나라는 요나라에게 매년 군비(軍備)로서 은 10만 냥과 비단 20만 필을 지원하며; 변경의 주(州)·군(軍)들은, 각자 경계를 준수하여, 양쪽 지역 사람들은 서로 침범해서는 안 되며; 두 나라의 성지(城池: 성과 해자)는 예전대로 수리하되, 성루를 증축하거나 수로를 바꾸면 안 된다고 약정했다.

평화의 의의와 그 대가

조이용은 두 번째 사신으로 나가면서, 진종에게 요나라에 줄 수 있는 은과 비단의 수량이 얼마인지 물었다. 진종이 말하기를, "만약 정말 어쩔 수 없으면, 100만이라도 줘라!" 구준은 뜻밖에 몰래 조이용을 막사로 불러 놓고 이렇게 말했다. "비록 황제께서 100만을 줘도 된다고 말씀하셨지만, 30만을 초과하면, 내가 곧 그대를 죽일 것이오." 화의가 이루어진 뒤, 내시가 300만에 타결되었다고 잘못 전하자, 진종은 비록 크게 놀랐지만, 이어서 이렇게 말했다. "이렇게라도 일을 처리할 수 있으면 해야지!" 잠시 후 조이용이 입궐하여 상주하기를 은과 비단 30만을 주기로 했다고 아뢰자, 진종은 크게 기뻐하면서, 그에게 특별히 후한 상을 내렸다.

요나라 군대는 매년 은과 비단을 얻게 되자, 군대를 철수하여 조정으로 돌아갔다. 송나라는 타협하여 적군을 물리쳤다. 진종은 스스로 「회란시(回鑾詩: '回鑾'이란 궁궐로 돌아왔다는 것, 즉 '환궁'을 의미함)」를 지어 군신들과 창화(唱和: 서로 시를 지어 주고받으면서 화답하는 것)하면서, 이른바 '일을 마무리한' '승리'를 경축했다. 군사적인 측면에서 보면, 송나라 군대는 전략적으로 사실상 우세를 차지한 것이다. 당시 요나라 군대가 전진하는 방향에서는 겹겹이 방해를 받아 병력 손실이 매우 컸는데, 자신의 후방에는 역시 여러 곳의 송나라 군사 요충지들이 공략당하지 않고 남아 있어, 때때로 요나라 군대의 퇴로를 위협하기도 했다. 그리하여 만약 송나라 군대가 요나라 군대와 대결전을 벌이기로 결심을 한다면, 승부는 아직 알 수 없었다. 하지만 송·요 쌍방 모두 결전을 벌일 결심이 부족하여, 결국 이렇게 화의를 맺는 것으로 이 전쟁에 마침표를 찍었다. 송나라에 대해 말하자면, 전연지맹은 이후에 있었던 송·금(金)의 화의와는 달리, 송·요 두 나라 군주가 서로를 형제라고 부르고, 평등하게 공존하기로 약속했으니, 굴욕적인 성격의 화의가 아니었다.

'전연지맹'을 체결한 후, 요나라는 한편으로는 내부 통치가 불안정했고, 다른 한편으로는 송나라를 격파하기 어렵다고 느꼈기 때문에, 더 이상 군대를 동원하여 남하하지 않았으므로, 송·요 두 나라의 전쟁은 기본적으로 끝이 났다. 요나라는 내정에 전념하면서, 중원 문명을 인정하고 거기에 융합되는 발걸음을 매우 빠르게 했다. 이후 100여 년 동안, 송·요 두 나라는 대체로 평화롭게 분립하는 상태를 유지했다. 이는 두 나라의 경제와 문화의 발전 및 상호 교류에 모두 유리했다. 그러나 전연지맹의 체결이 송나라 통치자에게는 결국 부정적인 영향을 미쳤다. 그것은 바로 이때부터 타협의 방식으로 평화를 추구하는 데 심취하여, 군사력을 정비하고 국방을 강화하는 것을 소홀히 하게 되었다는 점이다.

한걸음 더

『무경총요(武經總要)』

『무경총요』는 중국에 현존하는, 최초로 정부가 편찬한 병서(兵書)다. 강정(康定) 원년(1040년), 송 인종(仁宗)이 한림학사 증공량(曾公亮)·정도(丁度) 등 군사에 통달한 사람들에게 명하여 편찬했으며, 그해에 책으로 만들었다. 전서는 모두 40권으로, 전집(前集)과 후집(後集)으로 나뉜다. 전집은 20권이며, 그 중 제도(制度)가 15권, 변방(邊防: 변방 수비)이 5권으로, 각각 군대의 건설과 용병 작전의 기본 이론·제도와 군사 상식을 논술했다. 그 내용은, 장수의 선발과 병력 징발·교육 훈련·군대의 편제·행군과 숙영(宿營)·고금의 각종 진법(陣法)·정탐과 연락·지형지물·성읍(城邑)의 공격과 수비·수전(水戰)과 화공(火攻)·보병과 기병의 응용·무기와 장비 및 변방 각 주들의 방위와 대체적인 윤곽·지리 연혁·산천(山川)과 하류(河流)·관애(關隘: 요충지로 통하는 좁은 요로)와 도로·군사 요충지 등을 다루고 있으며, 또한 많은 삽화를 배치해 놓았다. 이 책은 글과 그림이 모두 훌륭하여, 중국 역사상 최초의 군사 백과전서라고 할 만하며, 중국의 군사 학술사와 병기사(兵器史)를 연구하는 데 중요한 참고 가치를 지니고 있다.

북송(北宋) 1022~1033년

인물: 태후 유아(劉娥) 지역: 개봉(開封) 키워드: 수렴청정(垂簾聽政)

유태후(劉太后)의 수렴청정

◈ 송 진종의 황후 유아(劉娥)

송 진종(眞宗) 유항(劉恒)의 헌명숙황후(獻明肅皇后)는, 이름이 유아(劉娥, ?~1033년)로, 송대에 최초로 섭정(攝政)한 황후다. 유태후는 진종 말년의 갖가지 폐단들을 철저히 뜯어고치고, 권신(權臣)들을 파면하여, 백성을 혹사시키고 물자를 낭비하는 '천서운동(天書運動)'을 종결지음으로써, 인종(仁宗) 시기의 통치를 위한 훌륭한 기초를 다졌다. 후세에는 흔히 그와 한나라 여후(呂后)·당나라의 무후(武后)를 함께 일컫고 있는데, 역사서에서는 그를 "여후와 무후의 재능을 가졌으나, 여후와 무후의 나쁜 점은 갖지 않았다"고 기술하고 있다.

수렴청정(垂簾聽政)

유씨는 어려서 부모가 모두 세상을 떠나자, 후에 은장(銀匠: 은세공 기술자) 공미(龔美)와 함께 도성에 왔다가, 당시에는 아직 번왕(藩王)이었던 송 진종의 눈에 들었다. 후에 진종이 즉위하자, 유씨는 덕비(德妃)에 봉해졌고, 줄곧 후궁에서 총애를 독차지했다. 당시 이씨(李氏) 성을 가진 한 사람의 궁녀가 유덕비를 시중들었는데, 한번은 진종과 잠자리를 같이 하고 나서 임신을 했다. 유씨가 진종과 산책을 할 때, 머리에 꽂았던 옥비녀가 떨어지니, 진종이 다른 사람에게 주워 오라고 명령하자, 몰래 기도하며 말했다. "만약 비녀가 온전한 채로 손상되지 않았으면, 당연히 사내아이를 낳을 거야." 옥비녀는 온전히 아무 손상이 없는 상태로 되돌아왔고, 이씨는 과연 사내아이를 낳았다. 그러나 유덕비는 아이를 데려오게 하여, 외부에는 자신이 낳은 아이라고 발표했으니, 이 아이가 바로 훗날 송 인종이 되는 조정(趙禎)이다. 이씨는 결코 진종에게 소중한 존재가 아니었으니, 후궁 안에 있는 사람들은 감히 황제에게 가장 총애를 받는 유덕비의 뜻을 어기지 못했다. 바로 이렇게 하여 조정은 유씨의 아들이라는 신분으로 성장했으며, 자신의 신세에 대해 줄곧 전혀 알지 못했다.

대중상부(大中祥符) 5년(1012년), 유덕비는 황후에 책립되었다. 그는 가족이 아무도 없었기 때문에, 자신을 데리고 상경한 은장 공미를 오빠로 삼고, 그의 이름을 유미(劉美)로 바꾸는 것에 동의했다. 유황후는 후궁에서 황제의 총애를 다투는 과정에서 승리를 거둘 수 있었던 걸로 보아, 틀림없이 매우 총명했을 것이다. 또 그는 열심히 역사서를 읽었고, 기억력도 좋아, 진종이 병이 난 다음에, 그는 점차 국정에 관여하기 시작했다.

건흥(乾興) 원년(1022년) 2월, 진종이 세상을 떠나고, 황태자 조정이 즉위했으니, 그가 바로 송 인종이다. 인종은 나이가 어렸기 때문에, 진종은 유황후가 태후가 되어 수렴청정하면서 인종을 보좌하라는 명령을 남겼다. 유태후가 국정을 맡아 본 다음, 입는 예복과 출입할 때의 예의는 모두 황제의 예복이나 예의와 똑같았다. 그는 제도와 법령을 반포했고, 비록 '짐(朕)'이라고 하지는 않았지만, '오(吾)'[3]라고 했다. 또 자신의 생일을 장녕절(長寧節)로 정해, 천하의 모든 사람들이 경축하게 했으며, 자기 아버지의 이름은 온 나라에서 피휘(避諱: 임금의 이름에 포함된 글자나 그 글자와 음이 같은 글자의 사용을 금지하여, 비슷한 다른 글자로 바꿔 사용하게 한 제도)하게 했다. 신하들은 또한 유태후에게 황제와 똑같이 장황한 존호(尊號)를 지어 바쳐, '경원숭덕인수자성태후(慶元

◈ **축국문경**(蹴鞠紋鏡) | 송

이 송대의 문경(紋鏡: 문양을 새긴 거울)은, 뒷면에 네 사람이 축국(蹴鞠) 놀이를 하는 장면을 부조(浮彫)해 놓았다. 축국이란, 중국 고대에 유행했던 운동으로, 오늘날의 축구와 유사한 운동이며, 자주 여자들이 시합에 참가했다. 이 동경(銅鏡)의 도안은 바로 쪽진 머리를 틀어 올린 한 여자가 공을 차고 있고, 그의 반대편에 있는 사람은 한 명의 남자이며, 두 사람의 뒤에는 또한 각자 한 명씩의 시종이 있다. 현재 후난성(湖南省)박물관에 소장되어 있다.

3 짐(朕)과 오(吾): 둘 다 자신을 일컫는 '나'라는 뜻인데, 진시황 이후로 천자가 자신을 일컬을 때 '짐'을 사용했으며, '오'는 상대가 자신보다 낮을 경우에 자신을 치징하는 대명사이다.

崇德仁壽慈聖太后)'라고 불렀으니, 비록 명칭은 황제가 아니었지만 실제로는 엄연한 여황제였다.

얼마 후, 유태후는 무측천이 황제가 되기 전과 똑같은 상황을 맞이했다. 어떤 사람이 부귀를 누리려고, 글을 올려 무측천의 옛 사례를 따라 유씨도 칠묘(七廟)를 건립하자고 요청했지만, 유태후는 받아들이지 않았다. 또 어떤 사람은 〈무후임조도(武后臨朝圖)〉를 바치면서, 유태후에게 황제가 되도록 권유하는 의도를 백일하에 드러내 보이기도 했다. 유태후는 화를 내면서 그 그림을 내팽개치고는, 이렇게 말했다. "나는 이렇게 조종(祖宗: 조상)을 저버리는 짓을 할 수 없다!" 결국 스스로 예법을 존중하는 자세를 견지했다.

유태후는 정치적 재간이 뛰어났고, 호령(號令)이 엄격하고 공정했으며, 은총과 위엄을 함께 사용했다. 그가 집정한 기간에, 정치는 비교적 깨끗하여, 후세의 역사가들에게 한 시대의 현명한 태후로 존중받고 있다. 그가 수렴청정한 초기에, 진종 후기에 전국적으로 몰아친 천서강림(天書降臨) 운동을 끝내고, 이른바 천서를 순장품으로 삼아 진종과 함께 매장해 버렸다. 동시에 그는 또한 근검절약을 강력히 제창하고, 탐관오리를 처벌했으며, 아울러 "선여(羨餘)를 헌납하는 것"을 금지했다. 이른바 '선여'란, 관리들이 정액의 세금 이외에, 교묘하게 구실을 만들어 많은 돈을 거둬들이고, 아울러 이렇게 부당하게 거둬들인 돈의 일부를 조정에 바쳐, 정치자금을 얻기 위하여 정치적 업적을 과시하는 것을 말한다. 유태후는 이런 방법을 중지시켜, 송나라 백성에게 확실한 이익을 가져다주었다.

이씨를 후장(厚葬)하여 평안을 보전하다

인종 명도(明道) 원년(1032년), 송 인종의 생모인 이씨가 병으로 세상을 떠났다. 유태후는 비록 그의 아들을 빼앗았지만, 그를 결코 몇몇 조대의 비빈들을 다룬 것처럼 박해하지 않았다. 그리고 이씨도 공손하고 예절 바르게 처신하여 스스로를 보호했으며, 진종이 세상을 떠난 후에는 선대의 비빈들 속에서 묵묵히 살아가면서, 내내 자기가 인종의 생모랍시고 조금도 이상하게 행동하지 않았다. 인종은 어려서부터 유태후가 정성들여 길렀기 때문에, 모자의 감정이 매우 좋았던 데다, 유태후가 조정을 장악하자, 아무도 인종에게 그의 생모는 유태후가 아니라고 알려주지 않았다. 그런데 이때 이씨가 세상을 떠나자, 유태후는 조회에서 보통의 궁녀 예절에 따라 장례를 치르겠다고 외부에 선포하려고 생각했다. 재상 여이간(呂夷簡)은 이를 타당하지 않다고 여기고, 후하게 장례를 치러 줄 것을 상주했다. 유태후는 듣고 나서, 함께 앉아 있던 인종을 내보내고, 혼자 여이간을 불러 물었다. "단지 한 사람의 궁녀가 죽었을 뿐인데, 상공(相公, 재상에 대한 존칭)은 어찌 꼭 이렇게 고집하시오?"

그러자 여이간이 이렇게 말했다. "신이 기왕 재상이 되었으니, 일이 크고 작음을 막론하고, 모두 마땅히 참여해야 하옵니다." 유태후가 크게 화를 내며 말했다. "그대가 이렇게 말하는 것은 나와 황제 간 모자의 정을 벌려 놓으려는 것이오?" 여이간이 정색을 하며 말했다. "태후께서는 설마 유씨 가문을 보전하지 않으시겠단 말씀이십니까? 만일 가족들의 훗날의 삶을 위해 생각하신다면, 장례는 마땅히 융숭하게 치르셔야 합니다." 유태후가 여전히 약간 주저하자, 여이간은 할 수 없이 들춰내면서 말했다. "이신비(李宸妃)가 황제를 낳았는데, 만일 장례가 초라하다면, 장차 반드시 누군가 이로 인해 처벌을 받을 것이니, 그때는 신에게 왜 오늘 말하지 않았냐고 하지 마시옵소서! 마땅히 황후의 의복 차림으로 입관하고, 아울러 수은(수은은 시신을 썩지 않게 한다-옮긴이)을 부어 넣어, 장래의 증거로 삼는 것이 좋습니다." 유태후는 필경 노련한 정치가여서 곧바로 깨닫고, 이씨를 후하게 예의를 갖춰 홍복원(洪福院)에 매장했다.

인종 명도 2년(1033년), 유태후가 세상을 떠나자, 과연 어떤 사람이 송 인종의 신세를 까발림과 동시에, 화를 돋우는 말을 보태 이씨가 비명에 죽었다고 했다. 인종은 비통해 하고 나더니, 한편으로는 사람을 홍복원에 보내 생모의 관을 검사하게 하고, 다른 한편으로는 군대를 보내 유씨 집안의 가택을 포위하게 했다. 관을 연 다음 이씨가 황후의 의복을 입고 있고, 얼굴이 살아 있는 듯이 생생한 것을 보자, 인종은 그제야 안심하고는 유씨 집안의 포위를 해제했으며, 또한 자기가 결국 유태후의 사람됨을 믿지 못한 것을 매우 비통해 하면서, 오히려 유씨 집안에 더욱 예를 갖춰 대했다.

한 걸음 더

당송팔대가(唐宋八大家)

당송팔대가는, 당·송 두 조대에 걸쳐 살았던 여덟 명의 산문(散文) 작가들을 가리킨다. 즉 당대의 한유(韓愈)·유종원(柳宗元)과 송대의 구양수(歐陽修)·소순(蘇洵)·소식(蘇軾)·소철(蘇轍)·왕안석(王安石)·증공(曾鞏)이 그들이다. 중당(中唐) 시기에, 대우(對偶: 즉 대구對句)·성운(聲韻: 음운)과 용전(用典: 옛 서적들에서 고사나 문구를 인용하는 것)을 추구하면서, 내용에는 주의를 기울이지 않는 변체문(騈體文)이 여전히 주도적 지위를 차지하자, 한유와 유종원이 먼저 고문(古文)을 제창했다. 즉 선진(先秦)과 양한(兩漢) 시기의 산문 형식을 제창하고, 변문을 반대하자, 점차 기세가 드높은 '고문 운동'으로 발전했다. 북송 시기가 되자, 구양수가 한유·유종원의 '고문 운동' 기치를 선명하게 들어올리고, 같은 시대의 증공·왕안석 및 소순 부자 등이 힘써 변문의 유풍을 걷어 냈다. 구양수 등 여섯 명의 산문 창작은 한유·유종원 문체의 개혁적 특징을 흡수했으며, 또 문학의 기풍에 대해 탐색을 하여, 한유·유종원보다 더욱 평이하고 유창한 풍격을 창조해 냄으로써, 마침내 변체문과의 싸움에서 승리하는 찬란한 성과를 거두었다.

북송(北宋) 999~1062년

인물: 포증(包拯) **지역:** 개봉 **키워드:** 관절부도, 유염라포로(關節不到, 有閻羅包老)

청백리의 본보기 — 포증(包拯)

◈ **유은어룡문철부**(鎏銀魚龍紋鐵斧) | 송

이 도끼는 앞쪽은 용의 머리이고, 뒤쪽은 물고기의 꼬리다. 어룡(魚龍)의 복부 아래쪽은 송곳 모양의 자루를 주조해 놓았다. 주조가 정교하며, 세상에 보기 드물게 뛰어난 작품이다. 관지(款識: 기물에 새겨진 문자)에 따르면, 이 도끼는 가우(嘉祐) 원년(1056년)에 만들어졌음을 알 수 있다.

금(金)나라의 시인 원호문(元好問)의 시에는 "유능한 관리는 항상 볼 수 있는데, 공정하고 청렴함이 가장 어렵다[能吏尋常見, 公廉第一難]"라는 시구가 있다. 사실 예로부터 중국의 민간에는 청렴하고 공명정대하며, 법 집행이 편파적이지 않고, 인정에 구애되지 않으면서 공평무사하며, 권세와 지위가 높은 사람을 무서워하지 않고, 백성을 위해 하명해 달라고 요청하는 관리는 크게 추앙받았다. 위징(魏徵)·적인걸(狄仁杰)·구준(寇準)·황종(況鍾)·포증·서구경(徐九經)·해서(海瑞)·우성룡(于成龍) 등등, 한 사람 한 사람 모두가 역사책 속에서 빛을 발하는 이 이름들은 후세에 청백리의 역사적 모습들을 우뚝 세워 놓아, 모든 백성들이 흠모하면서 대대로 칭송해 왔다. 역대 청백리들 가운데, "북쪽의 포증, 남쪽의 해서"는 밝게 빛나는 쌍둥이별이며, 송대 인종 연간에 살았던 포증은 청백리 집단에서도 전형적인 대표자였다.

인정에 구애되지 않고 공평무사했던 포청천

포증(999~1062년)은 자가 희인(希仁)이며, 여주(廬州) 합비(合肥, 지금의 안후이성 허페이) 사람으로, 집안이 가난했지만 학문을 좋아하여, 인종 천성(天聖) 5년(1027년)에 진사(進士)에 합격했다. 포증은 진사 신분으로 관직에 나아가, 지현(知縣)·지주(知州)·지부(知府)·감찰어사(監察御使)·삼사호부부사(三司戶部副使)·추밀부사(樞密副使) 등의 직책을 역임했고, 또한 용도각직학사(龍圖閣直學士)에 임명되었으며, 사후에 효숙(孝肅)이라는 시호를 받았다. 세상을 떠난 후 사람들은 흔히 그를 '포공(包公)'·'포용도(包龍圖)' 혹은 '포효숙(包孝肅)'이라고 불렀다.

포증은 평생 관리로서 청렴했으니, 설사 관직이 높았을 때도 그의 생활은 여전히 검소하고 소박하여, "의복·용구·음식이 벼슬을 하지 않았을 때와 같았다". 포증의 정치적 업적은 설사 동시대 북송의 명신(名臣)들인 한기(韓琦)·부필(富弼)·범중엄(范仲淹) 등보다는 약간 못했을지라도, 그의 청렴하고 공명정대한 업무 처리 태도는 으뜸이었다. 그는 자손들이 벼슬을 하면서 뇌물을 받아먹고 법을 어기지 말라는 법을 가법(家法)으로 삼아, "훗날 자손들이 벼슬을 하다가, 뇌물을 받은 자는 본가로 돌아올 수 없으며, 죽어서도 선영에 묻힐 수 없다"고 규정했다. 다시 말하면, 만약 "뇌물을 받아먹고 법을 어기지 말라는 법"인 가법을 위반하면, 곧 족보에서 제명당하고, 설사 죽어서도 조상들이 묻혀 있는 선영에 묻힐 수 없다는 것이다. 포증은 영남의 단주(端州, 지금의 광둥성 가오야오高要) 지주(知州)에 부임한 적이 있었다. 단주는 4대 명연(名硯: 유명한 벼루)의 하나인 '단연(端硯)'의 생산지다. 단연은 오래도록 명성을 누렸으며, 예로부터 "단주의 석공(石工)은 솜씨가 귀신같아, 하늘을 딛고서 칼을 갈아 자운(紫雲: 자색 벼룻돌의 비유)을 자른다"라는 명성을 갖고 있었다. 황실의 권세 있는 귀족과 대신(大臣) 학사(學士)들은 모두 집안에 몇 개의 단연을 가지고 있다는 것을 영광으로 여겼다. 경력(慶歷) 3년(1043년), 포증이 이임할 때, 그 지역의 어떤 사람이 좋은 벼루 하나를 잘 만들어서 그에게 기념으로 증여했다. 포증은 완곡한 말로 사양하여, "벼루 하나 갖지 않고 돌아갔다". 포증은 일찍이 시를 지어 뜻을 읊은 적이 있다. "맑고 깨끗한 마음은 다스림의 근본이요, 바른 도리는 자신을 위한 도모다. 빼어난 나무는 결국 마룻대가 되고, 좋은 강철로는 갈고리를 만들지 않는다. 창고가 가득 차면 쥐와 참새가 좋아하고, 풀이 다 없어지면 여우와 토끼가 근심한다. 역사책에는 유훈(遺訓)이 실려 있으니, 후손들에게 부끄러움을 남기지 말지어다[淸心爲治本, 直道是身謀. 秀木終成棟, 精鋼不作鉤. 倉充鼠雀喜, 草盡狐兎愁. 史冊有遺訓, 無貽來者羞]." 이것은 자신이 추구하는 것을 기술한 것일 뿐 아니라, 그가 "청렴함으로 이름을 떨친" 인생의 이상을 가장 잘 풀이한 것이기도 하다.

포증은 평생 동안 탐관오리를 호되게 응징해야 한다고 온 힘을 다해 주장했다. 그는 적극적으로 글을 올려 조정에 부패를 없앨 제도를 제정하고, 감찰 제도와 연좌법(連坐法)을 널리 시행하고, 엄격히 법을 집행하고, 뇌물을 받아먹고 법을 어기는 행위를 처벌해 달라고 요구했으며, 그 자신도 책임을 이행하여 부패를 탄핵하고, 법에 따라 부패를 처벌했다. 그는 일찍이 인종에게 일곱 가지 사항을 조목별로 진술하여, 인종에게 혁신을 통해 부강을 도모하고, 나라와 백성을 부유하게 하도록 권유했다. 또한 〈걸불용장리(乞不用贓吏: 바라옵건대, 뇌물을 받은 관리를 채용하지 마십시오)〉라는 상소를 올려, 청렴은 사람됨의 모범이고, 뇌물을 받는 것은 곧 '백성의 적'이라고 여기고, 인종에게 탐관오리를 처벌하도록 허락하라고 주청했다. 권세를 이용하여 교묘하게 명목을 만들어 백성들을 수탈하는 강서전운사(江西轉運使) 왕규(王逵)를 탄핵하기 위해 포증은 잇달아 일곱 차례나 상주하여, 그는 "마음이 사갈(蛇蝎: 뱀과 전갈, 즉 악독한 사람을 비유하는 말) 같다"고 폭로함과 아울러, 직접 인종을 책망하면서, "지금 여전히 남의 말을 듣지 않으시고, 굳이 혹리를 임용하시니, 이렇게 하시면 오로지 왕규 한 사람에게는 다행이지만, 수많은 백성들은 불행하다는 것은 누가 안단 말입니까[今乃不恤人言, 固用酷吏, 於一王逵則幸矣, 如一路不幸何]"라고 하여, 인종에게 왕규의 관직을 파면하라고 강력히 요구했다. 재직 기간에, 포증은 또한 회남(淮南)전운사 위겸(魏兼)과 장가구(張可久) 등 거대한 탐관오리들을 처벌했다. 그는 또한 대담하게 윗사람에게 맞섰는데, 외척 장요좌(張堯佐)에 대해서도 전혀 용서하지 않고, 세 차례나 상주문을 올려 강하게 꾸짖으며 '국장(國丈: 임금의 장인)'을 직접 탄핵했다. 포증은 "권세가를 피하지 않고 상소를 올렸으며, 역린을 건드리는 것을 두려워하지 않고 임금의 뜻을 거스르면서도 직간을 하여", 후손들에게 강한 권세를 두려워하지 않으면서 부패를 일소하고 악을 징벌하는 본보기를 세웠다.

청탁이 통하지 않는 것은, 염라대왕과 포증뿐이다

[關節不到, 有閻羅包老]

포증은 법 집행이 강력하고 공명정대하여, 권세 있고 지위가 높은 사람을 피하지 않았고, 친척이나 친구를 따지지 않았으며, 정실에 구애되지 않고, 모두 공명한 판단에 따랐다. 즉 자신의 친족도 똑같이 법에 따라 판결하여 처리했으며, 편을 들지 않았다. 포증은 여주(廬州)에서 근무한 적이 있었다. 여주는 포증의 고향으로, "많은 친구들이 권세를 이용하여 관부(官府: 관청)를 어지럽혔다". 한번은 포증의 외삼촌이 법을 위반하자, 그는 법률에 따라 "그를 채찍으로 때리도록 하여", 조금도 관용을 베풀지 않았는데, "이때부터 친구들이 모두 두려워하면서 숨을 죽였다". 포증은 권세 있는 고관들을 조금도 무서워하지 않고, 법에 따라 탄핵하고 처벌했다. 예를 들면, 어떤 지부(知府: 주州의 최고 행정장관)가 황제의 친척을 아내로 맞이하여, 새 아내를 좋아하고 본처를 싫어했으며, 본처를 버린 채 돌보지 않았다. 포증이 이 사실을 알고 나서, 황제에게 이 사람을 관직에서 파면하도록 상주하여 허락을 받았다. 훗날 널리 불리면서 전해진 〈찰미안(鍘美案)〉·〈타룡포

(打龍袍)〉 등은 바로 포증의 이처럼 엄격하고 공명정대하며, 산처럼 엄격하게 법을 집행했던 행적에 근거하여 만들어졌다. 당시 개봉부(開封府)에는 "청탁이 통하지 않는 것은, 염라대왕과 포증뿐이다"라는 속담이 광범위하게 전해졌는데, 이는 바로 포증의 법 집행이 엄격하고 공정했으며, 인정에 구애되지 않고 공평무사했음을 크게 칭찬한 말이다.

가우 원년(1056년) 12월, 포증은 용도각학사(龍圖閣學士)로서 임시로 개봉부를 맡았다가, 이듬해 3월에 정식으로 부임했으며, 가우 3년(1058년) 6월에 이임했다. 북송의 개봉부는 비록 경기(京畿: 수도와 그 부근)에 위치했지만, 백성들의 기질이 거칠고, 다양한 사람들이 뒤섞여 있어, 원래 다스리기가 어려웠다. 1년 남짓의 기간 동안에, 포증은 용감하게 횡포한 세력과 맞서 싸우고, 권세 있는 귀족들을 처벌했으며, 무뢰하고 간악한 사람을 호되게 타격함과 동시에, 또한 개봉부 관리들의 교만하고 횡포한 세력을 단호히 억제했다. 재임 기간에 포증은 "조정에서 벼슬을 할 때 사람됨이 강직하고 굴하지 않자, 귀족과 환관들이 그 때문에 신중하게 처신했으며, 이 말을 들은 사람들이 모두 그를 두려워하여", 다스리기 어렵기로 유명했던 개봉부를 질서정연하게 다스릴 수 있었다. 당시 개봉성(開封城) 내의 권세 있는 가문과 귀족들 사이에서는 혜민하(惠民河: 지금의 난징 시내를 흐르는 하천)의 강가에 저택과 원림과 정자를 짓는 게 성행하자, 강물에 흙이 쌓이게 되어, 점차 수재(水災)를 초래했다. 포증은 명령을 내려, 강변을 따라 지어진 건축물을 전부 철거하도록 했다. 이 일은 도성에 거주하던 권세 있는 귀족들의 이익에 저촉되어, 그들로 하여금 크게 불만을 갖게 했으므로, 그들은 철거를 중지해 달라고 상주함과 동시에 포증을 마구 모함했다. 포증은 권세를 두려워하지 않고, 철거를 계속했다.

탐관오리에 대해 정실에 구애되지 않고 호되게 꾸짖은 것 외에, 포증은 또한 항상 백성들을 위해 하명을 내려 달라고 요청하여, 백성들을 애호하는 것을 자신의 임무로 삼고, 하층민 속으로 깊숙이 들어가 백성들의 형편을 살피면서, 재난으로 고통받는 백성들을 구제했다. 인종은 일찍이 소금의 관영(官營) 전매제(專賣制)를 실시했는데, 폐단이 매우 많아 백성들의 고통이 대단히 심했다. 포증은 섬서 해주(解州, 지금의 산시성山西省 윈청運城)로 가서 깊이 있게 조사 연구했다. 그런 다음 조정에 상주하기를, 관영 전매제를 폐지하고 자유무역을 실행함으로써, 국가의 세수도 증가시키고, 백성들의 생활도 편리하게 해 주도록 요청했다. 포증은 요나라에 사신으로 가던 도중에 사신을 송영(送迎)하는 책임을 진 관리가 그 기회를 틈타 연도에 백성들과 지방 관리들을 협박하여 재물을 강요함으로써, 변방 백성들에게 심각한 부담을 주는 것을 발견했다. 그리하여 인종에게 상주하여, 관리들이 변방에 머무는 시간을 단축하고, 식사에 초대에 응하여 선물을 하는 것을 엄금하도록 요청했다. 가우 5년(1060년), 포증은 삼사사(三司使) 재정관(財政官)으로 부임하자,

◈ 용도각학사(龍圖閣學士) 포증

포증은 중국 고대 '청백리'의 전형으로, '포청천(包青天)'의 고사는 일찍이 소설·희곡·곡예(曲藝: 중국의 각 민족들의 민간에서 유행하는, 민족색과 지역색이 짙은 각종 설창문예說唱文藝) 등의 형식으로 민간에 널리 전해졌다. 예를 들면, 경극(京劇)에 나오는 포공(包公)은 새까만 얼굴 위에 두 개의 찌푸린 흰 눈썹을 그려, 그가 충성스럽고 정직하며 나라와 백성을 걱정하는 심정을 표현해 냈으며, 이마의 한가운데 있는 흰색 초승달은 바로 그가 "낮에는 이승의 일을 판단하고, 밤에는 저승의 일을 판단한다"는 전기적(傳奇的) 색채를 상징한다. 사실 역사적으로 포증은 백면서생(白面書生: 얼굴이 하얗도록 방에서 책만 읽어 세상물정을 모르는 선비)이었고, 또 키도 크지 않았으며, 결코 특이한 점이 없는 사람이었다.

다시 글을 올려 "천하의 과중하고 잡다한 세금"을 폐지하여, 세금을 줄여 줄 것을 요구했다. 백성들의 생계 문제를 해결할 수 있는 이러한 조치들을 주창하고 추진한 것은, 본질적으로 포증이 "나라와 백성을 이롭게 하는" 기본적 태도를 갖고 있었음을 알게 해 준다.

포증은 백성들을 위해 일을 처리한 전형적인 인물이 되었고, 그의 청렴한 명성은 천하에 전해졌다. 역사서에서는 기록하기를, "사람들은 포증이 웃는 것은 황하가 맑아지는 것에 비유했으며, 마을의 어린아이와 부녀자들도 그 이름을 알고 있었다"고 했다. 후세의 많은 문예 작품들 가운데, 대부분은 포증의 강직하고 아첨하지 않으며[剛正不阿], 인정에 구애되지 않고 공평무사하며[鐵面無私], 법 집행이 산처럼 엄격했으며[執法如山], 판단이 신처럼 정확한[斷案如神] 위풍당당한 모습을 극력 묘사하고 있다. 송·원의 화본(話本: 송·원대에 역사 고사나 당시 사회생활을 소재로 하여 통속적인 문체로 쓴 일종의 통속소설) 가운데 『삼현신(三現身)』·『합동문자기(合同文字記)』, 원극(元劇: 원대의 잡극雜劇과 산곡散曲을 합쳐 부르는 말) 가운데 『호접몽(蝴蝶夢)』·『회란기(灰闌記)』·『후정화(後庭花)』 등 수많은 포공극(包公劇: 포증을 소재로 한 극), 명대의 소설인 『삼현신포용도단안(三現身包龍圖斷案)』·『포용도판백가공안(包龍圖判百家公案)』 및 『용도공안(龍圖公案)』, 청대의 희곡인 〈찰미안〉·〈찰포면(鍘包勉)〉·〈진주방량(陳州放糧)〉 등은 더욱 대중들에게 환영받고 있다. 역사 속 인물인 포증을 문학 작품을 통해 증폭시킴으로써, 더욱 완벽한 청백리의 모습을 형상화해 냈고, 이 과정에서 맑고 깨끗한 정치와 청렴한 관리에 대한 백성들의 간절한 바람과 기대를 담아 냈다.

청백리 현상의 사례들

포증은 결코 송나라 청백리의 유일한 사례는 아니다. 송 왕조 300여 년 동안, 청렴하고 공명정대하며 백성들을 위해 임금에게 하명해 줄 것을 요구한 관리들이 잇달아 많이 등장했다. 북송 초기, 태종부터 진종까지 60여 년 동안, "정치가 훌륭하게 이루어지자, 인재를 매우 많이 얻었다고 한다". 그 가운데 청렴결백한 관리들이 많이 출현했는데, 예컨대 왕단(王旦)이 바로 그들 중 한 사람이다.

왕단(957~1017년)은, 자(字)가 자명(子明)이며, 대명신(大名莘, 지금의 산둥성 신현莘縣) 사람이다. 함평(咸平) 4년(1001년), 왕단은 진사 신분으로 관직에 나가 참지정사(參知政事)가 되었고, 경덕(景德) 3년(1006년)에 재상이 되었다. 진종은 일찍이 왕단을 평가하기를, "짐에게 태평성대를 이루어 준 것은 틀림없이 이 사람이로다"라고 했다. 수십 년간 관직에 있었고, 한때는 권력이 정점에 이르렀던 왕단은 청렴결백하기로 세상에 유명했다. 그는 옷차림이 소박하여, "의복이 꾸밈없고 검소했으며, 가족들이 비단으로 자리를 장식하려 하자, 허락하지 않았다"고 한다. 그의 집이 누추했기 때문에, 진종이 "그것을 수리해 주려고 하자", 왕단은 완곡한 말로 사양했다. 왕단은 수중에 있는 권력을 이용하여 자기를 위해 개인적 이익을 취하는 것을 반대했다. 그는 유서에 이렇게 썼다. "삼가 재상으로서, 온갖 말로 종친을 위해 관직을 구해서는 안 된다[忝爲宰輔, 不可以將盡之言, 爲宗親求官]." 임종 전에 그는 다시 자제들에게 훈계하기를, "우리 집안은 청렴한 덕행으로 큰 명성을 지니고 있으니, 직무를 맡으면 검소하게 처신하여 가풍을 지켜야 하며, 교만하고 사치하는 데 힘써서는 안 된다"고 했으며, 가족들에게 후하게 장례를 치르지 말라고 요구했다. 왕단이 세상을 떠난 후, 진종은 그를 "완전무결한 덕을 지닌 원로"라고 칭송했다.

범중엄(范仲淹)도 송대의 유명한 청백리였다. 범중엄(989~1052년)은, 자가 희문(希文)이고, 시호가 문정(文正)이며, 오현(吳縣, 지금의 장쑤성 쑤저우蘇州) 사람이다. 범중엄은 어려서부터 외롭고 가난했지만 포부가 컸으며, "선비는 먼저 천하 모든 사람이 근심하기에 앞서 근심하고, 천하 모든 사람이 즐거워한 뒤에 즐거워해야 한다"는 원대한 지향을 갖고 있었다. 그가 추진한 경력신정(慶曆新政: 송 인종 시기의 정치 개혁) 과정에서, "무능한 사람을 물리치고 유능한 사람을 등용하는 것을 분명히 하고" "관리의 장(長)을 선발하는 데에 주의하도록" 명확히 규정하여, 신정 가운데 매우 큰 부분은 관리들의 품행과 치적을 정비하는 것을 다루는 내용이었다. 그는 현자(賢者)를 선발하여 관리로 삼아야 하며, "천하의 정치는 오로지 현자가 해야만 바야흐로 질서 있게 되어 어지럽지 않으며, 천하의 근심은 반드시 현자가 나와야만 비로소 안정되어 시끄럽지 않게 된다"고 여겼다. 또한 한 걸음 더 나아가 관리는 반드시 청렴을 근본으로 삼아야 하며, 관리들끼리는 응당

한 걸음 더

활자 인쇄

경력(慶曆) 연간(1041~1048년), 평민 필승(畢昇)은 활자 인쇄술을 발명하여, 조판(彫版: 한 면을 통째로 새겨 인쇄하는 것) 인쇄의 단점을 보완함으로써, 조판에 필요한 인력을 크게 절약시키고, 인쇄 주기를 단축시켰다. 필승은 찰흙을 이용하여 낱자를 새겨 단단하게 불에 구워, 준비해 두었다. 인쇄할 때는, 테두리가 있는 철판 위에 송진·밀랍·종이를 태운 재의 혼합물을 바른 다음, 필요한 활자를 틀 속에 배열하고, 다 배열한 다음에는 불 위에 놓고 굽는다. 송진 등의 혼합물이 녹은 다음에 다시 철판을 이용하여 글자를 고르게 눌러 판을 만들면, 곧 인쇄를 할 수 있다. 인쇄가 끝난 후, 다시 철판을 불 위에 놓고 가열하여, 다음번에 사용할 수 있도록 활자를 떼어 놓는다. 편리하고 경제적인 활자 인쇄술은 중국 인쇄사(印刷史)에서 한 차례 중요한 기술 혁명이었으며, 세계적으로도 선두의 지위를 차지하고 있다. 필승이 발명한 활자 인쇄술은 독일인 구텐베르크가 활자를 이용하여 인쇄한 『42행 성경』 보다도 400여 년이나 이른 것이다.

"품행을 단정히 하여 교류하고, 의관을 정제한 채 서로 만나야[濯纓交進, 束帶相見]" 한다고 여겼다. 그가 재임한 기간에, 관리들의 품행과 치적은 엄격했고, 정치는 맑고 깨끗했으며, 관리들은 청렴하여, 백성들을 자식처럼 아꼈다. 경우(景祐) 2년(1035년), 범중엄은 상서예부원외랑(尙書禮部員外郎)의 신분으로 조정에 들어갔다. 재상 여이간(呂夷簡)은 원래 범중엄이 과감하게 직간한다는 것을 알고는, 곧 그를 불러 놓고 "그대는 언관(言官: 임금에게 간언하는 관리)의 직책을 맡은 것이 아니니, 함부로 군대와 국가 대사를 논의하지 말라"고 경고했다. 하지만 범중엄은 권력을 두려워하느니, 차라리 관직을 포기하고 목숨을 버릴지라도 악인에게 관용을 베풀어 나쁜 짓을 하도록 조장하지는 않겠다고 결심했다. 범중엄이 죽음을 무릅쓰고 직간을 하자, 여이간은 다시 핑계를 대고 범중엄에게 임시로 개봉부(開封府)를 맡게 했다. 개봉부는 도성의 소재지로, 황제의 친척과 외척·환관과 명문대가·간교한 부자와 교활한 관리들이 뒤섞여 있어, 본래부터 다스리기가 어려운 지역이었다. 범중엄은 부임한 다음 "귀신처럼 정확하게 일을 결정했으며", 정돈하는 데 힘을 쏟고, 폐정을 혁파했다. 조정에 나아가 황제에게 말을 올릴 때마다 "치란(治亂: 혼란함을 다스림)에 관한 간언을 많이 하여 황제를 깨우치고, 대신들 중 법을 어기는 자들을 낱낱이 나무랐다". 몇 달 후, 개봉부는 "숙연하게 잘 다스려졌다". 당시 개봉성 안에서는 "조정에 근심이 없는 것은 범군(范君: 범중엄)이 있기 때문이고, 도성이 무사한 것은 희문(希文: 범중엄의 자)이 있어서라네[朝廷無憂有范君, 京師無事有希文]"라는 민요가 전해졌다. 범중엄이 임시로 개봉부를 맡아 세운 공적은 훗날의 포증에 비해 전혀 손색이 없었으니, 그는 자신의 단정함과 청렴함으로 후세에 귀감과 본보기를 확립했다.

◈ **월백유출극자준**(月白釉出戟瓷尊) | 북송

이 자기는 북송의 5대 명요(名窯) 중 하나였던 균요(鈞窯)에서 만들었다. 그 모양은 상(商)·주(周) 시기의 청동준(靑銅尊) 모양을 모방하여, 수수하고 고풍스러우며, 전체에 백유(白釉)를 발라, 색조가 담아하며, 현재 베이징 고궁박물원에 소장되어 있다.

청백리 집단은 중국 역사상 비교적 특수한 현상이자, 또한 소중한 사회적 자산이었으며, 청백리 정신 속에 있는 위민청명(爲民請命: 백성들을 위해 하명해 줄 것을 황제에게 요청함)·청렴강직(淸廉剛直) 등의 정수들은 이미 중국의 전통적 미덕과 공통된 가치의 한 가운데로 녹아들었다. 비록 청백리 집단은 그들이 봉건적 통치에 복무한 계급적 한계성을 갖고 있기는 했지만, 결국은 사회의 민중에게 한 가닥 위안과 한 점 희망을 가져다줄 수 있었다.

북송(北宋) 1043~1074년

인물: 범중엄(范仲淹), 왕안석(王安石) **키워드:** 용관(冗官), 용병(冗兵), 용비(冗費)

경력신정(慶曆新政)과 왕안석의 변법

북송 중기에는 사회·정치·경제의 발전과 동시에, 잠복해 있던 사회 위기도 점차 나타났다. 토지 겸병 문제는 매우 심각하여, 이미 "부자는 끝이 보이지 않는 광활한 농지를 가졌고, 가난한 자는 송곳을 꽂을 땅조차 없었으며", 수많은 농민들이 토지를 잃자, 농민 봉기가 자주 발생했다. 서하(西夏)가 빈번하게 침입했고, 요(遼) 또한 기회를 틈타 끊임없이 위협을 가하자, 북송은 타협하여 화친을 요청함으로써, 일시적인 안녕을 추구했다. 매년 바치는 공물과 세금 부담이 무거웠던 데다, 장기간의 용관(冗官: 불필요한 관리)·용병(冗兵: 불필요한 군대)·용비(冗費: 과다하게 지출하는 비용) 문제로 괴로움을 당하자, 개혁을 요구하는 목소리가 사방에서 터져 나왔기 때문에, 북송 중기에 경력신정과 왕안석 변법이 나타났다.

◈ **균요준**(鈞窯尊) | 송

준의 높이는 18.4센티미터, 아가리의 지름은 22센티미터, 발[足]의 지름은 21.2센티미터로, 허난성 위현(禹縣)에서 출토되었으며, 송대 균요(鈞窯)에서 만든 자기 중 뛰어난 작품이다.

내우외환 속으로

북송 정권은 송 인종(仁宗) 시기에, 내부적으로는 재정 수입이 지출보다 부족했으며, 밖으로는 서하(西夏)가 수시로 침범하면서, 각종 사회 위기가 나타나기 시작했다. 비록 송대의 재정 수입이 이전 왕조보다는 많았지만, 국력은 결코 증강되지 않았다. 그리하여 "수입은 비록 많았지만, 국가의 씀씀이는 나날이 부족해지는" 곤란한 처지에 빠졌으며, 국가 재정은 일 년 내내 적자를 나타냈다. 국가 재정에 적자를 초래한 원인은 다양했는데, 그 가운데 가장 중요한 것은 용관·용병·용비와 나날이 심각해지는 토지 겸병 문제였다.

먼저 용병에 대해 말하자면, 송나라는 병력을 공급하기 위해 모병제를 실시했으며, 특히 기근이 든 해에는 굶주린 백성들 중에서 병사를 모집함으로써, 내란을 방지하는 목적을 달성했다. 그러나 이렇게 되자, 군대는 난민 수용소가 되어, 군인의 숫자가 끊임없이 증대됨에 따라, 병력 양성 비용도 갈수록 증가되었지만, 전투력은 오히려 갈수록 약화되었다. 송 태조 개보(開寶) 연간(968~976년), 금군(禁軍: 황제의 근위병)과 상군(廂軍: 송대 초기에 각 주州들에서 모집한 건장하고 용맹한 자들을 도성으로 보내 금군에 충당했고, 그 나머지는 각 주들에 남겨 두고, 훈련은 하지 않으면서, 단지 노역에만 충당했는데, 이들을 상군, 혹은 상병廂兵이라 했다)은 고작 37만 명 정도였다. 인종 경력(慶曆) 연간(1041~1048년)에는, 금군과 상군의 총수가 이미 120여 만 명에 달하자, 국가는 매년 수입의 절대적인 부분을 모두 방대한 군대를 부양하는 데 사용하게 되어, '용병(冗兵)'의 적폐를 초래했다. 다음으로 '용관'에 대해 말하자면, 북송은 건국 초기에 모든 방법을 동원하여 통치의 기초를 확대하자, 과거를 통해 등용한 관리의 숫자가 역사상 전에 없이 많았다. 당대(唐代)에는 과거의 진사(進士) 한 과목을 통해 한 해에 30명이 넘지 않게 선발했는데, 송 태종 때는 한 해에 수백 명을 선발했고, 인종 때는 진사를 4천여 명이나 선발했으며, 나머지 과목들에서 5천여 명을 선발했다. 기타 각종 은음(恩蔭: 조상이 공을 세웠을 경우, 그 후손들이 조상의 관직을 세습하거나, 관리로 특별히 채용하던 제도)으로 관리가 되는 길이 있었는데, 북송은 또한 "이를 대거 허락하자", 이러한 것들이 모두 관리 숫자의 격증을 초래했다. 동시에 송대의 관리들이 누린 대우도 상당히 융숭하여, 인종 때는 매년 정부의 수입이 3,900만 민전(緡錢: 엽전처럼 꿰미에 꿴 돈)이었는데, 관리의 봉급으로 지출한 돈이 3분의 1을 차지했다. 그런데 인종 때는, 세입이 5~6천만 민전이었지만, 군비(軍費)를 다 지출하고 나면 관리의 봉급을 지급하기에도 부족했다. 용관의 존재는 관리를 양성하는 불필요한 비용[冗費]을 끊임없이 증가시켰을 뿐만 아니라, 또한 토지 겸병도 나날이 심각해지면서, 국가의 재원(財源)은 날이 갈수록 점점 궁핍해졌다. 송 진종(眞宗) 시기에는 직전(職田: 북위 이후부터 정부가 관리들에게 등급에 따라 녹봉 대신 지급한 토지를 말한다. 그 관리는 이 농지를 농민들에게 임대해 주고 거둬들인 소작료를 녹봉 대신 취했다) 제도를 실행하여, 각급 관리들의 직전에 대해서는 모두 세금을 면제해 줌으로써, 국가의 세수를 감소시켰다. 건흥(乾興) 연간(1022년)에, 관리의 직전은 전국 농지의 절반에 달했다. 각급 관리들은 특권에 의지해 대대적으로 토지를 겸병하여, 직접적으로 국가의 세수에 영향을 미쳤다.

국가의 외부 환경을 보면, 인종 강정(康定) 원년부터 경력 2년까지(1040~1042년), 서하를 건국하고 황제가 된 당항족(黨項族) 수령 이원호(李元昊)는 여러 차례 북송에 대해 대규모 군사 침략

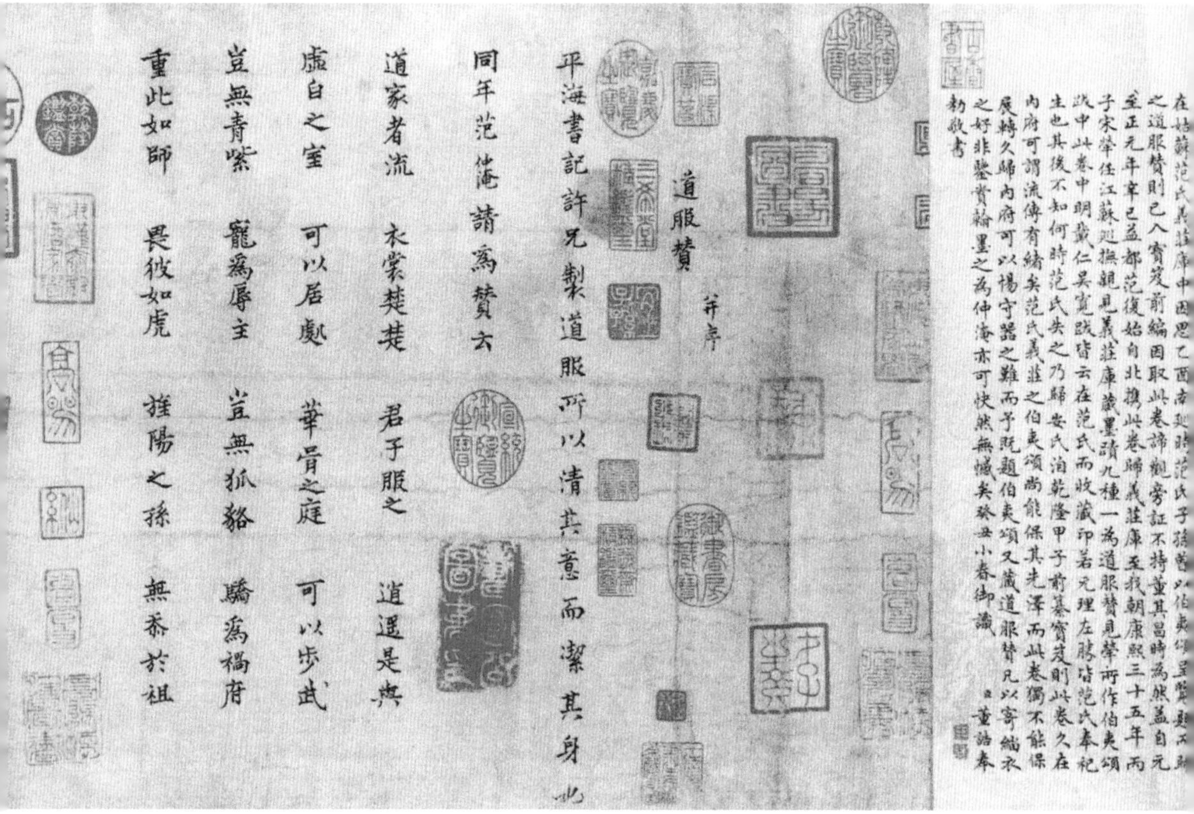

◈ **〈해서도복찬(楷書道服贊)〉 | 범중엄(范仲淹)**

〈해서도복찬〉은 지본(紙本: 종이에 쓴 글)으로, 유일하게 전해지는 범중엄의 해서 작품이다. 송대의 대서법가인 황정견(黃庭堅)은, 그의 글씨는 "낙필(落筆: 붓을 대어 글씨를 쓰기 시작함)이 통쾌하고 침착한 것이, 진(晉)·송(宋) 사람들의 글씨와 비슷하다"고 평가했다. 이 두루마리의 결자(結字: 글자의 구조와 짜임새)는 단정하고 근엄하며, 필묵이 강건한 것이, 진나라 사람의 서풍(書風)이 담겨 있다.

을 가했다. 삼천구(三川口, 지금의 산시성陝西省 옌안延安 서북쪽)·호수천(好水川, 지금의 닝샤寧夏 룽더隆德 동쪽)·정천채(定川寨, 지금의 닝샤 구위안固原 서북쪽) 등 세 차례의 대규모 전투를 거친 후, 송·서하 쌍방 모두 손실이 컸기 때문에, 결국 경력 4년(1044년)에 화의를 채결했다. 이 화의의 내용은, 서하가 황제 칭호를 취소하고, 송나라는 이원호를 하국왕(夏國王)에 책봉하며, 매년 서하에게 비단 15만 필, 은 7만 냥, 차(茶) 3만 근을 하사하며, 이를 '세사(歲賜)'라고 부르기로 규정했다. 게다가 전연지맹(澶淵之盟: 476쪽 참조) 이후, 송나라는 매년 요나라에 비단 20만 필과 은 10만 냥을 '세폐(歲幣)'로 보내주어야 했으니, 이러한 것들은 모두 송나라 경제에 매우 심각한 부담이 되었다. 국가의 재정 위기를 완화하기 위해, 송나라 조정은 자연히 백성들을 그 책임 부담자로 삼았다. 과중한 세금과 각종 부역은 결국 사회 모순의 전면적인 격화를 초래했다. 그러한 각종 폐단들은 송나라 인종과 신종(神宗) 두 황제와 일부 사대부들로 하여금 매우 우려하게 하여, 그들은 '조종지법(祖宗之法)'[4]을 바꿀 준비 행동을 했다.

경력신정(慶曆新政)

경력 3년(1043년) 4월, 송 인종은 범중엄을 도성으로 소환하여 참지정사(參知政事)를 맡기고, 추밀부사(樞密副使) 부필(富弼)·한기(韓琦) 등과 함께 국정을 주관하도록 했다. 이때, 북송의 관료기구는 한층 비대해져서 행정 효율이 저하되고, 국가 재정은 수입이 지출보다 부족했다. 이렇게 엄중한 통치 위기에 직면하자, 송 인종은 여러 차례 범중엄 등을 불러 이렇게 촉구했다. "그대들은 나라를 위해 마음을 다하면서, 아무런 염려하지 말고, 무릇 급히 개혁할 필요가 있는 일은 최대한 빨리 제시하시오."

범중엄은 줄곧 폐정을 개혁할 것을 주장해 왔다. 일찍이 천성(天聖) 5년(1027년), 그는 조정에 글을 올려 일련의 혁신 건의안을 제출했다. 황제의 신임과 위임을 얻은 후, 범중엄은 이미 오랫동안 준비해 온 개혁 사상을 진지하게 정리하여, 매우 신속하게 그 유명한 신정(新政) 강령인 〈답수조조진십사(答手詔條陳十事)〉를 바쳤다. 그 강령에서 그는 "관리들의 강등과 승진을 분명히 하고, 요행을 억제하며, 지방 장관이 인재를 선발하여 추천하는 일을 공정하게 하고, 관리의 장(長)을 신중하게 선택하며, 공전(公田)의 배분을 공평하게 하고, 농업과 잠업을 튼튼하게 하며, 군비를 정비하고, 요역을 줄여 주며, 은혜와 신의를 깊게 하고, 명령을 무겁게 할 것" 등 열 가지의 이치(吏治: 관리의 품행과 치적)를 정돈하는 것을 핵심으로 하는 개혁적 주장을 제시했다. 송 인종은 다른 대신들과 상의한 후, 이런 개혁 조치들을 조령(詔令)의 형태로 하나하나 전국에 반포했다. 그리하여 북송이 한때 세상을 뒤흔들어 놓았던 경력신정이 범중엄의 주도로 시작되었다. 같은 해 연말, 각지 관리들의 관직에 임하는 품행을 조사하기 위해, 범중엄은 전문적으로 한 무리의 사람들을 선발하여 도처에 가서 탐방하도록 파견했다. 일단 어떤 관료가 민중들을 탄압하고 탐욕스럽게 뇌물을 받은 사실을 알게 되면, 범중엄은 곧 관리들의 인명부를 펼쳐, 그 직무에 적합하지 않은 사람을 삭제해 버렸다. 추밀부사 부필은 그가 조금도 용서하지 않고 잇달아 관리들을 파면하는 것을 보고는, 그가 이로 인해 수많은 사람들의 미움을 받게 될까 염려되어 이렇게 권유했다. "당

4 조종지법(祖宗之法): '祖宗家法'·'祖宗法'·'祖宗之制'·'祖宗法度'·'祖宗典制'·'祖宗故事' 등등이라고도 부른다. 후세의 제왕들은 그들의 개국 선조들에 대해 일반적으로 모두 삼가 두려워하고 공경하는 마음가짐을 가졌으며, 또한 그들이 국가를 다스렸던 방침·정책·조치 등의 치도(治道)와 가법을 힘써 종합하여 계승했다. 송대의 통치자들은 당(唐)·오대(五代) 때 있었던 정치적 폐해의 역사적 교훈을 받아들여, 문신·무장·여후(女后)·외척·종실·환관 등 여섯 부류 사람들이 권력을 독점하여 독재를 하는 것을 철저히 방지하기 위해, 정권(政權)·병권(兵權)·재권(財權) 및 입법·사법권 등을 중앙에 집중시키는 '조종지법'을 제정했다.

◈ **화형금잔**(花形金盞) | 송

이 금잔의 윤곽은 꽃잎 모양이고, 잔의 중심은 꽃술로 되어 있어, 조형이 매우 생동적이고 핍진하다. 금잔은 안후이성 쑤닝(休寧)에서 출토되었으며, 현재 안후이성박물관에 소장되어 있다.

신은 단번에 매우 쉽게 지워 버리지만, 그 한 번이 그들의 가족들을 통곡하게 할 수도 있소이다!" 범중엄은 다 듣고 나서, 그러한 관리들의 이름을 가리키면서 분개하여 이렇게 말했다. "한 집안 사람이 우는 것이 한 지역 사람들이 우는 것보다 분명히 낫습니다!" 이렇게 엄격한 조사를 통해, 직무에 충실하지 않고 국록만 받아먹는 수많은 부적격자들을 관료 사회에서 깨끗이 정리함으로써, 조정의 업무 처리 효율을 크게 높였다.

그런데 경력신정은 북송 관료 사회에 둥지를 틀고 들어앉아 있는 부패한 세력에게 직접적으로 손해를 입혔다. 이 때문에 그들은 개혁파를 뼈에 사무치도록 미워했다. 신정의 추진을 파괴하기 위해, 그들은 함께 규합하여 범중엄·부필·구양수·석개(石介) 등을 비방하면서 붕당을 결성하고, 또 환관에게 거액의 뇌물을 주어, 그들로 하여금 끊임없이 송 인종의 면전에서 범중엄을 헐뜯는 말을 퍼뜨리도록 했다. 추밀사(樞密使) 하송(夏竦)은 개혁파 관리의 규탄을 받고 권세 있던 관직을 잃자, 너무나도 원통하고 부끄러운 나머지 분노한 하송은 자기 집안에서 일하는 한 계집종에게 매일 석개의 필체를 모방하여 쓰도록 한 다음, 석개의 필체로 한 통의 비밀 편지를 위조했다. 이 편지에서는 송 인종을 폐위하고, 개혁파의 생각에 부합하는 꼭두각시 황제를 옹립해야 한다고 공언했다. 하송의 음모에 따라, 개혁파가 따로 황제를 옹립하려고 음모를 꾸미고 있다는 유언비어가 사방에 전해지면서, 한때 인심이 흉흉해지자, 송 인종은 동요하기 시작했다. 비록 그가 소문을 믿지는 않았지만, 개혁 과정에서 여러 가지 저항에 부딪히자, 그는 결국 계속 개혁을 진행할 믿음도 잃어 버렸다.

경력 5년(1045년), 송 인종은 조서를 내려 모든 개혁 조치들을 폐지하고, 즉시 범중엄의 참정지사 직무를 해임한 뒤, 그를 등주(鄧州, 지금의 허난성 덩저우)에 가서 지방관을 맡도록 강등시켰다. 얼마 지나지 않아, 부필과 구양수 등 혁신파 인사들도 잇달아 지방으로 밀려났다. 이렇게 되자, 1년여 동안 진행되었던 경력신정은 전면적으로 실패하고 말았다.

◈ **왕안석 동상**

중국 고대의 3대 개혁가 중 한 사람으로서, 왕안석은 봉건 시대에 최초로 "하늘의 변화도 두려워할 것이 없으며, 조종(祖宗: 선대의 임금)도 본받을 것이 없고, 사람의 말도 고려할 것이 없다[天變不足畏, 祖宗不足法, 人言不足恤]"는 삼부족(三不足) 선언을 했지만, 자신의 성격·옛 당파 계층의 강력한 반대 및 왕안석 자신의 용인술이 적절하지 못했기 때문에, 변법은 결국 실패했다.

왕안석의 변법

송 인종이 세상을 떠난 후, 태자 조서(趙曙)가 즉위했으니, 그가 송 영종(英宗)이다. 영종은 몸이 약하고 병이 많아, 재위 5년 만에 병으로 세상을 떠나자, 그의 아들 조욱(趙頊)이 즉위하여 황제가 되었으니, 그가 송 신종(神宗)이다. 신종은 태자가 되었을 때 법가(法家) 사상을 매우 마음에 들어 했다. 그는 『한비자(韓非子)』 읽고 나서 말하기를, "세상에는 폐단이 매우 많으니, 개혁하지 않으면 안 된다"고 했다. 그랬던 그가 제위에 오르자, 자연히 마음 단단히 먹고 개혁을 하여 부국강병을 이루고,

이전 왕조들이 남겨 놓은 무기력한 정국과 위기가 사방에 도사리고 있는 현재 상황을 변화시키려고 했다. 희녕(熙寧) 원년(1068년) 4월, 신종은 왕안석을 도성으로 불러들여, 변법을 하여 새로 제도를 확립하게 했다.

왕안석(1021~1086년)은, 자가 개보(介甫)이며, 호는 반산(半山)이고, 임천(臨川, 지금의 장시성江西省 푸저우撫州) 사람이다. 그는 소년 시절에 일찍이 관리인 아버지를 따라 많은 지방에 가서, 당시의 사회문제에 대해 약간 감성적인 인식을 갖게 되었다. 경력 4년(1044년), 왕안석은 진사(進士) 제4등으로 급제하여 관직에 진출했다. 오랫동안 관직을 거치면서, 왕안석은 토지 겸병이 당시 사회의 보편적 빈곤화를 초래하는 주요 근원이며, 더욱 심각하게 국가의 장치구안(長治久安: 오래도록 태평하고 안정됨)을 해친다는 것을 절실히 깨달았다. 때문에 나라와 백성을 걱정하던 왕안석은 일찍이 가우(嘉祐) 3년(1058년)에 만언서(萬言書)—〈상인종황제언사서(上仁宗皇帝言事書)〉—를 올려, "바꾸고 개혁하도록" 요구했다. 애석하게도 최고 통치자의 회답을 받지는 못했다. 신종 때, 왕안석은 뭇 사람들의 기대를 받으며, 자신이 짊어져야 할 책임을 남에게 전가하지 않고 변혁의 기치를 들어올렸다. 변법을 추동하기 위해, 희녕 2년(1069년) 2월, 왕안석은 변법을 지도할 새로운 기구인 제치삼사조례사(制置三司條例司)를 창립함과 동시에, 여혜경(呂惠卿)·증포(曾布) 등과 함께 신법(新法)의 초안을 작성하고, 각 노(路: 송·원대의 지방 행정단위로, 지금의 성省에 해당)에 제거상평사(提擧常平司)를 설치하여, 각 주(州)·현(縣)들이 신법을 추진하도록 독촉했다. 후에 제치삼사조례사를 폐지하고, 호부(戶部)의 사농시(司農寺)가 대부분의 변법 사무를 주관했다. 이때부터 중국 역사상 중대한 영향을 미친 변법 운동이 힘차게 전개되었다. 부국강병이라는 목표를 둘러싸고, 왕안석은 차례로 농전수리(農田水利)·청묘(青苗: 국가가 농민에게 저리로 식량이나 돈을 대출해 주는 제도)·균수(均輸: 그 지역의 특산물을 세금으로 징수하여, 물가를 조절하던 정책)·보갑(保甲: 효율적 통치를 위한 호적 편제)·면역(免役: 부역의 면제)·시역(市易: 정부가 시장에 개입하여 물가를 조절하는 정책)·보마(保馬)·방전균세(方田均稅: 토지 조사를 통해 숨겨진 농지를 발굴하고, 토지의 등급을 구분하여 세금을 공평하게 징수하는 제도) 등 신법을 추진했다. 왕안석의 변법은 '부국강병'을 목적으로 했으며, 15년 정도 추진하여 일정한 효과를 거두었다. 농촌의 지주와 자영농은 모두 부분적으로 노역과 세금 부담을 경감받았고, 국가는 재정 수입을 증가시켜, 조정 안팎의 창고들에는 쌓아 둔 돈과 곡식이 "차고 넘치지 않는 곳이 없었다".

왕안석은 비록 개혁가의 왕성한 웅지와 강력한 의지를 갖고 있었지만, 그는 일처리가 고집스러웠던 데다 냉담하고 무정하여, 사람들이 그를 '요상공(拗相公: 고집불통 재상)'이라고 불렀다. 그의 과감한 개혁은 조야의 상하 모든 기득권자들에게 미움을 샀다. 사람은 화목하지 않고, 정치는 소통하지 않은 데다, 더구나 좋은 정책조차 도 집행하기 어려웠다. 비록 왕안석은 조금도 물러서지 않았지만, 송 신종은 결코 왕안석처럼 단호하지 못하여, 그는 점차 동요하기 시작했다. 특히 희녕 7년(1074년), 하북(河北) 지방에 대가뭄이 들어 수개월 동안 비가 오지 않자, 이재민이 도처에 넘쳐났다. 일부 관리들은 이 기회를 틈타 유언비어를 퍼뜨리기를, 변법이 하늘의 노여움을 샀고, 마침내 대가뭄을 일으켰다고 했다. 신종의 할머니인 조태후(曹太后)와 어머니인 고태후(高太后)도 신종의 면전에서 울면서 하소연했다. 이렇게 되자, 신종은 온종일 연달아 한숨만 쉬면서, 어찌해야 좋을지 알지 못했다. 왕안석은 이 모습을 보고, 분개하여 사직한 뒤, 강녕부(江寧府, 관아는 지금의 난징南京에 있었음)로 돌아가 휴양했다.

이듬해 2월, 신종은 다시 왕안석을 도성으로 불러 재상을 맡겼지만, 몇 달 후에 하늘에 혜성이 나타나자, 사람들은 이것이 불길한 징조라고 여기고 일제히 신법을 공격했다. 물론 왕안석은 어떻게든 신법을 변호하려 했음에도 불구하고, 신종은 여전히 망설이면서 결정하지 못했다. 신종의 동요는 왕안석으로 하여금 지지 세력을 잃게 하여, 각지에서는 신정에 대해 겉으로는 지지하는 척하면서도 속으로는 지지하지 않았다. 이듬해 봄, 곳곳에서 벽에 부딪힌 왕안석은 자신의 주장이 관철될 수 없다는 것을 알자, 다시 재상에서 물러났다. 원풍(元豐) 8년(1085년), 신종이 병으로 세상을 떠나고, 그의 아들인 철종(哲宗) 조후(趙煦)가 제위를 물려받자, 태황태후 고씨가 수렴청정을 했다. 또 사마광(司馬光)을 우두머리로 하는 보수파가 다시 권력을 장악하면서, 신법은 즉시 폐지되었다. 왕안석의 변법은 결국 실패로 끝났지만, 변법을 대하는 태도로 인해 형성된 신·구 양당 간의 상호 공격은 줄곧 북송의 중·후기 내내 계속되다가, 북송의 멸망까지 이어졌다.

한 걸음 더

심괄(沈括)과 『몽계필담(夢溪筆談)』

심괄(1031~1095년)은, 자가 존중(存中)이며, 북송의 저명한 과학자다. 심괄이 살았던 신종 연간은, 바로 왕안석 변법의 중요한 시기로, 심괄은 변법의 적극적 지지자였다. 후에 변법이 실패하면서, 그는 좌천을 거듭하다가, 말년에는 윤주(潤州, 지금의 장쑤성 전장鎭江)의 몽계원(夢溪園)에 가서 책 쓰는 일에 몰두하여, 과학 분야의 대작인 『몽계필담』을 저술했다. 『몽계필담』은 무려 30권에 달하는데, 내용이 폭넓고 깊이가 있으며, 천문·지리·수학·물리·화학·문예·역사·철학 등 방면의 지식에 이르기까지, 중국의 고대, 특히 북송 시기의 자연과학이 거둔 찬란한 성취를 총정리했다. 영국의 과학자 니덤(Joseph T. M. Needham)은 『몽계필담』의 불후의 가치를 이렇게 평가했다. "심괄은 중국의 전 분야 과학사에서 가장 탁월한 인물이다."

북송 중·후기

인물: 사마광(司馬光), 채경(蔡京) **지역:** 동경(東京) 변량(汴梁) **키워드:** 원우당인비(元祐黨人碑)

국가의 재앙이 된 당쟁(黨爭)

적폐를 일소하기 어려웠던 북송은, 왕안석의 변법 이후부터 신·구 양당의 분쟁이 끊이지 않았다. 그것은 원래는 정치적 관점과 시정(施政) 조치의 차이로 인해 폭발한 정치투쟁이었는데, 점차 개인적 은원(恩怨: 은혜와 원한)의 충돌로 변질되다가, 결국은 소집단이나 심지어는 개인 간의 권력과 이익 다툼으로 타락하여, 악의적으로 헐뜯으며 공격했다.

◈ 사마광의 『자치통감(自治通鑑)』 잔고(殘稿)

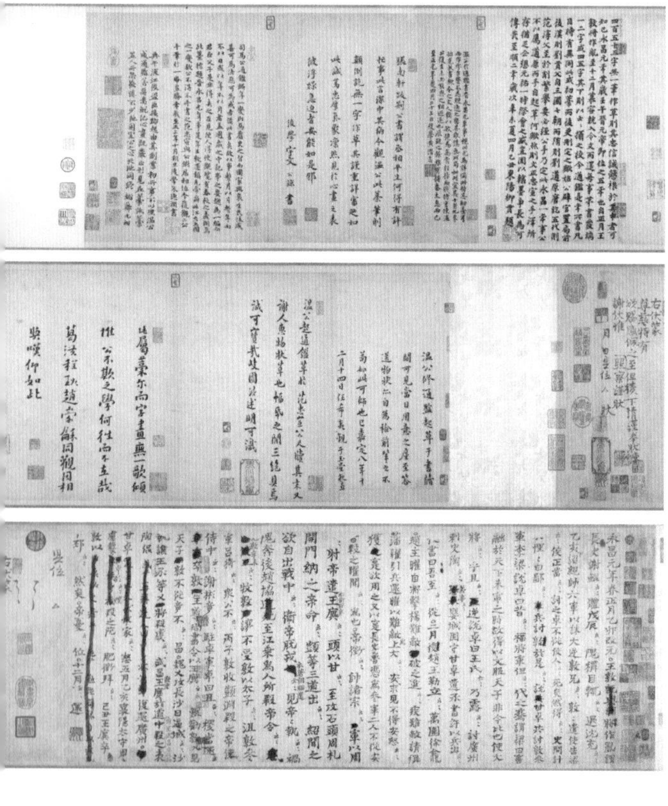

남의 의견을 듣지 않고, 자기 고집대로만 하다

사마광(1019~1086년)은, 자가 군실(君實)이며, 섬주(陝州) 하현(夏縣, 지금의 산시성 山西省 원시聞喜) 속수향(涑水鄕) 사람으로, 세간에서는 '속수선생(涑水先生)'이라고 불렀다. 송 인종 보원(寶元) 원년(1038년), 사마광은 진사 시험에 합격하여, 관각교감(館閣校勘)·동지예원(同知禮院)·천장각대제(天章閣待制) 겸 시강(侍講)·지간원(知諫院)·어사중승(御史中丞)·한림원(翰林院) 학사(學士) 겸 시독(侍讀) 등을 역임했으니, 관직에서 명예와 지위를 일찍 이뤘다고 할 수 있다. 조정에서 근무한 기간에, 사마광은 왕안석과 여러 차례 함께 일했는데, 정치적 견해 차이 때문에 두 사람은 갈수록 멀어졌으며, 결국 반목하다가 원수가 되었다.

희녕(熙寧) 3년(1070년), 왕안석은 변법을 실시하기 시작했지만, 정치적 견해가 달랐기 때문에, 사마광은 추밀원부사 직책을 고사하면서, 자신과 왕안석은 단지 한 사람만이 조정에 남아야 한다고 선언했다. 송 인종은 어찌 할 도리가 없자, 그에게 판서경어사대(判西京御史臺)를 맡겨, 낙양으로 좌천시켰다. 비록 사마광은 왕안석과 변법에서는 엄중한 차이가 있었으나, 진정으로 나라를 위한 것으로 말하자면, 두 사람은 아무런 차이가 없었고, 정책 방향과 구체적인 조치에서 각자 중점을 두는 부분이 달랐을 뿐이다. 왕안석은 주로 당시의 재정·군사상의 문제를 중심으로 하여, 과감한 경제·군사상의 개혁 조치들을 통해 화급한 일을 해결하려고 했다. 사마광은 지금은 이미 이루어 놓은 일들을 발전시켜 갈 시기이니, 마땅히 윤리와 강상(綱常: 즉 삼강오륜)·관리들의 기강을 정돈하는 데 중점을 두어, 기존의 제도를 완성하고 발전시켜야 한다고 주장했다. 그리하여 설사 몇몇 부분에 개혁이 필요하더라도 안전하고 조심스럽게 해야 하며, "천하를 다스리는 것은 거실과 같은 것이어서, 낡고 해어지면 그것을 고쳐야지, 크게 부수고 다시 지어서는 안 된다"고 생각했다. 상대적으로 말하자면, 사마광의 주장은 비교적 보수적이었지만, 왕안석의 변법 과정에서 나타난 오류와 문제들로부터 보면, 그의 정치적 안목은 정확한 측면도 있었다.

낙양에 온 다음, 사마광은 역사서인 『자치통감(自治通鑑)』을 편찬하는 일에 전념하기 시작했다. 원풍 8년(1085년)에 송 신종이 세상을 떠나고, 나이가 고작 10세인 그의 아들 조후(趙煦)가 즉위했으니, 그가 송 철종이며, 태황태후 고씨(高氏)가 수렴청정을 했다. 고씨는 왕안석 변법의 주요 반대자 중 한 사람으로, 정치에서 상대적으로 보수적이고 완고했다. 그가 수렴청정을 시작한 후에 처음 한 일은, 바로 변법을 가장 강력히 반대했던 사마광을 불러들여 국사를 주관하게 한 것이다. 이듬해, 고씨가 사마광을 상서좌복야(尙書左僕射) 겸 문하시랑(門下侍郎)에 임명하자, 북송 왕조의 재상이 되었다. 사마광은 재상에 부임한 후, 고씨의 지지하에 전면적으로 신법을 폐지하기 시작했는데, 역사에서는 이를 '원우경화(元祐更化)'라고 한다. 당시 보수파 내부에도 다른 의견이 있었다. 보수파 중신인 범순인(范純仁: 범중엄의 둘째 아들)은 변법 조치를 전면적으로 폐지하는 것을 결코 찬성하지 않아, 사마광에게 이렇게 말했다. "왕안석이 제정한 법령에는 일면 취할 만한 부분이 있거늘, 사람이 누구냐를 보고 그 가치를 판단해서는 안 됩니다." 그러나 사마광은 근본적으로 이 말에 귀를 기울이지 않았다. 집정한 지 8개월 후, 사마광이 병으로 세상을 떠났지만, 그가 취한 조치는 다른 보수파 관리들이 계속해서 엄격하게 집행했다. 사마광은 보수파 관리들을 대거 기용한 데다, 변법을 지지하는 대신들을 조정에서 축출했기 때문에, 통치 집단 내부의 투쟁을 매우 크게 격화시켰다. 원우(元祐) 8년(1093년) 9월, 고태후가 세상을 떠나자, 송 철종

◈ **자주요**(磁州窯)**의 황유화훼침**(黃釉花卉枕) | 북송

이 친정을 시작했으며, 같은 해에 연호를 소성(紹聖, 1094~1098년)으로 고쳤다. 나이 어린 황제는 다시 새로운 당파를 기용함과 아울러, 보수파에게 강력한 타격을 가함으로써, 신·구 양당의 정치 투쟁을 갈수록 격렬해지게 했다.

원우당인비(元祐黨人碑)

신·구 양당의 당쟁이 빚어 낸 대규모의 정국 혼란은, 북송에서 몇 차례 기복을 겪었다. 당쟁의 시작은, 한편에서 신종이 왕안석을 기용하여 조정에서 변법을 주관하게 하면서, 신당(新黨)을 형성했고, 다른 한편에서 변법에 반대하던 중요한 관리들, 예를 들면 문언박(文彦博)·사마광·소식(蘇軾) 등이 외지로 좌천되거나, 스스로 외지에 지방관으로 갈 것을 요청하기도 하면서, 구당(舊黨)이라고 불린 데에서 비롯되었다. 신종이 한창 나이에 일찍 세상을 떠난 후, 사마광 등 보수파 관리들이 조정으로 돌아왔다. 이 기간에 구당의 신당에 대한 공격은 아무런 원칙도 없는 감정싸움으로 변화했으며, 심지어는 문자옥(文字獄: 그 사람이 쓴 글을 문제 삼아 죄를 묻는 것) 등 비열한 수단을 이용하여 상대방에게 무고한 죄를 뒤집어씌우기 시작했다. 신·구 양당의 정적에 대한 공격은 갈수록 잔혹해졌으며, 사용하는 수단도 갈수록 비열해졌다. 고씨가 세상을 떠난 후, 철종이 친정을 시작하자, 태황태후가 수렴청정한 기간에 자기가 꼭두각시처럼 시키는 대로만 움직였던 것에 원한이 맺혔기 때문에, 구당을 몰아내고 신당을 기용했다. 왕안석의 계승자 모습으로 재상에 부임한 장돈(章惇)은 정적들을 여지없이 숙청했으며, 심지어는 황제에게 사마광의 무덤을 파헤쳐 유골을 길가에 놓고 채찍질을 가함으로써 징계를 나타내 보여야 한다고 제안하기까지 했다. 이 때문에 심한 불안을 느낀 동료가 그에게, 장래에 서로 보복하는 악순환을 수습할 수 없게 만들지

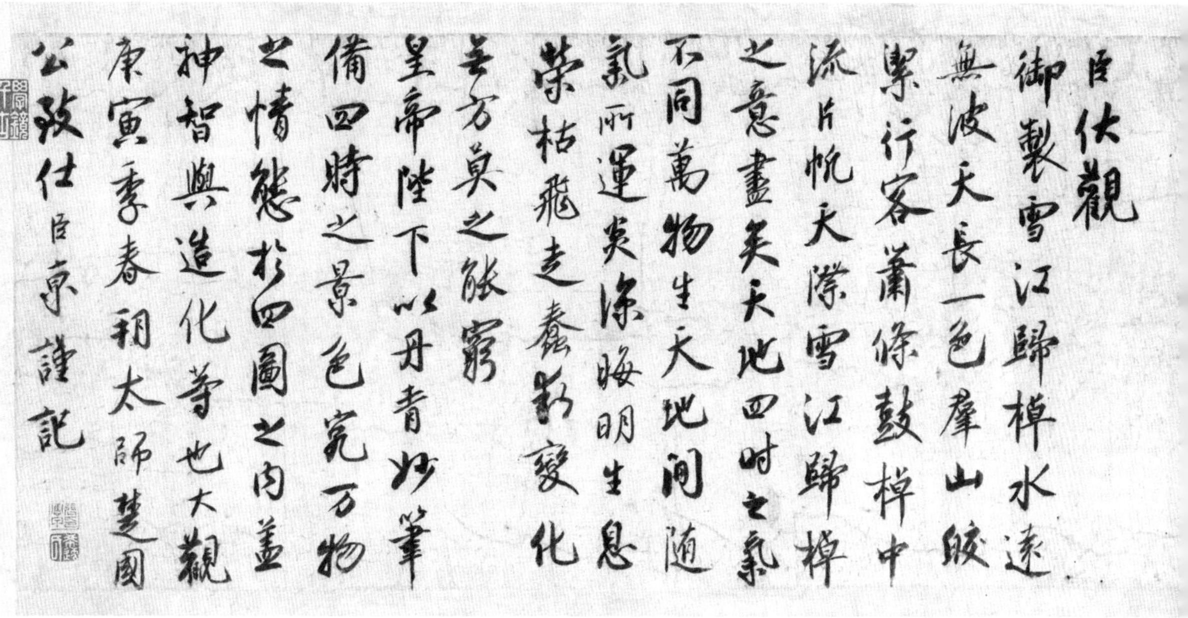
臣伏觀
御製雪江歸棹水遠
無波天長一色羣山皎
潔行客蕭條鼓棹中
流片帆天際雪江歸棹
之意盡矣天地四時之氣
不同萬物生天地間隨
氣所運炎涼晦明生息
榮枯飛走蠢動變化
無方莫之能窮
皇帝陛下以丹青妙筆
備四時之景色究萬物
之情態於四圖之內蓋
神智與造化等也大觀
庚寅季春朔太師楚國
公致仕臣京謹記

◈ 〈설강귀도도발(雪江歸棹圖跋)〉 | 송, 채경(蔡京)

〈설강귀도도〉는 송 휘종 조길이 그린 그림이고, 제발(題跋)이란 서적·자화(字畵: 글씨와 그림)·비첩(碑帖: 탁본) 등의 앞면에 써 넣는 글을 가리킨다. 그 내용은 품평·감상·고정(考訂: 고증하여 교정함)·기사(記事: 사실의 기록) 등 다양하다. 이 〈설강귀도도발〉은 채경이 휘종의 그림에 쓴 것이다.

않으려면, 제발 이러한 선례를 남기지 말아야 한다고 경고하자, 장돈은 그제야 비로소 중단했다.

원부(元符) 3년(1100년), 24세의 송 철종이 병으로 사망하자, 단왕(端王) 조길(趙佶)이 제위를 물려받았으니, 그가 송 휘종(徽宗)이며, 신정(新政)을 혐오하는 향태후(向太后)가 수렴청정하면서, 좌천당했던 구당(舊黨) 인사들이 잇달아 원래의 관직으로 복귀했다. 불과 9개월 후, 향태후가 병으로 세상을 떠나면서 수렴청정이 끝나고, 휘종이 정식으로 정권을 장악한 뒤, 다시 변법을 계속해 가기로 결정했다. 그리고 일찍이 변법파의 일원이었고, 또 중국 역사상 악명 높은 간신이자 권신(權臣)인 채경(蔡京)이 재상에 임명되었다. 개인의 권세를 공고히 하기 위해, 채경은 '원우당인(元祐黨人)'을 호되게 박해해야 한다고 주장했다. 바로 그가 권력의 중심에 진입한 그달에, 북송 정부는 원우당인들의 통행을 금지하는 법을 실시하고, 이미 세상을 떠난 구당 관리들은 관직명을 삭제했으며, 조정에서 관직을 맡고 있는 사람들은 일률적으로 좌천시켜 지방으로 내쫓았다. 9월에는, 온갖 궁리를 다해 구당을 박해하던 채경이 단례문(端禮門)에 '원우당인비(元祐黨人碑)'를 세웠으며, 또한 전국 각지의 주·현들에 모두 '당인비(黨人碑)'를 새기도록 명령하고, 이를 천하에 조서로 알렸다.

'원우'는 철종 초기의 연호로, 당시에는 구당이 권력을 장악하고 있었는데, 그들은 자신들의 정적들에게 '원우당인'이라고 불렸다. 반대로 변법을 지지하는 인사들은 사람들에게 '원풍당인(元豐黨人)'이라고 불렸다. 이른바 '당인비'란, 바로 원우 연간(1086~1094년)에 정권이나 채경이 미워했던 120명에 달하는 관리들의 명단이다. 숭녕(崇寧) 2년(1103년) 2월, 휘종은 채경의 건의를 받고, 원우당인의 자제들은 도성에 오지 못하도록 명령했다. 4월에는, 경령궁(景靈宮) 안에 있는 사마광 등의 초상을 부숴 버리고, 전국적으로 원우당인들의 문집을 거둬들여 소각하라고 명령했다. 단례문 밖에 세운 당인비는 휘종이 친필로 썼는데, 기나긴 명단의 앞면에는, 이 사람들과 그 자손들은 영원히 관리가 될 수 없고, 황실의 자녀들은 비석 위에 새겨진 사람들의 후손들과 혼인해서는 안 되며, 이미 약혼했더라도 황제의 명을 받들어 취소해야 한다고 강조하여 설명해 놓았다. 똑같은 비석이 별도로 전국 각지에 세워졌다. 비석을 세운 자의 의도는 매우 명확했으니, 그것은 바로 이러한 구당 인사들에게 모욕을 주려는 것이었다.

그런데 민간의 여론은 결코 당시의 재상이 좌우할 수 없었다. 장안에는 안민(安民)이라는 이름의 석공(石工)이 있었다. 이 지역 관청은 조정의 명령을 받고 나서, 그에게 변량(汴梁: 북송의 수도)의 양식에 따라 석비 위에 글자를 새기도록 요구하자, 안민은 그 작업을 거절했다. 관리들이 그에게 이유를 묻자, 안민은 이렇게 말했다. "소인은 비록 매우 우매하지만, 비석을 세우는 뜻을 알고 있습니다. 그런데 사마광 같은 사람은, 나라 안에서 그의 정직함에 대해 칭송이 자자합니다. 지금 그를 간신의 우두머리라고 지탄하고 있으니, 소인은 이해할 수 없기 때문에, 그의 이름을 비석에 새길 수 없습니다." 그 지역 관리는 분노하여 꾸짖었다. "네놈이 어찌 아느냐? 조정의 명령인지라, 우리도 감히 거역할 수 없거늘, 너는 한낱 보잘것없는 석공인데, 관청에 부역하러 불려왔으면서, 설마 감히 조정의 명령을 거역하겠다는 것이냐?" 안민은 흐느끼면서 말했다. "당연히 감히 부역을 받아들이지 않을 수는 없지만, 소인의 이름은 관례대로 비석 뒤에 새기지 않게 하셔서, 세상 사람들이 내가 새긴 비석이라는 것을 알지 못하도록 해 주십시오." 그러자 관리가 다시 질책했다. "너의 성명이 무슨 쓸모가 있단 말이냐? 누가 너에게 네놈 이름까지 새기라고 했느냐?" 안민은 그제야 비로소 마지못해 명을 따랐지만, 작업을 마친 후에는 통곡을 하면서 떠났다.

당인비의 건립은, 신·구 양당이 치국 이념의 다툼으로부터, 사리(私利)·감정·권력 다툼으로 철저히 변질되었음을 상징한다. 이때부터 북송 왕조의 정치 분위기는 급속히 악화되어, 일찍이 부국강병을 의도했던 변법은, 우매한 계승자와 완고한 반대자 쌍방의 왜곡으로 인해 사리사욕을 도모하고 정적을 공격하는 구실이 되었다. 이와 동시에, 왕안석의 신정은 채경의 손아귀에서 급속히 변질되어, 변법이라는 기치하에, 방대한 관료 집단은 온갖 방법을 다 동원하여 자기의 사적 이익을 도모하려 했다. 예컨대 원래 백성들의 노역 부담을 경감시켜 주기 위해 제정한 면역법(免

役法)은, 집행자가 사람들에게 알릴 수 없었던 목적 때문에, 세수를 증가시키고 백성들을 속여서 갈취하는 수단이 되어 버렸다. 당시 변량의 연기자들은 단막극을 만들어 채경을 조롱하기를, 한 명의 어릿광대가 무대 위에서 고관대작의 모습을 하고 앉아 있을 때, 한 명의 승려가 등장하자, 관리가 승려의 도첩(度牒: 관청에서 승려에게 발급하는 자격 증명서)을 검사하겠다고 요구한다. 그런데 그 도첩이 원우 연간에 발행한 것임을 발견하자, 즉시 그것을 갈기갈기 찢어 버리고는, 승려에게 호통을 치며 쫓아냈다. 잠시 후 또 인사 발령을 받은 말단 관리가 출두하자, 이 관리는 인사기록부를 살펴보고는, 그 말단 관리가 원우 연간에 관리가 되었다는 사실을 발견하고는, 분노하여 그를 내쫓으면서, 어느 부서에서도 그를 쓸 수 없다고 선포한다. 그때 관리의 하인이 무대 위로 뛰어올라와 말하기를, 이달에 조정에서 보내온 녹봉이 모두 원우 연간에 주조한 동전인데, 어떻게 처리해야 하느냐고 물었다. 그 관리는 잠시 생각하더니, 하인에게 원우전(元祐錢: 원우 연간에 주조한 동전)을 뒷문을 통해 집으로 가져다 놓으라고 분부했다. 그러자 관중들의 갈채 속에, 어릿광대는 고개를 가로저으면서 말한다. "단지 원우전만 밝히는군!"

한걸음 더

『자치통감(資治通鑑)』

『자치통감』은 북송의 사마광이 19년의 시간을 들여 주편(主編)한, 여러 권으로 이루어진 편년체 역사서다. 전서(全書)는 모두 294권에, 약 300여만 자이며, 시간을 강(綱: 큰 구분)으로 삼고, 사건을 목(目: 작은 구분)으로 삼아, 주(周) 위열왕(威烈王) 23년(기원전 424년)부터 오대의 후주(後周) 세종(世宗) 현덕(顯德) 6년(959년)까지, 모두 16왕조 1,362년의 역사를 기록하고 있다. 송 신종은, 이 책이 "지나간 일에 비추어, 나라를 다스리는 법도에 도움을 준다"고 여겼다. 즉 역사가 거쳐 간 성공과 실패를 통해 이후에 군주가 나라를 다스리는 거울로 삼는다고 여겼으므로, 이름을 『자치통감』이라고 정했다. 사마광의 『자치통감』은 "이전 시대의 흥망성쇠를 거울로 삼아, 현재의 장점과 약점을 깊이 생각하며, 선한 것을 칭찬하고 악한 것을 삼가며, 옳은 것을 취하고 옳지 않은 것을 버렸다". 사마천의 『사기(史記)』와 나란히 중국 역사학에서 불후의 거작에 속하는, 이른바 "역사학의 두 사마[史學兩司馬]"다.

휘종 숭녕 5년(1106년) 정월, 어느 날 밤 변경(汴京)의 하늘에 혜성이 나타났다. 얼마 지나지 않아, 문덕전(文德殿) 동쪽 담장 위에 있는 '원우당인비'가 벼락을 맞아 두 동강이 나 버렸다. 그러자 도교를 맹신하던 휘종은 매우 두려워하면서, 이는 하늘이 분노를 나타낸 것이라고 여기고는, 한밤중에 사람을 보내 몰래 단례문에 있는 당인비를 깨뜨려 버렸다. 재상 채경은 이 일을 발견하자, 부끄럽고 분한 나머지 화를 내면서 말했다. "비석은 깨뜨릴 수 있지만, 비석 위에 새겨진 인명을 나는 영원히 잊을 수 없을 것이다!"

전문 테마 송사(宋詞)의 호방(豪放)과 완약(婉約)

당시(唐詩)와 송사(宋詞)는 중국 고대 문학의 쌍둥이별이라고 할 수 있다. 도시 경제의 번영, 시민 계층의 확대, 심미정취(審美情趣)의 다원화에 따라, 만당(晩唐)과 오대(五代) 시기에 유행하기 시작한, 음악에 맞추어 노래를 부르는 장단구(長短句) 형식의 운문(韻文) 문학을 사(詞)라고 하며, 송대에 크게 융성했다. 송사의 제재와 내용은 온갖 사물의 현상들을 포함한다. 상대적으로 협소한 일상생활의 가벼운 느낌들을 반영한 것으로부터, 문인 계층 및 현실 생활의 다양한 측면들을 표현하는 것으로 확대되었다. 사가 표현하는 심경(心境)의 종지(宗旨)는 엄숙과 해학, 전아(典雅)함과 속(俗)됨을 모두 아우르며, 이들은 상호간에 영향을 주면서 융합되었다. 그 결과 사조(詞調: 사의 운율)·사체(詞體: 사의 문체)·유파(流派)들이 모두 다양해지는 송사의 성황(盛況)을 이루었다. 현재까지 전해지는 송사는 약 2만여 수(首)이며, 그 작가들은 약 1,500명이다. 그 중에서 안수(晏殊)·유영(柳永)·소식(蘇軾)·진관(秦觀)·하주(賀鑄)·주방언(周邦彦)·이청조(李清照)·주돈유(朱敦儒)·신기질(辛棄疾)·강기(姜夔) 등 우수한 '전문적인 사인(詞人: 사 작가)'들을 대거 배출했다. 송대의 사 작품들의 풍격은 다양한데, "완약(婉約: 완곡하고 함축적임)은 이안(易安: 이청조)을 모범으로 삼고, 호방(豪放)은 유안(幼安: 신기질)을 으뜸으로 일컫는다[婉約以易安爲宗, 豪放惟幼安稱首]"고 평가된다. 완약의 유화(柔和: 부드럽고 온화함)함[婉約之柔]이 있으면서도, 또한 호방의 웅혼(雄渾)함[豪放之雄]을 모두 갖추고 있으므로, 송사는 중국 고대 사 문학의 최고 성취를 대표한다고 할 수 있다.

완약(婉約)의 유화(柔和)함

원래 시정(市井)의 가요였던 사는 송대에 문학적 재능이 뛰어난 문인들이 개입함으로써 점차 문아(文雅)해지면서 정치(精致)하고 완약한 풍격으로 발전했다. 송대의 사 작품들 가운데 완약의 풍격에 속하는 것들은 유화(柔和)·완곡(婉曲)·은약(隱約)·미묘(微妙)를 특징으로 삼고, 음률과 언어의 조화, 정취 구성의 우아함, 정취 표현의 완곡함을 추구했으며, 내용은 주로 남녀 간의 사랑, 이별의 슬픔, 봄의 설렘이나 가을의 쓸쓸함 등을 다루었다. 송나라 말기의 심의보(沈義父)는 완약의 수법에 대해서 다음과 같이 정리했다. "음률이 잘 조화되어야 한다. 조화되지 않으면 장단구(長短句)를 가진 시(詩)가 되어 버린다. 글자를 사용하는 데에는 문아(文雅)함이 있어야 한다. 문아하지 않으면 전령(纏令: 북송 시기에 유행했던 일종의 유행가)에 가깝게 된다. 어휘를 사용함에서는 지나치게 노골적이지 않아야 한다. 노골적이면 주제가 바로 드러나 깊은 여운의 맛이 없다. 심경을 표현함에서는 지나치게 심오[高深]하지 않아야 한다. 심오하게 되면 바로 기특(奇特: 기묘함)의 길로 접어들게 되어 부드럽고 온화한 의취(意趣)를 잃게 된다[音律欲其協, 不協則成長短之詩. 下字欲其雅, 不雅則近乎纏令之體. 用字不可太露, 露則直突而無深長之味. 發意不可太高, 高則狂怪而失柔婉之意]." 송나라 사람들은 또한 완약의 수법으로 나라를 사랑하는 큰 뜻[愛國壯志]이나 시대에 대한 개인적 느낌을 서술하기도 했다. 예를 들어 신기질이 쓴 "또 몇 번의 비바람이 지나갔는가[更能消, 幾番風雨]"라는 구절은 '비흥(比興)'[5]의 상징 수단을 많이 사용하여 자신의 생각을 서술한 것으로, 주제가 명확히 드러나지 않고 감추어져 있어서, 독자가 직접 노력하여 찾아내야 한다.

◈ 남송의 사인(詞人) 육유(陸游)

완약의 풍격은 송대의 사 작품들 중에서 주류였으며, 안수·구양수(歐陽修), 유영·진관·이청조 등 사의 대가들이 대체로 이 범주에 포함된다. 유영은 온 힘을 다해 사를 지은 문인으로, 그의 작품들 중 대다수는 만사(慢詞: 100자 이상의 긴 사)이며, 서술하는 수법이 뛰어나서 초기 완약파(婉約派)의 대표적인 작가라고 할 수 있다. "다정한 이들 예로부터 이별 서러워했다지만, 더 더욱이 어찌 견디랴, 낙엽 지는 맑은 가을철에야! 오늘밤은 어느 곳에서 술을 깨려나? 버드나무 늘어선 강 언덕 새벽바람에 조각달 바라보며 깨겠지. 이번에 떠나 해를 넘기면 이제부턴 좋은 철 아름다운 경치도 헛것이 되고 말리라. 설사 갖가지 멋과 정이 있다손 치더라도 다시 누구와 이야기하랴[多情自古傷離別, 更那堪, 冷落清秋節. 今宵酒醒何處? 楊柳岸, 曉風殘月. 此去經年, 應是良辰好景虛設. 便縱有千種風情, 更與何人說]?"라는 그의 대표작 「우림령(雨霖鈴)」은 헤아릴 수 없는 이별의 슬픔을 불러일으키고, 가을의 고독과 슬픔이 지상(紙

5 비흥(比興): '비(比)'란, 저 사물로 이 사물을 비유하는 것이며, '흥(興)'이란, 먼저 다른 사물을 얘기함으로써 읊고자 하는 말을 끌어내는 것을 가리킨다. '비흥'은 중국 고전 시가의 창작에서 전통적인 두 가지 표현 기법이다.

上)에 생동감 있게 표현되어 있다. 북송 중·후기에 "정취(情趣)에 중점을 두었던[專主情致]" 진관은 유사(柳詞: 유영의 사 작품)의 장점을 흡수한 데다, "신세(身世)의 느낌을 염정(艶情: 연정)에 대입시키는" 데 탁월한 재능이 있어, 애정을 주제로 하는 사에서 표현된 슬픔과 문인 사대부의 인생 비극을 완벽하게 결합시켰다. 경호유로(慶湖遺老)라는 자호(自號)를 사용한 하주의 사는, "문아(文雅)하고 미려하며, 유한(幽閒: 다소곳하고 정숙함)하고 그리워하며 애원하는 정을 지극하게 표현했다[雍容妙麗, 極幽閒思怨之情]"는 평가를 받을 만큼, 사 작품의 전반적인 분위기가 화려하면서도 농염하여, '요야(妖冶: 요사하고 아름다움)한' 풍격이 있다. 주방언의 사 작품은 치밀한 구성과 전아(典雅)함을 갖추고 있어 "더욱 짜임새가 있고 더욱 중후하다[愈勾勒愈渾厚]"는 평가를 받을 정도로 인공의 정교함과 자연적으로 흘러가는 매끄러움을 모두 갖추고 있다. 완약파(婉約派)는 남송의 이청조에 이르러 최고조로 발전했다. 그는, 사는 "또 다른 일가[別是一家]"라는 설(說)을 제기하여 독자적인 길을 개척했으며, 작품에 사용한 언어들이 청려(淸麗)하다. 사를 논하면서 협률(協律)을 강조했고, 전아함과 정취를 숭상했다. 전기 작품들은 유한(悠閒: 한가로움)한 생활을 묘사했으며, 후기에는 신세에 대해 비탄(悲歎)하는 경우가 많아 정조(情調)가 감상(感傷)적이다. "아십니까? 아십니까? (늦은 봄에는) 마땅히 푸른빛은 풍성해지고 붉은 빛은 야위어갑니다[知否? 知否? 應是綠肥紅瘦]"라는 구절은 "무한히 애절하지만 절묘함은 드러나지 않고 함축되어 있다. 짧은 편폭에도 무수한 곡절이 담겨 있으니, 마땅히 사의 걸작이라 할 수 있다.[無限凄婉, 却又妙在含蓄, 短幅中藏無數曲折, 自是聖於詞者]"는 평가를 받았으며, 후기에 지은 "찾아보고 또 찾아봤지만, 고독함은 더욱 고독해지고, 처량한 슬픔은 더욱 처량하게 슬프기만 하네[尋尋覓覓, 冷冷淸淸, 凄凄慘慘戚戚]"라는 구절은, 말은 다했지만 담겨 있는 뜻은 무궁하다. 송사의 발전 과정에서 "겉은 유순하지만 실상은 음험함[陰柔]"을 추구했던 완약파는 상당히 두드러진 지위를 차지하고 있으며, 송사의 사풍(詞風: 사의 풍격)에 미친 영향이 대단히 심원했다.

● 호방함의 웅혼한[豪放之雄] 풍격

송나라 초기에 사 작가들 사이에서는 오대 시기의 화간사파(花間詞派)와 남당(南唐) 영사(令詞) 소곡(小曲)의 유풍(遺風)이 지속되었고, 염정(艶情)과 이별의 감정을 과장하여 표현하는 경우가 많았는데, 이는 사대부들이 주최하는 가무연악(歌舞宴樂)의 요구에 영합하고자 한 것이었다. 안수·구양수 같은 사람들은 점차 사대부 특유의 생활과 감수성을 사에 불어넣었고, 문인들이 유유자적하며 시와 술을 즐기던 흡족한 인생을 극력 표현함으로써, 사가 한층 더 우아해지게 하였다. 사대부 계층의 시야가 확대됨에 따라, 더욱 풍부한 내용들이 사 속에 들어가게 되었으며, 사체(詞

體) 형식과 표현 방식에서도 새로운 것을 창조해 냈다. 유영 이래로, 최대한 내심의 감정을 과장되게 서술하고, 도시 생활에 대한 묘사 또한 점점 성행하면서, 시민 계층이 좋아하는 취지를 포함하는 사 작품들이 크게 증가했다. 그리하여 송사의 완약한 풍격이 점점 성행하다가, 마침내 전성기에 이르렀다.

◈ 소식(蘇軾) 동상

송사에서 호방함의 웅혼한 풍격을 최초로 창조한 북송의 대문호 소식(蘇軾)은, 사 작품의 내용을 풍부하게 하는 최초의 힘들고 어려운 길을 개척하는 역할을 했다. 그는 사대부들의 더욱 넓은 사상적 공간을 반영하는 데 힘써서, 사 속에 언지(言志: 어떤 사물을 묘사함으로써, 자신의 원대한 의지나 포부를 표현하는 것)와 서정(抒情), 그리고 기유(記遊: 어떤 지역을 유람하고, 그 경치나 감상을 기록함)와 회고(懷古)를 표현하여, 사가 "청아(淸雅)하고 안락한 즐거움에 의지하고 보좌하던[聊佐淸歡]" 제한과 시(詩)와 사(詞)는 다르다는 인위적인 구분을 타파했다. 그리하여 그는 사를 내용에서부터 형식에 이르기까지 진정으로 독립하게 했으며, 아(雅)와 속(俗)이 갈라져 나뉘는 국면을 형성하게 하였다. "장강은 동쪽으로 흐르고, 도도한 파도는 사라져 간다. 천고(千古)의 풍운아들과 더불어. 옛날 성채의 서쪽은, 사람들이 말하길 삼국 시대 주유의 적벽이라지. 험난한 바위는 하늘을 뚫고, 거친 파도는 절벽을 때리는데, 휘감아 올라가는 물결은 천 겹의 백설 같아라. 강산은 그림과도 같은데, 일시에 얼마나 많은 호걸들이 등장했던가[大江東去, 浪淘盡, 千古風流人物. 故壘西邊人道是, 三國周郎赤壁. 亂石穿空, 驚濤拍岸, 捲起千堆雪. 江山如畫, 一時多少豪傑]!"라는 소식의 작품 「염노교(念奴嬌)·적벽회고(赤壁懷古)」는 호방하고 큰 기개가 있으며, 기세가 웅혼한 송대 호방사파(豪放詞派) 작품의 대표작이다. 소식은 "구절마다 깊은 뜻이 있는, 시인의 웅대함[句句警拔, 詩人之雄]"이 있어야 한다고 강력히 주장하면서, 호방함의 웅혼함을 가장 먼저 제창했다. 이 흐름은 남송의 신기질이 발전시키고 혁신함에 따라, 호방사파는 송대 문단에서 전에 없는 발전을 이루었다.

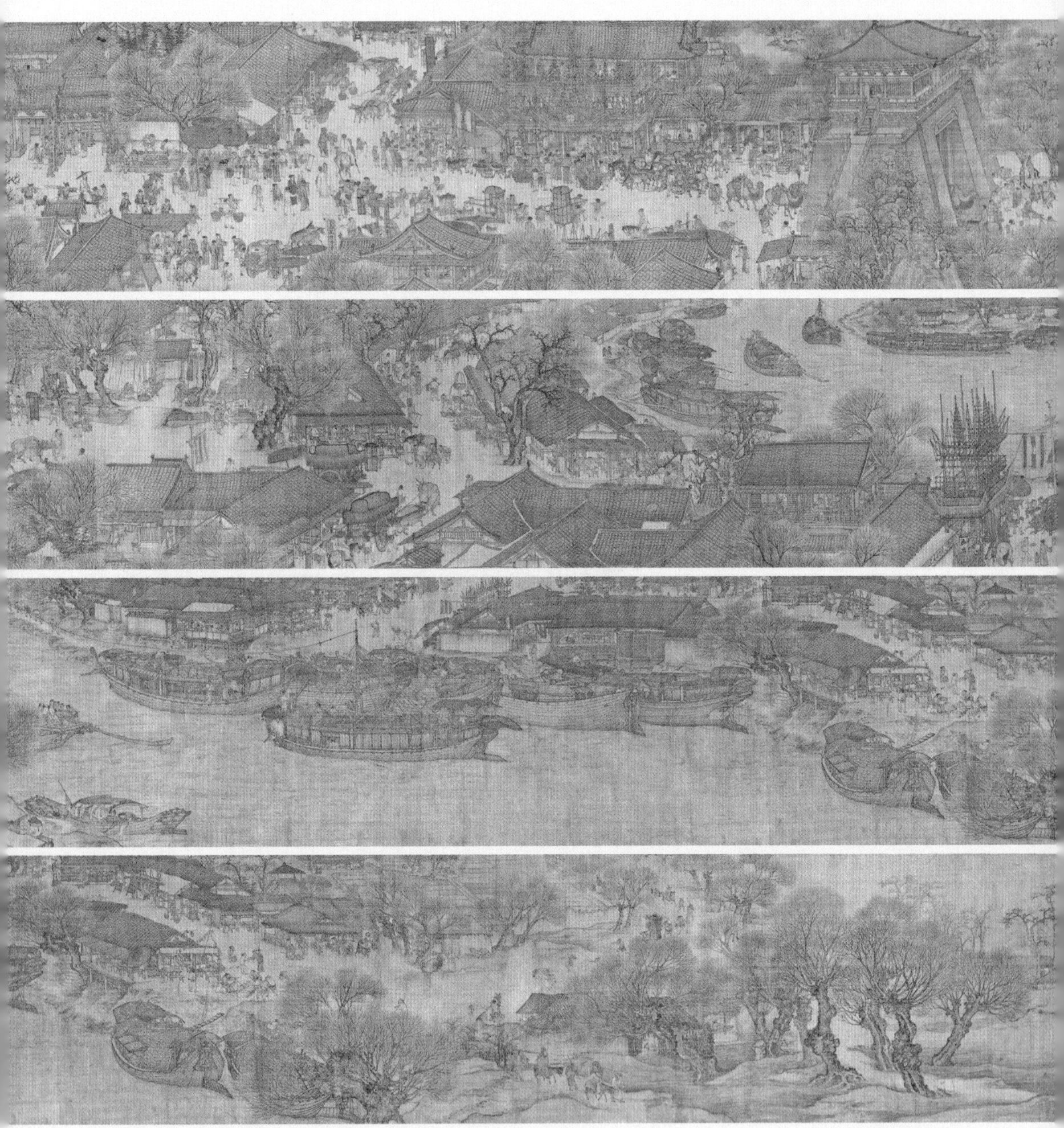

◈ 〈청명상하도(清明上河圖)〉 | 북송, 장택단(張擇端)

장택단은, 자가 정도(正道)이며, 동무(東武, 지금의 산둥성 주청諸城) 사람으로, 송 휘종 시기에 한림도화원(翰林圖畫院) 화가였다. 〈청명상하도〉는 장택단이 선화(宣和) 시기(1119~1125년)에 그린 명작으로, 그 웅장하고 광활한 화면에, 북송 선화 연간의 변하(汴河) 및 그 양안(兩岸)의 청명(清明) 시절의 풍모를 사실적으로 그렸다. 전체 두루마리[卷]에 그린 인물은 500여 명, 가축은 50여 마리, 각종 수레와 배가 20여 개이며, 건물이 많고, 도구가 무수하며, 장면이 거대하고, 용필(用筆)이 세밀하여, 후세에 송대의 도시 사회생활을 이해하고 연구하는 데 중요한 역사적 자료를 제공해 주었다.

소식은 사 작품에서 종종 강개함을 가득 담아서 속마음을 토로했다. 예를 들어 "내 잠시 젊은 시절의 호기(豪氣)를 발(發)하여, 왼쪽에는 노란 사냥개를 끌고 오른쪽엔 푸른 사냥매를 받치고 있네[老夫聊發少年狂, 左牽黃, 右擎蒼]"와 "술 마시고 나서 마음속 포부 넓어지니, 귀밑머리에 서리가 내린들 무슨 상관이 있으리[酒酣胸膽尙開張, 鬢微霜, 又何妨]!" 등과 같은 사 구절들은, "직접 호랑이를 쏴서 (내가) 손권(孫權) 같은 사람임을 세상에 보이리라[親射虎, 看孫郞]"의 호탕함과 "반드시 조궁(雕弓)을 당겨 만월(滿月)처럼 만들고, 서북을 바라보며 천랑성(天狼星)을 쏘겠노라[會挽雕弓如滿月, 西北望, 射天狼]"라는 이상과 포부를 나타내고 있다. 소식이 개창(開創)한 새로운 사풍(詞風) 또한 후세의 사 작가에게 직접적으로 영향을 주었고, 그들은 더욱 개인의 감회(感懷)·신세(身世)의 역정(歷程)을 사 작품에 끌어들임으로써, 사풍이 더욱 전아해졌으며, 호방한 작품들은 문단에서 웅혼한 풍격을 떨치고 일어나게 되었다.

남도(南渡) 이후

정강(靖康)의 변(變) 이후, 중원 지역이 전란에 빠져들면서, 송나라 조정이 남도(南渡: 송 고종高宗이 변량으로부터 임안臨安으로 천도하여 남송을 건립한 일을 가리킨다)하자, 소식이 개창한 호방한 사의 풍격은 더 발전하여, 문인 사대부들이 품고 있던 애국의 열정 및 관료로서 정치에 참여하는 삶과 결합되었다. 그리하여 사의 풍격이 더욱 거리낌 없고 대범한 큰 기세를 갖게 되었으며, 강렬한 애국의 정신이 넘쳐나게 되었다. 장원간(張元幹)은 먼저 민족의 생사존망의 위기에 대한 애국적인 제재와 고토를 수복하겠다는 열정을 사에 담아, "은하수를 끌어다가 (적군에게 죽임을 당한) 중원 백성들의 고혈(膏血)을 씻어 내련다[欲挽天河, 一洗中原膏血]"라는 강개(慷慨)한 비가(悲歌)를 창조했다. 이전에 존재하지 않았던 비통한 감정이 크게 확대된 정취와 분위기는 호방사파 작품들의 내용을 풍부하게 해 주었다. 송나라 황실이 남도한 이후에 태어난 장효상(張孝祥)이 이전 세대 작가들의 애국적 주제를 계승하여 지은 「육주가두(六州歌頭)」는 "마음이 상쾌하고, 문필(文筆)은 자연스럽고 시원시원하여, 읽으면 사람으로 하여금 일어나 춤을 추게 한다[淋漓痛快, 筆飽墨酣, 讀之令人起舞]"는 평가를 받는다. 금나라에 맞서 싸울 것을 주장했던 주전파(主戰派) 장준(張浚)은 작품을 다 읽고 나서 큰 감동을 받자, 얼마 지나지 않아 북벌을 지지했다. 이를 통해 장효상 사 작품의 영향력을 알 수 있다. 남송의 사 작가인 신기질은 소식과 함께 '소신(蘇辛)'이라고 함께 일컬어지며, 송나라 황실의 남도 이후 호방사파를 주도한 대표적 인물이다. 그의 작품은 열정이 넘쳐흐르며, 강개하고 비장한 마음을 표현하고 있으며, 필력이 웅혼하다. 그는 "내가 가장 존경하는 그대는 새벽에 무예를 단련하면서, 남아(男兒)는 죽음에 이르러도 마음이 쇠와 같다고 말하였네[我最怜君中宵舞, 道男兒到死心如鐵]"라고 읊었다. 감정이 풍만하며, 통쾌하고 호방하여, "머리를 들어 서북쪽의 뜬 구름을 바라보니, 만 리(里) 하늘에 기대려면 장검(長劍)이 필요하겠네[擧頭西北浮雲, 倚天萬里須長劍]"라는 작품 구절에서는 창을 휘두르며 북벌을 하여 고토를 회복하겠다는 애국심이 하늘의 태양처럼 환하게 드러나고 있다. 소식과 신기질 등의 "씩씩한 기상이 담긴 사[壯詞]"들이 연이어 빛을 발하면서, 송대 문단에 웅혼하고 굳센 색채를 더해 주었다.

송사 가운데 완약과 호방, 이 두 종류의 풍격과 유파는 송대의 사 작품으로 하여금 두 개의 봉우리가 빼어남을 다투는 기상을 갖게 하였다. 이 두 풍격은 서로 구별되면서 융합되기도 했으니, 신기질의 "청산의 의기(意氣) 높은 기세, 마치 나를 위해 돌아와 어여쁜 자태를 드러내는 듯하네[靑山意氣崢嶸, 似爲我歸來嫵媚生]"가 바로 그 좋은 예다. 평이하고 간명하면서도 의미가 심오한 송사는 완약과 호방 가운데에서 영원한 문학 예술의 매력을 펼쳐 보여주고 있다.

북송(北宋) 1126~1127년

인물: 송 휘종 조길, 송 흠종 조환 지역: 개봉 키워드: 화석강(花石綱), 방랍기의(方臘起義)

정강(靖康)의 치(恥)

송 휘종(徽宗)은 중국 역사상 가장 유명한 서화(書畵) 황제로, 그는 서화가로서는 매우 성공했지만, 황제로서는 오히려 매우 실패했다. 그는 정직한 선비를 배척하고, 제멋대로 '원우당인'에게 타격을 가했으며, 채경(蔡京)을 우두머리로 하는 '육적(六賊)' 등 많은 간사하고 아첨하는 소인배들을 임용하고, 좋은 물건들로 호화스럽게 사치하면서, 국정을 소홀히 했다. 결국 정강 원년(1127년) 윤달 11월 25일, 북송의 수도인 개봉(開封)이 금(金)나라 군대에게 점령당함으로써, 개국한 지 168년 만에 북송 왕조는 시련으로 흔들리다가 급작스럽게 무너졌다. 송 휘종 조길과 그의 아들 흠종 조환은, 잇달아 금나라 군대의 포로가 되었다. 중국 역사상 가장 치욕스러운 이 대변동은 '정강의 치'라고 불린다.

◈ 진십오낭조석가불좌상(陳十五娘造釋迦佛坐像) | 북송

휘종의 어리석음

원부(元符) 3년(1100년) 정월, 송 철종 조후(趙煦)가 세상을 떠났다. 철종에게는 아들이 없었기 때문에, 형이 죽자 동생이 제위를 물려받았으니[兄終弟及], 단왕(端王) 조길(趙佶, 1082~1135년)이 황위를 계승하고, 이듬해에 연호를 건중정국(建中靖國)으로 바꿨다. 그가 바로 북송 역사상 그 유명한 송 휘종이다. 즉위한 초기에 송 휘종은 일찍이 한 차례 성과가 있었는데, 그는 억울한 누명을 쓴 사람을 재심리하여 진실을 밝혀 주었고, 어질고 유능한 사람을 선발하여 임

◈ 〈청금도(聽琴圖)〉 | 송, 조길(趙佶)

〈청금도〉는 한 폭의 뛰어난 중국의 인물화다. 그림 속의 주인공은 한가운데의 석돈(石墩: 평평한 받침돌) 위에 단정히 앉아서, 황관(黃冠: 도사가 쓰는 관)을 쓰고 치복(緇服: 도사가 입는 검은색 옷)을 입어 도사 차림을 한 채, 두 손을 금(琴) 위에 올려 놓고, 가볍게 금의 현(弦)을 타고 있다. 이 그림은 현재 베이징 고궁박물원에 소장되어 있다.

용했으며, 당쟁에 반대함으로써, 나라를 중흥시킬 군주의 기상을 다분히 가지고 있었다. 그런데 곧 채경이 좌복야(左僕射) 겸 문하시랑(門下侍郎)에 부임하여 조정의 수상(首相)이 되면서, 휘종이 통치하는 조정은 암흑의 심연으로 미끄러져 들어가기 시작했다.

채경이 수상에 부임한 후, 송 휘종의 의견에 따라, 송 신종의 개혁 사업을 "계승 발전시킨다"는 명목으로, 전면적으로 원우당인을 탄압했다. 숭녕(崇寧) 원년(1102년) 9월, 휘종의 동의를 거쳐, 채경이 문언박·사마광 등 120명의 원우당인 및 원부 연간에 구법(舊法)을 회복시킨 관리들을 원우간당(元祐奸黨)으로 등록하여, 휘종 어필(御筆)로 친히 써서 단례문의 돌에 새겼으며, 이미 죽은 사람은 관직을 삭제하고, 살아 있는 사람은 일률적으로 좌천시켜 외지로 내몰았다. 원우 당적(黨籍: 당원 명단)을 상세히 확정함으로써, 정직한 관리들은 거의 모두 배척당해 조정에서 쫓겨났으며, 채경의 패거리들은 반대로 차츰차츰 승진하여, 일거에 조정을 장악했다. 채경을 우두머리로 하는 이들 간사한 소인배 집단은 당시 사람들에게 '육적(六賊)'이라고 불렸는데, 이들은 바로 채경·왕보(王黼)·동관(童貫)·양사성(梁師成)·주면(朱勔)·이언(李彥) 등 여섯 명이다. 그들은 신법을 계승 발전시킨다는 기치하에, 휘종의 생각에 영합하여 제멋대로 행동했다. 즉 한편으로는 휘종이 마음껏 향락을 즐기도록 유도하여, 간악(艮岳: 휘종이 인공으로 산을 만들어 조성한 원림)을 짓고, 대대적으로 '화석강(花石綱)'[6]을 일으켰으며, 다

6 화석강(花石綱): 송 휘종이 궁전과 원림을 짓기 위해 '응봉국'을 설립하고, 민간에서 기이한 꽃과 돌들을 수집하여, 배를 이용해 도성인 개봉으로 실어 날랐다. 이때 10척의 배가 하나의 선

른 한편으로는 조정 안에서 공공연하게 매관매직을 자행하고, 지방에서는 교묘하게 구실을 만들어 세금을 늘려 백성들의 재물을 수탈했다.

숭녕 원년(1102년), 향락에 심취한 송 휘종은 항주(杭州)에 '조작국(造作局)'을 설립하도록 명령을 내렸다. 수천 명의 장인을 보유한 이 황실 수공업 공장은 전문적으로 황실을 위해 각종 사치품을 제조했으며, 필요한 원료와 공임은 전부 민간에서 무상으로 징수했다. 3년 후, 원림(園林) 예술에 심취한 송 휘종은 명령을 내려 소주(蘇州)에 '응봉국(應奉局)'을 설립했다. 이 기구의 임무는 강절(江浙: 지금의 장쑤성江蘇省과 저장성浙江省을 포괄하는 지역) 일대에서 황제를 위해 진기한 물품과 진귀한 꽃이나 기이한 돌을 수집하기 위한 것이었다. 이로부터 중국 역사서에 하나의 특수한 명사인 '화석강'을 남겨 놓았다. 품질과 모양이 기묘하고 특이한 꽃과 돌을 찾아 황제에게 아첨하기 위해, 각지의 관리들은 마치 늑대나 호랑이처럼 잔인하고 흉악하게 도처를 찾아다녔다. 고산준령은 말할 것도 없고, 깊숙이 자리 잡고 있는 대저택까지, 돌 하나 나무 한 그루라도 조금만 음미할 만한 것이 있으면 곧 관청 관리가 곁에 황가 표시를 함으로써, 이 물건은 황제에게 헌상할 공물이 되었다. 만약 그것이 백성들의 집 안에 있는 것이라면, 출하하기 전에 주인은 반드시 잘 보호해야지, 조금이라도 조심하지 않으면 관리에게 대불경죄의 죄목으로 처벌받았다. 운송할 때는 또한 왕왕 담이 허물어지고 집이 훼손되기도 했으며, 더구나 탐관오리들은 이를 빌미로 수작을 부리거나 백성들을 가혹하게 착취했다. 이 때문에 가산을 탕진한 사람이 셀 수 없을 정도였다. 북송의 화석강은 전후로 20여 년간 계속되면서, 전국적인 대재난으로 파급되었다.

선화(宣和) 2년(1120년) 10월, 응봉국 관리들이 빈번하게 들락거리며 이용하던 목주(睦州) 청계(青溪, 지금의 저장성 춘안현淳安縣)에서, 대대로 명교(明教: 페르시아의 조로아스터교에서 파생된 마니교)를 전수받아 익혀 오던 평민 방랍(方臘)이 관리들의 강탈을 견디지 못하고, 종교의 명의를 빌려 기세가 드높은 봉기를 일으켰다. 방랍은 스스로 '성공(聖公)'이라고 부르면서 봉기군 통솔자를 맡았으며, 연호를 영락(永樂)이라고 정하고, 봉기군 장병들은 황색 두건을 상징으로 삼아 머리에 둘렀는데, 열흘 사이에 10여만 명이나 모여들었다. 몇 달 내에, 방랍의 봉기군은 동남 지방을 석권하고, 백만 명에 가까운 민중의 호응을 얻어 냈다. 민중들을 속이기 위해, 휘종은 스스로를 꾸짖는 조서를 내려 자기를 비판함과 아울러, 명령을 내려 조작국과 응봉국을 폐지했다. 그리고 이와 동시에, 그는 원래 요나라를 토벌하려고 준비했던, 동관이 이끄는 십 수만 명의 대군을 우선 강절 지방에 파견하여, 일거에 방랍의 '역적(逆賊)'을 소탕하여 평정하려고 애썼다. 방랍이 봉기를 일으

대(船隊)를 이루었는데, 이를 1강(綱)이라 불렀으며, 이러한 꽃과 돌을 운송하는 선대를 화석강이라 불렀다.

키기 전후 무렵에, 송강(宋江)이 이끄는 봉기군도 하북(河北)·산동(山東)·회남(淮南) 일대에서 활약하고 있었다. 그들은 "부자의 재산을 빼앗아 가난한 사람을 구제한다"는 기치를 내걸고, 자신들이 장악한 곳에서는 탐관오리를 죽이고, 그들의 재산을 빈곤한 백성들에게 나눠 주었으므로, 방대한 군중의 지지와 옹호를 받았다. 송강이 이끄는 봉기군의 숫자는 많지 않았지만, 작전이 용감하여, 여러 차례 적은 인원으로 많은 인원의 송나라 군대를 격파했다. 그들은 각지를 옮겨 다니면서 전투를 벌여, 대단히 큰 영향을 미쳤다. 남송 때, 설창(說唱) 예술인들이 이것을 「송강삼십육인찬(宋江三十六人贊)」이라는 평서(評書: 민간 문예의 한 장르로, 장편 이야기를 접부채 등 각종 도구를 사용하면서 강설하는 것)로 편찬해 내자, 그들의 사적(事迹)은 민간에서 사람들을 통해 전해지다가, 서서히 변화하여 '양산(梁山)의 호걸 108명의 장수'라는 이야기가 되었다. 방랍의 봉기와 송강의 봉기는 비록 결국 진압되었지만, 그들은 북송 왕조에 한 차례 심각한 타격을 가했다.

그런데 송 휘종은 각지의 반란군이 모두 박멸되었다는 것을 알고 난 다음에는, 교훈을 받아들이기는커녕, 오히려 원래보다 더욱 심하게 동경 변량에 응봉사(應奉司)를 설치하고, 각지의 관리들에게 '사방의 진기한 물건들'을 수탈하도록 명령하여, 자기를 위해 높고 크고 아름다우며 전무후무한 황가 원림인 '간악'을 건설했다. 동시에 우매한 휘종은 또한 요나라 사람 마식(馬植)이 제시한 계책을 받아들여, 요나라 수중에 있던 유(幽)·운(雲) 16주를 수복할 준비를 했다.

북벌의 참패

유·운 16주가 가리키는 것은, 오대 시기에 후진(後晉)의 석

◈ **아차야관음상**(阿嵯耶觀音像) | 송

이 관음상은 몸매가 호리호리하고, 상반신이 드러나 있으며, 팔찌와 목걸이를 차고 있고, 하체에는 얇고 긴 치마를 입었으며, 맨발이다. 왼손은 아래로 늘어뜨렸고, 오른손은 들어 올려 탄지상(彈指狀: 손가락 두 개를 튀기는 모양으로, 아주 짧은 순간을 나타낸다)을 취하고 있다. 두광(頭光)과 배광(背光)의 안쪽 테두리 장식은 투조한 여섯 닢의 꽃문양이며, 바깥쪽은 타오르는 불꽃 문양으로 둘렀다. 관음의 조형은 남조(南詔: 당대에 티베트·버마족이 지금의 윈난성雲南省 지방에 세웠던 왕조)의 〈중흥도권(中興圖卷)〉에 그려져 있는, 범승(梵僧: 불법을 엄수하는 고승)이 주조한 '성상(聖像)'과 일치하며, 지방적 특색이 풍부한 불교 조상이다.

경당(石敬瑭)이 거란에게 할양해 준 화북(華北) 북부의 유주(幽州, 지금의 베이징)와 운주(雲州, 지금의 산시성山西省 다퉁大同) 일대의 주(州)·현(縣)들이다. 이 지역을 상실함으로써, 전체 중원의 문호를 열어 주어, 드넓은 화북 평원이 북방 유목민족의 위협하에 완전히 노출되고 말았다. 후주(後周) 세종(世宗)으로부터 시작하여, 중원 왕조는 여러 차례 16주의 고토(故土)를 수복하려고 시도했는데, 막주(莫州, 지금의 허베이성 런추任丘)와 영주(瀛州, 지금의 허베이성 허젠河間) 두 곳을 제외하고, 나머지 14개 주는 줄곧 다시는 중원 왕조의 판도에 편입되지 못했다. 송 태종은 일찍이 요나라에 대해 두 차례 대규모 공격을 감행했다가, 두 차례 모두 참패하고 말았다. 그 중 제1차는 송 태종이 직접 출정했다. 그 결과 송나라 군대는 대패했으며, 송 태종은 격전 과정에서 화살에 맞아 부상을 당해, 나귀가 끄는 달구지를 타고 미친 듯이 도망쳐 간신히 구사일생으로 살 수 있었다.

12세기에 들어선 뒤, 북송이 치욕을 씻을 기회가 찾아온 듯했다. 휘종 정화(政和) 원년(1111년), 대환관 동관(童貫)이 황제의 명령을 받고 요나라에 사신으로 갔다. 그가 돌아오는 도중에, 요나라에 사는 마식이라는 이름의 한인(漢人)이 고토를 수복할 계책을 헌상했다. 동관은 듣고 나더니 뜻밖의 기쁜 일을 만나 기뻐서 어쩔 줄을 몰라 하면서, 마식에게 계속 요나라에 머물면서 상황을 살피라고 당부했다. 3년 후, 여진(女眞)의 수령 완안아골타(完顔阿骨打)가 요나라 통치자의 억압과 착취에 불만을 가졌으므로, 백산(白山: 장백산, 즉 백두산)과 흑수(黑水: 흑룡강) 사이에서 요나라에 대해 반란을 일으켰으며, 몇 년 동안 가는 곳마다 적을 격파했다. 서산으로 지는 해와 같았던 요나라는 여진 사람들의 맹렬한 공세를 받자 일격에도 견디지 못했다. 마식은 기회가 이미 성숙했다고 여겼으므로, 정화 5년(1115년)에 모반을 일으키고 북송으로 도망쳐 오자, 송 휘종이 몸소 접견했다. 기뻐 어쩔 줄을 모르는 송 휘종은 마식을 비서승(秘書丞)에 임명하고, 국성(國姓: 임금과 같은 성)을 하사하니, 이때부터 마식은 조량사(趙良嗣)로 이름을 바꿨다. 뒤이어 허황된 승리의 모습에 취해 판단력을 상실한 북송의 군신(君臣)들은 경솔하게 요나라와의 맹약(476쪽 '전연지맹' 참조-옮긴이)을 깨뜨리기로 결정했다. 중화(重和) 원년(1118년), 북송이 파견한 사신 마정(馬政)이 바다를 건너 금나라에 가서 금나라 사람과 동맹을 체결하려고 모색했다. 2년 후, 북송은 다시 특사 조량사를 금나라에 파견하여, 남북에서 협공하여 요나라를 멸망시킬 것을 협의했다. 여러 가지 조건을 내걸고 흥정한 다음, 금 태조(太祖) 완안아골타는 구두로 다음과 같이 승낙했다. 요나라를 격파한 이후에, 북송은 원래 당나라에 속했던 연경(燕京, 지금의 베이징) 일대의 영토를 되찾지만, 원래 요나라에게 지불하던 '세폐(歲幣: 465쪽 참조)' 총액을 대신 금나라에게 주기로 했다. 이것이 바로 역사상 유명한 '해상지맹(海上之盟)'이다.

선화(宣和) 4년(1122년) 3월, 15만 명의 송나라 군대는 마침내 기세등등하게 원정길에 올랐다.

막다른 골목에 처한 요나라 군대는 장수 야율대석(耶律大石)의 통솔하에 여러 차례에 걸쳐 거듭 송나라 군대를 격파했으며, 심지어는 북송의 국경 안쪽까지 반격을 하기도 했다. 그때 요나라의 상승군통수(常勝軍統帥)를 맡고 있던 곽약사(郭葯師)가 8천 명의 부하들을 데리고 탁주(涿州, 지금의 허베이성 줘저우)를 바치면서 북송에 투항하여, 송나라 군대가 다시 연경을 공격하도록 했다. 그 결과 송나라 군대는 연경성(燕京城) 밑에서 다시 패배했다. 전투에서 패한 데 대한 처벌을 피하기 위해, 동관은 몰래 금나라 군영에 사신을 파견하여, 금나라 군대가 연경으로 출병해 달라고 요청했다. 12월, 금나라 군대는 일거에 연경을 공격하여 함락시켰다. 그때 완안아골타는 제안하기를, 연경을 돌려줄 수 있지만, 북송은 별도로 100만 관(貫)의 돈을 지급해야 한다고 했다. 송 휘종이 이를 어쩔 수 없이 승낙하자, 이때부터 북송은 매년 금나라에 세폐 50만 전을 지급해야 하는 것 말고도, 다시 100만 관의 '대세전(代稅錢)'을 추가로 지급해야만 했다. 금나라 군대가 연경성에서 철수하기 전에 마음대로 재물을 약탈하고, 또 수많은 주민들을 포로로 잡아가 노예로 삼자, 북송이 받아 쥔 것은 단지 파괴된 성지(城池: 성과 해자)와 소수의 옷차림이 남루한 백성들뿐이었다. 이러한 '승리'였음에도 변경의 임금과 신하들은 매우 득의양양했다. 요나라를 배반한 곽약사는 대위(大尉)에 임명되었고, 연산군왕(燕山郡王)에 봉해져, 연경에 주둔하며 방어했다.

연전연패한 송나라 군대는 결국 이렇게 백성들이 도탄에 빠져 있는 도시를 접수했다. 변경(汴京)에서 파견되어 온 문무 관리들은 재난을 구제하는 사람이라고 자만하면서, 요행히 살아남은 주민들을 알게 모르게 이색분자 취급했다. 유·운 16주에 거주하는 한족 주민들은 자신들이 신임을 받지 못할 뿐만 아니라, 심지어는 북송 주둔군에게 차별대우를 당한다고 여겼다. 실제로 북송 주둔군은 "북인(北人, 거란인)을 가리켜서는 한아(漢兒: 작은 한족이라는 뜻으로, 원래의 한족과 구분하기 위해 소수민족을 일컫던 말)라고 부르면서도, 남인(南人: 남쪽의 중원에 살다 북쪽의 거란 땅에 이주해 살던 한족)에 대해서는 오히려 번인(番人: 한족 이외의 변방 소수민족을 낮춰 부르던 말)이라고 모욕했다". 금나라 군대가 이곳을 떠나기 전, 마음대로 청·장년 일꾼들을 마구 약탈하는 바람에, 고향에서 백년이 넘게 살았던 한족 주민들은 어쩔 수 없이 군대를 따라 북쪽으로 옮겨갔다. 이러한 사람들은 물론 침입한 이민족인 여진족에게도 원한을 가졌지만, 또한 여진족과 동맹을 맺은 북송도 원수처럼 대했다. 바로 북송이 이 땅을 중요하다고 생각하지 않기 때문에 자신들이 고향을 등지고 떠나는 것이 아니냐고 여겼기 때문이다. 몇 년 후, 남침한 금나라 군대는 북쪽 한인들의 이러한 심리 상태를 이용하기로 결정하고, 그들을 남하하는 군대에 편입시켰다. 도도하게 밀려오는 철기군을 대하자, 군대를 보유한 채 자신의 지위를 강화하고 있던 곽약사는 다시 한 번 자신의 군주를 배반하고, 북송을 공격하는 금나라 군대의 향도가 되었다.

정강(靖康)의 치(恥)

금나라와 연합하여 요나라를 멸망시키는 과정에서, 송나라 군대의 부패와 무능을 눈으로 본 금나라 통치자는, 요나라 천조제(天祚帝) 야율연희(耶律延禧)를 포로로 잡고, 서쪽으로 이주한 야율대석 이외의 요나라 잔여 세력을 소탕하여 제거한 다음, 마침내 남하하여 송나라를 공격하기로 결정했다. 선화 7년(1125년), 금나라 군대의 주력은 동서 양 방향으로 남하했다. 동로(東路)는 종망(宗望)을 주장(主將)으로 삼아, 남경에서부터 곧바로 연산(燕山)으로 돌진했으며, 서로(西路)는 종한(宗翰)을 주장으로 삼아, 대동부(大同府)에서부터 태원(太原)을 공격했다. 한바탕 대전쟁은 바로 이렇게 폭발했다. 상징적인 저항을 한 다음, 북송의 유주·운주 지역을 지키던 곽약사가 부대를 이끌고 투항하여, 갑자기 금나라 군대의 남하하는 선봉으로 바뀌어 버렸다. 태원성 하나를 제외하고, 전체 북쪽 지역은 식은 죽 먹듯이 금나라 군대가 휩쓸고 지나갔고, 수만 명에 달하는 송나라 군대는 반란을 일으켜 적에게 투항했다. 위급함을 전하면서 구원을 요청하는 문서가 눈송이처럼 송 휘종의 면전에 날아들자, 이 예술가 황제는 외적을 방어할 준비도 하지 않았을 뿐만 아니라, 갑자기 퇴위를 선포하는 바람에, 달갑지도 않고 원치도 않던 황태자 조환(趙桓)을 황위에 즉위하게 했으니, 그가 송 흠종(欽宗)이다. 적들의 기세등등한 공세에 직면하자, 개봉의 모든 관리들은 무서워서 어찌 해야 할지 몰라 허둥댔으며, 겁을 먹은 재상 백시중(白時中)과 이방언(李邦彦) 두 사람은 흠종에게 남쪽으로 도망가자고 권유했다. 그때 싸울 것을 주장하는 태상소경(太常少卿) 이강(李綱)이 앞으로 나오더니, 동경의 방어 임무를 전면적으로 책임지겠다고 했다. 정강 원년(1126년) 정월 8일, 금나라 군대가 동경의 성 밑에 도달하자, 이강이 친히 성벽 위에 와서 전투를 독려하여, 몇 차례 성을 공격하는 적들을 물리쳤다. 이때 왕실에 충성하는 각지의 군대들이 계속해서 동경에 도착했고, 하북과 산동의 의병들도 분기하여 금나라에 저항하면서, 형세가 홀로 깊숙이 쳐들어온 금나라 군대에게 지극히 불리해지자, 금나라 군대의 주장인 종망은 투항을 권유하는 쪽으로 방향을 틀었다. 송과 금의 평화 회담이 막 끝났는데, 치욕당하는 것을 달가워하지 않던 일부 송나라 군대가 "약속을 어기고" 금나라 군대의 군영을 습격했다. 그러자 금나라 사람들의 분노를 가라앉히기 위해, 어리석고 무능한 흠종은 주전파인 이강 등을 파면했지만, 결국 금나라 군대는 결코 그로 인해 물러가지 않았다. 개봉의 상하 대중의 민심이 격분하여, 태학생(太學生)들의 인솔하에 만 명이 넘는 사람들이 선덕문(宣德門) 밖에 와서 이강의 억울함을 호소하자, 흠종은 어쩔 수 없이 이강을 원직에 복직시켰다. 이강이 복직한 다음, 금나라 군대의 방자하고 오만한 위세는 잦아들었다. 그런데 이때까지도 줄곧 흠종은 여전히 결연히 항전할 의지가 없었다. 그는 군신들의 반대에도 아랑곳하지 않고, 결국 금나라 사람들의 화의 조건에 동의하여, 태원

(太原, 지금의 산시성山西省 타이위안)·중산(中山, 지금의 허베이성 딩저우定州)·하간(河間, 지금의 허베이성 허젠) 등 3진(鎭)을 할양해 줌과 동시에 엄청난 금액을 배상했다.

제1차 동경 방위전이 끝난 지 6개월 후에, 금나라 군대는 다시 한 번 대대적인 남침을 감행했다. 정강 원년 8월, 금나라 군대의 서로 주장인 종한이 운중(雲中, 지금의 산시성 다퉁大同)에서 출발하고, 동로 주장인 종망은 보주(保州, 지금의 허베이성 바오딩保定)에서 출병했다. 두 방면의 대군은 파죽지세로 밀고 들어가, 연속으로 태원·낙양·진정(眞定)·중산 등 북쪽의 큰 성들을 함락시키고, 각각 그해 윤달 11월에는 동경의 성 밑에 도달했다. 이때의 동경은 온통 엉망진창으로 혼란스러웠다. 얼마 전에 금나라 군대를 격퇴했던 이강은 이미 좌천당해 도성을 떠났고, 문무백관들은 의견이 일치하지 않았으며, 또한 서로 책임을 전가했다. 그런데 뜻밖에 무당 곽경(郭京)의 거짓말을 곧이듣고 수천 명의 그 지역 건달들을 모집하여 이른바 '육갑신병(六甲神兵)'을 결성하고 성을 나가 적을 맞아 싸웠다. 그 결과 금나라 군대를 물리치기는커녕, 오히려 개봉의 성벽이 모두 금나라 군대에게 점령당했다. 정강 원년(1126년) 12월 2일, 송 흠종은 친히 금나라 군영 앞에 가서 항복 문서를 바쳤다. 이번 평화 회담에서, 금나라 사람들의 요구는 종전에 비해 굉장히 가혹했으니, 영토를 할양하는 것 말고도, 그들은 또한 황금과 은 각 1천만 정(錠: 덩어리)과 면포 1천만 필을 요구했다. 적의 수중에 있던 흠종은 모두 승낙했다. 이틀 후 흠종이 석방되어 성으로 돌아오자, 북송 조정은 금·은의 준비에 착수했고, 또 흠차(欽差: 중대한 사건을 처리하기 위해 황제를 대신하여 파견하는 관리)를 하동(河東)·하북(河北)에 파견하여 영토를 할양했다. 그런데 금·은을 모으는 작업이 순조롭지 못해, 정강 원년 12월에서 이듬해 정월로 연기했는데도, 여전히 금나라 사람들이 요구한 수량을 채우지 못했다. 기다릴 수 없었던 금나라 군대는 다시 흠종을 금나라 군영으로 부른 다음, 수행한 관리에게 말하기를, 자신들이 황제를 인질로 붙잡을 것이며, 곧바로 금·은을 약속한 수량대로 넘겨준 다음에야 비로소 돌려보낼 수 있다고 했다. 감옥에 갇힌 송 흠종은 어쩔 수 없이 명령을 내려, 종실·호족·내시·승려·창기 등에게 반드시 집안에 모아 놓은 금·은을 모두 내놓으라고 요구했다. 정강 2년 정월 19일, 동경성 안에 있던 관리들은 도합 황금 13만 8천 냥, 은 600만 냥, 비단 백만 필을 수탈했다. 정강 2년 2월 6일, 금나라는 명령을 내려 흠종과 휘종을 서민으로 강등시켰다. 4월초, 가득 싣고 돌아가는 금나라 군대는 휘종과 흠종 두 황제와 기타 400여 명의 황실 구성원 및 금나라에 항복을 거부했던 관리와 장인 수천 명을 붙잡아 북쪽으로 갔고, 파괴된 동경성 하나를 남겨 놓았다. 이것이 바로 훗날 악비(岳飛)가 뜻을 세워 치욕을 씻으려고 한 '정강의 치'다.

남송(南宋) 시기

인물: 송 고종(高宗) 조구(趙構) 지역: 응천부(應天府), 임안(臨安) 키워드: 소흥화의(紹興和議)

남송의 편안(偏安)

'정강의 치'가 있고 나서, 송 휘종의 아홉째 아들인 조구(趙構)가 "그물을 빠져나간 물고기('정강의 치' 당시 금나라 군대가 황실 가족들을 모두 포로로 잡아갔을 때, 요행히도 포로가 되지 않았다는 뜻—옮긴이)"로서, 황위를 계승할 유일한 선택이 되었다. 그런데 황권을 공고히 하기 위해, 조구는 부모형제가 포로가 되었다는 크나큰 치욕을 도외시한 채, 강토를 수복할 생각을 하지는 않고, 강을 건너 멀리 피했으며, 금나라 사람들의 면전에서는 오로지 화의만을 요구하면서 아첨하여 환심을 샀다. 중원을 잃고 한쪽 구석에 안거하는 데 만족한 남송은 건국 초기에 진취적인 생각을 하지 않고, 구차하게 화의만을 요구하는 연약함을 드러냈다.

강남으로 화를 피하다

'정강의 치'가 있고 나서, 휘종과 흠종 두 황제와 황족·관리 수천 명이 금나라로 끌려갔다. 나라에는 하루라도 군주가 없으면 안 되는데, 송나라에 남아 있던 관리와 백성들은 휘종의 후손 가운데 어떤 사람이 요행히도 금나라 군대의 추적을 피해 도망쳤다는 사실을 알아

◈ 배자(背子) 복원도

배자는 형태가 아름답고 입기가 편한 송나라 사람들의 실용적인 평상복으로, 특히 사녀(仕女: 벼슬아치 집안의 여자)들이 선호했다. 이 그림은, 출토된 전각(磚刻: 벽돌에 새겨진 그림)과 도소(陶塑: 도기 조소 공예품)들에 근거하여 복원해 그린 것이다. 이로부터 당시 유행했던 복식의 특징을 엿볼 수 있다.

◈ 〈중흥사장도(中興四將圖)〉 | 남송, 유송년(劉松年)

중흥사장(中興四將)이 가리키는 것은, 남송 정권이 망하는 것을 구한 공을 세운 네 명의 저명한 장수들로, 오른쪽부터 왼쪽으로 각각 부왕(鄜王) 유광세(劉光世)·기왕(蘄王) 한세충(韓世忠)·순왕(循王) 장준(張俊)·악왕(鄂王) 악비(岳飛)다. 역사적으로 중흥사장에 포함되는 인물에 관해서는 줄곧 논란이 있었는데, 오개(吳玠)·이현충(李顯忠)·유기(劉錡) 등의 장수들도 중흥사장으로 여겨지기도 한다. 그러나 어떤 주장을 막론하고, 악비(岳飛)는 모두 중흥사장의 으뜸이며, 한세충(韓世忠)도 전공이 혁혁한데, 유광세(劉光世)는 평소에 도망을 잘 다닌다고 하여 도망장군이라는 칭호를 갖고 있었고, 장준(張俊)은 진회(秦檜)와 함께 "악비가 모반했다"는 억울한 사건을 꾸며냈으므로, 두 사람이 명단에 포함되는 것은 모두 자격도 없으면서 포함되어 숫자만 채우고 있다며 미움을 받고 있다.

냈다. 그가 바로 강왕(康王) 조구다. 조구는, 자가 덕기(德基)이고, 송 휘종 조길(趙佶)의 아홉째 아들이자, 송 흠종 조환(趙桓)의 동생으로, 선화(宣和) 3년(1121년)에 강왕에 봉해졌다. 조구의 어머니인 위씨(韋氏)는 휘종의 후궁들 가운데 지위가 비교적 낮아, 결코 휘종의 총애를 받지 못했다. 이 때문에 조구도 황자들 중에서 위엄과 명망이 높지 않아, 본래 황제가 되는 것과는 인연이 없었다. 흠종 정강 원년(1126년) 봄에, 금나라 군대가 제1차로 개봉을 포위했을 때, 그도 친왕(親王: 황제의 형제나 아들)의 신분으로 금나라 군영에서 한때 인질이 되었던 적이 있다. 개봉이 포위에서 풀려난 뒤, 조구는 장방창(張邦昌)과 함께 금나라에 사신으로 가서, 북송 정부를 대신하여 금나라와 담판을 벌였는데, 영토를 할양해 주고 화의하여, 군대를 철수하고 휴전할 수 있기를 희망했다. 그러나 금나라 군대가 제2차로 남하하여 개봉을 포위하자, 전국의 민중들은 무력으로 금나라에 대항하자고 적극적으로 요구하면서, 나라를 팔아 화친을 추구하는 어떠한 행위도 허락하지 않았다. 이 때문에 조구 일행이 자주(磁州, 지금의 허베이성에 속함)에 도착했을 때, 자주의 백성들은 조구의 대오를 가로막으면서, 그들이 금나라에 가서 화친을 요구하지 못하게 했다. 지방관 종택(宗澤)은 조구에게 이렇게 말했다. "금나라 사람들은 전하께서 가셔서

평화 담판을 하자고 요구하는데, 이는 사람을 속이는 흉계입니다. 그들의 군대가 이미 성 밑에 와 있는데, 화친을 요구한들 또 무슨 소용이 있단 말입니까?" 조구도 스스로 자신이 금나라 군영에 있었던 세월을 회상하더니, 다시 금나라 조정에 억류될까 두려웠다. 그리하여 그는 민의에 순응하여 남아 있기로 하고, 스스로 하북병마대원수(河北兵馬大元帥)를 맡아, 상주(相州, 지금의 허난성 안양安陽)에 주둔하여 지켰다. 그런데 조정이 위기와 재난에 처했을 때, 조구는 오히려 군대를 이끌고 도성을 구원하러 간 게 아니라, 군대를 하북의 대명부(大名府)로 이동시키고, 형세를 관망하면서 실력을 보존했다. 뒤이어 조구는 다시 산동 동평부(東平府)로 옮겨가서 적의 선봉을 피했다. 이듬해에 정강의 변이 발생하자, 조구는 전국의 상하 모든 사람들이 공인하는 합법적인 계승자가 되어, 황제에 추대되었다. 이 황제 자신의 자질이 어떠한지에 관계없이, 그는 전란 과정에서 인심을 결집시키는 작용을 하여, 전쟁으로 흐트러진 각 방면의 역량을 다시 한데 모아 냄으로써, 송 왕조 군민(軍民)들의 새로운 희망이 되었다.

'소흥화의(紹興和議)'

정강(靖康) 2년(1127년) 5월, 뭇 사람의 기대를 모은 조구가 남경 응천부(應天府, 지금의 허난성 상추商丘)에서 제위에 올라, 연호를 '건염(建炎)'으로 바꾸고, 남송의 최초 황제가 되었으니, 그가 송 고종(高宗)이다. 이후 소흥(紹興) 32년(1162년)에 효종(孝宗)에게 양위하기까지, 조구는 36년간 재위하면서 남송 초기 국가 정국의 방향에 중대한 영향을 미쳤다.

고종은 재위 초기에는 나이가 젊고 성질이 급해, 금나라에 저항하여 강토를 수복하려고 했다. 그가 주전파(主戰派) 대신인 이강(李綱)을 재상으로 삼자, 군민(軍民)의 사기가 크게 높아졌다. 그러나 얼마 지나지 않아, 뭇 사람들의 기대를 모았던 이 '중흥의 군주'는 대부분의 사람들을 실망시켰다. 그는 이강을 파면하고, 기세등등한 금나라 군대를 대하자, 오로지 도망만 다니면서 화친을 요구하는 것밖에 몰랐다. 건염 원년(1127년)과 건염 4년(1130년)에, 금나라 군대는 두 차례 대대적으로 남침을 감행하여, 조구를 사로잡고 송나라를 멸망시키려고 시도했다. 고종은 뭇 신하들의 반대에도 아랑곳하지 않으면서, 중원의 수많은 백성들과 광대한 국토를 포기하고, 줄곧 난을 피해 도망다녔다. 그리하여 선후로 월주(越州, 지금의 저장성浙江省 사오싱紹興)·명주(明州, 지금의 저장성 닝보寧波)·정해(定海, 지금의 저장성 전하이鎭海) 등지로 가서 난을 피했으며, 심지어 한번은 해상에서 표류했던 적도 있다. 건염 4년에 금나라 군대가 철수한 후에야, 고종은 비로소 강남으로 돌아왔다.

소흥 원년(1131년), 놀란 가슴이 막 진정된 고종은 행재소인 임안(臨安, 지금의 저장성 항저우杭州)으로 돌아왔다. 이후 그는 가무와 여색을 마음껏 즐기고, 토목 공사를 크게 일으켰으며, 온갖 향락을 즐기면서, 간신 진회(秦檜)가 권력을 독점하는 것을 비호했다. 황위를 공고히 하기 위해, 고종은 또한 북벌에 온 힘을 쏟았던 악비를 죽이고, 금나라 사람들에게 굴욕적인 화의를 요구하여, '소흥화의'를 체결했다. 쌍방은 송나라가 금나라에게 신하로 칭하고, 금나라는 송나라에게 영토를 '하사'하여, 쌍방은 동쪽으로는 회하(淮河) 중류를 경계로 삼고, 서쪽으로는 대산관(大散關, 지금의 산시성 바오지寶鷄)를 경계로 삼아, 남쪽은 송나라에 속하고, 북쪽은 금나라에 속한다고 약정했다. 또 남송은 당주(唐州, 지금의 허난성 탕허唐河)·등주(鄧州, 지금의 허난성 덩저우) 및 상주(商州, 지금의 산시성陝西省 상현商縣)·진주(秦州, 지금의 간쑤성 톈수이天水)의 대부분을 금나라에 주기로 약정했다. 이밖에도 송나라는 매년 금나라에 은 25만 냥과 비단 25만 필을 공물로 바치기로 하고, 매년 봄에 사주(泗州, 지금의 장쑤성 쉬이盱眙 서북쪽)에서 납부하기로 약정했다. 그 대가로 금나라는 하남과 섬서의 일부 지역들을 돌려줌과 아울러, 휘종의 재궁(梓宮: 시신을 담은 관)과 '정강의 난' 과정에서 포로로 잡혀간 고종의 생모인 위태후(韋太后)를 송환하기로 했다.

'소흥화의'는 남송이 금나라와 체결한 굴욕적인 화약으로, 남송 왕조는 머리를 숙이며 신하가 되어 복종했으니, 막중한 대가를 지불하고 송나라와 금나라 사이에 20년간 유지된 평화로운 시기를 교환했다. 이후 쌍방 간에 비록 충돌이 발생하기도 했지만, 그 규모가 이전처럼 크지는 않았다.

한 걸음 더

현란하고 다채로운 도자기 제조 예술

송대의 수공업과 과학기술의 수준 높은 발달은, 도자기 제조 예술을 전에 없는 수준으로 끌어올렸다. 송대의 자기는 종류가 매우 많고, 품질이 뛰어나며, 유색(釉色)이 풍부하고, 양식이 참신하며, 기술이 정밀하고 뛰어나다. 양송 300여 년의 발전을 거치면서, 균요(鈞窯)·여요(汝窯)·가요(哥窯)·관요(官窯)·정요(定窯) 등 5대 명요(名窯)가 출현했으며, 정요·자주요(磁州窯)·균요·요주요(耀州窯) 등 8대 요(窯) 계통을 구성했다. 그 가운데 자도(瓷都)인 경덕진(景德鎭)에서 구워 낸 자기는 더욱 세계에 이름을 떨치고 명성을 누렸다. 송대의 도자기는 수수하고 고풍스러우면서 차분하며, 우아하고 간결함과 동시에, 또한 천태만상으로 각기 풍류를 다투는 기상은, 중국 민족이 세계 예술 발전사에서 세계인들로 하여금 흠모하게 하는 하나의 금자탑을 우뚝 세웠다.

남송(南宋) 1142년

인물: 악비(岳飛) **지역:** 임안(臨安) **키워드:** 막수유(莫須有)

악비(岳飛)의 원한

남송 초기에는 금나라와의 전쟁이 끊이지 않았으므로, 남송 군대의 우수한 장수들도 샘물이 뿜어 나오듯이 출현했다. 예를 들면 화상원(和尙原)과 선인관(仙人關)에서 대승을 거두어, 남송이 파촉(巴蜀)을 지켜 내게 한 서군(西軍) 장수 오개(吳玠), 또 순창(順昌) 전투에서 10만 명의 금나라 군대를 대파하고, 온 힘을 다해 철부도(鐵浮圖: 금나라 최고의 중무장 정예 부대)를 격파한 동경유수(東京留守) 유기(劉錡) 같은 사람들은 모두 한 시대를 풍미했다. 그런데 정부 당국에서 발행한 역사서는 물론이고, 민간에서 구전되기로도, 남송이 금나라에 항거한 최고 명장의 영예는 여전히 당연하게도 비극의 장수인 악비에게 돌아갔다. 생활이 검소했고, 장병을 아꼈으며, 군기가 엄격하고 공

◈ **소차**(巢車) (모형)

소차란, 중국 고대에 망루를 설치해 놓고, 높이 올라가 적의 정세를 관찰하는 데 사용하던 차량이다. 차 위에 새집[巢]처럼 생긴 망루를 높이 매달아 놓았기 때문에, 소차라고 불렀다.

◈ 〈악비상(岳飛像)〉 | 현대, 쉬쥐안(徐菊庵)

정했으며, 용병에 뛰어났던 한 시대의 이 명장은, 이른바 남송의 〈중흥사대장(中興四大將)〉 가운데 나이가 가장 젊고, 이력이 가장 일천했으면서도, 덕이나 재능 방면에서는 오히려 가장 우수했고, 군사적 성취는 가장 사람들에게 주목을 받았지만, 그는 원통하게도 누명을 쓰고 요절했다.

백전노장

악비(1103~1142년)는, 자가 붕거(鵬擧)이며, 상주(相州) 탕음(湯陰, 지금의 허난성에 속함) 사람이다. 악비는 소년 시절에 동향 사람인 주동(周同)에게 창술(槍術)과 활쏘기를 배웠으며, 20세도 안 되어 이미 300근짜리 강궁(强弓)을 다룰 수 있었다. 정강(靖康) 원년(1126년), 악비는 상주에서 병역에 복무했다. 그해 12월, 조구(趙構)가 상주에 대원수부(大元帥府)를 건립했고, 악비는 대원수부에서 하급 군관 직무를 담당했다. 이듬해 5월, 조구가 응천부(應天府)에서 황제에 즉위하자, 악비는 즉시 글을 올려, 고종 조구에게 출병하여 중원을 수복하도록 요청했지만, "직무를 벗어나는 일을 말했다"는 죄명으로 군대 직책에서 파면당했다. 그런데 악비는 결코 국가를 보위할 의지를 포기하지 않고, 건염(建炎) 원년부터 건염 2년까지(1127~1128년), 그는 잇달아 하북초토사(河北招討使) 장소(張所) · 팔자군(八字軍) 수령 왕언(王彦) · 동경유수 종택(宗澤) 등의 휘하에서 복무했는데, 조성(曹成) · 왕선(王善) · 공언주(孔彦舟) 등의 '유구(游寇: 떠돌이 도둑떼)'를 토벌하는 과정에서 여러 차례 전공을 세웠고, 소중한 군사적 경험을 쌓음으로써, 자신의 지휘 스타일과 군사적 기반을 형성했다. 건염 4년(1130년), 대장 장준(張俊)의 추천으로, 악비는 통태진무사(通泰鎮撫使) 겸 태주지주(泰州知州)에 부임하여, 정식으로 남송의 중급 군관이 되었다. 소흥(紹興) 원년(1131년), '거구(巨寇: 세력이 거대한 도둑)' 이성(李成)을 평정하여 공을 세웠기 때문에, 악비는 신무부군통제(神武副軍統制)에 임명되어, 한 지방을 혼자서 방어하는 대장이 되었으며, 악비가 인솔하는 부대도 잡패군(雜牌軍: 비정규군)에서 일약 남송 조정의 주력 부대로 뛰어올랐다.

남송 건염 4년(1130년)부터 소흥 5년(1135년)까지, 남송 정권과 지주·토호들의 압박과 착취로 인해, 호남과 호북 두 지역에서 기세등등한 종상(鍾相)과 양요(楊么)의 봉기가 폭발했다. 건염 4년(1130년) 2월, 종상은 왕위에 올라, 국호를 초(楚)라고 정하고, 스스로 초왕(楚王)이라고 부르면서 농민 정권을 건립했다. 후에 종상이 전사하자, 나머지 부대가 양요의 영도하에 계속해서 동정호(洞庭湖) 일대에서 전투를 벌여, 여러 차례 남송 군대를 격파했다. 소흥 5년(1135년), 봉기군에 대해 속수무책인 송 고종은 단지 이미 신무후군도통제(神武後軍都統制)가 된 악비를 보내

◈ **〈악비참화도(岳飛參花圖)〉 | 청, 여환성(呂煥成)**

이 그림은 악비가 양대(凉臺: 발코니) 위에 단정히 앉아 있는 모습을 그린 것인데, 표정과 자태가 침착하며, 치켜 올라간 눈썹과 눈, 그리고 온화하고 점잖은 태도는 여전히 영웅의 기개를 잃지 않고 있다. 그의 오른쪽 옆에는 높게 쪽진 머리를 한 채, 손에는 화병을 들고 있는 귀부인이 서 있다. 왼쪽에는 시종 한 명이 손에 월아부(月牙斧)를 들고 있는데, 표정이 근엄하고 장중하다. 이 그림은 현재 톈진시예술박물관에 소장되어 있다.

봉기군을 진압할 수밖에 없었다. 그해 5월, 악비는 군대를 이끌고 서둘러 정주(鼎州, 지금의 후난성 창더常德) 전선으로 가서, 토벌과 위무의 수단을 함께 사용하면서 봉기군 황좌(黃佐)와 양흠(楊欽) 등에게 투항을 권유했다. 봉기군의 수군(水軍)이 강대하다는 특징, 특히 차선(車船: 사람이 노를 저어 움직이는 배로, 차륜선車輪船이라고도 함) 전력이 출중하다는 특징을 겨냥하여, 악비는 부근에 있는 군산(君山)의 나무를 베어다 뗏목을 만들어 호수의 길목을 막으라고 명령하고, 다시 풀과 나무를 호수 안에 던져 넣어 차선이 통행하는 것을 막도록 했다. 그해 6월, 악비가 인솔하는 부대가 양요의 마지막 근거지인 하성채(夏誠寨)를 공격하여 격파하자, 양요는 물에 뛰어들어 자살했다. 양요의 봉기를 진압한 후, 악비 자신은 초토사(招討使)로 승진했다. 동시에 악비가 인솔하는 부대도 수만 명의 투항한 봉기군을 받아들여 재편성했기 때문에 실력이 크게 증대되자, 남송 조정에 의해 후호군(後護軍)으로 개편되었다. 그리하여 한세충·장준·유광세·오개 등 네 명의 부대와 더불어 남송 정권의 가장 강력한 주력 부대가 되었다.

소흥 6년부터 소흥 7년까지(1136~1137년), 악비가 통솔하는 부대는 금나라가 육성한 위제(僞齊)[7] 정권과 여러 차례 교전을 벌여 연전연승했다. 악비의 무관(武官) 계관(階官, 관리의 직무가 아니라 품급을 나타내는 칭호)은 무신들 가운데 최고인 대위(大尉)로 승진했고, 직관(職官, 실제의 직무)도 선무사(宣撫使)로 승진했으며, 그의 부하는 전군·후군·좌군·우군·중군·유혁군(游奕軍)·답백군(踏白軍)·선봉군(選鋒軍)·승첩군(勝捷軍)·파적군(破敵軍)·수군(水軍)·배외군(背嵬軍) 등 모두 12군에, 22명의 통제관(統制官)과 높고 낮은 장수들 252명을 관할하여, 악비와 그가 통솔하는 악가군(岳家軍)은 이미 남송에서 가장 강대한 군사 역량이 되었다. 그런데 개인의 영욕과 지위가 변했어도, 악비는 결코 북쪽의 중원을 정벌하여 영토를 수복해야 한다는 군인의 사명을 잊지 않았다. 그는 소흥 9년(1139년)에 고종에게 글을 올려, 금나라와 화의하는 것을 반대한다고 명확히 밝혔다. 이때의 고종은 이미 금나라 군대의 추격을 받아 동분서주하면서 마치 활에 놀란 새처럼 지낸 날들에 염증을 느껴, 투항파 대신인 진회(秦檜)를 우상(右相) 겸 추밀사(樞密使)에 임명하여, 전권을 갖고 화의 업무를 주관하도록 했다. 악비가 올린 글은 고종의 공감을 얻지 못했을 뿐만 아니라, 고종으로 하여금 악비 자신을 더욱 꺼리게 만들었으며, 투항파의 대표적 인물인 진회로 하여금 더욱 악비에 대한 원한이 뼈에 사무치게 했다. 악비는 고종이 충언을 받아들이지는 않고, 오히려 "신하로 자처하면서, 매년 은 50만 냥과 비단 50만 필"을 금나라에 주고 평화를 얻으려 하자,

7 위제(僞齊): '가짜 제나라' 혹은 '괴뢰 제나라'라는 뜻으로, 정식 국호는 대제(大齊)였으며, 줄여서 제(齊)라고도 한다. 북송에 반란을 일으킨 신하로, 원래 북송에서 제남지부(濟南知府)였던 유예(劉豫)가 금나라의 지원을 받아 건립한 허수아비 정권이다.

끓어오르는 분노를 이기지 못하여, 악주(鄂州, 지금의 후베이성 우한武漢 우창武昌)에서 천고의 명문인 「만강홍(滿江紅)」을 써서 속마음을 토로했다.

악가군(岳家軍)을 뒤흔들어 어렵게 하다

사람들로 하여금 감개무량하게 하는 것은, 결국 악비를 다시 금나라와 싸우는 전선으로 갈 수 있도록 한 것은, 정신을 차리고 나라를 잘 다스릴 방법을 강구하는 남송의 군주가 아니라, 오히려 신의를 저버린 금나라의 군신(君臣)이었다는 점이다. 소흥 10년(1140년), 금나라에 정변이 발생하여, 주전파인 종필(宗弼) 등이 정권을 장악했다. 5월, 금나라는 화의를 파기하고, 군대를 동원하여 남하하기로 결정하여, 대대적으로 송나라를 공격했다. 그해 6월, 놀라 허둥대며 어쩔 줄 모르던 송 고종은 급히 악비·한세충·장준 등에게 하남의 여러 주들을 공격하여, 종필의 대군에게 포위되어 공격받고 있는 순창(順昌, 지금의 안후이성 푸양阜陽)의 유기(劉錡) 부대와 합동 작전을 벌이라고 명령했다. 그러나 악비 등이 손을 쓰기를 기다리지 않고, 유기가 순창에서 금나라 군대를 대파하자, 금나라 군대의 주력이 개봉으로 물러갔다. 고종은 이 소식을 듣고 나서, 위기가 해소되었다고 여기고, 금나라와 화의를 재개하기 좋게 하려고, 즉각 전선의 각 군대에게 수비 태세를 취하라고 요구했다. 6월 하순, 사농소경(司農少卿) 이약허(李若虛)가 덕안(德安, 지금의 후베이성 안루安陸)에 와서, 군대를 철수하라는 고종의 뜻을 전달했다. 이때 악비는 이미 중원을 북벌할 준비를 마치고, 군대 철수를 단호히 반대하자, 이약허는 악비의 격앙된 어조의 주장에 감동을 받아, 악비의 북벌을 지지하고 싶다는 뜻을 나타냈다.

얼마 지나지 않아, 악비가 통솔하는 부대는 신속히 하남으로 북상하여, 연달아 영창(潁昌)·진주(陳州)·정주(鄭州) 등지를 공격하여 함락시키고, 금나라 군대가 있는 중원 지역의 전략적 중심지인 개봉으로부터 고작 400여 리밖에 떨어지지 않은 곳에 도달했다. 7월 1일, 악가군은 다시 낙양을 함락시켰다. 그런데 장준·유기 등이 이미 천자의 명령을 받들어 군대를 철수했으므로, 악가군의 측면 날개는 아군의 보호를 잃게 되었다. 금나라 군대의 주장인 종필은 송나라 군대의 형세를 알아차리고, 친히 여진족 정예 기병인 '괴자마(拐子馬: 금나라 주력 부대의 좌우 날개를 맡은 기병대)'와 '철부도(鐵浮圖)' 총 1만 5천 명을 이끌고 악비가 있는 언성(郾城)의 지휘부를 기습했다. 당시 악가군의 각 부대는 모두 포위선에서 전투를 벌이느라, 악비의 휘하에는 고작 배외친군(背嵬親軍)과 유혁마군(游奕馬軍)의 일부밖에 없었으므로, 적군과 아군의 역량은 대단히 큰 차이가 있었다. 그러나 악비는 전혀 두려운 기색이 없이, 차분한 태도로 주도면밀하게 판단한 뒤, 정예의 중무장한 보병으로 적군을 지연시키고 소모시키면서, 마찰도(麻札刀: 긴 자루가 달린 칼)로 금나라

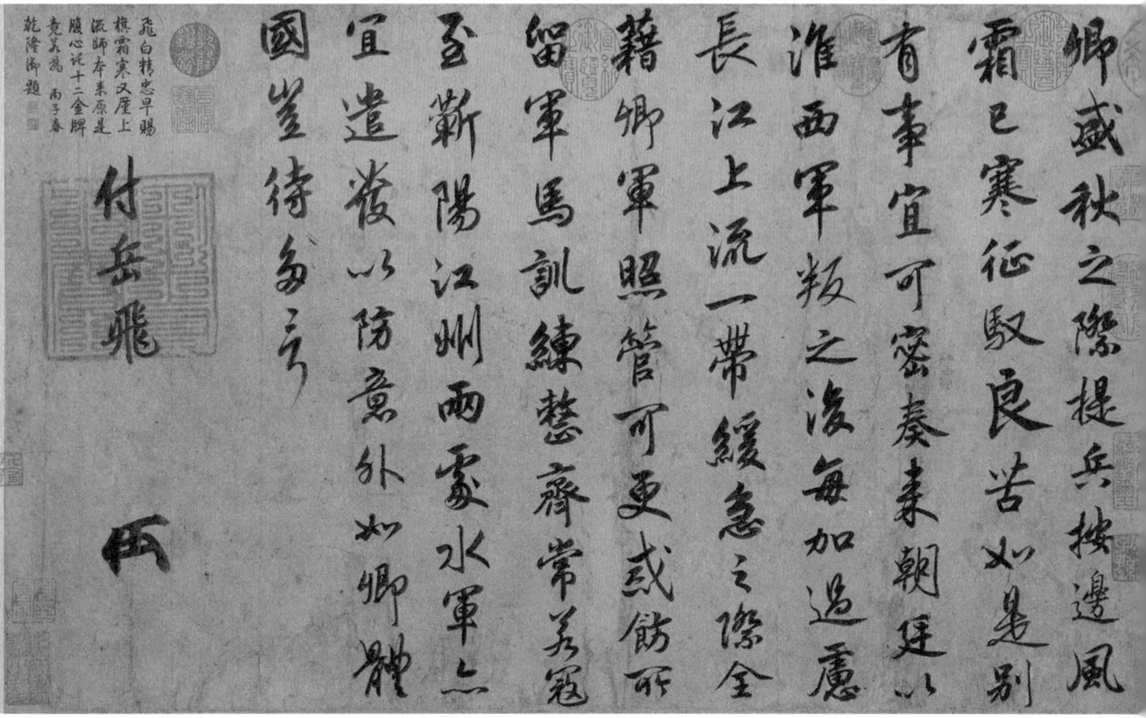

◈ 〈사악비비찰권(賜岳飛批札卷)〉 | 송, 조구(趙構)

이 권축(卷軸: 두루마리)은 송 고종(高宗) 조구가 악비에게 써 준 친필 서한이다. 대략적인 내용은 장강 상류 일대의 방어를 돕기 위해 악비가 통솔하는 부대를 보내줌과 동시에, 악비에게 군마를 정돈하여 훈련시키고, 기양(蘄陽)·강주(江州)의 수군을 파견하여 뜻밖의 재난이 발생할 것에 방비하라고 요구하는 것이다. 내용으로부터 추정하건대, 서찰은 대략 소흥 4년(1134년) 전후에 씌어졌으며, 당시 악비와 고종의 관계는 아직 밀접한 편이었고, 악비가 통솔하는 부대도 남송 조정의 중요한 국방 역량으로 간주되고 있었다고 짐작된다. 이 두루마리는 현재 타이베이(臺北) 고궁박물원에 소장되어 있다.

군대의 중무장 기병에 맞섰다. 그런 다음, 다시 장남 악운(岳雲)에게 500명의 기병을 이끌고 가서 측면에서 반복하여 돌격하도록 명령을 내려, 마침내 금나라 군대의 정예 기병을 대파했다. 이 전투가 끝난 다음, 금나라 군대의 주장인 종필은 통곡하면서 부하들에게 이렇게 말했다. "해상지맹(519쪽 참조-옮긴이) 때 군대를 일으킨 이후부터, 나는 줄곧 '괴자마'에 의지해 승리를 거두었는데, 오늘 결국 전멸했구나!" 이후부터 남송 민요에는 "금나라 사람들한테는 금올술(金兀術, 종필)이 있고, 우리에게는 악소보(岳少保: 악비)가 있다네. 금나라 사람에게는 괴자마가 있고, 우리에게는 마찰도가 있다네"라는 구절이 생겨났다.

언성 전투 후에, 악가군의 선봉 300명은 임영성(臨潁城) 남쪽 소상교(小商橋)에서 금나라 군대와 조우하여 포위당했다. 병력을 인솔한 장수 양재흥(楊再興)은 추호도 두려워하지 않고 용기를 내어 적을 무찔렀다. 그는 결국 금나라 군대 2천여 명을 참살하고, 곧바로 화살에 맞아 사망했다. 금나라 사람들이 그의 시신을 불태웠는데, 그 시신의 잿더미에서 화살촉이 무려 두 되[升]나 나왔다. 양재흥이 순국한 후, 장헌(張憲) 등의 부대가 뒤이어 돌진하여 다시 금나라 군대를 대파했다. 패배하고 싶지 않았던 종필은 부하 장수인 한상(韓常) 등 네 명의 만호(萬戶: 세습하는 군대의 관직) 총 3만 명의 기병을 모아 다시 영창(潁昌, 지금의 허난성 쉬창許昌)을 포위 공격했다. 영창에 주둔하며 지키고 있던 악가군 장수 왕귀(王貴)는 답백군(踏白軍)·선봉군(選鋒軍)으로 성을 지켰고, 자기는 악운·요정(姚政)과 악가군 가운데 정예 부대인 유혁군과 배외군을 이끌고 성을 나가 적을 맞이해 싸웠다. 쌍방은 새벽부터 정오까지 줄곧 싸웠다. 승부를 가리지 못하자, 성을 지키던 동선(董先)과 호청(胡淸)이 기회를 틈타 성을 나가 포위선으로부터 적진으로 돌격하니, 금나라 군대는 전면적으로 궤멸되었다. 이 전투에서 금나라 군대를 통솔하던 상장군(上將軍) 하금오(夏金吾) 및 천호(千戶: 만호보다 낮은 세습 군대 관직) 5명을 죽이고, 크고 작은 수령 78명을 생포했으며, 2천 명을 포로로 잡고, 5천 명을 살해했으며, 전마 3천 필을 노획했다. 노획한 갑옷과 기계는 그 숫자를 헤아릴 수 없었다.

영창 대첩을 거치면서, 종필이 이끄는 주력은 다시 싸울 수 없게 되었고, 금나라 군대는 심지어 이미 개봉을 떠나려고 계획했다. 그런데 고종과 진회는 뜻밖에 여전히 각 군에게 철수하라고 엄명했으며, 심지어는 순창에 주둔하던 유기까지도 진강(鎭江)으로 소환했다. 악비는 아군이 잇달아 후퇴하는 것을 직접 보았고, 또한 후방의 군량과 사료도 점차 공급을 중단하자, 어쩔 수 없이 무수히 피를 흘리고서야 비로소 수복할 수 있었던 언성과 영창 등지를 포기하고, 회중(淮中)의 방어 구역으로 후퇴하여 지켰다.

천고의 원한

소흥 10년(1140년)에 있었던 일련의 대전투 과정에서, 송나라 군대가 빈번하게 승리를 거두자, 송 고종은 금나라 군대는 이미 남송 정권의 존망을 위협할 수 없게 되었다고 느꼈다. 이것이 그를 마음속으로 약간 안도하게 했다. 하지만 다른 한편으로, 그가 또한 송 흠종이 석방되어 자신의 제위(在位)에 존재하는 합법성을 위협하지 않도록 하기 위해, 금나라를 철저하게 격파하기를 원치 않았다. 이 때문에, 고종과 진회라는 이들 군신은 단번에 이해가 일치하자, 그들은 금나라에 항거하는 대장들의 병권(兵權), 특히 악비와 한세충의 병권을 회수하기로 결정했다. 소흥 11년(1141년), 고종은 악비 등을 임안으로 불러 공로에 대해 상을 내린다는 명분으로, 한세충과 장준을 추밀사로, 악비를 추밀부사로 승진시킴과 동시에, 세 사람의 병권을 회수했다. 이어서 고종과 진회는 죄상을 조작해 내어 주전파 장수들에게 타격을 가하기 시작했는데, 우선적인 목표를 한

세충으로 정했다. 그러나 악비는 협조하지 않고, 오히려 한세충을 위해 억울함을 하소연하자, 이것이 고종과 진회로 하여금 창끝을 다시 악비에게 겨냥하도록 했다. 그해 8월, 악비는 관직에서 파면되었다. 그런데 진회 등은 결코 악비를 이대로 놔두려고 하지 않았다. 진회는 악가군 내부의 모순을 이용하여, 도통제(都統制) 왕귀(王貴)와 부통제(副統制) 왕준(王俊)을 협박하기도 하고 재물로 유혹하기도 하면서 장헌(張憲)이 '모반했다'고 고발하도록 했고, 이어서 악비를 여기에 연루시켰다.

그해 10월, 악비와 그가 총애하는 장수 장헌은 대리시(大理寺)의 감옥에 끌려갔다. 악비가 모반했다는 '움직일 수 없는 증거'를 만들어 내기 위해, 진회와 대장 장준은 서로 결탁하고, 또한 악비의 심복 장수인 왕귀를 매수하여, 하나의 '완벽한' '증거들'을 확보해 악비를 처벌하려고 시도했다. 그런데 주심관(主審官)을 맡고 있던 하주(何鑄)가 악비를 심문할 때, 악비는 상의를 벗고 자신의 어머니가 젊었을 때 자신의 등 뒤에 새겨 준 '盡忠報國(진충보국: 충성을 다해 나라에 보답함)'이라는 커다란 네 글자를 내보이면서, 모든 모함은 터무니없고 가소로운 것임을 분명히 했다. 뒤이어 하주가 진회에게 악비는 무죄라고 보고하자, 진회는 즉각 다시 심복 만사설(萬俟卨)을 파견하여 주심을 맡도록 했다. 그해 12월, 진회의 뜻을 받든 주심관 만사설은 악비가 모반죄를 범했다고 판정했다. 당시 이미 관직을 물러나 집에서 한가하게 지내던 한세충이 진회를 찾아가, 악비가 모반했다는 것을 증명하는 증거가 무엇인지를 캐묻자, 진회는 말을 얼버무리면서 "莫須有(막수유: '아마 있을 겁니다'라는 뜻)"라고 대답했고, 이 세 글자가 결국 중국 역사상 초대형 무고 사건을 결정했다. 소흥 11년 정월, 39세의 악비는 대리시의 감옥에서 처형되었고, 그의 아들 악운과 부하 장수인 장헌은 참수되었으며, 가산은 몰수당하고, 가족들은 오늘날의 광둥성(廣東省)·푸젠성(福建省) 일대로 유배되었다.

표면상으로 보면, 악비의 죽음은 진회가 계획하여 처리한 것이지만, 실제로는 고종 조구가 남송 초기에 무장(武將) 세력을 억제하고 황권을 유지 보호하려는 잔인한 수단이었다. 악비 본인은 강직하고 고집이 셌으며, 나라를 위해 애써 일하고 도모하는 데는 능했지만, 자신의 개인적 이익을 도모하는 데는 무능하여, 고종과 군신 관계로 지내는 동안 황제가 꺼리는 많은 실수를 범했다. 예를 들면, 고종이 금나라 군대를 피해 도망치던 도중에 묘유병변(苗劉兵變)[8]을 당하여 존립 능력을 상실하자, 악비는 바로 여러 차례 황제에게 최대한 빨리 태자를 옹립하도록 진언했다. 장

8 묘유병변(苗劉兵變): 유묘지변(劉苗之變)·명수지변(明受之變)이라고도 한다. 건염 3년(1129년)에 묘부(苗傅)와 유정언(劉正彦)이 정변을 일으켜, 송 고종 조구가 총애하는 권신과 환관들을 살해하여 황제의 측근을 제거함과 아울러, 조구를 압박하여 황위를 세 살짜리 황태자 조부(趙旉)에게 선양하게 한 병변이다.

수가 황실의 계승 문제에 간섭한 것은 황가의 절대 금기사항이어서, 악비의 행위는 조구가 의심하고 꺼리는 이유를 제공했다. 소흥 7년(1137년), 대장 유광세(劉光世)가 병으로 세상을 떠나자, 고종은 유광세의 부대를 악비의 지휘에 편입시킬 준비를 했다. 하지만 재상 장준의 반대로 인해, 고종이 약속한 것을 이행하지 않자, 악비는 크게 화를 내며 여산(廬山)으로 돌아가 어머니에게 성묘하고 수효(守孝: 탈상할 때까지 오락과 교제를 하지 않고 근신하면서 애도함)했다. 이렇게 버럭 화를 내는 방법은 장준 같은 사람들에게 악비를 공격할 구실을 주었으며, 또한 고종으로 하여금 악비가 황제를 협박하려 한다는 느낌을 갖게 하였다. 소흥 10년(1140년)의 북벌이 끝난 후, 악비의 명망은 최고조에 달했다. 그는 문무를 겸비했고, 재물을 탐내지 않았으며, 여색을 좋아하지 않았고, 물질적 향유를 좋아하지 않은 데다, 또한 군대와 백성들의 열렬한 지지를 받으니, 이런 사람을 당시의 통치자가 어찌 시기하지 않았겠는가?

소흥 32년(1153년), 송 효종(孝宗)이 즉위한 후, 악비에게 소보(少保)와 양진절도사(兩鎭節度使) 직무를 추복(追復: 빼앗았던 직위를 죽은 다음에 회복시켜 줌)해 주었고, 악비의 여러 아들들 가운데 악운·악뢰(岳雷)·악림(岳霖)의 관직이 추복되었다. 효종 순희(淳熙) 5년(1178년), 악비에게 무목(武穆)이라는 시호가 추증되었고, 다시 악왕(鄂王)에 추봉(追封)됨으로써, 이 천고의 억울한 사건은 마침내 누명을 벗게 되었다.

한 걸음 더

화약(火藥)의 사용

화약은 중국 고대의 위대한 발명으로, 일찍이 상(商)·주(周) 시기에는 목탄이 야금(冶金)에 이용되었으며, 춘추전국 시기에는 유황과 초석(硝石)의 성능이 다시 점차 사람들에 의해 파악되었다. 연단술(煉丹術: 도사들이 불로장생의 약이라고 믿었던 '단'을 만들려고 시도했던 연금술의 일종)의 장기적 발전에 따라, 늦어도 당대(唐代)에 이르러 화약이 마침내 형태를 갖추었다. 화약이 대규모로 사용된 것은 송대이며, 아울러 군사적으로 거대한 위력을 드러냈다. 경력(慶曆) 4년(1044년), 증공량(曾公亮)과 정도(丁度)가 편찬한 『무경총요(武經總要)』에는 독약연구(毒藥烟球)·질려화구(蒺藜火球)·화포(火炮) 등 세 종류의 화약 무기 배합 방법을 맨 처음으로 기록하고 있다. 송대의 화약 무기는 화약전(火藥箭)·화포 등 연소성(燃燒性) 무기를 제조하던 것에서, 벽력포(霹靂炮)·진천뢰(震天雷) 등 폭발성 무기를 제조하는 것으로 중대한 발전을 거쳤다. 일련의 전쟁 과정에서, 벽력포는 광범위하게 사용되었다. 화포와 화약전 외에, 송대에는 또한 관형(管形) 화기(火器)도 출현했다. 개경(開慶) 원년(1259년), 죽통(竹筒: 대나무통)을 이용하여 그 속에 화약을 장착하여 만든 돌화창(突火槍)이 출현했다.

남송(南宋) 1163~1207년

인물: 송 효종 조신(趙昚), 한탁주(韓侂胄) 지역: 부리(符離) 키워드: 융흥화의(隆興和議)

부리(符離) 전투와 개희(開禧) 북벌

명말 청초의 사상가인 왕부지(王夫之)는 일찍이 이렇게 말했다. "남송 고종조(高宗朝)에는 회복하려는 신하는 있었는데, 회복하려는 군주가 없었으며, 효종조에는 회복하려는 군주는 있었는데, 회복하려는 신하가 없었고, 영종조(寧宗朝)에는 회복하려는 군주도 없었고, 회복하려는 신하도 없었다." 이 말이 딱 맞다. 송 고종 때는, 나라에 훌륭한 장수가 있었지만, 고종이 북쪽의 고토를 회복할 마음이 없었기 때문에, 결국 한쪽 구석에 안거하는 것에 만족했다. 송 효종 때는, 군주는 일편단심 북벌을 하려고 했지만, 북벌을 주관하던 대신과 전선에 있던 장수들의 재간이 부족했기 때문에, 마침내 부리 전투에서 참패했다. 송 영종 때는, 권력이 한탁주의 수중에서 조종되자, 북벌은 그의 권력과 지위를 공고히 하고 그의 성망을 높이는 수단이 되어 버렸다. 최후의 결과는 필연적으로 군대와 장수는 전멸했으며, 자신은 죽고 나라는 쇠약해졌다.

◈ 화훼문은육각반(花卉紋銀六角盤) | 남송

효종의 북벌

송나라와 금나라의 소흥화의(紹興和議) 이후, 나약한 송 고종과 투항파 대신들은, 그처럼 편안(偏安: 중원을 잃고, 한쪽 구석에 안주하는 것)한 국면에 매우 만족해 하면서, 잃어 버린 영토를 수복할 사명을 깡그리 잊어 버렸다. 그런데 금나라 통치자의 남송을 멸망시키려는 야심은 결코 수그러들지 않았다. 소흥 18년(1148년)에 해릉왕(海陵王) 완안량(完顔亮)이 궁정 변란을 일으켜, 스스로 일어나 황제가 되었다. 소흥 31년(1161년) 7월, 완안량이 조직한 60만 대군이 네 방면으로 대거 남침을 감행했다. 완안량은 친히 동로(東路)의 주력 부대를 이끌고 채석(采石, 지금의 안후이성에 속함)으로 가서, 강을 건너 송을 멸망시키려고 시도했다. 그런데 송나라의 참모군사(參謀軍事) 우윤문(虞允文)이 채석 전투에서 침착한 태도로 주도면밀하게 고려하여 지휘함으로써, 금나라 군대의 도강(渡江) 시도를 여러 차례 좌절시켰다. 얼마 지나지 않아, 금나라 군대에서 병란이 발생하여 완안량이 피살되는 바람에, 남송은 비로소 요행히도 군사적 재난을 벗어났다.

채석 전투가 있고 난 이듬해에, 송 고종은 퇴위하여 태상황이 되었고, 황위가 태자 조신(趙昚)에게 내선(內禪: 임금이 살아 있을 때 제위를 물려줌)되었으니, 그가 송 효종(孝宗)이다. 효종이 즉위한 후, 안일함을 추구하던 고종과는 달리, 그는 젊고 성미가 급하여, 중원을 되찾아 영토를 수복할 뜻을 세웠다. 그는 명장 악비의 시호인 '무목(武穆)'을 회복시켜 주고, 악비를 악국공(鄂國公)에 추봉(追封: 죽은 다음에 작위를 봉함)했으며, 한 무리의 진회(秦檜) 패거리들을 파면함으로써, 자신은 전쟁을 주장하고 화의를 반대한다는 입장을 선명하게 나타냈다. 융흥(隆興) 원년(1163년), 효종은 주전파 대신인 장준(張浚)을 추밀사·도독강회병마(都督江淮兵馬)에 임명하여, 전권을 가지고 남송 전선의 군대 지휘를 책임지도록 했다. 효종은 본래 장준으로 하여금 군대의 사무를 정돈하게 하여, 다시 기회를 보아 금나라와 일전을 벌일 속셈이었다. 그러나 장준이 부임하고 얼마 지나지 않아, 금나라 좌부원수(左副元帥) 흘석렬지녕(紇石烈志寧)이 장준에게 편지를 보내, 오만한 어투로 남송이 〈소흥화의〉의 내용을 이행하여, 해주(海州)·사주(泗州)·당주(唐州)·등주(鄧州)·상주(商州) 등 다섯 주들을 금나라에 할양함과 동시에, 그해의 세폐(歲幣)를 지급하라고 요구했다. 효종은 금나라의 요구를 단호히 거절하면서, 반대로 국경을 다시 논의해야 하고, 쌍방의 지위는 반드시 평등해야 한다는 요구를 제시했다. 부끄럽고 분한 나머지 화가 난 금나라 사람들은 송나라 황제의 이처럼 '불식시무(不識時務: 시대의 흐름과 당장 처리해야 할 중요한 일이 무엇인지 파악하지 못함)'함을 보자, 즉각 군대를 홍현(虹縣, 지금의 안후이성 쓰현泗縣)·영벽(靈壁, 지금의 안후이성에 속함)에 배치하여, 대군이 머지않아 남하할 태세를 갖추었다.

금나라의 기세등등한 태세를 대하자, 장준은 이전의 소극적 방어 전략을 완전히 바꾸어, 선수를 써서 기선을 제압하기 위해, 먼저 금나라에 대해 공격을 감행하자고 주장했지만, 이 주장은 즉각 주화파(主和派)의 강력한 반대에 부딪혔다. 솔직히 말하자면, 이때 북벌을 하는 것은 확실히 부적절했다. 그 이유는, 한편으로는 고종과 많은 주화파 대신들이 내부에서 북벌에 대해 거대한 견제 세력을 형성하고 있었고, 다른 한편으로는 태평한 세월이 오래 지속되면서, 송나라 군대의 장병들은 훈련이 부족했고 장비가 매우 열악했으며, 전투에 강하고 익숙한 노장들도 대다수가 사망하여, 정치·군사 양 방면에 모두 드러나지 않는 폐해가 심각하게 존재하고 있었기 때문이다. 그러나 효종은 형세를 잘못 판단하고, 경솔하게 중원을 일거에 수복하려고 생각하여, 그해 4월에 장준에게 군대를 통솔하여 북벌하라고 명령했다. 그리하여 5월에 장준은 부하 이현충(李顯忠)·소굉연(邵宏淵)에게 군대를 이끌고 회하(淮河)를 건너 북상하도록 명령함으로써, 정식으로 효종조 북벌의 서막을 열었다.

전투가 막 시작되자, 금나라 군대는 적을 가볍게 여기고 대비를 하지 않았기 때문에 계속해서 패배했고, 송나라 군대는 계속 승전고를 울렸다. 이현충은 영벽을 공격하여 점령했고, 소굉연도 홍현을 공격하여 점령했다. 금나라 우익군도통(右翼軍都統) 소기(蕭琦)·사천지주(泗川知州) 포찰도목(蒲察徒穆)은 송나라 군대에게 투항했다. 장병들의 투지를 고무시키기 위해, 장준도 곧 강을 건너가 전투를 독려했다. 5월 중순, 이현충은 군대를 이끌고 회북(淮北)의 요충지인 숙주(宿州, 지금의 안후이성에 속함)를 맹렬하게 공격하여, 금나라 군대 수천 명을 참살하고, 숙주성을 점령했다. 이 소식이 남송에 전해지자, 효종과 조정의 주전파 대신들은 물론이고, 보통 백성들도 모두 매우 분발했다. 효종은 명령을 내려 이현충을 회남(淮南)·동경(東京)·하북(河北) 초토사로, 소굉연을 부사(副使)로 승진시켰고, 아울러 북벌에 나선 병사들을 위로하고 포상했다.

바로 남송의 군주와 신하들이 숙주에서의 대승으로 흥분해 있을 때, 패배의 위험은 이미 살며시 바짝 다가와 있었다. 우선, 공신 이현충은 장병들에게 상을 후하게 내리지 않았다. 숙주 전투에 참가한 사병들 1인당 상으로 받은 금액이 300전(錢)도 안 되어, 사병들의 전투에 대한 적극성을 크게 손상시켰다. 그 다음으로, 대장 소굉연은 자신의 공로가 이현충보다 못하지 않은데, 오히려 초토부사(招討副使) 자리밖에 얻지 못했다고 자만하면서, 마음속에 원한을 품고 몰래 헛소문을 퍼뜨려 군심을 동요하게 했다. 이때, 금나라는 처음에 놀라 허둥대며 어쩔 줄 몰라 하던 데에서 벗어나, 금 세종(世宗)은 좌부원수 흘석렬지녕으로 하여금 수만 명의 군대를 이끌고 가서 숙주를 공격하라고 급히 명령을 내렸다. 송나라와 금나라 쌍방은 숙주성 밖에서 연거푸 악전고투를 벌여, 사상자가 모두 매우 막대했다. 소굉연의 아들 소세웅(邵世雄)이 맨 먼저 도망쳤고, 송나라 군대의 다른 장수들도 대거 도망치자, 이현충은 어쩔 수 없이 부대를 이끌고 숙주로 철수해 들어갔다. 금나라 군대의 맹렬한 공격에 직면하여, 소굉연은 여전히 방관하면서 지원하지 않고, 오히려 거듭 이현충에게 철군하여 남쪽으로 돌아가라고 권고했다. 이현충은 혼자서 어찌할 도리가 없자, 북쪽으로 철수하라고 명령을 내릴 수밖에 없었다. 송나라 군대가 숙주를 빠져나와 철수한 지 얼마 지나지 않아, 곧 부리(符離, 지금의 안후이성 쑤저우宿州)에서 금나라 군대에게 따라잡혀, 십 수만 명의 대군이 거의 모두 죽거나 부상을 당했으며, 군수품은 전부 금나라 사람들에게 남겨 둔 채, 이현충과 소굉연 두 사람은 간신히 몸만 빠져나왔다. 역사에서는 이 전투를 '부리 전투'라고 부른다.

부리에서의 참패는, 남송 내부의 주화파에게 효종의 북벌 전략을 공격할 구실을 제공했다. 그들은 장준을 마구 공격했고, 고종도 끊임없이 효종을 질책하면서 화의를 하라고 요구했다. 효종은 고종과 주화파로부터 가해지는 이중의 압력을 막아 낼 수 없게 되자, 어쩔 수 없이 "짐은 태상황의 성의(聖意)를 감히 더 이상 거스를 수 없도다"라고 하면서, 화의를 진행하라고 명령을 내렸으며, 아울러 장준을 강회동서로선무사(江淮東西路宣撫使)로 좌천시켰다. 비록 수중에 쥔 카드가 많지는 않았지만, 효종은 시종일관 비교적 유리한 조건으로 화의를 맺으려고 생각했다. 그는 한편으로는 적극적으로 군대를 배치하여 방어하면서, 다른 한편으로는 유약하고 무능한 화의정사(和議正使) 노중현(盧仲賢)을 교체하고, 주화파 대신인 탕사퇴(湯思退)를 파면한 다음, 금나라 사람들과 외교전을 펼쳤다. 융흥 2년(1164년), 송나라와 금나라는 정식으로 화의를 이루었다. 이 '융흥화의(隆興和議)'라고 부르는 합의는 다음과 같이 결정했다. 즉 송나라는 더 이상 금나라에게 신하로 칭하지 않고, 두 나라는 숙질(叔侄: 숙부와 조카)의 나라가 되며, 세공(歲貢: 해마다 타국에 바치는 공물)은 세폐(歲幣: 해마다 타국에 바치는 돈)로 바꾸어 10만 냥으로 줄인다는 내용이다. 비록 '융흥화의'는 송나라와 금나라의 모든 화의 중에 굴욕적인 색채가 비교적 완화된 것이긴 하지만, 결국 동등한 국력에 기초한 평등한 합의는 아니었다. 또 이후 효종은 자나 깨나 북벌을 감행하여 설욕할 생각을 잊지 않았지만, 그는 세상을 떠날 때까지 이 소망을 이루지 못했다.

개희(開禧) 북벌

효종은 장기간 태상황 고종의 억압을 받았는데, 고종이 세상을 떠났을 때는, 그도 나이가 환갑에 이른 노인이었으므로, 빼앗긴 영토를 회복하겠다는 굳은 믿음을 잃어 버렸다. 순희(淳熙) 16년(1189년) 2월, 효종은 '자신처럼 무용이 뛰어난' 태자 조돈(趙惇)에게 제위를 넘겨 주었으니, 그가 송 광종(光宗)이다. 뜻밖에 조돈은 공처가여서, 황후인 이봉낭(李鳳娘)을 무서워했다. 사납고 질투심이 강한 황후의 압박을 받자, 그와 효종의 관계도 나날이 소원해져 갔다. 소희(紹熙) 5년(1194년) 5월, 송 효종의 병세가 위중했지만, 이황후의 이간질을 받은 송 광종은 뜻밖에 효종의 거처인 중화궁(重華宮)에 가서 문안하기를 거절했다. 6월, 송 효종이 한을 안고 쓸쓸하게 병으로 세상을 떠났는데, 광종은 다시 몸이 아프다는 이유로 효종의 장례를 주관하기를 거절했다. 소식이 전해지자, 불만을 가진 대신들이 종실이자 추밀원사(樞密院事) 조여우(趙汝愚)의 주위에 모여들어 정변을 모의하기 시작하여, 광종으로 하여금 강제로 제위를 넘기게 하고, 황자인 가왕(嘉王) 조확(趙擴)을 황제로 옹립했다. 황제를 폐위하거나 옹립하는 일은 반드시 태황태후 오씨(吳氏)의 지지를 받아야 했다. 그때 신분이 외척이면서, 내정(內廷: 황후나 비빈들이 거주하는 궁궐의 내부)과 관계가 밀접한 한탁주(韓侂胄, 한탁주의 아버지는 태황태후 오씨의 매부였다)가 조여우의 시야에 들어왔다. 한탁주의 노력으로, 태황태후는 마침내 동의한다는 조서를 내렸다.

그해 7월 5일, 태황태후는 조서를 내려 광종이 제위를 물려준다고 선포했고, 가왕 조확은 효종의 영전(靈前)에서 황포(黃袍: 천자가 입는 노란 예복)를 입고 황제가 되었으니, 그가 송 영종(寧宗)이다. 정변은 성공했지만, 정치 권력을 차지하기 위해 조여우와 한탁주는 뜻밖에 반목하면서 원수가 되었다. 한탁주는 외척 신분으로, 영종의 깊은 신임을 얻자, 많은 대신들을 끌어들여 자신을 위해 이용했다. 그런데 조여우는 바로 종실로서 재상에 임명되어 국정을 독단적으로 운영했기 때문에 영종의 의심을 받다가, 결국 경원(慶元) 원년(1195년) 2월에 재상에서 파면되었고, 강등되어 영주(永州, 지금의 후난성에 속함)에 안치(安置: 관직에서 좌천되어 외지로 쫓겨나는 것)되었다가, 후에 그곳에서 사망했다. 조여우가 재상에서 파면되자, 많은 이학(理學) 인사들이 상소를 올려 구제하려고 변론했다. 권세를 공고히 하기 위해, 한탁주는 이학 영수인 주희(朱熹) 등의 학설을 위학(僞學: 정도에 어긋나는 거짓 학문)에 포함시켜 금지하도록 명령을 내렸으며, 위학 당적(黨籍)에 속하는 관리들은 줄줄이 좌천되었으니, 역사는 이 사건을 '경원당금(慶元黨禁)'이라고 부른다.

이때 북쪽의 금나라는 점차 쇠락하고 있었다. 안으로는 농민 봉기가 벌떼처럼 일어났고, 밖으로는 몽고가 변경을 침입하여, 내우외환 속으로 빠져 들어갔다. 불세출의 공적을 세우고 싶었던 한탁주는 이 기회를 틈타 북벌을 하면 중원을 회복할 수 있을 거라고 생각했다. 북벌을 하자는 여론을 조성하기 위해, 가태(嘉泰) 4년(1204년)에 조정은 악비(岳飛)를 악왕(鄂王)에 추봉했으며, 2년 후에는 다시 진회(秦檜)의 왕작(王爵: 왕의 작위)을 박탈하고, 시호를 유추(謬醜: '잘못되고 나쁘다'는 뜻)로 바꿨다. 소식이 전해지자, 조야는 분발했다. 이듬해에 연호를 개희(開禧)로 바꿨는데, 이는 송 태조의 연호인 '개보(開寶)'와 송 진종의 연호인 '천희(天禧)'에서 각각 앞뒤 글자를 취한 것으로, 남송 조정의 영토 회복의 의지를 나타냈다. 한탁주는 북벌을 전반적으로 주관하여, 평장군국중사(平章軍國重事)에 부임했다. 그는 각 군에 준비를 철저히 하도록 명령을 내림과 동시에, 조정 봉장고(封椿庫: 도성 안에 설치하여, 각종 잡세 수입을 보관해 두고, 급히 필요할 때를 대비하던 창고)의 금전을 전쟁 비용으로 삼았다. 또한 명령을 내려 대장 오희(吳曦)에게 파촉(巴蜀)에서 병사들을 훈련시키도록 하고, 서로(西路)의 주장(主將)에 임명했으며, 조순(趙淳)과 황보빈(皇甫斌)은 출병하여 당주(唐州)와 등주(鄧州)를 공략할 준비를 하게 했고, 곽예(郭倪)는 송나라 군대를 지휘하여 회하를 건너도록 했다.

전쟁은 먼저 회하 연안에서 시작되었다. 여기에서 또 하나의 장래의 별이 천천히 떠오르고 있었으니, 그가 바로 필재우(畢再遇)다. 필재우는 악비의 부장이었던 필진(畢進)의 아들로, 역사에서는 그에 대해 "무예가 남들보다 뛰어났으며", 2석(石: 고대의 중량 단위로, 시대에 따라 달랐으며, 1석은 대략 3~6킬로그램이었다. 여기서는 활 자체의 무게가 아니라, 활의 강도를 측정하는 무게를 말한다)짜리 경궁(硬弓: 매우 강력한 활)을 쏠 줄 알았고, 효종의 부름을 받고 가서 전포(戰袍: 전투복)를 하사받았다고 기록하고 있다. 개희 2년(1206년) 4월, 필재우는 무봉군통제(武鋒軍統制) 진효경(陳孝慶)을 따라 회하를 건너 사주(泗州)를 공격했다. 필재우가 머리에 귀신 가면을 쓰고, 결사대를 인솔하여 단숨에 사주 동성(東城)에 올라가 적군 수백 명을 죽이자, 금나라 군대는 붕괴되어 혼란에 빠져 북문으로 도망쳤다. 필재우는 다시 서성(西城)을 공격하여 대장기(大將旗)를 세우고, 큰 소리로 이렇게 외쳤다. "대송(大宋: 송나라를 높여 부르는 말)의 필 장군이 여기에 있고, 너희들은 중원의 유민(遺民)이니, 빨리 항복하는 게 좋을 것이다." 금나라 병사들은 이 말을 듣고 간담이 서늘해져, 성문을 열고 항복했다. 얼마 후, 그는 다시 영벽에서 철수하는 송나라 군대를 엄호하다가, 손에 쌍검을 휘두르면서 곧바로 적진으로 돌진하여, 480명의 기병으로 금나라 군대 5천 명을 대파했다. 이때 진효경이 이끄는 부대는 홍현(虹縣)을 공격하여 점령했으며, 강주통제(江州統制) 허신(許信)은 신식현(新息縣, 지금의 허난성에 속함)을 함락시켰고, 광주(光州) 의병은 포신현(褒信縣, 지금의 허난성 신차이新蔡 서쪽)을 함락시켰다. 송나라 군대가 잇달아 전쟁에서 승리를 거두자, 형세가 크게 호전되었다. 그 해 5월, 영종은 정식으로 조서를 내려 북벌을 하겠다고 선포했다. 북벌하겠다는 조서가 내려지자, 민심이 분발했다. 애국 시인 육유(陸游)는 이때 이미 82세였는데, 조정에서 북벌을 감행한다는 소식을 듣자, 기뻐해 마지않으면서 시를 지어 자신의 포부와 의지를 이렇게 표현했다.

> 중원이 메뚜기 떼와 가뭄으로 오랑캐의 운세가 쇠퇴하니,
> 임금의 군대가 북벌에 나선다는 소식이 바야흐로 조서로 전해지는구나.
> [中原蝗旱胡運衰, 王師北伐方傳詔].
> 진격을 알리는 북소리를 한번 들으니 의기가 살아나,
> 나라를 위해 연(燕)·조(趙) 지방을 평정할 수 있을 것 같구나.
> [一聞戰鼓意氣生, 猶能爲國平燕趙].

송나라 군대는 단지 신속히 승리를 거두는 것만을 추구하여, 전쟁 준비가 매우 부족했다. 한탁주는 정예 부대 하나 조련해 내지 않았을 뿐 아니라, 출중한 참모도 없었고, 장기간 전쟁을 할 준비도 하지 못했다. 그가 기용한 진자강(陳自强)과 소사단(蘇師旦)은 모두 그의 심복들로, 재능은 군대와 나라의 중대한 일을 담당할 만한 인물이 아니었다. 동로(東路)는 비록 필재우가 혼자서 소임을 다하고 있었지만, 대부분의 송나라 군대는 부리(符離)에서 패배하고 나서 오랫동안 전쟁을 겪지 않아, 전투력이 저하되어 있었을 뿐 아니라, 출중한 장수도 없었기 때문에, 이미 적을 물리칠 중임을 감당할 수 없었다. 과연 송나라 군대는 그 후의 전쟁에서 연전연패했으며, 대부분 한 번의 전투로 곧 궤멸되었고, 심지어는 싸워 보지도 못하고 스스로 궤멸되고 말았다. 오로지 필재우 부대만이 여러 차례 승리를 거두었다. 그때 서부 전선에서 불길한 소식이 전해지기를, 사천(四川)에 주둔하며 지키던 대장 오희가 할거(割據)하려고, 일찍이 금나라 군대와 몰래 내통해 왔다는 것이었다. 비록 개희 3년(1207년)에 오희는 인솔하던 부대 장병들에게 피살되었지만, 이는 바로 북벌의 기존 전력 배치를 깨뜨리고 말았다.

◈ **관요육판화구병**(官窯六瓣花口瓶) | 남송

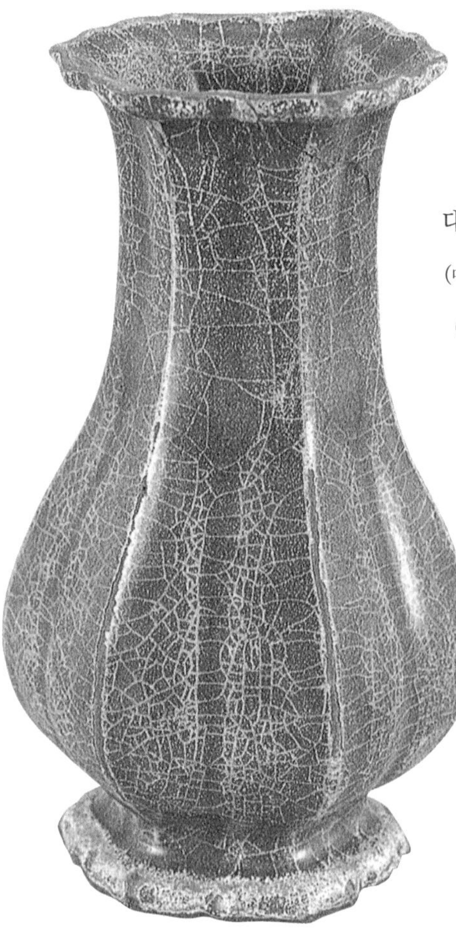

금나라 군대는 서부 전선의 뒷걱정을 제거한 후, 주력 부대가 회하를 건너 남하하여 장강 북안(北岸)을 공략했다. 중로(中路)는 당주·등주를 출발하여 양번(襄樊)을 공격했고, 서로(西路)의 전체 부대는 분산하여 천섬(川陝: 지금의 쓰촨성四川省과 산시성陝西省) 변방 국경에 주둔했다. 세 방면의 부대는 함께 진격하면서, 잇달아 남송의 많은 주·현들을 함락시켰다. 이때 막 기용된 양회선무사(兩淮宣撫使) 구숭(丘崇)은 불리한 형세에 직면하자, 전쟁에서 승리할 수 없다고 판단했으므로, 비밀리에 금나라 군대와 화의를 협의했다. 남송의 화의사신(和議使臣: 화의를 논하기 위해 파견한 사신)을 대하자, 금나라 조정은 허세를 부리면서 위협하기를, 장강을 경계로 삼고, 원래 북벌을 획책한 간신(한탁주 등을 가리킴)들을 참수하여 그 머리를 상자에 담아 바치고, 세폐(歲幣)를 증액하여, 이것으로 군인들에게 은(銀)을 나누어 주어 위로해야만 비로

소 화의할 수 있다고 큰소리쳤다. 한탁주는 이 말을 듣고 크게 노하여, 다시 군대를 정비하여 출전하기로 결심했다. 하지만 이때 조정 안에서 한탁주에 반대하는 세력이 예부시랑 사미원(史彌遠)과 영종 황후 양씨(楊氏)의 연락을 통해 결합하고 있었다. 개희 3년(1207년) 11월 초, 사미원의 주도하에, 우선 영종의 어필(御筆: 임금의 친필)로 한탁주를 평장군국중사에서 파면했다. 이튿날 한탁주가 입조(入朝)하여 황제에게 상주할 때를 틈타, 중군통제(中軍統制)·전전사공사(殿前司公事) 하진(夏震)이 갑자기 습격하여, 그를 옥진원(玉津園)의 좁은 담장 안으로 끌고가 살해했다. 송 영종은 3일 후에야 비로소 이 음모를 알았다. 동시에 사미원은 또한 한탁주의 심복인 소사단도 살해한 뒤, 두 사람의 머리를 잘라 금나라로 보내 주었다.

가정(嘉定) 원년(1208년), 송나라와 금나라는 다시 화의를 이루었는데, 두 나라의 관계는 숙질(叔侄: 숙부와 조카) 관계에서 백질(伯侄: 큰아버지와 조카) 관계가 되어 송나라의 지위가 더 낮아졌으며, 세폐는 은 30만 냥, 비단 30만 필로 증가되었다(539쪽 '융흥화의' 참조—옮긴이). 동시에 군대의 노고를 위로하는 비용 200만 관(貫)을 추가함으로써, 개희 북벌은 철저히 실패하고 말았다. 이듬해에 육유는 "임금의 군대가 북벌하여 중원을 평정하는 날, 제사 지낼 때 잊지 말고 이 아비에게 알려 주거라[王師北定中原日, 家祭無忘告乃翁]"라는 여한을 안고 세상을 떠났다. 개희 북벌이 실패한 원인은 우선 급작스럽게 출병한 데 있다. 당시 송나라 군대는 결코 완전하게 준비가 되어 있지 않았으며, 각 방면의 군대는 훈련과 협동이 부족했고, 또한 장기간 전쟁을 하지 않았기 때문에 적을 호랑이처럼 무서워했다. 동시에 또한 좋은 시기를 선택하지 못했다. 당시 금나라는 비록 내우외환이 있긴 했지만, 그것이 사분오열될 정도로 심각한 지경은 아니었고, 또한 상당한 실력도 보유하고 있었다. 다음으로 한탁주의 인재 기용이 적절하지 못해, 유능한 장수가 될 만한 재목이 부족했다. 서로의 주장(主將)은 반란을 일으켰고, 동로의 주장은 화의를 주장함으로써, 결국 전반적으로 모두 패하고 말았다.

전문 테마 이학(理學)의 흥성

송대의 이학은 명가(名家)들이 계속 배출되었고, 성취가 뛰어났다. 대표적인 인물들로는 북송의 주돈이(周敦頤)·정호(程顥)·정이(程頤)·장재(張載)와 남송의 주희(朱熹)·육구연(陸九淵) 등이 있다. 그들은 다시 정주(程朱: 정호·정이 형제와 주희) 이학과 육구연의 심학(心學) 및 장재의 '기(氣)' 일원론 등 세 학파로 나눌 수 있다. 정주 이학은 객관적 유심주의(唯心主義)이고, 육구연의 심학은 주관적 유심주의이며, 장재의 '기' 일원론은 유물주의(唯物主義)인데, 그 가운데 지배적 지위를 차지하는 것은 정주 이학이다. 이학은 유(儒)·불(佛)·도(道) 삼교(三敎)가 상호 융합한 기초 위에서 잉태되어 형성된 것으로, 유학의 발전사에서 하나의 새로운 최고봉을 상징하며, 매우 심원한 영향을 미쳤다.

개산조사(開山祖師) 주돈이

주돈이(1017~1073년)는, 자가 무숙(茂叔)이며, 북송 도주(道州) 영도(營道, 지금의 후난성 다오현道縣) 사람이다. 그는 『역전(易傳)』과 일부 도가(道家) 및 도교 사상을 계승하여 『태극도설(太極圖說)』과 『통서(通書)』를 저술하고, "무극이 태극이며[無極而太極]", '태극'은 때로는 움직이고 때로는 정지한다고 제시하여, 음양 만물의 우주 구성론을 탄생시켰다. 주돈이는, 사람은 만물이 생성된 것들 중 하나이지만, 또한 차이도 있다고 여겼다. 즉 "만물은 끊임없이 성장하고 무궁하게 변화하는데, 오로지 사람만이 그 빼어남을 얻어 가장 신령하다. 형체가 생겨나고 나면, 정신이 작용하여 알게 되며, 오성(五性)이 깊이 느껴 선과 악이 구분되어, 만사가 나오게 된다. 성인이 그것을 중정(中正)과 인의(仁義)로써 정하여, 주정(主靜: 마음을 가라앉혀 외부의 유혹에 흔들리지 않음)하였으며, 인극(人極: 사람으로서 마땅히 지켜야 할 도리)을 세웠다"고 여겼다. 그는 또한 '태극'을 모방하여 '인극'을 확립했으며, '성(誠)'을 도덕 본체의 최고 경지로 삼고, 사람은 오로지 마음을 가라앉혀 외부의 유혹에 흔들리지 않고, 욕심

◈ 〈주돈이상련도(周敦頤賞蓮圖)〉(일부분) | 명(明), 유준(劉俊)

을 갖지 않아야만, 비로소 이러한 경지에 도달할 수 있다고 강조했다. 그의 학설은 후세의 이학 발전에 대단히 큰 영향을 미쳤다. 후세에 무릇 송대의 이학을 언급할 경우, 주돈이 및 그의 학설은 당연히 맨 앞자리를 차지한다.

이정(二程: 정호, 정이)이 기초를 다지다

정호(1032~1085년)는, 자가 백순(伯淳)이며, 후세에는 그를 명도(明道) 선생이라고 불렀다. 송 신종(神宗) 때 태자중윤감찰어사(太子中允監察御使)가 되어 낙양에서 10여 년 동안 강학했는데, 제자는 "봄바람을 맞으며 앉아 있는 듯하다[如坐春風: 인품과 덕이 고상하면서도 학식이 풍부한 사람과 함께 지내며 가르침을 받는 것을 비유하는 말]"고 비유했다. 정이(1033~1107년)는, 자가 정숙(正叔)으로, 후세에는 그를 이천(伊川) 선생이라고 불렀으며, 관직이 숭정전설서(崇政殿說書)에 이르렀고, 30여 년 동안 강학했다. 그는 '궁리(窮理: 사물의 이치를 깊이 연구함)'를 주로 가르쳤으며, "천하에는 오로지 하나의 이치만이 있으니", 한 사물의 이치를 드러내면 곧 만물의 이치가 드러난다고 여겼다. 이 말은 남송 이학의 시작이 되었다. 정이는 또한 유가의 '이(理)'를 이용하여 사람의 본성을 규정하면서, 유명한 "성품이 곧 이다[性卽理]"라는 논점을 제시했으며, 아울러 "함양하는 데에는 모름지기 경(敬)을 사용하고, 학문을 하는 것은 치지(致知: 사물의 이치를 연구하여 밝힘)에 있다[涵養須用敬, 進學在致知]"는 수양 방법을 주장하면서 "격물궁리(格物窮理: 사물을 탐구하여 이치를 깊이 연구함)" 했다. 그 목적은 "인욕을 버리고, 천리를 보존하는[去人欲, 存天理]" 데에 있었다. 정이는 또한 후세 사람들에게 책망을 받는 몇 가지 관점도 갖고 있다. 즉, 그는 "굶어 죽는 일은 매우 사소한 일이며, 절개를 굽히는 일은 매우 중대한 일이다"라고 주장하면서, 과부가 재가하는 것을 반대했으니, 비교적 과격했다.

이정(二程)은 친형제로, 대정(大程)·소정(小程)이라고도 부르며, 모두 하남(河南) 낙양(洛陽) 사람이기 때문에, 그들이 창립한 학설은 '낙학(洛學)'이라고도 불린다. '낙학'은 후에 주희가 계승하여 발전시켰으므로, 사람들이 정주학파(程朱學派)라고 부른다. 이정 학설의 핵심은 '이(理: 이치)', 즉 '유심리(唯心理)'이며, 핵심적인 명제는 "풀 한 포기, 나무 한 그루에도 모두 이치가 있지만[一草一木皆有理]", "만물은 모두 단지 하나의 천리일 뿐이며[萬物皆只是一個天理]", '천리(天理)'는 바로 인류 사회의 영원한 최고 법칙이라는 것이다. 이정은 이리하여 봉건 윤리·도덕에 대한 새로운 해석을 진행하여, 삼강오상(三綱五常)을 "천하의 불변하는 이치[天下之定理]"라고 여겼다. 이정은 철학적으로 '천리'와 '인욕(人欲)' 양자의 관계를 논증함으로써, 행위를 규범하여 봉건 질서를 유지 보호하는 목적에 도달했다. 정호와 정이가 창건한 '천리' 학설은 중국 고대 철학사상사에서 중요한 지위를 차지하며, 훗날의 주희·육구연·왕양명(王陽明)은, 이정이 창립한 방향 위에서 이학을 발전시켰다.

◈ 정이

◈ 정호

학이치용(學以致用: 배운 것을 실생활에 활용함)의 장재

장재(1020~1077년)는, 자가 자후(子厚)이며, 봉상현(鳳翔縣, 지금의 산시성陝西省 메이현眉縣) 사람이다. 횡거진(橫渠鎭)에서 학문을 가르쳤기 때문에, 사람들은 그를 횡거 선생이라고 불렀다. 그는 일찍이 관중(關中)에서 학문을 강의했기 때문에, 그의 학파를 사람들이 '관학(關學)'이라고 불렀다. 장재는 포부가 원대하여, "천지를 위해 뜻을 세우고, 백성들을 위해 도를 세우며, 옛 성현들을 위해 끊어진 학문을 잇고, 만세를 위해 태평성세를 연다[爲天地立志, 爲生民立道, 爲去聖繼絶學, 爲萬世開太平]"고 제시했다. 그가 창립한 관학은 '학이치용'을 중시하고, 자연과학을 매우 중시하여, 자연과학 지식으로 자신의 우주관을 논증했으며, 소박한 유물주의 사상을 띠고 있었다. 장재는 "태허(太虛)가 곧 기(氣)다[太虛卽氣]"라는 학설을 제시하여, '기'는 우주를 가득 채우고 있는 실체이며, '기'의 집합과 분산의 변화가 세상의 각종 사물 현상을 형성한다고 인정했다. 장재는 '의리지학(義理之學: 성인의 도리를 밝히는 학문)'은 반드시 깊이 있게 발전해야 하며, "오로지 깊이가 있어야만 곧 천하의 뜻에 통할 수 있다[蓋惟深則能通天下之志]"고 주장했다. '관학'은 몸소 예교(禮敎)를 실행하는 도덕 실천을 특별히 중시했으며, "배워서 기풍을 변화시킬 것[學以變化氣質]"을 강조하고, '심성지학(心性之學)'을 고작 공허한 말로 간주하는 것을 반대하면서, "덕성이 아는 것은 보고 듣는 데서 생겨나는 것이 아니다[德性所知, 不萌於見聞]"고 주장했다. 이러한 사상은 후세의 이학에 대해 새로운 주장을 제시했다는 의의를 갖는다. 청대(淸代)의 학자인 전조망(全祖望)은 이렇게 말했다. "횡거 선생은 덕성의 수양에 용맹하게 정진했는데, 그의 학파는 비록 이학(伊學)과 낙학(洛學) 간에 미세한 차이가 있긴 하지만, 그 근본은 하나다[橫

渠先生勇于造道, 其門戶雖微有殊于伊·洛, 而大本則一也]."

이학의 집대성자 주희

주희(1130~1200년)는, 자가 원회(元晦)·중회(仲晦)이고, 호는 회암(晦庵)이며, 휘주(徽州) 무원(婺源, 지금의 장시성江西省 우위안) 사람이다. 주희는 중국 고대의 가장 저명한 철학자·경학자 중 한 사람이자, 송대 이학의 집대성자다. 역대 유학자들 가운데 주희의 지위와 실제 영향력은 공자와 맹자 바로 다음이며, 그의 사상과 학설은 원대(元代)에 처음으로 관방(官方) 철학으로 지정되었다.

주희는 평생 동안 대단히 많은 저술들을 남겼는데, 『사서장구집주(四書章句集注)』는 전해지는 것들 중 가장 대표적인 저작으로, 후세에 심원한 영향을 미쳤다. 『사서장구집주』는 주희가 『대학』·『중용』·『논어』·『맹자』에 주석을 단 것으로, 줄여서 『사서집주(四書集注)』라고도 한다. 주희는 『사서집주』를 평생 동안 정력을 기울여 쓰고, 반복해서 수정했는데, 전후로 모두 40년이 걸렸다. 주희는 이학의 기본 범주와 명제를 주석(註釋)하고, 순서에 따라 상세히 해석해 가면서, 천리강상(天理綱常: 하늘의 이치와 사람이 지켜야 할 도리)과 명분(名分) 등급의 영원성을 강조함으로써, 맹자부터 이정

◈ 〈여윤부수찰(與允夫手札)〉 | 남송, 주희

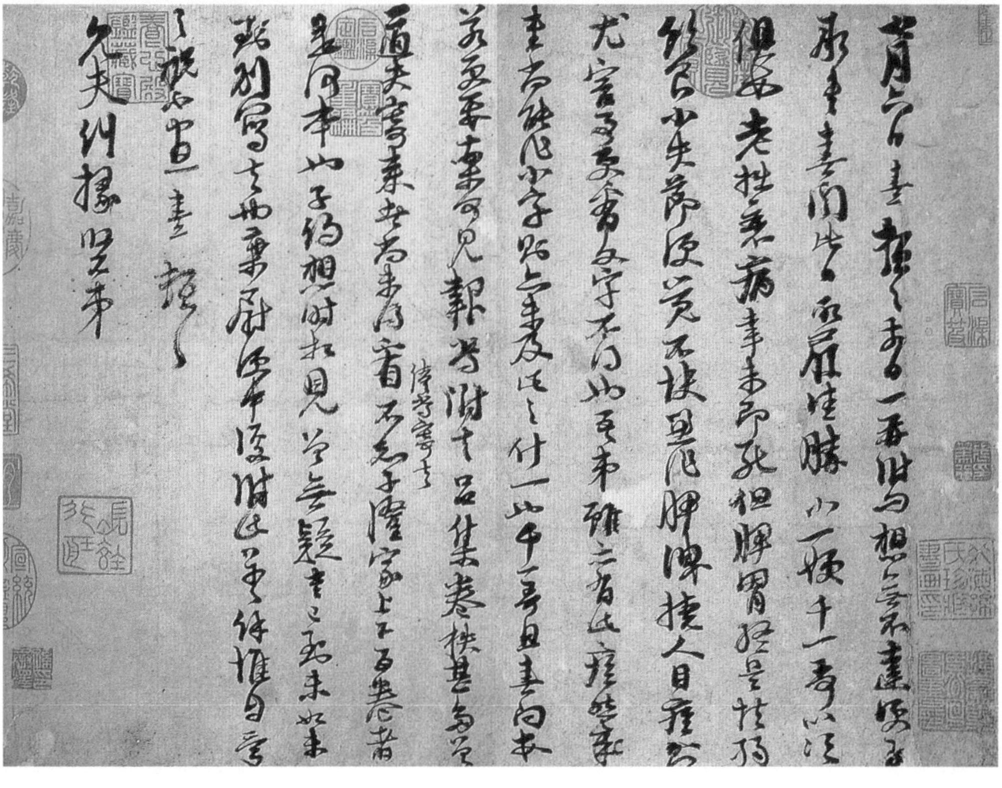

◈ 주희

산둥성 취푸(曲阜)에 있는 공묘(孔廟) 대성전(大成殿) 안에는, 12명의 유가 철학자들의 위패를 모셔 놓았다. 그 중에는 자공(子貢)·자로(子路) 등 11명의 공자 친전제자(親傳弟子: 직접 가르쳐 학문을 전수한 제자)들이 포함되어 있는데, 유일하게 공자의 친전제자가 아니면서도 거기에 포함된 사람이 주희이니, 그의 유학에서의 지위를 짐작할 수 있다.

에 이르기까지의 도통(道統: 전수되면서 이어지는 계통) 사상을 선양했다. 이때부터 『대학』·『중용』·『논어』·『맹자』는 '사서(四書)'라고 불리게 되었으며, '오경(五經)'과 함께 과거 시험에서 반드시 준비해야 하는 과목에 포함되어, 봉건 사회의 가장 중요한 경전 저작이 되었다. 주희는 이학을 집대성했는데, 주돈이의 '태극' 음양·이정의 '이(理)'·장재의 '기(氣)'를 계승함과 아울러, 불교와 도교를 유교에 받아들여, 더욱 박대정심(博大精深: 넓고 크고 정교하고 심오함)하고, 구조가 완벽한 이학 논리 체계를 구축했다. 이기론(理氣論)에서, 주희는 이와 기는 분리할 수 없고, 이가 기보다 먼저 존재한다는 객관적 유심주의 관점을 견지했다. 주희는 도심(道心)이 곧 천리(天理)이고, 나쁜 인심(人心)이 바로 인욕(人欲)이라고 여겼다. 그는 "천리는 보존하고, 인욕은 없애라[存天理, 滅人欲]"고 주장함과 아울러, "마음을 바르게 하고, 뜻을 정성스럽게 하는[正心, 誠意]" '수신(修身)' 방향을 제시하여, 세상 사람들이 자각하여 '천리'를 인식할 실천 경로를 명확히 제시했다.

주희는 평생 동안 남송의 고종(高宗)·효종(孝宗)·광종(光宗)·영종(寧宗) 등 네 황제의 재위 기간에 걸쳐 벼슬을 했지만, 실제로 정치에 참여한 기간은 10년을 넘지 않으며, 나머지 시간에는 모두 학문을 강의하고 책을 저술했다. 주희는 평생 동안 제자들이 매우 많았다. 『주자어류(朱子語類)』 안에 이름이 기록되어 있어 검증할 수 있는 사람이 90여 명이나 된다. 주희는 독서 교육을 매우 중시하여, 그는 일찍이 여산(廬山)의 백록동서원(白鹿洞書院)을 중건(重建)함과 아울러, 당시의 논적(論敵)인 육구연을 여기에 초청하여 학문을 강의하게 하여 매우 큰 반향을 불러 일으켰다. 대단한 명성을 떨친 이 강학은 후세의 학자들이 논쟁을 벌이는 본보기가 되었다. 주희는 '격물치지(格物致知: 사물의 이치를 분명히 밝혀, 지식을 확실하게 함)'를 학문을 하는 도리의 기원으로 여겼다. "학문을 하는 도리는 이치를 깊이 연구하는 것보다 우선하는 것이 없고, 이치를 깊이 연구하는 요체는 반드시 독서보다 앞서야 하며, 독서의 방법은 순서를 좇아 정통함에 이르는 것보다 귀한 것이 없으니, 정통함에 이르는 근본은, 곧 또한 항상 마음을 바르게 가지고 덕성을 닦아 뜻을 견지하는 데 있다[爲學之道, 莫先于窮理, 窮理之要, 必在于讀書, 讀書之法, 莫貴于循序而致精, 而致精之本, 則又在于居敬而持志]"고 생각했다. 주자의 학설은 명·청 두 조대에 유학의 정통으로 확립되어, 후세에 대단히 심원한 영향을 미쳤다.

육구연의 심학

육구연(1139~1193년)은, 자가 자정(子靜)이며, 강서 무주(撫州) 금계(金溪, 지금의 장시성 린촨臨川) 사람으로, 후세에 그를 상산(象山) 선생이라고 불렀다. 그는 송대의 주관적 유심주의 이학의 대표적 인물이다. 육구연 철학의 근본 명제는 "心卽理(마음이 곧 이치다)"로, "만물은 모두 마음속에 있으며, 마음을 가득 채우고 나와서, 우주를 가득 채우니, 이 이치가 아닌 것이 없다[萬物森然於方寸之間, 滿心而發, 充塞宇宙, 無非此理]"고 여겼으므로, '심학(心學)'이라 부른다. 그는 "내 마음이 곧 우주다[吾心卽是宇宙]"라고 주장하면서, 천리(天理)·인리(人理)·물리(物理)는 단지 내 마음속에 있으며, "사람은 모두 이 마음을 갖고 있고, 마음은 모두 이 이치를 갖추고 있으니, 마음이 곧 이치이며[人皆有是心, 心皆具是理, 心卽理也]", 예로부터 지금까지 예외가 없다고 단언했다. 육구연은 이것으로써 봉건 등급 질서와 도덕 규범 등 '천리'는 모두 사람의 본래 마음에서 나와 영원히 불변하는 것이라고 논증했다. 육구연의 주관적 유심주의 논조와 주희의 객관적 유심주의 '이기론(理氣論)'은 판이하게 다르지만, 모두 "똑같이 사람이 마땅히 지켜야 할 도리인 삼강과 오상에 뿌리를 두고 있으며, 똑같이 공자와 맹자의 가르침을 근본으로 삼았다[同植綱常, 同宗孔孟]". 비록 두 사람의 "학문은 대부분 일치하지 않아", 신주(信州) 연산(鉛山, 지금의 장시성 상라오上饒)에 있는 아호사(鵝湖寺)에서 '이'와 '기'에 관해 대논쟁을 전개했지만, 두 사람의 개인적 친분은 매우 좋았으므로, 서신을 주고받으면서 끊임없이 논쟁을 벌였다. 학문을 하는 방법에서, 육구연은 또한 본심(本心)에서 출발할 것을 주장하여, 단지 "본심을 밝히기[發明本心]"만 하면 되고, 많은 독서를 하여 밖에서 구할 필요가 없다고 했다. 그는 "배움에서 진실로 근본을 안다면, 육경(六經)은 모두 나에게는 각주(脚註: 그 근본을 보완해 주는 곁다리라는 의미)일 뿐[學苟知本, 六經皆我注脚]"이라고 생각했다. 육구연은 또한 '격물(格物: 사물의 이치를 연구함)'을 주장했지만, 그가 주장한 격물은 사물 자체를 연구하는 것이 아니라, 안으로 자신의 본심에서 구하는 것이다. 육구연의 이러한 철학 사상은 명대에 왕양명(王陽明)에 의해 한층 더 발양되고 빛을 발하여, '지행합일(知行合一)'과 '치양지(致良知: 사람이라면 누구나 가지고 있는 선천적이고 보편적인 마음의 본체인 양지를 실현함)'로 발전했다.

남송 후기

인물: 사미원(史彌遠), 가사도(賈似道) 지역: 임안(臨安) 키워드: 호상평장(湖上平章)

송 말기의 권신: 사미원(史彌遠)과 가사도(賈似道)

북송 초기에 재상의 권리를 제한하기 위해, 재상의 권력을 셋으로 쪼개, 재권(財權)은 삼사사(三司使)에게 주고, 군권(軍權)은 추밀사(樞密使)에게 주고, 재상에게는 단지 행정권만 남겨 두었다. 그런데 남송 시기에 금나라와의 전쟁이 빈번했기 때문에, 재상이 추밀사를 겸임하는 것이 관례가 되었다(진회가 사망한 후, 고종 때 잠시 분리되었다). 군권과 행정권의 과도한 집중은 필연적으로 권신(權臣)을 탄생시켰다. 더구나 효종 이후의 남송 제왕들은 신체가 약해 병치레를 많이 했거나, 어린 나이에 즉위했기 때문에, 외척 세력의 정치 관여는 갈수록 뚜렷해졌으며, 이는 마침내 진회(秦檜)와 한탁주(韓侂冑) 이후에 또 다른 두 명의 권신의 입신출세를 재촉했으니, 바로 혼자서 25년 동안 정권을 장악했던 사미원과 세 명의 황제를 거친 '호상평장(湖上平章)' 가사도가 그들이다.

◈ 〈역대제왕상〉의 송 이종(理宗) | 청, 요문한(姚文瀚)

송 이종의 원래 이름은 조여거(趙與莒)인데, 후에 영종(寧宗)의 동생 기왕(沂王)의 후계자로 책립되어, 귀성(貴誠)이라는 이름을 하사받았다. 후에 영종의 황자(皇子)로 책립되어, 다시 윤(昀)이라는 이름을 하사받았으며, 남송의 제5대 황제다.

최고의 권상(權相: 권력이 강한 재상)

사미원(?~1233년)은, 자가 동숙(同叔)이며, 효종(孝宗) 때 우상(右相)을 지낸 사호(史浩)의 양자다. 일찍이 영종을 황제로 옹립한 권상 한탁주에 아부하여 승진을 추구했으므로, 한탁주가 평장군국사(平章軍國事)로 승진한 후에 사미원도 곧 중용되었다. 그리하여 종6품의 사봉랑중(司封郎中)이 일약 예부시랑(禮部侍郎)으로 승진함과 아울러, 태자 조엄(趙曮)의 익선(翊善, 황제의 아들을 가르치는 관직)을 겸임했다.

그러나 사미원의 목표는 여기에 그치지 않았으니, 그의 야심은 권력과 지위가 빠르게 높아짐에 따라 신속히 커져 갔다. 개희(開禧) 북벌이 실패한 후, 강력히 항전을 주장했던 한탁주의 위신은 크게 줄어들었다. 남송이 할 수 없이 사신을 파견하여 화의를 요청하자, 금나라는 한탁주의 목을 베어 바칠 것을 화의의 전제조건으로 제시했는데, 이는 이치상 당연히 한탁주에게 거절당했다. 그러나 투항 정책을 주장했던 사미원은 오히려 좋은 기회라고 여겼다. 그는 태자 조엄을 이용하여 영종에게 한탁주를 죽이도록 건의하게 하고, 그 기회에 자신이 한탁주의 자리를 차지하려고 생각했지만, 영종은 아랑곳하지 않았다. 그러자 사미원은 영종을 우회하여, 한탁주에 대해 회환을 마음속에 품고 있던 양황후(楊皇后)와 동맹을 맺고, 양황후가 영종의 어비(御批: 황제가 결제한 문서) 밀지(密旨: 비밀 명령)를 위조하여, 황제의 명령이라고 속여 중군통제(中軍統制)·전전사공사(殿前司公事) 하진(夏震)을 파견하여 옥진원(玉津園)에서 한탁주를 죽였다.

한탁주를 죽인 다음 사미원이 재상으로 승진하자, 그는 북송 이래로 문무(文武) 두 부서가 나누어 정권을 장악하던 기존의 제도를 타파하고, 재상이 추밀사를 겸임함과 동시에, 이를 남송 후기의 고정적인 제도로 만듦으로써, 남송 후기의 황권이 약화되고 권신이 독재 정치를 하는 나쁜 영향을 미쳤다. 이때부터 사미원은 재상으로서 추밀사를 겸임하여, 문무 두 부서의 군정(軍政) 대권을 혼자서 차지했을 뿐만 아니라, 영종과 이종 두 황제 시대에 혼자서 재상의 지위를 25년이나 누리면서, 양송(兩宋) 역사상 권신이 정치를 주도한 기간에서 신기록을 세웠다.

그런데 그해에 사미원을 도와 한탁주를 살해했고, 금나라에게는 항복을 받아들여 달라고 빌면서 화의를 요구했던 태자 조엄이 뜻밖에 가정(嘉定) 13년(1220년)에 갑자기 사망했다. 이듬해, 송 영종은 다시 조굉(趙竑)을 황자로 세웠다. 사미원은 조굉이 황위 계승인이 되는 것을 결코 원치 않았다. 왜냐하면 평소에 조굉은 이미 사미원이 권력을 남용하며 발호하는 것에 대해 강력히 불만을 나타냈고, 심지어 주변 사람들에게 말하기를, 장래에 즉위하고 나면 사미원을 8천 리 밖의 신주(新州, 지금의 광둥성 신싱新興)나 은주(恩州, 지금의 광둥성 양장陽江)으로 유배하겠다고 했기 때문이다. 이러한 것들은 모두 사미원이 조굉 주변에 배치해 놓은 밀정들에 의해 보고되고 있었는데도, 조굉은 오히려 전혀 알지 못했다. 사미원은 영종의 면전에서 조굉을 비방할 수 없는 상황이 되자, 곧 조굉을 폐위하고 다른 사람을 영종의 계승인으로 세울 계획에 착수하기 시작했다. 가정 16년(1223년), 사미원은 국자학록(國子學錄) 정청지(鄭淸之)를 매수하여, 영종이 세상을 떠나면 태자 조굉을 폐위하고 종실인 조귀성(趙貴誠)을 황제로 옹립할 음모를 꾸몄다. 이를 위해 그는 정청지를 조귀성의 스승으로 배치했다. 가정 17년(1224년) 8월, 영종이 갑자기 중병에 걸려 일어나지 못하여 더 이상 국정을 처리할 수 없게 되자, 사미원은 궁정에서 정변을 획책하는 발걸음을 서둘렀다. 영종이 임종할 즈음, 사미원은 한편으로는 정청지를 통해 조귀성에게 머지않아 그를 황제로 옹립할 것이라고 전하고, 다른 한편으로는 밤에 급히 한림학사를 궁궐로 불러들여, 25가지 방법으로 영종이 세상을 떠난 후의 국면에 대처하도록 조서를 작성했다. 영종이 세상을 떠난 날 밤에, 사미원은 사람을 보내 조귀성을 궁궐로 불러들임과 아울러, 양황후의 집안사람을 통해 양황후에게 이렇게 협박했다. "사미원이 전사(殿師) 하진에게 명령하여 군대를 보내 황궁과 조굉을 감시하도록 했으니, 만약 폐위하는 데 동의하지 않으면, 매우 심각한 재앙이 반드시 일어날 것이며, 양씨 가문도 멸족을 당할 것입니다." 양황후는 이해관계를 따져보고 나더니, 어쩔 수 없이 동의했다. 이어서 사미원은 영종의 유조(遺詔: 임금이 남긴 유서)를 위조하여 이렇게 선포했다. "조굉을 폐위하여 제왕(濟王)으로 삼고, 조귀성을 태자로 세워 황제에 즉위하게 하라." 조귀성이 즉위하는 것의 합법성을 증명하기 위해, 사미원은 대외적으로 발표하기를, 영종이 살아 있던 8월에 이미 조귀성을 태자로 삼도록 명령을 내리고, 윤(昀)이라는 이름을 하사했다고 밝혔다. 그리하여 조윤(趙昀)이 즉위했으니, 그가 송 이종(理宗)이다. 이때부터 사미원은 사실상 이미 남송 정권을 완전히 장악했으며, 이종 본인조차도 그의 손아귀 안에 있는 꼭두각시에 불과했다. 25년 동안 재상 혼자서 권력을 독점한 기간 동안에, 그는 중앙 정부의 구제도를 변경하여 국정을 결정했고, 장수의 임면권을 쥐고서 군권을 독차지 했으며, 대간(臺諫: 황제에게 간언하는 관직)을 통제하여 반대 세력에게 타격을 가하고, 패거리를 만들어 사리사욕을 꾀하면서 천하를 차지했다. 권력을 독점한 정도를 말하자면, 설사 고종 때의 진회조차도 결코 그를 따라갈 수 없었다.

호상평장(湖上平章)

소정(紹定) 6년(1233년), 권신 사미원이 병으로 세상을 떠났지만, 남송에서는 권상(權相)과 간상(奸相)을 배출하는 전통이 결코 중단되지 않았으니, 이종(理宗)·도종(度宗)·공제(恭帝)의 세 시기에 다시 '호상평장'이라고 불리는 마지막 재상인 가사도(賈似道)를 배출했다.

가사도(1213~1275년)는, 자가 사헌(師憲)이며, 대주(臺州) 천대(天臺, 지금의 저장성浙江省에 속함) 사람이다. 그의 아버지 가섭(賈涉)은, 영종 때 관직이 회동제치사(淮東制置使)에 이르렀다. 아버지가 세상을 떠난 후, 가정교육이 부족했던 가사도는 "어려서부터 실의에 빠져, 도박을 즐기면서, 몸가짐에 신경을 쓰지 않다가", 후에 부음(父陰: 공로가 있는 아버지의 음덕으로 벼슬을 하던 제도)으로 가흥사창(嘉興司倉)이 되어 관직에 진출했다. 가정(嘉定) 4년(1211년), 그의 누님 가귀비(賈貴妃)가 이종에게 총애를 받았기 때문에, 그때부터 관운이 확 트였다. 보우(寶祐) 2년(1254년), 배우지 못해 재주가 없던 가사도는 뜻밖에 동지추밀원사(同知樞密院事)로 승진했고, 이후 몇 년 동안 점차 승진하다가, 보우 6년(1258년)에는 추밀사(樞密使)·양회선무사(兩淮宣撫使)로 승진하여, 남송의 양회(兩淮: 회동과 회서, 즉 회하의 동쪽과 서쪽 지방) 변방을 보위하는 중책을 맡게 되었다. 개경(開慶) 원년(1259년) 정월, 가사도는 추밀사가 경서(京西)·호남북(湖南北)·사천(四川)선무사를 겸임하도록 고쳐, 양회의 군대·호광총령(湖廣總領)·강릉지부(江陵知府)를 관리하게 되어, 장강 중·상류 지역의 군사·민정(民政)·재정 대권을 혼자서 독차지했으며, 또한 양회 지역의 군사를 책임지게 되었으니, 남송이 몽고 대군에게 저항하는 전선의 방어 업무를 전면적으로 책임지게 되었다.

보우 2년(1254년) 2월, 몽고의 대칸(大汗: 몽고족 부족의 우두머리에 대한 존칭) 몽케(蒙哥)가 친히 남침하는 서로군(西路軍)을 이끌고 합주(合州, 지금의 충칭重慶 허촨合川)의 조어성(釣魚城)을 공격했다. 여러 차례 공격을 가했지만 함락시키지 못하다가, 몽케는 7월에 조어성 밑에서 전사했다. 이와 동시에, 몽케의 동생인 쿠빌라이(忽必烈)가 이때 바로 동로군(東路軍)을 이끌고 강회(江淮)의 요충지인 악주(鄂州)를 포위 공격했다. 이 때문에 송 이종이 가사도를 우승상(右丞相) 겸 추밀사(樞密使)에 임명하자, 가사도는 군대를 이끌고 강릉(江陵, 지금의 후베이성에 속함)에서 한양(漢陽, 지금의 후베이성 우한武漢에 속함)으로 갔다가, 다시 악주로 진입하여 군대를 이끌고 반격을 가했다. 때마침 이때 쿠빌라이는 비밀 보고를 받고, 몽케가 전사하여 몽고의 조정과 인심이 동요한다는 것을 알게 되어, 마침내 북쪽으로 돌아가 제위를 쟁탈하기로 결심했다. 가사도는 몰래 사신을 파견하여, 남송은 신하로 칭하면서 세폐(歲幣: 해마다 바치는 돈)를 바치고, 장강 이북의 영토를 할양하는 등의 조건으로 화의를 맺고 싶다고 요구했다. 쿠빌라이는 급히 서둘러 군대를 철수하려고 했기 때문에, 가사도의 화의 요구에 순순히 동의한 뒤, 군대를 이끌고 북쪽으로 돌아갔고, 악주의 포위는 마침내 해제되었다.

가사도는 몽고군에게 투항을 받아 달라고 빌어서 화의를 체결했다는 사실을 감추고, 몽고군에게 승리를 거두었다고 보고했다. 우매한 이종은 결국 그의 거짓말을 믿고, 그가 사직을 다시 일으켜 세운 공이 있다고 여겨, 소사(少師: 황제를 보필하는 관직)·위국공(衛國公)을 진봉(進封: 추가로 관직이나 봉작을 더해 줌)했다. 경정(景定) 원년(1260년), 쿠빌라이는 학경(郝經)을 송나라에 파견하여, 가사도가 동의했던 '세폐'를 요구했다. 가사도는 몰래 투항했다는 사실이 원(元: 몽고)나라 사신에 의해 드러날까 두려워하여, 사신 학경 일행을 진주(眞州, 지금의 장쑤성 이정儀征)에 가두어 놓으라고 명령했다. 이 행위는 쿠빌라이를 격노하게 했지만, 몽고 내부에 반란이 끊이지 않았으므로, 즉각 군대를 동원하여 남하하지는 못했다. 악주 전투는, 가사도 개인에 대해서는 다시 얻기 힘든 좋은 기회였으니, 이후 그는 곧 16년 동안 재상을 독차지하고, 독재를 하면서 권력을 마음대로 휘두르기 시작했다.

몽고군이 북쪽으로 철수한 후, 남송의 소조정(小朝廷: 영토의 대부분을 잃고 한쪽 모퉁이에 안거하는 데 만족하는 정권)은 다시 상대적으로 안정된 단계에 들어섰다. 송 이종과 가사도를 우두머리로 하는 전체 통치 집단은, 가까이 지척에 와 있는 망국의 위협을 전혀 깨닫지 못하고서, 매우 빠르게 다시 꾀꼬리가 노래하고 제비가 춤을 추듯이 평화로운 시간을 보내기 시작했다. 이러한 평화로움의 뒤에 얼마나 거대한 위기가 숨어 있는지를 전혀 알지 못했다. 경정 5년(1264년) 10월, 이종이 병으로 세상을 떠나자, 가사도는 유조(遺詔: 임금의 유언)를 받들어 태자 조기(趙祺)를 황제에 옹립했으니, 그가 송 도종(度宗)이다. 도종이 즉위한 후, 남송의 국가 형세는 더욱 엄중해졌는데도, 조정의 모든 군신들은 오히려 여전히 서호(西湖: 남송의 수도인 임안臨安에 있던 호수로, 주변에 누각이 즐비했다 함)에서 노래하고 춤추면서 시끌벅적함 속에 도취되어 있었다. 가사도는 황제를 옹립한 공로 때문에, 그 권력과 지위는 더욱 견고해질 수 있었다. 도종은 향락과 안일을 추구하기 위해, 조정의 대권을 가사도에게 순순히 넘겨주었으며, 심지어 가사도를 "사상(師相: 재상에 대한 존칭으로, '재상님' 정도의 의미)"이라 부르고, 평장군국중사(平章軍國重事)라는 호칭을 추가해 주었으니, 가사도는 마치 태상황 같았다. 함순(咸淳) 3년(1267년), 송 도종은 특별히 가사도에게 3일에 한 번씩만 입조(入朝)해도 좋다고 허가했으며, 또한 서호 옆 갈령(葛嶺)에 있는 별장을 가사도에게 상으로 주어, 그로 하여금 사치스럽고 편안하게 지내도록 하자, 가사도는 이 별장을 확장하여 짓고, '반한당(半閑堂)'이라고 명명했다. 그러나 설사 이와 같았는데도, 가사도는 단지 5일 만에 한 번씩 입조하여 근무하면서 국정을 돌보지는 않고, 매일 오로지 귀뚜라미[蟋蟀] 싸움을 즐거움으로 삼았다. 아울러 『실솔경(蟋蟀經)』을 저술하여, 자신이 귀뚜라미를 키우고 귀뚜라미 싸움을 했던 경험을 기술했다. 이 밖에도 그는 또한 재물을 탐하고 여색을 밝혔다. 부장(副葬)한 옥대(玉帶)를 얻기 위해 마침내 공신인 여개(余玠)의 무덤을 파헤쳤고, 심지어는 궁녀 섭씨(葉氏)를 첩으로 삼기도 했다. 가사도는 대부분의 시간을 거의 모두 반한당과 서호 위에서 유희를 즐기는 데 보냈으므로, 당시 사람들은 기회를 틈타 동요를 지어 이렇게 비꼬았다. "조정 안에는 재상이 없고, 호수 위에 평장(平章: 가사도의 관직명 중 하나인 평장군국중사)이 있다네[朝中無宰相, 湖上有平章]."

함순 10년(1274년), 송 도종이 세상을 떠나자, 가사도의 주도하에 도종의 적자(嫡子)이자 나이가 고작 4세인 조현(趙顯)을 황제로 옹립했으니, 그가 송 공제(恭帝)이며, 가사도는 여전히 조정의 대권을 장악했다. 당시 원(元) 세조(世祖) 쿠빌라이는 이미 대장 바얀(伯顔)으로 하여금 군대를 이끌고 남하하여 송나라를 멸망시키도록 파견했다. 가사도는 먼저 이 사실을 숨기고 보고하지 않

◈ **격사**(緙絲: 자수) **모란**(牡丹) (일부분) | 송

격사는 장식성과 감상성이 매우 높은 공예품이다. 그것은 그 특유의 갖가지 다른 색을 입히는 방법을 채용하여 문양을 꿰매어 짜 넣음으로써, 문양을 고아하게 한다. 예술적 정취가 풍부하며, 또한 매우 강한 질감을 띠고 있어, 심지어 "한 치의 격사는 곧 한 치의 금이다[一寸緙絲一寸金]"라는 명성을 누렸다. 이 모란도는, 색채 배합의 농담(濃淡: 짙고 옅음)이 마치 실물을 보는 것 같다. 현재 랴오닝성(遼寧省)박물관에 소장되어 있다.

았으며, 나중에 다시 무호(蕪湖)에서 전투를 독려할 때, 군대를 버리고 도망침으로써 남송 군대의 대패를 초래하여, 죽거나 다치거나 도망친 병사들은 그 수를 헤아릴 수 없었으므로, 천하의 여론이 들끓었다. 강한 압력을 받자, 태황태후 사씨(謝氏)는 어쩔 수 없이 가사도를 면직하고, 좌천시켜 순주(循州, 지금의 광둥성 룽촨龍川 서쪽)로 보냈다. 순주로 가는 도중에, 가사도는 회계현위(會稽縣尉) 정호신(鄭虎臣)에게 살해되었다.

남송 후기

인물: 여개(余玠), 여문환(呂文煥) 지역: 조어성(釣魚城), 양양(襄陽) 키워드: 양번(襄樊) 전투

조어성(釣魚城) 전투와 양양(襄陽) 보위전

조어성 전투와 양양 보위전(保衛戰)은 남송이 몽고의 원나라가 남하하는 것에 저항한 두 차례의 중요한 전투로, 중국 역사, 더 나아가 세계 역사에 대해서도 중요한 의의를 갖는다. 조어성 전투 과정에서, 몽고의 대칸 몽케가 뜻밖에 사망하여, 몽고의 송나라 침략 전쟁이 성공을 눈앞에 두고 실패하자, 남송 왕조는 다시 20년을 더 지속할 수 있었다. 그런데 양양 보위전의 패배는, 곧 남송 강회(江淮: 장강長江과 회하淮河 일대로, 남송의 수도 임안臨安 부근)의 문호가 열렸다는 것을 의미했으며, 남송의 멸망은 이미 얼마 남지 않게 되었다.

조어성에서의 혈전

송 이종(理宗) 단평(端平) 원년(1234년), 남송과 몽고가 연합하여 금나라를 멸망시켰는데, 남송의 군신(君臣)들은 자신들이 한층 악랄한 이웃으로 교체했다는 것을 매우 빨리 알아차렸다. 금나라를 멸망시킨 후, 거만하고 횡포한 몽고의 통치자가 원래 금나라 영토를 전부 독차지하자, 중원을 수복하려는 꿈을 갖고 있던 남송은 결심하고 하남(河南)으로 출병했지만, 몽고 군대에게 처절하게 궤멸당하고 돌아왔다. 금나라가 멸망한 이듬해, 남송이 "영토를 침범한 것"을 보복한다는 명분으로, 몽고의 대군이 두 방면으로 나누어, 각각 섬서(陝西)와 회하(淮河) 하류로부터 남송에 대해 공격을 감행했다. 이 전쟁에서 사천(四川) 지역(지금의 쓰촨성과 충칭시)이 몽

◈ 건요(建窯)의 요반토호잔(耀斑兎毫盞) | 남송

건요는 '건안요(建安窯)'라고도 하며, 송대의 명요(名窯) 중 하나로, 흑유자(黑釉瓷)를 구운 것으로 세상에 유명하다. 그 유면(釉面)에 많은 선 모양의 결정문(結晶紋)들이 있는데, 그 가늘기가 토끼털 같기 때문에, '토호잔(兎毫盞)'이라고도 한다.

고 군대에 의해 가장 심각하게 파괴되었다.

얼마 지나지 않아, 오고타이(窩闊臺) 칸이 세상을 떠나자, 남하하던 몽고 군대가 잇달아 북쪽으로 돌아갔으므로, 남송은 비로소 한숨 돌릴 기회를 얻어, 각 방어선에 대해 휴식을 취하면서 정비하고 보강하는 데 박차를 가했다. 순우(淳祐) 2년(1242년), 양회(兩淮: 회동과 회서, 즉 회하의 동쪽과 서쪽 지방)의 항몽 전투에서 전공이 매우 탁월했던 여개(余玠)가, 송 이종에 의해 사천에 파견되어 군정(軍政) 사무를 책임지고 집행했다. 서부의 방어선을 공고히 하기 위해, 여개는 사천에서 일련의 정치·경제 및 군사적 조치들을 취함과 동시에, 산악 지형에 의지하여 수많은 성루를 건설했는데, 그 가운데 가장 중요한 것이 바로 조어성이다.

조어성은 오늘날의 충칭시(重慶市) 허촨(合川)의 조어산(釣魚山) 위에 건설했는데, 이 작은 산은 우뚝 솟아 있고, 산 아래로는 가릉강(嘉陵江)·거강(渠江)·부강(涪江) 등 세 개의 강들이 흐르면서, 서·남·북 삼면을 에워싸고 있어, 지세가 매우 험준했다. 조어성은 산과 강이 있어 험준할 뿐만 아니라, 교통도 편리하여 수륙을 통해 사천의 각지로 통할 수 있었다. 부임한 이듬해에 여개는 곧 현지 군민(軍民)들의 건의를 받아들여, 산 위에 이 성루를 건설했다. 조어성은 내성과 외성으로 나뉘는데, 외성은 깎아지른 듯한 낭떠러지에 건설했으며, 성벽은 가늘고 긴 돌을 이용하여 쌓았다. 성 안에는 넓은 농지와 풍부한 물이 있었고, 주위의 산록에도 경작할 수 있는 수많은 토지가 있었다. 이처럼 완벽한 방어 체계에다, 복잡한 지형까지 더해져, 조어성으로 하여금 방어하기는 쉽고 공격하기는 어려운 군사 요새가 되게 했다.

보우(寶祐) 5년(1257년), 몽고의 대칸 몽케가 다시 대군을 파견해 남하하여 송나라를 공격함과 동시에, 친히 주력 부대를 이끌고 사천을 공격했다. 이듬해 가을, 몽고군은 이미 사천의 거의 대부분의 성지(城池)를 점령했는데, 단지 조어성 등만이 여전히 견고하게 지켜지며 남아 있었다. 남송 개경(開慶) 원년(1259년) 2월, 투항을 권유하러 온 몽고인 사자(使者)를 살해한 후, 남송의 수비군은 요새의 보호벽에 의지하여 매우 격렬한 조어성 대전을 개시했다. 비록 몽고군은 성을 공격하는 장비를 매우 정교하게 갖추고 있었지만, 조어성의 지세가 험준했으므로 대부분의 기계들이 전혀 기능을 발휘하지 못했다. 남송의 수비군은 주장 왕견(王堅)과 부장 장각(張珏)이 협력하며 지휘하여, 몽고군의 계속되는 공격을 격퇴했다. 몽고군은 비록 몇 차례 성벽 위에 올라왔지만, 모두 필사적으로 싸우는 장병들에게 격퇴되었다. 강공을 할 수 없게 된 몽고인들은 조어성을 포위하여 외부와 차단시킴으로써, 성문을 열고 나와 투항하지 않을 수 없게 하려고 했다. 하지만 몇 달 후에, 남송 수비군의 비웃음 소리가 들리는 가운데, 두 마리의 30근(斤)짜리 생선과 백여 개의 빵이 산 아래에 있는 몽고군의 병영 안으로 던져졌다. 송나라 군대는 몽고군에게 편지를 보내,

◈ 감금팔보용문철회(嵌金八寶龍紋鐵盔) | 원

금을 박아 팔보(八寶: 여덟 가지 길상)와 용 문양을 새긴 투구다.(옮긴이)

설령 다시 10년을 포위하더라도 몽고군은 여전히 조어성을 빼앗을 수 없다고 공언했다.

이때 몽고군은 성 아래에서 오랫동안 주둔한 데다, 또한 때마침 무더운 계절을 맞이하자, 더위를 두려워하고 습기를 싫어하는 몽고인들에게는 자연환경과 기후가 맞지 않았으므로, 각종 전염병이 군영 내에 유행하기 시작했다. 『원사(元史)』의 기록에 따르면, 몽고의 대칸 몽케도 그해 6월에 중병에 걸렸다고 하지만, 그 지역 지방지의 기록에 따르면, 몽케는 남송 수비군이 공격하여 중상을 입혔다고 한다. 어떤 기록이 당시의 실제 상황이든 관계없이, 몽케가 더 이상 군대를 지휘할 수 없었다는 것은 의심할 수 없는 사실이다. 7월이 되자, 몽고인은 조어산 밑에서 철수하기 시작했다. 대군이 북쪽을 향해 가다가 금검산(金劍山) 온탕협(溫湯峽, 지금의 충칭에 속함)에 이르렀을 때, 몽고 대칸 몽케가 세상을 떠났다.

산성 방어 체계의 본보기로서, 조어성은 냉병기(冷兵器: 칼, 창, 활 등 화약을 사용하지 않는 무기) 시대에 그 강대한 방어 작용을 충분히 드러냄으로써, 적군이 공격하여 함락시키기 어려운 견고한 성루가 되었다. 몽케 이후로, 조어성은 몇 차례 더 몽고인의 공격을 견뎌 냈으나, 결국은 수비하던 장수가 성문을 열고 투항함으로써 마침내 적의 수중에 들어가고 말았다.

양번(襄樊) 전투

조어성 전투가 있고 난 이듬해, 북쪽으로 돌아간 쿠빌라이가 개평(開平, 지금의 내몽골 정란치正藍旗 동쪽)에서 칸(汗)에 즉위했다. 그해 4월, 쿠빌라이는 나라를 세우고 황제가 되었으니, 그가 원(元) 세조(世祖)다. 원 왕조를 건립한 후, 원 세조는 남송을 멸망시키고 중국을 통일할 야심이 결코 약화되지 않았다. 이 목표를 실현하기 위해, 그는 중점적으로 공격할 지역을 사천에서 양번(지금의 후베이성에 속함)으로 바꿨다.

◈ **주칠창금연판형인물화훼문염**(朱漆戧金蓮瓣形人物花卉紋奩) | 송

염(奩)은 고대에 부녀자들이 화장할 때 사용하던 화장 상자다. 이 칠염(漆奩)은 뚜껑·반(盤)·몸통 및 바닥 등 네 부분이 포개져서 이루어지며, 평면은 여섯 잎의 연꽃 형상이다. 염의 몸통에는 꽃가지가 그려져 있고, 염 뚜껑 표면은 사녀(仕女: 벼슬아치 집안의 여인)들이 화원 안에서 노닐고 있는 그림이 그려져 있는데, 주인은 화려하고 아름다운 옷을 입고 있고, 손에는 부채를 들고 있으며, 하녀는 목이 긴 병을 들고 시립(侍立)해 있다. 그림에서 삶의 흥취가 넘쳐난다. 염 뚜껑의 안쪽에는 "溫州新河金念伍郎上牢"라는 열 자가 새겨져 있다. 이는 이 염을 만든 장인의 이름과 상표로, 남송 때 상품으로서의 일상용품에서 흔히 보이는 것이다. 현재 장쑤성 창저우시(常州市)박물관에 소장되어 있다.

양번은 남양(南陽) 분지의 남단에 위치하며, 한수(漢水)가 양양(襄陽)과 번성(樊城) 사이를 흐르고 있어, 사람들은 "잇달아 형주와 예주를 걸쳐 있어, 남북을 제어하고 있다"고 했으며, 지리적 위치가 매우 험준하여, 예로부터 군사 전략가들이 반드시 쟁취하려고 다투는 땅이었고, 또한 남송이 몽고 군대에 저항하던 변방의 요충지였다. 함순(咸淳) 3년(1267년), 몽고 정권에 투항한 남송의 장수 유정(劉整)은 쿠빌라이에게 남송을 멸망시킬 책략을 바치면서, "먼저 양양을 공격하여, 그곳의 방어를 제거하라"고 했다. 그는 생각하기를, 만약 남송에게 "양양이 없으면 곧 회하 유역이 없는 것이며, 회하 유역이 없으면 곧 강남을 쉽게 함락시킬 수 있다"고 여겼다. 유정의 건의에 따라, 쿠빌라이는 양양에 대해 전략적 포위를 가하기 시작했다. 우선 몽고 정권의 통치자가 사람을 보내 양양 방어를 책임지고 있던 남송의 형호제치사(荊

湖制置使) 여문덕(呂文德)에게 옥대(玉帶)를 뇌물로 주면서, 양번성(襄樊城) 밖에 상업 거래를 할 각장(榷場: 국경 지역에 외국과 무역을 하도록 설치한 시장)을 설치할 것을 요청하여, 남송의 허락을 얻었다. 얼마 후 몽고인은 다시 도적을 방비하고 화물을 보호한다는 명분으로, 양번 바깥 주위에 토담을 쌓을 것을 요구하자, 안목이 좁은 여문덕은 다시 이 요구에 동의했다. 그리하여 몽고인은 양양 동남쪽의 녹문산(鹿門山)에 토담을 쌓고, 다시 토담 안쪽에 보루(堡壘)를 건설함으로써, 양번을 포위하는 첫 번째 거점을 확보했다.

함순 4년(1268년), 몽고군 장수 아쥬(阿術) 등이 다시 양양 부근에 두 개의 성루를 건설하여, 송나라 군대가 육로로 이 도시를 구원하러 오는 길을 차단했다. 함순 6년(1270년), 몽고 군대는 양번 서쪽과 남쪽의 산봉우리에 의거하여, 기나긴 주변 담장과 열 군데의 보루를 축조하여 양양과 서북쪽·동남쪽의 연결을 철저히 차단함으로써, 그곳을 고립된 성으로 만들었다. 이 기간에, 몽고 군대는 또한 힘껏 수군(水軍)을 육성했다. 같은 해에, 유정과 아쥬는 쿠빌라이 황제에게 다음과 같이 글을 올렸다. "우리의 정예병인 돌기(突騎: 적진으로 돌진하는 날랜 기병)는 마주하는 자는 격파하는데, 유독 수전(水戰)만 송나라보다 못할 뿐입니다. 그들의 장점을 쟁취하여, 전함을 만들고, 수군을 배워 익히면, 곧 일이 이루어질 것입니다." 쿠빌라이는 곧 유정에게 "전함을 만들고, 수군을 배워 익히는" 책임을 지도록 명령하여, 매우 빠르게 5천 척의 전함을 보유한 방대한 함대를 조직했다.

남송은 양양을 구원하기 위해, 함순 3년(1267년)에 여문덕의 동생 여문환(呂文煥)을 양양지부(襄陽知府)에 임명하고, 경서안무부사(京西安撫副使)를 겸임하게 했다. 이듬해 연말, 적의 포위를 돌파하기 위해, 여문환은 양양의 수비군을 조직하여 몽고 군대를 주도적으로 공격했지만, 적에게 대패하여 송나라 군대는 사상자가 막대했다. 함순 5년(1269년)에만 남송의 장수 장세걸(張世杰)·하귀(夏貴)·범문호(范文虎) 등이 몇 차례 양번으로 군대를 이동하여, 몽고 군대의 봉쇄를 뚫어 보려고 했지만, 모두 참패하고 돌아왔다. 그때까지, 송나라 군대와 몽고 군대는 이미 양번 외곽에서 무려 3년에 달하는 일진일퇴의 공방전을 벌이고 있었다. 그런데 이때 몽고 군대는 이미 양번에 대한 포위를 완성하여, 남송이 조직한 지원군은 연전연패했으며, 양번 수비군의 반격도 승리를 거두지 못하자, 현지의 군민은 어쩔 수 없이 두 성(번성과 양양–옮긴이)을 사수할 수밖에 없었다.

함순 8년(1272년) 연초에, 몽고의 원나라 군대가 번성에 대해 총공격을 가하면서, 그 유명한 '번성 전투'가 정식으로 시작되었다. 3월, 원나라 군대가 번성의 외성(外城)을 공격하여 파괴하자, 송나라 군대는 어쩔 수 없이 내성(內城)으로 물러나 계속해서 굳게 지켰다. 4월이 되자, 남송의 경호제치대사(京湖制置大使) 이정지(李庭芝)가 양양부(襄陽府)와 영주(郢州, 지금의 후베이성 중샹鍾祥)

등지의 민병(民兵) 3천여 명을 모집하고, 장순(張順)·장귀 등이 인솔하여 수로(水路)를 통해 야간에 양양을 지원했다. 출발하기 전에, 장순은 병사들을 격려하면서 이렇게 말했다. "이번에 양양을 구원하는 행동은 매우 어려운 일이니, 각자 모두가 필사적인 결심과 투지를 가져야 한다. 여러분들 가운데 일부는 결코 스스로 원해서 나오지 않았을 것인바, 그렇다면 빨리 떠나서 이번 구원 작전에 영향을 미치지 말기 바란다." 병사들은 감정이 고조되어, 잇달아 용기를 내어 적을 무찌르겠다는 의지를 나타냈다. 피투성이가 되어 격전을 치른 다음, 송나라 군대는 원나라 군대의 봉쇄를 격파하고, 5년 동안이나 포위당했던 양양성에 성공적으로 진입하여, 성 안에 있던 군대와 백성들의 투지를 매우 크게 고무시켰다. 그런데 전투 과정에서 장순이 용감하게 희생되었고, 며칠 후에야 양양을 지키던 군대가 물속에서 그의 시신을 건져 올리자, 비분한 군인과 백성들은 그를 안장한 후 사당을 세우고 제사를 지냈다.

한 걸음 더

지남침(指南針)의 사용

지남침은 화약과 마찬가지로, 중국 고대의 위대한 발명품이다. 일찍이 전국 시기에, 중국에는 자석을 이용해 만든 지남(指南) 공구인 '사남(司南)'이 출현했다. 송대에는 사람들이 자성(磁性)을 띤 강침(鋼針)을 지남 공구로 사용했다. 송대의 과학자인 심괄(沈括)은 『몽계필담(夢溪筆談)』에서 지남 자침(磁針)을 설치하는 네 가지 방법, 즉 수부(水浮)·지조(指爪)·완순(碗脣)·누현(縷懸)에 대해 기록하고 있다. 지남침의 개량은 항해 사업에 획기적인 영향을 미쳤다. 선진적인 지남 공구와 뛰어난 항해 설비에 의지하여, 송나라는 당시 해상무역 대국이 되었다. 지남침 기술은 아라비아인에 의해 유럽에 전해졌다. 훗날 마젤란의 지구 일주 항해와 콜럼버스의 아메리카 신대륙 발견 등은 모두 지남침의 신기한 힘을 빌렸다.

얼마 후에는 장귀가 포위를 뚫기 위해 벌인 전투에서 원나라 사람들에게 포로가 되었다가, 장렬하게 희생되었다. 최대한 빨리 양번을 공격하여 함락시키기 위해, 원나라 군대는 계략을 써서 번성과 양양 사이를 흐르는 한수의 부교(浮橋)를 불태워 버림으로써, 두 성 사이의 연락을 차단하자, 지원을 잃은 번성은 매우 빠르게 함락되었다. 번성이 함락된 다음, 양양의 형세가 더욱 위급해지자, 여문환은 여러 차례 조정에 사람을 보내 위급함을 알리고 구원을 요청했지만, 끝내 지원군은 오지 않았다. 함순 9년(1273년) 2월, 양양을 사수하던 여문환은 할 수 없이 원나라 군대에게 성문을 열고 투항했다. 이리하여 5년에 걸친 양번 보위전은 끝나고 말았다.

남송(南宋) 1279년

인물: 장세걸(張世杰), 장홍범(張弘範) 지역: 애산(厓山) 키워드: 해전(海戰)

애산(厓山) 해전(海戰)

애산 해전은 '애문(厓門) 전역(戰役)'이라고도 하며, 송 왕조 말기에 송나라와 원나라의 최후의 일전이었다. 원나라 군대에 대해 말하자면, 이는 소수의 병력으로 다수의 적에게 승리를 거둔 대전으로, 송·원 쌍방이 30여만 명의 병력을 투입했는데, 결국 송나라 군대는 전멸했다. 이 전투 후, 송나라도 따라 멸망했다. 남송의 군인과 백성 10여만 명은 해전에서 패배한 다음 물에 뛰어들어 순국함으로써, 양송의 항전사(抗戰史)에서 가장 장렬한 한 장면을 보여주었다.

◈ **원(元) 세조(世祖) 쿠빌라이**

바로 쿠빌라이의 노력으로, 영토가 광활한 통일 다민족 국가인 원나라를 건립하고, 대도(大都: 지금의 베이징)에 도읍을 정했다.

임안(臨安)의 함락

원나라 군대는 양양을 함락시킨 다음, 이듬해 6월에 대대적으로 송나라 정벌에 나섰다. 바얀(伯顔)을 최고 통솔자로 삼고, 병력을 세 방면으로 나누어 강회(江淮)로 남하했다. 얼마 후, 송 도종(度宗)이 병으로 세상을 떠나자, 그해에 고작 4세인 아들 조현(趙顯)이 즉위했으니, 그가 송 공제(恭帝)이며, 이종(理宗)의 황후 사도청(謝道淸)이 태황태후의 신분으로 수렴청정했다. 송나라 덕우(德祐) 원년(1275년), 원나라 군대가 강을 따라 곧바로 남하하자, 강을 따라 연도에 있던 송나라 군대와 성읍들이 잇따라 투항했다. 그해 2월, 남송의 재상 가사도(賈似道)는 끊임없이 조야 안팎의 거대한 압력을 받자, 2천여 척의 전함과 장병 7

만여 명을 이끌고 가서 원나라 군대에 반격을 가했다. 그 결과 정가주(丁家洲, 지금의 안후이성 구이츠貴池 북쪽)에서 일전을 벌이는 과정에서, 원나라 군대의 기병이 좌우 양쪽 날개로부터 송나라 군대를 기습하자, 가사도는 군대를 버리고 양주(揚州)로 도망쳤고, 송나라 군대는 대패하고 말았다. 그해 11월, 바얀이 대군을 동·서·중 세 방면으로 나누어 임안으로 곧바로 돌진했다. 바얀은 직접 중군을 인솔하여 상주(常州)를 공격했다. 남송의 지주(知州: 주 장관) 요은(姚訔)·통판(通判: 주州·부府의 부장관에 해당) 진태(陳炱)·장관(將官) 왕안절(王安節) 등이 용기를 내어 성을 지켰으나, 요은은 성이 돌파당할 때 전사했고, 진태와 왕안절은 송나라 군대를 이끌고 시가전을 벌이다가 모두 용감하게 전사했다. 다른 한 방면에서 원나라 군대가 안길(安吉, 지금의 저장성浙江省에 속함) 동남쪽에 있는 독송관(獨松關)을 공격하여 함락시키자, 부근의 주·현들에 있던 송나라 군대는 모두 소문을 듣고 도망쳤다.

덕우(德祐) 2년(1276년) 정월, 바얀이 인솔하는 중로군(中路軍)이 고정산(皐亭山, 지금의 저장성 항저우 동북쪽)까지 공격해 오자, 송나라 조정은 관리를 파견하여 화의를 요구했지만, 바얀은 받아들이지 않았으며, 또한 교섭하러 온 남송의 우승상(右丞相) 겸 추밀사 문천상(文天祥)을 억류했다. 그해 2월, 바얀이 군대를 이끌고 임안으로 진입했다. 송 공제·전태후(全太后) 및 관료와 태학사(太學士)들이 포로가 되어 대도(大都, 지금의 베이징)로 압송되었다. 공제는 원 세조에 의해 폐위되어 영국공(瀛國公)이 되었다가, 후에 절에 들어가 승려가 되었다. 태황태후 사씨(謝氏)는 병 때문에 잠시 임안에 머물다가, 얼마 후에 다시 대도로 압송되었다.

계속 원나라에 저항하다

남송의 대장 장세걸(張世杰)·유사용(劉師勇) 및 소유의(蘇劉義) 등의 장수들은 조정이 싸우지 않고 투항한 것을 치욕으로 여기고, 각자 자기 부대의 병마를 이끌고 철수했다. 송 도종(度宗)의 양숙비(楊淑妃)는 국구(國舅: 왕비의 친정아버지, 즉 왕의 장인) 양량절(楊亮節)의 호위를 받으면서, 자신의 아들 익왕(益王) 조시(趙昰)와 광왕(廣王) 조병(趙昺)을 데리고 도망쳤다가, 금화(金華)에서 대신 육수부(陸秀夫)·장세걸·진의중(陳宜中)·문천상 등과 만나 다시 군대와 군마를 정비하여, 조시를 천하병마도원수(天下兵馬都元帥)로 삼고, 조병을 부원수로 삼았다. 원나라 군대의 통솔자인 바얀이 대군을 이끌고 끝까지 추격을 포기하지 않자, 두 왕은 함께 복주(福州)로 도망쳐 왔다. 얼마 후 겨우 7세인 조시가 제위에 등극했으니, 그가 단종(端宗)이다. 그는 연호를 '경염(景炎)'으로 바꾸고, 생모인 양숙비를 양태후(楊太后)로 높였으며, 동생 조병을 위왕(衛王)에 추가하여 봉했다. 또 장세걸을 대장으로 삼았으며, 육수부를 첨서추밀원사(簽書樞密院事)로 삼고, 진의중을 승상(丞相)으로

◈ **철양은요패**(鐵鑲銀腰牌) | 원

요패에 새겨진 문자는 원대의 파스파 문자, 다시 말하자면 원 세조 쿠빌라이 시기에 '국사(國師)' 파스파가 창제한 몽고의 새로운 문자인데, 그가 문자를 창제하여 보급한 것은 몽고 사회의 문명 발전을 상당히 촉진했다.

삼았으며, 문천상을 소보(少保: 종일품 관직)·신국공(信國公)으로 삼아, 원나라에 대항하는 작업을 시작했다.

조시가 황제가 된 다음, 원나라는 남송 잔여 세력을 섬멸하는 발걸음에 박차를 가했다. 경염 2년(1277년), 복주가 결국 함락되자, 단종의 남송 망명 소조정(小朝廷: 국토의 대부분을 잃고, 일부만 통치하는 조정)은 곧장 천주(泉州)로 도망쳤다. 천주 시박사(市舶司: 송대 이후에 각 항구에 설치하여 해상 대외무역을 관리하던 관청으로, 오늘날의 세관에 해당) 제거(提擧)이자 아라비아인 후예 상인인 포수경(蒲壽庚)과 장세걸이 불화하여, 장세걸이 선박을 빌려 달라고 요구했지만, 포수경이 겉으로는 응하면서도 뒤로는 응하지 않아, 선박이 부족하게 되었다. 그리하여 장세걸이 포세경 휘하의 선박과 화물이 해외로 나가는 것을 몰수하자, 포수경이 크게 노하여 천주에 체류하는 남송의 종실과 사대부들을 모두 죽였으므로, 남송의 망명 소조정은 광동으로 달아났다. 단종은 뇌주(雷州, 지금의 광둥성에 속함)로 도망치려다가, 뜻밖에 태풍을 만나 황제가 탄 배가 뒤집히는 바람에 단종이 하마터면 익사할 뻔했고, 이 때문에 병에 걸렸다. 우승상 진의중은 단종을 데리고 점성(占城, 지금의 베트남 남부)으로 갈 것을 건의하고, 또 자신도 점성으로 갔으며, 마지막에는 섬라(暹羅, 지금의 태국)로 도망쳤다가 거기에서 죽었다. 단종이 사망한 후, 그의 7세 된 동생 위왕 조병이 황제가 되었으며, 연호를 '상흥(祥興)'으로 정했다. 조병이 등극한 후, 남송의 소조정은 뇌주를 점령하려 했지만 실패하여, 육상에는 이미 발을 디딜 땅이 없었기 때문에, 좌승상 육수부와 태부(太傅, 황제의 스승) 장세걸이 조병을 호위하고 애산(厓山, 지금의 광둥성 신후이新會 남해상에 있음)으로 도망가서, 기지를 건설하고, 계속해서 원나라에 저항하려 했다. 얼마 후, 광동과 강서 두 성(省)에서 원나라에 항거하던 문천상이 광동 해풍(海豐)의 오파령(五坡嶺)에서 패배하여 포로가 되자, 육지에서 원나라에 저항하던 세력은 마침내 전멸하고 말았다.

상흥 원년(1279년), 장홍범(張弘範)이 원나라 군대의 수군을 통솔하여, 남송의 행조(行朝: 피난 중

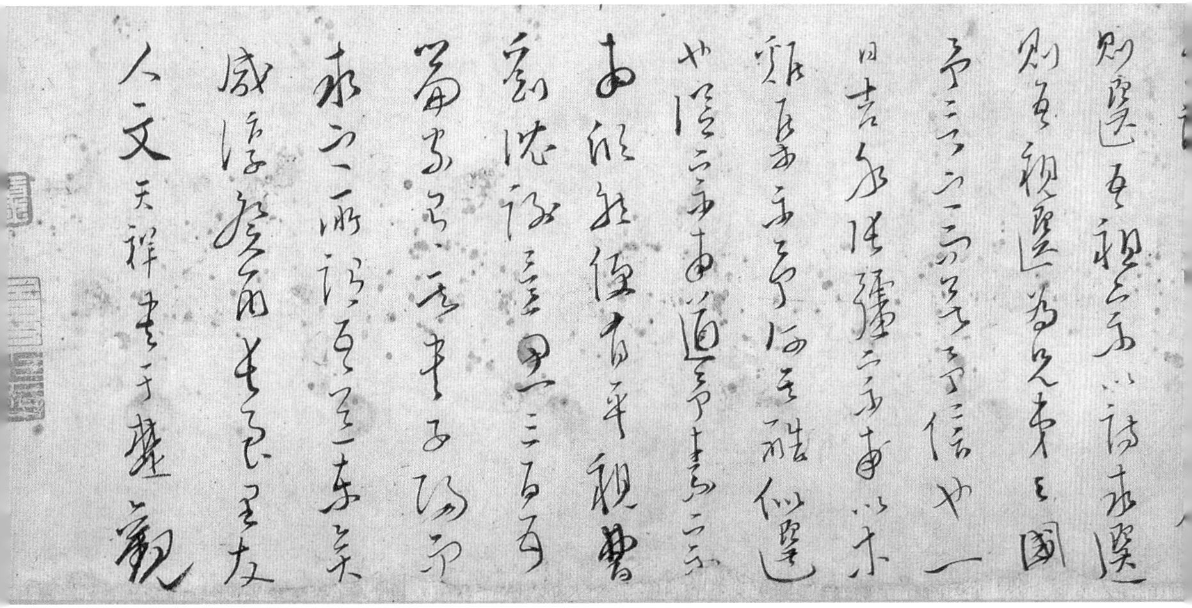

◈ 「목계집서(木鷄集序)」 | 남송, 문천상

「목계집서」는 문천상이 동향(同鄕)의 친한 친구인 장강(張疆)의 초청에 응하여 쓴 문장이다. 글 속에서, 학습은 응당 어려운 것부터 엄격하게 해야 하며, 먼저 『시경(詩經)』을 배운 다음에 『문선(文選)』을 읽어야 비로소 어느 정도 효과를 거둘 수 있다고 강조하고 있다. 이 「목계집서」를 쓰고 나서 반년 후에, 문천상은 원나라에 항거하는 전쟁에 뛰어들었다가, 마침내 장렬하게 순국했다. 이 작품은 현재 랴오닝성박물관에 소장되어 있다.

인 조정)에 대해 최후의 포위 토벌 작전을 진행했으며, 문천상도 애산으로 끌려왔다. 장홍범은 문천상의 영향력을 빌려 남송의 행조로 하여금 투항하도록 설득하려 했지만, 이는 당연히 문천상에게 거절당했다. 문천상은 영정양(零丁洋: 지금의 광둥성 주강珠江 어귀에 있는 여울)에서 그 유명한 「과영정양(過零丁洋: 영정양을 지나며)」이라는 시 한 수를 지어 자신의 대답으로 삼았다. 그는 시에서 이렇게 읊었다. "辛苦遭逢起一經, 干戈寥落四周星. 山河破碎風抛絮, 身世飄搖雨打萍. 惶恐灘頭說惶恐, 零丁洋裏嘆零丁. 人生自古誰無死, 留取丹心照汗靑[고생 끝에 경서를 배워 출세했는데, 전쟁으로 4년을 처량히 보냈구나. 산하는 파괴되어 바람에 흔들리는 버들개지 같고, 내 신세는 한들거리며 비를 맞는 부평초 같구나. 황공탄(惶恐灘)에서의 참패가 지금도 나를 부끄럽고 황공(惶恐)하게 하여, 영정양(零丁洋) 안에서 영정(零丁: 쇠락함)을 한탄하는구나. 사람이 살다가 예로부터 그 누가 죽지 않은 자 있었는가, 일편단심을 남겨 두어 역사를 비추리라]." 장홍범은 읽고 나더니 이렇게 개탄했다. "훌륭한 사람의 훌륭한 시로다!"

그 후, 문천상은 원나라 수도인 대도(大都)로 압송되었다. 원 세조 쿠빌라이는 그의 인품과 재능 및 학문을 매우 존경하여, 그를 담당하는 관리에게 투항을 권고하는 공작에 박차를 가하도록 지시했다. 원나라 사람들은 계속해서 그의 아내와 딸·동생을 동원하여 투항을 권유했고, 심지어 투항한 송 공제와 또 한 사람의 재상 유몽염(留夢炎)을 중재자로 보냈으나, 모두 문천상에게 단호히 거절당했다. 쿠빌라이는 여전히 성에 차지 않자, 다시 평장정사(平章政事) 아하마(阿合馬)로 하여금 직접 가서 투항을 권고하도록 파견하여, 원나라 재상 자리를 제시하며 이익을 미끼로 문천상을 유인했지만, 문천상은 끝내 흔들리지 않았다. 지원(至元) 19년(1283년) 12월, 목숨을 걸고 굴하지 않던 문천상은 마침내 대도의 채시구(菜市口)에서 용감하게 의로운 죽음을 맞이했으니, 이때 그의 나이 47세였다.

최후의 일전

상흥(祥興) 2년(1279년), 장홍범은 송나라 조정의 임시 소재지인 애산(厓山)을 대대적으로 공격했다. 쌍방의 병력을 비교해 보면, 장홍범이 통솔하는 원나라 수군은 전함 500척을 보유했었는데, 그때는 단지 300척뿐이었다. 반면 장세걸은 전함 1,000척을 보유했고, 군대와 백성이 20여 만 명이었으니, 숫자상의 세력을 보면 송나라 군대가 우위를 점하고 있었다. 그러나 전략 방면에서 보면, 송나라 군대는 의지할 대륙이 없었고, 고립무원의 상태여서 보충을 받을 수 없었던 반면, 원나라 군대는 이미 전체 대륙을 점령하고 있어, 군수품의 보급이 끊이지 않았다. 따라서 송나라 군대는 설령 한두 차례 공격을 격퇴할 수는 있었을지라도, 바다 위에 있어 병참 보급이 단절되었고, 후방 지원이 전혀 없었으므로, 패배는 필연적이었다. 다시 전술의 측면에서 말하자면, 송나라 군대는 비록 방대한 해군을 보유하고 있었지만, 기동력을 민첩하게 발휘하는 전함의 숫자에서의 우위를 갖지 못했고, 오히려 1,000여 척의 선박을 '연환선(連環船: 여러 척의 배를 좌우로 나란히 연결한 배)'의 방법으로 해만(海灣: 바닷가에 움푹 들어간 곳) 안쪽에 이어 놓았으니, 바로 이 점이 훗날 송나라 군대의 패배를 초래한다.

해전이 시작된 후, 원나라 군대의 전함이 대대적으로 맹렬한 공격을 가했지만, 송나라 군대의 연환선 함대가 치밀하게 방어하자, 원나라 군대는 나아갈 수 없었다. 그리하여 다시 바람에 편승하여 작은 배로 마른 풀 더미와 기름을 싣고, 불을 질러 송나라 전함으로 돌진했다. 그러나 송나라 전함에는 모두 진흙을 잔뜩 발라 놓았고, 또한 긴 나무를 이용해 원나라 군대의 화공(火攻)을 방어했다. 원나라 수군의 화공이 성공하지 못하자, 곧 해만을 봉쇄하여 송나라 군대의 식수와 땔감을 보급하는 길을 단절시켰다. 송나라 군대는 수로가 단절되어 담수를 사용할 수 없게 되자, 병사들은 마른 식량을 먹고 어쩔 수 없이 바닷물을 마셨다. 그리하여 대부분이 구토와 설사를 하게 되어, 전투력과 사기가 급격히 저하되었다. 장홍범은 이 기회를 틈타 세 차례에 걸쳐 사람을 장세걸에게 보내 투항을 권유했으나, 모두 매섭게 거절당했다. 2월 6일, 장홍범이 군대를 네 개의 부대로 나누어, 조수(潮水)를 이용하여 남북에서 협공을 가하자, 송나라 군대는 대패했다. 이때 장세걸은 대세가 이미 기울었음을 알고, 정예병을 선발하여 소유의와 함께 잔여 부대 10여 척의 선박을 이끌고 밧줄을 자른 뒤 포위를 돌파해 갔다. 조병이 탄 배는 함대의 중간에 있었는데, 이때 날이 이미 저문데다, 비바람까지 몰아치고, 짙은 안개가 크게 일어나는 바람에, 한 치 앞도 분간할 수 없었다. 그런데 원나라 군대가 다시 돌진해 오자, 대신 육수부는 9세인 조병을 등에 업고 함께 바다에 뛰어들어 죽었다. 적지 않은 후궁의 시종과 대신들도 역시 잇달아 바다에 몸을 던져 자살했으며, 남송의 군인과 백성 모두 10여만 명이 바다에 빠져 순국했다.

당시 장세걸은 양태후의 명의로 다시 송나라의 조씨 종친을 찾아내어 임금으로 삼아, 훗날 일어날 것을 도모하기를 희망했지만, 양태후는 황제 조병이 죽었다는 소식을 듣고 나서 역시 바다로 가서 자살했다. 장세걸은 태후의 시신을 수습하여 해변에 묻어 주었다. 며칠 후, 해상에서 태풍이 갑자기 일어나자, 부하들은 모두 장세걸에게 해안으로 상륙하여 바람을 피했다가, 다시 싸움을 도모하자고 권했다. 더없이 슬프고 처량한 장세걸은 바로 이렇게 탄식하며 말했다. "바로 지금, 또 바람을 피할 필요가 있겠느냐? 나는 대송(大宋: 송나라를 높여 부르는 명칭)을 위해 이미 온 힘을 다하여, 한 분의 황제께서 세상을 떠나자, 내가 한 분을 다시 세웠는데, 지금 새 황제께서 또 돌아가셨으니, 이는 하늘이 우리 대송을 망하게 하려는 것이다." 얼마 지나지 않아 풍랑이 갈수록 거세지면서, 좌선(座船: 지휘관이 탄 배)이 뒤집혔고, 장세걸은 바다에 빠져 숨졌다. 이리하여 원나라에 저항했던 이 명장은 바다 속에 한을 묻었고, 송나라도 정식으로 멸망하고 말았다.

한 걸음 더

지폐의 출현

북송 전기에, 사천(四川) 지역에 '교자(交子)'가 출현했다. 이것이 세계 최초의 지폐다. 송 인종(仁宗) 천성(天聖) 원년(1023년), 송나라 조정은 '교자'의 발행권을 정부로 회수하고, 익주(益州, 지금의 쓰촨성 청두成都)에 교자무(交子務)를 설립하여, 정부가 책임지고 인쇄와 발행을 담당하고, 지폐 제도를 더욱 완전하게 함으로써, 위조 지폐의 출현을 방지했다. 남송의 지폐 발행량은 대단히 많았으며, 점차 동전과 함께 통용되는 화폐가 되었다. 지폐의 출현은 상업 발전에 유리한 조건을 제공했다. 남송 때 정부는 동전이 부족한 국면에 대처하기 위해, 소흥(紹興) 31년(1161년)에 임안(臨安)에 '행재회자무(行在會子務)'를 설립하고, 정식으로 동남쪽 각 지역들에서 회자(會子)를 발행했는데, 이를 '동남회자(東南會子)'라고 불렀다. 지폐는 남송 때 일반적으로 유통되는 화폐가 되었지만, 재정 상황이 갈수록 나빠짐에 따라, 거대한 재정 적자를 메우기 위해 남송 정부는 어쩔 수 없이 대량의 지폐를 발행하여 위기를 완화시켰다. 이는 곧 통화 팽창 현상이 수시로 발생하는 원인이 되었다.

제7장

요(遼) · 서하(西夏) · 금(金)

말고삐를 풀어 타국의 영토를 노리던 혹독한 세월

이 장에서는 요·서하·금 세 나라가 말고삐를 풀어 천하를 다투던 소수민족 정권의 흥망의 역사를 서술한다.

요(遼)는 거란족이 세웠다. 거란은 북방 초원에서 유목을 하던 오래된 민족으로, 4세기 초부터 처음으로 중국의 역사서들에 보이기 시작한다. 10세기 초에는, 거란 사회가 수백 년의 발전을 거쳐, 씨족제 사회에서 노예제 사회로 변화했다. 916년, 거란의 질랄부(迭剌部) 수령 야율아보기(耶律阿保機, 요 태조)가 황제로 자처하면서, 국호를 거란(契丹, 후에 '요'로 바꾼다)으로 정했다. 그의 아들 야율덕광(耶律德光, 요 태종)은 아버지의 뜻을 이어, 남하하여 중원의 패권을 다투면서, '인속이치(因俗而治: 각 민족의 풍속과 습관에 따라 다스림)' 제도를 확립했다. 요나라 태후(太后) 소연연(蕭燕燕)이 정치를 주도하면서, 요나라는 전성 시기에 진입했으며, 북송과 '전연지맹(澶淵之盟: 476쪽 참조)'을 체결함으로써, 거란이 중원 문명에 융합되는 과정을 가속화했다. 1125년, 금(金)나라 군대가 요나라 천조제(天祚帝)를 포로로 잡자, 요나라는 멸망했다. 요나라는 9명의 황제를 거쳐, 210년간 존속했다.

서하(西夏)는 당항족(黨項族)이 건립했다. 당항족은 원래 강족(羌族)의 한 갈래다. 당나라 말기부터 북송 초기까지, 당항족의 탁발씨(拓跋氏)는 중원 왕조의 절도사(節度使)에 임명되어, 하주(夏州)를 중심으로 하는 다섯 개의 주(州)를 통솔했다. 1031년에, 이원호(李元昊)는 더 이상 습봉(襲封: 조상의 작위나 영지를 물려받음)하지 않았으며, 또한 1038년에 정식으로 황제가 되어, 국호를 대하(大夏)로 정했다. 서하는 모두 11명의 황제를 거치면서, 190년간 존속했는데, 선후로 요·북송·금나라와 대치하면서 존립했다. 당항족은 원래 목축과 수렵을 하며 살다가, 후에 한족의 영향을 받아 농업을 힘껏 발전시켰으며, 또한 매우 빠르게 주요 경제 부문이 되었다. 당항족은 장기간 중원 문명의 영향을 받아, 한화(漢化: 한족에 동화됨) 정도가 비교적 깊게 진행되어, 공자를 문선제(文宣帝), 즉 서하의 창립자로 받들었으며, 그들의 문자도 한자를 모방하여 만들었다. 1227년, 몽고가 서하를 멸망시키면서, 도시와 능묘가 훼손당했다. 이리하여 서하 문명은 역사의 먼지 속으로 사라졌다. 20세기 초에 이르러, 비로소 그 신비한 베일을 서서히 벗기 시작했다.

금나라는 여진족이 건립했다. 12세기에 여진족은 백산(白山)과 흑수(黑水) 사이에서 번성하며 살았고, 주로 어렵과 목축에 종사했다. 1115년, 여진족 완안부(完顏部) 수령 아골타(阿骨打)가 황제가 되어, 국호를 대금(大金)으로 정했다. 여진은 맹안모극제(猛安謀克制)를 실행하여 병민합일(兵民合一)을 이루었으며, 말 타기와 활쏘기에 능해, 먼저 요나라를 멸망시켰다. 1127년, 금나라는 다시 대대적인 공격을 가해 북송을 멸망시켰으며, 또한 여러 차례 남송을 침입했다. 금나라는 중원의 패권을 차지하고, 강남으로 신속히 진군하는 정복 전쟁 과정에서, 또한 끊임없이 중원 문화의 영향을 받아, 유학을 숭상하고 공자를 받들면서, 문치(文治)를 널리 시행했다. 몽고가 굴기한 후, 금나라는 쇠락하여, 1234년에 몽고에게 멸망했다. 금나라는 모두 10명의 황제를 거치면서, 120년간 존속했다.

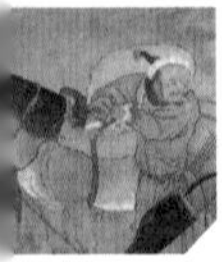

요(遼) 916년

인물: 야율아보기 지역: 상경(上京) 키워드: 북·남면관제(北·南面官制), 사시날발(四時捺鉢)

야율아보기(耶律阿保機)가 요나라를 건립하다

요나라는 거란족이 건립한 왕조로, 영토가 가장 넓었을 때, "동으로는 바다에 이르렀고, 서로는 금산(金山)과 유사(流沙: 사막)에 이르렀으며, 북으로는 여구하(臚朐河)에 이르렀고, 남으로는 백구(白溝)에 이르러, 영토가 만 리에 달했으며", 북쪽 초원과 화북(華北: 중국의 북부) 농경 지역의 북쪽 가장자리를 차지하고 있었다. 거란족은 발해(渤海)를 평정하고, 여진을 정복했으며, 송과 화의하여 하(夏)를 제압하기도 하고, 하와 연합하여 송을 공격하기도 했다. 이렇게 정치·외교적으로 연합하고, 분열하고, 이간하고, 포섭하면서, 9명의 황제를 거쳐, 209년간 존속했다. 나중에 그 후예가 다시 중앙아시아에 서요(西遼)를 건립했다. 그러나 이 위대한 민족은 멸망한 후에, 금·원나라를 거치면서 뜻밖에 역사에서 그 종적을 감추었다. 그리하여 그것이 사람들에게 적지 않은 놀라움과 기쁨을 가져다 줄 때에, 또한 수많은 당혹스러움도 남겨 놓는다.

◈ 거란의 대자(大字) 은화 | 요(遼)

이 은화의 거란 문자는 상하좌우 순으로 읽는데, 그 의미의 해석은 결코 일치하지 않는다. 일반적으로 "天朝萬順(천조만순)" "天祿通寶(천록통보)" 혹은 "千錢直萬(천전직만)" 등으로 해석한다.

거란의 흥기

'거란(契丹)'이라는 말의 함의에 대해, 역사학계에서는 예로부터 의론이 분분했으며, 지금도 아직 정설이 없다. 일설에 따르면, '거란'은 '빈철(鑌鐵: 질 좋은 철)'·'도검(刀劍)'이라는 뜻이라고 한다. 다른 하나는 언어학의 각도에서, '거란'은 '해동(奚東)'을 다른 문자로 옮겨

적은 것이거나, '秦(진)'자의 완독(緩讀: 느리게 읽음)이라고 여긴다. 이 밖에도 다른 유사한 주장들이 무려 10여 가지나 된다.

거란족의 기원에 관해서는, 대체로 '흉노설(匈奴說)'과 '동호설(東胡說)'의 두 가지 의견이 있다. 현재 모두 기본적으로 거란은 동호 계통의 동부(東部) 선비(鮮卑) 우문부(宇文部)의 후예라는 것으로 기울고 있다. 선비는 복잡한 민족 공동체였는데, 대체로 동부 선비·북부 선비 및 서부 선비로 나눌 수 있으며, 전체 인구는 200여만 명에 달했다. 그 가운데 동부 선비는 단석괴(檀石槐: 선비족 수령, 137~181년)·가비능(軻比能: 선비족 왕, ?~235년) 등 부락 연맹 시기를 거쳤으며, 후에 발전하여 모용씨(慕容氏)·단씨(段氏)·우문씨(宇文氏)가 되었다. 우문부(우문씨 부락–옮긴이)는 유원하(濡源河, 지금의 롼하灤河 상류) 동쪽과 유성(柳城, 지금의 랴오닝성 차오양朝陽 서남쪽) 서쪽, 즉 지금의 내몽골 동부의 시라무룬강(西拉木倫河)과 라오하강(老哈河) 유역에 분포했으며, 옛날에는 '송막(松漠)'이라고 불렀다. 처음에 선비 모용부의 역량이 비교적 약해, 늘 우문부와 단부의 침입과 약탈을 당했다. 4세기에, 모용부의 세력이 점차 강해져, 전연(前燕) 왕 모용황(慕容皝)이 344년에 20만 대군을 이끌고 친히 우문부를 정벌하여 완승을 거두었다. 우문부의 수령 우문일두귀(宇文逸豆歸)가 도망쳤다가 막북(漠北)에서 사망하자, 그 부하 5만여 명이 낙오하여 창려(昌黎, 지금의 허베이성에 속함)로 이주되었고, 나머지 무리는 고려로 도망치거나, 송막으로 달아나 숨었다. 수십 년간 번성하며 생활하다가, 송막으로 달아났던 부락이 점차 강해지자, 불시에 북위(北魏)의 변방을 침입했다. 388년, 북위의 도무제(道武帝) 탁발규(拓跋珪)가 북벌을 하여, 송막 지역에서 유목을 하며 살아 가던 원래의 우문부와 약락수(弱落水: 지금의 시라무룬강) 남쪽에서 전투를 벌여, "그들을 대파하고, 그들의 네 부락에 있던 각종 가축 10여만 마리를 획득했다". 이후 우문부 사람들은 결국 고막해(庫莫奚)와 거란 두 부분으로 나뉘어, 각자 독립하여 발전하는 길로 나아갔다.

대략 수나라 말기와 당나라 초기에, 거란인은 대하씨(大賀氏) 연맹을 결성했다. 628년, 거란 추장 대하씨 마회(摩會)가 돌궐의 통제를 벗어나, 부락을 이끌고 당나라에 항복하여 복속했다. 당 태종은 마회에게 기고(旗鼓: 군대에서 사용하는 깃발과 북)를 하사했다. 북방의 여러 종족들에게, 기고는 원래 부락 연맹장(聯盟長)의 상징이었으므로, 기고를 준 것은 부락 연맹장에 대해 승인했다는 것을 말해 준다. 648년, 당나라는 또 거란 거주지에 송막도독부(松漠都督府)를 설치하여, 거란 연맹장 굴가(窟哥)에게 추가로 '송막도독' 칭호를 부여함과 동시에 이(李)씨 성을 하사했다. 거란이 당나라에 스스로 굴복한 이후, 부락 연맹장의 선발 자격은 결코 각 부락장에게 골고루 주어진 게 아니라, 단지 대하씨 한 씨족에게만 한정되었으므로, 대하씨 연맹이라고 불렀다. 이후 거란 부락 연맹의 수령은 대하씨 가족 중에서 '세선(世選: 거란 및 기타 유목민족 출신의 관리가 관직에 진출하는 통로였으며, 그 방식은 관직을 물려받을 특권을 가진 가족 중 일정한 기준을 갖춘 사람을 선발하여, 그에게 관직을 물려주었다)'으로 탄생되었으며, 당나라가 하사한 기고에 의지해 8부(部)를 통솔했다. 평시에는 각 부락이 단독으로 목축과 어렵 등의 활동에 종사하다가, 공격을 당하면 곧 "8부가 모여서 논의했다". 대하씨 연맹은 줄곧 730년까지 존재했다. 역사에는 이 시기 거란의 수령은 선후로 돌라(咄羅)·마회·굴가·아복고(阿卜固)·이진충(李盡忠)·이실활(李失活)·사고(娑固)·울우(鬱于)·토우(吐于)·소고(邵固) 등 10여 명이 맡았다고 기록되어 있다.

대하씨 수령은 당 왕조의 비호를 받아 돌궐의 침입을 피하게 되자, 세력이 증강되었다. 당나라 무측천(武則天) 통치 시기에, 거란족은 한층 발전했다. 696년, 당나라 영주도독(營州都督) 조문(趙文)은 고집이 세고 거만하며 포악했고, 거란에 흉년이 들었는데도 좌시하면서 구휼을 하지 않았으며, 연맹 수령에 대해서 또한 그를 예로써 대하지 못하게 하자, 송막도독 이진충과 귀성주자사(歸誠州刺史) 손만영(孫萬榮)의 불만을 샀다. 그들은 조문을 죽이고, 연합하여 군대를 일으켜서 당나라에 대해 반란을 일으켰다. 이진충은 돌궐 부락 연맹장의 칭호를 채택하여, 스스로 '무상칸(無上可汗)'이라고 칭했다. 무측천은 잇달아 양왕(梁王) 무삼사(武三思)와 건안왕(建安王) 무유의(武攸宜)에게 군대를 이끌고 출정하도록 명령했다. 후에 다시 돌궐의 힘을 빌려, 마침내 697년에 반란을 진압했다. 손만영이 피살된 후, 거란은 자립할 수 없게 되자, 곧 돌궐에 항복하여 당나라와는 거의 20년간 왕래가 단절되었다. 714년, 대하씨 연맹 수령 이실활이 파견한 사신이 가까운 이웃인 해인(奚人, 북방 소수민족인 고막해족庫莫奚族으로, 지금의 라오하강老哈河 상류 일대에 거주했다)을 따라 입조(入朝)하자, 현종(玄宗)은 더욱 크게 위로했다. 이듬해에는 다시 송막도호부를 설치하고 이실활을 도독으로 삼았으며, 후에 다시 그를 송막군왕(松漠郡王)에 봉했다. 이실활이 사망한 후, 군사수장(首長) 가돌우(可突于)가 권력을 독점하고, 그 수령을 여러 차례 폐위했다. 당나라는 회유 정책을 취하여, 여러 차례 그의 요구를 받아 주었다. 730년, 가돌우가 수령 소고를 살해하고, 다시 굴열(屈列)을 수령으로 세웠다. 가돌우가 소고를 살해하고 굴열을 옹립한 것은, 거란 사회의 통치권이 대하씨로부터 요련씨(遙輦氏) 가족의 수중으로 넘어갔으며, 대하씨 연맹이 요련씨로 대체되었다는 것을 의미했다. 가돌우가 거란족과 해족(奚族) 무리를 이끌고 돌궐에 투항하자, 다시 당나라와의 관계가 단절되었고, 거란 사회는 요련씨 부락 연맹 시기로 진입했다.

요련씨 부락 연맹은 730년에 굴열이 거란족의 정치적 수령으로 추대되면서부터, 907년에 마지막 칸(可汗)인 흠덕(欽德)이 파면될 때까지, 모두 177년 동안, 10명의 수령을 거쳤다.

야율아보기가 나라를 세우다

당나라 말기에 국력이 쇠미해지고, 거란족은 나날이 강성해지면서, 거란 8부의 하나인 질랄부(迭剌部)의 야율열리(耶律涅里)가 연맹을 재건하는 데 공을 세웠으므로, 연맹의 군사 수장인 이리근(夷離堇)은 대대로 야율씨 가족이 맡았는데, 아보기는 바로 야율 가문에서 탄생했다. 요련씨 연맹 후기에, 아보기가 질랄부의 이리근에 추대되었을 때, 요련씨의 마지막 칸인 흔덕근(痕德堇)도 동시에 연맹의 칸이 되었다. 그때의 아보기는 고작 30세였지만, 수중에는 바로 연맹의 군사 대권을 장악하여, 사방의 전쟁을 전문적으로 책임지고 있었다. 그는 자기 부락의 실력을 충분히 이용하여, 잇달아 실위(室韋)와 해(奚) 등의 부락들을 격파함과 동시에, 남쪽으로 내려와 한족 부락의 거주지를 공격하고 약탈하여, 일부 한족과 대량의 가축·식량을 획득함으로써, 자기 부락의 실력을 크게 증대시켰다. 이는 또한 아보기가 군공(軍功)을 세우고 권위를 확립하는 데 유리한 조건을 만들어 주었다.

얼마 지나지 않아 아보기의 큰아버지인 야율석로(耶律釋魯)가 그의 아들 활가(滑哥)에게 살해되자, 아보기는 큰아버지의 우월(于越, 지위는 칸 바로 다음으로, 이리근보다 높았으며, 역사에서는 '총지군국사總知軍國事'라고 불렀다. 연맹의 군사와 행정 사무를 장악했으며, 중원 왕조의 재상에 해당한다) 직위를 계승하여, 부락 연맹의 군사 대권을 한 몸에 장악했다. 아보기는 또한 한층 더 중원 지역으로 세력을 확충하여, 하동(河東)의 이극용(李克用)과 맹약을 체결했다. 907년, 아보기는 요련씨를 대체하여 연맹의 칸에 올랐고, 동시에 916년에는 정식으로 황제가 되어, 연호를 신책(神冊)으로 정하고, 거란을 나라 이름으로 삼았다. 아보기는 한인(漢人)을 임명하여 임황(臨潢, 지금의 내몽골 바린좌기巴林左旗)에 파견해 도성을 건립하고, 상경(上京)이라고 불렀으며, 또한 문자를 창제하고, 법률을 제정했다. 아보기는 재위 기간에, 먼저 인근의 해족을 정복했으며, 이어서 막북의 여러 실위 부락들을 평정함과 아울러, 926년에는 역사에서 '해동성국(海東盛國)'이라고 일컬어지는 발해국(渤海國)을 공격하여 멸망시켰다. 아보기의 이러한 일련의 활동들은, 요 제국의 제도적 기초를 확립했을 뿐만 아니라, 요 제국의 생존 공간도 개척했다.

926년, 야율아보기가 세상을 떠나자, 차남인 야율덕광(耶律德光, 즉 요 태조)이 뒤를 이어 제위에 올랐다. 바로 그때 후당의 하동절도사(河東節度使) 석경당(石敬瑭)이 후당의 마지막 황제와 불화하여, 제위를 빼앗으려고 도모하다가, 결국 거란에 지원을 요청했다. 그러자 야율덕광은 석경당이 신하가 되어 복종하고, 아들로 처신하며, 영토의 일부를 할양함과 동시에, 세공(歲貢: 매년 바치는 공물)으로 비단 30만 필을 바치는 것을 조건으로 허락했다. 936년, 거란은 태원(太原)에 사신을 파견하여 석경당을 황제로 책립했으니, 그가 후진(後晉)의 고조(高祖)다. 후진과 거란이 연합하여

◈ **백유천대자호**(白釉穿帶瓷壺) | 요

이 자호(瓷壺)는 요나라의 중신(重臣)인 야율우(耶律羽, ?~941년)의 묘에서 출토되었다. 이 호의 독특한 부분은 호의 몸통 양 옆에 두 개의 구멍이 있는 볼록한 모서리가 있어, 끈을 이용해 끼워 넣을 수 있어, 말을 탈 때 간편하게 휴대하도록 해 놓은 것으로, 유목민족의 특징을 짙게 띠고 있다.

후당을 공격하여 멸망시키자, 후진 고조 석경당은 약속대로 유(幽)·운(雲) 16주(477쪽 참조-옮긴이)를 할양했다. 이때부터 중원 왕조는 장성(長城)과 연산(燕山)이라는 보호벽을 잃어, 방어할 만한 험준한 지형이 없어지자, 북방 민족의 남침은 대단히 편리해졌다.

유·운 16주를 차지한 후, 요나라는 초원을 벗어나 중원 민족과 융합하는 길로 나아갔다. 그들이 지배하는 구역에는 "목축과 어렵으로 식량을 조달하며, 모피로 옷을 만들어 입고, 수시로 멀리 옮겨 다니며, 차마(車馬)를 집으로 삼는" 거란인과 유목 부족도 있었고, "농사를 지어 식량을 조달하고, 양잠과 방적을 하여 옷을 지어 입으며, 집을 지어 거처로 삼고, 성곽을 지어 다스리는" 한인과 발해인도 있었다. 영토를 개척함과 동시에, 요나라의 통치자는 끊임없이 각 종족 통치자들의 통치 경험을 흡수하고, 각 종족의 문화와 제도를 학습함으로써, 요나라 통치 기구를 완성해 갔다. 요나라의 정치 제도 건설은 대체로 다음과 같은 과정을 거쳤다. 즉 아보기 시기에는, 제도를 처음 창립했고, 상경에 도읍을 정했으며, 문자를 창제했고, 법률을 제정했다. 또 북·남면관제(北·南面官制)가 처음으로 단초를 드러냈지만, 요나라 관제와 한족 관제의 구분이 아직 명확하지는 않았다. 태종(太宗) 때는, 요나라 통치 제도가 초보적으로 형성되었고, 북·남면관제가 정식으로 확립되었다. 세종(世宗)은 선대의 뒤를 이어받아 계속 발전시켜 나가, 북·남추밀원을 북·남면관의 최고 기구로 설치하여, 거란 부락 연맹에서 중앙 집권으로의 전환을 실현했다. 목종(穆宗)·경종(景宗)·성종(聖宗) 등 세 황제 시기에는 통치 제도가 점차 완비되었고, 기구가 거의 완전히 갖추어졌다.

북방 소수민족 정권으로서, 요나라는 자신만의 독특한 부분을 갖고 있었는데, 결코 흉노나 돌궐 같은 순수한 유목 제국도 아니었고, 북위처럼 중원의 농업 지역에 완전히 이입되지도 않았으며, 반유목·반농업 국가로서, 두 가지 서로 다른 사회 경제 형태를 함께 지니고 있었다. 또한 두 가지 경제 형태가 국가 경제와 사회생활 속에서 차지하는 비중이 상당했다. 또 정치 제도상에서도, 앞의 두 북방 민족 정권과는 차이가 있었는데, 그 주요 특징은 바로 북·남면관제였다.

요나라는 금·원 두 나라와 마찬가지로 북방 민족이 건립했고, 시대적으로 서로 연결되며, 또한 항상 후자들과 함께 열거된다. 하지만 제도 체계 측면에서 말하자면, 실제로 비교적 큰 차이가 있었다. 요나라는 비록 한족이 거주하는 거대한 지역을 점유하고 있었지만, 통치의 중심은 총체적으로 보면 여전히 초원에 있었다. 황제는 사계절마다 날발(捺鉢: 황제가 야외에 나가 어렵 활동을 하는 것)하느라 옮겨 다니면서 정무를 처리했으며, 정부의 관직은 남·북으로 분리하여 두 갈래로 나라를 다스렸으므로, 그 국가 체제는 뚜렷하게 이원성(二元性)을 나타냈다. 그에 비해, 금·원의 통치 중심은 이미 중원으로 진입했으며, 그 제도는 비록 이원적인 색채를 띠고는 있었지만, 두 가지 서로 다른 근원을 가진 제도가 결코 각자 독립되지 않고, 하나의 체계를 이루어, 동일한 운용 체계 속에서 협조적으로 운용되었다. 따라서 그 체계는 곧 전체적으로 말하자면 완전히 전통적인 중원 제도였다.

북·남면관제(北·南面官制)와 사시날발(四時捺鉢)

요나라 관제는 이른바 '북면(北面)'과 '남면(南面)'의 구분이 있었다. 이것이 가리키는 것은 관아와 황제의 전장(殿帳: 황제가 거처하는 큰 막사)의 위치와 관계가 있는데, 거란인은 태양을 숭배했기 때문에, 전장이 동쪽을 향하고 있어, 한쪽 측면은 남쪽이고, 다른 한쪽 측면은 북쪽이었다. 중원 봉건 왕조의 관제가 좌·우로 나뉘어 있던 것과 마찬가지로, 요나라도 단지 '수가(隨駕: 임금이 거둥할 때 모시고 따르는 것)'하는 관리만 남·북으로 나누었고, 부족관(部族官)과 방주관(方州官: 주·군의 장관, 즉 지방 장관)은 수가하지 않았기 때문에, 이른바 '북면'·'남면'이 없었다.

관제를 남·북으로 나눈 것은, 요나라 통치자가 유목업과 농업이라는 두 가지 서로 다른 경제 유형에 종사하는 주민들의 관리에 적응하여, "풍속에 따라 다스리기" 위해, 통치 기구를 설치하는 데에서 취한 조치였다. 요나라에는 중앙에서부터 지방까지 모두 두 가지 대등한 정권 기구인 북면관(北面官)과 남면관(南面官)이 있었다. "북면은 궁장(宮帳: 황제가 거주하는 막사)·부족·속국의 정무를 관할했고", 거란의 각 부(部)와 기타 유목 부족·어렵 부족의 사무를 처리했으며, 그 장관은 거란 귀족이 담당했고, 사무 기구는 황제 막사[御帳]의 북쪽에 있었다. "남면은 한인의 주(州)와 현(縣)·조세·군마(軍馬)의 사무를 관할했고", 한인과 발해인의 사무를 관리했으며, 그 장관은 거란 귀족이나 한인·발해인 가운데 상층부 사람이 맡았고, 사무 기구는 황제 막사의 남쪽에 있었다. 북·남면관이 나누어 다스리면서, "나라의 제도[國制]로써 거란을 다스리고, 한인의 제도[漢制]로써 한인을 대했다". 그러나 북면관이 통치의 중심이었고, 거란국의 통치권이 북면관의 수중에 집중되어 있었다는 것이, 요나라 권력 기구 체제 가운데 한 가지 중요한 특징이었다.

요 성종(聖宗, 982~1031년 재위) 때, 요나라에는 이미 상경·중경·동경·남경 등 4경(京)이 건립되어 있었다. 1044년에 요 흥종(興宗)은 후진이 할양해 준 운주(雲州)를 서경으로 승격시켰으므로, 5경이 모두 갖추어졌다. 요나라 초기에는 상경을 수도로 삼았다. 중경이 건설되자, 마침내 상경을 대체하여 요나라의 도성이 되었다. 그러나 유목을 하는 거란인이 건립한 국가는 행국(行國: 유목을 하며 옮겨 다니는 국가)의 기본 특징을 갖추고 있었다. 그 정치 중심은 사실상 성국(城國: 행국과 대비되는 개념으로, 한 곳에 정착한 국가)의 특징을 지닌 5경에 있지 않았다. 5경은 주(州)·현(縣)을 통할하는 데 이용했으며, 거기에서 중점을 두어 통치한 것은 한인과 발해인이었다. 5경은 각자 특징을 지니고 있었고, 그 역할도 완전히 같지는 않았다. 상경 임황부(臨潢府)는 요 태조가 창업한 곳으로, 요나라 내부의 네 부족들이 유목을 하는 곳이었다. 후에 다시 많은 한인과 발해인들이 이주해 오면서, 농업·수공업·상업이 모두 일정 정도 발전을 이루었다. 동경 요양부(遼陽府)는 발해와 여진을 통제하고, 고려를 미리 대비하여 방어하는 데 이용했다. 서경 대동부(大同府)는 서하와 서남쪽의 각 유목 부족들을 미리 대비하여 방어했다. 중경 대정부(大定府)와 남경 유주부(幽州府)는 경제 발전 수준이 약간 높아, 재부관(財賦官: 재화와 세금을 담당하는 관리)을 많이 설치했으며, 요나라의 경제에 대해 매우 중대한 영향을 미쳤다.

요나라는 비록 한족을 모델로 한 왕조를 건립했지만, 황제는 여전히 선조들의 유목 생활 전통을 유지했기 때문에, 거처가 일정치 않았고, 계절 따라 옮겨 다녔다. 대부분의 귀족과 고급 관리들은 모두 황제를 따라다녔으며, 날발이 국가의 정치 중심이 되었으므로, '행조(行朝: 임금이 거둥하면서 함께 이동하는 조정)'라고도 불렀다. 요나라 황제 및 대부분의 귀족과 고급 관리들은 1년 사계절마다 있는 사시날발(四時捺鉢) 사이에 왔다갔다 했으며, 이것이 요 성종 이후에는 제도로 확립되었다. '날발'은 전체 요나라의 정치 중심으로서, 유목하는 각 부락과 관련된 중대한 문제가 여기에서 정책으로 결정되었을 뿐만 아니라, 한족 거주 지역의 모든 중요한 정무도 여기에서 황제의 분부에 따라 처리했다. 요나라의 정치 중심도 황제의 소재를 따라 옮겨 다녔다.

요(遼) 926~1081년

인물: 술율씨(述律氏), 야율중원(耶律重元), 야율을신(耶律乙辛) **지역:** 요나라 경내
키워드: 흠애(欽哀)의 난, 난하(灤河)의 변

요나라 궁궐의 변란

거란이 건국한 후, 칸(可汗)의 세선제(世選制: 571쪽 참조)가 비록 황제 제도로 대체되었지만, 제위를 계승하는 과정에서는 여전히 뚜렷한 세선제의 흔적이 잔존했다. 태조 야율아보기부터 경종(景宗)까지 다섯 황제의 재위 기간에 여러 차례 발생한 제위 다툼은, 바로 황위 계승자가 확정되지 않았기 때문이었다. 성종(聖宗) 이후에, 황권 세습제가 비로소 최종적으로 확립되었다. 세선제가 조성한 거란 왕위 계승의 불확실성은, 통치 집단 내부의 신구 세력 간에 모순 충돌을 초래하고 권력과 이권 쟁탈 투쟁을 불러일으킴으로써, 요나라 정치에 거대한 영향을 미쳤다.

황족(皇族)의 내란

요 태조 야율아보기에게는 세 명의 적자(嫡子)가 있었는데, 장남인 야율배(耶律倍)가 태자로 옹립되었다. 요나라는 발해국을 멸망시킨 후, 그 이름을 동단국(東丹國)으로 바꾸었고, 야율배는 태조의 명을 받들어 동단국의 일을 주관했다. 야율배는 한족 문화를 추앙하고, 공자와 유가 사상을 받들어 숭배했다. 차남인 야율덕광(耶律德光)은 천하병마대원수(天下兵馬大元帥)가 되어 정벌과 군사 대권을 장악하고, "어머니 순흠황후(淳欽皇后) 술율씨(述律氏)를 매우 효성스럽고 공손하게 모셨다". 막내 아들 이호(李胡)는 잔인하고 사람을 함부로 죽여 인심을 얻지 못했지만, 오히려 순흠황후 술율씨의 편애를 받았다.

926년, 요 태조 야율아보기가 황룡부(黃龍府)에서 세상을 떠났다. 술율씨는 황제가 되어 국가 권력을 장악했다. 술율씨는 일찍이 태조가 정권을 수립하는 활동 과정에서 중요한 역할을 발휘했으며, 황위 계승 문제에서 그는 차남인 야율덕광에게로 경도되어 있었다. 칸을 선발하는 의식

을 진행할 때, 그는 태자 야율배와 야율덕광을 각각 말에 타게 하여 황제의 막사 앞에 세워 놓고 관리들에게 말하기를, 선택하고 싶은 사람 쪽에, 가서 그 사람의 말고삐를 잡으라고 했다. 신하들은 사전에 모두 이미 그의 의향을 분명하게 파악하고 있었기 때문에, 서로 다투어 야율덕광의 말고삐를 잡았다. 그리하여 그는 야율덕광이 황제가 되었다고 선포했으니, 그가 요 태종(太宗)이다. 이는 후에 권력 쟁탈을 벌이게 되는 보이지 않는 화근이 되었다. 술율씨는 야율아보기를 매장하는 기회를 이용하여, 일부 관료들을 순장(殉葬)함으로써 정적들에게 타격을 가하고, 자신이 권력을 장악하는 기초를 다졌다. 하지만 술율씨의 잔인하고 함부로 사람을 죽이는 행위는 조정 관리들의 두려움을 불러 일으켰다. 동시에 동단왕 야율배의 세력을 약화시키고 통제하기 위해, 요 태종은 동단국의 정치 중심을 목단강(牡丹江) 유역에서 요동(遼東)으로 옮김과 동시에, 야율배에 대한 감시와 경비를 강화하자, 야율배는 분노하여 후당(後唐)에 몸을 의탁했다.

947년, 태종 야율덕광이 후진(後晉)을 멸망시키고 회군하다가, 난성(欒城, 지금의 허베이성에 속함)에서 병으로 사망했다. 동단왕 야율배의 아들 영강왕(永康王) 야율완(耶律阮)이 종군한 장수들에 의해 옹립되어, 진주(鎭州, 지금의 허베이성 정딩正定)에서 황제에 즉위했으니, 그가 요 세종(世宗)이다. 술율씨는 동단왕이 후당에 몸을 의탁한 데 대해 불만을 품고 있었고, 또 막내아들 이호를 편애했다. 게다가 야율완과 정치적 견해가 달랐기 때문에, 장수들의 결의를 받아들이기를 거부했다. 그는 이호와 함께 군대를 이끌고 황수(潢水, 지금의 내몽골 시라무룬강西拉木倫河)의 북쪽을 점거하고, 세종과 황수에서 강을 사이에 두고 대치했다. 결국 황족의 사무를 주관하는 관직인 척은(惕隱)을 맡고 있던 야율옥질(耶律屋質)이 중간에서 조정에 나서, 쌍방에게 이해(利害)를 설명했다. 그리하여 일촉즉발의 전투는 평화롭게 마무리되었다. 얼마 지나지 않아 술율씨는 다시 이호와 함께 비밀리에 정권을 탈취할 계획을 꾸미다가, 세종에 의해 구금되었다.

요 세종은 요나라 역사에서 선대의 뒤를 이어 계속 발전시킨 황제다. 그는 요나라 통치 기구의 건립과 제도의 완비에 힘써, 거란 부락 연맹에서 중앙 집권으로의 변화를 완성시켰다. 세종은 후진(後晉)의 항신(降臣: 정복당한 나라의 항복한 신하)들을 많이 등용하고, 거란의 귀족들을 업신여겼다. 또 중원에 있던 후주(後周)의 국력이 점차 강성해지고 있다는 사실을 고려하지 않고 중원에 대한 정복 전쟁을 계속 진행했기 때문에, 거란 귀족의 반대를 초래했다. 그의 재위 기간에, 거란 귀족이 살해를 모의하고 암살하려는 사건이 끊임없이 발생하여, 그가 통치 질서를 확립하는 활동을 심각하게 방해했으며, 또 결국 그의 통치를 끝장내고 말았다. 951년, 요 세종은 군대를 이끌고 남하하여 후주를 정벌했다. 대군이 귀화주(歸化州) 상고산(祥古山) 화신정(火神淀, 지금의 허베이성 쉬안화宣化 서쪽)에 도착했을 때, 태녕왕(泰寧王) 야율찰할(耶律察割, 야율찰가耶律察哥라고도 함)과 야율첩

◈ 〈동단왕(東丹王) 출행도〉 | 요, 야율배(耶律倍)

동단왕 야율배는 요 태조 야율아보기의 장남으로, 황위 투쟁 과정에서 요 태종 야율덕광에게 패하고 나서, 928년에 후당에 몸을 의탁했다. 장기간 중원에서 거주했기 때문에, 그의 화풍은 후세에 매우 큰 영향을 미쳤다. 그림 속의 인물 형상은 호인(胡人: 이민족)처럼 생겼고, 갖가지 자태를 지니고 있으며, 의관(衣冠)·복식(服飾)·패대(佩戴: 착용한 장식물)도 각자 다르다. 또 말들은 건장하고 힘이 넘치는데, 동단왕은 표정이 우울해 보이며, 뭔가 생각에 잠긴 듯한 것으로 보아, 그가 요나라를 버리고 후당에 몸을 의탁한 처지에 부합한다.

랍(耶律牒臘, 야율술알耶律述軋이라고도 함) 등이 행궁에서 세종을 살해하고, 야율첩랍을 황제로 옹립했으니, 역사에서는 이를 '화신정의 변(變)'이라고 한다. 야율옥질이 도망쳐 나와, 사람을 파견하여 여러 왕들과 시위군(侍衛軍)을 소집하여 난을 평정한 뒤, 야율찰할과 야율첩랍을 살해하고, 태종의 아들 야율경(耶律璟)을 옹립했으니, 그가 요 목종(穆宗)이다.

목종은 "유희를 좋아하고, 국사를 돌보지 않았으며, 매일 밤마다 즐기면서 술을 퍼마시고, 아침이 되어서야 겨우 잠자리에 들었다가, 해가 중천에 떠야 비로소 일어났으므로, 백성들이 그를 수왕(睡王: 잠꾸러기 왕)이라고 불렀다". 그는 정치에 재간이 없었을 뿐만 아니라, 나라를 다스릴 현명한 인재를 구할 생각도 없었으며, 의외로 속이 좁아, 능력에 관계없이 오로지 자신과 친한 사람만 등용하여, 요나라 통치 집단의 인심을 불안하게 했다. 목종은 후기에는 더욱 변덕스러워져서, 늘 자신의 주변에서 복무하는 자들을 죽였으며, 그 수단이 잔혹했다. 결국 969년에 요리사·시종(侍從)·관인(盥人: 목욕과 세수를 시중드는 종)의 공동 모의에 의해 행궁에서 살해당했다. 뒤를 이어 세종의 아들 야율현(耶律賢)이 즉위했으니, 그가 요 경종(景宗)이다.

경종과 황후 소작(蕭綽)은 "사람에게 맡겨 두고 의심하지 않으면서, 상을 줄 만한 사람에게는 반드시 상을 주고, 벌을 내릴 사람에게는 반드시 벌을 주었지만", 여전히 요나라 종실 왕들의 권력 쟁탈 활동을 잠시도 수그러들게 하지는 못했다. 여러 왕들의 권력 쟁탈 활동은 요나라 질서의 안정과 통치의 공고함을 심각하게 훼손했으며, 또한 요나라가 송나라와 하북(河北)·하동(河東)에서 벌이던 쟁탈전을 방해하기도 했다. 982년, 요 경종이 세상을 떠나고, 요 성종(聖宗)이 즉위하자, 소작은 태황태후가 되어 섭정했다.

소작의 또 다른 이름은 연연(燕燕)으로, 바로 역사상 그 유명한 '소태후(蕭太后)'다. 요대에, 황실인 야율씨(耶律氏)와 소씨(蕭氏)는 여러 대에 걸쳐 혼인했기 때문에, 황후에 소씨가 많았으므로, 요나라 역사에는 많은 '소태후'들이 있다. 소작이 '소태후'라는 이름의 '전매특허'를 차지할 수 있었던 까닭은, 소설 『양가장(楊家將)』이 전해 오는 덕을 톡톡히 봤기 때문이다. 소작은 병약한 경종을 보좌하여, 군사와 국가의 대사를 14년 동안 결정하고 처리했으며, 또한 나이 어린 성종을 돌보면서 27년 동안 국정을 맡아 섭정함과 아울러, 통화(統和)·개태(開泰) 연간의 번영 국면을 창출해 냈다. 그의 통치 기간에, 개혁을 주장하고, 한화(漢化: 중원의 한족 문화에 동화됨)에 경도되었으며, 북송과 '전연지맹(澶淵之盟: 476쪽 참조)'을 체결하여, 요나라를 전성기에 도달하게 했으며, 봉건화 과정을 완성했다.

흠애(欽哀)의 난과 난하(灤河)의 변

소작이 사망한 후, 요 성종은 통치 경험이 부족했기 때문에, 황후 소보살가(蕭菩薩哥)가 곧바로 권력의 진공 상태를 메우면서 국정에 참여했다. 불행한 것은, 그가 낳은 두 아들들이 모두 요절했다는 점이다. 1016년, 궁녀 소누근(蕭耨斤)이 야율종진(耶律宗眞)을 낳자, 황후가 자기의 아들로 키웠다. 성종이 생존해 있을 때, 소누근은 여러 차례 성종의 침소에 황후가 궁정의 악공(樂工)과 사통한다고 모함하는 익명의 서신을 던져 넣었는데, 성종은 소누근이 날조에 관련되어 있다는 것을 확실히 알면서도 그를 처벌하지 않았다. 이때 모이자귀(母以子貴: 어머니는 자식이 귀해져야 함께 귀해짐)의 관념이, 거란 귀족의 한화(漢化)가 나날이 심화되는 상황하에서 바야흐로 요나라 궁정 생활 속에 영향을 미치고 있었다. 1031년, 요 성종이 병으로 사망하자, 장남인 야율종진이 즉위했으니, 그가 요 흥종(興宗)이다. 성종은 소보살가에게 황태후가 되라고 유언했지만, 야율종진의 생모인 소누근이 결국 스스로 황태후가 되었다. 소누근은 평소에 소보살가와 화목하지 못했기 때문에, 태후가 되어 국정을 장악하자, 곧 모함하기 시작했다. 그는 호위(護衛: 무관의 관직명) 풍가노(馮家奴)와 야율희손(耶律喜孫)으로 하여금 북부재상(北府宰相) 소착복(蕭浞卜, 소서불리蕭鋤不里라고도 함)과 국구(國舅: 임금의 장인) 소필적(蕭匹敵)이 소보살가 등과 함께 권력을 빼앗을 모의를 했다고 모함하도록 사주하여, 소착복과 소필적을 죽였다. 그리고 소보살가를 상경으로 이주시킴과 아울러, 이 기회를 빌려 옛 신하들을 주멸하고, 여러 동생들을 정치에 참여하도록 끌어들였다. 그리하여 소누근은 완전히 정권을 장악하고, 국정을 맡아 처리했다.

◈ **유금은면구**(鎏金銀面具) | 요

거란의 귀족이 죽으면, 얼굴에 종종 면구(面具: 가면)처럼 생긴 금속을 씌웠고, 신체는 화려하고 아름다운 비단으로 감싸거나 은(銀)이나 동(銅)으로 짠 망사를 씌워, 장례의 염복(殮服)으로 삼았다. 이 면구는 요나라 진국공주(陳國公主)의 무덤에서 출토되었으며, 매장할 때 사자(死者)의 얼굴에 덮어씌운 것이다. 현재 내몽골자치구 문물고고연구소에 소장되어 있다.

요 흥종은 소보살가가 성종을 잘 섬겼고, 그 자신을 정성껏 키워 주어 사직에 공이 있는데, 모반을 했을 리가 없다고 여겼으므로, 생모인 소누근과 논쟁을 벌였다. 소누근은 후환이 생길 것이 두려워, 아예 소보살가를 죽여 버렸다. 1033년, 황태후 소누근과 북원추밀사(北院樞密使) 소효선(蕭孝先)이 흥종을 폐위하고 막내아들인 야율중원(耶律重元)을 황제에 옹립하려고 모의했는데, 뜻밖에 야율중원이 이 음모를 흥종에게 보고했다. 흥종과 태후의 심복 야율희손은 계략을 세워 태후를 폐위하고 경주(慶州)에 유폐했으니, 역사는 이를 '흠애의 난' 혹은 '흠애의 변'이라 한다. 정변이 발생한 후, 흥종은 야율중원을 황태제(皇太弟)에 봉함과 아울러, 그에게 제위를 물려주겠다고 허락하고, 그에게 북·남원추밀사(北·南院樞密使)를 겸직하게 했으며, 금권(金券: 황제가 하사하는, 금으로 만든 증표)를 하사했다. 이후, 야율중원은 날이 갈수록 교만하고 방자하게 법을 어겼

◈ **잉현목탑**(應縣木塔)

잉현목탑은 지금 세계에 현존하는 가장 높고 가장 오래된 순수 목조 건축물이다. 900여 년 전에 건축된 이 요대의 목탑은, 탑 전체에 단 하나의 철제 못도 사용하지 않았는데, 천 년 동안 수천 톤의 하중을 견뎌 내며 침하하지 않아, 이탈리아의 피사의 사탑에 견줄 만하다.

으며, 또한 오랫동안 군대의 관직을 차지하여 병권(兵權)을 장악하자, 흥종과 훗날의 도종(道宗) 모두에게 매우 큰 위협이 되었다.

1055년, 요 흥종이 세상을 떠나고, 그의 아들 야율홍기(耶律洪基)가 즉위했으니, 그가 요 도종이다. 도종이 집정한 이튿날, 곧 야율중원을 황태숙(皇太叔: 황제의 숙부)에 책봉하여, 조정에 들어가서 황제에게 절하는 것을 면제해 주고, 그의 이름을 부르지 않는 특별대우를 해 주었다. 이듬해에는 다시 그를 천하병마대원수(天下兵馬大元帥)에 임명했으며, 1057년에는 다시 금권을 하사하여, 총애와 신임이 더욱 두터워졌다. 그러나 이러한 조치들은 결코 효과를 거두지 못하여, 야율중원이 황위를 탈취할 음모가 긴박하게 꾸며지고 있었다.

1061년, 야율중원과 그의 아들인 야율열로고(耶律涅魯古)는 야율중원이 병에 걸렸다고 하면서, 도종에게 막사에 와서 문병하도록 요청하고, 그 기회를 틈타 암살하려고 획책했지만, 실패하고 말았다. 1063년, 도종이 태자산(太子山)에서 추렵(秋獵: '사시날발' 중 가을에 하는 사냥)을 하면서, 난하(灤河) 행궁에 머물렀다. 야율중원 부자는 절호의 기회라고 여기고, 자신들의 행장(行帳: 황제의 행궁 주위에 황제를 수행하는 관리들이 머무는 막사)을 도종의 행궁과 매우 가까운 곳으로 옮겼다. 도종은 야율중원의 음모를 알아채고, 곧 사자를 보내 야율열로고를 불렀는데, 야율열로고는 오히려 사자를 붙잡아두고 부름에 응하지 않았다. 다행히 거란인들은 모두 몸에 고기를 자르는 용도의 취사용 칼을 지니고 다녔으므로, 사자는 장막을 찢고 도망쳐 돌아올 수 있었다. 도종은 사정이 긴급하다는 것을 알고, 황급히 반란을 평정하기 위해 조직을 꾸렸다. 남원추밀사(南院樞密使) 야율인선(耶律仁先)과 지북원추밀사(知北院樞密使) 야율을신(耶律乙辛) 등의 영도하에, 황제의 숙위(宿衛: 궁궐을 지키는 사람) 병력들이 성공적으로 반란군의 도발을 막아 냈다. 사건이 있고 나서 야율열로고는 죽임을 당했으며, 야율중원은 부상을 입고 대막(大漠: 고비 사막 일대)으로 도망친 뒤 자살했다.

난하의 변으로 야율중원의 반역 도당들이 대부분 처벌을 받자, 30여 년 동안 계속된 그 세력의 황제에 대한 위협은 제거되었다. 그러나 요나라 통치 집단 내부의 투쟁은 결코 끝나지 않았다. 이후 잇달아 다시 황후와 태자를 모해하는 비참한 사건들이 발생했다.

야율을신의 전횡

난하의 변이 평정된 후, 도종은 논공행상을 진행하여, 야율인선과 야율을신을 각각 진왕(晉王)과 위왕(魏王)에 봉하고, 공신(功臣) 칭호를 하사했다. 야율을신은 점차 제멋대로 굴면서, 야율인선을 배제하고 자신의 세력을 키우더니, 권력을 독점하고 발호했다.

1075년, 황태자 야율준(耶律濬)이 황제의 명을 받들어 국정을 총괄하면서 법령과 제도를 정비하자, 야율을신의 권세는 위협받고 제한되었다. 그리하여 야율을신은 대신 장효걸(張孝杰)과 함께 모의하여 태자의 어머니인 선의황후(宣懿皇后)가 악공 조유일(趙惟一)과 사통했다고 모함했다. 그들이 제시한 증거는 황후가 손수 썼다는 「십향사(十香詞)」와 「회고시(懷古詩)」였다. 「십향사」는 격조가 낮고 매우 음란하고 저속하여, 황후의 신분·교양 및 성격과는 절대로 맞지 않았으므로, 식견이 있는 사람이라면 단번에 곧 죄를 뒤집어 씌워 모함한다는 것을 알 수 있었다. 「회고시」를 말할 때는 제멋대로 곡해했다. 시는 이렇다. "宮中只數**趙**家妝, 敗雨殘雲誤漢王. **惟**有知情**一**片月,

曾窺飛燕入昭陽(궁중 사람들은 단지 조비연의 화려한 치장을 비난하며, 조비연 자매가 한왕漢王을 그르쳤다고 하지만, 오직 밤하늘의 달은 사정을 알고 있으니, 조비연이 한왕에 의해 소양궁에 버려진 것을 보았네).” 모함한 자는 시 속에 ‘趙, 惟, 一’이라는 세 글자가 있는 것이, 사통한 증거라고 억지 주장을 했다. 도종은 이 사건을 원래 막후에서 음모를 꾸민 자인 야율을신 및 그와 한 패거리인 장효걸에게 심리하도록 맡겼고, 결국 모함을 사실로 만들어, 황후를 사지로 몰아넣었다. 야율을신은 또한 자신의 패거리인 소하말(蕭霞抹)의 누이동생이 아름답고 품성이 곱다고 크게 칭찬하면서, 도종으로 하여금 황후로 삼게 하여, 자신의 편으로 만들었다.

황후가 사망한 후, 야율을신은 태자를 모함하는 활동에 박차를 가했다. 1077년, 야율을신은 같은 패거리들을 사주하여 남원대왕(南院大王) 야율살랄(耶律撒剌)과 지북원추밀사 소속살(蕭速撒) 등 8명이 황태자를 황제로 옹립하려고 모의했다고 모함했다. 도종은 조사해 본 결과 확실한 증거가 없었지만, 소속살을 상경유수(上京留守)로 내보내고, 야율살랄을 시평군절도사(始平軍節度使)로 좌천시키라고 명령했다. 6월, 야율을신은 또 자신의 패거리들을 사주하여, 야율살랄 등이 야율을신을 모해하고 황태자를 옹립하려 했고, 자신들이 모두 이 음모에 참여했는데, 단지 사실이 드러나 연루될까 두려웠으므로, 당시에는 감히 자수하지 못했다고 거짓말을 하게 했다. 도종은 이 일을 또 야율을신과 장효걸에게 심리하게 했다. 그리하여 황태자를 구금하고, 소속살과 야율살랄 등 수십 명을 죽였다. 얼마 후에는 다시 황태자를 폐위하여 서인(庶人)이 되게 했다. 11월, 야율을신의 패거리들은 구금되어 있던 태자를 살해하고, 황제에게는 병으로 죽었다고 보고했다. 태자가 죽은 다음, 야율을신은 장차 마음대로 가지고 놀 수 있는 꼭두각시를 계승인으로 확정하려고 획책하기 시작했다. 그는 도종의 동생인 야율화로알(耶律和魯斡)의 아들을 후계자로 삼자고 건의했지만, 당시 요나라에는 적장자 계승의 종법 제도가 확립되어 있어서, 적장자가 먼저 죽으면, 곧 적손(嫡孫)을 후계자로 삼아야 했다. 죽은 태자 야율준에게는 아들 야율연희(耶律延禧)가 있었으니, 바로 태자가 될 수 있었다. 또한 어떤 조정 신하가 옆에서 그렇게 하지 말라고 말리면서 이렇게 말했다. “적장자를 태자로 세우지 않는 것은, 나라를 다른 사람에게 넘겨주는 것입니다.” 도종은 주저하다가, 마침내 야율을신의 음모를 이루어지지 않게 했다. 야율을신은 다시 양자를 들여 대를 잇도록 조종함으로써, 도종이 태자를 세우는 것을 좌우하려고 시도했다. 앞에서 언급했던 야율을신의 패거리인 소하말의 누이동생은 황후가 되었지만, 아들을 낳지 못했다. 새 황후(즉 소하말의 누이동생-옮긴이)에게는 또 한 명의 동생이 있었는데, 원래 이미 야율을신의 아들에게 출가한 상태였다. 야율을신은 도종이 아들을 얻으려는 마음이 절실하다는 것을 매우 잘 알았으므로, “쉽게 아들을 임신할 수 있는 법”을 설명하고는, 며느리를 궁중으로 들여보냈다. 계획이 정해지자, 야율을신은 한편으로는 소하말의 두 누이동생이 일찍 '용자(龍子: 황제의 아들)'를 낳기를 간절히 희망하면서, 다른 한편으로는 황손인 야율연희가 황태자로 옹립될까봐 걱정스러웠기 때문에, 온갖 방법을 다 동원하여 모함했다. 1079년, 도종이 사냥을 나가자, 야율을신은 황손 야율연희를 궁중에 남겨 두도록 요청했다. 도종은 북원선휘사(北院宣徽使) 소올납(蕭兀納)이 주의하도록 충고를 하자, 비로소 약간 깨달은 바가 있었으므로, 황태손을 데리고 갔다. 후에 도종은 수행하는 관리들이 대부분 자신을 멀리하면서 야율을신을 따르는 것을 직접 보고는, 마침내 문제의 심각성을 깨달았다. 얼마 후 도종은 야율을신에게 지흥중부사(知興中府事)를 맡아 부임하라고 명령했다. 이듬해에 야율연희는 양왕(梁王)에 봉해져, 후계자로 확정되었다. 1081년, 야율을신은 불법으로 병기(兵器)를 감춰 두었기 때문에 처형되었다.

야율을신은 14년 동안이나 권력을 마음대로 휘둘러, 무릇 그와 결탁하지 않았거나 혹은 용감하게 그를 폭로한 사람들은 조정에 나오는 것을 배제당하거나 모함을 받아 죽임을 당했다. 그래서 당시 속담에서는 말하기를 "차라리 황제의 칙명을 위반할지언정, 위왕의 부고장을 어기지 마라[寧違勅旨, 無違魏王白帖子]"고 했다. 황후와 태자가 모함을 받아 죽임을 당한 것은 요나라 역사상 통치 집단 내에서 가장 큰 억울한 사건이자 도종 자신의 가장 큰 비극을 초래했다.

한걸음더

잉현목탑(應縣木塔)

중국 건축사상, 독특한 풍격을 지닌 요(遼)·금(金)의 불탑은 소홀히 할 수 없는 예술의 진기한 꽃이다. 수많은 요대의 불탑들 가운데에서도, 지금의 산시성(山西省) 잉현(應縣) 불궁사(佛宮寺)에 있는 목탑이 가장 유명하다. 잉현 불궁사는 산시성 잉현 현성(縣城)의 서북쪽 모퉁이에 위치하고 있다. 불궁사 안에 있는 목탑은 중국에 현존하는 가장 오래되고 가장 큰 목조탑으로, 건축 규모는 물론이고 건축 예술 측면에서 말하더라도, 그것은 모두 특수한 지위를 차지하고 있으며, 중국, 더 나아가 세계 고건축들 가운데 진품이라고 할 만하다. 목탑은 평면이 팔각형이며, 겉모습은 5층으로 보이지만, 안쪽에 보이지 않는 암층(暗層)이 4층 끼워져 있어, 실제로는 9층이다. 그것의 전체 높이는 67.13미터이고, 바닥층의 직경은 30미터로, 멀리서 바라보면 장관이고 기백이 있다. 탑 꼭대기에 올라가 멀리 바라보면, 전체 잉현 현성의 경치가 한눈에 다 들어온다. 천 년 동안, 목탑은 일곱 차례나 대지진을 겪은 것으로 밝혀졌는데, 여전히 우뚝 서서 변함이 없는 것을 보면, 이 목탑의 견고함이 일반적인 수준이 아니라는 것을 알 수 있다.

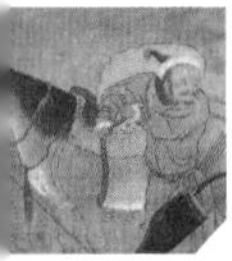

요(遼) 1125년

인물: 요 천조제(天祚帝) 야율연희, 야율대석 지역: 협산(夾山) 키워드: 서요(西遼)

천조제(天祚帝)가 나라를 망하게 하다

천조제(1075~1128년), 즉 야율연희(耶律延禧)는 자가 연녕(延寧)이며, 거란 이름은 아과(阿果)이고, 요 도종(道宗)의 손자이자, 소회태자(昭懷太子) 야율준(耶律浚)의 아들이다. 수창(壽昌) 7년(1101년), 요 도종이 병으로 사망하자, 야율연희가 황제에 즉위하여, 천조 황제라 부르고, 연호를 건통(乾統)으로 고쳤다. 천조제가 즉위했을 때, 여진족이 나날이 강대해지고 있었다. 그 수령인 완안아골타(完顏阿骨打)는 요나라의 뜻을 점차 분명하게 거스르고 있었는데, 천조제는 이를 전혀 알아차리지 못하고, 오히려 간신 소봉선(蕭奉先) 등을 총애하고 신임하여, 요나라가 안팎으로 동시에 곤경에 빠지는 국면을 초래했다. 천경(天慶) 5년(1115년), 천조제는 군대를 이끌고 여진을 정벌한 결과, 호보달강(護步達岡, 지금의 헤이룽장성 우창五常 서쪽)에서 참패하여, 요나라 군대의 주력이 전멸했다. 이후, 여진의 대군이 끊임없이 침공하자, 천조제는 서쪽으로 도망칠 수밖에 없었다. 보대(保大) 5년(1125년) 2월, 천조제는 금나라 군대에게 포로가 되었고, 요나라는 멸망했다. 천조제가 나라를 망해 먹은 뒤, 요나라 종실인 야율대석(耶律大石)이 부하 무리들을 이끌고 멀리 만 리나 도망가, 중앙아시아 지역에서 다시 서

◈ **이룡희주유금은관**(二龍戲珠鎏金銀冠) | 요

이 유금은관은 랴오닝성 지엔핑현(建平縣) 창지아잉쯔(張家營子)에서 출토되었으며, 현재 랴오닝박물관에 소장되어 있다. 관의 중앙에는 구름송이가 한 알의 커다란 화염보주(火焰寶珠)를 떠받치고 있고, 좌우 양 옆에는 각각 한 마리씩의 용이 있는데, 뒷발은 쭈그리고 앉아 있고, 앞발은 곧게 세우고 있어, 전신이 웅크리고 앉아 있는 자태를 보이고 있으며, 꼬리를 치켜든 채 머리를 쳐들고 있어, 형태가 생동적이고, 장중하면서 화려하고 아름답다. 요대(遼代) 거란 귀족의 머리 장식물이다.

요(西遼) 왕국을 건립했다.

요나라의 패망

수창 7년(1101년), 요 도종이 사망하고 황태손 야율연희가 즉위했으니, 그가 천조제다. 야율을신의 권력 농단은 요나라 통치에 매우 큰 상처를 남겼으니, 도종의 선의황후와 태자의 억울한 모함 사건은 요나라 후기의 커다란 정치적 사건이었다. 그것은 폭넓게 관련되었고, 심대한 영향을 미쳤으며, 이전의 황실 내부에서 있었던 모순 충돌과는 달랐다. 그리하여 야율을신 패거리와 그들의 요나라 정치에 대한 영향을 철저히 제거하고, 용감하게 야율을신을 제압한 관리와 장수들을 기용하는 것은, 인심을 얻고, 국정을 진흥시키고, 사회 풍조를 전환시키기 위해 매우 중요한 문제였다.

애석하게도 범속하고 무능한 천조제는 이 문제의 중요성을 인식하지도 못했고, 문제를 철저하게 해결할 의지와 용기도 없었다. 그는 비록 즉위한 초기에 명령을 내리기를, "야율을신이 모함한 자는 그 관작을 회복시켜 주고, 재산을 몰수당한 자에게는 그것을 내주며, 유배당한 자는 그를 돌아오게 하라고 했지만", 야율을신의 잔당을 처리하여 그들의 영향력을 제거하는 데 대해서는 뜻밖에 단 한 마디도 언급하지 않았다. 이것은 바로 요나라의 진흥을 바라는 요나라 관민들로 하여금 낙담하고 실망하게 할 수밖에 없었다.

천조제는 사냥에 탐닉하여 정사를 돌보지 않았으며, 간신들을 가까이하고 어진 신하들을 멀리했다. 북부재상(北府宰相) 소올납(蕭兀納)은 야율을신이 창궐할 때, 죽음을 무릅쓰고 천조제를 보호했기 때문에, 보호하고 도운 공이 있었다. 그러나 천조제가 즉위하기 전에, 그는 여러 차례 천조제에게 직언을 했기 때문에, 바로 미래에 황제가 될 이 사람의 기분을 크게 상하게 했다. 따라서 천조제는 막 즉위하자, 먼저 소올납을 요흥군절도사(遼興軍節度使)로 삼고, '수태부(守太傅)'라는 이름뿐인 직책을 더해 주어, 그를 지방에 나가 방어하도록 명령했다. 천조제가 소올납에 대해 불만스러워하는 것을 보고는, 어떤 간사한 사람이 마침내 모함하기를, 소올납이 일찍이 내부(內府)에서 서각(犀角: 코뿔소 뿔)을 빌려갔는데 아직도 갚지 않았다고 하자, 천조제는 뜻밖에 사소한 일을 크게 부풀려 낱낱이 조사하도록 명령하고, 그를 영변주자사(寧邊州刺史)로 좌천시켰다. 천조제가 야율을신의 잔당 문제에 대처한 방법은, 충직한 선비들을 크게 실망시켰다. 그런데 소인배를 가까이하고 어진 신하들을 멀리하며, 충신과 간신을 구분하지 못한 것은, 단지 인심을 크게 잃는 문제였을 뿐만 아니라, 잃어버린 것은 200년간 유지해 온 국토와 사직이었다.

바야흐로 요나라가 천조제의 부패한 통치하에서 나날이 쇠약해지고 있을 때, 동북부의 여진

◈ 〈사기도(射騎圖)〉 | 요

요나라 군대는 대체로 궁장군(宮帳軍)·부족군(部族軍)·경주군(京州軍) 및 속국국(屬國軍) 등 네 부문으로 나뉜다. 궁장군은 요나라 황제의 친위군으로, 장비가 가장 우수했다. 부족군은 주로 거란족 이외 부족의 청·장년들로 이루어졌으며, 주로 변방 방어와 정복 전쟁을 담당했다. 경주군은 주로 요나라 오경도(五京道) 각 주·현의 한족과 발해족 장정들로 조직되었으며, 속국군은 속국의 장정들로 구성되었다.

족이 신속히 굴기하고 있었다. 요나라의 민족 압박 정책은, 나날이 강대해지고 있던 여진족으로 하여금 참을 수 없게 만들었다. 아골타는 1113년에 완안부(完顔部)의 수령이 된 다음, 곧 요나라의 통제를 벗어나기로 결심했다. 아골타는 요나라에게 가한 여러 차례의 습격이 잇따라 목적을 달성하자, 1115년에 나라를 세우고, 국호를 금(金)으로 정했다. 같은 해 9월, 금나라 군대가 요나라 황룡부(黃龍府, 지금의 지린성吉林省 농안農安)를 공격하여 함락시켰다. 이때 요나라의 간신들은 명령에 복종했지만, 충신과 뛰어난 장수들은 숙청당했거나 혹은 불화하여 반목했으므로, 천조제는 어쩔 수 없이 친히 군대를 이끌고 정벌에 나섰다. 그러나 그는 분수를 모르고 잘난 체하면서, 군대는 정예하고 강한 것이 중요하다는 것을 알지 못했다. 그 결과 전군이 궤멸되고 말았다. 친정(親征)에 실패한 후, 요나라 통치 집단 내부의 분열은 가속화했다. 먼저 야율장노(耶律章奴)가 천조제를 폐위하고 야율순(耶律淳)을 황제에 앉히려고 도모했고, 이어서 대장 야율여도(耶律餘睹)가 요나라를 배반하고 금나라에 투항했으며, 북요(北遼)가 자립했고, 야율대석은 서쪽으로 옮겨가자, 천조제는 바빠서 숨을 돌릴 틈도 없었다. 동경(東京)이 함락되고, 군대가 반란을 일으키고, 건주(乾州)와 현주(顯州)가 함락될 때, 천조제는 중경(中京)에서 수렵을 하고 있었다. 그는 상경과 중경을 보위하기 위해 군대를 배치하기는 커녕, 오히려 명령을 내려 주옥(珠玉)과 진귀한 노리개 500여 개를 챙기고, 준마 2천여 필을 선발하도록 명령을 내려, 적을 피해 도망칠 계획을 세웠다. 그는, '만약 여진족이 꼭 오더라도, 나는 하루에 300리나 500리를 달릴 수 있는 말을 약간 갖고 있고, 또 송나라와는 형제이며, 하(夏: 서하)나라와는 구생(舅甥: 외숙과 조카) 관계이니, 어디로든 돌아갈 수 있고, 또 평생 부귀영화를 놓치지 않을 수 있다'고 생각했다. 그런데 뜻밖에 송나라와 금나라는 '해상지맹(海上之盟: 519쪽 참조)'을 체결할 준비를 하고 있었고, 서하(西夏)는 내부 사정을 알지 못해, 감히 함부로 출병할 수 없었다. 정치적 무능, 형세에 대한 판단 착오, 부적절한 인재의 채용은, 천조제의 조치들을 잇달아 실패하게 하여, 군사적으로 곳곳에서 패배하게 했다.

◈ **포은목마안**(包銀木馬鞍) | 요

거란은 북방 유목민족으로서, 마구(馬具)와 병기의 제작에 매우 뛰어났다. 당시 '거란안(契丹鞍: 거란인이 만든 안장)'은 송나라 명산품인 촉금(蜀錦: 지금의 쓰촨성 지방에서 생산되던 아름다운 비단)·정자(定瓷: 지금의 허베이성 딩저우定州에서 생산되던 자기)·절칠(浙漆: 지금의 저장성浙江省에서 생산되던 칠기) 등과 함께 '천하제일'이라고 일컬어졌다. 이 거란마안(契丹馬鞍)은 길이가 56센티미터이고, 바탕은 목재이며, 겉에는 금을 입힌 은장식을 씌운, 요대(遼代) 마구의 대표작이다.

천조제가 달아나자, 금나라 군대는 끝까지 추격을 멈추지 않았다. 보대(保大) 2년(1122년) 4월에 서경(西京)이 함락되면서, 천조제는 의지할 곳이 없게 되자, 마침내 협산(夾山, 지금의 내몽골 우위안五原 서북쪽)으로 도망쳤다. 이듬해 4월, 금나라 군대는 요나라 군대와 백수박(白水泊, 지금의 내몽골 차하르우익전기哈爾右翼前旗의 황기해黃旗海)에서 전투를 벌여, 천조제의 치중(輜重: 군수품)을 청총(靑塚, 지금의 내몽골 후허하오터呼和浩特 남쪽 소군묘昭君墓)에서 포위하고, 그의 아들들인 진왕(秦王) 정(定)·허왕(許王) 영(寧)·조왕(趙王) 습니열(習泥烈)과 후비(后妃)·공주 및 수행하는 신하들 다수를 포로로 잡았다. 보대 5년(1125년), 천조제는 협산을 나와 당항족(黨項族)에게 의탁했다가, 응주(應州, 지금의 산시성 잉현應縣) 신성(新城) 동쪽 60리 되는 곳에서 금나라의 대장 완안누실(完顔婁室) 군대에게 포로가 되었다. 금나라에 항복한 천조제는 해빈왕(海濱王)에 봉해져 내지로 옮겨졌으며, 요나라는 멸망했다.

서요(西遼)의 건립

야율대석은 거란인으로, 학식이 풍부하고, 거란문과 한문에 통달했으며, 어려서부터 말 타기와 활쏘기를 좋아했다. 요 천조제 야율연희 천경(天慶) 5년(1115년)에 진사(進士)에 합격하여, 한림승지(翰林承旨)에 부임했다. '한림(翰林)'을 거란어로 '임아(林牙)'라고 했기 때문에, '대석임아(大石林牙)'라고도 불렀다. 그 후로 태주자사(泰州刺史)와 상주자사(祥州刺史) 및 요흥군절도사를 역임했다. 여진족 완안아골타가 군대를 일으켜 요나라를 멸망시킨 후, 천조제는 보대 2년(1122년)에 원앙락(鴛鴦濼, 지금의 허베이성 장베이張北 서북쪽 안구리나오安固里淖)에서 패배하여 협산(夾山, 지금의 내몽골 싸라치薩拉齊 서북쪽 다칭산大青山)으로 달아났다. 황족 야율순이 남경 석진부(析津府, 지금의 베이징)에 남아서 지키고 있었는데, 야율대석과 재상 이처온(李處溫) 등이 남경에서 야율순을 황제에 옹립하고, 천석황제(天錫皇帝)라고 불렀다. 이 소조정(小朝廷)을 역사에서는 '북요(北遼)'라고 부른다. 야율순이 황제가 된 지 3개월 만에 병으로 사망하자, 그의 처 소덕비(蕭德妃)가 임시로 국정을 주관했다. 얼마 지나지 않아, 금나라 군대가 남경을 공격하여 함락시키자, 소덕비는 서쪽의 천덕군(天德軍, 지금의 내몽골 우라터전기烏拉特前旗 북쪽)으로 도망쳐 천조제를 알현했다가, 죽임을 당했다. 야율대석은 거용관(居庸關)에서 금나라에 저항하는 전투 과정에서 금나라 군대에게 사로잡혔는데, 보대 3년(1123년) 9월에 도망쳐 협산으로 가서 천조제를 알현했다. 천조제는 비록 그가 제멋대로 야율순을 황제로 옹립한 죄를 사면해 주었지만, 야율대석은 스스로 마음이 편치 않았다. 보대 4년(1124년) 7월, 천조제는 협산에서부터 군대를 이끌고 동쪽을 정벌하여, 연운(燕雲: 유주幽州와 운주雲州) 지역을 수복하려고 했다. 야율대석이 만류했지만, 천조제가 그의 말을 따르지 않자, 야율대석은 자립하여 왕이 된 다음, 200명의 기병을 이끌고 달아났다. 그리고 흑수(黑水, 지금의 몽골국 아이박강愛畢哈河)를 거쳐, 백달달부(白達達部, 왕고부汪古部)의 물질적 도움을 받아, 요나라 서북쪽의 요충지인 가돈성(可敦城, 지금의 몽골국 툴루강土拉河 부근)으로 달려갔다. 야율대석은 가돈성에서 변경 내에 있는 위무주(威武州) 등 7주와 대황실위(大黃室韋)·오고리(烏古里)·적랄(敵剌)·달밀리(達密里)·조복(阻卜)·밀아기(密兒紀) 등 18부(部) 무리들을 소집하고 새로운 군대를 조직하여, 정예병 만여 명과 전투마 만 필을 얻자, 계속해서 서쪽을 정벌했다.

연경 원년(1131년) 2월 5일, 야율대석은 신강(新疆)의 엽밀립(葉密立, 지금의 신장위구르자치구 어민현額敏縣)에서 황제가 되어, 연호를 '연경(延慶)'으로 바꿈과 동시에, 돌궐족의 칭호를 채용하여 '구르칸(古兒汗)'이라고 했는데, 혹은 '갈아한(葛兒汗)'이라고 번역하기도 한다. 이것이 바로 중국 역사에서 말하는 '서요(西遼)' 정권으로, 아라비아 역사가들은 '합랄거란(哈剌契丹)'이라고도 하고, 번역하여 '객랄거란(喀剌契丹)'이라고도 한다. 연경 3년(1133년), 야율대석은 팔랄사곤(八剌沙袞, 지금의 키르기스스탄의 토카막Tokamak 동남쪽)을 도성으로 정하고, 호사알이타(虎思斡耳朶, 그 의미는 '강력한 궁장宮帳'임)라고 불렀다. 그 후, 야율대석은 계속해서 사방으로 군대를 동원하여, 순조롭게 영토를 확장하고 나라를 세웠다. 강국(康國) 원년(1134년) 3월, 육원사대왕(六院司大王) 소알리랄(蕭斡里剌)을 병마도원수로 삼고, 소사랄아불(蕭查剌阿不)을 부원수로 삼고, 야율연산(耶律燕山)을 도부서(都部署)로 삼고, 야율철가(耶律鐵哥)를 도감(都監)으로 삼아, 기병 7만 명을 이끌고 동쪽으로 금나라를 정벌하여, 지난날의 원한을 씻으려 했다. 대군이 객십갈이(喀什噶爾, 지금의 신장성 카스喀什)·화전(和闐, 지금의 신장성 허톈和田)에 도착한 뒤, 만 리를 행군하면서 도중에 소와 말이 많이 죽었으므로, 어쩔 수 없이 군대를 철수했다.

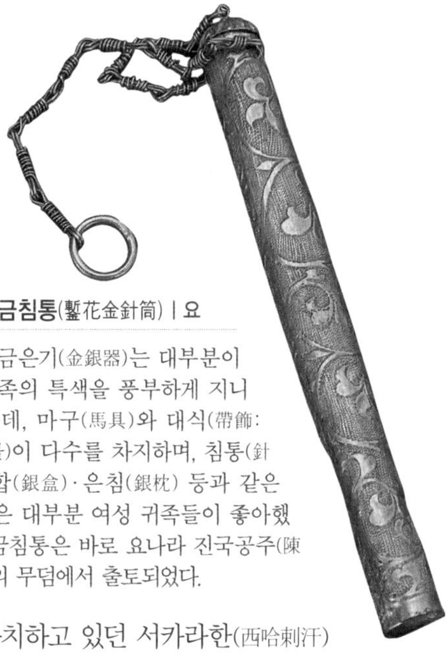

◈ **참화금침통**(鏨花金針筒) | 요

요대의 금은기(金銀器)는 대부분이 거란 민족의 특색을 풍부하게 지니고 있는데, 마구(馬具)와 대식(帶飾: 띠 장식물)이 다수를 차지하며, 침통(針筒)·은합(銀盒)·은침(銀枕) 등과 같은 물품들은 대부분 여성 귀족들이 좋아했다. 이 금침통은 바로 요나라 진국공주(陳國公主)의 무덤에서 출토되었다.

강국 4년(1137년) 5월, 야율대석은 군대를 이끌고 심사간(尋思干, 지금의 우즈베키스탄 사마르칸트Samarqand)을 통치하고 있던 서카라한(西哈剌汗) 왕조의 마흐무드칸(馬合木汗)을 공격하여, 그를 홀전(忽氈, 지금의 타지키스탄 레닌나바드Leninabad)에서 격파했다. 마흐무드칸은 심사간으로 물러난 다음, 군비를 재정비함과 동시에, 그의 외숙인 호라산(呼羅珊: 지금의 이란 동북부 지방인 쿠라산)의 셀주크 왕국 술탄 산자르에게 지원을 요청했다. 강국 8년(1141년) 여름, 산자르가 아무르강을 건너 10만 명의 병력으로 공격하자, 야율대석은 거란·돌궐·한족 군대를 이끌고 심사간 북쪽의 카트완(卡特萬: Katwan) 초원에서 맞서 싸웠다. 9월 9일, 산자르는 대패하여 군대가 전멸했고, 버려진 시체가 수십 리에 달했다. 산자르와 마흐무드칸은 간신히 몸만 빠져나왔다. 야율대석은 승세를 타고 북쪽으로 부합랄(不哈剌, 지금의 우즈베키스탄 부하라Bukhara)을 공격하여, 부합랄과 심사간의 종주권(宗主權: 한 나라가 다른 나라를 지배하는 권력)이 산자르의 수중에서 야율대석이 수중으로 옮겨오자, 야율대석은 마흐무드칸의 동생 이브라힘(易卜拉欣: Ibrahim)을 '도화석한(桃花石汗: 타브가츠칸Taugast Khan)'에 봉함과 동시에, 한 명의 '사흑나(沙黑那: 총독에 해당함)'를 남겨 두어 그의 통치를 감독했다. 이리하여 서카라한 왕조도 서요의 속국이 되었다. 같은 해, 야율대석이 자신의 부하 장군인 액포사(額布思)에게 호라즘(花剌子模: Khorazm)을 공격하도록 명령하자, 호라즘의 샤(Shah: 페르시아어로 '황제'라는 뜻) 아트시즈(阿即思)도 항복하여 서요의 속국이 되었고, 대량의 금화와 가축을 공물로 바쳤다. 이렇게 되자, 서요의 영토는 이미 상당히 광활해져서, 동쪽으로는 합밀(哈密: 지금의 신장위구르자치구의 오아시스 도시인 하미)에서부터, 서쪽으로는 함해(咸海: 아랄해)까지, 북쪽으로는 엽니색하(葉尼塞河: 예니세이강Yenisei) 상류까지, 남쪽으로는 아무르강까지 이르게 되어, 중앙아시아 지역의 강대한 제국이 되었다.

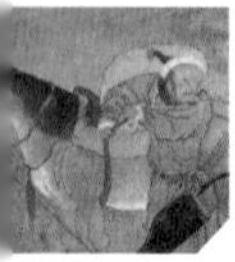

서하(西夏) 1038~1227년

인물: 이원호(李元昊), 이인효(李仁孝) **키워드:** 당항(黨項), 이유치국(以儒治國)

신비한 서하 왕국

11세기부터 13세기까지, 중국 서부의 넓디넓은 영토에는 하나의 번성한 왕조인 서하가 존립하고 있었다. 그들은 자신의 문자와 찬란한 예술을 보유하고서, 중원 왕조와 밀접한 관계를 맺었고, 중국 각 민족들 간의 융합 및 중국의 통일된 다민족 공동체의 형성에 대해 적극적인 공헌을 했다. 그런데 190년간 존립한 후, 몽고인의 철기(鐵騎: 날래고 용맹한 기병)가 서하 왕조의 모든 것을 짓밟아 철저히 훼멸시켜 버렸다. 그리하여 후세 사람들로 하여금 그 종적을 찾기 어렵게 하여, 그 실체를 찾기 어렵게 만들었다. 게다가 몽고족의 원나라가 건립된 후에는 그 역사를 편찬하지 않아, 서하 문명은 이때부터 중국 문명사에서 휘황찬란하면서도 신비함으로 가득했던 옛일이 되고 말았다. 근대에 이르러 고고학적 발굴이 마침내 세상 사람들로 하여금 그 풍채를 다시 볼 수 있게 해 주었다.

◈ **서하문(西夏文)으로 '敕燃馬牌(칙연마패)'라고 쓴 청동 칙패**

서하 왕조는 통신이 발달했다. 이 칙패(敕牌)는 서하 왕조가 긴급한 군령을 전달할 때 사용한 신표(信標)이기도 했고, 또한 관청에서 문서를 전달하거나 명령을 전달할 때 그것을 수행하는 사자의 신분증이기도 했다.(옮긴이)

당항(黨項)의 흥기

당항은 중국의 고대 북방 소수민족들 가운데 하나로, 본래는 서강(西羌)의 여러 부(部)들 가운데 하나였으며, 당항강(黨項羌)이라고도 부른다. 당항강은 한위(漢魏: 조조가 세운 위나라) 이후부터 오늘날의 칭하이성(青海省)·간쑤성(甘肅省) 남부와 쓰촨성 서북부에 거주하던 서강의 여러 부들이 발전해 온 것으로, 이들 지역에 거주하던 서강을 북주(北周) 이후에 통칭하던 명칭이다. 북주가 멸망한 후, 당항은 끊임없이 발전하면서 강대해졌다. 당나라 때 이들이 통제하던 구역은 "동쪽으로는 송주(松州, 지금의 쓰촨성 쑹판松潘 북쪽)까지, 서쪽으로는 엽호(葉護, 지금의 신장성 뤄창若羌: 야부그)에 이르렀으며, 남쪽으로는 용상(舂桑)·미상(迷桑, 지금의 칭하이성과 쓰촨성의 경계 지역) 등의 강족들과 뒤섞였고, 북쪽으로는 토욕혼(吐谷渾, 지금의 칭하이 북부)과 닿았으며, 산골짜기 사이에 위치하여, 3천리에 걸쳐 이어져 있었다". 광활한 초원 위에, 당항강은 성씨에 따라 크기가 다른 부락을 이루어 각자 분립했다. 유명한 부락들로는, 세봉씨(細封氏)·비청씨(費聽氏)·왕리씨(往利氏)·파초씨(頗超氏)·탁발씨(拓跋氏) 등 8부(部)가 있었으며, 그 중 탁발씨가 가장 강성했다.

◈ **불상벽화(佛像壁畵) | 서하**

일찍이 서하가 건국하기 전에, 불교가 당항족 내에서 유행했다. 1037년에 이원호(李元昊)는 매년 네 개의 맹삭일(孟朔日, 즉 입춘, 입하, 입추, 입동)을 '성절(聖節)'로 삼고, 그때가 되면 서하의 관리들과 백성들은 반드시 불상에 절을 하면서, 자신을 위해 불경을 읽고 복을 빌도록 명령함과 동시에, 널리 불사(佛寺)를 지었다. 이후 역대 서하의 군주들은 대부분이 불교를 신봉했으며, 대량의 석굴과 사원들을 짓기 시작했다.

북주 때, 당항은 중원의 남쪽과 북쪽이 분쟁을 벌이는 틈을 타, 불시에 인근의 한족 지역을 습격했다. 수(隋) 왕조가 건립된 후, 토욕혼이 당항족과 협력하여 다시 중원을 소란스럽게 했다. 581년, 수 문제(文帝)는 군대를 보내 반리산(半利山, 지금의 칭하이성 칭하이호靑海湖 동쪽)에서 토욕혼·당항 연합군을 격파하고, 일부 당항 부락들을 굴복시켰다. 585년, 당항족 수령 탁발영총(拓跋寧叢) 등이 부하들을 이끌고 달욱주(達旭州, 지금의 간쑤성 타오수洮水 발원지)에 와서 귀순을 요청하자, 수나라는 그에게 대장군의 관직을 수여했다. 이후, 당항은 때로는 반발하고 때로는 복종하자, 수 왕조는 곧 토벌을 하기도 하고 달래기도 하면서, 당항족 거주 지역에 주(州)·군(郡)을 설치하여 관리를 강화했다. 당나라 초·중기에는, 당항에 대해 기본적으로 보호 정책을 취해, 당항의 정치·경제·문화의 발전을 가속화했다. 629년, 당항의 세봉부(細封部) 수령 세봉보뢰(細封步賴)가 무리를 이끌고 귀순해 오자, 당(唐) 왕조는 그들의 주거지에 궤주(軌州, 지금의 쓰촨성 쑹판)를 설치하고, 세봉보뢰를 자사(刺史)에 임명했다. 당항의 다른 부락 수령들도 잇따라 이를 본받아, 무리를

◈ **갈유척화병**(褐釉剔花瓶) | 서하

이 자병(瓷瓶)의 바탕색은 옅은 갈색이며, 표면에 갈색 유약을 발라, 병 몸통의 복부(腹部)에 절지화(折枝花: 꽃가지) 문양을 주제로 새겼으며, 병 몸통의 하부에는 사슴 문양을 그려 놓았다. 현재 오르도스(鄂爾多斯)박물관에 소장되어 있다.

이끌고 와서 복속할 것을 요청하자, 당나라 조정은 그곳에 각각 입주(立州)·봉주(奉州)·암주(岩州)·원주(遠州) 등 네 개의 주를 설립하고, 역시 각각 그 수령을 자사로 삼았다. 631년, 가장 강대한 탁발부도, 수령 탁발적사(拓跋赤辭)가 부하들을 이끌고 당나라에 귀순해 오자, 당나라 조정은 그들의 주거지에 32개의 기미주(羈縻州: 이민족 집단 거주 지역에 설치한 주)를 설치하고, 귀순해 온 수령들을 자사로 삼았으며, 탁발적사를 서융주도독(西戎州都督)에 임명하고, 국성(國姓: 임금과 같은 성씨)인 '이(李)'씨를 하사했다. 이로부터, 지금의 칭하이성의 황하(黃河) 발원지인 적석산(積石山) 동쪽 지방이 모두 당 왕조의 영토에 편입되었고, 당항은 당나라의 속민(屬民)이 되었다.

7세기 중에, 나날이 강성해지던 토번(吐蕃)의 위협을 받았으므로, 일부 당항 부족들이 북쪽으로 이주하기 시작했다. 680년 전후에, 토번이 점차 당항 거주 지역을 점령하자, 당항족의 내지(內地)로의 이주는 절정에 달했다. 안사(安史)의 난이 일어난 후, 내지로 이주해 온 당항족은 다시 한 번 대규모 이주 활동을 진행했다. 수주(綏州)와 연주(延州)에 있던 당항족들은 야리부(野利部)를 주축으로 하는 6부(府, 주州)를 형성했다. 당항 탁발부(拓跋部) 거주 지역 중 경주(慶州) 용산(龍山)의 동쪽에 있는 것은 동산부(東山部)라고 불렀고, 하주(夏州)를 중심으로 하는 것은 평하부(平夏部)라고 불렀으며, 거주(居州)와 연주의 북쪽 산악 지대에 있는 것은 남산부(南山部)라고 불렀다. 881년, 당항 평하부 수령 탁발사공(拓跋思恭)은 당 왕조가 황소(黃巢) 농민 봉기군을 진압하는 것을 도왔으므로, 당 왕조에 의해 하주정난군절도사(夏州定難軍節度使)로 승진하여, 하주·수주·은주(銀州)·유주(宥州)·정주(靜州) 등 다섯 주들을 통할했다. 884년, 탁발사공은 다시 하국공(夏國公)으로 승진함과 아울러, '李'씨 성을 하사받았다. 그리하여 하주 지역의 당항 탁발씨는 명실상부하게 한 지방을 통치하는 번진(藩鎭)이 되었다.

907년, 당이 멸망하자, 중국은 '오대십국(五代十國)'이 분열하여 할거하는 시기로 진입했다. 당나라 말기에 탁발사공이 하주를 점령한 이후부터, 오대를 거치면서, 당항 탁발부는 번진들이 할거하며 혼전을 벌이는 기회를 이용하여, 점차 자신의 세력을 확대했다. 오대 후주(後周) 말기가 되자, 이미 하주를 중심으로 하는 지방 할거세력을 형성했다. 그들의 할거 범위 내에서, 탁발부는 세금을 징수했을 뿐만 아니라, 관리도 임명했으니, "비록 국가라고 부르지는 않았지만, 자연히 그곳의 왕이었다".

서하의 건립

북송 초기, 하주(夏州) 정권 내부에서 권력 쟁탈 투쟁이 발생했다. 982년, 정난군절도사를 맡고 있던 이계균(李繼筠)이 사망하고, 그의 동생인 이계봉(李繼捧)이 직위를 물려받았다. 이계봉의 족제(族弟) 이계천(李繼遷)은 송나라에 복속되는 것을 반대하여, 무리를 이끌고 하주 동북쪽의 지근택(地斤澤, 지금의 내몽골 어터궈기鄂托克旗 동북쪽)으로 도망쳐 가서, 송나라에 맞서며 자립했다. 그가 부하들을 이끌고 끊임없이 송나라 변경을 습격하여 교란시킴과 동시에, 요나라에는 신하로 복종하여, 요나라로부터 하국왕(夏國王)에 책봉되었다. 1003년, 이계천이 서량(西凉)을 공격했을 때, 토번인이 쏜 활에 맞아 사망하자, 그의 아들 이덕명(李德明)이 즉위했다.

1006년, 송나라와 하나라 쌍방이 강화를 체결했다. 이덕명은 정권을 잡은 28년 동안, 생산을 발전시키고, 백성들의 생활을 향상시키는 데 크게 힘썼다. 동시에 그는 대외적으로 송나라나 서역과의 경제적 관계를 강화하여, 서하가 비교적 빠르게 발전하도록 했다. 1031년에 이덕명이 사망하자, 그의 아들 이원호(李元昊)가 뒤를 이어 즉위했다. 황제가 되어 나라를 건립하기 위해, 이원호는 일련의 조치들을 취했다. 그는 중원 왕조가 하사한 이(李)씨와 조(趙)씨 성을 포기하고, 본래 가문의 성씨로 바꿨으며, 독자적인 풍격을 갖춘 서하문(西夏文)을 창제했고, 민족의 옛 풍속을 회복했으며, 50여만 명의 군대를 보유했다. 1038년, 이원호는 정식으로 황제가 되어, 국호를 대하(大夏)로 정하고, 연호를 '천수예법연조(天授禮法延祚)'로 정함과 아울러, 흥주(興州)를 도읍으로 정하고 흥경부(興慶府)로 승격시킴으로써, 송·요 왕조와 함께 정립하게 되었다

이원호가 군대를 보유하고 자립한 데 대해, 송 왕조는 강경한 조치를 취하여, 그의 관작을 박탈하고, 호시(互市: 외국과 교역을 하기 위해 변경에 설치한 시장)를 폐쇄했다. 또한 변경에 방을 붙여, 이원호를 사로잡거나 그의 머리를 베어 오는 자는 정난군절도사로 삼겠다고 했다. 이리하여 송과 서하 쌍방 간에 전쟁이 다시 시작되었다. 교전 과정에서, 송나라 군대는 패배를 거듭한 데다, 또한 국가 재정도 궁핍해졌고, 서하는 비록 승리하긴 했지만, 전쟁에서의 약탈로는 그들이 소모한 전쟁 비용과 과거에 각장(榷場: 송·요·금·원 시대에 국경 지역에 설치했던 무역 시장)을 통해 송나라로부

터 취득했던 물자를 배상받기에는 부족했기 때문에, 쌍방은 1044년에 화의를 체결했다. 송나라는 이원호를 '하국주(夏國主)'에 책봉하고, 이원호는 송나라에 대해 신하로서 복종했으며, 송나라는 매년 서하에게 비단 15만 필과 은 7만 냥, 차 3만 근을 '하사'했고, 다시 각장 무역을 시작하자, 민간 상인들의 왕래가 회복되었다.

태후와 외척의 권력 농단

이원호 이후부터, 서하 왕국의 제위를 계승한 자들은 대부분 나이가 어렸으므로, 모후(母后: 황태후)가 정사에 개입하고 외척들이 권력을 독점하는 것이 일상화되었으며, 황위 쟁탈을 둘러싸고 격렬한 투쟁을 벌였다.

이원호가 사망한 후, 그의 아들 이양조(李諒祚)가 즉위했는데, 그의 나이는 고작 막 첫돌을 지났으니, 그가 하 의종(毅宗)이다. 의종의 외삼촌인 몰장와방(沒藏訛龐)은 스스로 국상(國相)이 됨과 아울러, 자신의 딸이 황후라는 것을 믿고 황실을 조종하여 국정을 장악했다. 의종이 성장한 후, 한인(漢人) 세력을 통해 몰장와방의 통제로부터 벗어나려고 시도했다. 몰장와방 부자는 이양조를 살해하고 황위를 탈취하려고 음모를 꾸미다가 몰장와방의 며느리 양씨(梁氏)에게 밀고당하는 바람에, 의종은 몰장와방 부자 및 몰장 황후를 죽였다.

하 의종이 6년간 집정하다가, 1067년에 병으로 사망하자, 나이가 겨우 8세인 하 혜종(惠宗) 이병상(李秉常)이 황위를 계승했으며, 양태후가 섭정했다. 양태후가 자신의 동생인 양을매(梁乙埋)를 국상에 임명하자, 정권은 양씨 수중에 들어갔다. 1076년, 혜종이 친히 정사를 돌보았지만, 실권은 여전히 양씨 남매의 수중에 장악되어 있었다. 1081년, 서하의 장수 이청(李淸)이 혜종에게 송나라와 결연을 맺어 양씨의 세력을 약화시키도록 권유했다. 양태후가 이 사실을 알고 나서, 음모를 꾸며 이청을 살해하고, 혜종을 감금하면서, 서하에는 심각한 분열 국면이 출현했다. 나중에 국내의 엄중한 정치적 위기 때문에 어쩔 수 없이 혜종을 복위시켰다. 1086년 가을, 혜종이 세상을 떠나자, 나이가 고작 3세인 하 숭종(崇宗) 이건순(李乾順)이 이어서 즉위했으며, 여전히 양씨가 국정을 장악했다. 그때 병권을 장악하고 있던 외명아오(嵬名阿吳)와 인다보충(仁多保忠) 및 양씨가 서하의 군정 대권을 장악하는 3대 가족을 형성하여, 피차간에 다시 서로를 배척하는 싸움을 전개했다. 양태후와 그의 오빠 양을포(梁乙逋)도 황권 쟁탈을 위한 투쟁을 벌이자, 양태후는 대장 외명아보와 인다보충에게 군대를 이끌고 가서 양을포를 살해하도록 명령했다. 1099년, 양태후가 요나라 사자에 의해 독살되고, 숭종이 친정을 개시했다.

서하 인종(仁宗)이 유교로 나라를 다스리다[以儒治國]

서하는 숭종·인종 때 전성 시기에 진입했다. 숭종 이건순이 친정을 실시한 후, 한편으로는 황권의 통치를 공고히 하면서, 군대를 거느린 귀족의 권력을 최대한 약화시키고, 양태후의 대외 확장을 지지하는 세력을 제거했다. 다른 한편으로는 중원에 있던 송 왕조의 봉왕(封王: 종실과 공신을 왕에 책봉함) 제도를 채택하고, 나라 안에 '국학(國學)'을 설립하여 유학을 가르치도록 명령을 내렸다. 이러한 조치들은 서하 봉건 경제의 발전을 가속화함과 아울러, 서하로 하여금 비교적 완비된 봉건 정치 제도를 확립하도록 촉진했다. 숭종 시기에, 외부 정치 형세가 급격히 요동치면서 변화하자, 서하도 자신의 대외 방침을 시기에 맞게 조정했다. 즉 요나라에 의지하여 송나라에 대항하다가, 요나라를 도와 금나라에 대항했고, 마지막에는 금나라에 신하가 되어 복종했다.

숭종 이건순이 친히 정사를 다스리기 전의 10여 년 동안, 양씨 남매는 요나라의 원조에 의지하여 해마다 송나라에 대해 전쟁을 일으켰다. 숭종이 정권을 잡은 후, 정치적으로 요나라에 더욱 더 의지했다. 당시 송나라는 휘종(徽宗)이 재위하고 있었는데, 재상 채경(蔡京)과 환관 동관(童貫)이 정권을 장악하고서, 대외적으로 변방 개척 정책을 실행하고 있었다. 1104년부터 1119년까지의 기간에, 서하는 끊임없이 송나라의 공격을 받았다. 숭종은 늘 요나라에 도움을 요청했다. 후한 선물과 인척 관계에 의지하여, 요나라로 하여금 직접 나서서 알선하거나 송나라에 대해 압력을 가해 주도록 촉구하여, 마침내 송나라의 압박을 견디며, 서하의 영토를 지켜 냈다. 후에 요나라 군대가 남하하여 송나라를 공격하자, 서하는 두 차례 군대를 보내 요나라를 도왔다.

1124년 3월, 숭종 이건순은 요나라의 멸망이 이미 확정적이라는 것을 알고는, 서하를 보전하기 위해, 금나라에 사신을 보내 신하로서 복종하겠다고 조아렸다. 그러자 금나라는 원래 요나라의 서북 일대였던 "음산(陰山) 남쪽과 을실야랄부(乙室耶剌部) 토록락(吐祿濼) 서쪽" 지역을 서하에 할양해 주었다. 1126년부터 1136년까지 10년 동안, 서하는 송나라와 금나라가 전쟁을 벌이는 기회를 이용해, 적극적으로 영토를 확장했다.

1139년 6월, 숭종이 세상을 떠나고, 그의 아들 이인효(李仁孝)가 즉위했으니, 그가 하 인종(仁宗)이다. 인종이 재위하면서, 금나라와의 우호 관계를 유지하려고 주의를 기울일 때, 또한 송나라와의 교류도 발전시키려고 노력했다. 1144년, 인종은 사신을 남송 조정에 파견하여 천중절(天中節: 음력 5월 5일 단오절로, 중국 전통의 4대 명절 중 하나)을 축하하고, 주옥(珠玉)·금대(金帶)·비단·사포(紗布: 성글게 짠 천)·말 등의 물품을 공물로 바쳐, 송나라와 20년 가까이 중단되었던 왕래를 회복시켰다. 같은 해 12월, 인종이 다시 송나라 조정에 금주기(金酒器)·비단·사포 등의 물건들을 바치면서, 송나라와의 관계는 점차 밀접해졌다. 송나라의 유교 문화에 대해 인종은 상당히 매력을 느

◈ 서하의 흑수성(黑水城) 유적

흑수성은 서하의 중요한 농·목업 기지이자 변경을 방어하는 요새였으며, 서하 12감군사(監軍司)의 하나인 흑산위복사(黑山威福司)의 관아가 바로 흑수성에 설치되어 있었다. 서하가 멸망한 후, 원나라는 흑수성을 하서주랑(河西走廊)이 영북등처행중서성(嶺北等處行中書省: 수·당·송·원 시대에 황제 직속의 중서성 산하 지방 관청인 행중서성의 하나로, 지금의 몽골 지역 통치를 담당했다)으로 통하는 역참(驛站)의 요로(要路)로 개조했다.

끼고 있었다. 같은 해 6월, 인종이 각 주·현들에 명령을 내려 학교를 설립하자, 진학한 자제들이 3천여 명이나 되어, 숭종이 설립한 '국학'에 진학한 인원수에 비해 10배로 증가했다. 인종은 또 황궁 안에 '소학(小學)'을 설립하고, 종실 귀족들의 7세부터 15세까지의 자제들로 하여금 모두 입학하여 선진적인 중원의 교육을 받도록 했다. 그와 황후는 또한 항상 학교에 가서 살피면서, 교육을 감독하고 독촉했다. 이듬해, 인종은 악관(樂官) 이원유(李元儒)에게 명을 내려, 한족의 악서(樂書)를 참조하고, 서하의 현행 제도를 결합하여, 새로 국가의 악률(樂律)을 수정하도록 했다. 새로운 악률이 편찬되자, 인종은 〈신율(新律)〉이라는 이름을 하사했다. 1146년 3월, 인종은 한인(漢人)인 공자를 문선제(文宣帝)로 높이 받들면서, 각 주·군들에 공묘(孔廟)를 건립하고 공자에게 제사를 지내도록 명했다. 얼마 지나지 않아, 인종은 다시 송나라의 과거 제도를 모방하여 정식으로 책시(策試: 정치·경제·군사 방면의 계책을 묻는 시험)를 거쳐 인재를 선발함과 아울러, '동자과(童子科: 시대에 따라 나이에 차이가 있지만, 대략 13세 이하의 어린 인재를 선발하던 과거 과목)'를 설립하여, 점차 과거를 통해 관리를 선발하는 제도를 완비해 갔다.

유학으로 나라를 다스릴 것을 제창함과 동시에, 인종은 또한 법률 제도의 확립을 강화하는 데에도 주의를 기울였다. 천성(天盛) 연간(1149~1169년)에, 그는 전문적으로 인원을 조직하여 법전을 편찬했다. 기존 법률의 기초 위에서 새로 20권의 『천성개구신정율령(天盛改舊新定律令)』을 편찬했다. 이 법전은 당·송의 율령을 참조하여, 서하의 실제 상황을 결합한, 민법·행정법·형법·소송법·경제법·군사법이 포함된 종합 법전이다. 새로운 법전이 완성된 후, 즉각 서하문으로 새겨서 반포하여 시행했다. 경제와 문화의 급속한 발전에 적응하기 위해, 인종은 또한 조정과 지방의 관제(官制) 기구와 이치(吏治: 관리들의 품행과 치적) 확립을 한층 더 완벽하게 했다. 인종의 집정 기간에, 요나라가 멸망하고 금나라가 흥성하여, 송나라가 남도(南渡: 송나라가 남쪽의 임안臨安으로 천도하여, 남송을 건립한 것)하자, 서하는 곧 금나라의 포위 안에 놓이게 되었다. 이러한 상황에서, 인종은 금나라에 복종하고 송나라와 사이좋게 지내는 책략을 취하여, 최대한 전쟁을 피했다. 인종은 54년간 재위했는데, 재위 기간에, 문화는 번영하고, 국력은 나날이 번성했으며, 영토도 역시 전에 없이 확장되었다. 이러한 것들은 모두 그의 정확한 전략—즉 대내적으로는 유교로 나라를 다스리고, 대외적으로는 상황에 잘 적응함—이 자신을 위해 평화로운 발전 분위기를 조성한 덕분이었다.

서하의 쇠락과 멸망

1193년, 인종 이인효가 세상을 떠나고, 그의 아들 이순우(李純祐)가 황위를 계승했으니, 그가 하 환종(桓宗)이다. 환종이 즉위하면서부터, 서하 황실은 나날이 부패하고 쇠약해졌으며, 외부에서는 또 몽고라는 강적이 위협했다. 그리하여 불과 30~40년 사이에 정변이 자주 발생하여 황제가 다섯 번 바뀌었으며, 서하 왕조의 쇠락과 멸망의 추세는 이미 되돌릴 수 없었다.

환종은 대체로 인종 시기의 정치와 외교 방침을 받들어 시행했다. 대내적으로는 나라를 안정시키고 백성들을 평안히 했으며, 대외적으로는 금나라에 복종하고 송나라와 사이좋게 지냈다. 그러나 국가의 안정과 봉건적 관계의 발전에 따라, 당항의 귀족들이 안일함을 추구하기 시작하면서, 나날이 부패하고 타락해 갔다. 동시에 환종의 통치 시기는 바로 몽고가 흥기하여 나날이 강대해지던 시기로, 몽고로부터 가해지는 엄중한 위협은 서하가 번성에서 쇠락으로 치닫는 역사적 진행 과정을 가속화시켰다. 1196년, 인종의 족제(族弟)인 이인우(李仁友)가 사망하자, 그의 아들인 이안전(李安全)은 상주하기를, 임득경(任得敬)이 권력을 찬탈하여 나라를 분열시키려던 음모를 분쇄한 자기 아버지의 공을 내세우면서, 월왕(越王) 작위를 이어받게 해 달라고 요구했다. 환종이 이 요구를 불허하고, 오히려 그를 진이군왕(鎭夷郡王)으로 강등시키자, 이안전은 마침내 황위를 찬탈하기로 마음먹었다.

1206년, 이안전이 궁정 정변을 일으켜 스스로 황제가 되었으니, 그가 하 양종(襄宗)이다. 양종 재위 기간에, 몽고가 흥기하여 서하를 침입하기 시작했기 때문에, 처음에는 금나라에 복종하고 몽고에 대항하는 정책을 시행했다. 그러나 1209년에 몽고가 서하를 침공한 전쟁 과정에서, 금나라가 좌시한 채 돕지 않자, 서하는 이듬해에 서하와 금나라의 국경 지역에 있는 가주(葭州, 지금의 산시성陝西省 자현佳縣)를 침공하여 보복을 가함으로써, 서하와 금나라의 관계는 깨지고 말았다.

1211년, 제왕(齊王) 이준욱(李遵頊)이 궁정 정변을 일으켜, 양종 이안전을 폐위하고 스스로 황제가 되었으니, 그가 하 신종(神宗)이다. 신종이 즉위한 후, 환종 때 금나라에 복종하고 몽고에 대항했던 정책을 바꾸어 금나라를 공격하기 시작했으며, 나아가 몽고에 복종하고 금나라를 공격함과 동시에, 몽고가 금나라를 공격하는 기회를 틈타 재물을 약탈하고 영토를 확장하려고 시도했다. 서하는 공격하는 과정에서 왕왕 이득을 챙기지 못했는데, 몽고는 오히려 다시 그들에 대해 끊임없이 공격하여 포위하자, 이준욱은 마음이 혼란스러워져, 다시 때로는 금나라와 연합하여 몽고에 대항하기도 하고, 때로는 송나라와 연합하여 금나라에 대항하기도 하면서 변덕을 부렸다. 1223년 12월, 이준욱이 몽고군의 위협을 받자, 어쩔 수 없이 황위를 차남인 이덕왕(李德旺)에게 물려주고, 자신은 서하 역사상 유일한 태상황(太上皇)이 되었다.

헌종(獻宗) 이덕왕은 즉위한 후, 이준욱이 몽고에 의지하던 정책을 바꾸어, 다시 금나라와 친선을 회복하고, 함께 몽고에 대항했다. 1224년과 1225년, 그는 두 차례 사신을 파견하여 금나라와 화친을 논의하여, 쌍방이 상호 지원하기로 결정했다. 그러나 그때 몽고 군대가 이미 금나라 도성 아래에 도달하자, 금나라는 매우 위급하여 남을 돌볼 틈이 없었으므로, 서하를 원조할 수 없었다. 그런데 그때 이덕왕은 또 칭기즈칸의 원수인 적랍갈상곤(赤臘喝翔昆)을 받아들임과 아울러, 인질을 파견하지 않으려 했다. 칭기즈칸은 이를 구실로 삼아, 1226년에 친히 대군을 이끌고 와서 흑수성(黑水城)을 쳐부수고, 그 도성인 흥경부(興慶府)를 향해 진격했다. 내우외환의 상황에서, 이준욱이 병으로 사망했다. 그해 7월, 이덕왕도 놀라서 사망하자, 이덕왕의 조카인 남평왕(南平王) 이현(李睍)이 황위를 계승했으니, 그가 서하의 말제(末帝: 마지막 황제)다. 몽고군의 강력한 공세에 직면하여, 말제는 비록 저항 세력을 조직했지만, 결국 아무런 도움이 되지 못했다. 1227년 봄, 이현은 몽고군에 의해 중흥부(中興府)에서 포위당했다. 반년 후, 식량은 바닥나고 지원은 끊기자, 이현은 몽고에 항복을 받아달라고 요청했다가, 몽고군에게 살해당했다. 몽고군은 중흥부에서 서하 백성들을 모두 살육했고, 서하는 멸망했다.

전문 테마 신비한 서하의 왕릉

서하의 제릉(帝陵)에 대한 기록은 『송사(宋史)』「하국전(夏國傳)」에 처음 보이지만, 단지 9개의 능 이름만 기록되어 있고, 그 위치에 대한 기록은 없다. 그 다음으로는 명대의 『가정영하신지(嘉靖寧夏新志)』 권2에 다음과 같이 기록되어 있다. "이왕(李王)의 묘는, 하란산의 동쪽에 있고, 여러 무덤들이 우뚝 솟아 있는데, 위하(僞夏: 서하)의 이른바 가릉(嘉陵)·유릉(裕陵) 등 여러 능들이 그것이다. 그 제도는 공현(鞏縣)의 송나라 능을 본받아 만들었다. 사람들이 그것을 도굴하여, 부장물은 하나도 없다[李王墓, 賀蘭山之東, 數塚巍然, 卽僞夏所謂嘉, 裕諸陵是也. 其制度仿鞏縣宋陵而作. 人有掘之者, 無一物]." 비록 역사서 속에는 서하 왕릉에 대한 기록이 적지 않지만, 모두 그것들의 구체적인 위치를 명확히 밝히고 있지 않은 데다, 일찍이 비각(碑刻)이 훼손당한 것 등의 원인들로 인해, 이 '동방의 기적'은 수백 년 동안 줄곧 땅속에 깊이 잠들어 있었다.

왕릉의 첫 발견

1972년 5월, 란저우(蘭州) 군사 지역의 어떤 부대가 닝샤(寧夏) 허란산(賀蘭山) 밑에 소형 군용 비행장을 건설하다가, 그들은 뜻밖에 몇 개의 깨진 도관(陶罐)들을 발굴해 냈다. 또한 형상이 비교적 규칙적인 일부 네모난 벽돌들도 있었는데, 네모난 벽돌의 윗면에는 뜻밖에 1행의 네모난 문자가 새겨져 있었다. 부대는 이 상황을 신속히 닝샤 회족(回族)자치구박물관에 통보했다. 10일 후, 오래된 묘실(墓室)이 마침내 이 갱도 밑에서 다시 햇빛을 보게 되었다. 묘실 안에서는 매우 뛰어난 솜씨로 그린 섬세한 필치의 벽화 무사상(武士像)이 발견되었고, 동시에 일부 정교한 공예품 및 네모난 벽돌 등 도제품(陶製品)들도 출토되었다. 네모난 벽돌 위에는 한 자 한 자 네모난 문자들로 가득 채워져 있었다. 고고학자들의 자세한 연구와 측정을 통해, 이것은 고대 서하 시기의 능묘이며, 출토된 네모난 문자는 바로 천서(天書: 난해하고 판독하기 힘든 문자)처럼 생긴 서하문이라고 판단하고, 고고학자들은 새로운 것들을 발견하기 위해 즉각 이 황량한 사막 안을 뒤졌다. 그 결과 그들을 실망시키지 않고, 끊임없이 이어지는 하란산을 배경으로, 끝없는 거친 사막에는 잇달아 피라미드형의 높고 큰 황토 건축들이 세워져 있었으며, 광활한 서부의 하늘 아래 웅장함을 드러내고 있었다. 이곳은 뜻밖에 역사서 속에 기록되어 있는 서하 왕조 황제들의 능원(陵園) 소재지였다. 그 규모는 의외로 허난성에 있는 송릉(宋陵)이나 베이징의 명십삼릉(明十三陵)에 맞먹었으며, 또한 중고(中古: 중국 고대 역사에서 위·진·남북조 시기부터 당대까지의 시기를 가리킴) 시기의 상장(喪

葬) 문화사에서 하나의 독특한 유파를 형성했다.

9대 왕릉

이미 발견된 서하 왕릉은 닝샤 회족자치구의 수부(首府: 자치주의 주정부 소재지)인 인촨시(銀川市) 서쪽 약 30킬로미터 지점에 있는 허란산 동쪽 기슭에 있다. 현존하는 제릉은 9기이며, 배장묘(陪葬墓: 임금의 묘 옆에 있는 측근 신하나 처첩들의 묘)가 400여기, 대형 건축 터가 한 곳으로, 전체 능 구역의 총 면적은 50여 평방킬로미터에 달한다. 서하 왕릉 가운데 능묘는 등급이 엄격한 거대한 능 구역[陵區]이다. 서로 다른 등급의 구별이 있는 능묘는 서로 다른 건축 양식과 건축 재료를 갖추고 있다. 어떤 사람은 서하의 왕릉을 갑·을·병·정 등 네 개의 등급으로 구분한다. 이 구분법에 따르면, 갑류(甲類) 가운데 9기의 능묘는, 그 규모가 거대하여, 각 능묘가 약 15만 평방미터를 차지하고 있으며, 현재 주묘(主墓)의 높이는 20여 미터에 달하고, 모두 각대(角臺)·작대(鵲臺)·헌대(獻臺) 및 비정(碑亭) 등 보조 건축물들이 딸려 있으며, 커다란 담장이 둘러져 있어, 하나하나가 신비한 고대의 성루 같다. 전문가들은, 이들 9기의 건축물들은 당연히 서하의 9명 제왕들의 능묘일 것이라고 판단하고 있다.

왕릉의 배치와 구도

서하 왕릉은 몽고의 철기(鐵騎: 용맹하고 날쌘 기병)가 서하를 멸망시키는 전쟁 과정에서 심각하게 파괴되었다. 지상 건축은 완전히 파손되었고, 비각(碑刻: 비석에 새긴 글과 그림)·전조(磚彫: 벽돌에 새긴 글과 그림)는 모두 산산조각 났다. 그런데 외형은 비록 파괴되었지만, 골격은 여전히 남아 있다. 웅장한 규모, 엄격한 배치, 남아 있는 능구(陵丘: 언덕 형태의 능묘)는 여전히 서하 왕조 특유의 시대적 기백과 풍모를 뚜렷이 보여주고 있다. 서하 왕릉과 명십삼릉의 규모는 서로 엇비슷하다.

◈ 서하 왕릉

서하 왕릉은 닝샤 회족자치구의 인촨시 서쪽 약 30킬로미터 지점의 허란산 동쪽 기슭에 있는, 서하 왕조의 황실 능침이다. 사방 50여 평방킬로미터의 능묘 구역 내에, 9기의 제릉과 400여 기의 배장묘들이 분포되어 있다. 현재 중국에서 가장 규모가 크고, 지상의 유적이 가장 완벽하게 보전되어 있는 제왕 능원(陵園)의 하나다.

전체 능묘는, 지형에 따라 남쪽에서 북쪽을 향해 세 개의 구역으로 나뉘는데, 남쪽 구역에 2개의 능이 있고, 중간 구역에 4개의 능이 있으며, 북쪽 구역에 3개의 능이 있다. 여기에서는 원래 높고 큰 패방(牌坊: 문짝이 없는 큰 대문)이나 웅장한 전당은 발견되지 않았으며, 어떤 것은 단지 황폐해진 무덤과 무너진 담장만 남아 있다. 모든 제릉들은, 각자 하나의 독립된 완전한 건축군을 이루고 있으며, 면적은 모두 10만 평방미터가 넘는다. 각 능원의 배치와 구도는 대체로 비슷하며, 방향은 모두 남쪽을 향하고 있으면서 약간 동쪽으로 치우쳐 있다. 능원의 지상 건축은 모두 각루(角樓)·문궐(門闕)·비정(碑亭)·외곽(外廓)·내성(內城)·헌전(獻殿)·탑 모양의 영대(靈臺) 등 단독 건축물들로 이루어져 있다. 평면의 총체적인 배치는 좌우로 길쭉한 장방형이며, 중원 전통의 남·북·중선을 축으로 하면서도 최대한 좌우 대칭을 추구한 격식으로 배열되어 있다.

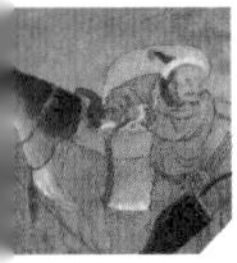

금(金) 1115년

인물: 완안아골타(完顔阿骨打) 지역: 황룡부(黃龍府) 키워드: 해상지맹(海上之盟)

아골타가 금을 건국하여 요에 대항하다

금나라는 요나라의 뒤를 이어 다시 북쪽의 광대한 지역을 통치하면서, 중원 왕조와 장기간 대립한 소수민족 정권이다. 요나라에 비교하여 말하자면, 그들의 정복 역량은 더욱 강대했고, 세력 범위는 더욱 광활했다. 송나라에 비교하여 말하자면, 금나라는 군사 방면에서 더욱 적극적이었으며, 하나의 정복자 역할을 맡았다. 그러나 금나라는 이 시기에 전에 없던 군사적 강세를 드러냈을 뿐만 아니라, 강력한 정치적 약세를 드러내기도 했다. 중원 문화를 한번 갓 접촉하자마자, 금 왕조는 민족이 싸우고 죽이는 전장으로부터 민족이 융합하는 용광로로 전환하는 역사적 과정을 거치게 된다.

◈ 목조 채색 보살입상 | 금

여진족(女眞族)의 흥기

'여진'은 민족의 명칭으로서는 요(遼)·오대(五代) 시기에 출현했지만, 그의 역사는 유구하다. 중국의 북쪽에 거주하던 오래된 숙신인(肅愼人)이 바로 여진인의 선조다. '여진'이라는 명칭은, 여러 중원 왕조들에서 다르게 음역(音譯)되었으므로, 역사서들에는 각기 다르게 기록되어 있다. 앞에서 언급한 '숙신' 이외에, 후한(後漢) 때는 '읍루(挹婁)'라고 불렀으며, 남북조 시기에는 '물길(勿吉)'이라고 불렀다. 남북조 시기에, 물길족에는 속말(粟末)·백돌(伯咄)·안차골(安車骨)·불열(拂涅)·호실(號室)·흑수(黑水)·백산(白山) 등 7대 강력한 부족들이 있었다. 당(唐) 무측천 때, 속말의 수령 대조영(大祚榮)이 발해

◈ 〈육준도(六駿圖)〉 | 금, 조림(趙霖)

북쪽에서 흥기한 유목민족으로서, 여진은 기병 전술이 뛰어났지만, 거란의 기병이 경기(輕騎: 가벼운 무장을 한 기병)를 주력으로 삼았던 것과는 달리, 여진 기병의 '살수간(撒手鐗)'은 반대로 몸에 무거운 갑옷을 입고, 돌진하여 적진 깊숙이 들어가 함락시키는 중무장 기병이었다. 남송의 장수 오개(吳玠)는 일찍이 여진은 '네 가지 장점'을 갖고 있다고 말했는바, 그것은 각각 기병·굳센 인내력·중갑(重甲: 튼튼한 갑옷) 및 궁시(弓矢: 활과 화살)다. 그 가운데 중갑과 굳센 인내력이 바로 여진 기병의 가장 큰 특징이었다. 전투를 벌일 때마다, 여진의 기병은 반복하여 적군을 공격할 수 있었는데, 교대를 되풀이하면서 하루에 연속으로 100여 차례나 공격할 수 있었다.

국(渤海國)을 건립하여, 흑수부(黑水部)와 당의 연계를 단절시키자, 나머지 다섯 부족들도 발해에 복속되었다. 오대 시기에 발해가 요나라에게 멸망하여 주민들이 남쪽으로 이주하자, 흑수부는 곧 흑룡강 중·하류로부터 남쪽의 옛 발해 땅으로 이주했으며, 또한 여진이라는 이름으로 기록에 등장한다. 그 후, 요 흥종(興宗) 야율종진(耶律宗眞)의 이름을 피휘(避諱: 사람의 이름이나 문장에 임금이나 조상의 이름자에 포함된 글자와 같은 글자나 음이 같은 글자를 쓰지 않고, 대신 획이 하나 없거나, 뜻이 같은 다른 글자를 사용하는 것)했기 때문에, '여직(女直)'으로 바꿔 불렀다.

당시 여진인들은 생여진(生女眞)과 숙여진(熟女眞)의 구분이 있었다. 거란의 호적에 직접 예속되어 있어서 거란과 연계가 비교적 밀접했던 것이 숙여진이었고, 그와 반대되는 것이 생여진이었다. 생여진이 거주하던 지역은 혼돈강(混同江, 지금의 헤이룽강黑龍江)·장백산(長白山), 즉 이른바 '백산흑수(白山黑水)'였다. 생여진인은 평시에는 자신들의 부족 수령이 통할했고, 특별한 기간에는 요나라에 말·동주(東珠: 혼돈강을 비롯한 중국 동북 지방에서 나는 진주) 및 해동청(海東靑, 매와 유사한 맹금) 등 특산물을 공물로 바쳤으며, 만약 군사 정벌을 하게 되면, 곧 요나라의 뜻에 따라 병력을 파견하여 출정해야 했다. 요나라 중기에, 수십 개 부락의 여진인들이 점차 포찰(蒲察)·오고론(烏古論)·흘석렬(紇石烈)·완안(完顔) 등 몇 개의 부락 연맹을 형성하고, 원시 사회로부터 계급 사회로의 이행을 시작했다. 11세기 말부터 12세기 초까지, 안출호수(按出虎水, 지금의 헤이룽장성 아시하阿什河) 일대에 거주하던 생여진의 완안부(完顔部)가 강대해져, 점차 생여진 및 인근 각 부락들을 통일함과 동시에, 일부 발해 유민들을 흡수하여, 민족 공동체를 형성했다.

금나라를 건립한 시조의 이름이 함보(函普)였는데, 그는 완안씨와 인근 부족의 분규를 성공적으로 조정했기 때문에, 흡수되어 완안부 사람이 되었다. 후에 함보가 완안부를 이끌고 안출호수로 이주했고, 완안부는 여기에서 점차 발전하여 강대해졌다. 함보 이후, 여진은 이미 친족 부락연맹에 진입하여, 부락제에서 부족제를 향해, 친족 부락연맹에서 통일되고 방대한 군사연맹을 향해 중요한 한 걸음을 내디뎠다. 그의 4세손인 헌조(獻祖) 완안수가(完顔綏可)의 통치 시기에 완안부는, 흑수부(黑水部)가 여름에는 물과 풀을 쫓아다니고 겨울에는 동굴에 머물면서 수시로 옮겨 다니는 원시 상태를, 안출호수 옆에 정착하여 살도록 변화시킴으로써, 발전의 걸음걸이에 박차를 가했다. 완안수가의 아들 완안석로(完顔石魯)가 '조교(條敎: 법규)'로 완안부를 다스리면서 부락의 세력이 점차 강해졌으며, 또한 인근 부락들을 평정하고 정복하여, 완안씨를 핵심으로 하는 생여진 완안부 부락연맹을 결성했다. 대략 요 성종(聖宗) 때, 완안부는 요나라의 속부(屬部: 예속된 부족)가 되었다. 요나라는 완안석로를 척은(惕隱, 요나라 관직명으로, 종실 사무를 관리했다)으로 삼고, 그로 하여금 완안부 연맹을 관리하도록 했다. 완안석로의 아들인 완안오고내(完顔烏古迺)는 계속 완안씨 부락연맹을 확대하여, 통일된 군사연맹을 건립했다.

이때 완안부의 지배 구역은 확대되었고, 조직의 역량도 증강되었다. 그들은 명목상으로는 여전히 요나라의 봉호(封號)를 받았다. 예를 들면 완안오고내는 '생여진절도사(生女眞節度使)'에 봉해졌다. 완안오고내는 재위 기간에, 계적(系籍, 요나라 호적에 들어가는 것)을 허락하지 않음으로써, 생여진으로 하여금 매우 크게 자기의 독립성을 갖게 했지만, 그는 또한 '절도사'라는 이름으로 요나라의 힘을 이용하여 자기 부족의 실력을 확립하고 발전시켰다. 완안오고내가 사망한 후, 그의 세 아들들인 완안핵리발(完顔劾里鉢)·완안파랄숙(完顔頗剌淑)·완안영가(完顔盈哥)가 계속 이어서 수령이 되었다. 그 가운데 완안영가는 제도를 완비하고 여진 부족을 통일하는 방면에서 다시 한 걸음 더 나아갔다.

완안영가 이후, 그의 두 조카들인 완안오아속(完顔烏雅束)과 완안아골타(完顔阿骨打)가 이어서 연맹장(聯盟長)인 도발극렬(都勃極烈)을 맡아, 계속 정복되지 않은 여러 부족들을 합병했다. 요나라가 항상 여진 지역에 군대를 보내 해동청을 요구하면서, 여진에 대해 소란을 피우고 모욕을 주었기 때문에, 여진의 각 부족들에게 매우 큰 분노를 불러일으켰다. 그런데 완안아골타 본인은 요 천조제(天祚帝)가 거행한 두어연(頭魚宴: 요나라 때 황제가 봄에 사냥을 나가서 첫 번째 물고기를 잡은 후에 거행하는 성대한 연회)에서 천조제가 그에게 춤을 추라고 명령하는데도 이를 거부하면서 복종하지 않자, 천조제는 여러 차례 그를 제거하려고 생각했다. 이러한 일들이 완안아골타로 하여금 요나라의 통제를 벗어날 결심을 하도록 촉구했다.

금(金)나라를 건국하여 요나라에 맞서다

완안오아속은 절도사가 된 다음, 갈라전(曷懶甸)·소빈수(蘇濱水) 일대의 여진 부락들을 병탄하여, 연맹의 동남쪽 여러 부족들을 공고히 했다. 1113년, 완안오아속이 사망하자, 그의 동생인 완안아골타가 절도사가 되었다. 아골타는 큰 뜻을 가슴에 품었으며, 의협심이 강하고 성격이 호방했다. 그는 1년 전에 봄 날발(捺鉢: 계절마다 황제가 야외에 나가 사냥을 하는 것)의 두어연에서, 요나라 황제가 노래하고 춤을 추어 흥을 돋우라고 내린 명령을 거절하면서, 요나라와의 갈등과 충돌이 공개화되었다. 1114년, 아골타는 요나라 동북 변방의 실정을 파악한 후, 결연히 요나라에 대해 출병하기로 결정하고, 요나라 변방의 성들에 대한 공격을 감행했다. 여러 방면의 군대들이 내류수(淶流水, 지금의 헤이룽장성 라린허拉林河)에 집결하자, 아골타는 산에 올라 서사(誓師: 출정하기 전에 병사들을 모아 놓고 훈계하여 전투 의지를 고취시키는 일)하면서, 요나라의 죄상을 폭로하고, 또한 여진의 장병들을 격려하여, 모든 장병들의 사기를 고조시켰다. 요나라 변경에 이르러, 요나라가 배치한 발해 수비군과 격전을 벌였는데, 아골타가 몸소 앞장서서 병사들을 통솔하자 모든 장병들은 용기백배하여 요나라 군대를 대파했으며, 승세를 타고 영강주(寧江州, 지금의 지린성 푸위扶餘 동쪽 스청즈石城子)로 진군했다. 아골타는 2,500명을 이끌고 결의를 다진 뒤, 영강주를 공격하여 함락시켰다. 영강주 전투의 승리가 여진인들을 매우 크게 고무시키자, 일부 여진 귀족들은 나라를 세워 자립하자고 주장했다.

요나라는 영강주에서 패배한 후, 후퇴한 군대가 영강주에서 멀리 떨어지지 않은 출하점(出河店, 지금의 헤이룽장성 짜오위안肇源 서쪽)에 주둔하면서 여진족을 대비하고 있었다. 아골타는 요나라 군대의 경계심이 해이해진 정신 상태를 이용해, 불시에 압자하(鴨子河, 지금의 쑹화강松花江의 일부분)를 신속히 건너 무장한 병사 천여 명을 이끌고 출하점에서 요나라 군대를 습격하여, 다시 완승을 거두었다. 출하점 전투는 요나라에 매우 큰 영향을 미쳤다. 즉 천조제는 북원추밀사 소봉선

(蕭奉先)에게 속아, 소봉선의 건의에 따라 전투에서 패한 장병들을 사면함으로써, 군인들로 하여금 "싸우면 곧 죽지만 공은 없고, 물러서면 곧 살 수 있지만 죄는 없다"고 인식하게 했다. 이후부터 병사들은 투지가 없어져, 적을 만나면 곧 패배하여 뿔뿔이 흩어졌다.

여진의 여러 부족들을 통일하고, 요나라에 대항하는 투쟁 과정에서, 여진 귀족들은 싸움을 잘하는 유능한 많은 장수들을 단련시키고 육성함으로써, 필사적으로 맞서 싸우는 군대를 조직했다. 또 영강주와 출하점에서의 두 차례 대전투를 겪은 후에는, 다시 사로잡은 인구와 획득한 장비로 군사력을 강화하여, 실력이 급속히 발전했다. 요나라 사람들은 말하기를, "여진 군대가 만 명이면, 대적할 수 없다"고 했다. 이때에 이르러 요나라 군대의 간담을 서늘하게 한 이 여진의 대군은 병력이 만 명으로 급증했다. 요나라 군대와의 두 차례 대결은, 여진인들로 하여금 요나라의 정치적 부패·군사적 무능·사기의 저하·민심의 이완에 대해 한층 더 잘 알게 해 주었다.

화의(和議)의 길

완안아골타가 이끄는 여진 군대는 비록 전쟁에서 승리를 거두기는 했지만, 그들은 강대한 요 왕조에 맞서 아직 승리를 자신하지 못했다. 이러한 상황에서, 아골타는 한편으로는 1115년에 나라를 세우고, 국호를 금(金)이라고 했으며, 연호를 수국(收國)이라고 했다. 다른 한편으로는 "화의로써 공격하여 싸우는 것을 보조하면서[和議佐攻戰]" 자신의 실력을 한층 더 발전시켰다. 쌍방의 화의 활동은 1115년 정월부터 시작되었는데, 아골타는 화의의 선결 조건을 다음과 같이 제시했다. "만약 반역자 아소(阿疎, 여진족 흘석렬 부족의 수령이자, 완안부의 숙적으로, 요나라에 망명했다)를 돌려보내고, 황룡부(黃龍府, 지금의 지린성 능안현農安縣)를 다른 곳으로 옮긴다면, 그런 다음에 화의를 논의한다." 사실 아소를 돌려보내라는 것은 단지 하나의 구실일 뿐이었고, 아골타가 제시한 조건의 실질적인 내용은 두 번째 것, 즉 "황룡부를 다른 곳으로 옮기라"는 것이었다. 기타 각종 사료들을 참고하여 비교해 보면, 아골타가 군대를 일으켜 요나라에 대해 반기를 든 것은 주로 요나라의 압박을 견딜 수 없었기 때문이었으며, 그가 군대를 일으킨 초기에는 결코 요나라를 전복시켜 그를 대체할 생각은 없었고, 단지 여진족의 독립적 지위를 쟁취하려고 생각했을 뿐이었다. 수국 원년(1115년) 정월부터 시작된 화의 활동은 그해 9월까지 지속되었다. 그 사이에 쌍방의 사절들이 최소한 네 차례 왕래했지만, 각자 제시한 조건은 상당히 차이가 커서, 담판은 결론을 얻지 못했다.

아골타는 평화 회담이 가망 없다는 것을 알았으므로, 그해 9월에 군사적 요충지인 황룡부를 공격하여 함락시켰다. 천조제는 황룡부가 함락되는 것을 보자, 명령을 내려 친히 정벌에 나섰다. 요나라 군대와 한인 군대 10만 명, 알려지기로는 70만 명을 이끌고 여진을 토벌했다. 요나라 내부에서 야율장노(耶律章奴)가 천조제를 폐위하고 위국왕(魏國王) 야율순(耶律淳)을 옹립하려는 사건이 발생하는 바람에, 천조제가 친히 통솔하는 정벌군은 금나라 사람과는 접촉도 하지 못하고 곧 철수하자, 여진군은 날래고 용감한 기병 2만 명으로 용기를 내어 추격했다. 양쪽 군대는 호보답강(護步答岡)에서 전투를 벌였는데, 요나라 군대가 대패하여, "죽은 자가 100여 리까지 이어졌으며, 금나라 군대는 여련(輿輦: 임금이 타는 수레)·천막·무기·군자금을 노획했고, 보물과 우마(牛馬)는 셀 수 없었으며", 천조제는 장춘주(長春州, 지금의 지린성 다안大安 서북쪽)로 도망쳤다. 수국 2년(1116년), 요나라의 비장(裨將: 대장을 보좌하는 부장)이자 발해인인 고영창(高永昌)이 동경(東京, 지금의 랴오닝성 랴오양遼陽)에서 자립하여 요나라를 배반했다. 그는 요나라 군대의 압력을 막아 낼 수 없자, 금나라에 사신을 보내 도움을 요청했다. 금나라 태조(太祖: 완안아골타)는 이 기회를 틈타 심주(沈州, 지금의 랴오닝성 선양沈陽)와 동경을 점령하여, 고영창을 사로잡고, 동경의 주(州)·현(縣)들과 남로계(南路系)에 속하는 여진족들을 완안부의 통치하에 편입시킴으로써, 여진 각 부족의 통일을 완성했다.

◈ 〈견마도(牽馬圖)〉

이것은 한 폭의 중국 고대 회화로, 말을 끄는 여진족 사냥꾼 옆 땅바닥에 쓰러져 있는 것은 포획물이다. 그림 속의 말은 몽고마로, 신체가 크고 튼튼하며, 이마가 넓고 다리가 짧다. 중국에서는 옛날에 활쏘기 솜씨가 줄곧 매우 중요한 군사 기술이었다. 속담에서 말하기를 "무기에는 36가지가 있는데, 활이 으뜸이며, 무예에는 18가지가 있는데, 활이 첫째다"라고 했다. 한대의 흉노나 남북조 때의 선비(鮮卑)뿐 아니라, 요·금 양 조대에도, 말 타기와 활쏘기를 입국(立國)의 근본으로 삼지 않은 나라는 없었으며, 금나라 때 모든 여진의 기병들은 출정할 때 세 개의 활과 화살 400개를 휴대했다.

계속해서 동경을 공격하여 함락시킨 다음, 금나라 군대는 다시 장춘주를 공격하여 점령했다. 요나라의 동북쪽 여러 부대들은 싸우지 않고도 스스로 궤멸되었으며, 곧 이어 태주(泰州, 지금의 지린성 바이청시白城市 동남쪽)도 함락되었다. 장춘주는 요나라 황제가 봄에 날발하는 곳으로, 요나라의 이원(二院: 남원南院과 북원北院) 정치 체제는 날발을 요나라의 정치 중심이 되게 했다. 장춘주

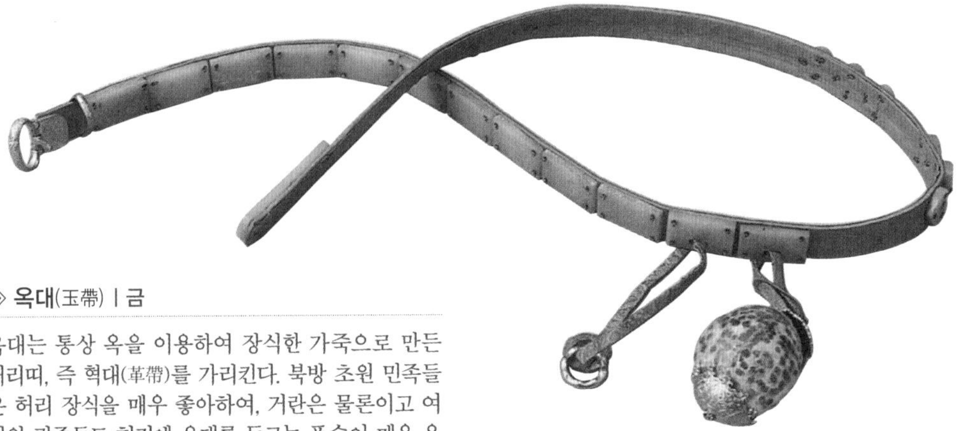

◈ **옥대**(玉帶) | 금

옥대는 통상 옥을 이용하여 장식한 가죽으로 만든 허리띠, 즉 혁대(革帶)를 가리킨다. 북방 초원 민족들은 허리 장식을 매우 좋아하여, 거란은 물론이고 여진의 귀족들도 허리에 옥대를 두르는 풍습이 매우 유행했다. 옥대 위의 도안은 대부분 산수(山水)·사냥개·백조·해동청(海東靑) 등등이다.

의 함락은, 요나라나 여진족 모두에게 상당히 중대한 사건이었다. 이때 여진 귀족들은 이미 요나라와 대등한 지위나 예의로써 대할 자격을 갖추었다고 생각했다. 그러나 아골타는 이때 여진인들의 역량이 아직 요나라를 무너뜨리고 그를 대체할 만큼 강대해지지 않았다고 여겼으므로, 요나라와 다시 일련의 강화(講和) 활동을 벌였다. 이 강화는 대략 1118년 초에 시작되어, 1120년 3월까지 줄곧 계속되었으며, 책봉 문제를 둘러싸고 시시콜콜한 것을 따지면서 쌍방은 서로 사절을 열 차례 이상 파견했다. 금 태조 천보(天輔) 4년(1120년) 봄, 송나라와 금나라는 요나라를 협공하기로 하는 '해상지맹(海上之盟: 519쪽 참조)'을 체결하고, 쌍방이 이듬해에 함께 요나라를 협공하기로 약속했다. 같은 해 4월, 아골타는 친히 군대를 이끌고 요나라 상경(上京) 임황부(臨潢府, 지금의 내몽골 바린좌기巴林左旗 남쪽)를 공격하여, 요나라와 결전을 벌일 자세를 취했다.

요나라를 대체하다

북송의 개입은 요나라에 대한 여진족의 태도를 변화시켜, 여진족으로 하여금 처음에는 요나라의 통제에서 벗어나려던 것에서, 요나라를 멸망시키고 대체하는 것으로 한걸음 더 나아가게 했다. 천보 4년(1120년) 3월, 금나라는 일방적으로 평화 담판을 중지하고, 5월에 요나라 상경을 함락시킴과 동시에, 병력을 나누어 경주(慶州)를 공격했다. 이듬해, 요나라 도통(都統)인 야율여도(耶律餘睹)가 항복하자, 금나라는 요나라의 군사 상황과 나라 형편에 대해 더욱 깊이 있게 파악하고는, 필승의 신념을 굳혔다. 12월, 태조는 어린 동생인 홀로발극렬(忽魯勃極烈: 관직명) 완안고(完顔杲)를 내외제군도통(內外諸軍都統)으로 삼고, 대대적으로 요나라를 정벌하여 "안팎을 통일[內外一統]"하는 정치적 목표를 실현했다.

천보 6년(1122년) 정월, 금나라 군대는 요나라 중경(中京)인 대정부(大定府, 지금의 내몽골 닝청寧城 서쪽 다밍청大明城)를 함락시켰다. 천조제는 서경(西京, 지금의 산시성 다퉁시大同市)으로 도망쳤다. 3월, 금나라 군대가 서쪽으로 진격하자, 천조제는 협산(夾山)으로 도망쳤고, 야율순이 연경(燕京, 지금의 베이징시)에서 천석황제(天錫皇帝)로 즉위했다. 4월에 금나라 군대는 서경을 공격하여 함락시켰다. 6월, 야율순이 병으로 사망했다. 이때 요나라의 귀화(歸化, 지금의 허베이성 쉬안화宣化)·봉성(奉聖, 지금의 허베이성 줘루涿鹿)과 울주(蔚州, 지금의 허베이성 위현蔚縣)가 잇달아 투항하자, 금 태조 아골타는 군대를 이끌고 남경(南京)을 공격했다. 12월, 북요(北遼)의 연경(燕京)에 남아 지키던 한인 관리인 추밀사(樞密使) 좌기궁(左企弓) 등이 성을 바치며 투항하자, 아골타는 군대를 이끌고 성으로 들어갔다. 천보 7년(1123년), 북요의 평주절도사(平州節度使) 시립애(時立愛)가 주(州)를 바치며 투항했다. 연경이 함락되자, 북송과의 합의에 따라 금나라 군대는 그 지역의 주민과 재물을 몽땅 거두어 가지고 북쪽으로 철수했다. 이리하여 요나라의 오경(五京)이 모두 함락되자, 여진의 공격 목표는 곧 협산으로 도망친 요나라 천조제를 추격하는 것이 되었다.

여진족이 세운 나라의 국호는 '금(金)'이다. '금'이라는 국호의 유래에 관해, 지금 주로 다음과 같은 몇 가지 견해가 있다. 한 가지 해석은 "요나라는 빈철(鑌鐵: 강철)을 명칭으로 삼아, 그것의 견고함을 취했다. 빈철은 비록 단단하지만, 결국은 역시 변하여 못 쓰게 되고, 오로지 금만이 변하지 않아 못 쓰게 되지 않는다. 금의 색은 흰색인데, 완안부는 흰색을 숭상했기 때문에, 국호를 대금(大金)으로 정했다"는 것이다. 또한 어떤 전문가는, '대금'이라는 이름은 여진족 완안부가 대대로 살아 온 안출호수(按出虎水)에서 유래했다고 주장한다. 여진족 언어로 '금'을 안출호라고 하는데, 이는 안출호수에서 금이 생산되기 때문에 붙여진 이름으로, '대금'이라는 국호는 바로 안출호수에서 유래했다고 여긴다.

천보 7년(1123년) 8월, 금 태조 완안아골타가 세상을 떠나고, 그의 동생인 암반발극렬(諳班勃極烈) 완안오걸매(完顔吳乞買)가 즉위했으니, 그가 금 태종(太宗)이다. 그해 9월에 연호를 천회(天會)로 바꿨다. 금 태종은 한편으로는 이미 점령한 주·현들을 공고히 하면서, 계속 전쟁의 성과를 확대해 나갔으며, 다른 한편으로는 서남로도통(西南路都統)과 서북로도통(西北路都統)으로 하여금 서하(西夏)를 다스리게 하고, 그와 종번(宗藩: 종주국과 제후국) 관계를 확립했다. 천회 3년(1125년), 금나라 군대가 요나라 천조제를 포로로 잡았고, 요나라는 멸망했다.

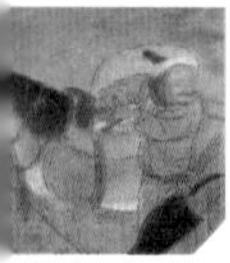

금(金) 1127년

인물: 종한(宗翰), 종망(宗望) 지역: 개봉(開封) 키워드: 정강(靖康)의 변

금이 북송을 멸망시키다

금나라가 건국된 후, 그 주위에는 선후로 송(宋)·요(遼)·서하(西夏) 등의 정권들이 병립해 있었다. 여러 민족 정권들이 뒤얽힘으로써 당시의 형세를 여러 가지로 복잡하게 만들었다. 천회(天會) 3년(1125년)에 요나라가 멸망했다. 여진족이 장기간 당했던 노역(奴役)과 착취는 이로써 종결되었다. 금나라는 장성(長城) 이북의 광대한 지역에서 지배적 지위를 확립했다. 그런데 이는 금나라 통치자에 대해 말하자면 모든 것들이 비로소 막 시작된 것이었으니, 더욱 많은 재부(財富)를 취하고, 더욱 광활한 영토를 점령하기 위해, 금나라는 다시 철기(鐵騎: 날쌔고 용감한 기병)를 중원 지역을 향해 이동시켰다. 1127년에 금나라는 북송을 멸망시켰다.

◈ **원수지제관인**(元帥之制官印) | 금

해상지맹(海上之盟)

금나라는 요나라를 멸망시킨 후, 북송 왕조와 여러 가지가 복잡하게 뒤엉키는 관계가 발생했다. 이는 곧 '해상지맹'에서부터 이야기할 수 있다. 1111년, 송 휘종은 동관(童貫)을 사신으로 요나라에 파견했다. 동관은 이때 사신으로 나가 있는 동안, 연경(燕京: 지금의 베이징) 사람 마식(馬植)을 알게 되었다. 마식은 원래 권문세가의 자제로, 요나라 광록경(光祿卿) 관직을 역임했다. 그는 요나라의 멸망이 눈앞에 와 있다는 것을 알자, 요나라를 배반하고 송나라에 영합하여, 동관에게 연경을 차지할 계책을 바침으로써, 동관에게 높은 평가를 받았다. 마식은 이양사(李良嗣)로 이름을 바꾸고, 동관을 따라 송나라의 수도인 개봉으로

돌아왔다. 이양사는 북송 조정에서 요나라 천조제의 방탕하고 부패함과 금나라 군대가 이미 연경 가까이 닥쳐와 있는 상황을 진술했다. 아울러 건의하기를, 송나라가 만약 지금 등래(登萊, 등주登州와 내주萊州)에서 바다를 건너가 여진과 결연을 맺고, 서로 요나라를 공격하기로 약속할 수 있으면, 곧 연경을 취할 수 있다고 했다. 송 휘종은 즉각 그를 불러, 국성(國姓: 임금의 성)을 하사하여 이름을 조양사(趙良嗣)로 고치게 했고, 아울러 그에게 조의대부(朝議大夫)·비각대조(秘閣待詔)의 직함을 더해 주었다. 이후, 송나라는 곧 금나라와 연합하여 요나라를 멸망시키고 연운(燕雲: 유주幽州와 운주雲州 일대) 지역의 수복을 도모하는 활동을 시작했다. 천보 2년(1118년), 북송과 금나라는 요나라를 공격하는 문제를 협의했다. 쌍방은 몇 차례 왕래하면서 협상을 한 뒤, 천보 4년(1120년)에 마침내 다음과 같이 협의하여 결정했다. '송나라와 금나라는 요나라를 협공한다. 장성 이북의 중경(中京)은 금나라 군대가 책임지고 공격하여 취하고, 장성 이남의 남경(南京)과 서경(西京)은 송나라가 책임지고 공격하여 취한다. 요나라를 멸망시킨 다음, 연운 지역은 송나라에 돌려주고, 송나라는 원래 요나라에 바치던 세폐(歲幣: 해마다 바치던 공물)만큼을 대신 금나라에 보내준다.' 이것이 바로 역사에서 말하는, 송나라와 금나라의 '해상지맹'이다.

해상지맹이 체결된 후, 아골타는 요나라와의 평화 담판 활동을 중지하고, 대규모로 요나라를 공격했다. 협의에 따라, 연경의 북요(北遼) 정권은 송나라 군대가 책임지고 공격하여 취했다. 그러나 송나라가 연경을 공격하도록 파견한 동관과 채유(蔡攸) 두 사람의 지휘가 무능하여, 송나라 군대는 백구(白溝, 지금의 허베이성에 속함)에서 요나라 장수 야율대석(耶律大石)이 인솔하는 부대에게 심각한 타격을 받았다. 천보 6년(1122년) 9월, 요나라 역주지주(易州知州) 고봉(高鳳)이 송나라에 투항했고, 탁주유수(涿州留守) 곽약사(郭藥師)가 뒤이어 8천 명의 병사들을 이끌고 송나라에 항복했다. 이렇게 매우 좋은 형세하에서, 송나라 내부에는 여전히 싸우고자 하는 의지가 없어, 전투에 임하면 적을 두려워했으므로, 두 번 연경을 공격했으나 실패했다. 동관은 어쩔 수 없이 연경의 조세 100만 관(貫: 엽전 천 개를 꿴 꾸러미)을 금나라에 주는 것을 조건으로, 금나라 군대에게 연경을 공격해 달라고 요청했다. 결국 연경은 금나라 군대가 단독으로 공격하여 점령했다.

천보 7년(1123년), 송나라는 다시 조양사를 금나라에 사신으로 보내, 금나라와 연경을 양도하는 문제를 협상했다. 교섭 과정에서 논쟁이 격렬했던 것은 평주(平州, 관아의 소재지는 지금의 허베이성 루롱盧龍)·영주(營州, 관아의 소재지는 지금의 창리昌黎) 및 난주(灤州, 지금의 허베이성 루안현灤縣)에 관한 문제였는데, 금 태조는 결국 연경에 소속된 여섯 개 주들의 땅을 송나라에 주는 데 동의했다. 동시에 천조제를 포로로 사로잡은 다음에는, 서경에 소속된 주·현들도 송나라에 돌려주겠다고 면전에서 허락했다. 같은 해 4월, 송나라 군대는 연산(燕山)에 진격하여 주둔했으며, 또한 계속 사신을 파견하여 서경을 넘겨 달라고 요구했다. 그때 뜻밖에 장각(張覺)의 변이 발생했다.

장각은 원래 요나라에서 평주를 지키는 장수였는데, 연경이 함락되었을 때 금나라에 투항하자, 금나라 사람들은 평주를 남경(南京)으로 바꾸고, 장각으로 하여금 남경에 남아서 지키도록 명했다. 천보 7년 5월, 요나라에서 투항한 관리 좌기궁(左企弓) 등이 연경의 항복한 관리들과 부유한 사람들을 인솔하여 북쪽으로 이주하다가, 평주를 경유했다. 연경 사람들은 고향에서 멀리 떠나기를 원치 않았으므로, 울며불며 장각에게 도와달라고 간청했다. 장각은 마침내 조용의(曹勇義)·좌기궁·강공필(康公弼) 등을 죽이고, 군대를 일으켜 금나라에 대항했다. 송나라 안무사(安撫使)가 기회를 보아 사람을 보내 타이르자, 장각은 평주와 영주를 송나라에 돌려주었다. 송나라는 장각을 태녕군절도사(泰寧軍節度使)로 삼고, 평주를 세습하게 했다. 8월, 금 태조가 사망하자, 서경 땅을 제때 넘겨주지 않았다. 9월, 금나라 장수 완안종망(完顔宗望)이 평주를 공격하여 함락시키고, 송나라가 장각에게 내려 보낸 조서를 획득함으로써, 송나라가 맹약을 파괴한 물증을 확보했다. 금나라 장수 완안종한(完顔宗翰) 등이 다시 서경 땅을 북송에 할양해 주지 말라고 주청했고, 완안종망도 송나라 군대가 연산까지 진입해 들어와, 송나라 땅으로 도망쳐 들어간 연경 지역 호구(戶口)를 넘겨 주기를 거부했기 때문에, 송나라에 군대를 증가시키도록 요구했다. 후에 장각이 연경 땅으로 도망쳐 들어왔다. 금나라가 문서를 보내 요구하자, 송나라는 어쩔 수 없이 장각을 죽인 뒤, 그의 머리를 잘라 상자에 담아 금나라에 바쳤다.

송나라를 멸망시키는 전쟁

북송과 금나라의 약정에 따라, 평주는 금나라에게 귀속되어야 했다. 그렇다면 송나라가 금나라의 항복한 장수인 장각을 받아들인 것은 명백히 맹약을 위반한 것이고, 특히 금나라가 평주를 공격하여 함락시키고, 송나라가 장각에게 투항을 권고했던 증거까지 확보하자, 자연히 금나라 군신(君臣)의 분노를 불러일으켰다. 그러나 요나라를 철저히 격멸시키기 위해, 금나라는 잠시 송나라에 대해 행동을 취하지는 않았다. 금 태종은 맹약의 규정에 따라, 상징적으로 서경의 무주(武州, 지금의 산시성 선츠神池)·삭주(朔州, 지금의 산시성에 속함)를 송나라에 돌려주었다. 천회(天會) 3년(1125년) 3월, 금나라 군대는 요나라 천조제를 포로로 잡고, 요나라를 멸망시킨 후, 곧 남하하여 송나라를 공격하도록 명령했다. 금나라 군대는 제1차로 천회 3년 11월에 병력을 두 방면으로 나누어, 동로군(東路軍)은 완안종망이 인솔하여 평주에서부터 서남쪽으로 연경을 공격하고, 서로군(西路軍)은 완안종한이 인솔하여 운중(雲中, 지금의 산시성 다퉁大同)으로부터 남하해 태원(太原)을 공격한 다음, 양 방면의 군대가 개봉(開封: 북송의 수도)에서 합류할 계획이었다. 서로군은 태원에

◈ 〈목마도(牧馬圖)〉 | 금

중원 정권에 대해 말하자면, 말은 중요한 의의를 가졌다. 한편으로 국가는 기병을 필요로 했으며, 기병은 말이 부족하면 안 되었다. 다른 한편으로, 국가는 정보의 전달을 필요로 했으며, 그 전달 수단을 옛날에는 주로 말에 의지했다. 동북 지역은 중국 역사상 중요한 말 생산지였다. 요나라는 일찍이 동북 지역에서 100여만 필에 달하는 말을 길렀으며, 금 세종 때는 동북 지역 일곱 곳의 목장에서 기르는 말이 47만 필에 달했다.

서 북송의 군대와 백성들로부터 완강한 저항을 받았지만, 동로군은 연경을 방어하던 송나라 장수 곽약사가 투항함과 동시에 길잡이가 되어 주는 바람에, 순조롭게 남진할 수 있었다. 이 소식이 개봉에 전해지자, 송 휘종은 각 지역의 군대에게 왕실을 구하도록 명령을 내리고, 아울러 자신의 아들 조환(趙桓)에게 황위를 물려주었다. 조환이 즉위하고(그가 바로 흠종欽宗이다), 그 이듬해(1126년)를 정강(靖康) 원년으로 삼았다.

그해 12월 말, 금나라 동로군은 계속해서 상주(相州, 지금의 허난성 안양安陽)와 준주(浚州, 지금의 허난성 쉰현浚縣)로 남하하여, 황하(黃河) 북쪽 기슭에 이르렀다. 황하를 지키던 송나라 군대는 금나라 군대가 몰려오는 것을 보고는, 싸우지도 않고 스스로 뿔뿔이 흩어지는 바람에 금나라 군대는 순조롭게 강을 건넜으며, 송 휘종은 남쪽의 진강(鎭江)으로 도망쳤다. 흠종도 도망치려고 했는데, 주전파 대신인 이강(李綱) 등이 충고하며 만류하자, 마지못해 남았다. 얼마 지나지 않아, 금나라 군대가 개봉을 포위 공격하자, 이강이 성 안에 있던 모든 군민(軍民)을 이끌고 성을 공격하는 수천 명의 금나라 군대를 살상하여, 완안종망이 개봉을 점령하고 북송을 멸망시키려던 시도를 좌절시켰다. 그러나 송 흠종과 이방언(李邦彦)·장방창(張邦昌) 등 투항파 관료들은 금나라 군대를 두려워하여, 강화를 요청하자고 강력히 주장했다. 금나라 군대는 이 기회를 틈타 너무 지나친 조건을 제시했는데, 송 흠종은 모두 동의했으며, 또한 주전파의 대표적 인물인 이강 등을 해직했다. 송나라 통치 집단의 이러한 투항 행위는 개봉 군민들의 분노를 불러일으켜, 약속을 하지 않았는데도 모여든 사람이 수십만 명이나 되었으며, 그 함성이 지축을 흔들었다. 흠종은 압력 때문에 어쩔 수 없이 다시 이강 등의 직무를 회복시켰다. 그때 각지의 지원 병력들이 이미 개봉 가까이에 와 있었다. 완안종망은 형세가 불리함을 느끼고는, 서둘러 북쪽의 연경으로 철수했다. 완안종한은 오랫동안 태원을 공격하고도 점령하지 못하자, 역시 군대를 이끌고 운중으로 되돌아갔다.

금나라 군대가 북쪽으로 돌아가고 나서 얼마 지나지 않아, 다시 제2차 남침을 감행했다. 동로군은 여전히 완안종망이 인솔하여, 먼저 진정(眞定, 지금의 허베이성 정딩正定)을 함락시키고, 천회 4년(1126년) 11월에 황하를 건너 곧바로 개봉성 밑에 이르렀다. 서로군은 여전히 완안종한이 인솔하여, 계속 태원을 포위 공격했다. 태원성이 함락된 후, 서로군 역시 남하하여 황하를 건너 동로군과 개봉성 밑에서 합류했다. 송 흠종은 투항파 대신들에게 의지하여, 줄곧 금나라 군대와의 평화 담판이 성공하기를 바랐으며, 심지어는 각지의 병력이 지원하러 오는 것을 제지하여, 개봉성 안팎의 병력은 매우 적었다. 이처럼 긴급한 고비에서, 흠종은 아무런 대책이 없자, 요망스럽고 간사한 사람인 곽경(郭京)의 말을 믿고, '육갑법(六甲法)'을 이용하여 적군을 물리치려 했다. 흠종은 명령을 내려 수비병들을 모두 성으로 철수시켰고, 곽경이 성을 나가 전투를 벌였다. 그 결과 송나라 군대는 대패했고, 곽경은 혼란을 틈타 도망쳤으며, 개봉은 금나라 군대에게 점령되었다.

이때 북송의 군민들은 잇달아 금나라 군대와 목숨을 걸고 마지막 결전을 벌이자고 요구했지만, 흠종은 여전히 평화 담판이라는 망상에 빠져 있었다. 금나라 사람들은 송나라 조정에 민간이 보유하고 있는 무기를 거두어들이도록 제시함과 아울러, 금 1천만 정(錠: 덩어리), 은 2천만 정, 비단 1천만 필을 요구했다. 흠종은 전부 수락했다. 천회 5년(1127년) 초, 금나라 군대는 금·은의 수량이 부족하다는 것을 구실로, 개봉성 안팎에서 마구 약탈하고 방화하고 살육을 저질렀으며, 휘종과 흠종 두 황제를 억류했다. 3월, 금나라는 장방창을 황제로 세우고, 국호를 '초(楚)'로 정하여, 괴뢰 정권으로 삼았다. 4월, 금나라는 휘종·흠종과 후비·종실 및 대신 등 3천여 명을 포로로 잡고, 그들이 약탈한 대량의 금은보화와 의장(儀仗) 기물 등을 가지고 북으로 돌아갔다. 역사는 이 사건을 '정강의 변'이라고 부른다. 이리하여 북송은 멸망했다.

여진은 1115년에 건국하면서부터, 연속으로 정복 전쟁을 벌여, 13년에 걸쳐 잇달아 요나라와 북송을 멸망시켰다. 천회 5년(1127년) 5월, 송 휘종의 아홉째 아들 강왕(康王) 조구(趙構)가 송나라 조정 신하들의 추대를 받아 응천부(應天府)에서 송나라 정권을 재건했으니, 역사는 이를 남송(南宋)이라고 부른다. 천회 8년(1130년), 금나라는 유예(劉豫)를 '제(齊)'나라 황제로 세워 하남(河南)·섬서(陝西)를 통치하게 하고, 금나라의 속국으로 삼았으며, 아울러 금나라와 협력하여 남송과 대항했다. 이리하여 중국 역사는 요나라와 북송이 대치한 뒤를 이어, 다시 금나라와 남송이 대치하는 시기로 진입했다.

금(金) 1135~1196년

인물: 금 희종 완안단(完顔亶), 금 세종 완안옹(完顔雍) 지역: 연경(燕京) 키워드: 대정명창의 치

희종의 제도 개혁과 대정명창(大定明昌)의 치

금이 요와 북송을 멸망시킨 후, 점령한 지역은 끊임없이 확대되었으며, 그 안에는 거란·발해 및 많은 한인들이 섞여 살았다. 금나라의 통치를 공고히 하기 위해, 금 희종(熙宗)은 형세의 요구에 순응하여, 통치 제도에 대해 끊임없는 개혁을 진행했다. 후에 희종은 종실인 완안량(完顔亮)에게 살해되고, 완안량이 즉위하여 황제가 되었으니, 역사는 그를 해릉왕(海陵王)이라고 부른다. 얼마 지나지 않아, 완안량이 남하하여 송나라를 공격하는 과정에서 사망

◈ 〈연경팔경도(燕京八京圖)〉의 거용첩취(居庸疊翠) | 청, 장약징(張若澄)

'연경팔경'이라는 표현은 금 장종 때인 명창 연간(1190~1196년)에 최초로 등장한다. 이른바 연경팔경이 가리키는 것은 거용첩취·옥천수홍(玉泉垂虹)·태액추풍(太液秋風)·경도춘음(琼島春陰)·계문비우(薊門飛雨)·서산적설(西山積雪)·노구효월(盧溝曉月)·금대석조(金臺夕照)다. 이것은 금나라 때의 명칭이다.

하자, 금 세종(世宗) 완안옹(完顔雍)이 즉위했다. 바로 세종의 통치 기간에 금나라는 전성 단계에 도달하여, 정치가 상대적으로 깨끗하고, 정국이 안정되었으며, 경제가 회복됨과 아울러 번영하면서, 상당히 태평성세의 양상을 보였다. 역사서에서는 금 세종의 대정(大定) 연간(1161~1189년) 및 그 계승자인 금 장종(章宗) 초기(연호는 명창明昌, 1190~1196년)를 일컬어 '대정명창의 치'라고 한다.

희종의 제도 개혁

천회(天會) 13년(1135년), 금 태종이 세상을 떠나고, 금 희종 완안단(完顔亶, 태조의 손자)이 제위를 계승했다. 이때 금나라 통치의 중심은 여전히 동북쪽에 있었으므로, 완안종반(完顔宗磐, 태종의 장남)으로 대표되는 한 무리의 귀족들이 하남·섬서 등지를 남송에 돌려주고, 대신 송나라로 하여금 공물을 바치고 신하로서 복종하도록 하기로 결정했다. 그런데 완안종필(完顔宗弼) 등은 여전히 출병할 것을 주장했다. 천권(天眷) 2년(1139년), 완안종필 일파가 득세하자, 완안종반을 죽이고, 남송과의 합의를 파기하여, 군대를 파견해 다시 하남을 공격했다. 금나라 군대는 비록 악비(岳飛) 등에게 패하기는 했지만, 남송 조정이 명령을 내려 철군했으므로, 금나라는 다시 하남과 섬서 지역을 획득했다. 천권 4년(1141년), 금과 남송은 〈소흥화의(紹興和議)〉를 체결하여, 회수(淮水)와 대산관(大散關)을 잇는 선을 경계로 획정하고, 남송은 계속 금나라에 신하로 복종하면서 공물을 바쳤다.

금 희종은 즉위한 후, 통치를 공고히 하기 위해 일련의 개혁 활동을 진행했다. 그 가운데 주요한 내용은 바로 발극렬(勃極烈) 제도를 폐지하고, 삼성(三省) 제도로 그것을 대체한 것이다. 금나라 초기에, 조정의 중추 기구는 황제의 밑에 있던, 출신이 종실의 가까운 친척이고 지위가 혁혁하면서도 종신 직무를 가진 몇 명의 발극렬들로 이루어진 회의였다. 그것은 씨족 잔재를 띤 귀족 의사(議事) 기구로서, 황제는 그것에 의지하여 국가 사무를 결재했다. 발극렬 제도하에서, 국가 대사는 발극렬 회의에 참가하는 종실 귀족의 공동 의견에 따라 더욱 많이 결정되었고, 황제의 개인 의견이 때로는 결정적인 작용을 하지 못했다. 이 때문에, 희종은 개혁을 하기로 결정했다. 천회 13년(1135년), 금 희종은 당·송 및 요나라의 모델을 참조하여, 먼저 중앙에서 삼성육부제(三省六部制)를 실행했다. 황제의 밑에 삼사(三師), 즉 태사(太師)·태부(太傅)·태보(太保)를 두었는데, 삼사의 지위는 높았지만 실권은 없었고, 오로지 지위가 높고 권세가 큰 대신들을 배치했다. 그리고 상서성(尙書省)·문하성(門下省)·중서성(中書省)의 3성 위에는, 또한 영삼성사(領三省事)라는 직책을 두었는데, 역시 실권은 없었다. 희종은 이러한 개혁을 통해, 군권과 행정권을 분리시켰으며, 일부 세력이 큰 군사 귀족들이 여기에 편입되어 군권을 빼앗겼다. 이리하여 군사 대권이 전부 중앙으로 회수되자, 구(舊)귀족의 역량은 매우 크게 삭감되었다. 3성 제도 가운데, 상서성을 새로운 행정 중추 기구로 삼았고, 중서성과 문하성의 장관은 모두 상서성 관리가 겸임했다. 상서성의 최고 장관은 상서령(尙書令)이며, 그 밑에 좌승상(左丞相)·우승상(右丞相) 및 평장정사(平章政事)를 두었다. 이러한 일련의 개혁은 최고 통치자의 권위를 크게 증강시켜 주었으며, 또한 행정 기구의 운용 효율도 제고시켜 주었다. 그것은 역할 분담이 명확했고, 직접적으로 황제에 대해 책임을 짐으로써, 완전히 황제가 군주 전제 통치를 실행하는 도구가 되었다.

새로운 관직이 반포된 후, 희종은 또한 조정의 예의 제도에 대한 개혁을 진행했다. 천권 2년(1139년) 3월, 희종은 백관들에게 철저하고 주도면밀한 예제를 제정하도록 명령하여, 다시 개혁을 시작했다. 이번 혁신은 거의 10년의 시간에 걸쳐 이루어졌으며, 무릇 종묘·사직·제사·존호(尊號)·조참(朝參: 궁궐의 정전正殿에서 대신들이 모여 직접 임금을 알현하는 일)·거복(車服: 수레와 복장)·의위(儀衛) 및 궁금(宮禁: 궁궐에서의 금지사항) 등 다방면에서 많은 제도들을 확립했다. 예를 들면 궁정은 함부로 드나들 수 없는 곳이며, 친왕(親王: 황제의 아들과 형제) 이하의 사람들은 칼을 차고 들어갈 수 없었고; 새로운 조참 예의가 사용되기 시작한 후에는, 매월 삭망일(朔望日: 음력 초하루와 보름)은 조참일이었고, 나머지는 상조(常朝: 일상적인 조회)였다. 조참이든 또는 상조든 불문하고, 신하들은 모두 몸에 한식(漢式) 조복(朝服)을 입어야 했고, 복잡한 의식에 따라 예를 행한 다음에야, 비로소 주사(奏事: 국사를 임금에게 아룀) 등을 할 수 있었다.

황위 계승 방식의 개혁도 금 희종이 제도를 개혁한 중요한 내용이다. 종전에 여진족의 전통적인 계승 방식은 형종제급(兄終弟及: 형이 죽으면 동생이 물려받음)이어서, 금 경조(景祖) 완안오고내(完顔烏古迺)부터 금 태조 완안아골타까지는 전부 형종제급 방식으로 가족 중에서 계승했다. 가령 태종 완안성(完顔晟)은 살아 있을 때, 원래대로 동생인 완안고(完顔杲)를 저사(儲嗣: 황위 계승자)로 삼았다. 후에 완안고가 병으로 요절하자, 적장손으로서 희종이 비로소 황위를 계승할 수 있었다. 황통(皇統) 2년(1142년) 3월, 희종이 아들 완안제안(完顔濟安)을 황태자로 삼으면서, 부자가 대를 이어 전수하는 황위 세습권을 정식으로 확립했다. 이 혁신은 황권의 강화에 중요한 의의를 갖는다. 금 희종 시기의 일련의 정치 개혁은, 금나라의 발전에 거대한 영향을 미쳤다. 희종 이후 금나라가 멸망할 때까지, 이 제도는 기본적으로 변경되지 않았으며, 금나라의 확립된 제도가 되었다.

세종의 즉위

희종 황통 9년(1149년), 종실인 완안량(完顔亮, 희종 완안단의 사촌 동생)이 정변을 일으켜 희종을

◈ **좌룡**(坐龍) | **금**

이 좌룡은 금나라 회녕부(會寧府, 지금의 헤이룽장성 아청阿城) 유적지에서 출토되었다. 용은 뒷발을 땅에 붙인 채 몸을 구부리고 쭈그려 앉은 자태를 보이고 있다. 이렇게 정좌(靜坐)하고 있는 자태의 용은, 대체로 건축물 등의 장식물에만 출현한다. 용의 조형은 비교적 거칠고, 주둥이가 뾰족하며, 입을 벌려 이빨을 드러내고 있고, 갈기가 뒤쪽으로 휘날리고 있다. 오른쪽 앞발은 똑바로 세워 땅을 딛고 있고, 왼쪽 앞발은 들어올려, 발톱으로 구름을 누르면서 짚고 있다. 자태에 생동감이 없으며, 향토적인 조형 특색을 띠고 있다.

죽이고 황위를 탈취했으니, 그가 해릉왕(海陵王)이다.

금나라가 건립된 이래, 요나라를 멸망시키고 송나라를 공격하여, 영토가 끊임없이 확대되면서, 많은 맹안모극(猛安謀克: 631쪽 참조)들이 중원으로 진입했다. "바야흐로 영토가 만 리까지 넓어지자, 북쪽은 곧 백성들이 분명하여 일이 간단했는데, 남쪽은 땅이 멀어 일이 번거로웠지만", 수도는 줄곧 상경(上京) 회녕부(會寧府)에 두어, 위치가 궁벽했다. 그리하여 경제적으로는 "공물을 운송하기가 곤란했고, 사신들이 왕래하기가 힘들어", 매우 불편했다. 해릉왕이 즉위한 후, 연경성(燕京城)을 확장하여 건설하고 궁실을 짓도록 명령을 내려, 1153년에 정식으로 수도를 여기로 옮기고, 중도(中都) 대흥부(大興府)라고 이름을 정했다. 동시에 해릉왕은 또한 명령을 내려, 상경의 궁전들을 헐어서 이전하고, 종실 귀족 및 거기에 소속된 맹안모극들을 모두 내지로 옮기게 했으며, 태조와 태종의 능침도 함께 중도 근교로 옮기도록 했다. 이 일은 금나라 정치 중심이 이전되었음을 상징했으며, 또한 북경(北京)이 역사상 처음으로 왕조의 수도가 되었다. 해릉왕은 또한 중서성과 문하성을 폐지하고, 상서성만을 최고 행정기구로서 남겨 두었으며, 그 나머지 관제(官制)도 한층 더 규범화하여, 관직은 위계를 정하고, 관원은 숫자를 정했는데, 이는 금나라가 존립한 기간 내내 대대로 지키면서 바꾸지 않았다. 정륭(正隆) 6년(1161년), 해릉왕 완안량은 군대를 인솔하고 대대적으로 남송을 정벌하여, 강남을 평정하고 "온 천하를 하나로 통일하는[萬里車書一混同: 진 시황이 천하를 통일한 뒤, 모든 수레바퀴를 일정한 규격으로 통일하고, 모든 책에 기록하는 문자를 한 가지로 통일한 것으로, 천하를 통일한 것을 비유한 말]" 자신의 숙원을 완성하려고 했다. 그러나 그는 재위 기간에 통치가 잔혹하여, 점차 지지 세력을 잃고 고립무원의 형세가 되어 갔다. 종실 완안옹이 동경(東京, 지금의 랴오닝성 랴오양遼陽)에서 병란을 일으켜, 스스로 제위에 올라, 연호를 대정(大定)으로 고쳤으니, 그가 금 세종(世宗)이다. 그해 11월, 해릉왕은 송나라를 공격했다가 패배하자, 군대 내의 인심이 변했다. 병부상서 완안원의(完顏元宜)가 이 기회를 틈타 병란을 일으켰고, 완안량이 이 병란 과정에서 죽자, 금나라는 금 세종의 통치 시기로 진입한다.

금 세종이 즉위한 초기에는 시국이 매우 불안정했다. 서북쪽의 거란이 강렬한 기세로 대규모 봉기를 일으켰고, 남송과의 전쟁도 진행 중이었다. 해릉왕의 과오가 전에 있었으므로, 안정되고 견고한 통치 집단을 건립하려면, 반드시 일련의 새로운 조치들을 취해야 했다. 세종은 즉시 형세를 분석하고는, 우선 대군을 집결시켜 거란 농·목민의 봉기를 진압하기로 결정했다. 대정(大定) 원년(1161년) 12월, 봉기군의 수령인 이랄와알(移剌窩斡)이 황제를 자처하면서, 연호를 대정(大正)으로 정함과 동시에, 거란 봉기군을 이끌고 임황부(臨潢府)와 태주(泰州, 지금의 지린성 타오난洮南 일대) 사이를 옮겨 다니면서 전투를 벌였다. 봉기군은 기세등등하게 여러 차례 금나라 군대에 타격을 가했다. 대정 2년(1162년), 세종은 부산충의(仆散忠義)를 평장정사(平章政事) 겸 우부원수(右副元帥)에, 흘석렬지녕(紇石烈志寧)을 원수우감군(元帥右監軍)에 임명하여 각 군을 통솔하게 하고, 정예군을 다 동원하여 이랄와알 군대를 진압했다. 6월, 금나라 군대는 봉기군과 화도(花道)·뇨령(裊嶺) 일대에서 결전을 벌여 크게 완승을 거두었다. 8월, 다시 봉기군을 격파했다. 세종은 군대를 보내 진압함과 동시에, 끊임없이 사자를 보내 투항하도록 설득했다. 봉기군 가운데 대장군 알리뇨(斡里裊)·맹안(猛安) 칠근(七斤)·포속월(蒲速越) 등이 잇달아 금나라에 투항했다. 거란의 봉기가 진압된 후, 세종은 조서를 내려 거란의 맹안모극을 폐지하고, 여진의 맹안모극에 편입시켰다. 봉기에 참가한 거

◈ **자주요(磁州窯)의 인물고사도침(人物故事圖枕) | 금**

베개[枕]는 사람들의 일상생활에서 중요 생활용구로서, 중국 고대에 처음에는 돌로 베개를 만들었고, 나중에는 발전하여 나무·옥·동·도자기 등의 재료로 베개를 만들었다. 자침(瓷枕: 도자기 베개)은 수·당 시기에 최초로 출현하여, 양송 및 금·원 시기에 가장 성행했고, 명·청 시기에 역사의 무대에서 사라졌다. 송·금 시기의 자침에는 일반적으로 채색 유약으로 정교하고 아름다운 그림을 그리거나 시구를 써 넣었다. 형상도 매우 다양하여, 장방형·화판형(花瓣形: 꽃잎 모양)·하트형·타원형 등이 있다.

란인은 계속해서 여진족 거주 지역으로 이주당하여 여진족과 뒤섞여 살면서, 여진 관리의 직접적인 통치를 받았다. 얼마 지나지 않아, 하북(河北)·산동(山東)·하동(河東) 등의 방면에 살던 북방 여러 부족들의 봉기도 계속 평정되자, 통치 질서는 예전처럼 매우 빠르게 회복되었다.

비록 국내 형세는 진정되었지만, 외부에 대한 전쟁은 여전히 중단되지 않았다. 세종은 해릉왕이 무력을 남용하여 전쟁을 일삼았던 교훈을 받아들여, 남침에 징집당한 병사들은 편제를 해제하여 고향으로 돌려보내자, 변경에 주둔하며 지키는 병력은 단지 10만 명뿐이었다. 가능한 한 빨리 송나라와 휴전할 수 있도록 하기 위해, 세종은 다시 사자를 파견하여 송나라와 평화 담판을 벌였다. 바야흐로 남송에서 효종(孝宗)이 집권하여, 빼앗겼던 땅을 수복하려고 급히 서두르면서 군대를 일으켜 북벌을 준비하고 있었기 때문에, 세종이 기대했던 평화 담판은 실패하고 말았다. 대정 3년(1163년), 남송이 군대를 동원하여 북벌에 나서자, 금나라는 좌승상 부산충의와 좌부원수 흘석렬지녕이 대군을 이끌고 가서 반격을 가했다. 남송 군대는 패배를 거듭했다. 5월, 쌍방은 부리(符離, 지금의 안후이성 쑤저우宿州)에서 대규모 전투를 벌여, 송나라 군대가 참패했다. 송 효종은 어쩔 수 없이 사자를 파견하여 화의를 요청했다. 11월에 화의가 기본적으로 이루어졌다. 대정 5년(1165년), 쌍방은 정식으로 강화를 체결하여, 송나라는 금나라에게 칭질(稱侄: 조카로 처신함)하고, 매년 세폐(歲幣) 20만 냥과 비단 20만 필을 바치기로 합의했다. 이때부터 쌍방은 30년간 더 이상 대규모 전쟁을 벌이지 않았다.

대정명창(大定明昌)의 치

형세가 계속 안정되어 가자, 세종은 국내에서 과감한 혁신을 진행하기 시작했다. 우선 인재 등용에서, 세종은 모든 사람을 다 포용하여 받아들이는 조치를 취했다. 일찍이 해릉왕에게 중용되었던 사람은 물론이고 그를 반대했거나 또는 항복하여 복속했던 사람까지, 또한 여진 귀족이나 한인은 물론이고 발해인까지도, 단지 재능만 있으면 모두 차별하지 않고 임용했다. 예를 들면, 해릉왕 시기의 상서령(尙書令)이었던 장호(張浩)는 여전히 태사(太師)에 봉해졌으며, 상서령 흘석렬지녕과 백언경(白彦敬) 등은 대군을 이끌고 거란 봉기를 진압했지만, 또한 완안옹(完顔雍: 즉 세종)을 공격하려고 시도함과 아울러, 완안옹이 파견한 사자 아홉 명을 잇달아 살해했었다. 그들이 항복한 후, 세종은 그 장수들을 소중히 여겨, 예전의 나쁜 감정에 얽매이지 않고 여전히 그들로 하여금 군대를 통솔하게 하여 중책을 맡겼다. 이러한 정책의 시행은, 백성들의 열렬한 지지를 받았으며, 통치계급 내부의 관계가 매우 빠르게 정돈되어, 혼란한 국면은 점차 마무리되었다. 세종은 30년간 재위하면서, 종실인 완안씨 귀족은 7명, 종실이 아닌 여진인은 15명, 한족은 14명, 거란과 발해인은 2명을 임용했다. 이전 왕조의 제왕들과 비교하면, 확실히 오직 현명한 사람만 등용했고, 등용된 사람은 그 재능을 다 발휘했다.

정치 제도에서, 세종은 기본적으로 해릉왕 때의 기존 제도를 답습했고, 단지 시정 방침에서만 상응하는 변화를 주었다. 해릉왕은 이치(吏治: 관리의 치적)를 숭상했으며, 고집불통이어서 남의 의견을 듣지 않았다. 반면 금 세종은 인정(仁政: 어진 정치)과 관정(寬政: 너그럽게 다스리는 정치)을 숭상하고, 허심탄회하게 간언을 받아들였다. 그는 여러 차례 조서를 내려 내외의 높고 낮은 관리들에게 글을 올려 직언을 하도록 하고, 그렇게 하여 인재를 선발하고 계책을 제시하게 했다. 세종은 또한 이전 왕조의 관직과 예의 제도의 기초 위에서, 한층 더 수정을 가했다. 예를 들어 해릉왕 때는 상서성 재집(宰執: 재상과 집정관을 합친 말)이 7명이었고, 또한 희종 때의 평장정사(平章政事) 관직을 폐지했었다. 그런데 세종은 상서성 재집을 9명으로 늘리고, 아울러 평장정사 관직을 회복시켰다. 문화 방면에서, 세종은 선대의 몇몇 방법들—예컨대 종전의 정령(政令: 법령)은 한학(漢學)을 숭상하고, 여진의 고유문화를 경시했다—을 폐지했다. 이와 반대로, 세종은 모든 것을 포용하여 함께 보존하는 방법을 채택하여, 여진 문화를 포기하지 않았을 뿐만 아니라, 한족 문화도 이용하고 흡수하여, 여진 민족의 문화 수준을 제고시켰다. 경제 방면에서, 세종은 역시 일정 정도의 개혁을 시행했다. 금대(金代)에는 농업을 근본으로 삼았는데, 농업 생산을 촉진하기 위해, 세종은 거란의 봉기를 평정하고, 남송에 대한 전쟁을 끝낸 후에, 편제를 해제하여 군대를 감축하고, 그들이 농사를 짓도록 돌려보냈다. 해릉왕 시기에 과중하고 잡다한 세금이 무수히 많아 민생이 어려웠기 때문에, 세종은 곧 부역을 줄여 주고 세금을 가볍게 하여 백성들에게 휴식을 주는 정책을 실행했다. 흉년이 들면, 조세를 면제해 주고 노역을 감면해 주었다.

송나라와 화의한 후, 금나라는 계속해서 남송·서하와의 각장(榷場: 국경 지역에 설치한 무역 시장)을 회복시킴과 아울러 확대 설치하여, 국내 경제와 무역의 안정적인 발전을 보장했다. 세종 통치 기간에 정국이 상대적으로 안정되자, 경제도 비교적 빠르게 발전하여, 곡식 창고는 가득 찼고, 백성들의 생활이 안정되면서 문화가 번영하기 시작했다. 대정 29년(1189년) 정월, 금 세종이 중도(中都) 복안전(福安殿)에서 병으로 세상을 떠났다. 향년 67세였다. 금 세종이 세상을 떠난 후, 황태손인 완안경(完顔璟)이 즉위했으니, 그가 장종(章宗)이다. 장종은 금나라의 태평성세 시기에 성장하면서, 유가 문화의 영향을 깊게 받았다. 그는 조부(즉 금 세종 완안옹-옮긴이)의 치국(治國) 방략을 계승함과 동시에, 북위 효문제(孝文帝)의 한화(漢化: 한족의 문화와 제도를 본받음) 개혁 방식을 적극적으로 본받아, 조부가 모든 것을 포용하여 함께 보존하던 방법은 더 이상 답습하지 않았다. 대정 29년 2월, 장종은 막 즉위하자, 곧 금나라 역사가 남겨 놓은 노예 문제를 해결했다. 금나라의 노

한 걸음 더

『태화율의(泰和律議)』

『태화율의』는 금나라 법제의 확립 과정에서 가장 성취를 거둔 법전이다. 그것은 금 장종 시기에 제정되었는데, 『당률소의(唐律疏議)』를 원본으로 삼고, 『송형통(宋刑統)』(북송 초기의 형법전-옮긴이)의 소의(疏議: 해설, 주석)를 취하여 해석을 가했으며, 그 편목(篇目: 목차)은 당률(唐律: 당나라 법률)과 같아 모두 12편(篇) 30권(卷)이지만, 내용은 다소 다르다. 내용은 모두 563조(條)로, 사령(祠令) 48조, 호령(戶令) 66조, 학령(學令) 11조, 선거령(選擧令) 83조, 봉작령(封爵令) 9조, 봉증령(封贈令) 10조, 궁위령(宮衛令) 10조, 군방령(軍防令) 25조, 의제령(儀制令) 23조, 의복령(衣服令) 10조, 공식령(公式令) 58조 등등을 포함하고 있다. 『태화율의』는 금대에 통상적으로 시행된 법전이지만, 금대에는 전쟁이 빈번하게 일어났기 때문에, 법률은 실제 생활 속에서는 결코 그다지 철저하게 집행되지 않았다.

예 지위는 매우 낮았으며, 국가에 세금을 납부해야 했을 뿐만 아니라, 또한 사원에도 조(租: 소작료)를 납부해야 했다. 봉건제가 발전함에 따라, 노예제의 존재는 이미 생산의 발전을 저해하는 심각한 장애가 되었다. 장종은 일련의 노력을 통해, 절대 다수의 노예를 평민으로 바꿔 주었다. 얼마 지나지 않아, 장종은 또한 명령을 내려 민간의 토지세를 10분의 1로 줄이도록 하여, 백성들의 어려운 삶을 보살폈다.

민생 문제를 해결한 것 말고도, 장종은 금나라 맹안모극의 현재 상황에 근거하여, 조정을 진행했다. 맹안모극은 여진족의 독자적인 특징을 지닌 군사 제도다. 그들은 금나라가 변경을 개척하여 영토를 확장하고, 요나라를 멸망시키고, 송나라를 정복하는 역사적 과정에서 무시할 수 없는 역할을 했다. 그런데 태평성세가 계속됨에 따라, 맹안모극의 업무 태만과 규율 해이가 점차 드러났다. 이에 대해 장종은 새로운 규정을 만들었다. 즉 그는 맹안모극에게서 세습제의 특권을 박탈함과 아울러, 일부 범속하고 무능한 맹안모극을 도태시켜 맹안모극의 소질과 효율을 일정 정도 제고시켰다. 금 장종은 또한 많은 새로운 기구들을 설립했다. 예를 들면 학교처(學校處)·제형사(提刑司) 등을 설립하여 법제 방면의 확립을 완성했다. 이러한 조치들은 사회 안정·경제 발전 및 통치계급 이익의 유지 보호 모두에 대해 긍정적인 작용을 했다.

금 장종은 금 세종의 일부 통치 이념을 계승함으로써, 일정한 성취를 이루었다. 명창(明昌) 2년(1191년), 금나라의 재정 수입은 끊임없이 개선되었고, 인구수도 최고 수준에 도달했다. 명창 6년(1195년)에 금나라 경내의 여진·거란·한족 호구(戶口)는 세종 대정(大定) 27년(1187년)에 비해 100만여 호가 증가하여, 거의 천만 명이 되었다. 금 세종의 연호는 대정(大定, 1161~1189년)이고, 금 장종 초기의 연호는 명창(明昌, 1190~1196년)이어서, 이 시기는 역사에서 '대정명창의 치'라고 불린다.

금(金) 1196~1234년

인물: 금 장종(章宗) 완안경, 금 애종(哀宗) 완안수서 지역: 채주(蔡州) 키워드: 삼봉산(三峰山) 전투

금나라의 쇠망

금 장종(章宗) 후기에, 황하의 둑이 세 차례나 무너졌고, 통치자들 사이에서는 사치와 낭비의 풍조가 만연했으며, 정치는 부패해 갔고, 재정적으로는 점차 세입이 세출보다 부족한 국면이 나타났다. 동시에 몽고가 불시에 금나라 북쪽 변경을 침입하여 소란을 일으키자, 금나라는 대응하기에 바빴다. 금 선종(宣宗) 시기에 이르러, 안으로는 권신(權臣)들이 정국을 조종했고, 밖으로는 몽고군이 빈번하게 침범하여 재물과 인구를 강탈하자, 금나라 통치는 위태로워져 곧 무너질 지경이었다. 선종의 아들 애종(哀宗)이 즉위한 후, 비록 정신을 차리고 나라를 다스리려고 시도했지만, 인재의 등용이 부적절했고, 앞뒤에서 적의 공격을 받아, 이미 기울어 가는 형세를 만회하기는 어려웠다. 애종 천흥(天興) 원년(1232년), 몽고군이 개봉을 점령하자, 애종은 채주(蔡州, 지금의 허난성 루난汝南)로 도망쳤다. 2년 후, 몽고와 남송 군대가 함께 채주를 공격하여 함락시키니, 애종은 목을 매어 자살했고, 금나라는 멸망했다.

◈ 목조 채색 보살좌상 | 금

전쟁을 피해 남쪽으로 천도하다

금 장종은 비교적 능력이 있는 황제였다. 그의 주요 성과는 거의 모두 그의 문치(文治)에서 구체적으로 드러나 있다. 그런데 국내의 권력 다툼은 여전히 사라지지 않았으며, 대외적으로는 변경에서의 재난이 끊이지 않았다. 13세기 초, 북쪽의 몽고족이 굴기하여 끊임없이 금나라와 전쟁을 벌였다. 전쟁이 끊이지 않으면서, 군

◈ **도판**(陶版) | **금**

건축물 부품이며, 점토질 회도(灰陶)로, 판면에 무사와 봉황문을 새겨 놓았다. 인물은 손에 병기를 쥐고 있고, 두 눈은 동그랗게 뜨고 있으며, 표정과 태도가 매우 생동감 있다.

비 지출이 나날이 커져, 조정의 조세 수입으로는 무거운 부담을 견딜 수 없게 되자, 대량의 지초(紙鈔: 지폐)를 발행하고 화폐를 주조했다. 화폐 제도가 극도로 혼란에 빠지니, 사회 경제에 거대한 피해를 가져다주었다. 백성들의 빈곤이 한꺼번에 닥쳐온 데다, 몽고 철기(鐵騎)가 끊임없이 북쪽에서 소란을 피우자, 금나라는 전성기에서 불가피하게 쇠망으로 나아가기 시작했다.

태화(泰和) 8년(1208년) 11월, 장종이 병으로 금나라 중도(中都)의 안복전(安福殿)에서 사망했으니, 향년 41세였다. 그에게는 아들이 없었기 때문에, 장종의 숙부인 위소왕(衛紹王) 완안영제(完顔永濟)가 황위를 차지했다. 지녕(至寧) 원년(1213년) 8월, 권신 흘석렬집중(紇石烈執中, 또 다른 이름은 명호사호名胡沙虎)과 그의 패거리들이 정변을 일으켜 위소왕을 시해하고, 세종의 손자인 완안순(完顔珣)을 황제에 옹립한 뒤, 연호를 정우(貞祐)로 고쳤으니, 그가 금 선종(宣宗)이다. 금 선종이 즉위했을 때, 안으로는 조정에서 권신이 권력을 장악했고, 밖으로는 몽고의 대군이 중도(中都)를 압박해 왔지만, 그 자신은 나약하여, 임금을 시해하고 나라를 혼란하게 한 흘석렬집중에 대해 단호한 조치를 취할 수 없었을 뿐만 아니라, 오히려 태사(太師)·상서령(尙書令) 겸 도원수(都元帥)에 임명하자, 국정은 이 권신의 수중에서 완전히 조종되었다. 정우 원년(1213년) 10월, 몽고군이 중도의 성 밑에 이르렀고, 금나라 군대는 두 차례 패배했다. 원수우감군(元帥右監軍) 술호고기(術虎高琪)가 이 기회를 틈타 반란을 일으켜 흘석렬집중을 살해했다. 금 선종은 타조정책(駝鳥政策: 임시 방편의 눈가림식 정책)을 계속 집행하여, 술호고기를 좌부원수(左副元帥)와 평장정사(平章政事)에 임명했고, 후에 다시 관직이 상서우승상(尙書右丞相)으로 승진했다. 술호고기가 승상이 된 뒤, 국정을 좌지우지하면서 전횡하자, 금나라는 더욱 깊은 쇠락과 혼란 속으로 빠져들어 갔다. 몽고 군대의 강대한 공세에 직면하여, 금나라 통치자는 적극적으로 저항하자는 주장을 포기하고, 투항하고 도피하는 노선을 취했다. 정우 2년

(1214년) 3월, 금나라는 몽고가 제시한 조건을 수락했다. 그 조건은 바로 남녀 어린이 각 500명씩, 수의(繡衣: 수를 놓은 옷) 3천 벌, 어마(御馬: 임금이 타는 말) 3천 필, 수많은 금은보화를 헌납함과 아울러, 완안영제의 딸을 기국공주(岐國公主)로 삼아 화친을 진행하기로 한 것이다. 성하지맹(城下之盟: 적군이 도성 밑에까지 침입해 오자 할 수 없이 강화를 체결한 것을 가리키는 것으로, 매우 굴욕적인 강화나 항복을 일컫는 말)의 화의가 체결된 후, 금나라가 아직 비교적 강한 방어 능력을 갖고 있다고 느낀 몽고군이 잠시 군대를 철수시키자, 중도는 포위에서 해제되었다.

포위가 해제된 후, 금 선종은 중도가 몽고군과 매우 가까운 곳에 있다고 생각하니, 언제라도 공격을 받을 수 있다는 심각한 불안을 느꼈다. 그리하여 수도가 너무 오래되어 낡았고 자금과 자원이 모두 크게 부족하여, 중도는 장기간 남아서 지킬 수 없다는 것을 이유로, 도성을 남경(南京) 개봉부(開封府, 지금의 허난성에 속함)로 옮기기로 결정했다. 조정의 관리들과 태학생(太學生)들은 모두 천도해서는 안 된다고 강력히 주장했다. 그들은, 중도는 금나라의 근본으로, 중도를 포기하고 남쪽으로 천도하면, 북쪽의 여러 성들은 장차 원조가 부족하여 몽고군의 공격을 막아 낼 수 없다고 생각했다. 그런데 선종은 이들의 의견을 받아들이지 않고 자기 생각만을 고집하면서, 황급히 중도를 떠나 남경 개봉부로 옮겨 갔다. 선종이 남쪽으로 천도하자, 민심이 매우 크게 동요하여, 동북 지역에 주둔하여 지키고 있던 금나라 장병들과 한족 지주들로 하여금 자신을 보전하기 위해 금나라와 결별하고 몽고에 투항하여 복종하게 했다. 정우 2년(1214년), 금주(錦州, 지금의 랴오닝성에 속함)의 장경(張鯨)·장치(張致) 형제가 10여만 명의 무리를 모아 금나라를 배반하고, 절도사를 죽인 뒤 스스로 왕이 되었다가, 무칼리(木華黎)가 몽고군을 이끌고 동북 지역을 공격해 들어온 후에 몽고군에게 투항했다. 또 거란인 야율류가(耶律留哥)가 금나라를 배반하고 몽고군과 연합하여, 스스로 요왕(遼王)을 자처하면서, 몽고군이 동북 지역을 공격하여 점령하는 데 선봉군이 되었다. 정우 3년(1215년)에는, 요동선무(遼東宣撫) 포선만노(浦鮮萬奴)가 금나라를 배반하고 독립하여 대진국(大眞國)을 건립하고, 연호를 천태(天泰)로 고친 다음, 천왕(天王)으로 자처하면서, 금나라 동북 지역에서의 통치는 마침내 사분오열되었다.

금 선종은 남쪽으로 천도하여 몽고군을 피함과 동시에, 맹목적으로 남쪽을 향해 확장해 갔다. 연속해서 출병하여 송나라를 공격함으로써, 남송을 약탈하여 몽고군에게 빼앗긴 손해를 보충하려고 했다. 이렇게 연목구어(緣木求魚)나 다름없는 무리한 군사 행동은, 북쪽에서 몽고에 저항하는 병력을 분산시켰을 뿐만 아니라, 금·송이 서로 손을 잡고 몽고에 맞설 가능성을 완전히 없애 버렸다. 이밖에도 남쪽으로의 천도는 또한 산동·하북 등지의 백성들의 부담을 가중시켜, 모순을 한층 격화시킴에 따라, 대대적으로 몽고와 금나라에 저항하자는 기치를 내건 홍오군(紅襖軍)이 폭풍처럼 거세게 봉기를 일으켰는데, 그 기세가 대단했다. 산동의 양안아(楊安兒)·이전(李全) 등이 지도하는 봉기군을 중심으로 하여, 하북·하남·산서 등지를 매우 빠르게 석권했다. 비록 선종이 소집한 병력의 피비린내 나는 진압으로 봉기군은 계속해서 심각한 타격을 입었지만, 각지의 봉기군들이 희생을 겁내지 않고 용감히 전진하면서 끊임없이 이어지자, 금나라의 겨우 조금 더 강한 병력마저 거의 다 소모하게 하여, 몽고군에 대해 더욱 강력한 반격을 가하기 어렵게 만들었다.

원광(元光) 2년(1224년), 금 선종이 세상을 떠나, 금나라 북쪽의 방어선이 전면적으로 붕괴되어 몽고의 철기가 물밀 듯이 남하하자, 금나라 통치계급의 분열도 극심해졌고, 농민 봉기는 끊임없이 금나라의 통치 기초를 약화시켰다. 금나라는 안팎으로 동시에 곤경에 처해 급속히 쇠망해 갔다. 『금사(金史)』에서는 선종이 남쪽으로 천도한 것에 대해 이렇게 평가하기를, "거듭 천도하여 결국 나라를 망하게 했으니, 어찌 깊이 탄식하지 않을 수 있겠는가!"라고 했다. 이로부터 이때 남쪽으로 천도한 것은 애종(哀宗)이 채주(蔡州)로 천도하는 전조(前兆)였다고 말할 수 있으며, 금나라가 중흥할 대문을 철저히 걸어 닫고, 멸망의 길을 열어젖힌 셈이었다는 것을 알 수 있다.

애종(哀宗)이 나라를 잃다

원광 2년(1224년) 12월, 금 선종이 세상을 떠나고, 태자 완안수서(完顔守緖)가 즉위했으니, 그가 금 애종이다. 즉위했을 때 내우외환의 엄중한 현실에 직면하여, 애종은 망국의 군주가 되고 싶지 않아, 힘써 국력을 진작시키려고 도모했다. 군사적으로, 그는 남송과 서하에 대한 전쟁을 신속히 중단시키고, 이어서 완안진화상(完顔陳和尙)과 양옥연(楊沃衍) 등 주전파 장수들을 선발하여, 온 힘을 다해 몽고에 저항했다. 정치적으로, 그는 간신들에게 타격을 가하여, 이치(吏治)를 쇄신하려고 노력했다. 문화·경제적으로, 그는 유학을 제창하고, 농업과 잠업을 장려했다. 이러한 조치들의 시행은, 당시의 민족 모순을 일정 정도 완화시켜, 금나라 국력을 향상시켰다.

그러나 애종은 결국 현명하고 결단력 있는 황제는 아니어서, 송·서하와 연결했지만 유력한 조치가 부족하여, 송나라로 하여금 금나라의 평화 제의를 거절하게 했으며; 간신들에게 타격을 가함과 동시에, 역시 백철(白撤)·장문수(張文壽) 같은 간신들을 임용했으며; 몽고에 항거할 것을 주장하는 장수들을 임용했지만 시종일관 일을 잘 처리하지 못했고, 더 나아가 내정과 외교 및 군사상의 일련의 조치들은 타당하지 않았다. 개흥(開興) 원년(1232년), 몽고군이 세 방면으로 금나라를 공격할 때, 애종은 무모하게 대규모 결전의 방식을 통해 정면으로 몽고군을 격퇴하려고 덤볐다가, 균주(鈞州, 지금의 허난성 위저우禹州) 삼봉산(三峰山) 전투에서 패배하여, 많은 장수들이 전사하고 금나라 군대의 주력이 전멸하여, 더 이상 몽고 군대의 침략에 저항할 능력이 없었다.

개흥 원년(1232년) 3월, 몽고군이 개봉을 포위 공격했다. 애종의 격려와 위로를 받으면서, 장병들은 "스스로 분발하여, 앞다투어 목숨을 아끼지 않고 싸웠다". 마침내 몽고군의 공격을 물리치고 개봉을 지켜 냄으로써, 금 왕조의 수명을 다시 2년간 연장시켰다. 몽고군이 물러난 후, 개봉은 식량이 부족했다. 군량을 마련하기 위해 애종은 다시 '괄속(括粟: 곡식을 끌어 모음)' 정책을 잘못 시행하여, 온 성안 백성들의 식량을 약탈함으로써, 민심을 크게 잃고 말았다. 애종은 변경(汴京)에 지원이 끊기고 식량이 바닥나자, 몽고군이 공격해 오지 않아도 이미 유지하기 어렵다는 것을 알고, 어쩔 수 없이 천흥 2년(1233년) 정월에 귀덕(歸德, 지금의 허난성 상추商丘)으로 달아났다. 6월, 애종은 다시 채주로 도망쳤다. 채주는 회수(淮水)의 지류인 여수(汝水) 부근에 위치했고, 송나라와 경계를 접하고 있어, 다시 송나라의 위협에 직면했다. 이때 송나라는 이미 몽고와 합의—즉, 연합하여 금나라를 멸망시키고, 금나라가 멸망한 후에는, 하남 땅은 송나라가 갖고, 하북 땅은 몽고가 갖는다는 합의—를 이루었으므로, 송나라의 대군은 이미 금나라로 출발한 상태였다. 8월, 송나라 군대가 당주(唐州, 지금의 허난성 탕허唐河)를 포위 공격했다. 당주를 공격하여 함락시킨 후, 다시 식주(息州, 지금의 허난성 시현息縣)로 진격했다. 애종은 송나라가 몽고를 도와 금나라를 공격하는 것을 보고, 황족 완안아호대(完顏阿虎帶)를 송나라에 보내 화의를 요청했지만, 송나라는 화의를 거절했다. 몽고군은 타차르(塔察兒)가 인솔하고, 송나라 군대는 맹공(孟珙)이 인솔하여, 방향을 나누어 채주를 공격했다. 9월, 몽고군이 채주성 밑에 도달했다. 11월, 송나라 장수 맹공이 2만 명의 병력을 이끌고 채주에 도달했는데, 군량 30만 석을 운송해 와서 몽고군에게 군수를 제공하고, 송·몽고 양국 군대가 합류했다. 12월 9일, 몽고군이 채주 외성(外城)을 돌파했다. 19일, 서성(西城)을 공격하여 돌파했다. 24일, 애종이 병사를 이끌고 밤에 동성(東城)을 빠져나가 도망치다가, 성책(城柵: 성 주변에 둘러친 목책 등 울타리)이 있는 곳에 이르렀을 때, 몽고군과 마주치자 어쩔 수 없이 되돌아갔다. 채주가 3개월 동안 포위당하자, 성 안에는 식량이 바닥났다. 애종은 구마(廐馬: 임금이 사용하기 위해 기르는 좋은 말) 50필과 관마(官馬: 관청 소유의 말) 150필을 잡아 장병들에게 식용으로 하사했다. 성 안의 주민들은 가축의 뼈와 제비집으로 허기를 채웠다.

천흥 3년(1234년) 정월 9일, 몽고군이 서성에 다섯 개의 문을 내어 일제히 성으로 들어오자, 완안중덕(完顏仲德)이 군대를 통솔하여 시가전을 벌였다. 저녁 무렵이 되자, 몽고군이 잠시 철수했다. 애종은 채주가 곧 점령될 것을 예상하고는 비통하게 말했다. "나는 금자광록대부(金紫光祿大夫)로 10년, 태자로 10년, 임금으로 10년을 있으면서, 스스로 아직 큰 과오가 없었다고 알고 있으니, 죽어도 아무런 한이 없다. 다만 대대로 선조들이 물려준 나라가 백여 년 만에, 나에 이르러 이렇게 멸망하여 사라지는 것이 한스러울 뿐이다." 또 이렇게 말했다. "예로부터 멸망하지 않은

◈ **노구교**(盧溝橋)

노구교는 베이징 서남쪽 근교 융딩하(永定河) 위에 위치하며, 금나라 대정(大定) 29년(1189년)에 처음 건설되었으니, 지금으로부터 이미 800여 년의 역사를 지니고 있다. 그것은 베이징 지역에 현존하는 가장 오래된 석공교(石拱橋: 아치형 돌다리)로, 전체 길이는 266.5미터, 너비는 9.3미터이며, 다리 위에는 크고 작은 석제 사자 485마리가 조각되어 있다.

나라는 없었다. 망국의 군주는 왕왕 사람들에게 사로잡혀 수감되거나, 혹은 승리자의 궁전에서 능욕을 당하기도 했다. 나는 절대로 그렇게 되지 않을 것이다. 그대들은 두고 보거라!" 밤이 되자 제위를 동면원수(東面元帥) 완안승린(完顔承麟)에게 넘겨주면서 말했다. "나는 신체가 뚱뚱하고 무거워, 말을 타고 돌진하는 데 불편하다. 그대는 원래 신체가 힘차고 민첩하며, 장수로서의 지략을 가졌으니, 만일의 경우 도망쳐서 국가를 멸망하지 않게 하는 것이 나의 바람이다." 이튿날 아침, 완안승린은 조서를 받고 황위에 즉위했다. 즉위 의식이 거행되는 동안, 성 남쪽에는 이미 송나라 군대의 깃발이 세워졌다. 장수들은 급히 나가 전투를 벌였다. 송나라 군대는 남성을 공격하여 함락시켰고, 몽고의 타차르가 통솔하는 군대는 서성을 공격하여 돌파했다. 완안중덕은 천여 명의 정예병을 이끌고 시가전을 벌였고, 묘시(卯時: 새벽 5~7시)부터 사시(巳時: 오전 9~11시)까지 전투가 계속되었다. 애종은 이 장면을 보다가 스스로 목을 매 자살했고, 완안승린도 반란병에게 살해됨으로써, 금나라는 멸망했다.

전문 테마 맹안모극(猛安謀克) 제도

12세기 초의 여진인은, 일찍이 한 편의 신화와 같은 역사를 창조했다. 2,500명으로 군대를 일으킨 완안아골타는 고작 12년의 시간 동안에 요나라와 북송이라는 양대 강국을 정복했다. 그런데 100년이 안 되어, 여진인은 지난날의 그러한 용맹함과 정예로움을 모두 잃어 버려, 몽고군 앞에서 일격을 견디지 못하고 곧바로 몽고군에 의해 멸망했다. 똑같이 군대로 나라를 일으켰지만, 시간이 흘러 상황이 변하자, 결과도 역시 달랐다. 원나라 사람이 편찬한 『금사(金史)』는 결론짓기를, "금나라는 군대로 나라를 얻었으며, 또한 군대에 의해 나라를 잃었으니, 어찌 조심하지 않으랴, 어찌 조심하지 않으랴!"라고 했다. 이로부터, 금나라의 군사 제도는 금나라에 대해 지극히 중요한 영향을 미쳤음을 알 수 있다. 그런데 금나라 군사 제도의 변화 발전 과정에서, 맹안모극 제도의 변화는 금나라의 흥망성쇠에 직접적인 영향을 미쳤다.

맹안모극

여진어의 뜻에 따르면, '맹안(猛安)'의 본래 의미는 '천(千)'으로, 처음에는 천부장(千夫長) 즉 천호장(千戶長)이었다. '모극(謀克)'의 본래 뜻은 '족(族)'·'족장(族長)'이며, 여진의 부족들이 혈연 조직에서 지역 조직으로 변화한 후에는, 다시 '향리(鄕里)'·'읍장(邑長)'의 뜻도 갖게 되었고, 다시 백부장(百夫長)·백호장(百戶長)으로 전의(轉義)되었다. 금대에는 '맹안모극'이라는 말이 최소한 다섯 가지 방면의 내용들을 포함하고 있었다. 첫째는 여진족 호(戶)를 대신 일컫는 명칭으로서의 의미, 둘째는 두 가지 영예로운 작위로서의 의미, 셋째는 여진족의 사회 조직 단위로서의 의미, 넷째는 여진 사회 조직 단위의 수령으로서의 의미로, 나중에는 실제로 지방 행정장관이 되었으며, 다섯째는 금나라 군대의 두 단계 편제 단위로서의 의미 등등이다. 맹안모극은 비록 여러 가지 함의를 가지고 있지만,

◈ 〈기사도(騎射圖)〉 | 금

◈ 자주요(磁州窯)의 삼채호침(三彩虎枕) | 금

호랑이 모양의 베개는 주로 송·금 시기, 특히 금대에 유행했는데, 한편으로는 중국의 전통문화 속에서 호랑이를 숭배하는 것이 하나의 사회적 풍속이었기 때문이며, 다른 한편으로는 바로 금나라 사람은 말 타기와 활쏘기를 잘하여, 줄곧 '추날발(秋捺鉢)'(가을 수렵)의 생활 습속을 갖고 있었기 때문이다. 이 두 가지 원인이 호형침(虎形枕)을 매우 자연스럽게 금대에 유행하게 했다.

우리가 통상 말하는 맹안모극은, 일반적으로 여진의 호 혹은 여진의 편제를 가리킨다. 맹안모극은 금대 여진족의 군사 및 사회 조직 단위였고, 어떤 때는 여진족 호를 대신 일컫는 명칭이었거나, 혹은 관직 명칭이었다. 그들은 원시 사회 후기에 정복하여 약탈하거나 포위하여 수렵할 필요 때문에 설치한 군사 수령들이었는데, 나중에 고정된 군사 조직으로 발전했다.

군사 편제

맹안모극은 군사 편제 단위로서, 그 인원수는 실제로 일정하지 않았다. 금나라가 건립되기 1년 전(1114년), 금 태조가 처음으로, 300호를 1모극으로 삼고, 10모극을 1맹안으로 삼아 제도를 확립했다. 대개 1133년 무렵에, 금나라 통치자가 둔전군(屯田軍)을 설립하고, 동북 지역에 있던 여진의 맹안모극을 내지로 옮겨왔다. 그들은 스스로 조직을 결성했고, 주·현에 소속되지 않았으며, 그 호구 수에 따라 관전(官田)을 주었다. 이러한 둔전 맹안모극 호구는 실제로는 여진인이 담당하는 세습 직업 군호(軍戶)였다. 맹안모극 호구는 평시에는 훈련하고 남는 시간에 농업 생산에 종사하다가, 유사시에는 곧 성인 남자가 징발되어 스스로 말을 타고 무기를 갖추어 출정했다. 수많은 맹안모극 호구들이 중원 각지로 이주하여 살게 된 후에는, 곧 군사·행정·생산 삼위일체의 조직이 되었다. 각지에 분산된 여진 맹안모극 호구들은 왕왕 받은 농지를 한인 소작농에게 세를 주어 경작하게 하고, 맹안모극은 생산에 종사하지 않으면서 훈련도 소홀히 함에 따라, 전투력이 점차 쇠약해졌다.

맹안모극 제도의 한화(漢化)

맹안모극은 여진족이 창건한 사회 조직이자 제도로서, 전기(前期)에는 긍정적인 작용을 했다.

우선, 그것은 분산된 여진 각 부락들을 하나의 통일된 부족으로 결합시켜 주었다. 다음으로, 지역과 혈연으로 연결된 맹안모극은 강대한 친병(親兵) 집단을 형성하여, 요나라를 멸망시키고 송나라를 공격하는 전쟁 과정에서 여진 군대의 전투력을 증강시켜 주었다. 마지막으로, 맹안모극은 일종의 군사와 정치가 하나로 합쳐진 사회 조직이었기 때문에, 여진 귀족들은 새로 점령한 지역이 끊임없이 확대됨에 따라, 수많은 여진인들을 신속히 새로운 점령 지역으로 이주시켜 주둔시킴으로써, 새로 정복한 지역에 대한 통치를 공고히 할 수 있었다. 그러나 여진 귀족들이 맹안모극을 중원 지역으로 이주시켜 백성을 통치하는 도구로 삼음과 동시에, 점차 한화(漢化: 한족 제도에 동화됨)된 이후에, 그것은 다시 사회 발전을 저해하고, 여진인의 발전을 속박하고, 민족의 착취와 압박을 진행하는 도구로 변질되었다.

◈ **자주요의 백지채회모란문완**(白地彩繪牡丹紋碗) | 금

금나라는 북송을 멸망시킨 후, 맹안모극에 편제된 여진 호구를 대거 남쪽으로 이주시켰다. 남쪽으로 이주한 이들 여진 호구들은 중원에 들어가 오래 살게 되면서, 대다수가 한어(漢語)를 배우고, 한복(漢服)을 입고, 한족의 생활과 향락 습관을 본받았다. 그리하여 자기 민족이 원래 갖고 있던 상무(尙武) 정신이 점차 사라졌으며, 이로부터 오랜 세월에 걸쳐 퇴화해 갔다. 세종은 이 점을 고려하여, 여진의 옛 풍속을 보전하려고 힘쓰면서, 절약·솔직·기사(騎射: 말 타기와 활쏘기) 등 '여진의 옛 풍습'을 제창했지만, 결국 여진인의 전반적인 한화를 막지는 못했다. 세종·장종 시기에, 맹안모극 호구의 빈곤화는 점차 금나라 통치의 커다란 고질병이 되어 갔다. 금나라 조정은 맹안모극이라는 이 '국가의 근본'을 보호하기 위해, 좋은 농지를 수집하여 맹안모극에게 주었다. 그러나 맹안모극 호구는 국가의 우대에 의지하여, 땅을 얻어도 성실하게 경작하지 않아서 땅은 종종 다시 황무지가 되었다. 그러면 조정은 다시 한족의 땅을 빼앗아 그들에게 제공했다. 이처럼 되풀이되면서 악순환을 거듭하자, 군대는 나날이 거만해지고 백성들은 나날이 곤궁해졌으며, 민족 모순도 이 때문에 격화되면서, 금나라의 쇠망을 가속화했다.

제8장

원(元)

활을 잘 쏘는 영웅들의 영토 개척

원나라는 중원에 들어와 통치자가 된 소수민족이 고대 역사에서 건립한 정권들 가운데 최초로 전체 중국을 통치한 정권으로서, 그 전신은 대몽고국 대칸(大汗: 칭기즈칸)의 직할 영지였다.

몽고족 역사의 시초는 당대(唐代)까지 거슬러 올라갈 수 있다. 역사에서는 몽올(蒙兀)이라고 하며, 후에 서쪽으로 액이고납하(額爾古納河: 어르구나하) 상류로부터 서쪽의 도륵(圖勒)·극로륜(克魯倫)·악눈(鄂嫩) 등 세 강의 발원지인 몽고 대초원까지 옮겨가 유목에 종사했다. 몽고 키얀부(乞顔部) 수령 테무친(鐵木眞)이 몽고 각 부족들을 통일하고, 초원을 정복한 후, 1206년에 대몽고국을 건립하여, 칭기즈칸으로 추앙받았다. 그는 그의 계승자들인 툴루이(拖雷)·오고타이(窩闊臺)·몽케(蒙哥) 등과 함께 철기(鐵騎)와 마도(馬刀: 기병이 휴대하는 칼)를 이용하여, 칭기즈칸 직할 영지와 4대 칸국·유럽과 아시아를 가로지르며 천하에 위세를 떨친 세계적인 대제국을 건립했다.

1260년, 칭기즈칸의 손자 쿠빌라이(忽必烈)가 민첩하게 먼저 목적을 이루어, 대몽고국의 칸 지위를 계승함과 아울러, 같은 해에 한족 제도를 본받아 황제라고 칭하고, 연호를 중통(中統)으로 정했다. 또 1271년에 국호를 대원(大元)으로 바꾸고, 1272년에는 대도(大都: 지금의 베이징 일대)를 도읍으로 정했다. 쿠빌라이는 중원을 장악하자, 한법(漢法: 한족 유학자들의 정치적 주장)을 널리 시행함으로써, 원나라는 이미 전체적으로 대몽고국 유형의 초원 칸국과는 달리, 한(漢)·당(唐) 이래의 중원 왕조의 '대통(大統)'을 잇고 있음을 표명했다. 역사학자는 그가 국호를 바꾼 해나 연호를 중통으로 정한 해를 원나라가 개국한 해로 정했다. 1368년, 명나라 군대가 대도를 침입해 들어오자, 원나라는 멸망했다. 원나라는 모두 11명의 황제를 거치며, 98년(혹은 109년)간 유지되었다.

1279년, 원나라는 남송을 멸망시켜, 당나라 말기 이래로 고대 중국의 영토가 370년간 분열되어 있던 국면을 마감하고, "북으로는 음산(陰山)을 넘고, 서로는 사막까지 이르렀으며, 동으로는 요동에 이르고, 남으로는 바다를 뛰어넘는" 전국 통일을 실현했다. 원나라는 행성(行省) 제도와 민첩한 역참(驛站) 교통 체계를 통해, 중앙과 지방·내지와 변방의 관계를 크게 강화했다. 한족과 내지로 옮겨온 몽고족·서북쪽 여러 민족들이 뒤섞여 살았는데, 민족의 대이동은 민족 대융합을 최고조에 이르도록 해 주었다. 국내·외 무역은 전에 없이 번영하여, 원나라와 아시아·유럽 각 나라들의 경제 교류와 사람의 왕래가 매우 빈번해지자, 중국 문명과 외국 문명이 융합하고 서로 본받으면서, 다양한 특색들을 드러냈다.

원나라는 줄곧 민족을 구분하고 민족을 차별하는 4등인(四等人) 제도를 시행했는데, 몽고의 권세 있는 귀족과 각급 관리들이 거만하고 횡포하게 굴면서 날뛰었고, 사치가 극에 달하고, 뇌물을 받고 법을 어기게 하여, 갖가지 사회 모순을 전에 없이 격화시켰다. 원나라 말기에 홍건군(紅巾軍)의 대봉기는, 원나라를 전복시키는 나팔을 불었다.

몽고(蒙古) 1162~1227년

인물: 칭기즈칸 **지역:** 몽고 초원 **키워드:** 겁설군(怯薛軍), 〈대찰살(大札撒)〉

한 시대의 천교(天驕: 북방 소수민족의 군주) 칭기즈칸

수백 년 동안, 몽고 대초원 위에 있던 많은 유목 부락들끼리 서로 싸우면서 죽이고 약탈하여, 분쟁이 자주 일어났다. 몽고 키얀부(乞顔部) 귀족 권문세가 출신의 테무친이 세력을 업고 일어나, 전체 몽고 초원을 통일했다. 테무친은 칭기즈칸으로 추대되어, 전에 없이 통일된 대몽고국을 건립했다. 칭기즈칸은 일련의 법령과 제도를 확립함으로써, 대몽고국의 질서 있고 규범화된 관리를 실현했다. 이어서 막북(漠北: 고비 사막 이북) 초원의 패주 지위를 공고히 하기 위해, 그는 서하(西夏)를 정복하고, 서북 지역의 여러 부족들을 수복하고, 서쪽의 호라즘(花剌子模: 지금의 우즈베키스탄)을 정벌함으로써, 대몽고국이 대외적으로 확장하는 막을 열었다.

◈ **몽고 기병이 사용한 전대(箭袋)**

서양 역사학자의 기록에 따르면, 몽고 기병은 밖에 나가 전쟁을 할 때 대량의 장비를 휴대했다고 한다. 각자 2~3개의 활과 화살을 가득 채운 3개의 전대를 휴대했고, 또한 전부(戰斧: 전투용 도끼) 혹은 만도(彎刀: 둥그렇게 휘어진 칼) 등 근거리 전투용 무기도 휴대했다.

테무친이 초원을 통일하다

역사서에 최초로 기록된 몽고족의 역사는 당대(唐代)로 거슬러 올라갈 수 있는데, 그들은 동북쪽 흑룡강(黑龍江) 유역에서 살았으며, 역사에서는 '몽올실위(蒙兀室韋)'라고 부른다. 대략 당나라 말기에, 그들은 점차 몽고 대초원으로 이주함과 아울러, 물과 풀이 풍성한 초원에서 매우 빠르게 강대해져, 점차 다른 부족들과 서로 대립하는 한쪽 세력을 형성해 갔다. 몽고족 세력이 강대해짐과 동시에, 초원의 다른 부족 집단들이 장기간 충돌하고 융합하는 과정에서, 몇 개의 강대한 연맹을 형성했다. 그 가운데 주요한 것들로는 후룬호(呼倫湖)·베이얼호(貝爾湖) 부근 지역의 타타르부(塔塔兒部), 투울하(土拉河)·오르콘하(鄂爾渾河) 및 항아이산(杭愛山) 일대의 케레이트부(克烈部), 알레타이산(阿勒臺山: 지금의 알타이산) 일대의 나이만부(乃蠻部), 셀렝가하(色楞格河)와 오르콘하 하류 일대의 메르키트부(蔑兒乞部) 등등이 있었다. 그 가운데 타타르부는 역사가 유구하고 인구가 많았으며, 케레이트부 세력은 요·금 시기의 몽고 초원에서 으뜸이었다. 이런 몇 개의 대부족들은 서로 인접해 있어, 자주 인구와 가축을 빼앗기 위해 전쟁을 벌였다.

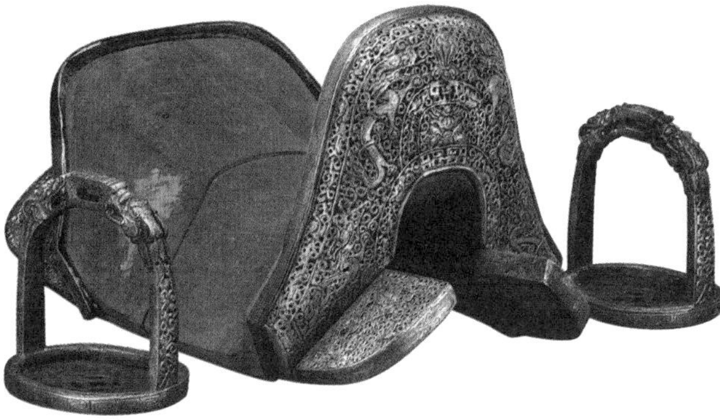

◈ **칭기즈칸의 무덤 안에 바친 금제 말안장**

안장과 말등자는 마구(馬具) 가운데 중요한 발명품이다. 바로 이것들이 출현함에 따라, 기수들은 빨리 달리면서도 자기가 하고 싶은 대로 칼과 긴 창을 사용하여 베거나 찔러 죽일 수 있었으며, 또한 기병 시대의 도래를 촉진했다.

테무친(1162~1227년)은 몽고 키얀부 귀족 권문세가인 보르지긴(孛兒只斤) 가문에서 태어났으며, 그의 아버지 예수게이(也速該)는 카부러칸(合不勒汗)의 손자로, 바투(拔都, 몽고 용사)라는 칭호를 갖고 있었으며, 키얀부의 수령이었다. 예수게이는 일찍이 전쟁 과정에서 타타르부의 수령을 포로로 잡았다가, 후에 타타르부 사람에게 독살당했다. 예수게이가 사망한 후, 9세의 테무친과 몇 명의 동생들은 어머니와 서로 굳게 의지하며 살면서, 몇 년의 힘든 생활을 보냈다. 성년이 된 후, 그는 아버지의 절친한 친구였던 옹기라트(弘吉剌)의 딸인 부르테(孛兒貼)와 결혼함과 동시에, 아버지의 옛 부하들을 불러 모으기 시작했다. 동산(東山)에서 재기할 기회를 찾기 위해, 그는 세력이 강대한 케레이트부 수령 토그릴(脫里, 일찍이 요나라에 의해 '대왕大王'에 봉해졌기 때문에, '옹칸王汗'이라고도 불린다)에게 의지하여, 아버지의 옛 부하들을 다시 한 곳에 소집했으며, 또한 자다란부(札答闌部) 수령 자무카(札木合)와 안다(安答, 의형제)를 맺고, 그를 따라다니며 말을 유목했다. 이 기간에, 메르키트부가 테무친의 아내와 가족을 납치해 가자, 그는 옹칸과 자무카의 도움을 받아 메르키트부를 공격하여 완승을 거두었고, 전쟁의 승리는 그의 세력을 한층 강대해지게 했다. 이와 동시에, 테무친은 인심을 잘 구슬려 인마(人馬)를 끌어 모아, 마침내 자무카에게서 벗어나 점차 자기의 세력을 확대했으며, 자기의 오르도(斡耳朶, 궁정 막사)를 건립하고, 점차 키얀부를 부흥시켜 갔다. 1189년, 테무친은 키얀부의 수령에 추대되었다.

테무친 세력이 점차 강대해지자, 몽고의 다른 부락들이 그에 대해 공격을 가하기 시작했다. 몽고 타이치우드부(泰赤烏部)가 테무친의 옛 의형(義兄)이었던 자무카부와 연합하여 테무친을 공격했다. 테무친은 자신의 모든 능력을 다해, 십삼익(十三翼)의 군대를 조직하여 대항했는데, 이것이 바로 그 유명한 '십삼익 전투'다. 역량에 큰 차이가 있었기 때문에, 테무친은 패배했다. 그러나 타이치우드부 수령은 부하들에 대해 잔혹했고, 테무친은 부하들에 대해 관대하게 잘 돌봐 주었으므로, 타이치우드부의 일부 부하들이 타이치우드부를 떠나 테무친에게 의탁해 왔다. 이는 테무친 세력을 한층 더 강대해지게 해 주었다. 이후, 테무친은 옹칸의 지지를 받아 잇달아 타이치우드부와 자무카부를 격파하여, 몽고 각 부락이 통일되는 국면이 형성되었다. 몽고의 각 부락들을 통일한 후, 테무친은 초원의 다른 부족들과의 정복 전쟁을 시작했다. 이때 그는 세 방면의 강한 적들에 직면했다. 동쪽에는 숙적 타타르부가 있었고, 중부에는 한때 강자로 군림하던 케레이트부가 있었으며, 서쪽에는 발전 수준이 비교적 높았던 나이만부가 있었다.

타타르부는 몽고 초원의 동부에서 가장 강대하고 부유한 집단 중 하나였다. 동시에 그들은 또한 실력이 강대하던 금나라에 의탁하고 있었으므로, 테무친의 동쪽 강적이 되었다. 타타르부와 테무친은 아버지를 죽인 원한이 있었으므로, 일찍이 1196년에 테무친은 타타르가 금나라를 배반한 기회를 틈타 타타르부를 공격하여 물리쳤으며, 몽고 각 부락들을 통일한 후에 그는 곧 타타르부에게 다시 공격을 가했다. 1202년, 테무친은 몽고 부하들을 이끌고 타타르부를 공격했다. 이는 몽고 연맹의 수령이 되고 나서 벌인 최초의 대규모 전쟁으로, 테무친은 결정적인 승리를 거두었으며, 모든 전쟁 포로들을 살해하여 숙적을 철저히 소멸시켰다.

중부의 케레이트 부족은 이전에 테무친이 의지했던 대상인데, 바로 케레이트 부족의 세력을 이용하여 테무친은 비로소 몽고의 통일을 완성했다. 그렇지만 테무친 세력이 강대해지면서, 케레이트 부족의 시기와 의심을 불러일으켜, 쌍방의 전쟁은 매우 빠르게 1203년 봄에 아란새(阿蘭賽, 지금의 내몽골 동쪽 위줘친기烏珠穆沁旗 북쪽 경계)에서 전개되었다. 테무친은 적은 인원으로 많은 적을 당해내지 못하여, 4~5천 명의 패잔병을 인솔하고 반주니하(班朱泥河, 지금의 몽골 커루룬하克魯倫河 상류)로 후퇴하여 휴식을 취하며 정비했다. 케레이트부의 옹칸은 승리를 거두고 나자 교만해

◈ **연화문고족금배**(蓮花紋高足金杯) | 원

금배의 높이는 14.4센티미터, 구경은 11.1센티미터이며, 잔의 복부에는 연꽃을 새겨 놓았고, 잔의 다리에는 연잎 문양이 있다. 몽고 귀족이 사용하던 용구다.

져서 적을 얕잡아 보았다. 테무친은 이로 인해 원기를 회복할 수 있었으며, 또한 케레이트 연맹이 분열한 기회를 틈타 공격을 가하여, 옹칸의 주력 부대를 격멸시켰다. 옹칸은 도망치던 도중에 나이만부의 군대에게 살해되었다.

나이만부는 몽고 초원 서부의 가장 강대한 집단으로, 그들은 비교적 일찍 국가 기구를 건립했고, 또한 문관(文官)과 무장(武將)을 설치한, 발전 수준이 비교적 높은 유목 집단이었다. 케레이트부의 멸망은 나이만부를 매우 놀라게 하여, 나이만부의 타이양칸(太陽汗)이 1204년에 여타 부족들의 패잔병들을 끌어 모아 몽고를 공격했지만, 군기가 해이해졌고 각 부족들도 뜻을 합치지 못했기 때문에 공격은 실패했다. 타이양칸은 부상을 입어 사망했고, 나이만부도 대세를 점차 잃어갔다.

이렇게 되자, 비록 메르키트부와 나이만부의 잔여 세력이 여전히 계속 저항했지만, 강적들은 모두 귀순해 왔고, 기타 작은 집단들도 잇달아 투항해 왔다. 테무친은 십 수 년 동안 정복 전쟁을 벌여, 마침내 몽고 초원의 통일을 이루었다.

몽고국을 건립하다

1206년, 테무친은 알난하(斡難河) 원류(지금의 몽골인민공화국 오논강鄂嫩河)에 큰 막사를 세우고, 모든 부족 구성원들을 불러 모아, 대규모 쿠릴타이(忽里臺: 몽고와 원나라 때, 수령의 추대나 전쟁 등 중요사항을 결정하던 대회의) 집회를 거행했다. 테무친은 칭기즈칸으로 추대되었는데, 그 의미는 '여러 칸 중의 칸'으로, 초원의 최고 통치자가 되었다. 칭기즈칸은 자기 부락의 명칭을 국호로 삼아, 대몽고국을 건립했다. 원나라는 이 한 해를 왕조의 시작으로 인정하고, 테무친도 원 태조라는 시호를 추증받았다. 대몽고국의 건립은 몽고 초원에서 전에 없던 대통일을 실현하여, 관할하는 각 부족들을 유효한 정권의 관리하에 진정으로 끌어들임으로써, 통일된 다민족국가를 형성하기 위한 기초를 다졌으며, 또한 중국 북부 변경의 대략적인 윤곽을 그려 냈다.

테무친이 칭기즈칸에 추대된 다음, 우선 각 부족의 통치 문제에 대해 초보적인 기획을 진행하여, 천호(千戶) 임명 제도를 창설했다. 천호 임명 제도는 바로 각 부락의 원래의 씨족 조직을 타파하고, 십진제(十進制)에 따라 조직 편성을 진행하여, 몽고의 각 부락 유목 민족을 십호·백호·천호라는 세 등급으로 통일적으로 구분했다. 그리하여, 모두 95개의 천호로 구분함과 동시에, 각 천호의 범위를 확정했다. 이것을 기초로 삼고, 그 위에 영호분봉제(領戶分封制)를 실행하여, 상을 주는 형식으로 공이 있는 귀족이나 대신들에게 천호를 수여했으며, 천호의 수령은 노얀(한자 표기는 나안那顔)이라고 불렀다. 천호 노얀은 대칸(大汗)이 임명하는 군사·행정 장관으로, 천호는 그들의 세습 영지였다. 전국의 보통 백성들은 전부 각 천호 속에 분리 편입되었으며, 획정된 범위 내에서만 방목을 할 수 있었다. 이 밖에, 테무친은 또한 겁설(怯薛) 제도도 창설했다.

칭기즈칸이 칸에 즉위한 후, 몽고의 군사력과 대칸의 권력을 강화하기 위해, 특별히 귀족 자제와 일부 평민 자제들 중에서 신체가 건장하고 힘이 세며 무예가 뛰어난 청년들을 선발하여 원래의 호위군을 확충함으로써, 1만 명의 겁설군(怯薛軍)을 구성했다. 그것은 천 명의 숙위(宿衛: 궁중을 호위하며 숙직하는 병력)와 천 명의 전통사(箭筒士: 활과 화살을 휴대하고 궁궐을 지키는 병력) 및 8천 명의 산반(散班: 인질들로 구성한 부대)을 포함했다. 이 군대는 기율이 엄격했고, 동일하지 않은 특권도 향유했다. 각 구성원들은 모두 칭기즈칸이 직접 선발했으며, 주로 각 백호장(百戶長)·천호장 및 기타 관리의 자제들이었으니, 이는 인질로서 부하들을 통제하는 기능도 했다. 겁설군 대장은 칭기즈칸이 가장 신임한 보로굴(博爾忽)·보고르주(博爾術)·무칼리(木華黎)·치라군(赤老溫) 등 네 집안 자제들이 세습하면서 담당했다. 이 부대는 칭기즈칸이 직접 통솔했고, '대중군(大中軍)'이라고도 불렀으며, 몽고군의 정예 부대이자, 지방을 통제하는 주요 무장력이었다.

통치 지역이 확대되고 세력이 커짐에 따라, 테무친은 점차 문자와 법률의 중요성도 느끼기 시작했다. 테무친은 포로로 잡은 외올아(畏兀兒: 위구르) 사람 타타퉁가(塔塔統阿)를 중용하여, 외올아체(體)의 몽고 문자를 창제했으며, 이후에 다시 몽고 귀족 자제들에게 새로 창제한 이 몽고문을 가르치도록 명령했다. 원 세조 쿠빌라이가 황제의 스승인 파스파(巴思巴)에게 명령하여 창제한 몽고 문자가 반포되어 시행된 후, 당국의 공문서에서는 비로소 이 문자의 사용이 중지되었다. 문자의 창제는 몽고족이 발전하는 과정에서 하나의 대사건이었다. 원래의 각 부락과 집단들은 공통의 문자를 갖게 되면서 연계가 더욱 긴밀해졌으므로, 몽고족의 통일을 이루는 데 매우 큰 추동작용을 했다. 문자의 창제는 의심할 바 없이 법률의 제정을 위한 조건을 창출했다. 1210년, 칭기즈칸은 신하들의 의견을 듣고, 한인들의 성문법 형식을 본받아, 몽고 역사상 최초의 법규인 〈조획오장(條劃五章)〉을 제정하여 반포했다. 비록 이것은 매우 투박하고 매우 원시적인 법률 강목(綱目)이었지만, 몽고의 입법사에서는 중요한 의의를 갖는다. 1219년, 칭기즈칸은 대회를 소집하고, 자신의 훈계와 법령 및 전통적인 체제를 지권(紙卷: 종이 두루마리)에 기록하여, 한층 더 규범화하도록 명령하고, 〈대찰살(大札撒: '札撒'의 몽고어 발음은 '야사')〉(명령이나 법령을 몽고어로 '야사'라고 발음한다)이라고 명명했다. 서역을 정벌하고 돌아온 다음, 칭기즈칸은 정식으로 대찰살을 반포함과 아울러, 후세의 대칸(大汗)·왕공대신(王公大臣)에서부터 평민 백성들에 이르기까지 모두 준수할 것을 요구했다. 무릇 새로운 대칸이 즉위하거나 혹은 왕들이 국가 중대사를 함께 논의할 때는 모두 먼저 〈대찰살〉을 소리 내어 읽었다. 이외에도, 일찍이 건국 초기에 칭기즈칸은 대단사관(大斷

事官)을 설치했다. 대단사관은 몽고어로 '자르쿠치(札魯忽赤)'라고 하는데, 이는 바로 대몽고국 중앙의 사법행정 장관으로, 칭기즈칸의 양제(養弟)인 시키쿠투그(失吉忽秃忽)가 맡았으며, 주요 직무는 민호(民戶)를 분봉(分封)하고, 각종 안건을 판결하는 것 등을 주관했다. 대단사관과 〈대찰살〉의 상호작용은, 대몽고국의 법률 체계를 완전해지게 했다.

대외 정복과 확장

테무친이 몽고국을 건립했을 때, 북방 초원에는 또한 몇 개의 비교적 강대한 다른 정권들도 있었다. 당항족(黨項族)이 건립한 서하(西夏), 여진족이 건립한 금나라 등은 모두 비교적 강대한 경제력과 군사력을 가지고 있었으며, 그들의 사회와 문화 발전 수준도 몽고국보다 훨씬 높았다. 이 밖에, 몽고국의 서북쪽에도 몇몇 부락들이 굴복하지 않고 있었으며, 호라즘(花剌子模)과의 대결 등등도 이미 서서히 진행되고 있었다.

테무친이 막북을 통일하는 과정에서, 실력과 정력이 한정되어 있었기 때문에, 아직 서하 왕조와는 직접적인 관련은 발생하지 않았다. 몽고국이 건립된 후, 그가 직면한 한 가지 중요한 문제는 바로 금나라의 통치에서 벗어나는 것이었다. 그러나 이때 금나라의 실력은 여전히 강력했다. 때문에 테무친은 시기와 형세를 판단하고, 먼저 서하 정권을 멸망시키기로 결정했다. 건국하기 1년 전(1205년), 테무친은 서하의 변경에서 처음으로 약탈적 성격의 공격을 가하여 대량의 인구와 가축들을 강탈했는데, 이것은 서하의 내부 사정을 염탐하려는 한 차례 교전이었다고 할 수 있다. 건국한 이듬해(1207년), 칭기즈칸은 다시 약탈 전쟁을 일으켰지만, 군량과 군마의 사료가 부족하여 철수했다. 1209년, 몽고는 다시 서하를 공격했다. 쌍방은 두 달 이상 대치하면서 서로 승부를 겨루다가, 결국 서하가 황제의 딸을 바치면서 화의를 요청하자, 해마다 공물을 바치기로 함으로써 끝났다. 이후 1217년과 1224년에, 칭기즈칸은 서하를 두 차례 공격했고, 또한 전쟁 과정에서 점차 주도권을 차지했다. 서하는 하주(河州)·과주(瓜州)·감주(甘州)·숙주(肅州)·양주(凉州) 등 여러 주들을 빼앗겼다. 1226년, 몽고가 서역 정벌에서 승리한 후, 칭기즈칸은 서하가 시간을 끌면서 인질을 보내지 않는다는 것을 구실로 삼아, 65세의 고령에 친히 대군을 이끌고 여섯 번째로 서하를 공격했다. 전쟁은 매우 격렬하고 잔혹했으며, 서하는 잇달아 영주(靈州)와 염주(鹽州)를 빼앗기자, 정권이 매우 위태로워졌다. 1227년 정월, 칭기즈칸은 서하에 대해 최후의 일격을 가했다. 6월, 서하에는 심각한 지진이 발생했고 전염병이 유행하여, 막다른 골목으로 치달았다. 칭기즈칸도 육반(六盤) 산맥의 청수(清水, 지금의 간쑤성 칭수이)에서 중병에 걸려, 서하가 투항하기 얼마 전에 사망했다. 서하의 마지막 황제인 이현(李晛)이 투항한 후, 몽고의 장수들은 칭기즈칸의 유언에

◈ **원 태조 칭기즈칸**

『원사(元史)』「태조본기(太祖本紀)」에서는 칭기즈칸에 대해 이렇게 평가하고 있다. "황제는 속이 깊고 원대한 지략을 가졌으며, 용병술이 귀신같았기 때문에, 40개의 나라를 멸망시킬 수 있었고, 마침내 서하를 평정했다. 그의 뛰어난 공훈과 위대한 업적은 대단히 많은데, 애석하게도 당시 사관(士官)이 제대로 기록하지 못했거나, 혹은 많은 것들이 기록에서 빠졌다."

따라, 서하의 왕실과 권세 있는 귀족들을 모두 죽였고, 서하는 이리하여 멸망했다. 서하의 멸망은 몽고가 금나라의 통치에서 벗어나 중원으로 남하하기 위한 뒷걱정을 제거해 주었으며, 또한 그의 후임자들이 황하 유역을 제패하고 최종적으로 중국을 통일하도록 길을 열어 주었다.

서하를 멸망시키고 나자, 몽고의 창끝은 금나라를 향하기 시작했다. 일찍이 건국하기 전에, 칭기즈칸은 금나라의 정치가 부패했고, 군사적 대비가 느슨하며, 내부 모순이 심각하다는 것 등의 정황을 이미 어느 정도 알고 있었다. 1208년에 금 장종이 사망한 후, 위소왕(衛紹王) 완안영제(完顏永濟)가 황위를 계승했다. 위소왕은 범속하고 무능한 사람이었으므로, 칭기즈칸은 금나라를 더욱 경시했다. 1211년 봄, 몽고는 금나라를 공격하기 시작했다. 1211년 2월, 칭기즈칸은 용구하(龍駒河)에서 금나라를 정벌할 출정식을 갖고, 사막을 넘어 남하하여 동·서 양 방면으로 협공을 가했다. 그는 친히 대군을 이끌고 동쪽에서부터 공격했고, 그의 아들 쥬치(術赤)·차가타이(察合臺)·오고타이(窩闊臺)는 서로군(西路軍)을 구성하여, 진격하는 과정에서 많은 주성(州城)들을 함락시킴과 아울러, 금나라 중도(中都, 지금의 베이징)에 대해 포위 공격할 기세를 갖추었으며, 수많은 사람을 포로로 잡고 가축과 재물을 약탈하여 돌아갔다.

칭기즈칸은 이후 계속 3년 동안 금나라에 대해 공격을 가했다. 수 년 동안, 몽고군은 90여 개의 군(郡)을 공격하여 함락시킴으로써, 금나라로 하여금 어쩔 수 없이 도성을 중도에서 개봉(開

封)으로 옮기게 함과 동시에, 몽고에 공주·금과 비단·말 등을 공물로 바치게 했다. 1214년 가을, 칭기즈칸은 다시 군대를 이끌고 남하하여 금나라 중도를 공격하고, 많은 재물을 약탈해 돌아갔다. 1215년 여름, 몽고군이 다시 중도를 점령했다. 이듬해 봄, 몽고의 대군이 막북으로 철수한 다음, 곧이어 1217년에 무칼리를 태사국왕(太師國王)에 봉하여, 그에게 "호걸들을 불러 모아, 아직 정복하지 않은 성읍들을 점검하고", 군대를 통솔하여 금나라를 정벌하는 데 전념하도록 명령했다. 무칼리는 토벌과 위무의 양면 정책을 사용했다. 금나라 북부 지방의 군대가 잇달아 투항하자, 무칼리는 군대를 이끌고 한 차례 장안(長安)과 봉상(鳳翔) 일대를 공격했다. 이후 몽고군 주력은 방향을 바꿔 서쪽을 정벌했는데, 칭기즈칸이 1127년에 병으로 세상을 떠났다. 쌍방은 황하를 경계로 하여 일진일퇴의 공방전을 벌이면서, 금나라는 20여 년간 수명을 연장했다. 테무친이 막북 초원을 통일했을 때, 앞쪽에서 말한 일부 강대한 부락들 외에, 서북부에도 많은 작은 부락들이 있었다. 예를 들면 나이만부는 테무친에게 패한 후, 그 수령 쿠츨루크(屈出律, 타이양칸의 아들)가 서요(西遼)로 도망쳤다가, 서요 정권을 찬탈하여 계속 몽고와 대항했다. 1218년, 칭기즈칸은 대장 제베(哲別)를 파견하여 토벌했다. 쿠츨루크는 현지 백성들에 의해 붙잡혀 몽고군에게 넘겨졌고, 서요 영토도 이리하여 몽고국에 귀속되었다.

서북쪽 여러 부락들을 평정하여 몽고국이 중앙아시아와 유럽으로 침입해 들어가기 위한 통로를 열고, 중앙아시아의 강국인 호라즘과 격렬한 힘겨루기를 시작했다. 호라즘국은 원래 카스피해 동쪽 아무다리야강(阿姆河) 하류에 있던 비교적 오래된 소국으로, 그들의 옛 도읍은 몽고어로 '구르간즈(玉龍杰赤, 지금의 투르크메니스탄 우르겐치)'라고 불렀다. 테무친이 몽고의 각 부락들을 통일하고 있을 때, 호라즘국도 뛰어난 국왕인 무함마드(摩訶末)가 왕위를 이어받음에 따라 점차 강대해지기 시작했다. 호라즘은 서요의 서부 지역을 탈취하고, 페르시아·아프가니스탄 등 주변의 각국을 병탄한 다음, 사마르칸트(撒馬耳干, 지금의 우즈베키스탄 사마르칸트)에 새로운 도읍을 건설하고, 전성기에 도달했다. 몽고가 금나라를 공격할 때, 무함마드 국왕은 사절을 중도에 파견해 칭기즈칸을 접견하게 하여, 몽고국의 상황을 파악했다. 그 후, 칭기즈칸도 사절을 파견하여 답방했으며, 쌍방은 또한 평화 통상 협정도 체결했다. 그러나 우호 협정이 결코 이 두 초원 왕국들의 확장에 대한 야심을 저지할 수는 없었으니, 쌍방의 대결은 매우 빠르게 발생했다. 1218년, 호라즘의 오트라르성(訛答剌城, 지금의 카자흐스탄에 속함)을 지키던 장수가, 칭기즈칸이 호라즘에 파견하여 교역을 하던 400여 명의 상인을 죽였다. 칭기즈칸은 즉시 무칼리를 파견하여 금나라에 대한 전쟁을 책임지고 진행하도록 하고, 그 자신은 1219년 가을에 친히 20만 대군을 이끌고 호라즘으로 출병했다.

칭기즈칸은 대군을 이끌고 알타이산을 넘어, 군대를 네 방면으로 나누어 호라즘을 대대적으로 공격했다. 차가타이와 오고타이는 오트라르를 포위 공격했고, 알라크(阿剌黑) 노얀은 한 부대를 이끌고 시르다리야강(錫爾河) 상류의 각 성들을 공격했으며, 쥬치는 한 부대를 이끌고 시르다리야강 하류의 각 성들을 공격했고, 칭기즈칸과 툴루이는 중군(中軍)을 이끌고 곧바로 하중부(河中府: 호라즘의 수도)로 향했다. 무함마드는 몽고군 병력을 분산시켜, 이일대로(以逸待勞: 시간을 벌어 힘을 비축했다가, 피로해진 적군을 맞이해 싸움)의 효과를 거두려고 했으므로, 결전 지역을 사마르칸트에 두었다. 그런데 뜻밖에 칭기즈칸의 우회 포위 전략에 의해 하나씩 섬멸당하여, 부하라(不花剌, 지금의 부하라)성(城)과 옛 수도인 호라즘성이 매우 빨리 함락되었다. 이와 동시에, 쥬치는 이미 시르다리야강 하류의 각 성들을 공격하여 함락시켰고, 차가타이 등은 오트라르를 점령한 다음, 그들은 군대를 이끌고 칭기즈칸을 도우러 왔다. 그리하여 칭기즈칸은 새로운 수도인 사마르칸트를 향해 직접 포위 공격을 개시했다. 무함마드는 황급히 사마르칸트를 도망쳐, 아무다리야강 남쪽으로 후퇴했다. 칭기즈칸이 명령을 내려 성을 5일간 포위 공격하자, 성을 지키던 군대는 어쩔 수 없이 성을 바치면서 투항했다. 칭기즈칸은 투항한 관병(官兵) 3만 명을 모두 죽임과 아울러, 주민들을 골라 여러 아들과 장수들에게 나누어 주라고 명령했다. 새 수도를 점령한 후, 칭기즈칸은 즉각 제베와 수부타이(速不臺)가 이끄는 병력 3만 명을 파견하여, 무함마드를 끝까지 추격했다. 무함마드는 카스피해의 작은 섬으로 도망쳤다가, 1220년 말에 이 섬에서 병으로 사망했다. 이후 그의 아들인 자랄 앗딘(札蘭丁)이 왕위를 계승함과 동시에, 추격해 온 몽고군을 잇달아 두 차례 물리쳤다. 칭기즈칸이 할 수 없이 친히 정벌에 나서자, 자랄 앗딘은 힘이 부쳐 저항하지 못하고 인도로 도망쳤고, 몽고군은 마침내 호라즘을 병탄했다.

칭기즈칸은 재능이 뛰어나고 계략이 원대했는데, 역사가들은 "속이 깊고 원대한 지략을 가졌다"고 칭송한다. 50년 가까운 원정 생활 동안, 그는 지혜와 담력과 재간을 이용하여 전체 북쪽 초원을 정복했다. 그가 다져 놓은 견실한 기초 위에서, 그의 후대들이 유럽과 아시아 대륙을 가로지르는 세계적인 대제국을 건립하여, 중국과 서방의 문화·종교·경제 등 각 방면이 교류하도록 막힘없이 잘 통하는 통로를 열어 주었다. 다른 한편으로, 전쟁은 야만적인 잔혹성을 띠었고, 칭기즈칸의 위대한 공적은 바로 이러한 잔혹성 위에 건립된 것이었다. 정복 전쟁 과정에서 현지 주민들을 대규모로 도살하고, 도시와 마을과 농지와 가옥 등등을 파괴함으로써, 몽고 민중은 물론이고 다른 피정복 민중들 모두 이로 인해 막대한 대가를 지불했다.

몽고(蒙古) 1229~1252년

인물: 오고타이 지역: 아시아와 유럽 대륙 키워드: 장자서정(長子西征), 4대 칸국(汗國)

몽고 제국의 아시아·유럽으로의 대확장

칭기즈칸이 정복 전쟁 과정에서 병으로 세상을 떠나자, 그의 자손들이 그의 대외 약탈·확장 정책을 계승했다. 그의 후계자들은 선조의 유업을 계승하여, 온 힘을 다해 대규모 정복 전쟁을 진행했다. 그리하여 칭기즈칸이 다져 놓은 견실한 기초 위에서, 몽고 기병의 피비린내 나는 쇠 말굽은 광활한 영토를 점령했다. 이어진 정복 전쟁을 통해, 4대 칸국들이 유럽과 아시아 대륙 위에 우뚝 서면서, 유럽과 아시아를 가로지르는 대제국이 형성되었다.

금나라를 멸하고, 송나라를 정벌하다

칭기즈칸이 세상을 떠난 후, 몽고의 전통 관례에 따라 응당 막내아들이 재산과 권리를 계승해야 했다. 이 때문에 넷째 아들 툴루이가 잠시 감국(監國: 황제가 자리를 비웠을 때, 도성에 남은 태자가 임시로 국정을 대행하는 것)으로서 대신 국정을 처리했다. 그러나 칭기즈칸은 죽기 전에 셋째 아들 오고타이가

◈ 원 태종 오고타이

오고타이의 통치 기간에 몽고 정권은 일련의 개혁을 진행하여, 과세소(課稅所: 세금을 징수하는 관청)와 중서성(中書省)을 설립하고, 야율초재를 중서령(中書令)에 임명했다. 이는 몽고 정권이 일련의 봉건화 개혁을 시작했음을 상징한다.

◈ 〈몽고 기병의 전쟁 포로 압송도〉

서역의 특색을 띤 이 옛날 그림은, 몽고 군대가 서역 정벌 과정에서 목가(木枷: 나무로 만들어 목에 씌우는 형틀)를 이용해 전쟁 포로를 압송하는 장면을 그렸다. 이 그림은 페르시아 역사학자 라시드 앗딘의 『사집(史集)』 속에 있는 삽화다.

칸 직위를 계승한다고 선포했다. 1229년, 툴루이는 쿠릴타이 대회를 소집하고, 왕실 성원 및 중요 대신들과 상의하여 몽고국 대칸(大汗)을 추대했다. 많은 종왕(宗王: 각 부족의 수령)들은 당연히 몽고족의 관례를 준수하여, 툴루이를 대칸에 추대해야 한다고 생각했는데, 야율초재(耶律楚材)를 우두머리로 하는 일부 대신들은 칭기즈칸의 유언에 따라 일을 처리해야 한다는 입장을 견지했다. 툴루이는 발생할지도 모르는 몽고국의 분열을 피하기 위해 힘껏 오고타이를 지지했으므로, 오고타이가 몽고의 칸이 되었다. 1229년, 오고타이 칸이 등극한 지 얼마 지나지 않아, 칭기즈칸의 금나라를 멸망시키라는 유언에 따라, 즉각 금나라에 대한 공격을 개시했다. 그는 먼저 금나라에 사신을 파견하여 몽고에게 '세공(歲貢: 해마다 보내는 공물)'을 바치라고 권유했지만, 금나라에게 거절당했다. 그리하여 오고타이는 이를 빌미로 대군을 이끌고 대막(大漠: 대사막, 즉 고비 사막)을 건너 남진하여, 이듬해 정월에 금나라 군대와 대전투를 벌였다.

1229년 겨울부터 1231년 여름 사이에, 몽고와 금나라는 경양(慶陽, 지금의 간쑤성 칭양)·위주(衛州, 지금의 허난성 지현汲縣)·동관(潼關) 봉상(鳳翔)에서 세 차례 교전을 벌여, 쌍방은 서로 승패를 거두었다. 1231년 5월, 오고타이는 장수들을 소집하여 금나라를 멸망시킬 전략을 상의한 뒤, 병력을 세 방면으로 나누어 함께 개봉(開封, 지금의 허난성 카이펑)을 포위한 뒤, 일거에 금나라를 멸망시키려고 계획했다. 중로(中路)는 오고타이가 직접 인솔하여 곧장 하중부(河中府)로 향했고, 좌로(左路)는 알진(斡陳) 노안이 인솔하여 제남(濟南)을 향해 출발했으며, 우로(右路)는 툴루이가 인솔하여 봉상에서부터 보계(寶鷄)로 공격해 들어가, 곧바로 개봉으로 향했다. 몽고군은 세 방면으로 나누어 두 말할 것 없이 금나라에게 거대한 압력을 가했다. 이 때문에 금나라는 어쩔 수 없이 전선을 분리하고, 방면을 나누어 반격했다. 몽고군은 도중에 모두 금나라 군대의 매복과 습격을 받아 커다란 손실을 입었고, 금나라 군대의 주력도 거의 다 손실을 입어, 사기가 크게 손상되었다. 몽고군은 강력한 기세의 병력으로 개봉을 포위했다. 비록 금나라 군대와 백성들은 죽음을 무릅쓰고 개봉을 지켰지만, 금나라 통치 집단이 감히 끝까지 저항하지 못했기 때문에, 개봉과 중경(中京, 지금의 허난성 뤄양洛陽)이 잇따라 함락되었다.

1233년, 몽고는 또 남송과 연합군을 편성하여 금나라를 멸망시킨다는 협정을 맺었다. 개봉이 함락되기 전, 금나라 황실과 귀족들이 채주(蔡州)로 줄줄이 도망쳤으므로, 몽고와 송나라는 쌍방이 출병하여, 방면을 나누어 채주를 공격하기로 협의하여 결정했다. 채주 전투가 수개월간 지속되자, 금나라 애종(哀宗)은 제위를 동면원수(東面元帥) 완안승린(完顔承麟)에게 물려주고, 스스로 목을 매 죽었다. 1234년 봄, 채주가 함락되고, 몽고군이 성으로 진입하여 금나라의 마지막 황제인 완안승린을 살해하자, 금나라는 멸망했다. 그리하여 오고타이는 중국 북쪽을 통일했으며, 몽고의 국경도 처음으로 남송과 경계를 접하게 되었다.

몽고와 남송이 맺은 금나라에 대한 연합 작전 협정에 따라, 금나라를 멸망시킨 후, 채주 이남은 남송에 귀속되었고, 채주 이북의 땅은 당연히 몽고에 귀속되었다. 그리하여 전쟁 후에, 오고타이는 몽고군에게 잠시 철수하여 휴식을 취하면서 정비하라고 명령했다. 몽고군이 북쪽으로 철수한 후, 남송 조정은 뜻밖에 협정을 위반하고, 단독으로 출병하여 잃어 버렸던 삼경(三京, 즉 낙양·개봉·귀덕歸德)을 수복하려고 생각했다. 그런데 몽고 쪽에서는, 남송과 연맹하여 금나라에 맞선 것 또한 단지 하나의 작전 전략일 뿐이었다. 금나라를 멸망시킨 다음, 오고타이는 곧 남송에 대한 군사 작전을 계획하기 시작했다. 1234년 6월, 개봉의 관민(官民)들이 몽고가 설치한 관청의 관리들을 살해하고 남송에 투항했고, 남송의 군대가 이로 인해 서쪽으로 진격하여 주둔하자, 낙양의 군민들도 잇달아 성문을 열고 남송 군대를 맞아들였다. 이 일은 오고타이로 하여금 남송을 공격할 구실을 만들어 줌으로써, 대대적으로 남침하기로 결정했다. 그는 먼저 타차르(塔察兒)가 이끄는 군대를 파견하여 송나라 군대를 격파하고, 무력으로 낙양과 개봉을 수복했다. 이와 동시에, 오고타이가 남송의 약속 위반을 질책하자, 멸망해 가던 남송은 변명하거나 저항할 힘이 없었으므로, 단지 평화 담판에 희망을 걸 수밖에 없었다.

1235년, 오고타이는 병력을 동서 두 방면으로 나누어, 정식으로 남송에 대한 공격을 개시했다. 오고타이의 셋째 아들 쿠추(闊出) 등을 우두머리로 하는 동로군(東路軍)은 8월에 가볍게 당주(唐州, 지금의 허난성 당허현唐河縣)를 접수하고, 10월에는 조양(棗陽, 지금의 후베이성에 속함)을 공격하여 함락시킴과 동시에, 등주(鄧州)와 양양(襄陽)에 대해 대대적인 약탈을 진행했다. 서로군(西路軍)은 오고타이의 둘째 아들 쿠단(闊端)의 영도하에 두 부분으로 나누어 서남쪽으로 진격했다. 1241년에, 몽고군은 이미 사천(四川)의 20여 개 성들을 함락시켰으며, 거의 모조리 학살하고 약탈했다. 영토의 확장에 따라, 오고타이 칸도 중원 지역에 대한 통치를 더욱 강화했으며, 유신(儒臣: 유학에 조예가 있는 신하)을 중용하고 한법(漢法: 한족의 법도와 제도)을 학습하여, 중국 북쪽 지역에 대한 효과적인 통치를 확립했다. 이러한 것들은 모두 원(元) 제국이 최종적으로 성립되기 위한 견실한 기초를 다져 주었다. 오고타이 칸이 1241년 11월에 세상을 떠나자, 영문황제(英文皇帝)라는 시호를 추증했으며, 묘호(廟號)는 태종(太宗)이다.

장자서정(長子西征)

장자서정은 몽고국의 제2차 서역 정벌이자, 몽고국이 서쪽으로 영토를 확장하는 중요한 전쟁이었다. 칭기즈칸 시기에 서쪽의 호라즘을 정벌한 후, 몽고국의 영토는 서쪽으로 한층 확대되어, 중앙아시아를 넘어 점차 유럽과 국경을 접하게 되었다.

◈ **전칠화조문피상**(塡漆花鳥紋皮箱) | 원

몽고는 금나라를 멸망시킨 후, 황하 이북 지역에서 공고한 통치를 확립했고, 송나라에 대한 전쟁이 순조롭게 진전됨에 따라, 오고타이는 곧 계속 서쪽을 정벌하여 영토를 확장하기로 결정했다. 1235년, 오고타이는 제왕(諸王: 제후왕)들의 대회를 소집하여, 야적리하(也的里河, 지금의 볼가강) 서쪽에 있는 킵차크(欽察)와 알라사(斡羅思, 지금의 러시아) 등의 나라들을 정벌하기로 결정했다.

이번 서역 정벌은, 오고타이가 쥬치(칭기즈칸의 장자)의 장자(長子)인 바투(拔都)·차가타이(칭기즈칸의 차자)의 장자인 바이다르(拜答兒)·오고타이 자신의 장자인 구유크(貴由) 및 툴루이(칭기즈칸의 넷째 아들)의 장자인 몽케(蒙哥) 등 네 명이 각자 자기 왕실의 군대를 통솔하도록 임명하고, 만호(萬戶) 이하의 각급 노얀들에게도 장자가 인솔하는 군대를 파견하여 정벌에 따르도록 요구했는데, 이것이 바로 '장자서정'의 유래다. 모든 군대는 바투를 우두머리로 하고, 노장 수부타이를 주장(主將)으로 삼았다. 이때 서역 정벌에 나선 군대는 모두 15만 명의 대군으로, 오고타이는 각 방면의 군대에게 각자 출발하도록 명령하고, 1235년 가을에 볼가강 동쪽 연안에 도착하여 집결하도록 규정했다. 이후 각 군대는 순조롭게 전진하여, 매우 빠르게 불리아이(不里阿耳, 지금의 불가리아)와 킵차크 등의 나라들을 멸망시키고, 알라사의 야열찬(也烈贊, 지금의 러시아 랴잔)·모스크바(莫斯科)·로스토프(羅思托夫) 등 10여 개의 도시들을 점령했다.

이듬해 봄, 몽고군은 알라사에 남아 지키는 3만 명의 전사들 외에, 나머지 12만 명의 병력을 두 방면으로 나누어, 한 방면은 제왕(諸王) 바이다르와 대장 우량하다이(兀良合臺)가 인솔하여 패렬아(孛烈兒, 지금의 폴란드)를 공격했고, 다른 한 방면은 바투와 수부타이가 인솔하여 마찰아(馬札兒, 지금의 헝가리)를 공격해 들어갔다. 바이다르 군대는 유럽의 다른 국가들이 결성한 연합군과 그 유명한 리그니츠(里格尼茨, 지금의 독일 베를린 동남쪽 220킬로미터, 체코 프라하 동북쪽 160킬로미터 지점에 위치) 전투를 벌였다. 연합군에게 승리를 거둔 후, 바이다르는 계속해서 기세를 몰아 남쪽으로 진격하여 바투와 회합했다. 그리고 바투 군대도 순조롭게 전진하여, 잇달아 많은 성들을 공격하여 함락시킴과 동시에, 마찰아 왕 벨라 4세를 계속 추격했다. 이때 오고타이가 죽었다는 소식이 군대 내에 전해졌기 때문에, 바투는 황급히 군대를 이끌고 동쪽으로 돌아갔으며, 1243년 초에 야적리하 하류의 군영에 도착했다. 그런데 칭기즈칸의 여러 자손들은 칸 계승자에 서둘러 관심을 기울였다. 바투는 곧 이곳을 기지로 삼고, 군대를 주둔시켜 킵차크 지역을 지켰다. 몽고군의 제2차 서역 정벌은 바로 이렇게 끝났다.

장자서정은 몽고국의 영토를 한층 확장했고, 파죽지세의 몽고 대군은 유럽 여러 나라들을 매우 놀라게 했는데, 이번 서역 정벌은 또한 금장칸국(金帳汗國: 킵차크 칸국)의 기초를 다져 주었다. 몽케 칸이 사망한 후, 바투는 사라이(薩萊城, 지금의 러시아 아스트라한 부근)를 수도로 삼고, 자신의 칸국을 건립하여, 알라사를 200여 년간 통치했다.

토번(吐蕃)과 대리국(大理國)의 굴복

오고타이가 1241년 겨울에 세상을 떠나자, 여섯 번째 황후인 내마진씨(乃馬眞氏)는 여러 아들들과 종실들이 권력 쟁탈에 바쁜 기회를 이용해, 섭정을 통해 국정을 장악할 수 있었다. 몇 년 후, 내마진씨는 압력에 못 이겨, 어쩔 수 없이 오고타이의 장자인 구유크가 칸위를 계승하는 것을 지지했다. 구유크가 칸위를 계승하고 나서 얼마 지나지 않아, 행군 도중에 갑자기 세상을 떠났다. 바투는 장지종왕(長支宗王: 장손 혈통의 종실 왕)의 신분으로 대회를 소집하여 새로운 칸을 추대하는 문제를 협의했고, 툴루이의 장자인 몽케가 대칸에 추대되었다. 몽케가 칸위를 계승한 후, 몽고국의 통치 체계가 오고타이계에서 툴루이계로 바뀜에 따라, 국가 권력이 새로 분배되는 과정이 출현했다. 몽케는 한바탕 격렬하고 잔혹한 칸위 보위 전쟁을 전개했다. 그는 털끝만큼도 인정사정없이 이질적인 종실 제왕·후비(后妃) 및 노얀들을 300여 명이나 처형했다. 동시에 그는 봉지(封地)를 분할하는 방식으로 오고타이 가족의 봉국을 매우 크게 약화시켰다.

자신의 통치를 공고히 한 후, 몽케는 대외 확장을 개시했고, 토번과 대리국이 몽고국의 이 확장 과정에서 신하로서 복종하겠다는 뜻을 나타냈다. 토번은 지금의 시짱(西藏: 티베트)·칭하이(青海) 및 쓰촨 서북부 일대에 위치했으며, 당(唐) 왕조 이래로 중원 왕조와 비교적 밀접한 교류를 해왔다. 일찍이 칭기즈칸이 서하를 멸망시키고 오고타이가 사천을 정벌할 때, 몽고국의 말발굽이 토번 동북부의 사천 서북쪽과 가까운 일부 부락들을 정복했다. 오고타이의 둘째 아들 쿠단의 봉지는 사천의 토번 경계에 가까운 양주(凉州)에 있었다. 1240년, 그는 부장 토타르(朵兒達)가 인솔하는 군대를 우스짱(烏思藏, 지금의 시짱, 즉 티베트) 지역 깊숙이 파견했다가, 얼마 후 철수했다. 1244년, 쿠단은 다시 토타르를 서장(西藏)에 파견하여, 가장 영향력이 있는 불교 지도자인 샤카판디타(薩斯迦班智達)를 양주로 초청했다. 1247년에 쌍방은 합의를 이루고, 토번은 몽고에 굴복했다. 몽고는 토번 지역에서 호구(戶口)와 부역(賦役)을 자세히 조사했다. 이때부터 서장은 중국 영토에 편입되었다.

남송의 강대한 세력은 이미 기울었지만, 여전히 중원 왕조는 경제와 사회 발전 정도에서 우세를 유지하고 있었다. 그리하여 몽고는 한동안 아직 쉽게 중원을 취하기 어려웠으므로, 그들의 먼 변경 지역에서부터 손을 댈 수밖에 없었다. 1252년 가을, 몽케는 쿠빌라이가 이끄는 대군을 파견하여 남쪽을 향해 출발을 개시함과 아울러, 이듬해 가을에는 군대를 세 방면으로 나누어 토번 경계에서부터 남송 서부 일대를 향해 진군했다. 쿠빌라이는 2년여의 기간 동안에 잇달아 일부 소수민족 부락들을 정복함과 동시에, 대리성(大理城)으로 공격해 들어갔다가, 곧 북쪽으로 철수했고, 단지 우량하다이(兀良合臺)만이 남아 계속해서 굴복하지 않은 대리국의 여러 부락들을 공격했다. 얼마 후 우량하다이는 선천(善闡, 지금의 윈난성 쿤밍昆明)을 공격하여 함락시키고, 대리국의 단씨(端氏)를 사로잡았으며, 전체 대리국도 몽고에 굴복했다.

4대 칸국

두 차례의 서역 원정을 통해, 몽고의 세력은 이미 중앙아시아와 유럽까지 확장되었다. 그러나

◈ 〈수렵출행도(狩獵出行圖)〉 | 원

몽고 제국과 원나라 시기에, 수렵에는 두 가지 방식이 있었다. 하나는 대규모 포위 수렵이고, 다른 하나는 개인이나 소수의 사람이 하는 사냥이었다. 전자는 군주나 부족장들이 이끌면서 진행하는 것이고, 후자는 개인의 행동이다. 수렵은 또한 호랑이 사냥[虎獵]·여우 사냥[狐狸獵]·노루 사냥[黃羊獵]·토끼 사냥[兎獵]·멧돼지 사냥[野豬獵]·늑대 사냥[狼獵] 등으로 나눌 수 있다.

이때의 유럽과 아시아 대륙이 만나는 지역에는 아직 굴복하지 않은 국가들이 있었다. 특히 페르시아 경내의 무라이드국(木剌夷國, 지금의 이란 북부 마잔다란주)과 바그다드(巴格達)를 수도로 하는 흑의대식(黑衣大食: 압바스) 왕국(보달국報達國이라고도 함) 및 서부의 시리아(敍利亞) 등의 나라들이 있었다. 몽케는 칸위를 계승한 후, 제3차 서역 정벌을 하기로 결정했다.

1252년, 몽케는 훌라구(旭烈兀)에게 페르시아를 공격하도록 명령했다. 이번 서역 정벌에서, 훌라구의 군대가 연속으로 무라이드국과 흑의대식 왕국 및 시리아 등의 나라들을 멸망시키고, 한때 또한 지중해 여러 나라들에까지도 도달하여, 이들 지역을 크게 놀라게 했다. 그리하여 동로마 조정과 서유럽 여러 나라들이 잇달아 사신을 파견하여 동맹을 체결했다. 그러나 이때 몽케가 사망했다는 소식이 전해지자, 훌라구는 군대를 이끌고 페르시아로 돌아가서, 선봉장인 키트부카(怯的不花)로 하여금 시리아에 남아 지키도록 하고, 자신은 부대를 이끌고 돌아왔다. 같은 해 9월, 키트부카 군대가 밀석아(密昔兒, 지금의 이집트) 군대에게 패배했고, 키트부카도 전장에서 사망함으로써, 제3차 서역 정벌은 마무리되었다.

일찍이 칭기즈칸은 서역 정벌에서 승리한 후, 곧 정복한 토지를 자신의 장자인 쥬치·차남인 차가타이·삼남인 오고타이에게 분봉해 주었다. 당시 이는 여러 아들들이 재산과 통치 범위를 놓고 쟁탈전을 벌여 불필요한 내란이 발생하는 것을 피하기 위한 것이었음과 동시에, 칭기즈칸의 황금가족(黃金家族: 칭기즈칸과 그 가족을 일컫는 말)이 통치를 공고히 하는 한 가지 방식이기도 했다.

칭기즈칸이 분봉한 이 영토들은 모두 비교적 큰 자주권을 갖고, 따로 각각의 아들들이 관리했다. 이 때문에 이 영토들을 기초로, 점차 킵차크 칸국·차가타이 칸국·오고타이 칸국을 형성했다. 후에 칸위 쟁탈 전쟁 과정에서의 여러 가지 모순과 분쟁으로 인해, 각 칸국들 간의 상대적 독립성도 점차 강화되었다. 몽케가 세상을 떠난 후, 쿠빌라이와 아릭부케(阿里不哥)가 칸위 쟁탈전을 벌이자, 멀리 서역 정벌을 하던 훌라구는 비록 급히 왔지만, 뜻밖에 직접 칸위 쟁탈 전쟁에 뛰어들지 않고 자신의 칸국을 건립했다. 이것이 바로 '일 칸국'이며, 이에 따라 '4대 칸국'이 병립하는 국면이 출현했다. 4대 칸국과 대칸의 직할 영지로 이루어진 몽고 제국은 방대한 군사·행정 연합체였다.

4대 칸국은 본래 대칸이 관할하던 일부분이었지만, 몽고국이 대외 정복 전쟁을 강화하여 영토가 전에 없이 확대됨에 따라, 각 칸국들 간의 거리도 갈수록 멀어졌고, 또한 각 칸국들 간의 생산력 발전 수준도 일정하지 않았으며, 이전의 민족·언어·생활 방식 및 풍속 습관 등도 완전히 같지는 않았다. 게다가 몽고 대칸도 방대한 제국의 모든 지역들을 다 돌볼 수 없었기 때문에, 제왕들은 점차 군대를 보유하고 자신의 지위를 강화했으며, 심지어는 중앙 왕조와 맞서 저항하기도 했다. 따라서 중앙 칸국과 원래 느슨한 예속 관계를 가지고 있던 4대 칸국들은 점차 발전하여 각자 독립적인 칸국이 되었다.

그 가운데, 킵차크 칸국은 원래 칭기즈칸의 장자인 쥬치의 봉지였는데, 이후 부자가 대를 이어 전수하다가, 쥬치의 아들인 바투 형제가 통할할 때, 다시 분봉했다. 그 가운데 바투가 관할하는 세력이 가장 컸으며, 금장칸국(金帳汗國)이라고 불렀다. 차가타이 칸국은 칭기즈칸의 차남인 차가타이의 봉지로, 차가타이 사후에 그의 장손인 카라 훌라구(合剌旭烈兀)가 계승했다가, 14세기 초에 칸국이 점차 분열했다. 오고타이 칸국은 칭기즈칸의 셋째 아들인 오고타이의 봉지였는데, 오고타이가 몽고의 대칸을 계승한 후, 봉지는 구유크에게 주어졌다. 1251년에 몽케가 대칸에 옹립되었을 때, 오고타이계의 제왕들이 난을 일으켰다는 이유로, 봉지를 분할했다. 14세기 초에, 그 영토의 일부분은 차가타이 칸국에게 합병되었고, 일부는 금장칸국에 편입되었으며, 일부는 원(元)나라에 합병되었다. 일 칸국은 툴루이의 다섯째 아들인 훌라구가 건립한 칸국으로, 그 영토는 유럽과 아시아 대륙에 걸쳐 있어, 유럽과 아시아 문화가 집결하는 땅이었을 뿐만 아니라, 중요한 교통의 요충지였으며, 14세기 말에 티무르(帖木兒) 제국에 의해 멸망했다.

원(元) 1271~1279년

인물: 원 세조(世祖) 쿠빌라이 **지역:** 대도(大都) **키워드:** 행성(行省) 제도

쿠빌라이가 원(元)을 건립하여 통일하다

칭기즈칸 이후, 4대 칸국들은 각자 한쪽에서 군림하면서, 군대를 보유한 채 자신의 세력을 강화하고 있었으며, 심지어는 중앙 정권과 맞서기도 했다. 이때 또 한 사람의 뛰어난 재능과 원대한 계략을 지닌 군주가 출현했으니, 그가 바로 원 세조(世祖) 쿠빌라이(忽必烈)다. 쿠빌라이는 역사 발전의 조류에 순응하다가, 마침내 대도(大都), 즉 지금의 베이징(北京)을 수도로 정하고, 몽고의 국호를 대원(大元)으로 바꾸었다. 그리하여 몽고족의 중국 땅에서의 통치가 시작되었으며, 하나의 통일된 다민족 국가가 진정한 의미에서 형성되었다. 이는 중국 역사상 최초로 소수민족이 건립한 전국적 정권이었다.

원나라의 건립

몽케는 1259년 7월에 합주(合州)에서 사망했다. 그는 후에 환숙제(桓肅帝)라는 시호를 추증받았으며, 묘호는 헌종(憲宗)이다. 몽케가 사망한 후, 그의 동생 쿠빌라이와 아릭부케가 칸위 쟁탈을 위한 준비를 시작했다. 당시 쿠빌라이는 명을 받들어 남송의 악주(鄂州, 지금의 후베이성 우한武漢)를 공격하고 있다가, 소식을 들은 후, 즉각 책사들을 소집하여 상의했다. 그는 한인(漢人)의 건의를 듣고, 한편으로는 몽케의 영거(靈車: 시신을 실은 수레)를 맞이하고 대칸의 옥새를 취득했으며, 다른 한편으로는 남송의 권상(權相)인 가사도(賈似道)와 비밀리에 화의를 체결하고 철군했다. 아

◈ 유리홍연화식대반(釉裏紅蓮花式大盤) | 원

◈ 원 세조의 차브이(察必) 황후

차브이 황후(1227~1281년)는, 몽고 옹길라트씨(弘吉剌氏) 가문 사람으로, 원 세조 쿠빌라이의 황후이자, 태자 칭김(眞金)의 생모다. 『원사(元史)』의 기록에 따르면, 차브이 황후는 타고난 성품이 근면하고 검소하여, 궁중에서 폐기한 양피(羊皮)를 기워서 양탄자를 만들었으며, 또한 궁인들을 데리고 망가진 궁현(弓弦: 활의 끈)을 가공하여 베를 짰다고 한다.

릭부케는 당시 북쪽에 남아서 지키고 있었는데, 쿠빌라이와 훌라구가 모두 외지에 나가 원정을 벌이고 있었으므로, 이는 바로 칸위를 탈취할 절호의 기회라고 여겼다. 그는 한편으로는 사람을 보내 쿠빌라이를 위무하고, 다른 한편으로는 급히 막북에서 종왕(宗王: 각 부족의 수령) 대회를 소집하여, 먼저 민첩하게 목적을 달성하려고 시도했다. 쿠빌라이도 이때 남송으로부터 철수하여 북쪽으로 돌아와, 연경(燕京) 부근에 도착하여 제왕과 대신들을 소집하고, 아릭부케와 칸위를 쟁탈하기로 결정했다. 쿠빌라이는 먼저 아릭부케가 징집한 군대를 해산하도록 명령을 내린 다음, 1260년 3월에 동·서 양쪽 도(道)의 제왕들을 소집하고, 개평성(開平城: 상도上都)에서 쿠릴타이 대회를 개최했다. 그리고 자신이 칸위를 계승한다고 선포하고, 세첸칸(薛禪汗)이라 불렀으며, 연호를 '중통(中統)'으로 정했다. 4월, 아릭부케도 많은 종왕들의 지지를 받으면서 카라코룸(和林)에서 쿠릴타이 대회를 소집하고, 자신이 칸위를 계승한다고 선포했다. 쌍방은 이리하여 정면으로 쟁탈전을 전개했다. 일련의 격렬한 전쟁을 거쳐, 쿠빌라이가 최후의 승리를 거두었다.

쿠빌라이는 툴루이의 둘째 아들로, 일찍이 번왕(藩王)이 되었을 때, 그는 열심히 중원 문화를 학습했다. 몽케가 칸위를 계승한 후, 자제들에게 분봉을 진행했는데, 쿠빌라이는 막남(漠南: 고비 사막 이남)의 한족 지역 사무를 총괄했다. 쿠빌라이는 한족 지역을 통치하는 데 매우 심혈을 기울였다. 이전에 그는 이미 일부 한족 책사들을 모집하고, 한족 책사들의 건의를 받아들여, 탐관오리를 처벌하고, 규칙과 법률을 제정했으며, 농업과 잠업을 장려하여, 북방 지역의 사회가 점차 안정되고 경제가 회복되어 발전하게 했다.

쿠빌라이는 칸위를 계승한 후, 아릭부케와 칸위 쟁탈 전쟁에 바빠, 남방 지역의 사무를 잠시 방치해 두었다. 중국과 몽고 접경 지역의 일부 지방 세력들이 이 기회를 틈타 동란을 일으켰다. 이 사건은 쿠빌라이로 하여금, 장구한 세월 동안 실권을 장악해 온 이들 지방 세력은 새 왕조가 자신의 통치를 효과적으로 공고히 하고 강화하는 데 대단히 큰 장애물이라고 인식하게 했다. 그는 즉시 결단을 내려, 산동(山東)에서 일어난 이단(李璮)의 반란을 평정함과 동시에, 이를 이유로 삼아 일련의 조치들을 실행했다. 먼저, 지방 세력의 권력을 분산시키기 위해, 그가 병민분치(兵民分治: 군대와 백성의 분리 통치) 제도를 실시하자, 매우 많은 지방 세력들은 모두 병권(兵權)을 빼앗기고 단지 문관 직위만 보유했다. 그 다음으로, 그는 지방 세력의 직무 세습 제도를 취소하고, 군권(軍權)을 중앙 정부의 수중에 집중시켜 통제함에 따라, 지방 할거세력을 효과적으로 억제했다.

이후, 쿠빌라이는 점차 중원 봉건 왕조의 전통 양식에 따라 제도적인 조정을 개시했다. 그는 잇달아 관리의 승진·직위의 등급 및 봉록·고과 등 모든 것에 대한 일련의 제도를 제정했다. 동시에 연경(燕京, 지금의 베이징)을 중도(中都)로 삼고, 중앙 기구와 지방 행정 구역을 설치했으며, 백관(百官)의 예의 제도를 제정하고, 새로운 국가 법령을 반포했다. 이러한 모든 조치들은, 점차 북쪽 지역을 다시 질서 있고 규범화된 정치 체계로 들어서게 했다. 지원(至元) 8년(1271년) 11월, 쿠빌라이는 '대원(大元)'을 국호로 삼아 천하에 반포했으며, 이듬해에는 다시 중도를 대도(大都)로 명칭을 바꾸고, 원나라의 수도로 삼았다. 수년 동안의 전란을 거친 후, 중국 대지 위에는 하나의 통일된 중앙 정부가 점차 형성되었다.

전국을 통일하다

쿠빌라이의 북쪽에서의 통치가 점차 안정된 후, 남송에 대한 정벌이 다음 계획에 포함되었다. 쿠빌라이는 선박을 만들도록 감독하고, 군대를 재편성하여, 남송을 멸망시키기 위한 적극적인 준비를 했다. 쿠빌라이는 오고타이와 몽케가 송을 공격했을 때의 성공과 실패를 종합한 기초 위에서, 먼저 양번(襄樊)을 공격하여 취하고, 중간 돌파를 실시하며, 한수(漢水)를 따라 강으로 들어가, 곧바로 수도인 임안(臨安)을 취한다는 송나라 소멸 방책을 결정했다.

당시 양양(襄陽)과 번성(樊城) 두 성은 한수를 끼고 마주하고 있어, 강 가운데 부교를 설치하면, 서로 원조할 수 있었고, 지리상의 위치가 매우 험준하고 중요했다. 따라서 남송에게는 국가의 운명이 달린 곳으로 여겨져, 수년 동안 고심하여 관리 운영했으므로, 성벽은 견고했으며, 군대는 정예롭고 군량은 풍족했다. 이 때문에 양양과 번성 두 성을 얻고 잃는 것은, 전체 전쟁의 승패와 관계가 있었다. 쿠빌라이는 이를 위해 오랜 시간 준비를 함과 동시에, 남송의 항장(降將)인 유정(劉整)의 책략을 듣고, 부교를 불태워 두 성의 연계를 단절시켰다. 지원 10년(1273년) 정월, 원나라 군대는 번성을 공격하여 격파했고, 2월에는 양양을 지키던 장수가 투항했다.

양번의 함락은 남송의 조야를 뒤흔들어 놓았고, 전략적 방어 중점을 장강(長江) 일선으로 후퇴시키게 만들었다. 그러나 남송으로 통하는 견고한 대문을 열어 젖힌 후, 몽고군은 발걸음을 재

◈ 〈원 세조 출렵도〉(일부분) | 원, 유관도(劉貫道)

이 그림은 원 세조 지원 연간(1264~1294년)의 화가인 유관도가, 원 세조 쿠빌라이가 늦가을과 초겨울 무렵에 수행원들을 이끌고 나가 수렵할 때의 상황에 근거하여 그린 것으로, 그림 속에 검은 말을 타고 흰색 모피 옷을 입고 있는 사람이 당연히 원 세조다. 세조와 나란히 고삐를 잡고 흰 두루마기를 입고 있는 사람은 황후인 듯하다. 그 외에 말을 타고 있는 남녀 8명은, 당연히 시종들로, 활시위를 당기고 있거나, 매를 받치고 있거나, 개를 풀어 놓고 있거나, 치타를 데리고 있다. 현재 타이페이 고궁박물원에 소장되어 있다.

촉하여, 병력 10만 명을 증원하고 남쪽 정벌을 계속했다. 지원 11년(1274년) 12월, 원나라 군대의 주장(主將)인 바얀(伯顔)은 성동격서(聲東擊西: 동쪽을 공격하는 듯이 소란을 피워 속인 뒤, 서쪽을 치다)와 피실격허(避實擊虛: 강한 곳을 피하고 허약한 곳을 공격하다)의 책략으로 장강의 도하를 강행하여 성공하자, 전쟁의 형세는 결정적인 전환점을 맞이했다. 이후 몽고 군대는 하나하나 승리를 거두면서, 잇달아 남송의 많은 중요 성진(城鎭: 도시)들을 점령했는데, 건강(建康: 지금의 난징)도 거기에 포함되어 있었다. 건강이 함락되자, 남송의 장강 방어선도 곧 완전히 붕괴되었다. 쿠빌라이는 명령을 내려, 승상 아리하이야(阿里海牙)는 호남(湖南)을 공격하고, 우승상 아쥬(阿術)는 양주(揚州)를 공격하고, 바얀은 주력 부대를 이끌고 곧바로 임안(臨安, 지금의 저장성 항저우杭州)을 점령하도록 했다. 지원 13년(1276년) 정월, 세 방면의 대군이 임안 교외에서 합류했다. 2월, 남송의 공제(恭帝)가 백관을 인솔하고 나와 원나라에 항복했다.

남송을 철저히 소멸시키기 위해, 쿠빌라이는 거듭 군대를 파견하여 남송 왕실에 대해 추적 토벌을 진행하여, 지원 16년(1279년)에 마침내 애산(厓山)으로 망명한 남송의 잔여 세력을 소탕하고, 전국의 통일을 완성했다.

행성(行省) 제도를 널리 시행하다

쿠빌라이가 건립한 원나라는 중국 역사상 한 차례 새로운 대통일을 실현했다. 원나라의 영토는 중국 역사상 가장 커서, 한(漢)·당(唐)의 전성기를 뛰어넘었다. 원대에 행성 제도를 확립한 것은, 중국 행정 제도에서 한 가지 중대한 변혁이기도 했다. 원나라의 중앙 정무 기구인 중서성은 하북(河北)·산동(山東)·산서(山西)를 직접 관할했고, 이들 지방은 '복리(腹裏)'라고 불렀다. 기타 지방은 10개의 행중서성(行中書省)으로 나누었는데, 각각 영북(嶺北)·요양(遼陽)·하남(河南)·섬서(陝西)·사천(四川)·감숙(甘肅)·운남(雲南)·강절(江浙)·강서(江西) 및 호광(湖廣)이라고 불렀다. 행중서성은 줄여서 행성(行省) 또는 성(省)이라고도 불렀다. 처음 시작했을 때, 몽고 통치자는 일부 지방들에 행성을 설치하여 임시 군정(軍政) 기구로 삼았다. 쿠빌라이는 남송을 멸망시킨 후, 점차 행성의 설치를 고정시켜 갔다. 원대에 각 행성의 관할 구역은 일반적으로 현재의 성(省)보다 훨씬 컸다. 당시의 행성은 황제의 파출(派出) 기구로, 그 관원의 배치는 중서성과 대체로 같았고, 품급(品級)도 비슷하여, 승상(丞相) 1명, 평장정사(平章政事) 2명, 우승(右丞) 1명, 참지정사(參知政事) 1명을 두었다. 단지 외직(外職: 지방 관직)이 지나치게 비대해지는 것을 방지하기 위해, 행성의 승상 직무는 왕왕 비워두기도 했다. 행성의 책무는 "군(郡)·현(縣)을 관할하고, 변경을 방어하여, 도성(都省: 중서성)과 표리를 이루었다. ……무릇 전량(錢糧: 돈과 곡식, 즉 재정)·병갑(兵甲: 무기)·둔종(屯種: 군대가 주둔하면서 둔전을 개간함)·조운(漕運: 조세로 거둔 곡물 운송)·군국(軍國: 군사와 국정에 관한 업무)의 중요 사무는 모두 여기에서 처리했다". 행성의 주요 관원은 황제에게 직접적으로 책임을 졌다. 행성 밑에는 로(路)·부(府)·주(州)·현(縣)이 있었다. 이전 왕조와 비교하면, 원대의 행정 관할 범위는 많은 변방 지역들로 한층 더 확장되었다. 예를 들면 영북(嶺北: '막북'과 같은 의미로, 고비 사막 이북)·요양(遼陽)·감숙(甘肅)·운남(雲南) 등지다.

이미 행성이 설치된 지방들 이외에, 원나라 조정은 또한 신강(新疆)·서장(西藏) 등지에 대해서도 효과적인 행정 관할을 진행했다. 쿠빌라이가 즉위한 후, 서북 지역 제왕들의 반란을 진압하기 위해, 알말리크(阿力麻里, 지금의 신장위구르자치구 훠청霍城 서북부)를 군사 요충지로 삼고, 또 한때 여기에 행중서성을 설치했다. 남송을 멸망시킨 후, 쿠빌라이는 천산(天山) 산맥 남북에 대한 통치를 한층 강화하여, 지원 18년(1281년)에 카라호자(哈喇火州)에 북정도호부(北庭都護府)를 설치했고, 지원 20년(1283년)에는 또 비슈발리크(別失八里)·화주(和州) 등지에 선위사(宣慰司)를 설치했다. 원나라 조정은 여기에 역참(驛站)을 설치하고, 둔수(屯戍: 주둔하며 변경을 지키는 군대)를 세우고, 교초(交鈔: 지폐)를 발행하고, 부세(賦稅: 모든 세금의 총칭)를 징수하는 등, 그 통치 방식이 기본적으로 중원 지역과 같았다. 이 밖에, 타림(塔里木) 분지 남쪽 가장자리의 알단(斡端, 지금의 신장위구르자치구 허톈和田) 등지는 또한 쿠빌라이와 서북 지역에서 반란을 일으킨 왕들이 쟁탈전을 벌이던 곳으로, 지원 15년(1278년), 16년(1279년)부터 쿠빌라이가 군대를 파견하여 주둔시켰고, 지원 23년(1286년)에는 네 개의 역(驛)을 설치했다.

9세기 중엽부터, 서장 지역은 장기간 할거하여 분쟁하는 국면에 처해 있었고, 이러한 상황은 줄곧 몽고가 흥기할 때까지 지속되었다. 13세기 중엽, 양주(凉州, 지금의 간쑤성 우웨이武威)에 주둔하던 몽고의 종왕(宗王)인 쿠단과 서장의 라마교 사캬파(薩迦派) 좌주(座主: 한 종파의 최고 승려)인 사캬판디타(薩迦班智達)가 긴밀한 관계를 수립했다. 몽케 칸 3년(1253년), 쿠빌라이는 양주로부터 파스파(八思巴)를 막남(漠南: 고비 사막 남쪽)의 환주(桓州)에 있는 그의 왕부(王府)로 초청했다. 그가 즉위한 후에 곧 파스파를 국사(國師)에 봉했으며, 나중에는 다시 제사(帝師)로 부르면서, 파스파에 의지하여 서장에 대한 통치를 실현했다. 지원(至元) 초년에, 그는 총제원(總制院)을 설치했다가, 후에 선정원(宣政院)으로 개편하고, 자신이 임명한 제사가 관장했다. 선정원에게는 두 가지 중요한 임무가 있었는데, 한편으로는 전국의 불교 승도(僧徒)들을 관리했으며, 다른 한편으로는 서장의 '군민(軍民)의 재곡(財穀: 재정과 식량)에 관련된 일'을 관리했다. 장족(藏族: 티베트족)이 거주하는 지방에서, 선정원은 많은 곳에 선위사 및 선무사(宣撫使)·안무사(安撫使)·초토사(招討使)를 설치했다.

한걸음 더

곽수경(郭守敬)과 〈수시력(授時曆)〉

원나라가 통일한 이후, 쿠빌라이는 지원 13년(1276년)에 태사국(太史局)을 설립하고, 더욱 정확한 역법(曆法)을 만들기 시작했다. 지원 17년(1280년) 동지(冬至), 과학자 곽수경이 주관한 새로운 역법의 제작이 완성되자, 쿠빌라이는 〈수시력〉이라는 이름을 하사했다. 〈수시력〉의 완성은 중국 고대 천문학에서 커다란 새로운 진전이었다. 그 가운데 가장 대표적인 성취는 바로 곽수경이 1회귀년의 길이가 365.2425일이라는 것을 밝혀 낸 것이다. 이 수치는 지구의 실제 공전 주기와 고작 26초밖에 차이가 나지 않으며, 1582년에 로마 교황청이 반포하여 시행한 뒤, 지금까지 여전히 세계에서 통용되는 태양력(그레고리력)과 완전히 일치하지만, 그것이 출현한 것은 오히려 유럽보다 300년이나 일렀다.

원(元) 1275~1291년

인물: 마르코 폴로 지역: 대도(大都) 키워드: 『마르코 폴로 여행기』

『마르코 폴로 여행기』 속의 중국

지원(至元) 12년(1275년), 이탈리아 여행가 마르코 폴로는 아버지와 삼촌을 따라 중국에 왔고, 지원 28년(1291년)에 그들은 페르시아에 사절로 가는 원나라 사신을 따라 중국을 떠나 고향인 베네치아로 돌아갔다. 그 후, 마르코 폴로는 제노바를 상대로 한 전쟁에 참가했다가 포로가 되었다. 옥중에서의 힘든 시간을 보내기 위해, 그는 감옥의 동료들에게 자신이 동방에서 보고 들은 것을 들려 주었다. 그들 가운데 프랑스어에 정통한 소설가인 루스티첼로가 마르코 폴로의 견문에 매우 흥미를 느꼈으므로, 마르코 폴로가 구술하고, 루스티첼로가 기록하여, '세계 최고의 기서(奇書)'라고 칭송되는 저 『마르코 폴로 여행기』(한국 독자에게는 『동방견문록』으로 더 잘 알려져 있다-옮긴이)를 저술했다. 그리하여 최초로 유럽인들에게 동방 세계의 기이하고 신비한 베일을 벗겨 주고, 중국의 고도로 발달한 물질문명과 정신문명을 전면적으로 소개하여, 세계 역사에 심대한 영향을 미쳤다.

◈ 이호문옥벽(螭虎紋玉璧) | 원

고도로 발달한 정치 문명

마르코 폴로(1254~1324년)는 중국에서 꼬박 17년을 체류하면서, 원 세조 쿠빌라이의 총애와 신임을 받았으며, 원나라의 관직을 맡기도 했다. 이 때문에 그는 원나라의 행정 관리 제도에 대해 매우 잘 알고 있었으므로, 『여행기』에 기록되어 있는 원대의 역전(驛傳: 역참을 통해 문서를 전달

◈ 〈통혜하조운도(通惠河漕運圖)〉 (일부분) | 원

통혜하(通惠河)는 원대에 곽수경(郭守敬)이 건설한, 조운(漕運)을 위한 수로(水路)다. 통혜하를 건설한 후, 배로 조운하여 적수담(積水潭: 베이징에 있는 호수)까지 갈 수 있었다. 이 때문에 적수담은 오늘날의 스차해(什刹海)·허후해(後海) 일대를 포괄하는 대운하의 종점이 되었으며, 상선 백여 척이 정박하여, 흥청대며 번화했다. 원나라 중·후기에, 매년 최고 2~3백만 석의 양곡이 남쪽에서 통혜하를 통해 대도로 운송되었다. 이 수로는 명·청대에 줄곧 유지·보호되었으며, 20세기 초엽까지 계속 사용되었다.

하던 파발) 제도, 연향(宴饗: 향연) 제도, 순회(巡廻) 제도 등의 기록은 모두 역사의 증인 신분으로서 남겨 놓은 진귀한 역사 자료들이다.

원 제국의 영토는 광활하여, 변방의 정세를 잘 파악하고 정치 명령을 전달하기 위해, 원나라 정부는 당시 세계에서 가장 완비되었다고 할 만한 역전 제도를 확립했다. 『여행기』는 당시 전국에 역참(驛站) 1만여 개와 역마(驛馬) 2만여 마리가 있었다고 기록하고 있다. 각 역참에는 모두 전문적으로 역참 업무를 관리하는 역령(驛令)·신외(臣外)·제령(提領)·사리(司吏) 등의 정부 관리들을 두었다. 연도(沿途)에 있는 각 역참들이 갖추고 있는 말·숙식 물품 및 역을 이용하는 자가 당연히 받아야 할 공급 기준은 모두 명확히 규정되어 있었다. 이렇게 인력에 의지하여 문서를 전달하는 방법은, 당연히 매우 낙후되고 효능도 제한적이었지만, 당시에는 오히려 세계적으로도 매우 선진적이고 효과적인 전달 제도였으니, 『여행기』에서는 그것을 '위대한 창조적 시도'라고 크게 칭송하고 있다.

원나라 시기에, 국가는 정기적으로 성대한 경전(慶典: 경사스러운 의식)을 거행했는데, 왕실과 대신들은 모두 입조하여 알현함과 아울러, 연향(宴饗)의 예를 거행해야 했다. 마르코 폴로는 일찍이, 황제가 생신날 저녁의 성대한 파티에서 화려하기가 비할 데 없는 금포(金袍)를 입고, 2천 명이나 되는 왕공 귀족들과 함께 참석한 것을 보았다. 이것이 바로 원대의 화려한 연향 활동 가운데 중요한 하나인 질손연(質孫宴)이다. 연회가 끝났을 때, 모든 테이블을 치우고, 전체 금사(琴師: 현악기 연주자)들이 일어나 함께 아름답고 즐거운 곡조를 연주했다.

원나라 초기에는 양경(兩京) 순회 제도를 실행했다. 황제는 매년 상도(上都)와 대도(大都) 사이를 왕래했다. 즉 상도에서는 더위를 피했고, 대도에서는 겨울을 보냈다. 황제가 상도를 떠나기 전에는 늘 한 가지 의식을 거행했는데, 『여행기』에서는 그것을 '주마(酒馬)'라고 부른다. 이 의식은 매년 8월 24일에 천지(天地)에 제사를 지내는 것이었으며, 『원사(元史)』에서는 그것을 '주마자(酒馬子)'라고 부른다. 의식은 이렇게 진행했다. 즉 "말 한 마리, 갈양(羯羊: 불깐 양) 여덟 마리, 채단(彩段: 채색 비단)과 연견(練絹: 흰색 비단) 각 9필씩, 흰색 양털로 이삭처럼 둘둘 감은 것 9개와 담비 가죽 3장을 이용하여, 몽고 무당과 몽고·한인 수재(秀才) 및 달관(達官) 4명에게 명하여 그 일을 통솔하도록 했는데, 재배(再拜)하면서 하늘에 고하고, 또 태조 칭기즈칸의 이름을 부르며 그것을 축하했다."

『여행기』의 이에 대한 기술은 비록 매우 적어, 그다지 상세하지는 않지만, 오늘날 사람들이 원나라 황제의 제사 활동을 연구하는 중요한 증거 자료가 되고 있다.

찬란하고 신기한 중국 문화

마르코 폴로는 또한 흠차대신(欽差大臣)으로서 여러 차례 각 성(省)들을 순시했으며, 그의 발자취는 중국의 양자강 남북에 거의 두루 미쳤다. 그는 가는 곳마다 모두 그 지역의 풍토와 민심·진기한 이야기와 알려지지 않은 일들에 관심을 기울임과 동시에, 세밀한 관찰과 기록을 매우 많이 남겼다. 음식 문화에서부터 수려한 풍경까지, 더 나아가 기이한 풍속까지, 『여행기』에는 이러한 기록들을 곳곳에서 볼 수 있다.

◈ **청화유리홍화훼자개관**(青花釉裏紅花卉瓷蓋罐) | 원

청화(青花)와 유리홍(釉裏紅)은 자기를 제작하는 과정에서의 두 가지 기술로, 이처럼 완미하게 하나의 자기에 실현해 내는 것은 대단히 어렵다. 이 작품은 원대 자기 제조 예술의 걸출한 대표작이다. 현재 허베이성 박물관에 소장되어 있다.

동·서양의 음식 교류사에서, 『여행기』는 지금도 여전히 역사적인 빛을 발하고 있다. 『여행기』 속에서 언급하고 있는 음료들로는 마유(馬乳)·낙타유·미첨주(米甛酒)·약주(藥酒)·포도주 및 기타 음료들이 있다. 마르코 폴로는 세계적으로 미첨주보다 사람들을 만족시키는 음료는 없다고 여겼다. 그가 보기에, 미첨주가 따뜻해진 다음에는, 다른 어떤 주류보다도 훨씬 더 쉽게 사람들을 취하게 했다. 마르코 폴로는 또한 쌀 속에 향료와 약재를 넣어 빚은 술은 순수하고 달콤한 향기가 날 뿐만 아니라, 정신을 수양하고 마음을 편안하게 하는 뛰어난 효과도 있다고 여겼다. 마르코 폴로의 소개는 중국의 약주가 유럽에서 유행하는 데 중요한 역할을 했다. 『여행기』에서는 매우 풍부한 원대의 음식물 종류들을 기술하고 있다. 쌀·면(麵) 등의 주식(主食)도 있고, 축산품이나 날짐승 등의 육식(肉食)도 있으며, 민간의 음식물도 있고, 궁정의 음식물도 있으며, 몽고인의 식생활 풍속도 반영했고, 한족의 음식 특색도 반영하여, 한 폭의 요리 왕국의 미식(美食) 장면을 구성하고 있다.

중국의 수려한 경치는 『여행기』 속에 더욱 남김없이 다 표현되어 있다. 원대의 황성인 대도(大都)의 경치는 의심할 것 없이 가장 아름다웠다. 태액지(太液池) 풍치 지구(지금의 베이징 베이하이北海와 중하이中海의 총칭)의 푸르른 산·푸른 나무·녹색 정자가 혼연일체를 이루어, 사람들로 하여금 마음을 탁 트이게 해 주고, 기분을 유쾌하게 해 주는 원림(園林)의 훌륭한 경치를 이루고 있다. 대명전(大明殿)은 매우 넓다. 이 궁전은 웅장하면서 아름답고 빼어나며, 배치가 정교하고 훌륭하다. 마찬가지로 마르코 폴로는 항주(杭州)의 아름다운 경치에 대해서도 대도 못지않게 칭송하고 있다. 번영한 도시에서부터 수려한 산과 호수의 경치에 이르기까지 모두 열정적이고 충만하게 묘사하고 있다. 『여행기』는 특별히 항주 사람의 용모가 맑고 빼어나며, 피부가 희고, 대부분이 비단옷을 입으며, 전체 도시가 매우 정결하고, 사람들이 예의와 위생을 매우 중시한다고 언급하고 있다. 마르코 폴로는 특히 시정화의(詩情畵意: 한 폭의 시 같고 그림 같은 정취)로 가득한 서호(西湖)와 호수 위에 있는 여행객들의 편의 시설들에 대한 깊은 인상을 기록해 놓았다. 그가 보기에, 서호의 푸른 물결은 출렁이고, 호수 위에서 곱게 장식한 유람선들이 그 사이를 쉴 새 없이 왕래하며, 호숫가에 이궁(離宮)과 별서(別墅: 별장)·원묘(院廟: 사당)와 사원들이 빽빽이 들어서 있는 것이, 그야말로 인간 천국이었다.

마르코 폴로는 중국 각지의 풍속 습관과 종교 신앙에 대해서도 세밀하게 관찰했다. 예를 들면 중국인은 태어나면서부터 성장할 때까지, 장사하러 외지에 나가거나 혼인할 경우 등에, 풍수(風水) 선생을 불러다 길흉화복을 점치고, 사람이 죽으면 땅에 매장하고, 지폐를 불태우며, 불상 앞에서 기도한다고 언급하고 있다. 운남(雲南)에 있을 때, 그는 커다란 독사(毒蛇)를 보았는데, 『여행기』에서는 독사를 잡는 방법에 대해서도 꺼리지 않고 기록해 놓았다. 복건(福建)에 있을 때, 마르코 폴로는 현지인이 생강을 이용해 음식 맛을 내는 것을 보고도 매우 신기하게 느꼈다. 그는 또한 기괴한 닭도 보았다. 그 모습이 고양이 같았고, 뜻밖에 깃털이 없었다. 고증에 따르면, 이런 닭을 오골계(烏骨鷄)라고 부르며, 영양이 풍부하면서도 맛이 매우 좋다고 한다. 마르코 폴로는, 원나라 정부가 각종 종교에 대해 모두 다 받아들이는 태도를 취한다는 사실을 발견했다. 대도(大都)의 상례(喪禮)와 장례(葬禮) 풍속은 사자(死者)의 종교나 신앙에 따라 다 달랐다.

마르코 폴로는 다양하고 다채로운 동양의 문화를 서양에 소개하여, 봉건 시대 유럽인의 시야를 열어 줌으로써, 서양 세계의 중국에 대한 동경심을 불러일으켰다.

번화하고 풍요로운 도시 경제

상인의 한 사람으로서, 마르코 폴로는 원나라의 번화하고 풍요로운 경제에 대해 더욱 칭찬을 아끼지 않았다.

원나라 수도로서의 대도는, 교통이 사통팔달한, 당시 세계적으로 유명한 대도시였으며, 상업 시장이 사방에 널리 분포되어 있었다. 시내에는 주요한 3대 시장이 있었으니, 첫째는 지금의 지슈이탄(積水潭) 동북쪽 연안에 있던 사가시(斜街市)이고, 둘째는 지금의 베이징 시쓰(西四) 부근의 양각시(羊角市)이며, 셋째는 지금의 둥쓰(東四) 부근에 있던 추밀원시(樞密院市)였다. 이들 시장에는 매일 온갖 상품과 재화들이 수입되어 끊임없이 오갔으며, 하늘에서 나고 땅에서 자라며 산에서 나고 바다에서 나는 온갖 기이한 것들이 사방에서 운집되었다. 생사(生絲) 한 품목만 해도 매일 거의 천 수레에 달했다. 이로부터 원나라 대도의 상업 번영은 일반적인 경우와는 달랐다는 것을 알 수 있다.

항주(杭州)의 상업도 매우 번성했다. 성안에는 큰 시장이 10여 곳 있었고, 길을 따라 있는 작은 시장들은 더욱 많아 셀 수 없었다. 3일마다 장이 서는 날에는 4~5만 명이 시장에 모여들어, 물품을 교환하고, 물건을 사고팔았다. 장이 서는 날은 온 시장에 수레와 배가 상품을 싣고 와서 왕래가 끊이지 않았으며, 시장에는 고라니나 토끼 같은 짐승도 있었고, 자고(鷓鴣)·꿩·닭·메추라기 같은 날짐승도 있었다. 항주 사람들은 물고기를 매우 즐겨 먹어, 각종 물고기의 품종도 많고 수량도 많아, 사람들이 혀를 내두를 지경이었지만, 순식간에 다 팔려 나갔다. 점포 안에는 갖가지 훌륭한 상품들이 가득 진열되어 있었다. 각종 유명하고 귀한 향료·머리 장식품·진주와 보석 등이 즐비하여, 사람들이 다 볼 수 없을 지경이었다.

복건은 상공업이 발달하고 경제가 번영하여, 마찬가지로 마르코 폴로에게 매우 깊은 인상을 남겨 주었다. 『여행기』의 기록에 따르면, 당시 복건 건녕(建寧)의 방적업이 흥성했고, 덕화(德化)의 도자기는 정교한 미관을 가진 데다 값이 싸고 실용적이었으며, 천주(泉州)의 '자동단(刺桐緞: 붉은 비단)'은 국내외적으로 더욱 유명하여, 남양(南洋: 동남아 일대)·인도 및 유럽 등지에서 잘 팔렸다. 천주는 외국과의 교통이 발달하여, 외국의 상인·선교사 및 여행가들이 잇달아 몰려들었으며, 아시아와 아프리카 각국 상선들이 빈번히 왕래하면서, 향료·진주와 보석·비단 및 기타 귀중품들이 이 항구를 드나들었다. 원나라는 또한 천주에 시박사(市舶司)를 설립하여, 상인과 선박의 왕래와 무역 업무 및 세금 징수 등의 사항들을 관리했다.

『여행기』를 통해 원대의 번화하고 풍요로운 경제에 관한 소식이 유럽에 전파된 이후, 서양의 초기 식민자(殖民者)들의 침략 야심을 자극했다.

한 걸음 더

원나라가 팽호순검사(澎湖巡檢司)를 설립하다

대만(臺灣)과 팽호(澎湖) 지역은 옛날부터 중국 영토였다. 원대에 대만과 대륙 사이의 관계는 새롭게 발전했다. 지원(至元) 29년(1292년)부터 지원 31년(1294년) 사이에, 원나라 정부는 팽호에 순검사(巡檢司)를 설치하고, 복건 천주(泉州) 진강현(晉江縣)에 예속시켜 팽호 열도와 대만 지역을 관리함과 동시에, 현지에서 염세(鹽稅)를 징수했다. 이는 중국 중앙 정부가 최초로 대만 지역에 설립한 정식 행정 기구였다. 원대에 팽호순검사는 줄곧 대만과 팽호 지역을 관할하는 유효한 기구로 존재했다. 명나라가 건립된 이후, 홍무(洪武) 20년(1387년)에 팽호 지역의 주민들을 천주로 이주시키고, 팽호순검사를 폐지했다가, 명 가정(嘉靖) 42년(1563년)에 대만에 대한 관리를 강화하기 위해, 마침내 다시 팽호순검사를 회복시켜 설치했다.

전문 테마 원곡(元曲)과 남희(南戲)

원나라는 영토가 광활하고, 도시 경제가 번영했으며, 상공업이 흥성하여, 시민 사회를 매우 활기차게 했다. 이 때문에, 당시(唐詩)와 송사(宋詞)의 뒤를 이어, 원곡이 한 시대의 문학으로 성행했다. 원곡은 문체의 차이에 따라 다시 산곡(散曲)과 잡극(雜劇)으로 나뉜다. 원곡 '4대가'를 우두머리로 하는 많은 문학가들은 대부분 산곡과 잡극 모두에 능통했다. 북쪽에서 성행한 원곡과 서로 대응하여, 원대의 남쪽에서도 하나의 새로운 희극 형태가 출현했는데, 이를 남희(南戲)라 한다. 그것의 출현은, 역시 마찬가지로 시민 생활이 풍부하고 다채로워진 것의 반영이자, 또한 중국 희극 예술 발전사에서 중요한 한 장(章)이기도 했다.

산곡(散曲)

산곡은 금나라 말기와 원나라 초기에 흥기했으며, 민간에서 유행하던 속요(俗謠)와 속곡(俗曲)에서 발전한 것이다. 산곡은 통속적이고 함축적인 언어로 진지하고 풍부한 감정을 표현해 내어, 원대 시가(詩歌) 창작의 최고 성취를 대표하며, 중국 시가 예술의 세 번째 최고봉이라고 일컬어진다.

산곡의 언어는 일정한 격률(格律)이 있으며, 또한 구어의 통속적이면서 이해하기 쉽고 자유로우면서 융통성 있는 특징을 갖게 하는 데 주의를 기울였다. 동시에, 그것은 또 간결함을 그다지 추구하지 않고, 대부분 서술하거나 상세히 진술하는 방법을 이용했기 때문에, 질박하고 선명하며, 음운이 거칠고 활달하며, 언어가 유창하다는 등의 특징을 지니고 있다. 원대의 산곡 창작은 대체로 전기와 후기 두 시기로 나눌 수 있다. 전기 산곡 작가의 활동 중심은 북쪽의 대도

◈ **청유쌍이병**(青釉雙耳瓶) | 원

균요(鈞窯)에서 제작한 이 쌍이병의 몸통 위에는 두 곳의 자반(紫斑: 도자기를 구울 때 생기는 얼룩)이 있고, 어깨 부위에는 두 마리의 호랑이 대가리 모양의 포수(鋪首: 문고리나 기물의 손잡이를, 짐승의 대가리가 둥근 고리를 물고 있는 형상으로 만든 것)가 있으며, 당연히 원대 균요 자기 가운데 정품일 것이다. 현재 수도박물관(首都博物館)에 소장되어 있다.

◈ **용천요**(龍泉窯)**의 청유인화용희주문반**(靑釉印花龍戲珠紋盤) | 원

(大都)였다. 이때의 원곡은 주제가 풍부하고 중후하면서 질박하고 자연스러웠으며, 새로운 의경과 표현력이 풍부했으며, 또한 확실히 자유롭고 거칠었다. 관한경(關漢卿)·마치원(馬致遠)·백박(白樸) 등이 모두 이 시기의 대표적 인물들이다. 원대 후기에, 경제 중심이 남쪽으로 이동함에 따라, 남쪽의 항주(杭州) 등의 도시들에 한 무리의 산곡을 전공하는 작가들이 출현했다. 그들의 연구와 노력에 따라, 원곡의 작풍이 점차 규범적이면서 우아해졌지만, 전기의 생명력도 잃었다. 후기의 유명한 대표적 인물들로는 장가구(張可久)·교길(喬吉) 등이 있다.

잡극(雜劇)

중국의 희극은, 선진(先秦) 시기의 가무(歌舞)와 한(漢)·위(魏)의 백희(百戲) 및 당(唐)·송(宋) 이래의 설창(說唱) 예술로부터, 금나라 말기와 원나라 초기에 이르러 마침내 비교적 성숙한 희극 형식으로 발전했으며, 또한 찬란한 성취를 거두었으니, 그것이 바로 원(元) 잡극이다. 원 잡극은 표현 기법에서 '노래[唱]'·'대사[念]'·'동작[做]' 등 다양한 희극 양식을 포함하고 있다. 그 가운데 대사 부분은 당·송 이래 희극의 전통적인 영향을 받아, 항상 익살스러운 몸짓과 농담이 있으며, 통속적이고 이해하기 쉬우며, 해학적이고 활발하다. 극중에는 또한 배역의 역할 분담이 있으며, 묘사해 내는 인물의 형상이 비교적 생동적이다. 내용면에서 보면, 원 잡극이 반영하고 있는 사회생활은 이전의 문학에 비해 광범위하고 깊이가 있다. 특히 일부 사회적 지위가 낮은 보통 민중들의 형상을 두드러지게 반영하고 있다. 그 가운데 매우 많은 작품들은 대부분 민중에 대한 동정심을 포함하고 있기 때문에, 그것은 맨 먼저 일반 민중의 사랑을 받았다.

잡극이 금말(金末)·원초(元初)에 출현한 후, 성종(成宗) 원정(元貞)·대덕(大德) 연간(1295~1307년)에 이르러, 창작과 연출 방면에서 전성 시기에 진입했다. 그것이 번영하는 과정에서, 수많은 우수한 작가와 고전적인 작품들이 쏟아져 나왔는데, 대표적 인물들은 바로 저명한 원곡 4대가인 관한경·왕실보(王實甫)·백박·마치원 같은 사람들이다. 원 잡극의 유명한 대표 작품들로는 관한경의 〈두아원(竇娥冤)〉, 왕실보의 〈서상기(西廂記)〉, 마치원의 〈한궁추(漢宮秋)〉 등이 있다.

◈ **주칠묘금전지모란문팔각삼층염**(朱漆描金纏枝牡丹紋八角三層奩) | 원

● 남희(南戲)

남희는 송·원 시기에 남곡(南曲)을 이용하여 연기하는 희곡 형식을 가리킨다. 그것이 최초로 남쪽 지방인 절강(浙江) 온주(溫州) 일대에서 기원했기 때문에 '남희'라는 이름을 갖게 되었다. 송대에 이미 비교적 성숙한 남희가 공연되었는데, 일반적으로 '남희'가 중국 희극의 독특한 예술 형식을 확립했다고 여겨지기 때문에, 중국 희곡의 역사는 일반적으로 남희가 탄생한 것에서부터 산정하기 시작한다. 그것의 곡조는 송사·창잠(唱賺: 송대에 유행했던 민간 설창 예술의 하나) 및 민간 소곡(小曲)이 종합적으로 발전하여 형성되었으며, 예술적으로는 민간 가무희(歌舞戲: 가무극)를 기초로 하여 공연했고, 그 배역은 '생(生)'·'단(旦)'·'외(外)'·'첩(貼)'·'추(醜)'·'정(淨)'·'말(末)'로 나뉜다. 잡극과 다른 것은, 남희의 각 배역들은 모두 노래 가락을 사용할 수 있고, 또한 합창도 할 수 있으며, 노래 가락의 음조와 리듬도 비교적 느리고 구성져서, 남방의 분위기를 짙게 띠고 있다는 점이다. 원대의 남희는 북곡(北曲)의 일부 특징을 흡수함에 따라, 더욱 성숙해졌다. 원말(元末) 명초(明初)에 출현한 유명한 남희로는 〈형차기(荊釵記)〉·〈백토기(白兎記)〉·〈배월정기(拜月亭記)〉 및 〈살구기(殺狗記)〉가 있으며, 이것들은 '4대 전기(傳奇)'라고 불린다. 이 밖에도 유명한 〈비파기(琵琶記)〉가 있는데, 이것들은 원대 남희의 최고 예술적 성취를 대표한다. 명대 전기에, 남희는 점차 전기(傳奇: 기이한 사실들을 소재로 삼은 소설이나 희곡)로 발전해 갔다.

원(元) 1235~1280년

인물: 파스파　지역: 서장(西藏), 대도(大都)　키워드: 우스짱(烏斯藏) 행정, 파스파 문자

제사(帝師) 파스파(八思巴)

파스파(1235~1280년)는 장전불교(藏傳佛敎: 라마교 또는 티베트 불교라고도 함) 샤카파(薩迦派)의 제5대 법주(法主)이자, 장족(藏族: 티베트족)의 저명한 불교학자임과 동시에, 또한 멀리 내다보는 안목과 뛰어난 식견을 가진 정치가이자 학자이기도 했다. 그는 중국 원나라 역사에서 매우 중요한 지위를 차지한다. 그는 원나라의 통일 사업에 뛰어난 공헌을 했을 뿐만 아니라, 한족·몽고족·장족 세 민족들 간의 종교·경제·문화의 교류도 촉진하여, 서장(西藏: 티베트) 지역의 발전을 추동하기도 했다. 이 때문에, 파스파가 평생 나라와 백성을 위해 이룬 공덕과 업적은 비록 원대(元代)에 있었지만, 그 혜택은 후세 사람들이 널리 누리고 있으니, 돌아볼 만하다.

◈ 동유금독점오두필가(銅鎏金獨占鰲頭筆架) | 원

파스파 및 그 가문

『홍사(紅史)』·『한장사집(漢藏史集)』 등 장문(藏文: 티베트 문자) 역사서들의 기록에 따르면, 파스파는 1235년에 후장(後藏: 티베트 남부의 르카쩌) 앙인(昂仁)의 유명한 샤카파 관씨(款氏) 가문에서 출생했다. 파스파는 어려서부터 샤카판디타(薩迦班智達)의 열성적인 돌봄과 교육을 받아, 샤카 제4대 법주인 샤카판디타의 영향을 깊게 받았는데, 이는 파스파가 성장하는 데 매우 중요한 작용을 했다. 1244년, 오고타이의 둘째 아들인 쿠단의 초청을 받고, 샤카판디타는 파스파를 데리고

양주(凉州)에 와서, 토번(吐蕃)이 몽고에 귀속되는 일을 협의하여 매듭지었다. 쿠단의 배려에 따라, 파스파는 계속 샤카판디타를 따라 서장의 불교와 문화를 학습했다. 그러나 샤카판디타는 이때 나이가 이미 많았고, 신체가 허약했기 때문에, 매우 많은 일들은 어쩔 수 없이 파스파에게 맡겨 처리했다. 양주에서 생활하는 기간에, 파스파는 샤카판디타 대신 쿠빌라이를 접견했다. 이는 두 사람이 이후에 관계를 한층 발전시키는 기초를 다져 주었다.

1252년, 몽케는 쿠빌라이에게 대리국(大理國)을 원정하고, 길을 돌아 우회하여 남송을 공격하도록 명령했는데, 장족 지역은 그 과정에서 반드시 거쳐야 할 길이었다. 1253년, 쿠빌라이는 장족 지역의 사정을 이해해야 할 필요를 느끼자, 양주에 사람을 보내 파스파를 초청해 왔다. 이듬해, 파스파는 쿠빌라이와 육반산(六盤山)에서 만났다. 그는 쿠빌라이에게 장족의 역사와 종교 및 문화를 소개하고, 불교의 "자비롭게 중생을 보살피고 사랑하는" 사상을 쿠빌라이의 "생각이 커야 천하에 큰일을 할 수 있다[思大有爲於天下]"는 사상과 결합하여, 쿠빌라이로 하여금 불교의 보호를 받아들이라고 설득하려 했다. 하지만 쿠빌라이가 이때 관심을 가지고 있던 것은, 부역을 할당하고 군량과 급료를 징수하여 대리국을 공격할 준비를 하는 것이었으므로, 그는 파스파를 이해하지 못했다. 파스파는 기분이 좋지 않아, 곧 떠나려고 했다. 결정적 순간에 쿠빌라이의 왕비인 차이브가 중재에 나서, 쿠빌라이에게 파스파는 불학(佛學)이 심오하고 지식이 해박하다고 말하면서, 파스파를 머물게 해 달라고 요구했다. 차이브 왕비는 또한 파스파에게 샤카파 밀종(密宗) 희금강(喜金剛: 범어로 헤바즈라Hevajra라고 하며, 밀종에서 가장 중요한 본존本尊의 하나)의 관정법(灌頂法)을 전수해 달라고 요청했

◈ **청화몽염장군도**(青花蒙恬將軍圖) **옥호춘병**(玉壺春甁) | 원

몽염 장군이 그려진 이 옥호춘병은 후난성(湖南省) 창더시(常德市)에서 출토되었으며, 현재 후난성박물관에 소장되어 있다. 그림 속의 몽염은 갑옷과 투구로 완전 무장을 하고 있으며, 용모는 위엄이 넘치고, 의자 위에 단정히 앉아 있다. 전체 화면에는 몽염 장군이 전쟁 포로를 심문하는 장면을 그렸다. 몽염의 얼굴에 가득한 텁수룩한 수염, 단정하게 꿈쩍도 않고 앉아 있는 자태 및 등 뒤에 높이 세워져 있는 큰 깃발은, 웅장하면서도 스산한 분위기를 분명하게 나타내 준다.

다. 이리하여 파스파는 왕비의 종교 스승이 되었다. 후에 차이브는 다시 적극적으로 쿠빌라이에게 파스파의 종교 사상을 받아들이라고 촉구했다. 1254년, 나이가 겨우 22세인 파스파는 정식으로 38세인 쿠빌라이의 종교 스승이 되었다. 이때 두 사람의 관계는 점차 깊어져 갔다.

그런데 파스파가 진정으로 쿠빌라이의 신임과 총애를 받은 것은, 또한 주로 두 가지 중요한 요소에 달려 있었다. 첫 번째 요소는 바로 파스파가 위험한 재난 상황에서 신임을 얻었다는 것이다. 몽케는 즉위한 후, 쿠빌라이에게 중원의 한족 지역을 관리하도록 명했다. 쿠빌라이는 한족 거주 지역에서 현명한 선비들을 초빙해 받아들여, 신정(新政)을 실행함으로써 인심을 얻었는데, 이는 몽케의 시기와 의심을 초래했다. 1256년 초, 몽케 칸은 쿠빌라이가 족질(足疾)에 걸렸다는 것을 구실 삼아, 그의 병권(兵權)을 박탈하고, 그에게 집에서 휴양하라고 명령했으며, 또한 죄명을 나열하여 쿠빌라이의 측근들을 잡아 죽이자, 형세가 매우 심각하게 바뀌었다. 그러나 파스파는 이때 쿠빌라이를 떠나는 것을 선택하지 않고, 계속 쿠빌라이의 막사 안에서 머물렀으며, 새해가 되자 평소대로 쿠빌라이 일가에게 신년 축사를 써 주었다. 이는 한편으로는 파스파와 쿠빌라이의 관계가 심화된 결과였고, 다른 한편으로는 또한 파스파가 쿠빌라이에게 자신은 직무를 다하고 책임을 다하는 충성스런 신하임을 표명함으로써, 쿠빌라이의 신뢰를 얻은 데에 이유가 있었다.

두 번째 요소는, 파스파가 불교와 도교의 변론 과정에서 보여준 뛰어난 행동이었다. 1258년, 불교와 도교의 모순이 다시 첨예해졌다. 몽케는 쿠빌라이에게 개평(開平, 지금의 내몽골 정란치正藍旗 동쪽)에서 불교와 도교 두 종교가 『노자화호경(老子化胡經)』의 진위에 대해 변론하는 것을 주관하도록 명령했다. 이 변론회는 진용이 방대하여, 불교에서 300여 명, 도교에서도 200여 명이 참여했다. 변론 과정에서, 나이가 고작 24세인 파스파는 대응이 민첩하면서도 대담하고 유식하게 자기의 뛰어난 재능을 충분히 펼쳐 보임으로써, 도교로 하여금 승인받지 못하게 하자, 회의가 끝난 후에 17명의 도사(道士)들이 머리를 깎고 승려가 되었다. 이리하여 파스파는 불학계(佛學界)에서 명성이 일시에 높아졌고, 더욱 쿠빌라이의 총애를 받게 되었다. 동시에 이 변론을 통해, 파스파는 중원의 불교와 도교에 대해 더욱 깊이 인식하게 됨으로써, 이후에 국사(國師)를 맡아 전국의 불교 사무를 관장하기 위한 조건을 만들었다.

국사(國師)에 봉해지다

1260년 12월, 쿠빌라이는 아릭부케와의 전쟁에서 승리한 다음 중도(中都)로 돌아오자, 즉시 파스파를 국사에 봉하고, 옥인(玉印)을 수여하여, 그에게 전국의 불교를 관장하도록 명했다. 이때 파스파의 나이는 고작 26세였으니, 그의 성공은 우연적인 요소도 있었고, 필연적인 요소도 있었다고 할 수 있다. 우선, 몽고 왕실은 줄곧 종교를 신앙하여, 종교 지도자를 자기의 정신적 지지자로 삼을 필요가 있었는데, 쿠빌라이도 예외가 아니었다. 그런데 약간 다른 점은, 쿠빌라이가 필요로 한 것은 단지 종교 지도자뿐만 아니라, 서장(西藏) 지역의 정치적 대표도 필요했다는 점이다. 국사에 임명한 목적은 서장 지역을 효과적으로 관리하는 것이었기 때문에, 국사가 되는 사람은 반드시 장전불교도 중에서 선택해야만 했다.

그 다음으로, 장전불교 지도자를 선택할 때, 쿠빌라이가 처음에 선택한 것은 파스파가 아니었다. 카르마카규파(噶瑪噶擧派)의 카르마 팍시(噶瑪撥希)가 파스파보다 훨씬 유리한 위치에 있었다. 그러나 카르마 팍시는 처음부터 쿠빌라이를 따르려 하지 않았으며, 나중에는 다시 쿠빌라이의 반대편에 서서 아릭부케의 칸위 쟁탈을 도왔다. 이것이 쿠빌라이로 하여금 그에 대해 극도의 불만과 분노를 불러일으키게 함에 따라, 파스파를 더욱 신뢰하게 하였다. 이처럼 바로 복잡하게 뒤엉킨 역사가 파스파의 국사 지위를 만든 것이다.

국사에 오른 다음, 파스파는 쿠빌라이 가정의 종교적 스승이었을 뿐만 아니라, 원나라의 고위 고문(顧問)이기도 했다. 재직 기간에 파스파는 다음과 같은 세 가지 직책과 공헌을 맡아 했다. 첫째, 쿠빌라이의 전체 가족과 황실 성원들에게 불법을 전수하고 계율을 받게 했으며, 국가가 창성하고 사직이 안정되도록 기도했다. 둘째, 수많은 불교 인재를 발굴하고 배양했으며, 그 가운데 일부 사람들은 원나라의 중요한 인재가 되어, 원나라와 서장 지역의 경제·정치·문화 발전에 커다란 공헌을 했다. 셋째, 장족 지역의 대변인으로서, 파스파는 또한 중앙 정부의 서장 지역에 대한 정치 행위에 직접 참여하거나 간접적으로 영향을 미침으로써, 서장 지역과 중국의 통일을 공고히 하는 데 큰 공로를 세웠다.

제사(帝師: 황제의 스승)**로 승격되다**

1269년, 파스파는 쿠빌라이에게 자신이 창제한 몽고의 새로운 문자를 헌상했다. 쿠빌라이는 매우 기뻐하여, 이듬해에 조서를 내려 파스파를 제사에 봉했다. 원대 이전에는 국사는 있었지만 제사는 없었는데, 만일 쿠빌라이가 파스파를 국사에 임명한 것이, 단지 기존의 전통을 따른 것일 뿐이라고 한다면, 이렇게 파스파를 승진시켜 제사로 삼은 것은 정확히 쿠빌라이가 처음이었다. 제사 제도는 또한 원나라의 거의 백 년에 이르는 역사에서 하나의 중요한 제도가 되었다. 원나라가 멸망한 후, 제사 제도도 그와 함께 사라졌다. 이 때문에 제사 제도도 불교사에서 하나의 특수한 사례였던 셈이다.

실제로, 파스파가 국사에서 승격하여 제사에 봉해졌지만, 직책과 권력은 결코 그에 상응하여

◈ **밀집금강상**(密集金剛像) **당카**(唐卡: 라마교 탱화) | 원

서장의 당카는 채색무늬 비단으로 표구하여 만드는 권축화(卷軸畵: 두루마리나 족자 그림)로, 선명한 민족적 특징과 농후한 종교적 색채 및 독특한 예술 풍격을 띠고 있으며, 대대로 장족 사람들에게는 진귀한 보물로 여겨졌다. 밀집금강(密集金剛)은 집밀금강(集密金剛)이라고도 하며, 『밀집경(密集經)』에 근거하여 직조한 불교 밀종의 본존상(本尊像)이다.

커지지는 않았다. 둘 다 황제와 황실 성원들에게 희금강의 관정법을 전수해 주었고, 둘 다 승려들을 데리고 여러 가지 법사(法事) 활동을 진행하여, 국가와 사직을 위해 기도했으며, 둘 다 온 나라의 불교도들을 관리하고 서장 지역의 사무를 처리함과 동시에, 승려와 서장 지역의 행정 관리를 추천하는 책임을 졌다. 하지만 제사의 설치는 매우 필요한 것이었다. 왜냐하면 예로부터 "천하를 다스리는 자는 모두 스승이 있었기" 때문이다. 쿠빌라이는 몽고의 대칸에서 원나라의 황제로 명칭을 바꿨으니, 파스파를 승진시켜 제사로 삼은 것은 필연적인 일이었으며, 동시에 이것은 또한 정치적 고려에서 비롯된 것이기도 했다. 제사는 지위가 가장 높은 대신으로서, 백관들의 추앙을 받았고 극진한 예우를 받았지만, 그의 권력이 더욱 큰 것 또한 세조 쿠빌라이가 부여한 것이었다. 기껏해야 세조 쿠빌라이가 임명한 하나의 특수한 관리에 지나지 않았고, 그가 관할하는 서장 지역도 단지 세조 쿠빌라이의 통치하에 있는 일개 행정 구역에 지나지 않았으니, 이것도 바로 쿠빌라이가 의도한 것이었다.

파스파는 원대의 걸출한 종교 활동가이자 사회 활동가였다. 그가 일생 동안 공헌한 것은 매우 많았다. 종교적으로 불교문화 사업을 번영하게 한 것 외에, 정치와 언어문자학 방면에서도 매우 뛰어난 공헌을 했다. 첫째는 우스짱(烏斯藏) 행정 체계를 확립한 것이다. 1264년 여름, 파스파는 대도를 떠나 서장으로 돌아갔다. 고생스럽게 먼 길을 거쳐 이듬해 새해 첫날 서장의 라싸에 도착하여, 쿠빌라이에게 신년 축하 인사를 보낸 후에 곧 샤카(薩迦: 지금의 티베트 남쪽 지방에 있는 도시)로 돌아가, 곧바로 우스짱 행정 체계를 확립하는 데 착수했다.

샤카에서 파스파는 '날양(剌讓: 티베트어로 브라브랑bla-brang이라고 하며, 오늘날의 비서실과 유사함)' 제도를 확립하고, 13명의 시종관(侍從官), 즉 예의를 관장하는 관리·내실(內室)과 복식(服飾)을 관장하는 관리·종교 의식을 관장하는 관리·예의를 갖춰 손님을 접대하는 관리·좌위(座位: 좌석)를 관장하는 관리·운수(運輸)를 관장하는 관리·말을 관장하는 관리·편우(犏牛: 황소와 야크의 잡종)를 관장하는 관리·개를 관장하는 관리 등을 설치했다. 표면상으로 보면, 이러한 것들은 모두 파스파의 거주와 일상생활을 책임지는 관직이지만, 그러한 관직들의 설치는 몽고 왕실의 겁설군(怯薛軍) 조직과 비슷했다. 사실상 이러한 조직은 파스파가 원나라를 대표하여 서장 지역을 효과적으로 관리하는 정치·군사 조직이었다.

그것의 직능 중 주요한 것들로는, 각 교파 승려들을 관리하여, 제사(帝師)의 법지(法旨)와 황제의 명령을 서장 지역에서 동시에 실행하게 했으며, 황제가 부여한 권한에 의거하여, 공이 있는 사람에게는 상을 주고, 원나라와 제사에 반대한 귀족에 대해서는 처벌했으며, 원나라 황제에게 서장 지역의 각급 관리들을 추천하고 임명했다. 이 체계는 원나라가 서장 지역을 통치하는 데 긍정적인 작용을 했다.

둘째는, 몽고의 새로운 문자를 창제했다. 1269년, 파스파가 대도로 돌아오자, 칭김(眞金) 태자와 왕공 대신들의 열렬한 환영을 받았다. 파스파가 이때 먼 길을 온 목적은 불경을 강독하거나 설법을 하기 위한 것이 아니라, 세조에게 새로 창제한 몽고 문자를 헌상하기 위한 것이었다. 파스파가 창제한 문자는 원나라에 자신의 성숙한 문자가 없는 결함을 일정 정도 보충해 주었고, 원나라의 위엄을 유지 보호해 주었으며, 원나라 황제 쿠빌라이의 평생소원을 이루어 주었다. 곧이어 쿠빌라이는 조서를 내려 천하에 반포하고 시행했다.

원(元) 시기

인물: 원 세조 쿠빌라이 지역: 대도 키워드: 사등인(四等人) 제도

한법(漢法)과 사등인(四等人) 제도를 시행하다

몽고족은 원래 유목 경제를 위주로 하는 민족이었다. 몽고의 철기(鐵騎: 날쌔고 용감한 기병)가 중원에 발을 들여 놓으면서, 한화(漢化: 한족의 문화와 제도에 동화함)도 곧 몽고 통치자의 의사 일정에 올랐다. 왜냐하면 군사상의 승리가 결코 농업 문명과 초원 유목 문명의 격렬한 충돌을 해결할 수는 없었기 때문이다. 선진 농업 문명을 대하자, 몽고 통치자가 중원을 통치하려면, 반드시 낙후된 유목 경제를 개혁하여, 한족의 선진적인 생산 방식과 국가 제도 및 정치 제도를 채택해야만 했다.

◈ 〈역대제왕상〉의 원 성종(成宗)

원 성종은 원나라의 제2대 황제로, 원 세조 쿠빌라이의 손자이자, 태자 칭김(眞金)의 아들이다.

한족 제도를 고치고, 한법을 진흥시키다

한족의 제도를 고치고, 한법(漢法: 한족 유학자들의 정치적 주장)을 진흥시키는 것은 칭기즈칸 시기에 시작되었다. 1219년, 중앙아시아 정복 전쟁을 벌이고 있던 칭기즈칸은 전진교(全眞敎: 도교의 한 종파) 지도자인 구처기(邱處機)를 북쪽으로 초청하여 도에 대해 논했다. 이는 표면상으로는 구처기에게 장생불로의 술법을 배우려는 것이었지만, 그가 진정으로 흥미를 느낀 것은 오히려 전진교의 치국안민(治國安民) 책략이었다. 구처기도 솔직하게 말하기를, 자신에게 장생불로의 술법은 없고, 단지 양생(養生)의 방법만 갖고 있다고 했다.

◈ **영청유자재관음상**(影青釉自在觀音像) | 원

이 관음은 머리에 보관(寶冠)을 쓰고 있으며, 얼굴 모습이 인자하고, 옅은 웃음을 머금고 있다. 몸에는 불의(佛衣)를 입었고, 가슴을 드러낸 채 맨발이며, 온화하고 자연스럽다. 조형과 유색(釉色)이 매우 정밀하고 아름다운, 원대의 자기류 조상(彫像) 가운데 보기 드문 진품이다.

칭기즈칸과의 밀담 과정에서, 그는 몽고 군대의 살육과 약탈을 겨냥하여 여러 차례에 걸쳐, 나라를 다스리려면 응당 "경천애민(敬天愛民)을 근본으로 삼아야 하며", 장생하려면 응당 "마음을 깨끗이 하고 욕심을 제거해야 한다"는 정치적 관점을 밝혔다. 그는 칭기즈칸에게 '구구(驅口: 노예)'를 석방하고, 한족 지역의 습속을 존중하며, 농업을 중시할 것 등등을 권고했다. 칭기즈칸은 야율초재(耶律楚材)에게 명령하여 대화를 기록하도록 하여, 그의 자손들에게 전해 주겠다고 했다. 이는 칭기즈칸이 한법을 다소 중시하기 시작했다는 것을 말해 준다. 구처기가 떠난 후, 야율초재도 여러 차례 칭기즈칸에게 한법을 채용하도록 진언했다. 정복 전쟁에 바빴기 때문에, 칭기즈칸은 어떻게 하면 통치 구역을 효과적으로 다스릴 수 있을 것인지를 생각할 겨를이 없었으므로, 야율초재가 처음에는 중용되지 못했지만, 칭기즈칸은 말년에 오고타이에게 이렇게 말했다. "이 사람은 하늘이 우리 집안에 내려 주셨으니, 이후에 군대와 국가에 관한 온갖 정사는 그에게 다 맡기도록 하라." 이는 오고타이가 후에 야율초재의 한화 정책을 받아들이는 데 유리한 조건을 만들어 주었다. 오고타이 시기에, 야율초재는 한법을 참조하여, 군대와 백성을 분리하여 다스리고, 부세(賦稅: 조세) 제도를 확립하고, 도성(屠城: 성을 점령하면, 그 성의 주민들을 모두 죽이는 것)이라는 낡은 제도를 폐지하도록 건의하여, 한화가 초보적인 성과를 거두었다.

쿠빌라이는 매우 깊이 한족 문화 교육을 받았는데, 칸위를 쟁탈하고 전국을 통일하는 목숨을 건 투쟁 과정에서, 다시 한족 지식인들의 대대적인 지지를 받았다. 이는 그에게 한법의 유지 보호가 그의 통치에 대해 갖는 중요성을 깊이 인식하게 해 주었다. 쿠빌라이는 즉위한 후, 전국적으로 한법을 널리 시행했다. 구체적으로 말하자면, 쿠빌라이가 초기에 시행한 한법은 주로 세 방면을 포괄하고 있었다.

◈ 〈욕마도(浴馬圖)〉 | 원, 조맹부(趙孟頫)

원대의 유일한 시(詩)·서(書)·화(畵) 삼절(三絶)의 대가로서, 조맹부는 회화 기교에서 특별한 것을 창조해 냈다. 그의 〈욕마도〉는 해관(奚官: 말 사육을 담당하는 관리)이 말을 목욕시키는 장면을 그린 것으로, 전체 그림에 9명의 사람과 14마리의 말을 그렸다. 인물은 모두 당나라 복장을 하고 있으며, 말들은 살지고 포동포동하면서 번지르르하고, 표정과 자태가 자유롭고 가뿐한, 보기 드문 우수한 예술 작품이다. 이 그림은 1964년에 정동궈(鄭洞國) 장군이 베이징 고궁박물원에 기증한 것이다.

첫째, 국호(國號)와 예의 제도를 확정했다. 쿠빌라이 전에 칭기즈칸과 오고타이 칸 등은 모두 기원(紀元) 연호(年號)가 없었다. 쿠빌라이가 칸위에 즉위한 후, 곧 중국 전통의 연호 기년법(紀年法)을 채용하여, 연호를 '중통(中統)'이라고 정했다. 아릭부케가 투항한 후, 연호를 '지원(至元)'으로 바꿨다. 지원 8년(1271년) 11월, 쿠빌라이는 유병충(劉秉忠) 등 한인 문신(文臣)들의 건의를 받아들여, 국호를 대원(大元)으로 정하고, 태묘(太廟)를 설립하여 조상들에게 제사를 지냈으며, 송·금나라의 예의 제도를 따라 절일(節日: 명절)과 경전(慶典: 경사스러운 의식) 때 조정에서 하는 의례를 제정하여, 황권을 신성불가침한 지위로 끌어올렸다.

둘째, 중앙 집권의 관료 정치 체제를 확립했다. 한족 지식인들의 도움을 받아, 원 세조 쿠빌라이는 송나라 제도를 참조하여, 중앙 집권적 통치 기구를 확립했다. 중앙에는 중서성(中書省)을 설치하여 전국의 정무를 관리했다. 그 장관은 중서령(中書令)으로, 밑에 이(吏)·호(戶)·예(禮)·병(兵)·형(刑)·공(工) 6부(部)를 통할하여 구체적인 사무를 처리했다. 또 추밀원(樞密院)을 설치하여 군사를 관리했는데, 장관은 원사(院使)였고, 부사(副使)를 두었으며, 어사대(御史臺)를 설치하여 백관(百官)을 감찰하는 책임을 지도록 했고, 그 장관은 어사대부(御史大夫)였다. 대도와 그 부근 지역을 중서성이 직접 관할한 것 외에, 기타 지방에는 행중서성(行中書省)을 설치했으며, 줄여서 '행성(行省)' 혹은 '성(省)'이라고 불렀다. 각 행성은 밑에 노(路)·부(府)·주(州)·현(縣)을 관할하고, 각각 총관(總管)·지부(知府)·지주(知州)·지현(知縣)을 두었다. 중앙 집권 강화의 측면에서 말하자면, 원나라와 송나라의 통치기구는 일맥상통한다. 하지만 송나라의 제도는 황권을 강화함과 동시에, 지방에 대한 방비에 중점을 두었고, 원나라의 제도는 황권을 강화함과 동시에, 또한 지방 기구로 하여금 적극적인 역할을 발휘하도록 했다. 원나라 행성 제도의 확립은, 중국 역사상 지방 행정 기구의 중요한 개혁으로, 이후 각 조대(朝代)들에 심원한 영향을 미쳤다. 명대에 비록 행성을 포정사사(布政使司)로 바꾸긴 했지만, 습관적으로 여전히 '행성'이라고 불렀다. 오늘날의 '성(省)'도 원대의 행성 제도가 변화해 온 것이다.

셋째, 유학자를 중용하고, 유학을 숭상했다. 몽케 칸 시기에, 쿠빌라이는 명령을 받들어 막북(漠北)의 한족 거주 지역을 관리했다. 그는 광범위하게 천하의 유학자들을 초빙하여, 나라를 다스릴 방책을 자문했다. 이렇게 하여, 재능이 있으면서도 그것을 펼칠 기회를 만나지 못했던 많은 한족 지식인들, 예를 들면 두묵(竇默)·요추(姚樞)·허형(許衡)·유병충·학경(郝經) 등이 잇달아 쿠빌라이에게 귀순해 와서 그에게 계책을 구상해 내어 제공했다. 그들은 적극적으로 "유교로 나라를 다스린다[以儒治國]"는 사상으로 쿠빌라이에게 영향을 미쳤다. 유병충은 쿠빌라이에게 "말을 타고 싸워서 천하를 얻을 수는 있지만, 말을 타고 천하를 다스릴 수는 없다[以馬上取天下, 不可以馬上治天下]"는 유가 사상을 주입함과 동시에, 또한 "공자는 수많은 왕들의 스승이 되어, 만세의 법을 세웠으니[孔子爲百王師, 立萬世法]", 마땅히 공자를 존숭해야 한다고 진언했다. 요추는 쿠빌라이에게 학교를 건립하고, 유학을 중시하며, 인재를 배양하자고 건의했고, 학경은 "중국의 도를 행하면, 곧 중국의 주인이 된다[行中國之道, 卽爲中國之主]"고 제안한 것 등등이다. 쿠빌라이는 이러한 건의들을 하나하나 모두 받아들였고, 또 이들 유학자 신하들을 중용했다. 예를 들면, 유병충은 광록대부(光祿大夫)에 임명되었고, 두묵은 대학사(大學士)에 임명되었다가, 다시 태사(太師)와 위국공(魏國公)이 되었으며, 학경과 요추 등도 모두 높은 관직과 많은 녹봉을 받았다.

한화(漢化)와 반한화(反漢化)

쿠빌라이는 초기에 유학에 대해 매우 큰 흥미를 가졌지만, 이해가 깊지는 못했다. 후기에는 이재(理財: 재정) 문제에서 유학자 신하들과 의견이 엇갈리자, 그는 유학자 신하들이 당면한 업무를 알지 못한다고 여겨, 점차 그들을 멀리했다. 몽고의 옛 귀족들은 이 기회를 틈타 한화에 대한 반대 여론을 고조시켰다. 쿠빌라이 후기부터 원나라가 멸망할 때까지, 한화와 반한화의 투쟁은 내내 매우 격렬했는데, 태자 칭김(眞金)의 죽음과 남파(南坡)의 변란 과정에서 가장 뚜렷이 나타났다.

태자 칭김은 쿠빌라이의 아들로, 한족 문화의 깊은 영향을 받았다. 칭김이 연왕(燕王)일 때, 왕순(王恂)은 유학의 삼강오상(三綱五常)과 치국의 방도에 대해 설명했고, 허형은 경사(經史)를 강의했다. 지원 16년(1279년) 10월, 칭김은 정무에 참여하기 시작했다. 그는 많은 유학자들을 선발하여 막료로 삼고, '인(仁)'으로 나라를 다스렸으며, 무릇 백성들에게 폐가 되는 가혹한 정치는, 일단 들으면 즉각 폐지했다. 그는 아흐마드(阿合馬)·상케(桑哥) 같은 옛 귀족들에 대해 원수처럼 여겼다. 이 때문에 칭김의 인정(仁政: 어진 정치)은, 한법을 원수처럼 여기고 몽고의 옛 제도를 고수하는 수많은 수구 세력들의 반대를 초래했다. 쿠빌라이 말년에, 그들은 쿠빌라이와 칭김 부자의 정을 이간질하여, 쿠빌라이로 하여금 태자 칭김이 황위를 차지하려고 음모를 꾸민다는 의심을 품게 만들어, 곧 매섭게 추적하여 조사하게 했다. 태자 칭김이 걱정하고 두려워하다가 세상을 떠나자, 한화는 좌절되었다.

원 영종(英宗) 시기에는 유학을 숭상하고, 한법을 크게 진흥시켰으며, 한족 문화의 소양이 비교적 깊은 바이주(拜住)를 재상에 임명함과 동시에, 또한 수구 세력의 힘을 끊임없이 약화시키면서 한화의 진행을 촉진했다. 그러나 한화가 깊이 있게 진행됨에 따라, 반대 세력도 점차 테그시(鐵失)를 대표로 하는 수구 세력의 휘하에 모여들어, 영종의 한화 정책에 대항했다. 지치(至治) 3년(1323년) 8월 초, 영종이 남쪽으로 돌아와, 상도(上都) 남쪽의 남파(南坡, 상도에서 30리 떨어져 있다)에 막사를 설치하고 주둔하자, 테그시 등 수구파들은 관할하는 군대를 소집하여 병란을 일으키고, 영종의 막사를 포위했다. 테그시는 먼저 중서성 우승상 바이주를 죽이고, 다시 영종을 죽였는데, 후세에 이를 '남파의 변(變)'이라고 불렀다. 황위를 계승한 태정제(泰定帝)는 실제로는 보수적인 초원 유목 귀족 집단 이익의 대표자였다. 이것은 몽고 통치 집단 내부에서 한화와 반한화의 격렬한 충돌을 반영한 것이다.

원나라 중·후기에 반한화 투쟁이 얼마나 격렬했는지에 관계없이, 원나라가 한법 정책을 널리 시행한 것은 역사적으로 필연적인 추세였으며, 또한 일부 성과도 있었다. 먼저 공자를 받들어 모셨다. 쿠빌라이는 비록 유교를 숭상하는 몇몇 조치들을 취하기는 했지만, 공자에 대해 특별히 숭상하지는 않았다. 성종(成宗)이 즉위한 후, 공자를 숭상하도록 명령을 내리고, "공자의 도(道)는 후세에 널리 전해지고 있으니, 국가를 가진 자는 당연히 존중하여 받들어야 한다"고 말했다. 무종(武宗)이 즉위한 후, 다시 공자를 '대성지성문선왕(大成至聖文宣王)'이라고 부르면서, 역대 왕조들이 공자를 존중하여 받들던 것을 뛰어넘었다. 인종(仁宗) 때, 국자감(國子監) 유갱(劉賡)에게 곡부(曲阜)에 가서 태뢰(太牢, 소를 제물로 바치는 제사)로 공자에게 제사를 지내도록 명령했다. 황경(皇慶) 2년(1313년)에는 다시 송나라 유학자인 주돈이(周敦頤)·정호(程顥)·장재(張載)·사마광(司馬光)·주희(朱熹) 등을 공묘(孔廟)에 배향(配享)했다. 이듬해에는 다시 공자의 53세손을 연성공(衍聖公)에

습봉(襲封: 제후가 영지를 물려받음)하게 하여, 유학에 대한 존중을 나타냈다.

다음으로는, 정식으로 과거(科擧)를 실행했다. 세조 쿠빌라이 시기에, 조정에서는 과거의 존폐 문제를 둘러싸고 토론을 벌였다. 줄곧 황경 2년(1313년)까지 중서성은 과거를 실행하여 경학(經學)으로 관리를 등용하자고 진언했다. 그해 11월, 인종이 마침내 조서를 내려, 정식으로 과거를 실시하여 관리를 등용하게 하고, 각지에서 25세 이상의 거인(擧人: 지방관이 중앙에 천거한 사람)을 천거하여 향시(鄕試)를 치른 후, 이듬해 2월에 예부(禮部)에서 회시(會試)를 치른 다음, 어시(御試: 황제가 직접 주관하는 진사 시험)를 치르고, 이후에 과거는 3년에 한 차례 치른다고 규정했다. 과거 시험의 내용은 『대학(大學)』·『중용(中庸)』·『논어(論語)』·『시경(詩經)』 등 '사서오경'을 위주로 했다. 전대(前代)에 비해, 원대의 과거는 시험의 격식이나 내용에서 모두 일정하게 발전하고 완전해졌다. 원대에 과거를 실시하여 관리를 등용하면서, 정치적으로는 한족 지식인들이 벼슬길을 폭넓게 열어 달라고 요구하는 바람을 다소 만족시켜 주었으며, 또한 한족 문화가 몽고인들 속에서 한층 더 발전하게 하였다.

마지막으로, 서적을 편찬하고 간각(刊刻: 판에 새김)했다. 한족 문화에 대한 조예가 비교적 높았던 원 문종(文宗) 투크테무르(圖帖睦爾)가 즉위하고 얼마 지나지 않아, 곧 규장각(奎章閣) 학사원(學士院)을 창설하여, 전문적으로 서화(書畵)를 연구하고 감정함과 동시에, 또한 예술감(藝術監)을 설치하여 유가 서적의 교정과 간각을 책임지게 했다. 천력(天歷) 2년(1329년)부터 지순(至順) 2년(1331년)까지, 문종은 수많은 문인들을 조직하여 『경세대전(經世大典)』을 편찬했다. 그것은 원나라의 전제(典制: 의식과 제도)를 집대성한 저작이다. 원 순제(順帝) 때는, 또 금(金)·송(宋)·요(遼) 세 나라의 사서를 편찬했으며, 그 밖에도 『대원통제(大元通制)』를 수정하여 『지정조격(至正條格)』으로 제목을 바꿔 편찬했다. 이는 원나라가 한화하는 과정에서 취득한 최후의 비교적 큰 성취였다.

사등인(四等人) 제도

비록 원나라 중·후기에 계속해서 한화의 성취를 일부 거두기는 했지만, 수구 세력의 방해로 인해, 원나라의 한화는 이원적 구조의 특징을 드러냈다. 그리하여 한족 거주 지역의 상황에는 적응할 수 없는 많은 몽고의 낡은 제도들이 계속 존재했다. 예를 들면, 투하(投下)[1] 제도나 겁설(怯

1 투하(投下) 제도: 몽고 시기의 일종의 귀족 특권 제도로, 투하란 분지(分地: 분봉한 토지)·채읍(采邑)을 의미하며, 전의되어 분지나 채읍을 소유한 제왕·귀족을 의미하기도 한다. 몽고 초기에 제왕(諸王)·귀족·군장(軍將: 고급 군인)들이 중원과 서역에서 포로로 잡은 사람들을 몽고 초원으로 이주시켜, 노예로 삼고, 각자 부락에 배치한 다음, 농업이나 수공업 노동을 시켰다. 그 후 포로 인구가 지나치게 많아졌고, 중원의 통치도 점차 확립되어 갔으므로, 제왕·귀족·군장들은 곧 그들이 한족 거주 지역에서 포로로 잡은 사람들을 현지에 놔둔 채 관리를 파견하여 관할했으며, 주·

薛) 제도 등이다. 그러나 역사서들이 가장 책망하는 것은, 원나라 통치자가 민족 등급 제도, 다시 말하자면 이른바 사등인 제도를 널리 시행한 것이다.

원나라가 건립된 후, 통치 민족으로서의 몽고족은 자연히 먼저 자기 민족의 사회적 지위를 확립하려 했다. 쿠빌라이는 민족의 성분이나 정복된 순서 및 몽고 통치자에 대한 복종 정도에 따라, 전국의 주민을 네 개의 등급으로 구분했다. 높은 등급에서 낮은 등급 순으로, 몽고인·색목인·한인(漢人)·남인(南人)이었다. 각 등급은 정치와 경제의 권리와 의무에서 매우 큰 차이가 있었다. 제1등급인 몽고인은 정치·경제 등 다방면에서 많은 특권을 향유하여, 대량의 토지와 인구를 보유했고, 또 높은 관직에 임명될 수 있었으며, 죄를 짓더라도 가벼운 처벌을 받을 수 있었다. 제2등급의 색목인은 주로 서하인(西夏人)을 가리키며, 중앙아시아와 동유럽 지역의 각 피정복 민족들도 포함되었다. 제3등급은 한인으로, 주로 여진과 거란 및 원래 금나라 통치하에 있던 북쪽의 한족을 가리킨다. 그들이 각 방면들에서 받은 제한은 비교적 많았으며, 정치적 특권이 부족했다. 제4등급은 남인으로, 신부인(新附人: 새로 원나라에 귀순해 온 사람)이라고도 불렸으며, 원대에 사회적 지위가 가장 낮은 사회 등급이었다. 주로 원래 남송 치하에 있던 각 민족들을 가리키며, 한족이 주체를 이루었다.

원나라는 각 민족들을 등급별로 구분한 다음, 다시 그 등급에 소속된 인구를, 복무하는 부역의 차이나 공물과 세금을 납부하는 품목 및 종족·종교 등의 차이에 따라, 민호(民戶)·군호(軍戶)·장호(匠戶)·야금호(冶金戶)·타포호(打捕戶)·포도호(葡萄戶)·외올호(畏兀戶: 畏兀은 '위구르'의 음역)·야리가온호(也里可溫戶: 也里可溫은 당시 기독교를 일컫던 '아르카운Arkaun'의 음역) 등으로 나누어, 각기 서로 다른 요역(徭役)을 담당하게 했다. 이를 '제색호계(諸色戶計)'라고 불렀다. 서로 다른 직업에 따라, 원나라는 백성들을 10개의 등급으로 나누었다. 위에서부터 아래로 각각 관(官)·이(吏)·승(僧)·도(道)·의(醫)·공(工)·장(匠)·창(娼)·유(儒)·개(丐: 거지)이다. 유(儒)는 유교 지식인으로, 역대 봉건 사회에서는 사민(四民)의 으뜸이었는데, 원대에는 뜻밖에 제9위에 지나지 않아, 창기(娼妓)의 뒤에 있었으니, 원대 통치자들이 문화와 지식을 경시했음을 알 수 있다.

등급제와 제색호계 등의 방법들이 결합하여, 함께 원나라 사회 조직망을 형성했다. 이러한 구분은 강한 민족 차별성을 띤 원나라의 민족 분화 정책의 구체적 체현이었다.

현에 예속시키지 않았다. 오고타이가 칸에 즉위한 후, 두 차례에 걸쳐 중원의 호구들을 조사하여 등록을 진행했다. 1236년, 명부에 등록된 중원의 민호(民戶)를 제왕·귀척(貴戚)·알로타(斡魯朶: 관아) 및 군장들에게 나누어 주어 채읍으로 삼게 했는데, 이것을 통틀어 투하라 한다.

원(元) 1351~1368년

인물: 원 순제(順帝) 토곤테무르, 유복통(劉福通), 주원장(朱元璋) 지역: 황하, 대도(大都)
키워드: 개하변초(開河變鈔), 홍건군(紅巾軍)

홍건군(紅巾軍)의 봉기와 원(元)의 멸망

원 세조 쿠빌라이가 지원(至元) 31년(1294년)에 세상을 떠나자, 이미 사망한 태자 칭김(眞金)의 아들인 테무르(鐵穆耳)가 등극했으니, 그가 성종(成宗)이다. 그는 13년간 재위하면서, 능력을 숭상하고 예전에 제정하여 지켜 오던 법률과 제도를 준수했으며, 정권은 여전히 공고하다고 여겨졌다. 성종이 사망한 후, 원나라 통치자는 제위를 쟁탈하기 위해 서로 잔혹하게 살해함에 따라, 26년(1307~1333년)이라는 짧은 기간 동안에 연속으로 8명의 황제가 바뀌면서, 원 왕조의 통치 능력은 크게 약화되었다. 마지막 황제인 토곤테무르는 지순(至順) 4년(1333년)에 황위를 계승했다. 당시 그의 나이는 고작 13세였으니, 그가 바로 원 순제(順帝)다. 그는 정치가 부패하고, 재정은 고갈되고, 백성은 도탄에 빠진 곤란한 국면에 직면했고, 더 이상 형세를 되돌릴 힘이 없었다. 계급 모순과 민족 모순이 뒤엉켜 일어난 홍건군의 봉기가 지정(至正) 11년(1351년)에 폭발하여, 원나라의 멸망을 알리는 호각을 불었다.

◈ 청화어조철화모란대반(青花魚藻凸花牡丹大盤) | 원

개하변초(開河變鈔)가 민중 봉기를 초래하다

지순 4년(1333년) 6월, 13세의 토곤테무르가 제위에 즉위했는데, 그가 원 순제다. 이 원나라 마지막 황제가 직면한 것은, 권신들이 실권을 장악하고 있었고, 관리는 부패했고, 재정은 붕괴되었고,

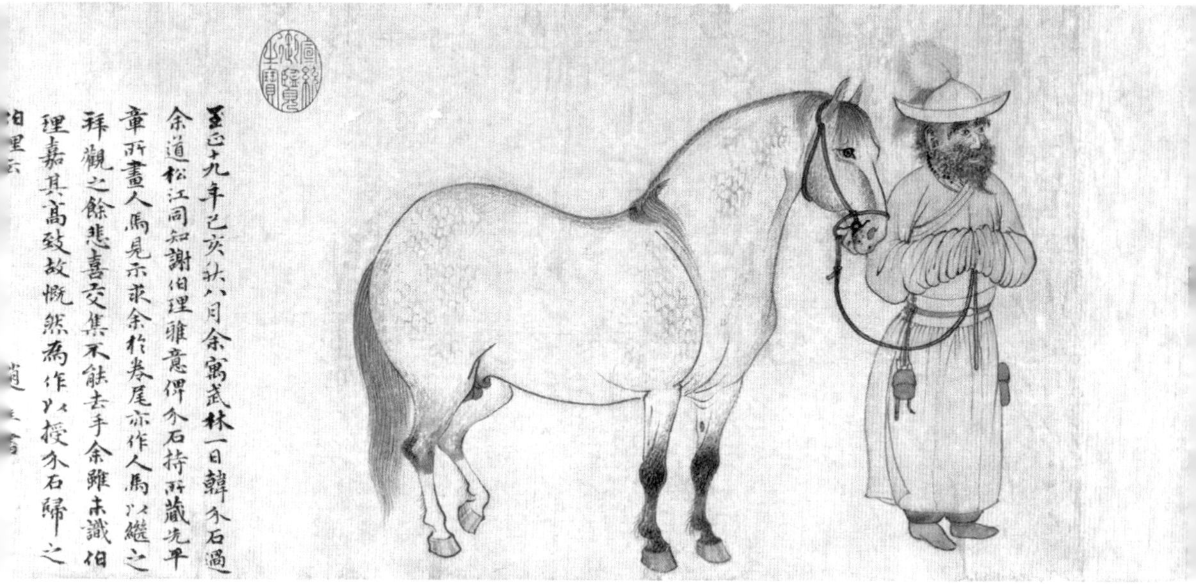

◈ 〈인마도(人馬圖)〉 | 원, 조옹(趙雍)

조옹은 자가 중목(仲穆)이며, 원대의 서화가(書畫家)인 조맹부의 차남으로, 그는 산수화와 인물안마화(人物鞍馬畫: 말을 탄 인물)에 뛰어났다. 이 〈인마도〉는 원대에 서역의 수염을 기른 해관(奚官: 말 사육을 담당하는 관리)이 두 손으로 한 필의 백마를 끌고 있는 모습을 그렸는데, 화면이 생동감 있고, 인물이 마치 살아 있는 듯이 생생하다.

백성들의 원성은 끓어오르는 정치 국면이었다. 왕조의 통치를 연장하기 위해, 원 순제는 먼저 권신 바얀(伯顔)을 제거하기로 결정했다.

바얀은 순제가 제위에 오르는 과정에서 큰 공을 세워, 중서성 우승상·태사·진왕(秦王)에 봉해졌다. 그런데 큰 권력을 쥐고 나자, 바얀은 나날이 오만하고 방자해져서, 순제에 대해서도 턱으로 지시하고 표정으로 부려먹자, 군신간의 관계는 악화되었다. 바얀은 몽고 귀족만이 존귀하다는 편협한 의식을 갖고 있어, 한인이나 남인에 대해서는 경멸과 질투로 넘쳐났다. 그는 명령을 내려 과거 시험을 중지시켰고, 또한 장(張)·왕(王)·유(劉)·이(李)·조(趙)씨 성을 가진 한인을 모조리 잡아 죽이자고 제의하기도 하여, 민족 모순을 매우 격화시켰다. 이 밖에, 바얀은 통치계급 내부에서 이색분자를 제멋대로 배제했으며, 경제적으로 지폐를 남발하고, 돈과 재물을 거둬들여, 이미 통치 계층이 반드시 따돌려야 하는 '기자(棄子: 버림받은 자식)'가 되어 버렸다. 지원(至元) 6년(1340년) 초에, 바얀이 친위대를 이끌고 성을 나가 사냥을 하자, 순제는 바얀의 조카인 토크토(脫脫)와 연합하여 정변을 일으켜, 대도 성안에 있는 바얀의 심복들을 일망타진한 다음, 한 장의 조서를 내려 바얀을 남사주(南思州) 양춘현(陽春縣, 지금의 광둥성에 속함)으로 귀양을 보냈다. 바얀은 강서(江西)에 이르렀을 때 역관(驛館) 안에서 병으로 사망했다.

바얀이 사망한 후, 원 순제는 토크토를 기용하여 정권을 장악하고, 연호를 지정(至正)으로 바꿨으며, '경화(更化: 개혁)'를 선포했으니, 역사에서는 이를 '토크토 경화(脫脫更化)'라고 부른다. 토크토 개혁의 주요 조치들로는 다음과 같은 것들이 있다. 첫째, 바얀이 폐지한 과거제를 회복시켰다. 둘째, 선문각(宣文閣)을 설치하고, 태묘(太廟)의 사시제(四時祭)를 회복시켰다. 셋째, 역사적으로 억울한 사건을 재심리하여 억울한 누명을 벗겨 주었다. 넷째, 마금(馬禁: 말 타는 것을 제한하고, 말의 매매를 금지한 법령)을 해제하고, 농민의 부담을 줄여 주어, 정책을 완화했다. 토크토가 요직에 오른 후, 명령을 내려 백성들이 납부하지 못한 각종 세금 징수를 면제해 주고, 한인과 남인에 대한 정책을 완화했다. 이전에는 민간인은 말을 기를 수 없었는데, 토크토가 요직에 오르자 이 금령을 해제했다. 다섯째, 송(宋)·요(遼)·금(金) 삼국의 역사서 편찬을 책임지고 진행했다.

토크토가 4년여의 기간에 걸쳐 개혁을 진행하는 과정에서, 원나라 말년의 어두운 정치를 한동안 맑고 깨끗하게 바꿔 놓았으며, 적지 않은 성적을 거두었다. 지정 4년(1344년), 토크토가 병으로 사임했다. 5년 후인 지정 9년(1349년)에 토크토는 다시 기용되었다. 이때, 흉작이 빈번하게 발생하여 국고(國庫)가 절박해지자, 위기를 벗어나기 위해 토크토는 초법(鈔法: 지폐의 발행과 유통에 관한 법)을 변경하여, 지정교초(至正交鈔: 지정 연간에 발행한 지폐)를 발행했다. 그리하여 백성들의 수중에는 날이 갈수록 가치가 낮은 지정보초(至正寶鈔: 지정교초의 구체적 명칭으로, 완전한 명칭은 '중통원보교초中統元寶交鈔'임)로 교체되었다. 그런데 신초(新鈔: 새 지폐, 즉 지정교초)의 발행 액수가 지나치게 컸기 때문에, 전에 없는 통화 팽창을 초래하여, 국가 재정이 전혀 호전되지 않자, 정부의 신뢰는 오히려 폭락했다. 동시에 원 순제 지정 4년(1344년)부터 황하가 해마다 범람하여, 이재민이 온 들판에 즐비하자, 토크토는 어쩔 수 없이 공부상서 가노(賈魯)로 하여금 책임지고 수로를 파서 소통시키도록 파견했다. 가노는 15만 명의 잡부들을 징발하여 밤낮없이 작업했는데, 현장 감독들은 항상 식량을 배급하지 않았으며, 수로를 파는 데 필요한 물자도 거의 수해를 당한 이재민들에게 할당했다. 황하의 관리는 본래 나라와 백성을 이롭게 하는 좋은 일이었으나, 오히려 이 때문에 모든 백성들을 분노하게 했다. 민간 종교 단체인 백련교(白蓮教)가 이 기회를 틈타 수로 공사를 하는 인부들을 조직하여 봉기를 일으키자, 한바탕 요원의 불길처럼 타올랐다.

홍건군(紅巾軍)의 봉기

백련교의 기초는 불교 정토종(淨土宗)의 분파인 '미륵종(彌勒宗)'이며, 명교(明教: 조로아스터교)의 일부 신앙까지도 뒤섞여 있었다. 그들은 세상의 혼란이 절정에 달하고 나면, 곧 "명왕이 세상에 나와" 만백성을 구제할 것이라고 소문을 퍼뜨렸다. 백련교는 주로 강회(江淮: 장강長江과 회하淮河 일대 지역) 일대에서 전파되었고, 신도가 매우 많았다. 주요 포교자로는 회동(淮東)에 한산동(韓山童)이 있었고, 회서(淮西)에 팽화상(彭和尙)이 있었다.

가노가 수로를 열고 나자, 한산동 및 그 신도인 유복통(劉福通) 등이 봉기를 계획하기 시작했다. 그들은 먼저 유언비어를 퍼뜨려, 명왕이 곧 세상에 나온다고 한 다음, 돌로 하나의 석인(石人)을 만들어, 단 하나의 눈만을 새기고, 등 뒤에는 또한 "莫道石人一只眼, 此物一出天下反(석인에게 눈이 하나뿐이라고 말하지 마라, 이 물건이 한번 나오면 천하가 뒤집어진다)"이라는 글자를 새겨, 몰래 황하의 수로 속에 묻어 두었다. 지정 11년(1351년) 5월, 수로 공사를 하던 잡부들이 수로를 소통시킬 때, 과연 이 물건을 캐내자, 순식간에 인심이 불안해졌다. 한산동 등은 기회가 이미 성숙했음을 보고, 곧 영주(潁州) 영상현(潁上縣, 지금의 안후이성 푸양阜陽 잉상현)에서 3천여 명을 모아, 흑우(黑牛)와 백마를 잡아 하늘에 제사를 지내며 고했다. 한산동은 스스로 "송 휘종(徽宗)의 8대손으로, 당연히 중국의 군주가 되어야 한다"고 말했고, 유복통은 곧 남송의 대장이었던 유광세(劉光世)의 후예라고 사칭하자, 군중들이 모두 한산동을 '명왕'으로 추대하고, 봉기를 일으킬 때를 기다렸다. 그런데 뜻밖에 이 소식이 새어나가는 바람에, 원나라가 군대를 파견하여 진압했고, 한산동은 체포되어 죽임을 당했다. 유복통 등은 삼엄한 포위를 뚫고 나와, 군중을 이끌고 영주를 점령하고, 정식으로 원나라에 반대하는 기치를 들어 올렸다. 그들은 포고문을 발표하여, 당시 사회가 극도로 불공정하다고 지적하면서, "호분(虎賁: 용맹한 군대) 3천 명으로 곧바로 유연(幽燕: 유주와 연주, 즉 지금의 허베이성 북부 및 베이징·톈진·요녕 일대) 땅에 이르러 황제가 되어, 다시 대송(大宋: 송나라를 높여 부르는 호칭) 천하를 열려고" 생각했다. 봉기군은 머리에 붉은 두건을 둘렀기 때문에, '홍건군(紅巾軍)'이라는 이름을 얻었다. 영주 봉기가 성공한 후, 북쪽에서 일련의 연쇄 반응이 일어나, 지마리(芝麻李)가 서주(徐州)에서 봉기했고, 곽자흥(郭子興)이 호주(濠州, 지금의 안후이성 펑양鳳陽 동북쪽)에서 봉기했다. 각 방면의 봉기군들은 모두 '홍건'을 호칭으로 삼고, 도처에서 원나라 군대에 타격을 가했다. 바로 북쪽에서 홍건군이 대봉기를 일으킨 것과 동시에, 남쪽의 백련교 교주인 팽화상도 회서(淮西)에서 서수휘(徐壽輝)·진우량(陳友諒) 등에게 봉기를 일으키게 하자, 남쪽 각지의 백련교 교도들이 잇달아 이에 호응했다. 지정 11년(1351년), 서수휘는 나라를 세우고 황제를 자처했으며, 국호를 '천완(天完)'이라 했는데, 그 뜻은 '대원(大元: 원나라)'을 덮어씌우려 한다는 것이었다. 그것은 원나라 말기 농민 봉기 과정에서 건립된 최초의 농민 정권이었다.

홍건군 대봉기의 물결을 직면하자, 원나라 정부는 끊임없이 대군을 파견하여 피비린내 나는 진압을 진행했다. 그런데 원나라 군대는 부패하고 무능했기 때문에, 계속된 공격들이 모두 실패로 끝나고 말았다. 지정 12년(1352년), 원나라 재상 토크토는 친히 대군을 이끌고 남쪽 정벌에 나섰다. 그는 각지의 주요 무장 세력과 연합하여, 먼저 서주를 함락시켰으며, 지마리는 포로가 된 다음 살해당했다. 이듬해 11월, 팽화상이 서주(瑞州, 지금의 장시성江西省 가오안시高安市)에서 전사했고, 천완 정권의 도성인 기수(蘄水, 지금의 후베이성 시수이浠水)도 원나라 군대에게 점령되었다. 바로 홍건군의 봉기가 바닥세일 때, 소금 판매상인 장사성(張士誠)이 태주(泰州, 지금의 장쑤성에 속함)에서 봉기를 일으켜, 태주·고우(高郵, 지금의 장쑤성에 속함) 등지를 잇달아 점령하고, 스스로 성왕(誠王)이라고 칭하면서, 국호를 대주(大周)로 정하고 나라를 세웠다. 장사성 부대를 소멸시키기 위해, 원나라 재상 토크토는 100만 명으로 알려진 몽고 제왕(諸王: 제후왕)의 부대와 각지의 원나라 군대를 친히 이끌고 고우를 포위 공격했다. 고우가 곧 점령당하려 하자, 원 순제는 총애하는 신하인 카마(哈麻)의 모함을 곧이듣고, 조서를 내려 토크토의 병권을 박탈한 뒤, 좌천시켜 운남(雲南)으로 보냈다. 갑작스러운 변고는 고우성 아래 있던 100만 원나라 군대로 하여금 완전히 사기를 잃게 하여, 순식간에 사방으로 뿔뿔이 도망치자, 원나라는 더 이상 이처럼 많은 수의 군대를 규합하여 봉기군을 진압할 역량을 잃게 되었다. 이후로는 지주(地主)들의 군사력에 의지하여 곧 무너질 듯한 통치를 유지해 갈 수밖에 없었다.

북벌과 실패

고우 전투 후에, 원나라 말기의 농민 봉기군은 하나의 전환점을 맞이했다. 지정 15년(1355년) 2월, 유복통이 탕산(碭山, 지금의 안후이성 당산)에 피난해 있던 한산동의 아들 한림아(韓林兒)를 호주(亳州, 지금의 안후이성에 속함)에서 맞이하여, 정식으로 정권을 수립했다. 그들은 송 왕조를 회복시키자고 호소했기 때문에, 정권의 이름을 송(宋)으로 정하고, 연호를 용봉(龍鳳)이라 했으며, 한림아는 황제에 옹립되어, '소명왕(小明王)'이라고 불렸다. 지정 17년(1357년) 여름, 유복통은 세 방면으로 대군을 동시에 북벌에 파견하여, 대도를 공격하여, 일거에 원나라를 무너뜨리려고 시도했다.

서로군(西路軍)이 가장 일찍 출발한 부대였다. 먼저 이무(李武)·최덕(崔德)이 통솔하고, 나중에 다시 백불신(白不信)·대도오(大刀敖)·이희희(李喜喜) 등이 통솔했다. 그들은 하남을 거쳐 섬서에 이르러, 지주 무장 세력인 차칸테무르(察罕帖木兒)에게 패배했고, 후에 원나라 군벌인 이사제(李思齊)에게 투항했다. 중로군(中路軍)은 관선생(關先生)·파두반(破頭潘) 등이 통솔했다. 그들은 태항산(太行山)을 넘어 산서(山西)로 진입했다. 원래의 계획은 산서로부터 동로군(東路軍)의 모귀(毛貴)와 합동으로 대도를 공격하는 것이었는데, 원나라 군대에게 차단당하자, 어쩔 수 없이 옮겨 다니며 싸우다가 상도(上都, 지금의 내몽골 정란치正藍旗 동북쪽)를 점령했다. 이어서 중로군은 다시 요양(遼陽)을 함락시켰으며, 아울러 그곳을 기지로 삼아 고려(高麗)로 진입했다. 후에 관선생 등은 고려에서

◈ **영청투조인물문자침**(影青透彫人物紋瓷枕) | 원

이 장방형의 자침(瓷枕: 자기로 만든 베개)의 몸통은 세 칸의 전당(殿堂) 건축 형상으로 새겼고, 또한 각종 인물상 18명도 새겨 넣었는데, 그 자태가 각기 다르다. 원대의 자침 가운데 뛰어난 예술 작품이라 할 만하다.

전사했고, 파두반 등은 전쟁에서 패하여 포로가 되자, 중로군도 실패하고 말았다. 동로군의 통솔자인 모귀는 원나라의 배를 탈취하여 바다를 통해 교주(膠州, 지금의 산둥성에 속함)를 함락시켰고, 불과 몇 달 사이에 산동성의 대부분 지역을 점령했다. 지정 18년(1358년) 2월, 모귀는 계속 북벌을 진행하여, 홍건군의 선봉이 한때 유림(柳林, 지금의 베이징시 퉁저우通州 남쪽)에 이르렀고, 계속 대도를 압박했다. 그런데 모귀는 후원군 없이 단독으로 깊이 들어갔고, 원나라 군대는 사방에서 지원을 받았기 때문에, 모귀 부대는 원나라 장수 류카락부카(劉哈剌不花)에게 패배하여, 제남(濟南)으로 철수했다. 얼마 후, 모귀는 부하인 조균용(趙均用)에게 살해되었다. 지정 21년(1361년), 지주 무장 세력인 차칸테무르가 인솔하는 부대가 산동의 홍건군을 공격하기 시작했다. 이듬해 6월, 한때 원나라 군대에게 투항했던 홍건군 장수 전풍(田豐)과 왕사성(王士成)이 반란을 일으켜 차칸테무르를 살해했다. 그러나 차칸테무르의 아들 코케테무르(擴廓帖木兒)가 매우 빨리 군대를 인수하여, 마침내 산동의 홍건군 전부를 진압했다.

세 방면으로 북벌을 개시함과 동시에, 유복통 부대는 중원의 요충지인 변량(汴梁)을 함락시키고, 그곳을 새로 송나라의 도성으로 삼았다. 그런데 세 방면의 북벌이 모두 실패함에 따라, 원나라 군대가 차츰차츰 변량의 포위망을 좁혀 왔으므로, 유복통은 어쩔 수 없이 고군분투하면서 적의 엄중한 포위망을 뚫고, 한림아를 보호하여 안풍(安豐, 지금의 안후이성 서우현壽縣 남쪽)으로 도망쳤다. 지정 23년(1363년) 2월, 원나라에 투항한 원래의 강절(江浙: 강소·절강을 포괄하는 지역) 지역의 봉기군 수령이었던 장사성은, 안풍이 텅 빈 기회를 틈타, 대장 여진(呂珍)을 파견하여 공격했다. 유복통은 한편으로는 주원장(朱元璋)에게 사람을 보내 구원을 요청하고, 다른 한편으로는 결연히 저항했다. 주원장이 친히 대군을 이끌고 와서 소명왕 한림아와 유복통을 구출하여, 이들을 저주(滁州)에 안치했다. 이렇게 되자, 송나라 정권은 유명무실해졌다. 지정 26년(1366년) 12월, 주원장은 요영충(廖永忠)에게 명령하여 소명왕과 유복통을 응천(應天, 지금의 장쑤성 난징)에 가서 맞이하도록 했는데, 과보(瓜步)를 지날 때, 요영충이 그들을 물속에 빠뜨려 익사시켰다.

군웅(群雄)을 평정하다

북쪽의 홍건군 봉기가 심각한 타격을 받고 있을 바로 그때, 남쪽의 주원장이 통솔하는 봉기군은 오히려 강대하게 발전할 기회를 얻었다. 주원장(1328~1398년)은 호주(濠州) 종리(鍾離, 지금의 안후이성 펑양)의 한 빈곤한 농민 가정에서 출생했으며, 유년 때는 큰 부잣집에 보내져 머슴살이를 하면서 방목을 하다가, 출가하여 승려가 되기도 했다. 지정 12년(1352년) 3월, 주원장은 호주의 곽자흥이 통솔하는 봉기군을 찾아가 의탁하고, 그 휘하에서 친병(親兵: 호위병)을 담당했다. 곽자흥은 주원장이 담력과 지모가 있고 식견도 있음을 보자, 곧 양녀 마씨(馬氏)를 그에게 출가시켰다. 이때부터 주원장의 지위는 더욱 견고해졌으며, 또한 이때 그는 정식으로 이름을 원장(元璋)이라 짓고, 자를 국서(國瑞)라고 했다. 그 후, 주원장은 고향인 호주 종리로 돌아와 병력을 모으고 말을 구입하여 군사력을 증강시켰다. 그때 소년 시절의 친구들과 동향 사람인 서달(徐達)·주덕흥(周德興)·곽흥(郭興) 등이 모두 잇달아 와서 자발적으로 지원한 덕분에, 주원장은 매우 빨리 병력 700여 명을 모집했다. 이후, 끊임없이 투항시켜 재편성함으로써, 주원장의 군대는 빠르게 강대해졌다. 지정 15년(1355년) 3월, 곽자흥이 병으로 죽자, 곽자흥의 아들 곽천서(郭天敍)가 그 부대를 장악했다. 얼마 지나지 않아 곽천서가 전사하자, 주원장이 곽자흥의 옛 부대를 접수하여 통솔했다. 지정 16년(1356년), 주원장이 통솔하는 부대는 집경(集慶)을 공격하여 점령했으며, 성을 함락시킨 다음 응천(應天)으로 이름을 바꾸었다. 그리고 주원장은 늙은 유생인 주승(朱升)이 "성벽을 높이 쌓고, 널리 식량을 비축하여, 천천히 왕이 되십시오[高築墻 廣積糧 緩稱王]"라고 건의하자, 이를 받아들였다. "천천히 왕이 되십시오"는 말에서, 아직은 역량이 약하다고 자각한 주원장은 한림아를 '대송(大宋)의 황제'로 깍듯이 받들어, 강남행성(江南行省) 좌승상과 오국공(吳國公)에 봉해

◈ 〈출어도(出圉圖)〉 (일부분) | 원, 임인발(任仁發)

임인발(1255~1327년)은 송강부(松江府) 청룡진(靑龍鎭, 지금의 상하이시에 속함) 사람이자, 원대의 저명한 화가로, 말을 잘 그리는 것으로 유명했고, 인물과 화조화도 매우 높은 성취를 이루었다. 이 〈출어도〉는 3명의 어관(圉官: 말을 기르는 말단 관리)이 네 마리의 준마를 마구간에서 끌어내는 장면을 그렸다. 화풍이 유려하고 섬세하며, 당대 화가의 필법과 색 사용의 이치를 깊이 터득했다.

지는 상을 받았다. 이처럼 시종일관 송나라 정권 밑에 명의만 걸어 놓는 방법은, 주원장이 군대 내에서의 자신의 영향력을 유지하고 증강시키는 데에 모두 효과가 있었다. 그리고 "성벽을 높이 쌓고" "널리 식량을 비축하는" 방면에서, 주원장은 한편으로는 응천성의 성벽을 대대적으로 수리하여, 자기 근거지의 방어를 강화했으며, 다른 한편으로 군대를 동원하여 둔전(屯田: 군대가 주둔하면서 농사를 지어 식량을 자급하는 것)을 하고, 크게 수리 공사를 하여, 생산을 발전시키는 데 전력을 기울임으로써, 공고한 근거지를 건설하여, 훗날 군웅을 평정할 기초를 다졌다.

지정 20년(1360년), 천완 정권의 건립자인 서수휘가 부하인 진우량에게 살해되고, 진우량이 스스로 황제가 되어, 국호를 대한(大漢)으로 삼아 나라를 세웠다. 뒤이어 진우량은 군대를 이끌고 동쪽으로 출격하여 주원장의 근거지인 응천을 공격했지만, 주원장에게 패배하자 분개하며 후퇴했다. 후에 2년의 준비를 거쳐, 진우량이 지정 23년(1363년) 5월, 다시 60만 대군과 전함 500여 척을 이끌고 홍도(洪都, 지금의 장시성 난창南昌)를 공격했다. 주원장은 모든 군대를 이끌고 구원에 나서, 화공(火攻)의 방법으로 진우량의 함대를 대파했으며, 전투 과정에서 진우량은 날아온 화살에 머리를 맞아 사망했다. 이듬해, 주원장이 대군을 이끌고 무창(武昌)을 공격하니, 진우량의 아들 진리(陳理)가 투항하여, 대한 할거 정권은 멸망했다. 진우량을 소탕한 후, 주원장은 다시 계속해서 회동(淮東)·절서(浙西)의 장사성, 절동(浙東)의 방국진(方國珍) 및 복건(福建)의 진우정(陳友定) 등 할거 세력들을 일소했다. 그리하여 사천(四川)과 운남(雲南)을 제외하고 장강 이남 지역은 거의 주원장이 통일하게 되었다.

명나라 군대의 북벌

바로 주원장이 남북을 정벌하고 있을 때, 북쪽에서 곤경에 처해 있던 원나라 정부는 결코 조치를 취하여 자신의 통치를 구해 내지 못했다. 원 순제(順帝)가 가무와 여색에 탐닉하여 조정에 신경을 쓰지 않자, 황태자 아요르시리다라(愛猷識理達臘)와 황후 기씨(奇氏)가 모의하여 황위를 찬탈했고, 지방에서는 코케테무르와 베이르테무르(孛羅帖木兒) 양대 군벌 집단이 근거지 쟁탈전을 벌이면서, 궁정 투쟁과 군벌 투쟁이 완전히 한데 뒤엉켰다.

코케테무르는 한자 이름이 왕보보(王保保)이며, 원나라 말기의 장수인 차칸테무르의 생질로, 차칸테무르에게는 자식이 없었기 때문에, 후에 그를 양자로 받아들였다. 지정 22년(1362년), 차칸테무르가 산동의 홍건군을 포위하여 공격할 때, 투항한 장수인 전풍에게 살해당하자, 코케테무르는 자신의 아버지가 통솔하던 부대의 병력을 통솔했다. 산동의 홍건군을 진압한 후, 원나라 지방 군벌들 간의 모순이 격화하기 시작했다. 그 가운데 가장 두드러지는 대표적인 것은 바로 코케테무르와 베이르테무르 간의 투쟁이었다. 지정 17년(1357년) 12월, 베이르테무르의 아버지이자, 차칸테무르와 함께 원나라 말기에 대장이 되었던 다스바투루(答失八都魯)가 병으로 사망하자, 베이르테무르가 자기 아버지의 군대와 직무를 계승했다. 이후, 베이르테무르와 차칸테무르는 산서와 하북 등지를 쟁탈하기 위해 여러 차례 전투를 벌였고, 후에 원나라 조정의 중재를 통해, 마침내 군대를 철수하고 휴전했다. 차칸테무르가 살해당한 후, 베이르테무르가 군대를 이끌고 하북·산서의 근거지를 탈취하려고 하자, 쌍방이 다시 대규모 전투를 벌였다. 원 순제가 여러 차례 조서를 내려 화해하도록 권고했지만, 쌍방의 모순은 오히려 갈수록 깊어졌다.

바로 지방 군벌들 간의 투쟁이 끊이지 않음과 동시에, 원나라 조정의 중추에서도 권력 투쟁이 발생했다. 원 순제의 외삼촌이자 어사대부 라오데이샤(老的沙)와 지추밀원사(知樞密院事) 토겐테무르(禿堅帖木兒)가 황태자 아요르시리다라의 기분을 상하게 하는 바람에, 황태자가 두 사람을 처형하려고 하자, 두 사람은 대동(大同)으로 도망쳤는데, 베이르테무르가 이들을 받아들였다. 승상 초스칸(搠思監)·환관 박불화(朴不花) 등이 태자를 의지하고, 코케테무르의 외부 지원에 의지하여, 여러 차례 베이르테무르에게 라오데이샤의 신병을 넘겨 달라고 요구했지만, 쌍방은 결국 해결하지 못했다. 지정 24년(1337년), 초스칸과 박불화는 베이르테무르와 라오데이샤가 반역을 도모했다고 모함하니, 원 순제는 조서를 내려 베이르테무르의 병권과 직무를 박탈했다. 베이르테무르는 명령에 따르기를 거부하고, 오히려 군대를 이끌고 도성으로 진격했다. 7월, 베이르테무르가 군대를 이끌고 도성으로 공격해 들어가자, 황태자는 태원(太原)으로 도망쳤다. 원 순제는 한편으로는 겉으로 굴복하는 척하면서 베이르테무르를 중서우승상(中書右丞相)에 봉하여, 온 나라의 군대를 지휘 통솔하게 하고, 다른 한편으로는 코케테무르에게 베이르테무르를 토벌하도록 재촉했다. 얼마 후, 베이르테무르는 대도에서 원 순제가 모집한 자객에게 살해당했다. 원 순제는 조서를 내려 황태자를 도성으로 돌아오라고 명령했고, 코케테무르가 황태자를 호위하여 궁궐로 들어갔다. 그때 기황후(奇皇后)는 다시 코케테무르에게 친히 나서서 순제로 하여금 양위하도록 핍박하라고 요구했지만, 코케테무르는 받아들이지 않았다. 기황후와 황태자 모자는 앙심을 품고, 원 순제의 주변에서 코케테무르를 중상모략하자, 코케테무르는 어쩔 수 없이 군대를 거느리고 외지로 나가게 해 달라고 요청했다. 원 순제는 코케테무르를 하남왕(河南王)에 봉하고, 천하의 군대를 통솔하게 했으며, 그에게 남하하여 주원장과 싸우라고 명령했는데, 얼마 지나지 않아 다시 코케테무르의 병권을 박탈했다.

원나라 내부의 혼란은 주원장에게 때마침 좋은 기회를 제공해 주었다. 그는 진우량과 장사성 두 할거 세력을 일소한 후, 적극적으로 북벌을 준비했다. 지정 27년(1367년) 10월, 주원장은 서달을 정로대장군(征虜大將軍)에 임명하고, 상우춘(常遇春)을 부장군에 임명하여, 25만 명의 대군을 이끌고 북벌을 개시했다. 동시에 또한 일부 병력을 떼어 내어 남쪽 정벌을 계속하면서, 절강의 방국진과 복건의 진우정 및 호광(湖廣) 지방의 할거 세력들을 소탕했다. 북벌군은 파죽지세로 하남과 하북을 석권했다. 지정 28년(1368년), 주원장은 응천에서 황제가 되었고, 국호를 '대명(大明)'이라 했으며, 연호를 '홍무(洪武)'로 고쳤다. 윤달 7월, 명나라 군대는 덕주(德州)에 결집한 뒤, 수륙 양 방면으로 운하를 따라 북상하여, 장로(長蘆, 지금의 허베이성 징현景縣)를 점령하고, 청주(青州, 지금의 허베이성에 속함)를 함락시켜, 직고(直沽, 지금의 톈진시)에 이르렀으며, 대도를 향해 진격했다. 7월 28일 밤, 원 순제는 대도를 버리고 상도로 도망쳤다. 8월 초이틀, 서달이 명나라 군대를 이끌고 대도에 진입함으로써, 원나라는 멸망했다. 원 순제가 지정 30년(명 홍무 3년, 1370년) 4월에 응창(應昌, 지금의 내몽골 츠펑시赤峰市)에서 사망하고, 황태자 아요르시리다라가 황위를 이어받았으니, 그가 원 소종(昭宗)이다. 그는 여전히 '대원(大元)'이라는 국호를 사용했는데, 역사는 이를 '북원(北元)'이라고 부른다. 북원은 아요르시리다라 이후에, 황위가 다시 6번 바뀌면서, 34년간 이어졌다.

제9장

명(明)

해금(海禁)의 강화와 완화, 그리고 첫 조류가 해안을 때리다

1368년, 원나라 말기의 군웅들이 정권을 쟁탈하는 과정에서 두각을 나타낸 주원장이 황제에 등극하여, 대명(大明) 왕조를 건립했다. 1644년, 이자성(李自成)의 농민군이 북경을 공격해 들어오자, 명 숭정제(崇禎帝)가 매산(煤山)에서 목을 매 자살하면서, 명 왕조는 멸망했다. 명나라 초기에는 남경(南京)에 도읍을 정했다가, 영락(永樂) 19년에 북경으로 천도했다. 명 왕조는 모두 16명의 황제를 거치면서, 277년간 유지되었다.

홍무(洪武)·영락 두 시기는 명대 전기로, 명 태조(太祖)와 성조(成祖)는 재능이 뛰어나고 지략이 원대하여, 일련의 조치들을 취해, 군주 전제와 중앙 집권을 강화하고, 소수민족 지역과 변방 지역에 대한 관리를 완벽하게 했다. 아울러 전란으로 인해 파괴된 사회 경제를 신속히 회복시켜, 국력이 나날이 강성해지자, 마침내 정화(鄭和)가 일곱 차례나 서양(西洋: 남중국해를 기준으로 서쪽의 아프리카 동해안까지의 바다)을 항해하는 장거를 거두었다. 홍희(洪熙) 시기부터 홍치(弘治) 시기까지는 명대의 중기로, 정치 제도에도 새로운 변화가 있었다. 즉 내각제(內閣制)가 정식으로 형성되고, 순무총독제(巡撫總督制)가 확립됨과 아울러, 정치가 비교적 맑고 깨끗했던 '인선(仁宣)의 치'와 '홍치중흥(弘治中興)'이 출현했다. 하지만 황제가 환관을 총애함에 따라, 환관이 국정에 관여하고, 더 나아가 정권을 농단하게 함으로써, 명나라 정국은 '다사지추(多事之秋: 다사다난하여 혼란한 정국)'로 진입하기 시작했다. 정덕(正德) 시기부터 숭정(崇禎) 시기까지는 명대 후기로, 정치 위기가 나날이 엄중해지자, 장거정(張居正)의 과감한 개혁도 쓰러져 가는 정세를 되돌리기는 어려웠다. 그 사이에 명나라 조정의 3대 사건이 잇달아 발생했고, 당쟁은 치열한 단계로 진입했다. 달단(韃靼: 타타르) 기병이 북쪽 변경을 침입하여, 그 군대가 도성 부근까지 쳐들어왔고, 왜구와 해적들이 결탁하여 미친 듯이 날뛰며 동남쪽 해안의 각지에 피해를 입혔으며, 여진족이 굴기하여 명나라의 안위를 직접적으로 위협했다. 또 명나라 말기의 농민 봉기는 기세가 대단하여, 마침내 명 제국의 파멸을 초래하고 말았다.

명대 중·후기는 국내의 전통 사회가 역사적으로 형태를 바꾸기 시작하는 시대였다. 전국의 남북 각지, 특히 강남 지역의 상품경제 발전이 전에 없는 수준에 이르러, 사회적 생산관계에 새로운 추세가 나타났으며, 조공(朝貢) 체제와 해금(海禁: 자국민의 출국과 외국인의 입국을 금지하던 법령) 정책을 돌파한 해외 무역이 활기차게 발전함으로써, 은이 대량으로 유입됨과 아울러 보편적으로 사용하는 화폐가 되었다. 사상 문화와 사회생활 영역에서는, 시민 계층의 의식이 나날이 각성되어 갔고, 문학의 통속화와 학술의 민간화는 사회적 기풍이 되었다. 또 서학(西學)이 동양으로 전파되기 시작하면서, 사회 기풍이 "일상적인 것을 싫어하고 새것을 좋아했다[厭常喜新]". 이 시기에, 국외 세계에도 거대한 변화가 무르익어 가고 있었으니, 서양의 식민지 확장과 국제 무역 체계의 규모가 나날이 확대되는 것으로 상징되는 세계화의 첫 조류가 거세게 일어나, 대서양으로부터 태평양 연안에 충격을 가했다. 서양 상인과 선교사들은 이미 중국의 동남쪽 연해에 상륙하여 각종 활동을 벌이고 있었으며, 중국과 서양의 국력 대비와 국제적 지위에는 조용한 변화가 발생하고 있었다.

명(明) 1368~1398년

인물: 명 태조 주원장 지역: 남경 키워드: 정장(廷杖), 금의위(錦衣衛)

명 태조의 집권(集權) 정치

주원장은 지정(至正) 12년(1352년)에 호주(濠州)의 홍건군인 곽자흥(郭子興) 부대에 투신하면서부터, 지정 28년(1368년)에 대군을 이끌고 북벌에 나서 대도(大都)를 공격할 때까지, 원나라 말기의 군웅들 가운데 정치적으로 가장 뛰어난 재능을 가졌던 인물이다. 그는 17년의 시간을 군웅들을 섬멸하는 데 사용하여, 원나라를 전복시키고, 대명(大明) 왕조를 건립했다. 명 태조 주원장은 중앙 집권과 황제 집권에게 유리한 체계를 갖춘 일련의 통치 구조를 설계했다. 그는 중앙 집권 제도를 강력하게 널리 추진하여, 황제 자신이 통제하기 편리하도록 하기 위해, 권력 기구의 상호 견제를 강화했을 뿐만 아니라, 또한 분봉제(分封制)로써 지방 권력을 주씨(朱氏) 성을 가진 번왕(藩王)들의 수중에 분산시켰지만, 이러한 조치를 시행한 결과는 주원장이 예상했던 것과는 달랐다.

분권(分權): 주원장의 집권(集權: 권력 집중) 방식

주원장은 중앙 통치기구의 분권 위에서, 매우 철저하고도 매우 극단적으로, 중국에서 수천 년간 이어져 온 승상제(丞相制)를 뒤엎어 버렸다. 그는 역사적으로 수많은 권신들이 권력을 독점하고 제위를 찬탈했음을 인식하고, 근본적으로 이를 두절시키려고 했다. 비록 처음에 명나라는 좌·우승상을 둠으로써 한 명의 재상이 권력을 독점하는 것을 방지했지만, 주원장은 여전히 마음을 놓지 못했다. 홍무(洪武) 13년(1380년)에 주원장은 좌승상 호유용(胡惟庸)에게, 권한을 남용하고, 왜구와 은밀히 내통하고, 북원(北元)과 결탁하고, 반역을 도모했다는 죄목을 씌워, 그를 처형했다. 아울러 중서성을 폐지하고, 더 이상 승상을 두지 않았으며, 황제가 직접 백관을 관할하는 것으로 바꾸어, 국가와 정부의 수뇌를 하나로 합침으로써, 시스템적으로 군주의 중앙 집권 정치에서의 절대 권위를 보장했다. 이는 또한 주원장을 역사상 가장 바쁜 황제로 만들었다. 그는

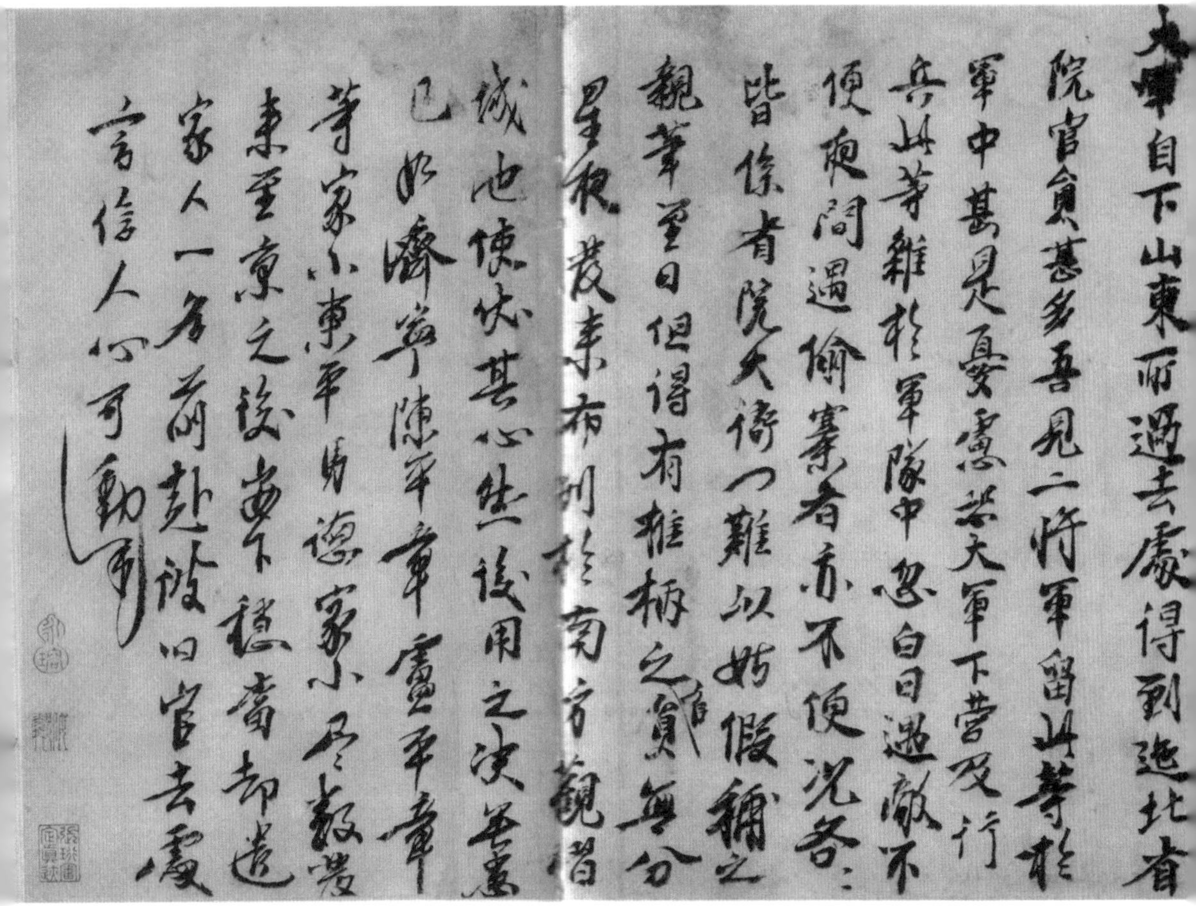

◈ **〈대군첩(大軍帖)〉 | 명, 주원장**

〈대군첩〉은 주원장이 부장(部將)에게 써 준 한 통의 서신이다. 내용을 분석해 보면, 이때 주원장 집단은 이미 진우량·장사성 등 할거 세력을 일소하고, 온 힘을 다해 북쪽을 공격하고 있었으며, 전쟁이 빈발하고 있었다. 이 첩(帖)의 서풍(書風)은 강건하고 빼어나며, 점획이 치졸하고 유창하여, 자연스럽고 생동적인 정취가 넘친다. 현재 베이징 고궁박물원에 소장되어 있다.

매일 200건의 상주문을 보고, 400건의 정사를 처리해야 했으며, 매일 아침·점심·저녁으로 세 차례 조회를 열었다. 지방에서, 명나라는 처음에 원나라의 행성 제도를 계승했으나, 홍무 9년(1376년)에 주원장은 행중서성을 폐지하고, 행성의 권력을 셋으로 나누었다. 그리하여 각각 승선포정사사(承宣布政使司)는 전량(錢糧: 지조地租, 즉 세금)과 민사를 관리했으며, 제형안찰사사(提刑按察使司)는 사법을 관장했고, 도지휘사사(都指揮使司)는 군권을 장악했다. 삼권을 분리시켜, 서로 지배하거나 종속되지 않게 함으로써, 대권이 중앙에 귀속되었다. 군사상에서, 주원장은 개국 초기의 대도독부(大都督府)를 중·좌·우·전·후 5군(軍) 도독부로 나누어, 군권이 과도하게 집중하는 것을 방지했다. 각 부(府)가 수도와 전국 각지의 도지휘사 군대를 따로 관장했으며, 또한 따로 좌우 도독(都

◈ 〈태조 좌상〉

개국 군주로서의 주원장은 줄곧 잔혹한 법률로 탐관오리를 엄격하게 징벌할 것을 주장했다. 심지어는 관리가 60냥의 은 이상을 횡령하면 일률적으로 참수하여 군중에게 보이라고 규정했다. 그런데 줄곧 엄격한 형벌과 가혹한 법률도 결코 명나라의 독직과 부패 문제를 뿌리 뽑지 못하자, 주원장으로 하여금 "아침에 다스렸는데 저녁에는 저지르고, 저녁에 다스렸는데 아침에는 역시 그대로다"라고 탄식하게 했다.

督)을 두어 장관으로 삼았다.

감찰 방면에서, 주원장은 감찰을 관장하는 어사대(御史臺)를 대폭적으로 분해했다. 그는 어사대를 도찰원(都察院)으로 바꾸고, 좌·우도어사(都御使)를 둠과 아울러, 어사(御使) 진용을 확대하여, 감찰어사 110명이 백관을 감찰하고, 나가서 민심을 살폈다. 황제의 눈과 귀로서, 이들 어사는 일단 출순(出巡, 순안어서巡按御使를 말함)하라는 명령 받으면, 곧 권한이 흠차(欽差: 황제를 대리하는 관리)와 같아, 사소한 일은 즉시 결정하여 처리했고, 중대한 사안은 상주하여 재가를 받아 처리했으므로, 지방관에 대해 매우 위협적인 존재였다. 도찰원 안에는 또한 6과(科)의 급사중(給事中)을 설치하여, 6부(部)의 모든 관리들의 일을 바로잡고 회계 감사를 하는 책임을 졌다. 민심을 깊이 파악한 주원장은 이들 관직을 설치할 때 한 가지 매우 총명한 수완을 사용했다. 그것은 바로. 한편으로는 이들 관리들에게 커다란 권력을 주고, 다른 한편으로는 그들에게 낮은 품급(品級)의 관직을 부여한 것이다. 순안어사와 급사중은 고작 7품관에 불과했지만, 그들의 권력은 1품의 고관을 탄핵할 수 있을 만큼 컸는데, 이러한 권력은 어사가 감찰 직능을 더욱 잘 발휘하는 데 유리했을 뿐만 아니라, 황제가 양쪽을 통제하는 데에도 유리했다. 그 밖에도, 주원장은 또한 통정사(通政司)를 설치했는데, 이 기구는 각지에서 올라온 상주문·건의문 및 고발 문건을 황제에게 전달하는 일을 전문적으로 책임졌다. 그것은 다양한 경로로 정보를 수집할 수 있어, 황제가 정확하게 진상을 파악하여, 최대한 빨리 조치를 취하고, 아랫사람들이 감추거나 속이는 것을 방지하는 데 유리했다.

주원장은 행정·군사·감찰 등 중요한 권력 기구에 대해 큰 개혁을 하여, 그 권력을 분산시키고 상호 견제하게 함으로써, 황제가 독단적으로 지휘하고, 군주의 의지와 절대 권위를 돋보이게 하기에 편리했다.

삭번(削藩): 우여곡절이 많았던 사업

주원장이 명나라를 건립한 후, 24명의 아들들을 분봉하여, 그들로 하여금 군대를 이끌고 전국 각지에 나가 주둔하게 했다. 일부는 북쪽의 요충지에 주둔하여 지키면서 몽고 귀족의 침입을 저지했다. 예를 들면 연왕(燕王) 주체(朱棣)는 북평(北平, 지금의 베이징)을 지켰고, 영왕(寧王) 주권(朱權)은 대녕(大寧, 지금의 내몽골 닝청현寧城縣 서쪽 다밍청大名城)을 지켰다. 그 밖에 일부 아들들은 내지로 나누어 파견했다. 예를 들면 주왕(周王)과 제왕(齊王) 등은 지방 관리들을 책임지고 감독함으로써, 주씨 집안의 전국에 대한 통제를 공고히 하여, 반란을 맹아 상태에서 싹을 잘라 버렸다. 북쪽 변방을 지키던 아홉 명의 왕들 중, 연왕·진왕(晉王) 및 영왕의 세력이 가장 강대했는데, 영왕은 갑사(甲士: 무장한 병사) 8만 명과 전차 6천 대를 보유했다. 연왕과 진왕은 주원장의 특별한 허락을 얻어, 필요에 따라 마음대로 군사력을 확장할 수 있었고, 군사 업무 가운데 사안이 중대한 것만 황제에게 알리면 되었다. 조정 내의 간신들이 황위를 찬탈하는 것을 방지하기 위해, 주원장은 또한 제왕(諸王)이 중앙 정부에 공문을 보내 간신을 색출해 달라고 요구할 수 있고, 필요할 때는 황제의 밀조(密詔: 비밀 명령)를 받들어 군대를 이끌고 난을 평정할 수 있도록 규정했다. 제왕의 발호를 방지하기 위해, 주원장은 또 후세의 황제는 필요할 때 명령을 내려 삭번(削藩: 제왕, 즉 번왕의 세력을 약화시킴)할 수 있도록 윤허했다. 주원장은 이러한 장치들이 만일의 실수도 없도록 보장할 수 있다고 생각했지만, 분봉 제도는 지방 세력을 점차 강대해지게 함으로써, 중앙이 제왕의 세력을 약화시킨다는 목표는 달성되기 어려웠으니, 골육상잔의 비극은 매우 빨리 발생했다.

혹형(酷刑): 관리들의 서슬을 꺾어 버리다

제도상으로 정부의 권력을 분산하여 황권을 강화한 것 말고도, 명나라 황제는 일부 비정상적인 수단을 이용하여 신하와 백성들을 감시하고 통제했다. 주원장 및 그 후계자들은 엄혹한 형벌과 준엄한 법률 이외에, 백관이 보는 앞에서 곤장을 때리는 형벌인 정장(廷杖)을 사용하여 관리들의 서슬을 꺾었으며, 또한 문자옥(文字獄)으로 지식인들의 사상을 억압했다. 명나라는 또한 역사상 가장 강력한 특무(特務) 체계, 즉 금의위(錦衣衛)·동창(東廠)·서창(西廠) 및 내행창(內行廠)을

◈ **척홍쌍룡모란문원합**(剔紅雙龍牡丹紋圓盒) | 명

이 칠합(漆盒)의 뚜껑 위에는 한 알의 화염보주(火焰寶珠: 불꽃이 이글거리는 구슬)를 새겼고, 양 옆에는 두 마리의 오조장룡(五爪長龍: 다섯 개의 발톱을 가진 긴 용)이 있으며, 주위에는 모란꽃 및 나뭇가지와 잎으로 바탕 문양을 채워 넣어, 매우 아름답고 화려해 보인다. 현재 베이징 고궁박물원에 소장되어 있다.

확대시켰다. 이러한 비정상적인 통치 수단은 명 왕조에게 음흉하고 악랄하다는 베일을 씌워 주었다.

정치에서의 전제적 권력 집중은 법률·교육 및 사상 통제 등의 방면들에서부터 공고히 할 필요가 있었다. 홍무(洪武) 시기에, 주원장은 잇달아 〈대고(大誥)〉·〈대고속편(大誥續編)〉·〈대고삼편(大誥三編)〉·〈대고무신(大誥武臣)〉 등의 문고(文誥: 문서로 된 명령)를 반포했는데, 이것들은 모두 완전히 군주 개인의 뜻으로 제정된 것들이다. 홍무 30년(1397년), 즉 주원장이 사망하기 한 해 전에 〈대명률(大明律)〉을 반포하여 시행했다. 이것은 〈당률(唐律)〉의 뒤를 이어 중국 역사상 또 하나의 중요한 법전이다. 명나라 법률의 조문은 간단하지만, 대단히 엄혹했다. 명대에는, 능지(凌遲: 능지처참)·효수(梟首: 목을 베어 장대에 매달아 거리에 전시하는 형벌)·족주(族誅: 가족 전체를 죽이는 형벌)의 사건들이 수천 건에 달했으며, 기시(棄市: 죄인을 처형하여 그 시체를 길거리에 버려 두는 형벌)는 만여 건에 달했다. 특히 명나라 초기에는 형법이 지극히 엄혹했던 데다, 황제가 여러 차례 큰 옥사(獄事)를 일으키는 바람에, 살해된 관리가 걸핏하면 만 명을 헤아렸다. 경관(京官)은 매일 아침 일찍 조정에 들어가면서, 반드시 처자식들과 작별 인사를 했고, 밤까지 만약 평안하고 무사하면 곧 서로 하루를 더 살게 된 것을 축하했다. 그래서 매우 많은 문인들은 대부분 관리가 되기를 원치 않았다. 이처럼 엄혹한 형법은, 한편으로는 부패하는 것을 방지하기 위한 것이었고, 다른 한편으로는 조정을 전복하려는 기도를 철저히 억제하려는 것이었다.

사람을 죽여 위엄을 세우는 것은 봉건 제왕이 흔히 사용하는 수법들 중 하나였다. 명나라가 건립되고 나서 일정 기간 동안, 주원장은 어떤 일을 구실로 삼아 자신이 하고 싶은 바를 이루기 위해 대대적으로 문자옥을 일으켰다. 무릇 황제의 권위를 손상시켰거나 황제의 뜻을 위배했다고 여겨지는 주장이나 글에 대해서는, 그 당사자를 모두 극형에 처했다. 항주부학(杭州府學) 교수 서일기(徐一夔)는 한 편의 하표(賀表: 신하가 임금에게 올리는 축하 글)에서 "빛나는 하늘 아래 하늘이 성인을 내시고, 세상을 위해 법도를 만드셨도다[光天之下, 天生聖人, 爲世作則]"라는 문장으로 주원장을 찬양했지만, 주원장은 그 문장 가운데 '生'자가 자신이 일찍이 출가하여 승려가 되었다는 것을 은밀하게 가리키는 것이고, '光'자는 자신이 머리를 빡빡 깎은 것을 가리키며, '則'과 '賊'은 발음이 서로 비슷하다고 여겼기 때문에, 서일기를 처형했다. 이렇게 근거 없이 체포하고 죽이는 방법은, 틀림없이 지식인들 가운데에서 공포 분위기를 조성하여, 그들을 황제의 권위 아래 복종할 수밖에 없게 만들었다.

관리들에 대한 압제에는 또 한 가지의 잔혹한 수단이 있었다. 그것은 바로 그 유명한 '정장(廷杖)'이다. 정장은 태화전(太和殿)에서 관리들의 볼기를 때린 것이 결코 아니고, 오문(午門)에서 집행했다. 정장을 할 때, 태감(太監)은 옆에서 감시하고, 수많은 관리들은 빨간 옷을 입고 조당(朝堂: 조정)에 도열했다. 왼쪽은 중리(中使: 환관)였고, 오른쪽은 금의위(錦衣衛)였으며, 각각 30명씩이었고, 밑에 기교(旗校: 기군旗軍의 교관) 100명이 도열했으며, 손에는 나무 몽둥이를 쥐고 있었다. 정장을 집행하라는 명령을 낭독한 후, 한 사람은 마포(麻布: 삼베) 자루로 어깨 부위부터 수형자의 상반신을 씌워 그가 좌우로 움직이지 못하게 하고, 한 사람은 수형자의 두 발을 묶고, 볼기를 드러내어 몽둥이질을 한다. 정장을 당하는 자가 요행히 죽지 않더라도, 반드시 살이 문드러지고 벗겨져, 수개월 동안 치료를 받아야만 나을 수 있었다. 만약 감독하는 태감이 "힘껏 쳐라"라는 한 마디를 했다면, 이 사람은 반드시 죽었다는 것은 의심할 여지가 없었다. 명나라 때 내내 정장은 책에서 사라지지 않았다. 무종(武宗) 정덕(正德) 시기에, 황제에게 남순(南巡: 남쪽 지방 순시)을 하지 말도록 간언한 164명의 관리들이 정장을 당해, 그 중 11명이 사망했다. 세종(世宗) 시기에는 대예

◈ 명대 관리들의 복식(服飾)

명대에 관리들의 평상복은 둥근 옷깃에 소매가 좁은 커다란 두루마기였으며, 가슴 앞과 등 뒤에 하나씩 네모난 보자(補子: 수를 놓아 옷에 붙인 장식품)를 꿰매어 놓았고, 거기에 수놓은 문양은, 문관(文官)은 새를, 무관(武官)은 짐승을 사용했다. 문관 1품은 선학(仙鶴: 두루미)을, 2품은 금계(金鷄)를, 3품은 공작을, 4품은 운안(雲雁: 구름과 기러기)을, 5품은 백한(白鷴: 흰 꿩)을, 6품은 노사(鷺鷥: 해오라기)를, 7품은 계칙(鸂鶒: 비오리)을, 8품은 황리(黃鸝: 꾀꼬리)를, 9품은 암순(鵪鶉: 메추리)을 사용했으며, 무관 1품과 2품은 사자를, 3품과 4품은 호표(虎豹: 표범)를, 5품은 곰을, 6품과 7품은 표(彪: 범)를, 8품은 코뿔소를, 9품은 해마(海馬)를 사용했다. 이 옷의 보자 위에는 선학 도안이 있는 것으로 보아, 당연히 1품 문관의 복식이다.

의(大禮儀) 논쟁으로 인해, 134명이 정장을 당해, 18명이 사망했다. 버젓한 상서(尙書)·한림(翰林)이 정장을 당해 죽었는데, 이는 중국 역사에서 전무후무한 것이다.

엄혹한 형법은 명나라 초기의 정치를 상당히 맑고 깨끗하게 하긴 했지만, 이러한 공포 통치는 장기간 사용할 수 있는 것이 아니었다. 특히 명나라 후기에, 형법이라는 이기(利器)가 환관들의 수중에 장악되어 항상 남용되면서, 정치를 급속히 부패하게 함에 따라, 온 조정에는 올바른 사람이라고는 전혀 없게 되어, 직접적으로 명나라의 멸망을 가속화했다.

특무(特務): 공포 속에서 장기적인 태평과 안정을 추구하다

명대의 특무기구는, 규모나 권력에서는 물론이고, 조직 구조에서도, 모두 역사적으로 전례가 없는 것이었다. 그것은 직접 황제의 뜻을 받들어 매우 많은 중대한 사건들을 직접 처리할 수 있었다.

처음에 주원장이 임용한 심복 밀탐(密探: 오늘날의 비밀경찰)을 '검교(檢校)'라고 불렀다. 그 임무는 도성의 크고 작은 관청에서의 불공정하고 불법적인 관리 및 소문을 정찰하고 탐문하는 일을 전문적으로 책임졌으며, 사안의 크고 작음을 가리지 않고 전부 황제에게 상주했다. 홍무 15년(1382년), 주원장은 남경에다 전문적으로 황제를 보위함과 동시에 비밀리에 정탐하고 체포하는 활동에 종사하는 군사 특무 기구를 설립했는데, 이것이 바로 그 명성 높은 금의위(錦衣衛)다. 금의위의 전신은 공위사(拱衛司)로, 홍무 3년(1370년)에 친군도위부(親軍都尉府)로 명칭을 바꿨다. 이는 본래 황제의 경호 기구였으며, 마치 하나의 전문적인 군대와 같았다. 후에 금의위는 또한 전문적인 법정과 감옥도 추가로 증설했는데, 이렇게 바꾼 데에는 특수한 원인이 있다. 즉 주원장은 공신들을 마구 죽이면서, 전통적 사법 기구인 형부(刑部)·대리시(大理寺)·도찰원(都察院)은 사용하기에 그다지 편리하지 못하다고 느꼈으므로, 금의위의 보위 기능을 확대하여, 그것을 황제의 개인 경찰로 만들었다. 금의위에서 형사 사건을 조사하여 체포하는 책임을 진 기구는 남·북진무사(南·北鎭撫司)였다. 그 가운데 북진무사는 황제가 명령한 사건을 처리했는데, 자체적으로 감옥(즉 조옥詔獄)을 보유하고 있어, 스스로 체포하고, 고문하고, 형을 집행할 수 있었으며, 일반 사법 기구를 거칠 필요가 없었다. 남·북진무사 밑에는 5개의 위소(衛所)를 두었으며, 그 지휘관을 천호(千戶)·백호(百戶)·총기(總旗)·소기(小旗)라고 불렀고, 보통 군인을 교위(校尉)·역사(力士)라고 불렀다. 교위와 역사가 도둑을 체포하고 불충한 관리를 붙잡는 임무를 집행할 때는 '제기(緹騎)'라고 불렀다. 제기의 숫자는, 가장 적을 때는 천 명, 가장 많을 때는 6만 명이나 되었다.

주원장과 주체는, 그들의 출신의 특수성 때문에, 황권의 유지 보호에 대해 특별히 강렬한 욕망을 지니고 있었고, 그것이 바로 금의위의 "순시하고 체포하는" 직능을 무한히 확대시키도록 했다. 금의위의 우두머리는 직무의 편의성을 이용하여, 전력을 다해 사건을 만들어 냄으로써 이색분자에게 타격을 가할 수도 있었고, 자기의 승진을 위한 자산으로 삼을 수도 있었다. 예를 들면 성조(成祖) 때의 기강(紀綱)·무종 때의 전영(錢寧)은 자신들이 권력을 장악하고 있을 때, 위로는 대신부터 아래로는 평민 백성에 이르기까지 모두 그들의 감시하에 놓여 있어서, 그들의 바람을 조금이라도 거역하면 곧 집과 가족을 잃게 되었으므로, 전국의 상하 모든 사람들이 공포 분위기에 싸여 있었다. 명나라 초기의 저명한 내각대학사(內閣大學士) 해진(解縉)은, 바로 금의위 지휘사였던 기강에게 산 채로 눈 속에 매장되어 죽임을 당했다. 매우 악명 높았던 북진무사의 감옥에는 더욱 각양각색의 무고한 사람들이 가득 갇혀 있었다. 주원장은 말년에, 금의위가 불법적으로 마구 죽이는 일이 너무 심하다는 것을 감안하여, 금의위의 형구(刑具)를 모두 불태우고, 감옥 안에 갇혀 있는 죄수들을 형부에 넘겨주어 처리하도록 명령했다. 그리하여 '조옥(詔獄: 금의위의 감옥)'을 명확히 금지하고, 왕조의 사법권을 다시 삼법사(三法司: 세 곳의 사법기관, 즉 형부, 대리시, 도찰원)에게 돌려주었다. 그런데 주원장의 이러한 조치들이 결코 '조옥'을 즉시 진정으로 사라지게 하지는 못했다. 후세의 황제들은 자기의 필요에 따라 금의위 및 조옥의 폐해를 갈수록 더욱 더 심각해지게 함으로써, 명대의 가장 큰 정치적 악폐의 하나가 되었다.

동창(東廠)의 발명자는 성조 주체다. 그는 '정난(靖難)의 역(役)'을 일으켜 조카 건문제(建文帝)의 황위를 탈취하고 나서, 마음이 줄곧 고도로 긴장된 상태에 있었다. 한편으로는 건문제가 죽

◈ **명대 금의위**(錦衣衛)**의 목인**(木印)

지 않았다는 소문이 갑자기 떠돌았고, 다른 한편으로는 조정의 매우 많은 대신들이 새 정권에 대해 결코 충분히 지지하지 않았다. 정권을 공고히 하기 위해, 주체는 강력한 전제 기구를 절실히 필요로 했지만, 그는 궁궐 밖에 설치한 금의위가 결코 사용하기에 그다지 편리하지 않았다고 느꼈다. 또 주체가 군대를 일으키는 과정에서 일부 환관들의 강력한 도움을 받았으므로, 그는 환관은 비교적 의지할 수 있다고 느꼈다. 그리하여 그는 북경으로 천도한 후, 환관이 관장하는 정탐 기구를 설립했는데, 그 소재지가 동안문(東安門) 북쪽(지금의 베이징 왕푸징王府井 대가大街 북부 둥창후퉁東廠胡同)이었기 때문에, 동창이라고 명명되었다. 동창의 우두머리는 동창장인태감(東廠掌印太監)이라 불렸고, 창주(廠主) 또는 창독(廠督)이라고도 불렸으며, 환관들 가운데 사례감장인태감(司禮監掌印太監) 바로 다음으로 두 번째 높은 인물이었다. 동창의 창주는 황제와의 관계가 밀접했고, 거처도 황궁의 대내(大內: 대전 안의 황제가 거처하는 곳)였기 때문에, 황제의 신임을 받기가 더욱 쉬웠다. 동창과 금의위는 점차 동등한 등급의 관계에서 상하 등급의 관계로 바뀌었다. 그리하여 환관의 권력이 조야를 휩쓸던 시기에는 금의위지휘사(錦衣衛指揮使: 금의위의 우두머리)가 동창의 창주를 만날 때는 심지어 무릎을 꿇고 머리를 조아리며 절을 하기도 했다.

명 헌종(憲宗) 성화(成化) 연간에는 도성에 요망한 사람이 나타나 반란을 부추기다가, 비록 금의위와 동창에 의해 일망타진되었지만, 헌종은 여전히 정탐력이 크게 부족하다고 느꼈으므로, 서창(西廠)을 증설하고, 심복 태감인 왕직(汪直)으로 하여금 관장하도록 명령했다. 그리하여 몇 개월 내에 그 규모가 동창을 뛰어넘었지만, 5년 후에 왕직이 세력을 잃음에 따라 폐지되었다. 무종 시기에, 유근(劉瑾)이 권력을 독차지하자, 서창을 부활시키고, 별도로 내행창(內行廠)을 설립했다. 그리하여 동창·서창·내행창·금의위의 4대 특무기구가 병존하게 되면서, '제기'가 사방에서 나타나자, 천하가 소란스러웠다. 유근이 실각한 후, 무종은 비로소 서창과 내행창을 폐지했다.

명(明) 1398~1421년

인물: 명 성조(成祖) 주체 지역: 북평(北平) 키워드: 정난(靖難)

정난(靖難)의 역(役)과 북경으로의 천도

홍무(洪武) 31년(1398년), 주원장이 세상을 떠났다. 태자 주표(朱標)가 이미 6년 전에 세상을 떠났기 때문에, 황태손 주윤문(朱允炆)이 황위에 올라, 연호를 건문(建文)으로 바꿨으니, 바로 그가 건문제(建文帝)다. 건문제가 즉위한 후 삭번(削藩)에 착수하자, 번왕들 가운데 나이가 가장 많고, 권세도 가장 크고, 전공(戰功)도 가장 뛰어났던 연왕(燕王) 주체(朱棣)가 스스로 자신을 보호하고, 또한 제위에 오르기 위해, 북평(北平, 지금의 베이징)에서 "황제의 주변을 깨끗이 한다[淸君側]"는 기치를 들어올리고, 정식으로 장장 4년에 달하는 황위 탈취를 위한 전쟁을 벌였다. 역사는 이를 '정난의 역'이라고 부른다. 건문 4년(1402년), 주체는 일거에 응천(應天)을 함락시키고, 거기에서 즉위하여 황제가 되었으니, 그가 성조(成祖)다. 그 후, 정치적인 고려에서, 성조는 명나라의 도성을 남경(南京)에서 북평으로 천도하고, 또 북평을 북경(北京)으로 명칭을 바꿨다. 이번 천도는 중국 역사에 중요한 영향을 미쳤다.

◈ 〈역대제왕상〉의 명 성조 | 청, 요문한(姚文瀚)

북평에서 군대를 일으키다

홍무 31년(1398년), 주원장이 세상을 떠나자, 황태손 주윤문이 황위에 올라, 연호를 건문(建文)으로 바꿨다. 주원장이라는 이 강력한 제왕의 사망은 그의 자손들에게 황권을 엿볼 기회를 제공해 주었다. 그 가운데 야심이 가장 컸고, 또 건문제가 가장 두려워했던 것은 바로 주원장의 넷째 아들이자 연왕(燕王)인 주체였다. 주체는 체구가 건장하고, 지혜와 용기를 겸비하여, 어려서부터 주원장에게 매우 신임을 얻었다. 홍무 23년(1390년), 주원장은 주체에게 영국공(潁國公) 부우덕(傅友德) 등을 인솔하여 북쪽의 사막을 정벌하도록 명령했다. 당시 때마침 큰 눈이 내리자, 장수들은 모두 눈이 그치기를 기다린 다음에 다시 진군하자고 건의했지만, 주체는 오히려 눈이 올 때 기습할 것을 고집함으로써 적이 생각하지 못하는 방법으로 승리를 거두고, 최종적으로 원나라 장수 내아불화(乃兒不花)의 모든 인마(人馬)를 포로로 잡았다. 이후 주원장은 여러 차례 주체에게 출병하도록 명령했으며, 아울러 국경의 군권을 모두 그에게 주었다.

지방 제왕들의 세력이 나날이 강대해지는 것을 감안하여, 건문제 주윤문은 취임한 초기에 곧 자신의 측근 대신들과 몰래 모의하여 강력하게 삭번하기 시작했다. 그들은 먼저 주왕(周王)을 체포했으며, 또 대왕(代王)을 구속하고, 제왕(齊王)을 감금함과 동시에, 연왕(燕王)을 제거할 준비를 하면서, 그를 비밀리에 체포할 계획을 세웠다. 총명한 주체는 자신의 목표가 너무 컸다는 것을 스스로 알고, 일부러 미친 척하기 시작하여, 화를 피해 가려고 시도했다. 그러나 건문제는 결코 속임수에 넘어가지 않고, 한편으로는 연왕부(燕王府: 연왕의 저택)의 정예 호위병들을 전출시켰으며, 다른 한편으로는 북평(北平)의 포정사(布政使)와 도지휘사(都指揮使)를 조정의 심복 대신(大臣)인 장병(張昺)과 사귀(謝貴)로 교체했다. 장병과 사귀 두 사람은 몰래 왕부의 장사(長史)인 갈성(葛誠)과 지휘(指揮)인 노진(盧振)을 교사하여, 기회를 보아 난을 일으킬 준비를 했다. 북평도지휘사 장신(張信)은 주체의 옛 부하였으니, 그가 이 비밀을 주체에게 알려 주었다. 주체는 조금도 피할 수 없음을 알자, 곧 비밀리에 800명의 건장한 친위병을 선발하여, 밤을 틈타 저택 안으로 들여보내 호위를 강화함과 아울러, 책사 도연(道衍) 등과 함께 변란에 대응할 계획을 상의했다.

건문 원년(1399년) 7월, 연왕의 작위를 박탈하고 왕부의 모든 속관을 체포하라는 명령이 공포되었다. 주체와 측근들은 의논하여, 체포한 속관들을 넘겨준다는 것을 명분으로, 장병과 사귀를 속여서 왕부로 들어오게 한 다음, 일거에 사로잡음으로써, 주체는 수월하게 북평성을 장악했다. 북평을 장악한 후, 주체는 정식으로 군대를 일으켜, '정난(靖難: 나라의 위난을 평정함)'의 기치를 내걸고 북평에서 서사(誓師: 출정하기 전에 군대를 모아 놓고 훈계하여 사기를 고취시키는 것)하여, 장병들에게 선포했다. 동시에 건문제에게 한 통의 상주문을 올려, 〈조훈(祖訓: 선조가 남긴 훈계)〉에 따르면 “조정에 만약 간신이 있으면, 제왕들은 군대를 일으켜 토벌해도 된다”(697쪽 참조-옮긴이)고 주장하면서, 제태(齊泰)와 황자징(黃子澄) 두 사람을 죽일 것을 요구했다. 건문제는 아랑곳하지 않고, 오히려 경병문(耿炳文)을 대장군에 임명하여, 군대를 이끌고 가서 연왕을 토벌하도록 했다. 이때부터 숙부와 조카의 군대가 서로 맞서면서 4년의 내전이 시작되었다. 역사에서는 이를 ‘정난의 역’이라고 부른다.

황위(皇位)의 교체

정난의 역이 발생한 후, 주체는 북평을 대본영(大本營: 최고 사령부)으로 삼아, 당시의 교통 요충지인 통주(通州, 지금의 베이징에 속함)를 신속히 점령한 다음, 거용관(居庸關)을 장악하고, 계주(薊州, 지금의 허베이성 지현薊縣)를 함락시켰다. 이어서 회래(懷來, 지금의 허베이성 화이라이 동남쪽)를 격파하고, 밀운(密雲: 지금의 베이징 동북쪽에 있는 도시)을 점령했으며, 준화(遵化: 지금의 허베이성에 속함)를 평정하여, 북평 주변을 일소했다. 20일도 안 되어, 주체에게 귀순해 온 군대는 수만 명으로 늘어났다. 그해 8월, 대장군 경병문이 40만 명의 남군(南軍, 연왕의 부대는 북군이라고도 불렀으며, 건문제에게 충성하는 군대는 남군이라고 불렀다)을 이끌고 진정부(眞定府, 지금의 허베이성 정딩正定)로 왔으며, 선봉 양송(楊松)은 이미 웅현(雄縣, 지금의 허베이성에 속함)을 점거하고 있었다. 연왕 주체는 경병문의 군대가 금방 도착하여 무방비한 틈을 타 주도적으로 출격하여, 친히 군대를 이끌고 탁주(涿州, 지금의 허베이성에 속함)에 도달했다. 중추절 저녁, 주체의 군대는 백구하(白溝河, 지금의 쥐마하拒馬河)를 건너, 웅현의 현성(縣城)을 야간에 기습하여, 일거에 남군의 선봉 9천 명을 완전 섬멸했다. 뒤이어, 주체는 쉬지 않고 계속해서 진정(眞定)을 공격했다. 그는 대장 장옥(張玉) 등을 파견하여 정면에서부터 공격하게 하고, 자신은 기병을 이끌고 적의 후방으로 돌아가, 앞뒤에서 협공을 가하자, 남군 진영에 대혼란이 일어나, 병사와 군마가 서로 밟고 밟히면서 대패하여 도망쳤다.

8월 말, 건문제는 다시 명령을 내려 조국공(曹國公) 이경륭(李景隆)을 경병문 대신 대장군으로 삼고, 50만 대군을 이끌고 하간(河間, 지금의 허베이성에 속함)에 진주하게 하여, 재차 북쪽 정벌에 나섰다. 주체는 남군이 서둘러 공격해 오도록 유인하기 위해, 단지 소수의 병력만 북평을 지키도록 남겨 두고, 자신은 주력 부대를 이끌고 우회 기습하여 대녕(大寧, 지금의 내몽골 닝청현寧城縣 경계)을 점령하고, 영왕(寧王) 주권(朱權)에게 소속된 삼위(三衛)의 병력을 합병하여 실력을 확충했다. 이경륭은 연왕이 군대를 이끌고 밖에 와 있다는 소식을 듣자, 곧 군대를 이끌고 곧바로 북평성 아래 도달했다. 성을 공격할 가장 긴장된 순간, 북평성 안에 있던 부녀자들이 모두 동원되어 성에 올라와 전투를 도왔다. 그들은 벽돌과 기와를 던지면서 적군에게 타격을 가했다. 11월, 연왕

이 군대를 이끌고 돌아와, 이경륭을 공격하여 대파했다. 남군은 식량과 무기를 버리고 밤낮없이 남쪽으로 달아나, 마침내 덕주(德州, 지금의 산둥성에 속함)로 숨어 들었다.

이듬해 여름, 이경륭은 진용을 재정비하여, 곽영(郭英)과 오걸(吳杰) 등 모두 60만 명의 군대를 합류시켜, 명목상으로는 백만 명이라고 알려진 정예 군대가 덕주에서부터 북상하여 연왕 군대를 공격하자, 쌍방은 다시 백구하에서 한바탕 격렬한 전투를 벌였다. 이때 쌍방은 온 힘을 다해 전투에 임하여, 싸움이 매우 힘들었다. 주체는 친히 군대를 이끌고 종횡무진 적을 공격했다. 여러 차례 적진 속에 깊이 들어가는 바람에 하마터면 목숨을 잃을 뻔했으며, 그가 타는 전마(戰馬)는 부상으로 인해 3필이나 바꿔 타야 했다. 이튿날, 쌍방은 다시 서로 양보하지 않고 싸웠다. 곧 정오가 될 무렵, 주체는 수천 명의 기병을 이끌고 우회하여 적의 뒤쪽으로 가서, 갑자기 적진으로 돌진하여 닥치는 대로 쓰러뜨렸다. 그 기세를 감당하지 못하고 이경륭의 부대는 전선이 궤멸되어 모두 덕주로 도망쳤고, 연왕의 군대는 덕주로 추격해 갔다. 5월, 이경륭은 다시 덕주에서 제남(濟南)으로 도망쳤다. 주체는 군대를 이끌고 바짝 추격했는데, 요행히도 건문제에게 충성하는

◈ **베이징 고궁**(故宮) **태화전**(太和殿)

베이징 고궁 태화전은 중국에 현존하는 최대의 목조 대전(大殿)으로, 명 영락(永樂) 18년(1420년)에 건축되었으며, 봉천전(奉天殿)이라고 불렸다. 명 가정(嘉靖) 41년(1562년)에 황극전(皇極殿)으로 명칭이 바뀌었다가, 청 순치(順治) 2년(1645년)에 다시 태화전으로 바뀌었다.

도독(都督) 성용(盛庸)과 산동포정사(山東布政使) 철현(鐵鉉)이 필사적으로 사수하여, 비로소 제남을 함락당하지 않고 지켜 냈다. 주체는 3월 말까지 포위하여 공격하다가, 어쩔 수 없이 북평으로 철수했다. 9월, 건문제는 다시 성용에게 이경륭 대신 군대를 이끌고 덕주·창주(滄州) 등지에 진주하도록 명령하여, 세 번째 북벌을 조직했다. 10월, 주체는 거짓으로 요동을 공격한다고 속이고 출병했다가, 군대가 통주(通州)에 이르렀을 때, 갑자기 군대를 남쪽으로 돌려 창주를 공격하여, 그곳을 지키던 장수 서개(徐凱)를 사로잡았으며, 계속해서 승세를 몰아 남하하여, 잇달아 성용이 통솔하는 부대를 격파했다.

건문 4년(1402년) 정월, 연왕의 군대는 산동으로 진입한 뒤, 방어가 치밀한 제남을 우회하여, 동아(東阿)·문상(汶上)·추현(鄒縣)을 함락시키고, 곧장 패현(沛縣)과 서주(徐州)(모두 산둥성에 속함)에 이르렀다. 4월, 연왕의 군대는 진격하여 숙주(宿州)에 도착하여, 바짝 추격하여 습격해 온 남군과 제미산(齊眉山, 지금의 안후이성 링비靈璧 영내)에서 큰 전투를 벌였다. 그 결과 연왕의 군대가 대패했고, 쌍방은 비하(淝河)에서 서로 대치했다. 이 싸움을 결정지을 절체절명의 시각에, 건문제는 일부 신하들의 건의에 영향을 받아, 서휘조(徐輝祖)가 통솔하는 군대를 남경으로 소환함으로써 전선의 군사력을 약화시켰고, 남군의 식량 운송도 연왕의 군대에게 가로막히자, 연왕의 군대는 기회를 잡아 영벽에서 남군을 대파하고, 남군 장수 수백 명을 사로잡았다. 이때부터 연왕의 군대는 사기가 크게 높아졌고, 남군은 더욱 약해졌다. 주체는 군대를 이끌고 회수(淮水)를 건너, 양주(揚州)·고우(高郵)·통주(通州, 지금의 장쑤성 난퉁南通)·태주(泰州) 등 요충지들을 공격하여 함락시키고, 무리하게 장강(長江)을 건널 준비를 했다. 남경은 이때 이미 극도로 무질서하고 혼란하자, 일부 육경(六卿: 6부의 장관) 대신들은 잇달아 핑계를 대고 밖으로 도망쳤다.

건문제는 남조(南朝)와 북조(北朝)로 영토를 분할하는 것을 조건으로 연왕과 화의하려 했지만, 결국 거절당했다. 6월 3일, 연왕의 군대가 과주(瓜州, 지금의 장쑤성 양저우揚州)에서부터 강을 건너, 13일에 금천문(金川門)에 이르자, 성문을 지키는 책임을 진 이경륭이 성문을 열고 투항했다. 연왕이 도성에 진입하자, 문무백관들이 줄줄이 길옆에서 무릎을 꿇었다. 연왕은 군신들의 추대를 받아 황제에 즉위했으니, 그가 명 성조(成祖)이며, 연호는 영락(永樂)이다. 4년에 걸친 '정난의 역'은 이렇게 연왕 주체의 승리로 끝을 맺었다.

건문제는 삭번에 실패했는데, 주체는 제위를 탈환한 후 계속해서 삭번을 진행했다. 북쪽에서 병권을 장악한 제왕들 가운데, 어떤 사람은 남쪽으로 이주당했고, 어떤 사람은 호위병을 박탈당했으며, 어떤 사람은 내쫓겨 서인(庶人)이 되었다. 번왕들의 세력이 크게 약화되자, 군정(軍政) 대권은 더욱 황제의 수중으로 집중되었다.

북경으로의 천도

홍무 원년(1368년)에 주원장이 황제가 된 후, 응천(應天)은 여섯 왕조에 걸친 고도(古都)였기 때문에, 물산이 풍부할 뿐만 아니라, 지형이 험준하여, 앞으로 나아가면 양회(兩淮: 장강 이북의 회하 남북의 대부분 지역)를 장악하여 북쪽으로 몽고를 정벌할 수 있고, 뒤로 물러나면 장강에 의거하여 스스로 지킬 수 있었으므로, 주원장은 응천을 남경으로 삼고, 개봉을 북경으로 삼기로 결정함에 따라, 두 개의 수도가 병립했다. 홍무 11년(1378년), 명 태조는 조서에서 남경을 수도로 삼는다고 엄숙히 선포하고, 북경(北京: 지금의 베이징이 아니라 카이펑이다)을 폐지하여, 예전대로 개봉부(開封府)로 삼았으며, 자신의 고향인 호주(濠州, 지금의 안후이성 펑양鳳陽)를 중도(中都)로 삼았다.

주체가 정난의 역에서 승리를 거둔 후, 처음에는 역시 남경을 국도(國都)로 삼았지만, 이미 북평으로 천도할 생각을 갖고 있었다. 북평은 일찍이 주체의 봉지(封地)여서, 그는 이 지역의 지형이 공고하고, 관문이 험준하고, 인재가 모여들고, 경제적으로 부유하다는 것을 잘 알고 있었다. 이 밖에, 북평은 중원의 관문으로서, 북쪽으로는 여러 산들이 병풍처럼 둘러져 있어, 대막(大漠: 아시아 대륙 동북부, 중국 북부의 사막 지대)을 제어하고, 동북 지역을 고루 돌볼 수 있었으며, 남쪽으로는 곧 전국을 제어하고, 중원을 통솔할 수 있었다. 명나라 초기에 북평은 주체가 여러 해에 걸쳐 경영을 하면서, 토대를 튼튼히 하고, 성벽을 높이 쌓고, 군수품과 군대의 식량과 사료를 고루 완비하여, 이미 명나라 정부의 북쪽 군사 요충지가 되어 있었다. 영락 원년(1403년) 정월, 주체는 조서를 내려 북평을 북경으로 승격시켰다. 영락 4년(1406년), 주체는 천도를 위한 준비를 시작하여, 북경성을 건설했다. 주체는 대신(大臣)들을 전국 각지에 파견하여 목재를 채취하여 자재를 준비하고, 공장(工匠: 공인)을 징발하고, 운하를 소통시키고, 남쪽의 식량을 북쪽으로 운송했다. 영락 15년(1417년)에 대규모 궁성을 건설하기 시작하여, 3년 후에 기본적으로 준공되었다. 새로 건설한 북경성은, 그 구조는 남경과 마찬가지였지만, 남경보다 훨씬 웅장하고 화려했다. 영락 19년(1421년) 정월, 정식으로 북경으로 천도했다. 명 성조가 천도한 후, 명 태조에 대한 존중을 표시하기 위해, 여전히 남경을 경도(京都: 수도)라고 부르고, 북경을 배도(陪都: 제2의 수도)라고 불렀으며, 태자가 남경에 남아 지키면서 대신 업무를 처리했다. 그러나 황제와 중앙 조정이 모두 북경에 있었고, 정령(政令: 정부의 법령)도 여기에서 선포했으므로, 북경은 이미 사실상의 수도였다. 주체가 북경으로 천도한 가장 주요한 목적은 바로 북쪽 변경을 안정시키기 위한 것이었다. 왜냐하면 몽고의 철기(鐵騎)가 끊임없이 북부 변경을 침입하는 것이 시종 명나라 내부에 숨겨져 있는 큰 우환이었으므로, 북경으로의 천도는 변경의 방어를 공고히 하고, 국가의 통일을 유지하는 데에 모두 중요한 의의를 가졌으며, 또한 명나라가 300년 가까이 정권을 유지한 중요한 열쇠가 되었다.

영락 19년(1421년), 달단(韃靼: 타타르)의 아루타이(阿魯臺) 부족이 끊임없이 명나라 변경을 교란시키자, 명 성조는 영락 20년부터 22년까지 3년 동안에 세 차례 북쪽을 정벌했는데, 마지막 정벌 도중에 병에 걸려 유목천(榆木川)에서 사망했다.

명(明) 1405~1433년

인물: 정화(鄭和) 지역: 동남아 각국, 아프리카 동해안 키워드: 해금(海禁)

정화(鄭和)가 서양(西洋)을 일곱 차례 항해하다

정화가 멀리 서양을 항해하여, 그 발자취가 동남아 각국들에 두루 미쳤으며, 아프리카 동해안까지 이르렀으니, 한때 성대한 사업이었다고 할 수 있다. 동시에 또한 후세에게 매우 많은 생각과 의문도 남겨 주었다. 명 태조는 환관의 권력과 품급을 여러 가지로 제한하는 〈조훈(祖訓)〉을 제정했는데, 얼마 지나지 않아 성조는 오히려 환관 정화에게 이 중책을 맡겼으니, 무엇이 성조로 하여금 태조가 만든 법을 위반하게 한 것일까? 정화의 일곱 차례 출항은, 거대한 인력과 물자를 소모했는데, 그 목적은 도대체 무엇이었을까? 이러한 모든 것들은 성조의 황위 계승 경위와 정화의 신세에서부터 이야기를 시작해야 한다.

정화는 누구인가

영락 3년(1405년) 6월의 어느 날, 태평양은 풍랑이 일지 않고 조용했고, 푸른 물은 한없이 넓었다. 유가항(劉家港, 지금의 장쑤성 타이창太倉 동쪽 류허첸劉河鎮) 해상은 뜻밖에 매우 왁자지껄했으며, 62척의 거대한 선박들이 나란히 배열되어 있었다. 단지 한마디 명령이 떨어지자, 이 10여 리에 걸쳐 이어진 선단은 위풍당당하게 남쪽을 향해 출발했다.

황제의 뜻을 받들어 이 임무를 집행하는 사람은 바로 성조의 심복이자, 삼보태감(三保太監)인 정화였다. 정화(1371~1433년)는 운남(雲南) 곤양(昆陽, 지금의 윈난성 진닝晉寧) 사람으로, 회족(回族)이며, 본래의 성은 마씨(馬氏)이고, 이름은 화(和), 소자(小字: 어릴 때의 이름)는 삼보(三保)였다. 정화는 회족 가정에서 출생했으며, 그의 할아버지와 아버지는 모두 이슬람교 성지인 메카를 순례했다. 이는 그로 하여금 어려서부터 좋은 교육을 받게 해 주었으며, 멀리 이역과 해외의 여러 나라들의 상황에 대해 이해하게 해 주었고, 또한 각종 문화들 모두에 대해 매우 강한 포용력을 갖게 해 주었다.

◈ 정화가 항해에 사용한 선박 모형

정화가 11세 때, 주원장의 대군이 운남을 공격해 왔을 때, 정화는 명나라 군대에게 붙잡혔고, 이후 군대를 따라 북쪽 지역을 옮겨 다니면서 전투를 벌였다. 8년 후, 정화는 연왕부(燕王府)에 보내져 복무했다. 이때의 정화는 건장한 신체와 뛰어난 용모에 박학다식하고 영민하여, 주체의 깊은 총애를 받았다. '정난의 역' 과정에서, 정화는 주체를 따라 생명의 위험을 무릅쓰고 남북을 오가며 싸워, 혁혁한 전공을 세웠다. 명 성조 주체가 황위에 오른 후, 정화는 내관감(內官監) 태감(太監)으로 승진했다. 영락 2년(1404년) 정월 초하루, 주체가 친필로 '정(鄭)'씨 성을 하사하자, 이때부터 이름이 '정화'가 되었다.

명나라 초기에는 국력이 나날이 발전하면서 생기가 넘쳐흘렀다. 명나라 초기의 몇몇 통치자들은 백성들에게 휴식을 주는 정책을 실행하여, 경제가 번영하고 국력이 강대해지게 했다. 방직과 도자기 제작 등 수공업 기술이 모두 매우 크게 향상되었고, 조선업과 항해술이 비교적 크게 발전했으며, 과학 기술과 항해 기술이 모두 세계를 리드하는 지위에 있었다. 나침반의 사용, 항해 경험의 축적, 항해 지식의 풍부함은 모두 정화의 서양 항해를 가능하게 하는 객관적 기초가 되었다.

주체가 원대한 계획과 큰 뜻을 지닌 제왕으로서, 등극한 지 겨우 3년 만에 이처럼 많은 사람들을 동원하여, 힘으로 다수의 의견을 물리치고, 정화로 하여금 사절단을 이끌고 서양을 항해

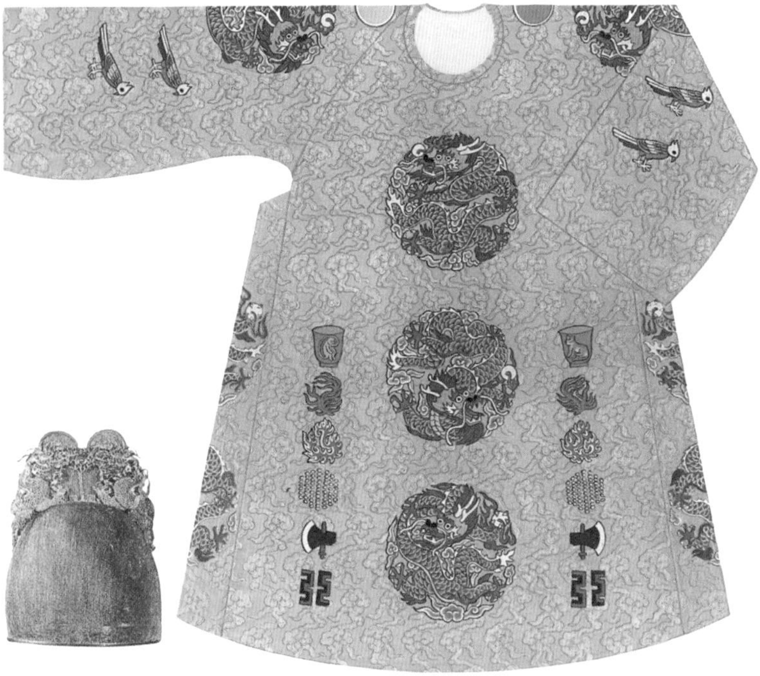

◈ **명대 황제의 상복**(常服: 평소에 입는 옷)

명대 황제의 복장은 일반적으로 상복·길복(吉服: 명절이나 생일 등 경사스러운 때 입는 옷) 및 청복(靑服: 황후의 장례 기간이나 제사 등 슬픈 날에 입는 푸른색 옷) 등 세 가지로 나뉜다. 그 가운데 상복의 사용 범위가 가장 넓었다. 예를 들면 평소 조정에서 집무할 때, 혹은 일강(日講: 황제에게 경서나 사서를 강론함)·성생(省牲: 황제가 제사를 주관하기 전에 제사에 사용할 짐승을 살펴봄으로써, 경건함을 나타내는 의식)·알능(謁陵: 조상의 능묘를 참배함)·헌부(獻俘: 전쟁에서 승리하고 개선하여 포획한 포로를 종묘에 바침)·대열(大閱: 대규모 군대 검열) 등의 경우에 모두 상복을 입었다.

하도록 명령한 데에는, 별도의 주관적 이유가 있었다. 『명사(明史)』「정화전(鄭和傳)」의 기록에 따르면, "성조(成祖)는 혜제(惠帝, 즉 건문제)가 해외로 달아났다고 의심하여, 그의 종적을 쫓으려고 했다"고 한다. 이는 훗날 매우 많은 야사(野史) 연의(演義: 역사적 사실에 근거하여 쓴 소설)의 근거가 되었다. 그런데 한 번 서양을 항해한 것이 건문제의 행적을 찾기 위해서였다고 한다면, 아직 가능성이 있는 이야기지만, 일곱 번이나 서양을 항해했다면, 그다지 가능성이 없다. 그러나 영락제(永樂帝)가 해외에서 위엄을 떨쳐 건문제 시기에 벼슬을 했던 유로(遺老: 이전 임금 밑에서 등용된 원로 신하)들의 자신에 대한 불만을 완화시킴으로써, 자기의 통치를 안정시키는 목적을 달성했다고 한다면, 그것은 가능한 일이다. 『명사』에는 또한 "이역에 군사력을 과시하고, 중국의 부강함을 보여주려고 했다[欲耀兵異域, 示中國富强]"는 기록이 있는데, 이는 당연히 영락제가 정화를 서양에 보낸 두 번째 이유였다. 영락 연간에는 국력이 강성하여, '북로(北虜: 북쪽 오랑캐)'인 몽고 세력은 이미 관외(關外: 중국 내지의 관문 밖, 즉 산해관山海關 동쪽, 가욕관嘉峪關 서쪽, 거용관居庸關 북쪽)로 쫓겨났고, '남왜(南倭)'는 명나라 군대의 타격을 받고 감히 더 이상 경솔하게 침범하지 못하여, 집권(集權: 권력 집중) 통치는 이미 충분히 확고해졌다. 명 성조는 이제 이역에 국가의 부강함과 군대의 강대함을 펼쳐 보여 줌으로써, 해외 각 나라들과의 조공 왕래를 회복시키고, '천조대국(天朝大國)'의 지위를 다시 차지하려 했다.

일곱 번 서양을 항해하다[七下西洋]

◈ **영락(永樂) 금괴** | 명

이 금괴는 명대의 양장왕(梁莊王) 무덤 속에서 출토되었으며, 영락 시기에 정화가 서양을 항해하여 가지고 돌아온 황금으로 만든 커다란 금괴다. 앞면에는 "隨駕銀作局銷鎔/捌成色金佰拾兩重/作頭季鼎等/匠人黃關弟/永樂拾肆年捌月日(어가를 호종한 은작국이 여덟 가지 색깔의 금 50냥을 녹여서 만들었다/책임자 이정등/공인 황관제/영락 14년 8월 일)"이라는 문장이 새겨져 있다. 은작국(銀作局)은 명나라 내정(內廷)의 24아문(衙門) 중 하나로, 금·은 화폐와 기구(器具) 등을 제작하는 책임을 맡았다.

영락 3년(1405년), 명 성조는 정화를 서양에 파견하여, 중국 항해사에서 전에 없이 찬란한 시기를 열었다. 정화와 함께 사절로 나간 수행원은 2만 7천여 명으로, 선원과 관병(官兵) 외에, 구매 담당자·공장(工匠)·의사 및 통역관 등도 있었다. 함대(艦隊)가 사용한 선박의 성능이나 장비는 모두 당시 세계에서 가장 선진적인 것이었다. 함대 안에 있는 대형 선박의 이름은 보선(寶船)으로, 길이가 44장(丈: 1장은 약 3.3미터) 4척(尺: 10척이 1장으로, 1척은 약 33.3센티미터), 너비가 18장이었고, 보통 선박의 길이도 37장, 너비가 15장이나 되었다. 그 함대의 규모만큼 큰 함대는 당시에는 거의 없었다. 1492년에 콜럼버스가 처음으로 원양 항해를 했을 때, 그 함대는 고작 3척의 배와 90명의 선원뿐이었다. 정화가 인솔하는 함대는, 국서(國書: 황제가 외국에 보내는 정식 문서)와 대량의 금은·비단·자기 등의 물품을 싣고, 소주(蘇州) 유가항에서 출항하여, 복건(福建) 오호문(五虎門, 지금의 민강閩江 하구 장러항長樂港)에 모여 훈련하면서, 겨울이 될 때까지 기다렸다가, 동북 계절풍이 세차게 불 때, 함대는 닻을 걷고 돛을 올려 출항했다. 그리고 제일 먼저 점성(占城, 지금의 베트남)에 도달함으로써, 일곱 번 서양을 항해하는 서막을 열었다.

명나라 때는 파라주(婆羅洲, 지금의 브루나이)를 경계로 하여, 남해(南海: 남중국해, 즉 남지나해) 서쪽의 바다와 연해 각지 및 멀리는 인도와 아프리카 동해안의 광대한 지역을 일컬어 '서양(西洋)'이라 했고, 그 동쪽을 '동양(東洋)'이라 했다. 정화가 도착한 곳은 주로 당시에 '서양'이라고 일컬어진 범위, 즉 동남아시아 각 나라들이었기 때문에, 역사는 "정화가 서양을 항해했다[鄭和下西洋]"고 표현한다. 정화는 어떤 나라에 도착할 때마다, 모두 그 나라 군주와 만나 접견하여, 명나라 성조의 조서를 낭독하고, 관복(冠服: 관과 의복)과 진귀한 예물을 증정했다. 아울러 국왕에게 고명(誥命: 임금이 신하에게 내리는 명령) 은인(銀印)을 하사하여, 이들 국가들에 대해 명나라는 그들과 우호 관계를 수립하고 발전시키기를 바란다는 뜻을 표현하고, 각 나라들이 명나라에 와서 신하로서 복종하고 공물을 바치도록 초청하여, 이들 나라들과 종주국과 속국의 관계를 수립했다. 동시에 정화가 인솔하는 함대는 또한 그 지역과 무역 활동을 진행하여, 중국의 수공업품을 각국의 특산품과 교환했다.

당연히 일곱 번 서양을 항해하여 도착한 곳들이 결코 모두 우호적으로 환영한 것은 아니었다. 옥신각신하기도 했고, 전투도 벌였지만, 모두 정화에 의해 간단하게 해결되었다. 30년 가까운 기간에, 정화는 세 차례 전쟁을 치렀다. 한 번은 수마트라 반도를 점거하고 있던 진조의(陳祖義) 해적 집단을 체포한 것이고, 다른 한 번은 수마트라를 도와 반란을 평정한 것이며, 또 다른 한 번은 석란산(錫蘭山, 지금의 스리랑카) 국왕이 정화의 함대를 강탈하려고 시도했을 때였다.

명나라의 수확

영락 연간에, 정화가 서양을 항해하여 선도함에 따라, 명나라의 외교 관계는 급속히 발전했다. 정화의 함대를 통해, 더욱 많은 나라들이 중국을 이해하여, 명나라의 국력이 강성하고 물산이 풍부하다는 것을 알게 되자, 잇달아 사신을 파견하여 답방하고, 쌍방이 우호적인 왕래를 실현하고 싶다는 뜻을 나타냈다. 어떤 나라의 군주는 처자를 데리고 친히 중국을 방문했으며, 오랜 기간 동안 중국과 내왕하지 않았던 많은 동남아 국가들, 심지어는 지금까지 중국과 교류가 없었던 동아프리카 국가들까지도 명나라 정부와 외교 관계를 수립했다. 명 성조가 보기에, 정화가 서양을 항해하여 거둔 최대의 외교적 성과는 바로 "먼 나라 사람들이 와서 조공하고, 많은 왕들이 와서 알현한 것"이었다.

정화가 서양을 항해한 것은 강대한 군사력이 뒷받침한 것으로, 동남아 각국의 모순을 중재하고, 충돌을 진압하고, 장벽을 제거하는 데 도움을 주어, 주변의 안정을 유지 보호하고, 명나라의 위엄을 높이는 데 유리했다. 활발하고 빈번한 조공 왕래는, 객관적으로 해외 무역의 발전을 선도했다. 중국의 비단과 자기는 일찍이 해외에서 유명하여, 남아시아 나라들이 모두 중국과 무역을 발전시키려고 했으나, 명나라가 처음부터 줄곧 해금(海禁) 정책을 실행하는 바람에 실현할 수 없었다. 정화가 와서, 적극적으로 각 나라들에게 무역을 발전시킬 기회를 가져다주자, 자연히 각 나라들로 하여금 떼 지어 몰려와 잇달아 호응하게 했다. 각 나라들의 문화가 교류하는 과정에서, 정화와 그 수행원인 마환(馬歡)·비신(費信)·공진(鞏珍) 등은 각 나라들의 풍토와 인정(人情)을 기록했다. 특히 당시 사람들이 '기린(麒麟)'이라고 부르는 목이 긴 사슴과 얼룩말·타조 같은 진기한 짐승들을 데리고 돌아와, 국내 사람들의 시야를 크게 넓혀 주었다. 이 밖에, 정화가 서양을 항해

함으로써, 새로운 항해 노선을 열어 주었으며, 서태평양과 인도양에 대해 고찰하여, 많은 해양 과학 자료를 수집하고 파악했다. 대량의 해양 탐사와 측량을 통해 그려 만든 〈정화항해도(鄭和航海圖)〉는 정화의 해양 고찰 활동을 상징하는 것으로서, 세계가 최초라고 공인하는 영국 '챌린저'호의 해양 조사 활동(1872~1876년)에 비해 400여 년이나 이른 것이다.

영락 22년(1424년)에 명 성조 주체가 사망한 후, 인종(仁宗) 주고치(朱高熾)와 선종(宣宗) 주첨기(朱瞻基)가 이어서 즉위했다. 그들은 조정 내의 보수적 대신들과 마찬가지로, '서양을 항해한 것'이, 백성을 힘들게 하고 물자를 낭비하면서 큰 효과를 거두지 못했으며, 또 해금을 해제함으로써 체통에 손상을 입었고, 문화 전통과 유가(儒家)의 풍채와 도량을 수치스럽게 했다고 여겼다. 그리하여 다시 '해금' 정책을 집행하여, "보선(寶船: 정화 함대의 우두머리 선박 이름)의 폐정을 중단시켰다".

선덕(宣德) 6년(1431년), 정화는 죽음을 각오하고 출항을 요구하는 간언을 하여, 선종의 허락을 얻었다. 명나라 개방 정책의 여파로서, 정화는 그의 마지막 한 차례 서양 항해 활동을 완수했지만, 규모는 이미 예전만큼 크지 못했다. 어떤 사람은, 선덕 8년(1433년), 바로 그 항해에서 돌아오던 도중에, 이 위대한 항해가는 자신이 뜨겁게 사랑하던 바다 위에서 이 세상을 떠났다고 주장한다. 또한 정화가 선덕 10년(1435년)에 남경에서 병으로 사망했다는 기록도 있다. 기세가 드높았고, 한때 세상에 널리 알려졌던, 서양을 항해하는 장거는 결국 막을 내렸으며, 명나라가 막 열어젖혔던 대문은 다시 굳게 닫히고, 다시 해금 정책을 시행함에 따라, 중원 땅은 문을 닫아걸고 스스로를 지키는 기나긴 세월로 진입했다.

한 걸음 더

『영락대전(永樂大典)』

『영락대전』은 영락 5년(1407년)에 편찬되었는데, 처음 이름은 『문헌대성(文獻大成)』으로, 중국의 백과전서 형태의 대문집이다. 전서(全書)는 모두 2만 2,877권(卷)이며, 또한 범례와 목록이 60권이고, 모두 1만 1,095책(冊)으로 나누어 장정했으며, 인용한 서적이 7천여 종이고, 글자 수는 대략 3억 7천만 자다. 이 책은 중국 역사상 최대의 서적으로, 그 내용은 경(經)·사(史)·자(子)·집(集)·백가(百家)·천문(天文)·지지(地志)·음양(陰陽)·의(醫)·복(卜)·승(僧)·도(道)·희극(戲劇)·소설(小說)·기예(技藝) 등 온갖 항목들을 망라하고 있다. 또한 원대의 서적인 『경세대전(經世大典)』 전체가 수록되어 있어, 규모의 크기는 역사상 이것과 견줄 만한 것이 없다. 『영락대전』은 세계적으로 유명한 백과전서로, 고대 중국 문화의 찬란한 성취를 나타내 주는, 집대성적인 필적할 바 없는 대전이다.

『대영백과전서(大英百科全書: *Encyclopedia Britannica*)』는 이 책을 "세계 역사 이래 최대의 백과전서"라고 기록하고 있다.

명(明) 1449~1457년

인물: 명 영종(英宗) 주기진(朱祁鎮) **지역:** 토목보(土木堡) **키워드:** 탈문 복위, 조석(曹石)의 변

토목보(土木堡)의 변(變)과 탈문(奪門) 복위(復位)

선덕(宣德) 10년(1435년), 명나라의 다섯 번째 황제인 선종(宣宗)이 건청궁(乾淸宮)에서 병으로 세상을 떠나자, 황태자인 주기진(朱祁鎮)이 즉위했으니, 그가 명 영종(英宗)이며, 연호는 정통(正統)이다. 영종이 즉위한 후, 총애하는 신하인 태감(太監) 왕진(王振)은 명대에 환관이 권력을 독점하고 정치를 혼란하게 하는 물꼬를 텄다. 정통 14년(1449년), 영종은 왕진에게 현혹당해 대군을 이끌고 친히 오이라트(瓦剌: 당시 몽고의 서쪽에 거주하던 부족) 정벌에 나섰다가, 결국 토목보에서 패배하고 포로가 되었다. 그 후, 북경을 공격하는 오이라트 대군을 막아 내기 위해, 북경에 남아 지키고 있던 대신(大臣)인 우금(于禁) 등이 성왕(郕王) 주기옥(朱祁鈺)을 황제에 옹립했으니, 그가 경태제(景泰帝)다. 경태(景泰) 8년(1457년) 정월, 대신 석형(石亨)·서유정(徐有貞)과 태감 조길상(曹吉祥) 등이 탈문(奪門)의 변을 일으키고, 영종을 추대하여 복위시키자, 명나라를 위해 북경을 방어하는 데 큰 공을 세웠던 우겸(于謙)은 뜻밖에 이 정변의 희생양이 되었다.

◈ **일와봉**(一窩蜂) (모형)

이것은 명대의 통형(筒形) 화전(火箭) 보관함으로, 수십 개의 화전을 하나의 커다란 목제 통 속에 보관했으며, 도화선이 한데 연결되어 있어, 사용할 때 모선(母線)에 불을 붙이면, 수십 발의 화살이 일제히 발사되어, 흡사 벌떼가 사람을 쏘는 것 같았기 때문에, '일와봉(一窩蜂: 한 둥우리의 벌)'이라고 불렀다.

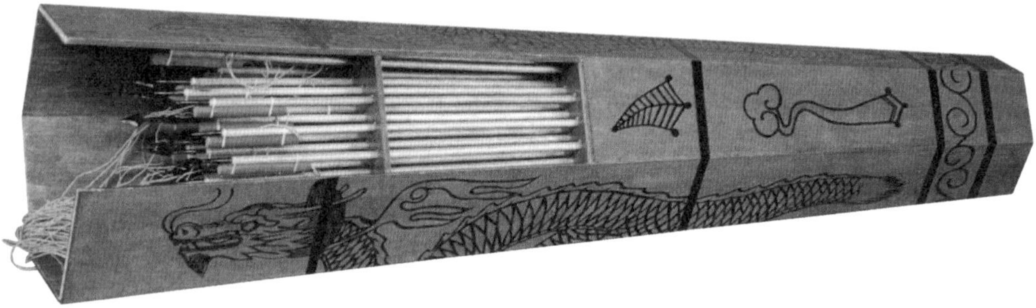

토목보의 변

명 영종 초기에, 북쪽 몽고족의 오이라트 부족이 강성해지자, 오이라트의 우두머리 토간(脫歡)이 명나라 정부에 의해 순녕왕(順寧王)에 봉해졌다. 정통 4년(1439년), 토간의 아들 에센(也先)이 왕위를 계승하여, 막북(漠北)의 몽고를 통일하고, 서쪽으로 중앙아시아 여러 나라들을 정복하여, 서역의 요로(要路)를 장악함으로써, 명나라의 북부 경계를 위협하기 시작했다. 오이라트 부족은 물자가 부족했기 때문에, 명나라 변경을 침범함과 동시에, 또한 명나라와 조공 무역도 유지했다. 그 과정에서 그들은 항상 조공이라는 명의를 빌려 인원을 허위 보고하고, 남의 이름을 사칭하여 하사품을 받아 명나라의 물품을 편취했다. 정통 14년(1449년) 봄, 에센은 조정에 사람을 파견하여 말을 바쳤는데, 실제로는 2천여 명밖에 파견하지 않았으면서도 3천 명이라고 속이고는, 허위 보고한 인원수에 따라 하사품을 달라고 요구했다. 당시 국정을 장악하고 있던 태감 왕진은 매우 분노하여, 에센이 조정을 속인다고 여기고, 말 값을 크게 깎았으며, 동시에 예부(禮部)에게는 초과하여 온 사람들에게 식사를 제공하지 말도록 했다. 이 일은 에센을 격노하게 하여, 그는 군대를 이끌고 중원을 침입할 준비를 했다.

그해 7월, 에센이 군대를 이끌고 대대적으로 침입했다. 병력의 선봉은 곧바로 북쪽 변경의 요충지인 대동(大同)으로 향했다. 영종이 대신들을 소집하여 대책을 의논하자, 왕진은 뛰어난 공을 세워 자신의 지위를 공고히 하려고, 곧 영종이 친히 출정하도록 극력 종용했다. 영종 자신도 일찍이 자신의 조부인 명 성조(成祖) 황제가 변경을 지켜 내고, 막북을 소탕했던 일을 본받으려고 했으므로, 병부상서 광야(鄺埜)와 병부시랑 우겸 등의 만류에도 불구하고 오이라트를 친히 정벌하기로 결정했다. 7월 17일, 영종은 자신의 동생인 성왕 주기옥에게는 남아서 도성을 지키도록 하고, 병부시랑 우겸에게는 도성에 남아 병부의 업무를 대리하도록 명령했다. 그리고 영종 자신은 왕진을 비롯해 기타 문무 관리들과 50만 대군을 이끌고 출정했다.

7월 28일, 대군이 대동 동북쪽의 양화(陽和, 지금의 산시성山西省 양가오陽高)에 도달했다. 며칠 전에, 대동총독 서녕후(西寧侯) 송영(宋瑛)·무진백(武進伯) 주면(朱冕)·도독 석형이 양화에서 에센을 맞이하여 싸웠는데, 결국 명나라 군대는 전멸하여, 전장에는 시체가 온 들판에 나뒹굴었고, 백골조차도 있었다. 피투성이가 된 전장의 모습을 보자, 영종과 왕진은 모두 매우 두려움을 느꼈으므로, 철수하여 북경으로 돌아가기로 결정했다. 그러나 이때 왕진은 다시 사심이 생겨났다. 그는 영종에게 대군을 이끌고 자신의 고향인 울주(蔚州)를 순시하도록 종용함으로써, 금의환향하여 조상을 빛나게 할 목적을 달성하려고 생각했다. 하지만 명나라 군대가 40여 리를 행군한 후, 왕진은 수십만의 인마(人馬)가 고향의 농작물을 짓밟아서 망가뜨릴 것이 염려되자, 다시 선부(宣府,

◈ 〈역대제왕상〉의 명 영종 | 청, 요문한(姚文瀚)

명 영종 주기진(1427~1464년)은 명 선종(宣宗) 주첨기(朱瞻基)의 장남으로, 명나라의 여섯 번째 황제다.

지금의 허베이성 쉬안화宣化)로 방향을 바꿔 도성으로 돌아가도록 황급히 명령했다. 바로 이렇게 우회하여 행로를 바꾸는 과정에서, 가장 소중한 철수 시간이 지체되는 바람에, 에센이 이끄는 오이라트 기병 부대가 추격해 왔다. 8월 13일, 영종은 군대의 호위를 받고 거용관(居庸關)에서 60리 떨어진 토목보(지금의 허베이성 화이라이현懷來縣 동남쪽)로 도망쳤다. 이때 왕진은 자신의 금은보화를 운송해 주는 수레 행렬이 오이라트의 수중에 들어갈 것을 염려하여, 토목보에서 밤을 보내자고 강력히 요구했고, 결국 영종과 수십만 명의 군대는 사지 속에 빠져 버렸다. 이튿날, 오이라트의 대군이 토목보를 포위했다. 3일 동안 포위되어 고립되자, 물과 식량이 부족해진 명나라 군대는 사기가 크게 떨어져, 오이라트 군대의 공격 앞에 여지없이 무너져 버렸다. 나라에 재앙을 불러온 술책을 부린 왕진은 전란 과정에서 호위장군 번충(樊忠)에게 살해되었고, 포위를 돌파하지 못한 명 영종은 오이라트의 포로가 되었다.

토목보의 변('토목의 변'이라고도 함–옮긴이)은 명나라 역사에서 전환점이 되었다. 이 전쟁은 명나라 군대의 사기에 큰 상처를 입혔으며, 군대 내의 정예 부대는 하루아침에 파괴되었고, 용감한 장수와 중신들이 무수히 전사했으며, 영종은 적에게 사로잡히자, 조야는 큰 충격을 받았다. 이후부터, 명나라는 점차 방위 정책을 조정하여, 대규모 장성을 쌓기 시작했으며, 관내(關內: 관문 안쪽)로 후퇴하여 지켰다.

임위수명(臨危受命: 위기를 맞아 명을 받들다)

정통 14년(1449년) 8월, 토목의 변란 소식이 도성에 전해지자, 커다란 반향을 불러일으켰다. 도성 안팎은 인심이 불안했고, 문무백관은 당황하여 어찌할 바를 몰랐으며, 심지어 어떤 사람은 조당(朝堂)에서 큰 소리로 통곡을 하기도 했다. 위태로운 국면에 직면하여, 조정 신하들 중 어떤 사

◈ **유금길상천모상**(鎏金吉祥天母像) | 명

길상천모(吉祥天母)는 장족(藏族: 티베트족) 사람들이 신봉하는 불상으로, 장전불교(藏傳佛敎)의 여성 모습을 한 호법신(護法神)의 하나다. 이 길상천모상에는 "大明永樂年施"(명나라 영락 연간에 만들다)라는 문구가 새겨져 있어, 이것이 명대의 유금(鎏金: 도금) 동상 중 뛰어난 작품임을 말해 준다.

람은 금은보화를 이용해 영종을 되찾아오자고 주장했고, 어떤 사람은 성문을 닫고 고수하면서 원조를 기다리자고 주장했으며, 또한 한림시강(翰林侍講) 서정(徐珵, 후에 이름을 유정有貞으로 바꿈)은 남경으로 천도하여 오이라트의 군대를 피하자고 주장하기도 했다. 그때 병부시랑 우겸이 위험한 상황에서 용감하게 나서더니, 한편으로는 투항파의 논조를 논박하고, 한편으로는 조정 관리들과 연합하여 성왕 주기옥을 옹립하여 황위를 계승하게 했다. 9월 6일, 성왕이 황위를 계승했으니, 그가 훗날의 명 대종(代宗)으로, 경태제(景泰帝)라고도 불렀으며, 영종은 태상황(太上皇)으로 높여 받들었다. 대종이 즉위한 후, 우겸을 병부상서에 임명하고, 군대를 급히 도성으로 보내 방어함과 동시에, 통주창(通州倉)의 식량을 도성으로 운반하여, 큰 전쟁을 치를 준비를 차질없이 진행했다.

10월, 에센은 영종을 인질로 삼고 군대를 인솔하여 자형관(紫荊關)으로 들어와, 역주(易州, 지금의 허베이성 이현易縣)을 거쳐 양향(良鄕)에 이르렀는데, 거센 기세를 막아 낼 수 없었다. 10월 10일, 대군이 노구교(盧溝橋)를 건너, 곧바로 북경성 아래에 도달한 뒤, 오이라트 군대는 성문 밖에 주둔했고, 영종은 덕승문(德勝門) 밖의 토성관(土城關)에 안치했다. 우겸은 경태제의 지지를 받으면서, 북경성 방어에 배치되자, 여러 장수들을 이동시켜 대군 22만 명을 나누어 통솔하도록 하고, 북경의 아홉 개 문밖에 배치했다. 우겸과 대장군 석형은 덕승문 밖에 병력을 배치하여, 오이라트 군대의 주력을 저지했다. 뒤쪽 성문을 걸어 닫아, 성을 등지고 결사적으로 싸우겠다는 의지를 나타냈다. 명나라 군대의 장병들은 우겸의 용감하고 확고한 정신에 감동을 받아, 사기가 솟아나고 투지가 드높아졌다. 에센이 만 명의 기병을 파견하여 덕승문을 공격하자, 명나라 군대의 포전(炮箭: 화약으로 발사하는 화살)이 일제히 발사되어, 오이라트 군대의 선봉은 크게 혼란해졌으며, 에센의 동생도 포전에 맞아 사망했다. 적들이 당황하여 허둥대는 틈을 타, 명나라 군대는 적진으로 돌진하여 적군을 대파했다. 에센이 황급히 토성으로 철수하자, 명나라 군대는 바짝 뒤쫓으면서 놓아주지 않았고, 성 밖의 주민들은 오이라트의 패잔병들을 보자, 지붕에 올라가 적들에게 벽돌을 던지면서 군대의 공격을 도왔다. 에센은 다시 방향을 바꿔 서직문(西直門)을 공격했지만, 성공하지 못하자, 후퇴할 수밖에 없었다. 이어서 부대를 이끌고 남쪽으로 이동하여, 창의문(彰義門) 토성(외성의 광안문廣安門)에 도달했을 때, 다시 석형의 조카인 석표(石彪)에게 차단당해 공격을 받고 또 패배했다.

에센은 포위하여 공격했으나 승리하지 못하자, 어쩔 수 없이 영종을 데리고 군대를 철수하여 양향에서 서쪽으로 가서 자형관을 빠져나갔다. 우겸은 다시 기병을 보내 계속 추격하여, 청풍점(淸風店)·고안(固安) 등지에서 또다시 여러 차례 오이라트 군대를 격파하고, 약탈당한 수많은 백성과 가축들을 되찾았다. 11월 8일, 북경성 성문은 통행 금지가 해제되었고, 북경 보위 전쟁은 승리로 끝났다.

탈문(奪門: '문을 부수고 열다'는 뜻)의 변(變)

명 영종은 토목의 변란 과정에서 포로가 되어, 오이라트에서 1년 동안 죄수 생활을 했다. 약간 듣기 좋게 표현하기 위해, 영종은 자신이 막북에 수렵하러 갔었다고 속이고, 그 이름도 그럴싸하게 '북수(北狩)'라고 불렀다. 에센은 북경 공격이 실패한 후, 명나라가 다시 새 황제를 옹립한 것을 보자, 더 이상 영종을 수중에서 통제해 봐야 이미 별로 소용이 없었으므로, 경태 원년(1450년) 8월에 영종을 석방하여 북경으로 돌려보냈다. 황제에 즉위한 주기옥은 자연히 영종이 돌아오는 것을 원치 않았으므로, 그는 처음에는 사신을 보내 "수레를 맞이하는 것[迎駕]"을 허락하지 않았다. 영종은 돌아온 후, 곧 황성의 남궁(南宮, 지금의 베이징 난츠쯔南池子 두안쿠緞庫 후퉁胡同 안에 있었음)에 안치되었지만, 실제로는 영종을 연금한 것이다.

명의상으로는 '태상황'이라고 불리는 영종은 남궁 안에서 유폐된 생활을 하면서, 7년 동안 남궁 밖을 반 발짝도 나가지 못했다. 영종과 외부 세계의 연결을 단절시키기 위해, 남궁의 대문은 항상 굳게 닫혀 있었고, 일상적으로 필요한 것들은 모두 작은 창문을 통해 전달했다. 생활에서도, 영종은 매우 가혹한 대우를 받았다. 옷과 음식이 항상 엄격하게 제한되자, 영종의 전황후(錢皇后)마저도 어쩔 수 없이 약간의 바느질을 하여 팔아서 약간의 음식물로 바꾸어 살아야 했다. 생활에서의 곤궁함은 그런대로 참을 수 있었을 텐데, 황궁 안에서 새로운 변고가 있었다는 소식이 전해지자, 곧 영종을 더욱 분통하고 절망스러운 상황으로 빠뜨렸다. 당초 경태제가 즉위할 때, 장차 영종의 장자인 주견준(朱見浚)에게 황위를 넘겨주겠다고 허락함과 동시에, 그를 태자로 삼았다. 그러나 경태제의 지위가 점차 공고해지자, 그는 생각을 바꾸어 자신의 장자를 새로이 태자로 삼으려고 했다. 윗사람이 좋아하면, 아랫사람은 더욱 극성스럽게 좋아하는 법인지라, 경태 3년(1452년) 4월, 천호(千戶) 원홍(袁洪)이 상소를 올려 태자를 교체할 것을 요청하자, 대신들도 잇달아 이에 영합하여 찬동을 표시했다. 이것은 바로 경태제가 생각하는 바와 딱 들어맞았다. 그리하여 5월 2일, 경태제는 장자인 주견제(朱見濟)를 태자로 책립하고, 주견준을 폐위하여 기왕(沂王)으로 삼았다. 그 후 1년이 안 되어, 새로 책립한 태자 주견제가 병으로 사망했다. 경태제는 태자로 세울 둘째 아들도 없었고, 주견준을 다시 태자로 책립하려고도 하지 않자, 곧 태자 자리가 비게 되었다. 경태 8년(1457년) 정월, 경태 황제가 중병에 걸려 조정에서 정무를 볼 수 없게 되었다. 이는 대신들의 우려와 온갖 추측을 불러일으켰다. 예를 들면, 경태제가 세상을 떠나면, 누가 황위를 계승할 것인가 등등이었다.

그때 궁궐 안에 있던 태감 조길상·무청후(武淸侯) 석형 및 도어사(都御史) 서유정(徐有貞: 원래 이름은 서정徐珵)이 몰래 상의하기 시작했다. 각자 내정(內廷)·무장(武將) 집단 및 문관 세력의 신분을 지닌 이들 세 명의 야심가들은, 정변을 일으켜 다시 영종을 추대하여 복위시키고, 자신들은 더욱 큰 권세와 지위를 도모하기로 결정했다. 정월 16일 밤, 조길상과 석형 등이 천여 명의 병력

◈ 〈무후고와도(武侯高臥圖)〉 | 명, 주첨기(朱瞻基)

이 인물도는 명 선종(宣宗) 주첨기가 그린 것으로, 그림 속의 제갈량은 가슴을 풀어헤친 채, 머리는 서갑(書匣: 책 상자)을 베고서, 대나무 숲 밑에서 얼굴을 들고 옆으로 누워 있다. 행동거지가 자유분방하게 제약을 받지 않는 것으로 보아, 응당 제갈량이 움막에서 나와 유비를 돕기 전에, 남양(南陽)에 은거하면서 직접 농사를 짓던 모습일 것이다.

을 이끌고 장안문(長安門)으로부터 궁궐로 들어가, 거짓으로 군사적 상황이 긴급하여 방어력을 강화해야 한다고 하면서, 문을 지키는 군대를 속였다. 그들은 궁궐에 진입한 후, 곧 모든 궁궐 문들을 걸어 닫고, 석형 등이 병력을 인솔하여 남궁으로 가서 커다란 통나무로 들이받아 대문을 열고, 궁궐 담장을 무너뜨린 뒤 우르르 몰려 들어갔다. 뒤이어 그들은 일찍이 소식을 듣고서 오랫동안 기다리고 있던 영종을 어련(御輦: 임금이 타는 가마)에 태우고 봉천전(奉天殿)으로 가서 즉위하고, 대신들의 하례를 받게 했다. 병상에 있던 경태제는 봉천 대전에서 들리는 종고(鐘鼓: 종과 북) 소리와 대신들이 하례를 올리는 소리에 놀라, 두려워하며 좌우 신하들에게 무슨 일이 일어났느냐고 묻자, 좌우 측근 신하들이 그에게 태상황이 복위했다고 알려 주었다. 경태제 주기옥은 스스로 사정이 이미 되돌릴 수 없음을 알고는, 얼마 지나지 않아 갑자기 세상을 떠났다.

복위한 이후

명 영종이 남궁에서 7년간 유폐되어 지내고 나서 마침내 다시 해를 볼 수 있게 되어, 다시 황위에 오르자, 자연히 '탈문공신(奪門功臣)'들에 대해 큰 상을 내리기 마련이었다. 서유정은 무공백

(武功伯)에 봉해졌고, 병부상서 겸 화개전(華蓋殿) 대학사(大學士)로 승진하여 내각의 대사를 관장했으며, 석형은 충국공(忠國公)에 봉해졌고, 조길상은 사례감(司禮監) 태감으로 승진했으며, 그의 조카인 조흠(曹欽)도 소무백(昭武伯)에 봉해졌다. 매우 짧은 시간 동안에, 그들이 논공행상을 주청하여 상을 준 관리들이 4천 명을 넘어서, 승진의 남용이 절정에 달했다.

이렇게 음모에 의지하여 고관대작에 오른 소인배들은 하루아침에 뜻을 이루자, 곧 자기와 다른 이색분자들을 배제하면서, 어질고 충성스러운 사람들을 모함하기 시작했다. 먼저 타격을 가하려고 한 사람은 바로 병부상서 우겸과 대학사 왕문(王文)이었다. 그들은 영종의 면전에서 우겸과 왕문 두 사람을 모함하기를, 당시 영종이 포로가 되고 나서 인심을 안정시키고 새 황제를 옹립한 우겸 등에 대해 "경태에 영합하여 황위를 찬탈한 것"이라고 했으며, 또한 우겸이 경태 황제가 병이 위중한 기간에는 사람을 보내 양왕(襄王)을 맞이하여 옹립할 음모를 꾸몄다고 모함했다. 영종은 비록 우겸이 당시 경태제를 옹립한 것이 형세의 급박함에서 비롯되었다는 것을 알고는 있었지만, 자신이 포로가 되었다가 돌아와서, 제위를 잃고 수년 동안 남궁에서 힘든 세월을 보냈으므로, 우겸에 대해 자연히 원한을 품고 있었다. 그리하여 영종이 우겸을 고문하여 심문하도록 명령을 내리자, 서유정과 석형 등은 외번(外蕃: 제왕이나 제후)을 맞이하여 옹립하려 했다는 죄명으로, 우겸과 왕문을 능지처참하라고 판결했다. 판결 내용을 적은 상주문이 영종 앞에 도달하자, 영종은 여전히 다소 망설이면서, 우겸은 북경을 보위했으니 확실히 공이 있다고 말했다. 서유정은 영종의 심리를 완전히 파악하고서 말하기를, 만약 우겸을 죽이지 않는다면, 복위한 것은 이치에 맞지 않는다고 말했다. 이 한마디 말이 영종으로 하여금 우겸과 왕문을 처형하도록 명령을 내리게 했다. 정직한 관리들이 우겸을 극력 변호했으므로, 우겸은 간신히 한 등급 감면되어, 참형(斬刑)으로 바뀌었다. 천순(天順) 원년(1457년) 정월 22일, 우겸은 북경의 동시(東市: 형장)에서 참형을 당했다. 동시에 그의 아내와 아들은 변경으로 유배되었다. 재산을 몰수할 때, 사람들은 우겸의 "집에 남아 있는 재산이라고는 없고, 있는 거라고는 서적뿐"임을 발견했다. 역사서에는 이렇게 기록되어 있다. "공(公: 우겸을 높여 부르는 말)이 처형되는 날, 흙비가 내리고 하늘이 어두워졌으며, 도성 교외의 부녀자와 젖먹이 어린아이까지 눈물을 흘리지 않는 이가 없었으며", "길을 가는 사람은 탄식하고, 천하가 그를 원통해 했다".

주요 호적수들이 완전히 제거된 후, 서유정 등은 결코 중지하지 않았다. 그들은 다시 이어서 영종을 부추겨 진순(陳循)·상로(商輅) 등 10여 명의 대신들을 체포하도록 명령을 내리게 하고, 억지로 여러 가지 죄목을 씌워, 그들을 충군(充軍: 죄인을 먼 곳에 보내 군인에 충당하거나 노역에 종사하게 하는 형벌)하거나 관직을 박탈했다. 여기에 연루된 사람이 수십 명에 달했다. 이렇게 되자, 조정

안에 있던 정직한 관리들은 거의 모두 그들에게 모함을 당했다. 그런데 서유정·석형·조길상 등도 결말은 좋지 않았으니, 먼저 석형과 조길상 두 사람이 권력과 이권을 차지하기 위해, 서로 손을 잡고 서유정을 배제하여, 그를 운남으로 유배시켰다. 이어서 석형은 병권을 독점하고 횡포하게 굴었기 때문에, 영종을 불안하게 했으므로, 결국 석형과 그의 조카 석표를 금의위에 명령하여 하옥시켰다. 이들 숙부와 조카 두 사람 모두 옥중에서 사망했다. 석형의 최후를 보자, 숙부와 조카 사이인 조길상과 조흠은 불안하여 안절부절 못하다가, 먼저 손을 쓰는 게 유리하다고 판단하고 반란을 일으켰다. 천순 5년(1461년) 7월 2일, 두 조씨는 500명의 죽음을 각오한 심복 병사들을 이끌고 반란을 일으켜, 영종을 폐위시키려고 시도했다. 그런데 모사가 허술했으므로, 그 음모가 미리 누설되는 바람에, 숙직하고 있던 공순후(恭順侯) 오근(吳謹)과 귀녕백(歸寧伯) 손당(孫鏜)이 금군을 이끌고 그를 진압하자, 조흠은 우물에 뛰어들어 자살했고, 조길상은 3일 후에 능지처참되었다. 이 사변을 역사는 '조석(曹石)의 변'이라 한다.

토목의 변과 탈문의 변이라는 두 차례 변란을 잇달아 겪으면서, 명나라의 국력은 크게 손상되었고, 두 차례 사변의 주인공인 명 영종도 수년 동안의 죄수 생활로 인해 신체가 크게 손상되었으므로, 복위한 뒤 겨우 8년 동안 황제로 있다가 병으로 세상을 떠났으니, 향년 38세였다.

한걸음더

인선(仁宣)의 치

명 성조(成祖) 다음의 인종(仁宗) 주고치(朱高熾)와 선종(宣宗) 주첨기(朱瞻基) 재위 기간에, 명나라의 치국 방침에는 뚜렷한 변화가 나타났다. 인종과 선종 두 황제의 재위 시기에는, 통치 정책을 조정하여, 홍무(洪武)·영락(永樂) 시기의 긴장된 군신 관계를 완화하는 데 주의를 기울였다. 인종과 선종 두 황제는, 명 태조와 명 성조가 시기하고 의심을 잘하여 믿음이 일관되지 않았던 작풍과는 달리, 나라를 다스리는 뛰어난 한 무리의 신하들에게 중임을 맡기고, 그들에 의지하여 조정을 관리했을 뿐만 아니라, 그들을 믿으면서 성의를 가지고 대했으며, 은총이 시종 약화되지 않았다. 동시에 또한 과거를 통해 관리를 등용하는 법을 개혁하여, 통치의 기초를 확대했다. 대외적으로는, 지나치게 대규모의 군사 행동을 취하지 않고, 몽고를 위무하면서 화의(和議)에 주력하여, 평화롭게 공존하는 국면을 유지했다. 대내적으로는, 명 성조가 민력(民力)을 너무 심하게 사용하면서 큰일을 벌이고 공을 세우기를 좋아했던 정책을 바꾸어, 백성들의 부담을 줄여 주고, 생산을 발전시키는 것을 중시하는 방침을 채택함으로써, 경제 발전을 촉진했다. 이러한 정책들은 인종과 선종 두 시기의 명나라 사회에 번영하고 안정된 국면을 출현하게 했으니, 역사서들에는 이 시기에 대해 칭송하는 말들이 많이 있으며, 또한 그것을 한대(漢代)의 '문경(文景)의 치'와 함께 논하면서, '인선의 치'라고 부른다.

명(明) 1506~1521년

인물: 명 무종(武宗) 주후조(朱厚照) 지역: 표방(豹房), 선부(宣府) 키워드: 입지황제(立地皇帝)

방탕한 천자, 명 무종(武宗)

명 무종 주후조(朱厚照)는 명나라 역사에서 매우 논쟁적인 황제다. 그는 황궁에 살지 않고 따로 표방(豹房)을 지어 주색에 탐닉했으며, 심지어 스스로 신분을 낮추어 자기를 '진국공(鎭國公)'에 봉했으니, 황당하고 우스운 일들이 적지 않았다고 할 수 있다. 그러나 응주(應州) 전투에서, 무종은 뜻밖에 수레를 몰고 친히 원정에 나서 몽고 왕자를 대파했다. 그는 박학다재하고, 범어(梵語)와 불교 정의(精義: 깊고 오묘한 이치)에 정통했으며, 문무를 겸비했다고 할 수 있지만, 사실은 간단히 평가하기가 매우 어렵다.

임금과 신하가 구분되지 않다

명 영종이 세상을 떠난 후, 황태자 주견심(朱見深)이 즉위했으니, 그가 명 헌종(憲宗)이며, 연호를 성화(成化)로 고쳤다. 헌종은 결코 힘껏 나라를 다스린 영명한 군주가 아니었다. 그는 재위 기

◈ 유금태사소사진지(鎏金太獅少獅鎭紙) | 명

간에 국정에는 게을리하면서, 맹목적으로 방술(方術)을 신봉하고, 귀비 만정아(萬貞兒)를 총애했으며, 대태감(大太監) 왕직(汪直)을 신임하여, 특무기구인 서창(西廠)을 설치했다. 이러한 모든 행위들은 조정을 난장판으로 만들었으며, 형양(荊襄)의 유민(流民)들은 한때 대규모 봉기를 일으켰다. 성화 23년(1487년), 헌종이 세상을 떠나자, 황태자 주우탱(朱祐樘)이 즉위했으니, 그가 명 효종(孝宗)이다. 효종은 아직 열심히 나라를 다스릴 수 있었고, 또한 신하들의 정확한 의견을 청취할 수 있어, 잇달아 마문승(馬文升)·유대하(劉大夏)·사천(謝遷)·이동양(李東陽) 등 많은 충직한 대신들을 발탁했지만, 낡은 것을 답습한 효종은 폐단을 개혁할 용기가 부족하여, 토지 겸병이 심각해지고 국력이 나날이 하강하는 커다란 추세를 되돌리지는 못했다.

홍치(弘治) 18년(1505년), 명 효종이 세상을 떠난 후, 그의 유일한 아들인 주후조(1491~1521년)가 즉위하여 황제가 되었으니, 그가 명 무종이며, 연호를 정덕(正德)으로 고쳤다. 나이가 고작 15세인 명 무종은 천성적으로 움직이는 것을 좋아하여, 그가 황위를 계승한 후에는 상침관(尙寢官: 황제의 휴식과 잠자리를 시중드는 여성 관원)과 문서방(文書房: 황제에게 문서를 수발을 드는 환관 기구)에서 황제를 시중드는 내관(內官)을 폐지하여, 자신의 행동에 대한 제약을 감소시켰다. 매일 하는 경연(經筵: 임금에게 경서를 강의하는 일) 강좌에 대해, 명 무종은 또한 모든 구실을 찾아 회피하고 도망쳤으며, 마지막에는 아예 조회에도 가지 않았다. 궁중 안에 머물면서 사람들에게 제약당하는 것을 좋아하지 않았으므로, 도발적인 명 무종은 황성 서북쪽에 자신을 위해 표방(豹房)이라는 새로운 집을 지었다. 그곳을 표방이라고 부른 까닭은, 그 안에 표범 같은 여러 가지 진기한 맹수들을 길렀기 때문이다. 명 무종의 표방은 정덕 2년(1507년)에 처음 지었고, 정덕 7년(1512년)에 도합 건물 200여 칸을 추가로 짓느라, 은 24만여 냥을 소모했다. 표방이 지어진 후, 명 무종은 직접 이사하여 그곳으로 들어갔다. 이때부터는 더 이상 황궁으로 다시 돌아가려고 하지 않았다. 그리하여 명 무종의 표방은 결코 단순한 의미에서의 행락 장소가 아니라, 그에게 생활을 제공하고 조정 업무를 처리하는 행궁이었다. 치밀하게 지은 이 표방의 구조는 복잡하여, 형태가 미궁(迷宮) 같았다. 안쪽에는 대량의 맹수를 기르는 것 말고도, 기원(妓院: 기생집)·교장(校場: 연병장)·불사(佛寺) 등도 지었다.

표방이 지어진 이후, 선천적으로 속박받기를 싫어하는 명 무종은 다시 순관(巡關: 변방의 관문을 순시함)을 명분으로 북쪽 변경의 요충지인 선부(宣府)를 빈번하게 순행했다. 총애하는 신하인 무관 강빈(江彬)에게 현혹당해, 무종은 선부에 진국부(鎭國府)를 건설하고, 동시에 또한 자신을 '총독군무위무대장군총병관(總督軍務威武大將軍總兵官)'에 봉했다. 한 나라의 황제가, 뜻밖에 자신을 장군에 봉하고, 심지어 이름까지 주수(朱壽)로 바꾼 것은, 실제로 옛날부터 지금까지 처음 있는 일이었다. 무종은 스스로 자신을 장군에 봉했을 뿐만 아니라, 왕래하는 공문에도 '威武大將軍'(위무대장군)이라는 도장을 찍었으며, 또한 병부(兵部)에게는 처리가 끝난 공문을 훗날 조사에 대비하여 보존하도록 했고, 호부(戶部)에게는 녹봉을 지급하라고 명령했다.

"입지황제(立地皇帝)"

명 무종이 이렇게 유흥에 탐닉하고, 상궤를 벗어나고 도리에 어긋나는 황당한 일들을 많이 한 까닭은, 자신의 개성이 그런 것 이외에, 당연히 신변의 가까운 신하들이 부추긴 것도 빼놓을 수 없다. 총애하는 신하인 강빈 외에도, 명 무종의 신변에는 또한 매우 많은 심복 환관들이 있었다. 그 가운데 가장 유명한 사람들로는 당연히 무종이 동궁에 있을 때 바로 그를 시중들었던 환관인 유근(劉瑾)·마영성(馬永成)·곡대용(谷大用)·위빈(魏彬)·장영(張永)·구취(邱聚)·고봉(高鳳)·나상(羅祥) 등 8명이 포함되어야 한다. 무종이 즉위한 후, 그들은 무종의 두터운 신임을 얻었으며, 더 나아가 심복들을 발탁하여 임용하고, 자신과 성향이 다른 사람들을 배척하여, '팔호(八虎: 여덟 마리 호랑이)'라고 불렸다. 그 중 유근이 우두머리였다. 유근은 아첨을 잘하여, 무종이 자유로운 것을 좋아한다는 것을 알자, 곧 남몰래 무종을 데리고 궁궐을 나가 유흥을 즐겼기 때문에, 무종에게 두터운 총애를 얻었다. 무종의 총애에 의지하여, 유근은 뇌물을 받고, 자신과 다른 성향의 사람들에게 타격을 가했다. 그리하여 효종 시기의 사례감(司禮監) 태감(太監) 왕악(王岳)을 남경으로 급히 가도록 한 다음, 도중에 그를 살해했을 뿐만 아니라, 또한 일회성으로 대학사 유건(劉健)·사천, 상서(尙書) 한문(韓文)·양수수(楊守隨)·임한(林瀚), 주사(主事) 왕수인(王守仁) 등 53명을 간사한 무리로 지목하고, 조정에 명단을 게시했다. 이로부터 환관이 조정 신하들을 지시하여 붕당을 이루는 나쁜 선례가 시작되었다. 그리하여 조정의 관리들은 그를 증오하면서도 두려워하여, 그에게 별명을 지어 주기를 "입지황제(立地皇帝: 서 있는 황제)"라고 불렀다.

나쁜 짓을 많이 한 유근이 초래한 원한이 갈수록 많아지자, 정덕 5년(1510년)에 영하(寧夏)의 안화왕(安化王)이 반란을 일으켰는데, 군대를 일으킨 명분이 바로 황제의 주변을 깨끗이 하고 유근을 제거한다는 것이었다. 유근은 안화왕의 격문을 감추고, 대장 양일청(楊一淸)과 태감 장영으로 하여금 군대를 이끌고 가서 진압하게 했다. 양일청은 이 기회를 이용해 태감 장영을 끌어들였다. 장영은 본래 유근의 모함을 받아 하마터면 궁궐에서 쫓겨날 뻔했으므로, 줄곧 원수를 갚을 기회를 엿보고 있었다. 양일청의 충동질을 받자, 장영은 유근을 제거하고 자신이 그 자리를 차지하기로 결정했다. 그해 8월, 장영과 양일청은 영하에 가서 안화왕의 반란을 소탕하고, 군대를 철수하여 조정으로 돌아왔다. 경공연(慶功宴: 성공을 축하하는 연회)이 끝날 무렵, 장영이 갑자기

◈ **청화비파수대조문자반**(靑花枇杷綬帶鳥紋瓷盤) | 명

이 반(盤: 접시)은 명 선덕(宣德) 연간의 작품으로, 몸통이 새하얗고 섬세하며, 전체 몸통이 청화 문양으로 장식되어 있으며, 중심에는 비파수대조문(枇杷綬帶鳥紋: 비파나무에 수대조가 앉아 있는 문양) 도안으로 장식하여, 길상(吉祥)과 장수(長壽)를 상징하고 있다. 명대의 청화 자기 가운데 뛰어난 작품이다. 현재 톈진(天津)예술박물관에 소장되어 있다.

소매 속에서 유근을 탄핵하는 상주문을 꺼내, 유근이 17가지 일로 법을 어겼다고 아뢰면서, 안화왕이 반란을 일으킨 것은 모두 유근 때문이라고 지적했으며, 또한 유근이 반란을 일으킬 생각을 갖고서 반역을 도모했다고 말했다. 무종도 유근이 평소에 했던 일을 알고 있었으므로, 곧 술에 취한 척하면서 이렇게 물었다. "유근이 정말로 나를 배반했느냐?" 주변에 있던 마영성 등도 기회를 틈타 유근이 법을 어긴 일들을 낱낱이 열거했다. 무종은 곧 즉석에서 재산을 몰수하라고 명령했다. 과연 유근의 집안에서는 몰래 새긴 옥새 하나와 천궁패(穿宮牌: 궁궐을 출입할 수 있는 패) 500개 및 투구와 갑옷·활과 화살 등 금지된 물건들을 약간 찾아냈으며, 또한 그가 평소에 사용하던 절선(折扇: 접이식 부채) 속에 뜻밖에 두 자루의 끝이 날카로운 비수를 감춰둔 것을 발견함에 따라, 그가 기회를 보아 황제를 살해하고 스스로 황제가 되려 했다는 혐의가 분명해졌다. 그리하여 한때 위엄을 떨치던 유근은 곧 채창(菜廠)에 수감되었다가, 후에 능지처참되었다. 전해지는 바에 따르면, 형을 집행할 때, 평소에 유근에게 박해를 받았던 수많은 사람들이 돈을 주고 유근의 찢겨진 살점을 사다 먹으면서, 마음속의 원한을 풀었다고 한다.

기이한 죽음

명 무종은 평소에 무예를 숭상하고 전쟁을 좋아하여, 비록 행위는 황당했지만, 오히려 또한 자신의 재위 기간에 여러 가지 뛰어난 군공을 세울 수 있으리라고 기대하기도 했다. 그는 줄곧 태조 주원장과 성조 주체를 매우 숭배했기 때문에, 자신의 행궁(行宮: 임금이 도성을 떠나 임시로 거처하는 궁궐)을 먼 변방인 선부(宣府)에 지었다. 마침내 정덕 12년(1517년) 10월, 명 무종이 오랫동안 기다리던 기회가 왔다.

몽고의 소왕자(小王子: 원나라가 멸망한 후, 북원北元이 분열하여 형성된 달단韃靼, 즉 타타르 부락의 주요 우두머리를 일컫는 명칭)가 군대를 이끌고 습격해 와서, 명나라 군대와 응주(應州)에서 큰 전쟁을 치렀는데, 서로 맞붙어 물러서지 않았다. 명 무종은 한 가지 대담한 결정을 내리기를, 수레를 몰고 친히 정벌에 나서, 몽고 군대와 승부를 겨루기로 했다. 이때 그가 수레를 몰고 정벌에 나선 것은 절대로 쇼를 한 게 아니었다. 그는 전체 전쟁 과정에서 사병들과 함께 먹고 함께 생활했으며, 또한 직접 적군 한 명을 죽이기도 했다. 이렇게 몸소 병사들보다 앞장서는 정신은 명나라 군대의 사기를 크게 진작시켜, 불리했던 국면을 매우 빨리 바꿔 놓았다. 마침내 몽고 소왕자는 군대를 이끌고 퇴각할 수밖에 없었고, 명나라 군대는 대승을 거두었다. 정덕 14년(1519년) 6월, 영왕(寧王) 주신호(朱宸濠)가 강서에서 군대를 이끌고 반란을 일으켰다. 8월, 무종은 친히 정벌에 나섰는데, 이때 반란은 이미 평정되어 있었다. 무종은 가는 도중에야 비로소 소식을 들었지만, 그는 곧바로 도성으로 돌아가고 싶지 않았으므로, 가다 서다를 반복하면서 경치를 감상하며 즐겼다. 이듬해, 무종은 청강포(清江浦, 지금의 장쑤성 칭강清江)에서 물고기를 잡을 때, 부주의하여 배가 뒤집히는 바람에 물에 빠졌고, 이때부터 병에 걸려 일어나지 못했다. 정덕 16년(1521년) 3월, 무종은 표방에서 숨을 거둠으로써, 그의 상궤를 벗어나고 도리에 어긋나면서도 기이한 색채로 충만한 일생을 마쳤으니, 향년 31세였다. 그는 창평(昌平) 금령산(金嶺山) 동북쪽의 강릉(康陵)에 묻혔다.

명(明) 1472~1529년

인물: 왕수인(王守仁) 지역: 용장(龍場) 키워드: 심학(心學)

심학(心學)의 대가 왕양명(王陽明)

송·명 500년의 역사에서, 왕양명은 비교적 완벽한 유가 인물이라고 할 수 있다. 철학 사상 방면에서, 그의 심학 체계는 정주(程朱: 정호程顥·정이程頤 형제와 주희朱熹)의 도학(道學) 정통과는 달리, 명말 청초의 계몽 사조와 실학 사조를 이끌었다. 또 정치 활동에서, 왕양명은 위세가 당당했으며, 명나라 정권을 지지했다. 그는 순조롭게 유가의 "내성외왕(內聖外王: 안으로는 성인이고, 밖으로는 임금의 덕을 갖춘 사람, 곧 학식과 덕행을 겸비한 사람을 일컫는 말)"이라는 이상을 실천하여, 명성이 후세에 전해졌다.

◈ 〈왕양명상(王陽明像)〉 | 청, 초병정(焦秉貞)

왕양명은 명대의 저명한 사상가·문학가·철학자이자 군사가이며, 명대 유학의 집대성자이다. 그가 발전시키고 완성한 '심학'은 명대 말기의 사상 해방 조류를 이끌었다.

환상적이고 찬란한 생애

왕양명(1472~1529년)은, 절강 여요(余姚) 사람으로, 본명은 수인(守仁)이고, 자는 백안(伯安)이며, 별호(別號)가 양명이었기 때문에, 사람들은 '양명 선생'이라고 불렀다. 그는 명대의 저명한 철학자이자 교육자로, 육구연(陸九淵) 등의 학설을 계승 발전시켜 양명학파(陽明學派)를 창립하고, 자신의 독특한 심학 사상 체계를 형성하여, 중국 유학사에 심대한 영향을 미쳤다.

왕양명은 관리 집안에서 출생했다. 그의 아버지 왕화(王華)는 성화(成化) 17년(1482년)에 장원 급제하여, 관직이 남경이부상서(南京吏部上書)에 이르렀다. 왕양명은 어려서부터 독서를 매우 좋아했다. 전해지기로는 그가 5세가 되어도 아직 말을 하지 못했는데, 11세 때 아버지를 따라 북경의 금산사(金山寺)에 갔을 때는 오히려 호쾌하게 시를 짓고, 뛰어나게 말을 했다고 한다. 왕양명은 21세에 고향에서 거인(擧人: 향시에 합격한 사람)에 합격했고, 홍치(弘治) 12년(1499년)에 진사(進士)에 합격했다. 이때부터 관직 생활을 시작하여, 전후로 공부(工部)·형부(刑部)·병부(兵部)에서 주사(主事)를 맡았다.

정덕(正德) 원년(1506년)에 무종이 등극하자, 환관 유근이 권력을 휘두르며 정권을 장악했다. 왕양명은 병부주사라는 말단 관직에도 개의치 않고, 정의를 위해 직언을 했다. 그 결과 하옥되었다가, 정장(廷杖: 황제의 명령에 따라 조정에서 관리에게 곤장을 때리는 형벌) 40대에 처해졌으며, 귀주(貴州) 용장(龍場, 지금의 구이저우貴州 슈원현修文縣) 역승(驛丞)으로 폄적(貶謫: 관직을 강등시켜 멀리 외지로 유배하는 것)되었다. 이듬해에 부임하는 도중에 그는 다시 유근의 심복이 추격하여 죽이려 하자, 어쩔 수 없이 의관(衣冠)을 벗어 놓고, 강물에 투신한 것처럼 가장하여 간신히 재난을 모면했으며, 마침내 정덕 3년(1508년) 3월에야 용장에 도착했다. 바로 이렇게 수많은 산으로 둘러싸이고, 가시덤불이 무성하고, 힘들고 고적하며 외지고 황량한 땅에서, 그는 '성인(聖人)의 도(道)'를 깨우쳤다.

유근이 사망한 후, 왕양명의 정치적 지위는 높아져서, 순무(巡撫)에 임명되어, 한 지방의 군정(軍政)을 관장했다. 왕양명은 전형적인 유가의 사대부로서, 글재주가 출중했을 뿐만 아니라, 말을 탈 줄 알고, 활을 잘 쏘아, 무예가 뛰어났으며, 특히 용병(用兵)에 뛰어났다. 감남(贛南)에서, 그는 수십 년 동안 산을 점거하고 왕이 된 '거구(巨寇: 거대한 세력을 지닌 도적)'를 단지 1년 만에 소탕했다. 정덕 14년(1519년) 6월, 영왕(寧王) 주신호(朱宸濠)가 반란을 일으켰는데, 그 기세가 매우 높아, 일거에 구강(九江)과 남강(南康)을 함락시키고 안경(安慶)으로 진격하여, 거침없이 남경을 탈취할 가능성이 매우 높았다. 이때 무종은 스스로 '무위대장군(武威大將軍)'이 되어, 수레를 몰고 친히 정벌에 나섰다. 뜻밖에 왕양명이 군대를 이끌고 영왕의 대본영을 기습하여 영왕을 생포했는데, 이때 무종의 군대는 아직 하북에 있었다.

사상적 편력

후세의 문신과 무장들이 왕양명을 본보기로 삼은 것은, 그의 '무공' 때문만이 아니라, 또한 그가 "인간의 욕망을 버리고, 천리를 보존함[去人欲, 存天理]"을 핵심으로 하는 심학, 즉 '양명학설'을

제기했기 때문이기도 했다.

명대의 이학(理學)은 왕양명 이전에는 정주(程朱) 학설이 성행했다. 정주 이학은 비록 세력이 크고, 정부 당국의 깊은 호감을 얻긴 했지만, 그 사상 체계 자체에 매우 큰 한계성을 갖고 있었기 때문에, 특히 격물치지(格物致知: 사물의 이치를 궁구함으로써 자신의 지식을 확고히 함)·즉물궁리(卽物窮理: 사물에 나아가서 그 이치를 낱낱이 탐구함)의 사상과 방법이 지리멸렬했기 때문에, 현실에 매우 초조해하던 수많은 지식인들로 하여금 그에 대해 실망하게 했고, 더 나아가 보기만 해도 두려워하게 했다.

왕양명은 향시(鄕試)에 급제한 다음 아버지를 따라 도성에 머물면서, 제자(諸子)의 책들을 폭넓게 읽고, 주희가 말한 '격물치지'와 '즉물궁리'라는 사상을 매우 마음에 들어 했다. 주희의 주장에 따르면, '격물치지'란 곧 "오늘 한 가지를 궁구(窮究: 속속들이 깊이 연구함)하고, 내일 한 가지를 궁구하여, 그것이 쌓여 많아진 다음에는, 서서히 저절로 관통하는 곳이 있게 된다[今日格一件, 明日格一件, 積習旣多, 然後脫然自有貫通處]"는 것이다. 그 의미는, 사물의 도리는 점차적으로 인식될 수 있다는 것을 말한 것이다. 이 때문에, 왕양명은 전우동(錢友同)이라는 친한 친구와 함께 정원에 있

◈ **〈천추절염도(千秋絶艶圖)〉** (일부분) | 명

이 두루마리 그림은 6미터가 넘는 길이의 화면 위에, 사회적으로나 역사적으로 상당한 영향을 미친 70명 가까운 여성들의 모습을 그렸기 때문에, 〈천추절염도(千秋絶艶圖: 오랜 세월 동안 견줄 사람이 없을 만큼 빼어난 미인 그림)〉라고 부른다. 이 부분의 화면 속에 있는 여섯 명의 여인들은 왼쪽부터 오른쪽으로 각각 다음과 같다. 남송의 재녀(才女) 진묘상(陳妙常), 당대의 명기(名妓) 관분분(關盼盼), 북송의 재녀 화춘랑(華春娘), 남당의 궁녀 추수(秋水), 남진(南陳)의 낙창공주(樂昌公主)다.

는 대나무 숲 깊은 곳에 가서 대나무를 '궁구[格]'하는 실험을 하고, 그 속에서 도리를 체험해 보았다. 전우동은 단지 3일 동안 '궁구'하더니, 곧 정신적으로나 육체적으로 모두 지쳐 버렸다. 왕양명은 7일 동안 지속했으나, 결국 몸져눕기만 하고 하나의 원리도 '궁구해[格]' 내지 못했다. 두 사람의 마지막 결론은, 성현은 될 만한 것이 아니라는 것이었다.

주자의 학문에 대해 회의가 생기자, 왕양명은 방향을 바꾸어 사장(辭章: 문학)의 학문을 연구했다. 그러나 뒤이어 그는 회시(會試: 향시에 급제한 사람들이 도성에 모여 치르는 2차 과거 시험)에서 두 차례 급제하지 못하자, 병서(兵書)를 읽고, 양생(養生)을 논하고, 무사(武事)에 마음을 두어, 흥취가 매우 크게 바뀌었다. 그는 31세 때 고향으로 돌아와 요양하면서, 양명동(陽明洞) 안에 방을 짓고 도가의 도인술(導引術: 호흡이나 요가 등을 통한 도가의 양생술)을 익혔다. 이 시기에 그의 흥취는 매우

◈ **황유자룡반**(黃釉赭龍盤) | 명 가정(嘉靖)

광범위했는데, 귀주 용장의 역승(驛丞)으로 폄적당하고 나서야, 비로소 진정으로 유가 성현(聖賢)의 학문으로 돌아왔다. 왕양명이 귀주로 폄적당할 때, 도중에 호남의 악록서원(岳麓書院)에서 잠시 머물면서 거기에서 학문을 강의했고, 또한 악록서원의 서원 운영 방법을 귀주로 배워 가서, 폄적지에서 서원을 설립했다. 그때 그는 '격물치지'에 대해 여전히 그다지 잘 이해하지 못했기 때문에, 불교와 도교 학설을 깊이 탐구했으나 역시 수확이 없었다. 귀주 용장역의 매우 고달픈 환경 속에서, 궁핍하고 황량하여 책이 없었으므로, 그는 매일 예전에 들었던 것들에서 실마리를 찾아내어, 3년 동안 깊이 사색을 하다가, 마침내 37세 되는 해의 어느 날 깊은 밤에 갑자기 '격물치지'의 도리를 깨우치기를, '성인의 도'의 기본 요지는 "나의 본성은 그 자체로 충분한 것이니, 외부에서 구하여 빌려와서는 안 된다[吾性自足, 不假外求]"는 데 있다는 것이었다. 즉 스스로 마음에서 구해야지, 온갖 사물들에서 구해서는 안 된다는 것을 알게 되었다. 이것이 바로 이른바 '용장오도(龍場悟道)'다.

여기에서 육구연의 사상이 왕양명에게 미친 영향을 이야기하지 않을 수 없다. 육구연은 송대의 유명한 이학가(理學家)로, 학문을 하는 방법에서, 주요한 것은 "본심을 밝히는 것이지[發明本心]", 반드시 많은 독서를 하여 외부에서 구할 필요는 없으며, "배움에서 진실로 근본을 안다면, 육경(六經)은 모두 나에게는 각주(脚註: 그 근본을 보완해 주는 곁다리라는 의미)일 뿐[學苟知本, 六經皆我注脚]"이라고 여겼다. 그의 학설은 '육학(陸學)'이라고 불린다. 육학과 정주학(程朱學)은 매우 큰 차이가 있어, 육구연과 주희는 일찍이 아호(鵝湖)에서 '이(理)'와 '기(氣)'에 관해 대논쟁을 벌였다. 왕양명이 용장에서 깨우친 '도'는 뚜렷이 육학의 색채를 띠고 있다. 이후부터 그는 정식으로 정주학을 포기하고 육구연에게로 마음이 쏠렸으며, 동시에 점차 그의 독특한 심학 사상을 형성했다.

이 때문에, 왕양명의 사상적 편력의 측면에서 보면, 그는 학문을 시작한 초기에는 결코 이학에 반대하고 심학을 숭상하지 않았는데, 후에 비로소 변화가 나타나, 정주이학의 진영에서 벗어난 사상가였다.

폭넓고 심오한 심학(心學)

왕양명의 사상 속에는 지행합일(知行合一)·격물론(格物論) 및 치양지(致良知) 등 3대 주제를 포함하고 있으며, 그것들 간에는 서로 설명해 주고, 서로 해석해 주며, 서로 관통하는 내재적 관계가 있다. 이것이 왕양명 사상의 정합(整合)적이고 합일(合一)적인 특징을 구현했다.

앞에서 왕양명이 젊었을 때 주희의 저서들을 폭넓게 읽고, 후에 그의 격물 학설을 깊게 믿었다고 했는데, 후에 그는 실천 과정에서 즉물궁리는 물론이고 순차적인 독서도, 모두 개인의 도덕 수양 문제를 해결해 줄 수 없다는 것을 발견했다. 그리하여 격물치지 학설에 대한 회의가 생겨남에 따라, 도덕 수양의 각도에서 이 이론의 내재적 모순을 비판했다. 왕양명은, 주희가 학문을 깊이 연구하여 지식을 넓히는 것을 중요시하고, 심신의 수양을 중시하지 않아, 그를 따르는 자들로 하여금 반드시 먼저 알고 난 다음에야 비로소 행할 수 있다고 생각하게 함으로써, 도덕 수양 방면의 지행(知行: 지식과 실행)을 분리시켰다고 여겼다. 그는 이렇게 지리멸렬한 학술의 폐단은 필연적으로 현존하는 사회 질서를 해칠 것이라고 여겼다. 주희의 격물치지 학설에 대한 비판을 통해, 왕양명은 점차 자신의 심학 사상 체계를 형성하고 발전시켰다.

왕양명의 사상 가운데 매우 중요한 관점은 "마음 밖에 이치가 있지 않다[心外無理]"는 것으로, 모든 것을 사람의 내심에서 그 본원을 찾았기 때문에, 그의 학설은 '심학'이라고도 불린다. 왕양명은, 주희가 마음[心]과 이치[理]를 둘로 나누어, 지(知)와 행(行)·학문과 수양을 분리시킴에 따라, 사람들로 하여금 학문을 추구함과 동시에 수신이라는 본체를 잊어 버리게 함으로써, 전체 사회의 인심을 헤아릴 수 없게 하고, 도덕이 나날이 추락하게 했다고 보았다. 자신의 양심설(良心說)에 의거하여, 왕양명은 모든 도덕적 판단을 내리는 기준은 바로 양심이며, 양심은 세계 만물을 판단하는 척도이기 때문에, 마음 밖에는 당연히 아무것도 없으며, 자연히 또한 이른바 '격물의 이치[格物之理]'도 없다고 여겼다. 이와 같이 왕양명은 자신의 주체를 중시함으로써, 특히 이른바 내심(內心)의 표준을 확립하여, 이른바 사물에는 다 천리가 존재한다는 관점을 철저하게 개조했다.

주자학이 성인과 선현 및 경전 저작들에서 지식을 구하는 것에 대해, 왕양명은 '치양지(致良知:

인간이 선천적으로 타고난 마음의 본체인 양지良知를 실현하는 것)'라는 철학 개념을 제시하면서, 개인의 내심에서 지식을 탐구하고, 도덕의 자각과 지혜의 연마를 통해 도덕과 사상의 진보에 이르게 된다고 주장했다. '양지'설은 『맹자』에서 유래한 것으로, "생각하지 않더라도 안다[不慮而知]"는 천부적 도덕관념을 가리킨다. 왕양명은 '양지'라는 두 글자를 높게 간주하여, '양지'를 유가 문명의 최고 정화(精華)이자 가장 영구성을 지닌 관념이며, 사람들로 하여금 고난과 생사를 초탈할 수 있게 해 준다고 말했다. 후에 왕양명은 다시 '良知' 앞에 '致'자를 더해, 그것을 '致良知(치양지)'라는 주장으로 발전시켰다. 왕양명은 이 문제에서 기본적으로 육구연의 사상을 계승하고, 주희의 격물치지 주장을 수정하여, 사람의 주체적인 능동 작용을 분명하게 강조했다. 그리하여 '치양지'는 사람들에게 먼저 마음속의 고유한 천리를 인식하고 회복할 것을 요구하며, 또한 이러한 양지와 천리를 만사만물에까지 확장하여, 만사만물 역시 모두 그 자체의 천리를 갖게 하였다. 치양지 학설에 의하면, 사람들은 매우 자연스럽게 사람의 행위가 선한지 악한지 옳은지 그른지를 느끼고 판단할 수 있게 됨에 따라, 양지를 촉진함으로써, 사람들은 자신의 모든 행위와 활동을 중국 전통 사회의 도덕규범에 부합하게 한다는 것이다.

지행합일은 왕양명 심학 체계 가운데 또 하나의 중요한 내용이다. '지'와 '행'은 철학에서 한 쌍의 기본적인 명제로, 중국 철학자들에게 오랜 기간 동안 중시되어 왔다. 왕양명은 지와 행에 대해 자신만의 독특한 견해를 갖고 있었는데, 그의 기본적인 입장은 지행합일을 주장한다. 지행합일설의 핵심 내용은 지행 본체의 합일이며, 행을 강조하는 데 중점을 두고 있다. 왕양명의 지행론(知行論)에 관해 가장 칭송을 받는 것은, "실행하고 난 다음에야 진정한 지식이 있다[行而後有眞知]"는 것으로, 그는 『어록(語錄) 二』「답고동교서(答顧東僑書)」에서 이렇게 말했다. "음식이 맛있는지 맛없는지는 반드시 먹어 보고 나서야 알 수 있거늘, 어찌 먹어 보지 않고서 음식이 맛있는지 맛없는지를 미리 알 수 있단 말인가?……길이 험한지 평탄한지는 반드시 직접 겪어 보고 나서야 알 수 있거늘, 어찌 직접 겪어 보지 않고서 미리 길이 험한지 평탄한지를 알 수 있단 말인가?[食味之美勿必待入口而後知, 豈有不待入口而已先知食味之美惡者邪……路歧之險夷必待身親履歷而後知, 豈有不待身親履歷而已先知路歧之險夷者邪]?" 여기에서의 '행'은 사회적 실천의 의미를 포함하고 있는데, 실제로는 오로지 중국 전통 사회의 도덕적 실천, 즉 일종의 이른바 극기(克己) 공부를 가리킨다. 왕양명과 주희는 이 점에서 결코 아무런 근본적인 차이가 없다. 그들은 모두 인욕을 제거하고 천리를 보존해야 한다고 요구한다. 단지 그 방법과 수단에서 다소 차이가 있다. 왕양명의 지행합일 학설은 실제로는 주희와 육구연의 학설을 조화시키고 절충한 것이다. 주희는 지식의 증진을 위해 노력해야 한다고 힘써 강조했는데, 왕양명은 그것은 단지 치지(致知)에 도달하는 경로의 하나일 뿐이므로, 그것 외에도 육구연이 강조했던, 덕성을 존중하고 실천을 중시하는 수양 방법도 포함해야 한다고 생각했다.

왕양명은 송·명 시기의 주희·육구연 등과 나란히 유명한 유학 대가로, 그는 육구연의 심학 사상을 계승 발전시켜, 송·명대의 이학에 육·왕학파를 형성했다. 그는 특히 서원에서 학문을 강의할 것을 제창했고, 또한 서원에서 가르치는 동안 자신의 사상과 학설을 천명하고 완성했다. 명대에 서원의 흥성은 왕양명과 매우 깊은 관계가 있어, 그의 제자들이 천하에 두루 퍼져 있었으며, 양명학도 당시의 현학(顯學: 저명한 학설)이 되었다. 양명학설이 출현하자, 명대 학자들 다수가 그에 따라 벌떼처럼 일어나는 바람에, 한때 사회적 풍조가 되었다. 명나라 중엽부터 청나라 초기까지, 왕양명의 학설은 여전히 주류를 이루었으며, 한때 정주이학의 지위를 대신 차지하여, 중국 사상계를 무려 100여 년이나 좌우했으니, 그것이 오랫동안 전래되면서 깊은 영향을 미쳤다는 사실을 알 수 있다. 왕양명의 철학은 동아시아 유가 문화권에서 매우 높은 지위를 차지하고 매우 큰 영향을 미쳤다. 그의 학설은 일본에까지도 전해져, 일본의 양명학을 형성하여, 일본 근대 역사 과정에서 상당히 중요한 작용을 했다. 이 밖에, 왕양명의 심학은 조선에서도 사람들에게 매우 중시되었다. 사실상 왕양명의 심학은 동아시아 유학의 중요한 성분을 구성하고 있어, 오늘날 사람들이 동아시아 문화를 동일시하는 데 대해 매우 큰 현실적 의의를 지니고 있다.

한걸음 더

경덕진(景德鎭)의 자기

명대에 경덕진은 전국 도자기 제조업의 중심으로서, 명나라 조정은 홍무(洪武) 초기에 이곳에 어요창(御窯廠)을 설치했다. 궁정과 관부(官府)의 요구를 만족시키기 위해 생산 원가를 따지지 않고 자기를 제작했으며, 더욱 잘 만들려고 힘썼을 뿐 아니라, 새로운 것을 만들어 내는 데 큰 힘을 쏟았다. 투채(鬪彩)·오채(五彩)·소삼채(素三彩)·황지홍채(黃地紅彩)·백지녹채(白地綠彩) 등 수많은 유상채회(釉上彩繪: 유약을 발라 초벌구이를 한 다음, 그 위에 그림을 그려 넣는 자기 제작 기법) 자기를 성공적으로 구워 냈다. 명대의 서로 다른 시기에 따라, 자기를 제작할 때 선택하는 원료나 자기 제작 공예의 수준 및 심미 취향의 차이로 인해, 각 시기마다 모두 자신의 선명한 특징을 지닌 몇몇 자기 품종들을 생산해 냈다. 예를 들면 영락(永樂)·선덕(宣德) 시기의 청화(靑花)·유리홍(釉裏紅)·첨백유(甛白釉)·홍유(紅釉)·청유(靑釉)·남유(藍釉)·장유(醬釉)·방가유(仿哥釉)·방여유(仿汝釉) 자기, 성화(成化) 시기의 청화·투채 자기, 홍치(弘治) 시기의 황유(黃釉) 자기, 정덕(正德) 시기의 공작녹유(孔雀綠釉)·소삼채 자기, 가정(嘉靖)·융경(隆慶)·만력(萬曆) 시기의 청화·오채 자기 등이다.

전문 테마 환관과 내각(內閣)의 이원(二元) 정치

명나라 초기에 승상(丞相)을 폐지하고, 번왕의 권력을 박탈하고, 감찰과 특무기구를 사용함으로써, 황권이 거의 최고 수준에 이르렀다. 황권이 고도로 집중한 후과는 바로 다음과 같았다. 즉 독재 체제하에서 황제가 자신의 권력을 사용하지 않으면, 반드시 누군가가 그를 대신해 사용함으로써, 국가 기구의 작동을 유지한다는 것이다. 이는 두 가지 상황을 초래할 수 있다. 하나는 내각 재상이 정권을 독점한 경우로, 예를 들면 엄숭(嚴嵩)과 장거정(張居正)의 경우다. 다른 하나는 바로 환관이 권력을 장악한 경우로, 예를 들면 왕직(汪直)과 위충현(魏忠賢)의 경우다. 환관은 황제와의 관계가 친밀했기 때문에, 권력을 위임하는 대상이 되기가 더욱 용이했다.

환관 권력의 팽창

명 태조 주원장은 일찍이 제도를 확립하여, 내관(內官)은 책을 읽거나 글자를 해득해서는 안 되고, 국정에 간여할 수 없게 했다. 그러나 육부(六部)가 분립되고, 승상의 통솔이 없어지자, 황제가 어떤 일이든 반드시 몸소 처리해야 했고, 또 서로 견제하는 많은 관직과 정보 루트를 설치함에 따라, 그가 처리해야 할 정무가 원래의 몇 배, 심지어는 몇 십 배가 되었다. 이 때문에, 명 태조가 자손들에게 남겨 준 일상적인 정무적 부담은 이미 그들이 감당할 수 없을 정도로 무거워졌다. 비록 성조 시기에 내각을 설립하고 정사를 협조하여 처리했지만, 명나라 초기에 황제가 정부 관리들을 엄격하게 경계하는 상황에서, 상대적으로 전각대학사(殿閣大學士: 황제를 보좌하여 자문하는 직책)에 비해, 황제는 환관을 더욱 신임했다. 성조 주체(朱棣)는 조제(祖制: 선대 황제가 제정하여 물려준 제도)를 타파하고, 태감(太監: 환관)을 중용했다. 그리하여 영락 연간에는 정화(鄭和)가 서양(西洋)을 항해했고, 후현(侯顯)이 서번(西番: 티베트 등 서역의 이민족)에 사신으로 갔고, 동창(東廠)을 설

◈ **격사십이장곤복**(緙絲十二章衮服) | 명

'격사(緙絲)' 또는 '각사(刻絲)'는 중국 비단 예술품의 정수다. '십이장(十二章)'이 가리키는 것은 옷 위에 해·달·별·산 등 12가지 도안이다. 그리고 '곤복(衮服)'은 곧 예복(禮服)으로, 황제가 공식적인 장소에서 입던 '근무복장'이다.

치했다. 이렇게 한 것은 주원장이 승상을 폐지한 의도와 같았으니, 바로 황제가 권력을 직접 통제하는 데 유리했기 때문이다. 환관 권력의 확대는, 독직과 부패의 씨앗을 심었을 뿐만 아니라, 또한 외조(外朝: 바깥 조정, 즉 황제가 거주하고 휴식을 취하는 '내조'에 대립되는 개념으로, 조정의 관리들이 집무하는 조정)와 대항하는 드러나지 않는 폐해를 묻어 놓았다.

주체의 손자인 명 선종(宣宗)이 재위할 때, 처음으로 내서당(內書堂)을 설립하여, 문서를 처리하는 데 쓸 학령(學齡: 배울 수 있는 나이)의 환관을 육성했다. 글을 쓸 줄 아는 이들 태감은 상주문과 내각의 표의(票擬: 아래 740쪽 참조)를 전달하는 책임을 졌다. 처음에는 그들은 단지 황제가 국사를 처리하는 데 유능한 조수였을 뿐이어서, 결코 권력을 남용할 기회가 없었지만, 후에 그들은 직무의 편리함을 이용하여 국정에 손을 대기 시작했다.

권력 남용은 왕진(王振)으로부터 시작되었다

명대 환관의 권력 남용은 왕진으로부터 시작되었지만, 당시 조정의 신하들 중 그를 의지하여 따르는 사람이 매우 적어서, 단지 병부상서 왕기(王驥)·공부낭중(工部郎中) 왕우(王祐) 등 몇 사람뿐이었고, 기타 관리들은 모두 순순히 명령에 복종하려 하지 않았다. 왕직(汪直)이 권력을 잡았을 때는, 왕직을 의지하여 따르는 사람이 많았지만, 용감하게 그들을 탄핵하는 사람도 매우 많아, 조정 내에서 파벌 투쟁이 격렬했음에도, 간신히 정상적으로 작동했다. 유근(劉瑾)이 권력을 독점했을 때는, 조정 안에 그의 심복들이 도처에 퍼져 있어 온 천하에 해독을 끼쳤지만, 여전히 굴복하려 하지 않는 한림원의 관리들이 있었다. 유근은 매번 황제에게 상주하는 일을, 무종이 놀이를 할 때를 틈타서 하려고 했다. 놀이를 좋아했던 무종은 매번 유난히 귀찮아하면서 이렇게 말했다. "내가 너를 채용한 이유가 무엇이겠느냐? 늘 이런 일들로 나를 귀찮게 하는구나!" 그리하여 유근은 점차 권력을 독차지하자, 자기의 사적인 거주지에서 상주문에 비답(批答)을 하고, 더 이상 황제의 결재를 요청하지 않았다. 위충현(魏忠賢)이 권력을 독점했을 때는, 내각대학사·육부상서에서부터 사방의 독무(督撫: 총독과 순무, 즉 최

◈ 금사익선관(金絲翼善冠) | 명

익선관은 고대 제왕의 규격이 가장 높은 예관(禮冠)으로, 금관은 매우 가는 금사(金絲)를 수공으로 짜서 만들었으며, 관의 뒤에는 위쪽으로 두 마리의 좌우 대칭인 용이 꼭대기에서 머리를 쳐들고 서로 마주하고 있어, 지고무상한 황권을 나타내 준다.

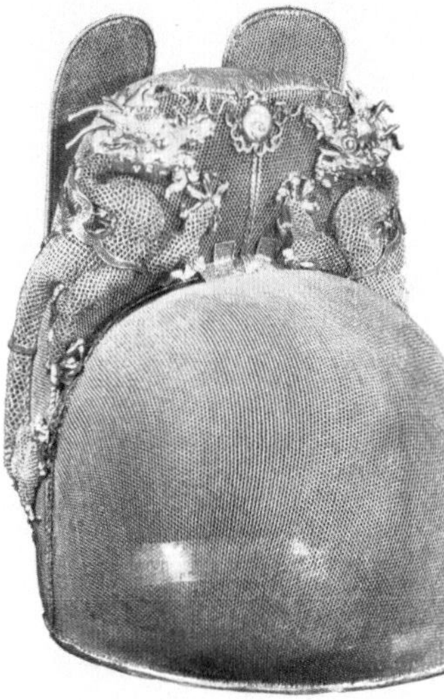

고 지방 행정장관을 일컫는 말)들에 이르기까지 모두가 자발적으로 그를 의지하고 따르면서, 정직한 관리들에게 전면적으로 타격을 가했는데, 그 권력의 크기가 거의 조정을 뒤엎을 정도였다. 이 밖에, 정치·재정·군사의 각 방면에서, 태감이 대부분 황제의 전면적인 신임을 얻었다. 영락 연간에, 오군도독부(五軍都督府)는 내감(內監: 부서 내에 상주하는 환관)을 설립하여 부(府)의 사무를 감독했다. 변경의 요새를 순시하고, 대군이 사방으로 출정하는 경우에는, 모두 태감이 책임지고 군대를 감독했다. 그 밖에 명대의 황장(皇莊: 황실이 직접 관할하는 장원)·광세(鑛稅: 광업세)·상공(上供: 제사에 쓸 제물을 바침)·채조(採造: 목재를 채취하고 건물을 지음) 같은 일들은 모두 태감이 책임을 졌다.

내각 권력의 상승

주원장의 염원에 따라, 황제가 독재하여 혼자서 대권을 장악하는 것이 응당 정상 상태였으며, 권력을 분배할 때에도 이 원칙에 따라 실행하였다. 뒤를 이은 황제가 힘이 부족해 뜻대로 되지 않았거나 혹은 게을렀기 때문에, 권력이 불가피하게 아래로 이전되기 시작하자, 전통적으로 계속 이어져 온 사인(士人) 정치가 계속 역할을 발휘했다. 사실 주원장이 처음으로 혼자서 국정을 통괄하여 관리하자, 관리하는 업무가 너무 지나치게 잡다하다고 느꼈기 때문에, 전각대학사(殿閣大學士, '殿'은 화개전華蓋殿과 무영전武英殿을, '閣'은 문연각文淵閣과 동각東閣을 가리킨다)를 설립했다. 이들은 황제의 좌우에서 시중을 드는 문인으로서, 자문을 겸했으며, 문관이 겸임했다. 이때 대학사는 단지 황제의 뜻을 받들어 일을 처리했고, 자문에 응할 준비만 했을 뿐, 국가 기밀 업무에는 결코 참여하지 않았다. 성조가 즉위하여, 특별히 해진(解縉)·호광(胡廣)·양영(楊榮) 등 7명을 선발하여 문연각에서 입직(入直: 관청에서 당직을 함)하게 하면서, 황제의 참모가 되었다. 문연각은 황궁 안에 지었기 때문에, 내각(內閣)이라고 불러, 외정(外廷: 외조, 즉 조정 대신들이 집무하는 바깥 조정)과 구별하였다. 황제는 항상 내각 학사를 소집하여 조정의 중대한 기밀 업무를 비밀리에 논의했지만, 내각 신하들은 단지 토론에만 참여했고, 결정권은 여전히 황제의 수중에 있었다. 내각 신하의 지위도 비교적 낮아, 관직의 품급이 모두 5품(品)으로, 권력이 육부상서에 훨씬 못 미쳤다.

인종(仁宗)·선종(宣宗) 때에 이르러, 내각 신하의 지위는 끊임없이 높아져, 품급이 5품에서 3품으로 승격되었다. 육부의 상서·시랑이 점차 전각대학사의 신분으로 입각하게 되자, 경사(經史)를 시강(侍講: 황제에게 강론함)하거나 제고(制誥: 황제가 내리는 명령)의 초안을 작성하는 일 외에, 그들은 사실상 이미 조정의 행정·감찰·사법·군무 등 중요한 사무에 참여했다. 선종 시기에, 내각의 신하들이 '표의(票擬)'하는 권력을 장악하면서, 내각의 권력을 한층 더 제고시켰다. 이른바 표의란, 바로 내각의 신하가 황제가 표명한 뜻에 따라 칙지(勅旨: 칙명)의 초안을 작성하거나, 혹은 황제

◈ **베이징 고궁(故宮)의 건청문(乾淸門)**

건청문은 황후의 침궁 및 비빈·황자 등이 머물면서 생활하던 구역이자, 내정(內廷) 후삼궁(後三宮, 즉 건청궁乾淸宮, 교태전交太殿, 곤녕궁坤寧宮)의 정문이다.

를 대신하여 내외의 모든 상주문을 열람하고 어떻게 처리할 것인지에 대한 의견을 제시하는 것으로, 붓으로 한 장의 작은 종이 위에 써서 상주문 위에 붙여 제출함으로써, 황제가 참조하여 결재하도록 제공하는 것이다. 황제는 표의를 보고 나서 이 작은 종이를 찢어 버리고, 붉은색으로 상주문 위에 써서 공포했는데, 이를 '비홍(批紅: 붉은색으로 결재함)'이라고 불렀다. 표의가 내각 신하들로 하여금 국가의 정사를 처리하는 큰 권력을 갖게 해 줌으로써, 내각을 가장 큰 권력기구가 되게 했다. 선종은 항상 내각에 가서, 내각 신하들에게 정사의 처리 의견을 표의하도록 명령했다. 영종(英宗)이 9세에 즉위하자, 무릇 모든 상주문은 내각 신하들이 표의하여 제출했고, 이후로 내각이 표의하는 것은 확립된 제도가 되었다.

내각 권력의 위축

명대 중·후기에, 황제가 정사를 소홀히 하면서 조정 안에서 권력 투쟁이 매우 격렬해짐에 따라, 내각의 권력은 점차 위축되었다. 헌종(憲宗) 성화(成化) 연간부터 희종(熹宗) 천계(天啓) 연간까지 163년 동안, 비교적 정사를 충실히 돌본 기간은 단지 효종(孝宗) 홍치(弘治) 황제가 재위했던 몇 년 동안뿐이었고, 세종(世宗)과 신종(神宗)은 기본적으로 수십 년 동안 조정에서 집무를 보지 않았다. 가정(嘉靖)과 만력(萬曆) 시기에, 조정 안에서 정령(政令)의 전달은 다음과 같이 이루어졌

◈ 베이징 고궁의 태화전(太和殿)

태화전은 각종 전례(典禮)를 거행하는 데 사용하던 장소로, 명·청대에 24명의 황제들이 모두 태화전에서 대전례(大典禮)를 거행했다. 예를 들면, 황제가 등극하여 즉위하거나, 황제가 혼례를 치르거나, 황후를 책립하거나, 장수에게 출정을 명령하는 경우 등이다. 이 밖에도 매년 만수절(萬壽節: 황제의 생일)·원단(元旦: 설날)·동지 등 3대 명절에도, 황제는 여기에서 문무백관들의 하례를 받았고, 아울러 왕공대신들에게 잔치를 베풀었다.

다. 즉 황제가 태감에게 명령을 전달해 주면, 태감이 문서관(文書官)에게 명령을 전달해 주고, 문서관은 내각에 그 명령을 전달했다. 반대의 경우는, 내각의 의견이 문서관에게 제출되면, 문서관은 태감에게 전달하고, 태감이 다시 황제에게 전달했다. 이러한 정보 전달 방식에서, 태감은 핵심적인 고리가 되었다. 그 밖에, 매우 긴 기간 동안 황제는 내각에 가서 정무를 처리하지 않고, 내각에게 표의하도록 명령했다. 그런데 황제 자신이 내궁에 거주할 때에도 여전히 정무를 돌보지 않으면서, '비홍' 하는 권한이 사례감(司禮監)의 태감 수중에 들어감에 따라, 그들은 최후의 정책 결정권을 갖게 되었다. 이리하여 태감의 실질적 권력은 점차 내각을 뛰어넘게 되었다.

권력의 상호 작용

명대 중·후기에는 환관의 권력이 대단히 커졌다. 당시 어떤 사람은 말하기를, 대신이 내신(內臣: 환관)에게 아부하지 않으면 승진할 수 없고, 내신에게 빌붙어 의지하지 않으면 평안할 수 없으며, 각신(閣臣: 전각대학사를 일컫는 말로, 대학사가 입각하여 조정 업무를 처리했기 때문에 붙여진 이름)도 마찬가지라고 했다. 이러한 상황에서, 각신들 가운데 정권을 장악하려는 사람은, 반드시 먼저 사례감의 태감과 친교를 맺었다.

내각학사는 한 사람이 아니었으며, 직무상에서도 명확한 구분 규정이 없었다. 엄숭이 권력을 잡았을 때는, 많은 사람을 배제하고 표의하는 권한을 혼자 장악했지만, 이런 상황은 오래 지속되지 못했다. 각신들의 표의 권한에 관한 쟁탈전은 내각 자체의 분쟁을 격화시켰다. 특히 가정 시기에, 내각대학사에 처음으로 수보(首輔)·차보(次輔) 및 군보(群輔)의 구분이 생겨났는데, 수보의 권한이 가장 커서, 모든 국정에 대해 그의 지시를 따랐다. 수보의 직위를 서로 빼앗기 위해 대학사들이 패거리를 결성하여 서로 배척하고, 갖가지 술책을 통해 권력을 탈취했으며, 일부 각신들은 계속해서 궁궐 내에서 권력을 장악하고 있는 태감의 지지를 구했다. 장거정은 최고 권력을 탈취하는 과정에서, 바로 신종을 가까이에서 모시던 태감인 풍보(馮保)와 동맹을 맺었다. 이렇게 서로 지지함으로써, 장거정은 외조(外朝)에서 독단적으로 행사할 권력을 획득했고, 풍보도 내정(內廷)에서 견고하여 깰 수 없이 확고부동한 지위를 얻었다. 그러나 이러한 결합은 명대에는 매우 보기 드문 경우였다.

여론을 억압하다

명대 중·후기에는, 각신과 환관이 각자 권력을 장악하는 것이 정상 상태가 되었다. 그러나 각신이 권력을 장악하든 또는 환관이 권력을 장악하든 관계없이, 모두 전통적 유가 사대부들로서는 용인할 수 없었다. 엄숭과 장거정이 국정을 맡아 다스리면서 당한 탄핵은 헤아릴 수 없이 많았으며, 유근과 위충현이 권력을 독점했을 때는 이보다 더했다. 권력을 가진 엄수(閹豎: 환관의 다른 명칭)와 조정 신하들의 대립이 정국의 극단적인 불안정을 초래하자, 권력을 쥔 자는 예외 없이 모두 여론을 극력 억제하려고 했다. 예컨대 장거정은 온 힘을 다해 전국의 서원을 철폐했고, 위충현은 삼안(三案: 3대 사건, 즉 정격안挺擊案, 홍환안紅丸案, 이궁안移宮案)을 이용하여 조정의 쟁신(諍臣: 즉 황제에게 간언하는 충직한 신하)들을 마구 살육했다. 이러한 타격과 압제를 받자, 조정 안에서는 결국 아첨하여 결탁하는 풍조가 생겨나, 안정감을 상실한 사대부들은 독재 통치하에서 끊임없이 비호세력을 찾았다. 엄숭은 국정을 장악하자, 조정 안에 수양아들 30여 명을 채워 넣었고, 위충현은 더구나 오호(五虎: 다섯 마리 호랑이)·오표(五彪: 다섯 마리 범)·십해아(十孩兒: 열 명의 아들)·사십손(四十孫: 사십 명의 손자)이라는 방대한 패거리를 가지고 있었다. 엄숭이든 장거정이든 또는 위충현이든 막론하고, 모두 권세의 대표자들이었는데, 비록 그 사람됨이나 공적은 다소 달랐지만, 그들이 초래한 명나라 정치의 상태는 같았다. 그것은 바로 권력이 황제를 떠난 후에 초래한 정국 혼란이었다.

내각이 권력을 독점했든 혹은 환관이 권력을 독점했든 막론하고, 모두 황제의 뜻인 것처럼 행사되었다. 명대에 예법(禮法)은 여전히 정부와 사회에 의해 강하게 인정되었기에, 명분이 바르지 않으면 말이 순조롭지 못했다. 가령, 환관이 권력을 독점하고 있을 때는 황제의 명의로 명령을 반포하려면 반드시 내각이라는 이 합법적 정치 기구를 통과해야 했고, 반면 내각이 권력을 장악한 후에는 반드시 황제를 후원자로 삼아야 했기에, 황제와 관계가 밀접한 환관이 매우 중요하게 되었다. 그리하여 표면적으로 보면 정부가 발표하는 정치적 명령은 모두 황제의 뜻이었지만, 실제로는 내각과 환관이라는 이들 두 그룹의 진정한 권력 중심이 영향을 미친 것이었다.

명 가정(嘉靖) 시기

인물: 명 세종 주후총(朱厚熜) 지역: 동남 연해 지역 키워드: 대예의(大禮議), 척가군(戚家軍)

가정(嘉靖) 금해(禁海)와 왜환(倭患)

명대는 중국 역사상 왜구(倭寇)와 해환(海患: 왜구의 약탈 등 바다에서의 재난)이 가장 심각한 시대였다. 이 때문에, 명나라는 장기간 해금(海禁: 조공무역을 제외하고, 외국인과 무역을 금지한 제도)을 실행하여, 관문을 닫고 쇄국했다. 그 결과는 오히려 명나라 군신들의 예상을 크게 벗어나, 해환이 갈수록 심각해졌다. 가정 연간에, 황제가 도교를 신봉하고, 조정을 돌보지 않자, 수보(首輔) 엄숭(嚴嵩)이 권력을 독점하여, 정치가 부패하고, 해안의 방어가 느슨해졌다. 그리하여 왜구가 창궐하여 횡포하게 굴기 시작하면서, 연해 질서를 마구 어지럽혔다. 이때 일본은 전국(戰國) 시대에 진입하여 정세가 불안해지자, 각 제후들의 상업에 대한 요구는 이미 감합무역(勘合貿易: 일본 무로마치室町 막부 시대에, 명나라 조정이 왜구와의 사무역私貿易을 방지하기 위해 정식으로 허가한 무역선에게 증표로 감합부勘合符를 발행해 주고 실행한 무역)만으로 만족시키기에는 터무니없이 부족했으므로, 무장 집단을 조직하여 중국 연해에 가서 제멋대로 약탈했다. 중국 연해의 해상(海商)들도 항상 왜구와 결탁하여 불법적인 이익을 도모하여, 상업에 종사하면서 도적질도 일삼는 일부 해적 집단을 형성했다. 가정 시기의 왜환(倭患: 왜구가 일으킨 재난)은 중국 해상 집단이 가담하면서, 분명히 더욱 곤란해졌다.

◈ 오채어문자관(五彩魚紋瓷罐) | 명

이 관(罐: 항아리)은 명나라 가정 연간에 제작된 것으로, 관의 몸통에는 채색 잉어가 연(蓮)과 수초들 사이에서 마음껏 헤엄치는 모습이 그려져 있는데, 그 모습이 생동감 넘친다. 현재 베이징 고궁박물원에 소장되어 있다.

세종이 도교를 숭상하다

명 무종(武宗)에게는 아들이 없었기 때문에, 그가 세상을 떠난 후, 황태후 장씨(張氏)가 내정(內廷)의 대태감(大太監) 장영(張永)·곡대용(谷大用) 및 내각대학사 양정화(楊廷和)와 거듭해서 상의한 다음, 헌종의 손자이자, 효종의 동생이고, 흥헌왕(興獻王)의 장자인 주후총(朱厚熜)을 맞이하여 황위를 계승하게 하기로 결정했다. 정덕(正德) 16년(1521년) 4월, 주후총이 번왕의 신분으로 황위를 계승했으니, 그가 명 세종(世宗)이며, 이듬해에 연호를 가정(嘉靖)으로 바꿨다. 세종이 즉위하고 얼마 지나지 않아, 양정화 등 문관 세력들과 흥헌왕의 존호(尊號) 문제를 논의하는 과정에서 심각한 의견 충돌이 발생했다. 양정화를 우두머리로 하는 문관 집단은 비록 조훈(祖訓: 선조가 남긴 유훈)인 형종제급(兄終弟及: 619쪽 참조)의 뜻에 따라 세종을 옹립하기는 했지만, 세종이 황위를 계승한 것은 효종이 황자를 양자로 삼은 것으로 간주했기 때문에, 세종은 마땅히 효종을 돌아가신 아버지로 받들고, 자신의 생부를 숙부로 삼아야 한다는 의견을 고수했다. 이것은 당연히 세종이 동의할 수 없는 것이었다. 양정화 등 각신(閣臣)들은 조정의 관리들과 연대하여 거듭 상소를 올려, 세종으로 하여금 강제로 따르게 하여, 조정의 의견에 굴종시키려고 했다. 세종은 부모를 받들어 모시고, 황권을 유지 보호하려 했으므로, 자연히 남들에게 조종당하여 스스로 권력을 약화시키는 것을 달가워하지 않았다. 그리하여 '대례지의(大禮之議: 효종과 흥헌왕에 대한 호칭 논쟁)'는 새 황제와 옛 신하들의 한바탕 전면적인 대결이 되었는데, 역사에서는 이를 '대예의 논쟁[大禮議之爭]'이라고 부른다. 이 사건은 세종이 즉위한 첫 해인 정덕 16년(1521년)부터 시작되어, 가정 17년(1538년)에 세종이 일방적으로 승리를 거두고 끝남으로써, 양정화를 우두머리로 하는 조정 신하들은 타격을 입었으며, 자수황태후(慈壽皇太后, 명 무종의 모후母后인 장씨)를 대표로 하는 황족과 훈척(勳戚: 공훈이 있는 황족) 세력도 약화되었다. 그리고 세종이 내외의 국정을 장악하면서 황권이 고도로

◈ **명현릉**(明顯陵)

명현릉은 후베이성 중샹(鍾祥)에 위치하며, 명 세종인 가정 황제 부모의 능으로, 2000년에 유네스코에 의해 〈세계 문화유산 목록〉 등재가 승인되었다.

◈ **명나라 장성(長城)의 가욕관(嘉峪關)**

왜구의 침입을 평정한 후, 척계광(戚繼光)이 척가군(戚家軍)을 이끌고 계주(薊州, 지금의 허베이성 지현薊縣)로 북상하여, 장성 방어선의 방어를 책임지고, 몽고의 침입을 막아 냈다. 역사 기록에 따르면, "(척가군이) 16년간 주둔하면서, 국경 방비가 완벽해지자, 계문(薊門)이 평안했으며,……수십 년간 무사할 수 있었다"고 한다.

집중되었다. 세종은 무려 10여 년이나 되는 기간 동안 정력을 온통 대예의에 쏟아 부어, 단지 자신의 부모를 위해 황고(皇考: 세상을 떠난 황제)와 황태후라는 공허한 지위만을 쟁취한 것은 결코 아니었고, 그 진정한 목적은 황권을 강화하고 내각의 견제를 타파하는 데 있었으니, 사실대로 말하자면, 가정 시기의 대예의 논쟁은 실제로는 황권과 내각의 투쟁이었다. 세종은 대예의에 대한 논쟁의 풍파에 의지하여 황제의 지위를 공고히 함으로써, 45년에 달하는 그의 명나라에 대한 통치를 실현했다.

세종이 즉위한 초기에는 일부 개혁 조치들을 실행하여, 환관 세력에게 타격을 가하고, 외척과 훈귀(勳貴: 공훈이 있는 귀족) 집단을 억제했으며, 토지 겸병의 속도를 완화시켰다. 그런데 등극하고 시간이 지남에 따라 권력이 공고해지자, 세종은 도교의 방술(方術: 도교의 신선이나 도사가 부리는 도술)을 신봉했는데, 갈수록 더욱 심해져서 잘못된 것을 고집하면서 깨닫지 못하는 지경에 이르렀다. 가정 3년(1524년), 용호산(龍虎山) 상청궁(上淸宮)의 도사 소원절(邵元節)이 도성으로 불려와, 세종에 의해 진인(眞人: 도가에서 진정한 도를 터득한 사람을 일컫는 말)에 봉해지고, 2품을 하사받았다. 또한 세종은 성 서쪽에 오로지 그를 위해 '진인부(眞人府: 진인의 저택)' 한 채를 지어 주었다. 가정 15년(1536년), 세종이 아들을 갖게 되자, 이는 소원절이 기도한 덕분이라고 여겼으므로, 그에게 망의(蟒衣: 대신들이 입는 예복으로, 이무기를 수놓았다)와 옥대를 하사했으며, 관직도 예부상서로 승진시켜 주었다. 소원절이 세상을 떠난 후, 방사 도중문(陶仲文)도 세종의 총애를 받아 예부상서와 태부(太傅)에 봉해졌으며, 세종은 그에게 1품 관직의 녹봉을 주어 대우했다. 가정 21년(1542년) 2월, 세종은 하마터면 그의 학대를 참을 수 없었던 양금영(楊金英) 등 16명의 궁녀들에 의해 교살당할 뻔했다. 양금영 등은 일이 실패하고 나서 죽임을 당했다. 그해가 음력으로 임인년(壬寅年)이기 때문에, 이 사건은 '임인궁변(壬寅宮變)'이라고 불린다. 이 사건을 겪자, 세종은 더욱 국정을 돌보지 않고, 서원(西苑)의 영수궁(永壽宮)에 틀어박혀 나오지 않았다. 그 후 세종이 20여 년의 기간 동안 조정에 올라가지 않자, 국정은 차례로 권력을 장악한 내각대학사들이 좌지우지했다. 그 가운데 제멋대로 청사(青詞, 도교에서 굿을 하여 복을 빌 때, 최고의 신에게 올리는 축원문으로, 통상 붉은색 붓으로 푸른색이 감도는 종이인 청등지青藤紙 위에 썼기 때문에 붙여진 이름이다)를 쓴 간신인 엄숭은 권력을 독점한 기간이 가장 길었던 사람이다. 위에는 도교를 숭상하는 군주가 있고, 아래에는 권력을 독점하여 나라를 망치는 대신이 있게 되자, 명나라는 한때 뇌물을 받는 게 성행하고, 나라와 백성은 곤궁해졌으며, 사회적 모순은 전에 없이 첨예해지는 곤경에 빠졌다. 당시 사람들은 이를 풍자하여, "嘉靖, 嘉靖, 家家干淨也[행복하고 평안하여라, 행복하고 평안하여라, 집집마다 아무것도 남은 게 없이 깨끗하니]"라고 했다.

금해(禁海)와 왜환(倭患)

명 세종의 국정 공백은 국가의 정치·경제에 심각한 문제를 야기했을 뿐만 아니라, 국방 안전에도 심각한 손실을 초래했다. 가정 시기에, 몽고 달단부(韃靼部: 타타르 부족)가 알탄 칸(俺答汗)의 통치하에서 번창하면서, 끊임없이 명나라 북부 변경을 침범했다. 가정 29년(1550년), 알탄 칸이 대군을 이끌고 북경성 밑에까지 쳐들어와, 통상을 하고 공물을 바치라고 위협하면서 요구했다. 역사는 이를 '경술의 변[庚戌之變]'이라고 부른다. 이듬해에 명나라는 알탄 칸의 위세 때문에 어쩔 수 없이 선부(宣府)·대동(大同) 등지에 말 시장을 열었다가, 나중에 다시 시장을 폐쇄하자, 전쟁이 재개되어 북경성이 여러 차례 위험에 처했다. 그런데 융경(隆慶: 명 목종穆宗의 연호로, 1567년부터 1572년까지다) 첫 해에 알탄 칸이 순의왕(順義王)에 봉해지고, 쌍방이 서로 국경 무역을 개시하면서, 북부 변경의 우환은 마침내 통제할 수 있게 되었다.

북부에서 달단이 침입한 것 외에, 명나라 남쪽에서 왜구의 환란은 가정 연간에 그 피해가 가장 극심했다. 왜구의 중국 침입은 명나라 초기에 이미 출현했다. 당시 일본은 봉건 제후들이 할거하면서 서로를 공격했는데, 전쟁에서 패한 일부 봉건 군주들이 무사·상인 및 낭인(浪人)들을 조직하여, 중국 연해 지역에 와서 무력으로 밀수하면서, 약탈하고 불태우고 죽였다. 명나라 초기에 태조 주원장은 왜구를 엄격하게 다스렸다. 연해에 방왜성(防倭城)을 쌓고 수만 명의 병력을 배치하자, 왜구가 크게 감소했다. 그러나 가정 연간에, 명나라의 국력이 점차 쇠약해지고, 군주가 게으르고 무능하여 간사한 환관이 국정을 좌지우지하면서, 왜구의 침입 사건이 빈번히 발생했다. 가정 2년(1523년), 일본의 좌·우 경조윤대부(京兆尹大夫)가 각자 소세츠(宗設)·즈이사(瑞佐) 및 소 소케이(宋素卿)를 영파(寧波)에 사신으로 파견했다. 소 소케이가 사전에 영파 시박사(市舶使: 관세 징수 등 대외 무역을 담당하던 관직)에게 뇌물을 주고 입국 수속을 먼저 처리하자, 소세츠는 불만을 품고, 즈이사와 소 소케이 두 사람을 뒤쫓아 공격했다. 그런데 뜻밖에 명나라 관병(官兵)과 주민에게까지 사건이 파급되어, 도지휘(都指揮) 유금(劉錦)이 해상에서 전사하고, 지휘 원련(袁璉)이 포로가 되었지만, 명나라 군대는 저항할 힘이 없었다. 세종은 이 소식을 듣고 나서 크게 노하여, 시박사를 파면하고, 판자 조각 하나도 바다로 나가서는 안 된다는 명령을 내려, 일본과의 모든 공식 무역을 단절시켰다. 그러나 거대한 경제적 이익을 눈앞에 두고 민간의 밀무역이 나날이 창궐하여, 왜구와 해적·연해의 호족·상인, 심지어는 관리들까지 함께 결합한, 규모가 방대한 밀수 범죄 조직을 형성했다. 이후 40년 동안은, 명대에 왜구가 가장 극심하게 피해를 끼친 시기였다.

당시의 왜구들 가운데는 "중국인이 7~8할을 차지했으며", 중국인과 일본인 이외에 일부 말레이시아인과 포르투갈인도 있었다. '왜구'는 하나의 국제적인 무장 밀수 단체로 변화했다. 각각의 왜구 집단 가운데, 왕직(王直, 『명사明史』에는 '汪直'이라고 표기되어 있다)의 실력이 가장 강했다. 왕직은 원래 휘주(徽州)의 해상(海商)이었는데, 후에 무역이 차단되자, 형태를 바꿔 밀수나 약탈로 살아가면서 해상을 떠돌았다. 왕직은 일본 히라도(平戶)에 기지를 건설함과 동시에, 포르투갈과 일본 세력을 결합시켜 끊임없이 강대해졌다. 마침내 왕직의 해상 집단은 중국 해상 집단들 가운데 인원이 가장 많고, 세력이 가장 강대한 집단이 되어, 병력이 20여만 명에 적재량 100톤 이상의 거함을 100여 척이나 보유했다. 왕직 해적 집단은 끊임없이 주산(舟山)·정해(定海) 일대에서 약탈과 살인을 자행했다. 가정 32년(1553년), 왕직이 거함 100여 척을 이끌고, "바다를 뒤덮으며 몰려오자, 절동(浙東)과 절서(浙西)·강남과 강북, 해안 수천 리에 걸쳐 동시에 경보가 내려져", 심대한 영향을 미쳤다. 역사에서는 이를 '임자의 변[壬子之變]'이라고 부른다.

가정 26년(1547년), 왜구의 침입이 나날이 심해지자, 명나라 조정은 우부도어사(右副都御使) 주환(朱紈)을 절강순무(浙江巡撫)에 임명하여, 절(浙: 절강)·민(閩: 복건)의

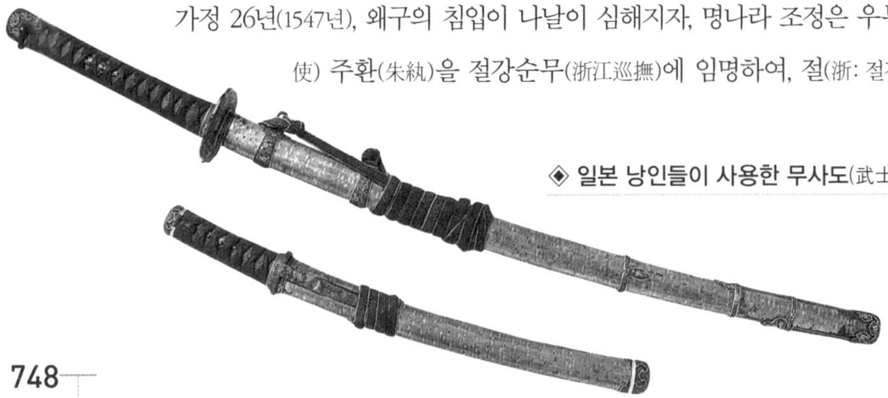

◈ 일본 낭인들이 사용한 무사도(武士刀)

◈ 복선(福船) | 명

복선은 복건(福建)·절강(浙江) 연해 일대에서 운항하던 바닥이 뾰족한[尖底] 형태의 옛 해선(海船)을 통칭하는 말이다. 명대에 복선은 전함으로도 사용되었는데, 일반적으로 선원과 병사 100여 명을 태울 수 있었고, 홍이포(紅夷炮)·파랑기포(佛朗機炮: Farangi포)·화총(火銃)·화약노전(火藥弩箭) 등의 무기들을 장착하고 있었다.

바다를 책임지고 방어하도록 명령했다. 주환은 부임한 후, 단호하고 신속하게 해적과 악덕 상인 96명을 체포하거나 죽였다. 그러나 현지 관리가 몰래 이익을 취하던 중요한 부분을 건드렸기 때문에, 마침내 양민을 함부로 죽였다고 무고를 당했고, 강요에 못이겨 독약을 먹고 자살했다. 이후, 왜구는 연해에 마치 무인지경처럼 들이닥쳤다. 가정 32년(1553년), 남경병부상서 장경(張經)이 황제의 명을 받들고 토벌에 나서, 왕강경(王江涇, 지금의 저장성 자싱嘉興에 속함)에서 대승을 거두었는데, 엄숭 패거리인 조문화(趙文華)가 와서, 왜구에게 대승을 거둔 이 영웅을 모함했다. 즉 장경이 적을 두려워하여 기회를 놓쳤고, 군량을 낭비하여 백성들에게 해를 끼쳤다는 죄명을 씌워, 도성으로 압송해 와서 참수했다. 그 후, 절강 총독에 부임해 온 호종헌(胡宗憲)이 무력으로는 왕직을 소탕할 방법이 없었으므로, 그는 통상을 절실하게 요구하는 심리를 이용하여 왕직을 유인해 체포했다. 가정 36년(1557년)에 왕직은 체포되어 투옥되었다가, 2년 후에 처형되었다. 왕직이 유인되어 처형된 후, 그의 양자와 부하들이 마구 보복을 하고, 도처에서 난을 일으키자, 해환(海患)은 갈수록 심각해졌다.

척계광(戚繼光)이 왜구에 맞서 싸우다

왜구의 끊임없는 소란으로 수십만 명의 백성들이 살해당하거나 포로가 되었고, 수많은 재산이 약탈당했으며, 농·공·상업의 생산 질서가 심각하게 교란당해, 전체 동남 연해의 풍요로운 지역이 크게 파괴되자, 재난을 제거하는 것은 이미 잠시도 지체할 수 없는 일이 되어 버렸다. 바로 이때, 천천히 떠오르는 하나의 별이 사람들로 하여금 왜구와 싸워 승리할 수 있다는 희망을 보게 했으니, 그 사람이 바로 명대 중·말기의 군사 전문가인 척계광이었다.

척계광(1528~1587년)은, 자가 원경(元敬)이고, 산동 봉래(蓬萊) 사람이다. 그는 장수 가문 출신으로, 17세에 그의 아버지가 맡고 있던 산동 등주위지휘첨사(登州衛指揮僉事) 직위를 물려받으면서,

금과철마(金戈鐵馬: 창이 번뜩이고, 말이 철갑으로 무장했다는 의미로, 전장을 누비는 전사의 모습을 비유하는 말)의 일생을 시작했다. 가정 35년(1553년), 절강총독 호종헌의 적극적인 추천에 따라, 척계광은 절강의 참장(參將)이 되어, 왜구의 출몰이 빈번한 영파·소흥(紹興)·대주(臺州) 등 3부(府) 및 거기에 소속된 각 현들에 군대를 주둔시켜 지키는 책임을 졌다. 가정 38년(1559년), 척계광은 연해의 위소(衛所)[1]가 문란해지고, 옛 군대의 전투 능력이 저하된 상황에서, 직접 의오(義烏) 등지에 가서 4천여 명의 농민과 광부로 구성된 새로운 부대를 모집했다. 이 부대는 척계광의 엄격한 훈련을 거쳐, 전법(戰法)에 정통했고, 군기가 엄격하고 공정하여, 전투 과정에서 연전연승하자, '척가군(戚家軍)'이라고 칭송을 받았다. 척계광은 실전에서 필요한 것을 결합했다. 바로 동남 연해에는 소택(沼澤: 연못과 늪지)이 많고, 왜구는 일반적으로 무거운 화살과 긴 창을 사용하여 전투를 한다는 특징에 근거하여, 공격과 방어에 두루 편리한 '원앙진(鴛鴦陣)'을 창조해 냈다. 그리하여 방패·긴 창·쇠스랑·낭무(狼筅: 창의 일종)·곤(棍: 몽둥이)·칼 등의 육박전 무기를 화기(火器)·활 등 멀리 쏠 수 있는 무기로 대체하여, 민첩하게 대형을 변환하게 함으로써, 각종 무기와 병사들의 전체적인 작전이 위력을 발휘하여, 왜구에 대한 작전 과정에서 거대한 살상력을 발휘했다.

가정 40년(1561년) 4월, 왜구 수천 명이 백여 척의 전함을 몰고 대대적으로 대주(臺州)를 침입했다. 척계광이 전쟁 소식을 듣고 긴급히 병력을 배치하자, 척가군은 신속히 적을 맞이하여 적군과 대주에서 격전을 벌였다. 척가군은 한 달도 안 되는 기간 동안 연속해서 전투를 벌여, 9차례 모두 승리를 거두고, 왜구 5천여 명을 모조리 섬멸했다. 역사에서는 이를 '대주 대첩'이라고 부른다. 단지 이 한 번의 전투만으로, 척가군은 곧 군대의 위세를 떨치고 명성을 떨쳐, 왜구로 하여금 소문만 들어도 간담이 서늘해지게 했다. 척계광은 전장에서 의오 사람들의 용맹함을 보았으므로, 다시 직접 의오에 가서 병사 3천여 명을 모집하여, 부대를 확충하고 실력을 보충했다. 척계광과 기타 장수들의 공동 노력으로, 왜구를 소탕하는 전쟁은 하나하나 모두 승리를 거두었다. 9월, 절강총병(浙江總兵) 노당(盧鏜)과 참장(參將) 우천석(牛天錫)이 따로 군대를 이끌고 영파와 온주(溫州) 등지에서 왜구와 10여 차례 교전을 벌여, 모두 대승을 거뒀다. 이리하여 절강을 침범한 왜구가 거의 평정되자, 절강·복건 연해 지역은 나날이 안정되었고, 경제도 점차 번영하기 시작했다.

가정 41년(1562년), 세종은 유대유(俞大猷)를 복건총병에 임명하고, 척계광을 복건부총병에 임명하여, 복건의 군사 업무를 책임지게 했다. 유대유(1504~1580년)는 척계광과 마찬가지로 왜구를

1 위소(衛所): 명대의 군대 편제 제도로, 군대 조직에 '위·소' 두 단계가 있었다. 하나의 '부(府)'에 하나의 '소'를 설치하고, 몇 개의 '부'에 하나의 '위'를 설치했으며, '위'에는 지휘사(指揮使)를 두어, 5,600명의 병력을 통솔했다. 또 '위' 밑에는 천호소(千戶所)를 두었고, 천호소 밑에는 백호소(百戶所)를 두었다

소탕한 명장으로, 복건 진강(晉江) 사람이며, 참장·총병 등의 직책을 역임하면서 동남 연해 지역을 옮겨 다니며 전투를 벌였고, 전공이 탁월했다. 척계광과 유대유는 서로 협력하여, 횡서(橫嶼)·우전(牛田)·임돈(林墩)의 3대 소굴에서 왜구를 소탕했다. 척계광은 왜구들에게 '척호랑이[戚老虎]'라고 불렸다. 이후, 척계광은 세 번째로 의오에 가서 신병 만여 명을 모집했다. 가정 42년(1563년) 4월, 척계광은 평해위(平海衛) 전투에서 중로군(中路軍)을 통솔하여, 복건총병 유대유 및 광동총병 유현(劉顯)과 협력하여 '평해위 대첩'을 거두었다. 이 승리는 전과가 뛰어났는데, 적 2천여 명을 섬멸하고, 붙잡혀 갔던 백성 3천여 명을 구출했으며, 흥화성(興化城, 지금의 푸젠성 푸톈莆田)을 수복했다. 얼마 후, 척계광은 복건총병으로 승진하여, 복건성 전체와 절강성의 금화부(金華府) 및 온주부(溫州府)에 군대를 주둔시켜 지키는 책임을 졌다. 그해 겨울, 만여 명의 왜구가 선유(仙游)를 포위하여 공격하자, 척계광은 군대를 이끌고 급히 달려가 구원했는데, 세 번 싸워 세 번 모두 승리를 거두었다. 이리하여 복건을 침입한 왜구는 거의 소탕되었다. 이후, 유대유와 척계광은 다시 군대를 이끌고 가서 광동 연해로 달아났던 왜구 잔당을 완전히 소탕했다. 가정 45년(1566년)에, 동남 연해의 왜구 침입은 기본적으로 사라졌다.

왜구를 소탕하는 전쟁이 승리로 끝난 후, 명나라의 일부 유식한 사람들은 왜구가 탄생한 주요 근원을 반성하기 시작했다. 그들은 해금이 지나치게 엄격하여 연해의 백성들로 하여금 생계 수단을 잃게 한 것이, 바로 거듭해서 금지시켰음에도 불구하고 왜구 문제가 끊이지 않았던 근본 원인이라고 인식하여, 점차 '이금파(弛禁派: 해금을 완화할 것을 주장하는 일파)'가 형성되었다. 융경(隆慶) 시기에, 명나라 정부는 점차 해금을 해제했다.

한 걸음 더

만리장성(萬里長城)

장성은 중국에서 대대로 많이 지어졌지만, 규모가 가장 큰 것은 명대였다. 명대의 장성은 홍무 원년(1368년)에 대장 서달(徐達)이 거용관(居庸關) 장성을 지으면서부터 명대 중기까지, 200여 년의 시간에 걸쳐 마침내 기본적으로 완성되었다. 그것은 동쪽의 압록강에서부터, 서쪽의 가욕관(嘉峪關)까지, 전체 길이가 1만 2,700리로, 공사의 크기가 다른 어떤 조대도 도저히 비교할 수 없는 것이었다. 명대의 성벽은 지역들마다 서로 다른 건축 재료와 다른 방법으로 지었다. 예컨대 팔달령(八達嶺) 등지는 모두 석성(石城)이다. 이러한 성벽들은 높고 크며 튼튼하다. 성벽 표면의 하부는 돌로 쌓았고, 상부는 벽돌로 에워싸서 쌓은 뒤, 속에는 흙과 돌로 채웠으며, 맨 윗면은 네모난 벽돌을 깔았다. 벽의 높이는 평균 7~8미터이고, 담 밑바닥의 평균 너비는 6.5미터이며, 꼭대기의 너비는 5미터로, 여러 마리의 말이나 많은 사람이 나란히 걸을 수 있었다.

명(明) 1573~1582년

인물: 장거정(張居正) 지역: 북경 키워드: 일조편세법(一條鞭稅法)

장거정(張居正)의 개혁

가정 45년(1566년)에 명 세종이 병으로 사망하자, 태자 주재후(朱載垕)가 즉위했으니, 그가 명 목종(穆宗)이다. 목종은 16년간 재위하면서, 유흥과 향락에 몰두하여, 명나라 정부의 재정 위기는 도무지 완화되지 않았다. 융경(隆慶) 6년(1572년) 5월에 목종이 사망하고, 그의 아들 주익균(朱翊鈞)이 즉위했으니, 그가 명 신종(神宗)이며, 연호는 만력(萬曆)이다. 만력 황제가 즉위한 후, 조정 권력을 장악한 내각 수보(首輔) 장거정은 우레와 같이 맹렬하고 바람처럼 신속하게 일련의 개혁을 추진했다. 상앙(商鞅)·왕안석(王安石)과 함께 중국 봉건 사회의 3대 개혁가라고 불리는 이 유능한 권신은, 왕조가 쇠약해질 때, 위험에 직면하여 제도를 바꾸고 엄격히 개혁을 단행하여, 이미 쇠락으로 치닫던 명 왕조를 일정 정도 회복시켰다.

내각에 들어가다

장거정(1525~1582년)은, 자가 숙대(叔大), 호는 태악(太岳)이며, 강릉(江陵, 지금의 후베이성에 속함) 사람이다. 그는 소년 시절에 뜻을 이루었으니, 16세 때 바로 가장 나이 어린 거인(擧人: 향시에 합격한 사람)이 되었다. 가정 26년(1547년)에 진사(進士: 향시에 합격한 사람을 대상으로 조정에서 실시하는 과거에 합격한 사람)에 합격했으며, 이후 한림원 서길사(庶吉士)·편수(編修) 등을 역임했다. 융경 원

◈ 쇄람유발(灑藍釉鉢) | 명

이 발(鉢: 사발)의 높이는 11.5센티미터이고, 구경(口徑: 아가리 너비)은 25.3센티미터로, 현재 수도(首都)박물관에 소장되어 있다.

년(1567년)에 명 목종이 즉위한 후, 장거정은 이부시랑(吏部侍郎) 겸 동각대학사(東閣大學士)에 임명되었고, 후에 이부상서(吏部尙書), 건극전대학사(建極殿大學士)가 되었다. 융경 6년(1572년) 봄, 장기간 주색(酒色)에 빠져 있던 목종이 갑자기 중풍에 걸리자, 목종은 나이가 겨우 10살인 어린 황제 주익균(朱翊鈞, 즉 명 신종)과 명나라 강토를 내각 수보인 고공(高拱)과 차보(次輔)인 장거정·고의(高儀)에게 부탁했다. 이때 장거정이 신중하게 형세를 판단해 보니, 자신과 마찬가지로 차보인 고의는 나이가 연로하고 병약하여 위협이 되지 못했고, 유일한 장애물은 바로 수보인 고공뿐이었다.

고공은 장거정과 마찬가지로 유능한 신하였지만, 그는 늘 지략이 뛰어나다고 자신했고, 버럭 화를 내며 남을 능욕했으며, 또한 사례감 장인태감(掌印太監: 사례감의 최고위직 태감) 풍보(馮保)의 마음을 상하게 한 적이 있었다. 목종 때, 고공은 병필태감(秉筆太監: 사례감에서 두 번째 높은 태감) 풍보를 업신여기면서, 그가 장인태감으로 승진하는 것을 반대하자, 두 사람은 자연히 마음의 원한을 맺게 되었다. 목종이 사망한 후, 신종은 나이가 어려서, 실제 권력은 잠시 그의 생모인 이태후(李太后)가 대리했다. 풍보는 신종의 '대반(大伴: 명대에 황제가 자기 신변의 명망이 있는 대태감大太監을 부르는 말로, 일반적으로 그 황제가 어렸을 때부터 종이었던 사람이다)'이었고, 또한 이태후의 심복으로, 태후의 완전한 신임을 얻고 있었다. 풍보는 곧 이 기회를 이용하여 황제 명의로 자신을 장인태감으로 승진시킴과 아울러, 동창(東廠: 명대의 특무 감찰 기관)을 맡아 관리했다. 이때부터 이른바 '비홍(批紅: 741쪽 참조)'은 일정 정도 풍보의 의견으로 바뀌게 되었다.

장거정은 풍보와 고공의 모순을 알았고, 또한 풍보의 뒤에는 태후가 후견인으로 버티고 있다는 것을 알았다. 그는 원래 사람됨이 눈치가 빠르고 기민하여, 간신 엄숭이 정권을 장악하고 있을 때, "엄숭도 역시 장거정을 중히 여겼다". 서계(徐階)가 엄숭을 대체하여 수보가 된 다음에는, 마찬가지로 "마음을 털어 놓고 장거정에게 위임했다". 고공이 권력을 쥔 다음, "두 사람은 갈수록 더욱 가까워졌다". 그러나 장거정은 또 오래도록 수보 밑에 있는 것이 달갑지 않았으므로, 그는 풍보의 힘을 빌려 고공을 공격했다. 협력하는 조건으로, 장거정은 이후 수십 년 동안 풍보가 '비홍'하는 권력을 보장해 주기로 하고, 쌍방은 협력하기로 묵계했다.

풍보가 권력을 잡은 후, 고공도 먼저 손을 써서 승리를 거두려고 시도했다. 그는 언관에게 상주하여 풍보를 탄핵하게 함으로써, 풍보를 축출하려는 책동을 벌였다. 그러나 풍보는 이태후의 깊은 신임을 얻고 있었고, 게다가 또한 장거정이 그로 인해 계획을 세웠으므로, 고공은 성공하지도 못했을 뿐만 아니라, 도리어 구실만 만들어 주는 결과를 초래하고 말았다. 사람들은 분분히 생각하기를, 어린 황제가 막 등극하자 고공이 바로 그 주변 사람들을 탄핵한 것은, 국정을 보좌한다는 것을 명분으로 실제로는 권력을 빼앗으려 한 것이라고 여겼다. 결국 이태후의 주재하에,

◈ **〈만력삼대정(萬曆三大征)의 보바이(哱拜: 반란을 일으킨 타타르족 추장) 정벌〉** | 명

명 신종 20년(1592년)부터 시작하여, 명 신종 28년(1600년)에 끝날 때까지, 명 제국은 잇달아 세 차례 큰 전쟁을 치렀다. 그것은 바로 영하(寧夏) 전쟁, 조선(朝鮮) 전쟁, 파주(播州, 지금의 귀저우貴州 준이시遵義市) 전쟁으로, 이들 세 번의 큰 전쟁은 '만력삼대정'이라고 불린다. 이들 세 번의 큰 전쟁으로 국고에서 수백만 냥의 은을 소모했음에도 명나라 재정이 붕괴되지 않은 것은, 전적으로 장거정 개혁 시기에 국가가 축적해 놓은 거대한 재력 덕분이었다.

6월 16일에 풍보는 황제의 유지(諭旨: 황제의 명령)를 낭독하여, 고공이 "권력을 남용하고 정치를 독점했으며, 상벌(賞罰) 권한을 빼앗아 마음대로 행사했다"고 하면서, 고공에게 일정 기간 내에 고향으로 돌아가 한적하게 살게 하고, 도성에 머물지 말라고 명령했다. 장거정은 앉아서 어부지리를 얻어, 이치에 맞고 조리가 서게 수보 직위를 이어 받았다. 고공은 떠났고, 고의도 얼마 지나지 않아 세상을 떠나자, 내각 안에는 오로지 장거정 한 사람만 남게 되었으니, 장거정이 오랫동안 기다리던 시대가 도래했다.

이치(吏治: 관리들의 품행과 치적)를 정돈하다

장거정이 처음 수보에 임명되었을 때, 이치가 부패해 있었다. 이 때문에, 장거정은 강경한 정책으로 양경(兩京: 북경과 남경)의 18대 아문(衙門: 관청)에서 '경찰(京察: 이부吏部가 경관京官에 대해 심사하던 제도)'의 추진을 강행하여, 4품 이상의 관리들에 대해 심사를 실시하고, 모든 혼관(昏官: 아둔한 관리)과 용관(庸官: 우매한 관리)을 일률적으로 감축시켰다. 이로부터 장거정은 그가 오랫동안 구상했던 개혁을 시작했으니, 역사는 이를 '만력신정(萬曆新政)'이라고 부른다.

새로 부임한 관리는 세 개의 횃불처럼 기세등등하다[新官上任三把火: 관리가 새로 부임하면, 처음에는 자신의 능력을 드러내 보이려고 이목을 끄는 일을 하지만, 곧 그 열정이 식는다는 것을 비유한 말이다]. '경찰'이라는 이 첫 번째 횃불은 바로 관료 집단의 새로운 수보에 대한 기대를 산산이 조각내 버렸다. 뒤이어 장거정은 학정(學政: 교육 정책)을 정돈하여, 청탁과 부패 풍조를 억제하고, 백성들의 부담을 경감시켜 주었다. 역체(驛遞: 역참을 통해 파발마를 타고 공문서를 전달하는 것) 제도를 개혁하여, 관리들이 역참을 사적으로 이용하고, 중간에서 착복하는 부패 풍조를 억제함으로써, 국가가 대량의 자금을 절약할 수 있게 했다. 장거정의 이치 개혁은 탐오회뢰(貪汚賄賂: 독직, 횡령 및 뇌물 수수)에 반대하는 것을 중심으로 전개되었다고 할 수 있다. 장거정은 생각하기를, 상층 관리들은 응당 청렴함을 장려하고 탐욕을 억제하는 귀감이 되어야 하며, 정부의 수뇌들 및 지방의 독무(督撫: 지방 최고 장관인 총독과 순무)는 바른 풍조의 근본이 되어야 한다고 여겼으며, 그 자신도 솔선수범하여, 관리들의 선물을 일절 받지 않았다. 그는 이러한 사례금은 모두 관리들이 백성들로부터 수탈한 것이라는 것을 알고 있었다. 그는 한 관리에게 보낸 편지에서 이렇게 말했다. "일을 맡은 이래, 사택에서 한 사람의 손님도 만나지 않았으며, 공무가 아니면 사적인 편지를 주고받지 않았다. 대문으로 들어가는 골목은 고요하여 거의 절간 같았으며, 비록 친척이나 오랜 친구일지라도, 교제할 때는 항상 예의를 갖췄고, 일절 교제를 끊으니, 이들 사방의 사람들이 모두 보기에 교만하거나 위선적이지 않았다[當事以來, 私宅不見一客, 非公事不通私書. 門巷閴然, 殆如僧舍, 雖親戚故舊, 交際常禮, 一切屏絶, 此四方之人所共見, 非驕僞也]."

정거정 개혁의 중점은 국가 재정에 있었다. 그는 국가 재정을 관리하기 위해 세무(稅務)를 정돈했다. 장거정은 마음을 단단히 먹은 몇몇 개혁적인 관리들을 중용하고, 이들을 각각 중요한 부문에 배치함과 동시에, 황실 자립전(子粒田: 조정에서 황실의 친척이나 외척들에게 상으로 준 토지)을 낱낱이 조사하고, 형주(荊州)의 항세(抗稅: 세금 납부 거부)를 처리했으며, 경영(京營: 도성을 지키는 군대의 병영) 병사들의 면의(棉衣: 솜옷)를 거짓으로 조작한 사건 등을 철저히 추적 조사하여, 과감하게 경제를 정돈했다. 이는 당연히 적지 않은 기득권자들의 미움을 샀지만, 장거정은 인정사정 보지 않고 일련의 조세 개혁을 꿋꿋하게 집행하여, 일조편법(一條鞭法)과 농지 측량 등의 정책을 실시함으로써, 농촌의 호부(豪富: 권세 있고 부유한 사람)와 향신(鄕紳: 학식과 덕망이 높은 퇴직 관리)들의 세금 감면 특권을 취소하여, 세금이 소농에게 전가되는 상황을 바로잡아, 국가의 조세 원천을 개척했다. 일조편법은 부(賦)·역(役)에 관한 각 항목들을 합병하여, 농지를 위주로 은을 징수하고, 횡포한 토호와 세력 있는 관리들이 면제 특권을 이용하여 부역을 회피하거나 세량(稅糧: 세금으로 거두는 곡식)을 탈세하는 특권을 철폐하여, 일률적으로 세금을 납부하도록 강제했다. 그리하여 "빈민의 곤궁함을 덜어 주고, 호민(豪民: 세력 있고 부유한 백성)들이 토지 겸병을 하지 못하게 하는" 목적을 달성함으로써, 국가의 재정 수입을 증가시켰다.

장거정은 엄격하고 신속한 작풍으로 힘들게 개혁을 추진하여, 명나라의 정치·경제적 위기를

◈ 〈입필도(入蹕圖)〉(卷) (일부분) | 명

이 그림이 그린 것은 명나라 황제가 궁정 시위(侍衛)의 호위를 받으면서, 말을 타고 도성을 나가, 위풍당당하게 도성 교외에 있는 십삼릉(十三陵)에 가서 선조들을 참배한 후, 배를 타고 북경으로 돌아오는 장면이다. 후세 역사학자들의 연구에 따르면, 그림 속에 그려져 있는 황제는 당연히 만력 황제 주익균일 것이라고 한다.

해결하고, 백성들의 무거운 부담을 덜어 주었다. 가정(嘉靖) 말기에는 국가의 양창(糧倉: 곡물 창고)이 부족하여 1년치 수요량도 비축할 수 없었으며, 재정은 바닥났고, 지출이 수입을 초과하여, 적자가 3분의 1을 초과했다. 그런데 장거정의 통치를 거치면서, 국가가 비축한 곡물은 10년 동안 쓸 것을 보장할 수 있었고, 국고에 비축된 은은 400만 냥에 달했다. 후세 사람들은 칭찬하기를, "이때 탕장(帑藏: 돈을 보관하는 창고)은 가득 찼고, 나라는 가장 완전하게 갖추어졌다"고 했다. 쇠락하던 명나라에는 다시 회생의 조짐이 나타났다.

사람이 죽자 정치도 사라졌다

그런데 개인이 주도한 개혁에는 거대한 위기가 잠복해 있었으니, 그것은 바로 사람이 있으면 정치도 있고, 사람이 죽으면 정치도 사라진다는 것이다. 사실 장거정은 개혁 초기에 이미 자신이 실시하는 정치는 분명히 횡포하고 권세 있는 귀족들에게 미친 듯한 보복을 당할 것이라는 것을 알고 있었지만, 그는 결코 개의치 않고, "집안과 몸을 돌보지 않고 나라를 위해 몸을 바치겠다"고 결심했다. 안타깝게도 그가 생각하지 못한 것은, 정적들의 보복은 그가 세상을 떠난 뒤에야 비로소 전개된다는 것이었다. 거기에 연루된 것은 그의 노모와 사랑하는 자식들, 그리고 이제 막 힘차게 진행되고 있던 개혁이라는 대업이었다. 만력 10년(1582년) 6월 20일, 장거정이 병으로 세상을 떠났으니, 향년 58세였다. 그에게는 상주국태사(上柱國太師)라는 직함이 추증되었고, 문충(文忠)이라는 시호가 하사되었다.

장거정이 죽자, 나이가 이미 20세인 신종이 친정을 시작했다. 줄곧 장거정의 통제하에 생활하면서, 장거정을 엄한 아버지처럼 무서워하던 신종은 더 이상 은인자중하지 않았다. 반년 후, 신종은 조금도 망설이지 않고 풍보를 도성에서 축출하고, 남경 효릉(孝陵)으로 유배하여 채소를 키우게 했다. 풍보에 대한 처분은 하나의 신호였으니, 관직에 오래 있던 대신들은 정치의 풍향이 바뀌고 있다는 냄새를 맡자, 장거정을 탄핵하는 상주문들을 끊임없이 올려, 신종의 비위를 맞춰주었다. 그리하여 장거정이 사망하고 2년이 지나지 않아 정세가 돌변했다. 신종은 조서를 내려 장거정의 상주국태사 직함을 박탈함과 아울러, 시호도 박탈했으며, 뒤이어 장거정의 가산(家産)을 조사하여 몰수하라고 명령했다. 이렇게 가산을 몰수하는 것은 정말이지 인간의 참극으로, 봉건 관료 사회의 냉혹하고 무정한 조치가 극치에 다다른 것이었다. 도성의 관리들은 강릉(江陵: 장거정의 고향)에 도착하기도 전에, 먼저 현지의 관리들에게 명령하여 장거정 집안의 인원을 등록하고, 대문을 봉쇄하여 사람들을 나오지 못하게 했다. 이로써 가산을 몰수하기도 전에 십여 명의 노인과 부녀자와 아이들이 무참하게 굶어 죽었다. 황제에게 해명할 거리를 만들기 위해, 가산 몰수를 책임진 관리는 또한 장거정의 아들에게 모진 고문을 하여 장물을 몰수하고, 큰아들 장경수(張敬修)를 핍박하여 죽게 했으며, 장거정의 둘째 아들 장무수(張懋修)는 고문을 견딜 수 없자 고문에 굴복하여 거짓 자백을 하고 자살을 시도했으나 이루지 못하고, 결국 그의 동생인 장윤수(張允修) 등과 함께 군대에 충원되었다.

한 시대의 훌륭한 재상이자 10년간 황제의 스승이었던 사람이 사망하고 나서 당한 처지는, 맑고 깨끗한 지사(志士)들을 소름끼치도록 전율하게 했다. 이러한 일련의 사건들은, 신종을 10년 동안 보좌했던 한 사람의 원로 신하를 전반적으로 부정하는 것이었을 뿐만 아니라, 또한 10년 동안의 국정을 부정하는 것이었으니, 수년 동안 온 힘을 다해 나라를 잘 다스렸던 개혁의 성과는 하루아침에 훼손되고 말았다. 명나라의 마지막 수십 년 동안의 짧은 부흥은 명나라가 멸망하기 전의 회광반조(回光返照: 해가 지기 전에 잠시 빛이 반사되어 밝아지는 것으로, 멸망하기 전에 잠시 기세가 왕성해지는 것을 비유하는 말)가 되어 버렸다. 이리하여 장거정이 추진했던 '만력신정'은 결국 요절하고 말았다. 장거정에 대해 보복이라도 하듯이, 신종을 우두머리로 하는 조정의 문무백관들은 재산을 긁어모으는 것이 풍조를 이루었다. 이때부터 명나라는 급격히 쇠락했으며, 적폐를 고치기 어렵게 되었고, 어려운 형세를 만회할 방법이 없게 되었다. 신종은 장거정을 쓰러뜨렸고, 또한 자신과 자신의 후대들을 깊은 연못 속으로 밀어 넣었다.

천계(天啓: 희종熹宗의 연호)·숭정(崇禎: 명나라 마지막 황제인 의종毅宗의 연호) 연간에, 명나라의 국력은 쇠약해지고 위험한 현상들이 많이 발생하자, 사람들은 마침내 장거정의 생각이 얼마나 깊었는지를 이해할 수 있었다. 천계 연간에, 명 희종은 장거정에게 원래의 관직을 회복시켜 주고, 제장(祭葬: 제사와 장례) 예의를 갖춰 주었으며, 매각되지 않은 가옥을 장거정 집안에 돌려주었다. 숭정 2년(1629년), 나라를 구한 인재를 그리워하던 숭정제는 또한 장거정의 후손에게 관음(官蔭: 공로가 있는 관리가 죽고 나서, 그 후손에게 관직을 하사하는 것)과 고명(誥命: 황제가 내리는 임명장)을 내렸다. 안타깝게도 시간이 흐르고 형편이 바뀌어, 모든 것이 이미 되돌릴 수 없게 되어 버리자, 사람들은 여기에서 느낀 바가 있었으니, 강릉의 장거정 고택(古宅)에 있는 제시(題詩)는 이렇게 감회를 토로하고 있다. "은혜와 원한은 시간이 지난 다음에야 비로소 논의하여 정해지고, 나라가 위태로워졌을 때에야 인재를 얻기 어렵다는 것을 아는구나[恩怨盡時方論定, 封疆危日見才難]."

한 걸음 더

선교사 마테오 리치(Matteo Ricci, 利瑪竇)

16세기 지리상의 대발견 이후, 수많은 유럽 예수회 선교사들이 식민지 확장에 따라 동방에 와서 새로운 세계를 찾았다. 그 가운데 비교적 유명한 사람들로는 이탈리아인 루지에리(Michele Ruggieri, 羅明堅)와 마테오 리치, 프랑스인 니콜라 트리고(Nicolas Trigault, 金尼閣), 독일인 아담 샬(Adam Shall, 湯若望), 스위스인 요한 슈렉(Johann Schreck, 鄧玉函) 등등이 있다. 그들은 명나라 말기부터 청나라 초기까지의 정치와 사회에 중요한 영향을 미쳤다. 그 가운데 명나라에 가장 큰 영향을 미친 사람은 응당 마테오 리치다. 그는 중국에 20여 년 동안 머물면서, 최초로 중국에 지도학설·유클리드 기하학·필산(筆算: 숫자를 써가며 계산하는 법)·태양력·서양금(西洋琴: 하프) 등 신선한 문물들을 소개했으며, 여러 차례에 걸쳐 〈산해여지도(山海輿地圖)〉·〈곤여만국전도(坤輿萬國全圖)〉 등 5대륙의 지도를 그리거나 각인했다. 그런데 마테오 리치가 들여온 서학(西學)은 또한 서광계(徐光啓) 같은 사람들의 서양 과학 지식에 대한 흥미를 불러일으켰다. 만력 19년(1591년)부터, 마테오 리치는 4년의 시간을 들여, '사서(四書)'를 라틴어로 번역하여 이탈리아로 보냄으로써, 공자와 유가 사상을 최초로 서양에 소개한 사람이 되었다.

명 만력(萬曆) 후기

인물: 명 신종 주익균 지역: 영하(寧夏), 파주(播州), 소주(蘇州) 키워드: 만력삼대정(萬曆三大征)

신종(神宗)의 국정 방치와 강남의 민란

명 신종 주익균(朱翊鈞)은 48년간 재위하여 집정하면서, 30년 동안은 조정에 나가 국정을 돌보지 않았기 때문에, 그는 후세 사람들에게 중국 역대 제왕들 중 가장 나태한 사람으로 간주되고 있다. 특히 만력 중·후기에는, 명나라의 정치·군사·경제 등의 방면들에서 갈수록 엄중한 위기를 나타냈는데, 주색에 탐닉하고 재물을 탐하면서, 사리사욕이 팽창한 신종은 제멋대로 행동하여, 장거정의 개혁이 남겨 준 재정 흑자를 모조리 소모해 버렸다. 뿐만 아니라 또한 광감세사(礦監稅使: '광감'과 '세사'는 명나라 말기에 국가 재정이 바닥나자, 가능하면 많은 세금을 거둬들이기 위해 광산 채굴을 감독하고 상업세를 징수하기 황제가 전국에 파견한 전문 관리를 가리킨다)를 남발하고, 터무니없이 무거운 세금을 징수함에 따라, 시민 계층의 강력한 반항을 불러일으킴으로써, '민란'은 명나라 중·후기의 특수한 사회 현상이 되었다.

◈ 〈역대제왕상〉의 명 신종 | 청, 요문한(姚文瀚)

명 신종 주익균(1563~1620년)은 명나라 제13대 황제로, 명 목종(穆宗)의 셋째 아들이다. 그는 48년간 재위하여, 명나라에서 재위 기간이 가장 긴 황제였다.

친정(親政)하여 청산하다

만력 10년(1582년), "나라를 위해 방책을 세우는 데 뛰어났고, 자신을 돌보는 데 서툴렀던" 장거정이 세상을 떠나자, 신종은 장거정을 위해 임시로 하루 동안 조정을 폐함과 아울러, 문충(文忠)이라는 시호를 내리고, 상주국태사

(上柱國太師) 직함을 추증했다. 또 아들 한 명을 특별히 상보사승(尙寶司丞)에 임명하고, 장례 비용으로 은 500냥을 주었다. 내각대학사 장사유(張四維)가 이어서 수보(首輔)에 임명되었다. 신종은 이때 이미 나이가 20세가 되어, 친히 국정에 관여하기 시작했으며, 다소 성과를 거두고 싶어 했다. 그런데 2년 후, 신종이 친정한 후에 한 첫 번째 대사(大事)는 바로 이미 죽은 장거정을 청산하는 것이었다. 신종은, 자신이 황제로서의 권위를 수립하려면, 반드시 장거정의 영향에서 철저히 벗어나야 한다는 것을 잘 알고 있었다. 동시에, 장거정은 생전에 강직하고 아부하지 않아, 적지 않은 대신들에게 미움을 샀으므로, 일부 수구파 대신들은 그가 죽은 다음에 기회를 보아 반격을 가하면서, 잇달아 주익균에게 상주(上奏)했다. 신종은 지난날 위세와 권력이 주군을 떨게 했던 장거정에 대해 갈수록 불만스러워했다. 몇 달 후에 장거정은, 뇌물을 받아 생활이 사치스러웠고, 직무를 담당할 수 없는 패거리를 배치하여 요직을 담당하게 했으며, 권력을 남용했고, 사리사욕을 위해 부정을 저질렀으며, 자신의 아들들을 한림원에 들어갈 수 있도록 했고, 태감 풍보와 결탁하여 여론을 억압했으며, 황제를 속였고, 심지어는 황위를 찬탈하려고 시도했다는 등 일련의 죄명들로 고발당했다.

◈ **오채용문고**(五彩龍紋觚) | **명 만력**(萬曆)

오채 자기는 명대 만력 시기에 절정에 달했는데, 이는 만력 황제의 생활 습관과 관계가 있었으며, 이러한 용문 기물은 일반적으로 주로 궁정에서 사용했다.

만력 10년(1582년) 12월, 신종은 임금을 속이고 나라에 해를 끼쳤다는 죄목으로 풍보의 동창제독(東廠提督) 직위를 파면하고, 그의 가산을 몰수한 다음, 다시 장거정이 중용한 사람들을 모두 파면함과 동시에, 종전에 장거정을 반대했던 사람들은 모두 명예나 관직을 회복시켜 주었다.

장거정이 죽은 후, 언관(言官: 감독과 간언을 담당하는 관리)이 또 관리의 결점을 지적하는 것을 능사로 삼으면서, 큰 공을 세운 자는 상을 받을 수 없게 되고, 작은 과실이 있는 자는 곧 관직을 사직하지 않을 수 없게 됨으로써, 조정 안에서 분쟁하고 동요하여, 정상적으로 정무를 처리하기가 어려웠다. 신종이 친정한 후, 상주문에 직접 비답(批答)을 했지만, 장거정을 철저히 추적 조사했으므로, 여전히 탄장(彈章: 누군가를 탄핵하는 상주문)을 경솔하게 믿는 것을 면할 수 없었으며, 언관이 헐뜯고 비방하는 풍조는 그 때문에 저지하기 어려웠다. 언관은 장거정을 공격하던 것에서, 나아가 장거정이 천거한 관리들까지 공격했고, 더 나아가 새로 부임한 각 부처의 여러 신하들까지 공격했다. 신종이 친정을 펼친 몇 년 동안, 언관의 탄장이 끊이지 않고 올라가자, 조정 관리들의 항변도 끊임없이 계속 올라갔다. 이러한 상주문들은 또 왕왕 빈말만 잔뜩 늘어놓으면서, 이치에 맞지 않는 말로 억지를 부렸고, 진위가 뒤섞여 있었다. 어느 정도 성과를 거두고자 했던 신종은, 끊임없이 상주문을 읽고 비답을 달거나 신료들의 분쟁 속으로 빠져 들어가 스스로 헤어나기 어려웠다.

만력삼대정(萬曆三大征)

신종은 장거정의 속박에서 철저하게 벗어난 다음, 곧 그의 독재 통치를 개시했다. 이때부터 신종은 오랜 기간 동안 궁궐에 틀어박혀, 주색에 탐닉하고 재물을 탐하면서, 사리사욕이 팽창하여 제멋대로 행동하기 시작했다.

만력 20년(1592년) 2월, 영하부총병(寧夏副總兵) 보바이(哱拜)가 반란을 일으켰고, 5월에는 일본이 조선을 침략하는 전쟁을 일으켰으며, 동시에 서남부에서는 또 파주(播州)의 양응룡(楊應龍)이 반란을 일으키자, 신종은 어쩔 수 없이 세 방면으로 군대를 파견하여 출정했으니, 역사는 이를 '만력삼대정'이라고 부른다. 그 가운데 영하 반란은 변방 신하의 일처리가 부당하여 일어난 병란이었고, 파주 반란은 바로 명나라가 토사귀류(土司歸流: 명·청대에 소수민족의 세습 족장 제도인 토사제土司制를 대신하여, 중앙 정부가 한족을 관리로 임명하는 유관제流官制로 바꾼 것) 정책을 추진하자, 서남부 지역의 토사(土司: 세습 족장) 정권과 모순이 발생하여 일어난 것이었으며, 조선을 원조하는 전쟁은 바로 조선 국왕의 요청에 응해, 일본 침략군에게 반격을 가한 전투였다. 3대 정벌 가운데 조선을 원조하는 전쟁에 소모한 시간이 가장 길었고, 전쟁 상황도 가장 참혹했다.

일본은 16세기 말기에 전국(戰國) 시대를 마감하고 통일을 실현한 후, 야심만만한 간파쿠(關白: 일본 역사에서, 왕을 앞에 내세우고 뒤에서 실질적 권력을 장악했던 막부의 우두머리)인 도요토미 히데요시(豊臣秀吉)는 조선을 먼저 점령한 다음, 중국을 침략하려고 했다. 만력 20년(1592년), 도요토미 히데요시가 조선을 침략하자, 조선 국왕인 이연(李昖: 선조宣祖)이 의주(義州)로 피신하고, 사신을 파견하여 명나라에 구원을 요청했다. 중국과 조선 양국은 서로 의지하고 돕는 밀접한 관계임을 고려하여, 신종은 송응창(宋應昌)을 경략(經略: 명·청대에 중요한 군사적 임무가 있을 때 특별히 설치하던 관직으로, 하나 혹은 여러 방면의 군정 사무를 관장했다)으로 삼고, 이여송(李如松)을 동정제독(東征提督)으로 삼아 파견하여, 조선 군대와 공동으로 평양을 수복했으며, 이어서 개성과 도성인 한양(漢陽) 및 한강 이남의 영토 대부분을 수복했다. 그러나 병부상서 석성(石星)이 뜻밖에 화의를 주장하는 바람

◈ **일본 무사(武士)의 갑옷과 투구**

일본 무사의 갑옷과 투구는 기본적으로 대나무·가죽·삼끈[麻繩]으로 만들어서, 비록 장식은 화려했지만 실제 방호력은 높지 않았다.

에, 명나라는 군대를 철수하여 돌아왔다. 만력 25년(1597년), 일본이 다시 조선을 침략하자, 명나라 정부는 병부상서 형개(邢玠)를 총독으로 삼고, 도어사(都御使) 양호(楊鎬)를 경략으로 삼고, 마귀(麻貴)를 제독으로 삼아 파견하여, 두 번째로 조선에 가서 일본과 싸웠다. 이때 명나라 장수들은 수군의 훈련이 부족했던 교훈을 받아들여, 서둘러 강남 지역 사병들을 모집하여, 일본에 대한 전투 능력을 증강시켰다. 조선 장수 이순신은 제1차 항일 전투 과정에서, 철갑 거북선을 이끌고 여러 차례 전공을 세웠다. 제2차 전쟁 때, 그와 명나라 장수 등자룡(鄧子龍)이 긴밀히 협력하여 많은 일본 전함을 격파하고, 결국 두 사람은 장렬히 희생했다. 만력 26년(1598년), 도요토미 히데요시가 사망하여, 일본군이 심리적으로 동요한 기회를 틈타 중국과 조선 연합군이 반격을 가하자, 일본군은 대패했고, 7년에 걸친 조선 지원 전쟁은 마침내 끝났다.

만력삼대정은 비록 그 성격이 각자 달랐고, 또 모두 완승을 거두기는 했지만, 명나라 군대 장병들 역시 수십만 명이 죽거나 부상을 당했고, 은 천만 냥을 소모함으로써 국고는 바닥나, 백성들은 어려움에 처했다. 이때부터 명나라는 나날이 쇠약해져 갔다.

술에 취해 꿈을 꾼 시기

신종은 장거정이 권력을 독점했던 것을 감안하여, 자신이 정권을 장악하자, 내각을 약화시키려 했다. 그러나 조정 신하들의 분쟁 속에 빠져들었기 때문에, 정무에 힘쓰려 했지만 그렇게 하기 어려웠다. 친정(親政)한 4년 동안은, 곧 정사를 소홀히 했다. 만력 14년(1586년) 가을, 스스로 "잠시 머리가 어지럽고 눈이 침침하며, 힘이 부족하여 일어설 수가 없다"고 하면서, 조회를 하지 않겠다고 선포했다. 그해 이후로, 신종은 곧 병약하여 몸조리를 한다는 핑계를 대며 거의 조정에 나가지 않았고, 더 이상 대신들을 불러 만나지도 않았다. 대신들이 보내온 상주문들은 여전히 신종이 친히 읽어 보았지만, 왕왕 "승정원에 내려보내지 않고 대궐에 묵혀 둔 채" 비답을 하지도 않았을 뿐만 아니라, 돌려주지도 않았다. 만력 18년(1590년) 2월에는 다시 매일 하는 경연(經筵: 임금 앞에서 경서를 강론하는 것)을 중지하고, "경연을 뒤로 미루더니 결국 완전히 폐지했다". 공석이 된 관직이 심각한데도 보충하지 않은 것도 이때부터 시작되었다.

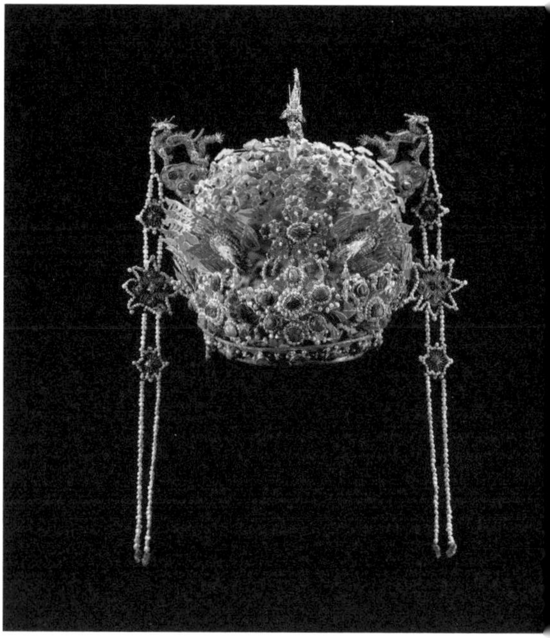

◈ **금루사점취봉관**(金累絲點翠鳳冠)

이 봉관(鳳冠)은 명대 만력 황제의 효정황후(孝靖皇后) 왕씨(王氏)가 썼던 봉관으로, 무게가 2,320그램이고, 명십삼릉(明十三陵)의 정릉(定陵)에서 출토되었으며, 현재 정릉박물관에 소장되어 있다.

신종은 친정한 후 30년 동안 거의 국정을 돌보지 않은 황제였다. 근대의 역사학자 멍싼(孟森)의 『명·청사 강의(明·淸史講義)』에서는 신종이 친정한 말기를 일컬어, "술에 취해 꿈을 꾼 시기[醉夢之期]"로, "국정을 돌보는 데는 게으르고, 재물을 긁어모으는 데는 용감했으며, 천지(天地)에 제사를 지내지 않고, 선조들에게도 제사를 지내지 않으면서, 국정을 돌보지 않은 것이 30년으로, 외정(外廷: 조정 관리들이 집무하는 구역)과는 담을 쌓고 지냈다"고 했다. 그러나 신종은 명나라의 유일한 정책 결정자였다. 황제가 권력을 독점했으면서도 국정을 게을리 하자, 각신(閣臣: 전각대학사)과 언관(言官)들이 서로를 헐뜯고 비방하면서, 명나라의 정국은 갈수록 혼란스럽고 암울한 상황으로 빠져 들어갔다. 신종이 국정을 돌보지 않았기 때문에, 관리들의 결원이 생겨 공석이 되는 현상이 매우 심각했다. 만력 30년(1062년), 남경과 북경에 모두 상서(尙書) 3명과 시랑(侍郞) 10명의 결원이 생겼고, 각 지역의 순무(巡撫) 3명과 포정사(布政司)·안찰사(按察使) 등 관리 66명 및 지부(知府) 25명의 결원이 생겼다. 만력41년(1613년) 11월에는 남·북 양경(兩京)에 상서와 시랑 14명의 결원이 생겼다. 신종은 위에서 지쳐 있고, 문무백관들은 아래에서 당쟁을 했으며, 관료 사회에는 당파가 난립하여 서로 배척하자, 전체 정부는 반신불수 상태에 빠졌다. 『명사(明史)』에는 이렇게 기록하고 있다. "논자들은 말하기를, 명나라가 멸망한 것은 사실상 신종 때라고 했다."

정무에 태만하고 소홀히 했던 것과는 반대로, 만력 황제는 여색에 대해서는 오히려 전에 없이 좋아했다. 만력 10년(1582년) 3월, 신종은 조부인 주후총(朱厚熜)이 했던 방식을 모방하여, 민간에서 빈비(嬪妃: 황제의 후궁)를 대거 선발했다. 하루에 '아홉 명의 빈비'를 맞이하기도 했다. 신종은 또한 어린 태감을 희롱하는 것을 좋아했다. 당시 궁중에는 10명의 잘생긴 태감들이 있어, 전문적으로 "황제를 곁에서 모시다가, 혹 은총을 얻으면 황제와 잠자리를 함께 했는데", 이들을 '십준(十俊)'이라고 불렀다. 그 때문에 대리시좌평사(大理寺左評事) 낙우인(雒于仁)의 상주문 속에는 "십준을 총애함으로써 행문(幸門: 간사한 소인배나 요행을 바라는 자가 벼슬을 하는 통로)을 열었다[寵十俊以啓幸門]"는 비판이 있다. 만력 17년(1589년) 12월, 낙우인은 주익균에게 상소를 올려, 그가 술·여색·재물·객기에 사로잡혀 있다고 비판함과 동시에, '사잠(四箴: 네 가지 충고)'도 바쳤다. 신종은 이 상소를 보고 나서 천둥이 치듯이 펄쩍펄쩍 뛰면서 노발대발하며 화를 삭이지 못했고, 상주문을 궁궐에 묵혀 두고 비답을 하지 않았다.

잇따르는 민란

중·말년의 신종은, 국정에 대한 관심이 분명히 재물을 긁어모으는 관심처럼 강하지 못했다. "재물을 좋아하는 것에 중독된" 그는 몰수한 풍보와 장거정의 가산을 모두 자신의 소유로 삼았다. 또 돈과 재물을 약탈하기 위해, 그는 채목(採木: 나무 채취)·소조(燒造: 도자기 제조)·직조(織造)·구매 등을 명분으로 민간의 재물을 수탈했다. 만력 26년(1598년), 신종은 전국 각지의 저명한 시진(市鎭: 비교적 크고 번화한 마을, 즉 도시)이나 사통팔달의 요충지들에 광감세사(礦監稅使: 759쪽 참조)를 파견하여, 광산 채굴을 주관함과 동시에, 세금 징수를 책임지고 집행하게 했다. 이 사람들의 대부분은 내정(內廷: 즉 궁궐의 황제가 거주하는 구역)의 태감들로, 그들은 도처에서 백성들을 수탈했다. 또한 세금을 징수한 항목도 온갖 기괴하기 짝이 없는 것들이었고, 세금으로 거두지 않는 물건이 없었으며, 세금을 거두지 않는 곳이 없었다. 그리하여 만력 26년부터 30년까지(1598~1602년) 5년이라는 짧은 기간에, 신종에게 은 300여만 냥을 바쳤으며, 그 밖에도 금주(金珠: 금과 진주 등 진귀한 보석)·초피(貂皮: 담비 가죽)·훌륭한 말 등은 수량을 헤아릴 수 없이 많았다.

이렇게 닭을 잡아 계란을 얻고, 연못의 물을 말려 물고기를 잡는 식의 재물 착취 정책과 세사(稅使)들의 고혈을 짜내는 재물 갈취는 백성들을 말로 다 할 수 없을 만큼 고통스럽게 했으므로, 한때 소주(蘇州)·무창(武昌)·임청(臨淸) 등지에서 잇달아 '민란'이 발생하여, 광감세사들을 몰아냈다. 만력 29년(1601년), 명 신종은 세사 손륭(孫隆)을 견직업(絹織業)이 발달한 소주에 보내 세금을 징수했다. 손륭은 소주에 가서, 그 지역의 불량배들과 결탁하여 성안의 곳곳에 세관을 설치하고, 모든 견직물과 포목이 세관을 드나들 때 일률적으로 무거운 세금을 징수했다. 상인들이 세금을 납부하지 못해 성에 들어가 장사를 할 수 없게 되자, 직호(織戶: 견직물이나 포목을 생산하는 가구)는 작업을 중단할 수밖에 없었다. 이런 상황에서, 손륭은 또한 직호들에게 세금을 징수하려고, 직조기 한 대당 은 3전(錢)을 세금으로 징수하고, 비단 한 필당 은 5푼(分)을 세금으로 징수한다고 규정했다. 이렇게 되자, 수많은 직호들은 더욱 압박을 받아 파산했고, 직공들은 직업을 잃었다. 그 해 6월 6일, 직공 갈성(葛成)이 수천 명의 직공들을 이끌고 봉문(葑門) 세관으로 돌진하여, 세관에 있던 황건절(黃建節)·서이춘(徐怡春) 두 사람의 징세 폭력배를 즉석에서 때려죽였다. 이어서 갈성의 영도하에, 만여 명의 직공들이 세사 손륭의 관아를 포위한 채, "손륭을 체포하고, 불공평한 세금을 폐지하라"는 함성을 지르자, 놀란 손륭은 혼비백산하여 담을 넘어 항주로 도망쳤다. 후에 명 신종은 무안(撫按: 황제가 지방에 파견한 관리인 순무巡撫와 순안巡按) 아문(衙門)에게 '반란을 일으킨 백성들[亂民]'을 추격하여 체포하도록 명령했다. 갈성은 많은 사람들이 연루되지 않도록 하기 위해, 자발적으로 소주부(蘇州府) 아문에 가서, 혼자서 '난을 주동한' 우두머리라는 '처벌'을 받았다. 갈성은 한때 사형 판결을 받았지만, 군중들의 감정을 고려하여 줄곧 집행하지 않다가, 십여 년 후에 석방했다.

만력 연간의 민란은 전국 각지에 널리 퍼졌으며, 규모가 거대했다. 이는 '시민' 계층이 이미 하나의 사회적 역량이 되었다는 것을 말해 준다. 그들은 환관 세력을 반대하는 사대부 계층과 연합하여 황권을 제한하는 투쟁을 시작함으로써, 자기 계층의 경제적 이익을 유지 보호했는데, 이것도 명대 특유의 사회 현상이었다.

만력 48년(1620년) 3월, 오랜 기간 동안 주색을 절제하지 않은 데다, 요동에서 참패하고, 국정에 시달렸기 때문에, 신종은 결국 병이 위중해져 일어나지 못했다. 7월 21일, 신종이 홍덕전(弘德殿)에서 마지막 숨을 거두었으니, 향년 58세였다. 그는 30여 년 전에 정성들여 조성해 놓은 '수궁(壽宮: 임금이 죽기 전에 미리 만들어 놓은 무덤)'인 정릉(定陵)에 안장되었다.

한걸음 더

서광계(徐光啓)와 『농정전서(農政全書)』

서광계는, 자가 자선(子先)이고, 호는 현호(玄扈)이며, 남직예(南直隸: '직예'란 수도인 북경에 직속된 행정 단위로, 남직예와 북직예가 있었다) 송강부(松江府) 상해현(上海縣, 지금의 상하이시) 사람으로, 만력 32년(1604년)에 진사가 되었다. 서광계는 학식이 깊고 풍부했으며, 천문과 역산(曆算: 역법과 산술)에 통달했고, 화기(火器)에 대해서도 매우 깊이 연구했다. 후에 그는 또한 천주교에 가입하여, 이탈리아인 마테오 리치와 함께 학문을 연구하고 토론한, 중국 근대 과학의 선구자였다. 서광계가 편찬한 『농정전서』는 명대 농학의 가장 큰 성취이자, 중국 고대 농서의 집대성이기도 하다. 이 책은 매우 방대하여, 모두 60권이며, 내용으로는 농사·수리(水利)·농기구·수예(樹藝: 곡식이나 나무를 가꾸는 일)·잠상(蠶桑: 양잠)·목축 등 다양한 방면들을 포함하고 있다. 또한 「구황본초(救荒本草)」와 「야초보(野草譜)」가 딸려 있는, 중국 고대 농서의 빛나는 본보기다.

전문 테마 명대의 소설과 희극

명나라는 원나라를 대체하여 건립되었는데, 정치적으로 한족 정권을 회복했을 뿐만 아니라, 문화적으로도 전통적인 유가의 예악(禮樂) 문명을 점차 회복했다. 그런데 주원장이 건국 초기에 설계했던, 중앙 집권을 강화하는 일련의 제도들이 문화·예술 영역에까지도 이어지면서, 사람들의 창조력이 억압당하자, 작품이 약간 판에 박힌 듯 딱딱하게 느껴지고, 창의성이 부족해졌다. 명나라 중·후기에, 상품경제와 도시의 발달에 따라, 시민 문학이라는 새로운 영역을 창립했고, 대량의 우수한 문학 작품들이 시대의 요구에 따라 나타났다. 동시에 양송 시기에 형성된 남희(南戲: 667쪽 참조)가 명나라에서 흥성함과 아울러 남쪽 지방에서 유행하여, 지역에 따라 다른 풍격을 지녔으며, 마침내 또한 주류 풍격—곤강(昆腔)—을 형성했다.

명대의 소설

명나라의 소설은 주로 송·원대의 화본(話本: 통속적인 내용의 민간 소설)의 기초 위에서 발전한 것이다. 송·원 시기의 민간 '설화인(說話人: 화본을 이야기로 전해 주던 이야기꾼)'은 주로 '강사(講史)'와 '소설(小說)' 두 부류로 나뉜다. 강사자(講史者)는 역사상 제왕장상(帝王將相) 영웅들의 성공과 실패에 관한 이야기를 들려주었고, 소설자(小說者)는 백성들의 생활과 밀접한 시민들의 이야기를 들려주었다. 이러한 두 가지 설화인의 저본(底本: 바탕이 되는 원고)은 각각 명나라의 장편 장회체(章回體: 전체 내용을 몇 개의 장章이나 절節로 나누어 서술하는 서술 체재) 소설과 단편 시정소설(市井小說)의 초기 형태가 되었다.

명나라 장편소설의 성취는 찬란했는데, 사람들이 잘 알고 있는 『삼국연의(三國演義)』·『수호전(水滸傳)』·『서유기(西遊記)』·『금병매(金瓶梅)』 및 『봉신연의(封神演義)』 등이 있다. 『삼국연의』의 작자는 나관중(羅貫中)으로, 그것의 내용과 줄거리는 이미 당·송 시기에 민간에서 유행했었다. 원나라에도 화본 『전상삼국지평화(全相三國志平話)』가 있어, 기본적인 형태가

◈ 명대 희극에 나오는 인물 모습

이미 갖추어져 있었다. 나관중은 이러한 기초 위에서, 24권(卷) 240절(節)의 『삼국지통속연의(三國志通俗演義)』로 각색했고, 후에 합병하고 첨삭하여 새로 120회본(回本)으로 구성했으며, 민간에서 광범위하게 유행했다. 청나라 초기에 모강(毛崗)이 그것을 다시 가공하여, 줄거리를 더욱 짜임새 있게 하고, 문장을 더욱 예술적으로 다듬었으니, 그것이 바로 지금 볼 수 있는 120회본의 『삼국연의』다. 『삼국연의』는 동한(東漢) 말기부터 서진(西晉) 초기까지의 전란과 패권 쟁탈의 역사를 묘사하고 있다. 삼고모려(三顧茅廬: 즉 삼고초려三顧草廬)·군영회(群英會) 등의 장면들을 생동감 있게 그려 냈으며, 특히 전쟁 장면의 묘사는 기세가 웅장하고 기법이 뛰어나다. 거기에 나오는 인물들은 성격이 선명하고, 형상이 생동감 넘치며, 제갈량·조조·주유(周瑜)·유비 등의 인물들에 대해 성공적으로 그려 냈다. 『삼국연의』가 기술하고 이는 이야기는 대체로 30%가 허구이고, 70%는 사실과 부합하여, 일정 정도 후세 사람들로 하여금 소설을 통해 역사를 더욱 많이 이해하게 해 주었다.

『수호전』의 작자는 시내암(施耐庵)이다. 이는 북송 말기의 농민 봉기를 묘사한 장편소설이다. 송강(松江)을 중심으로 하는 108명의 장수들이 어쩔 수 없이 양산(梁山)으로 가는 과정은, '관핍민반(官逼民反: 관리가 백성을 착취함으로써 백성이 궁지에 몰려 반란을 일으키게 만들다)'의 주제를 충분히 구현한 것이다. 이들 강호 영웅들이 횡포하고 사나운 사람을 제거하고, 선량한 백성들을 평안하게 하는 의협심 강한 행위는, 명나라 사람들과 후세 사람들의 사랑을 받았다. 그들은 비록 투항하여 사면을 받고 복종하지만, 변경에서 공을 세우겠다는 이상은 바로 관료 사회의 부패 때문에 사라지고, 마침내 나라를 위해 충성할 기회를 얻지 못한 채 전사하거나 흩어짐으로써, 비극적으로 끝나고 만다.

『서유기』는 전통 신화 이야기를 바탕으로 한 소설이다. 작자 오승은(吳承恩)은 과거에서 뜻을 이루지 못하고, 60세가 되어서야 마침내 현승(縣丞)의 직책에 임명되었다가, 결국 성격이 도도하여 관직을 사직했다. 『서유기』라는 작품 속에는 곳곳에 사회 현실에 대한 그의 불만이 반영되어 있다. 특히 손오공이라는 이 방탕하고 아무런 속박도 받지 않는 캐릭터는, 또한 작자가 마음속으로 현실의 암담함을 타파하고자 하는 바람을 기탁한 것이다.

『금병매』의 예술적 성취도 무시할 수 없다. 작자인 난릉(蘭陵: 지금의 산둥성에 속함)의 소소생(笑笑生)은, 『수호전』에 나오는 서문경(西門慶)과 반금련(潘金蓮)이라는 두 인물을 주인공으로 삼아, 악질적 탕아인 서문경의 추악한 일생을 묘사함으로써, 명나라 후기 관신(官紳: 관리와 세도가) 계층의 방탕하고 타락한 생활과 백성들의 고통을 폭로하고 비판했으며, 또한 수많은 시민의 일상생활의 상황을 표현했다. 비록 그것이 약간 성적인 내용을 다루고는 있지만, 그것은 문인이 독자적

◈『수호전』의 〈삼타축가장(三打祝家莊)〉 삽화

으로 창작한 장편소설이자, 또한 가정과 부녀자를 주제로 한 최초의 작품이기도 하다. '金瓶梅'는 반금련(潘金蓮)·이병아(李甁兒)·춘매(春梅) 등 세 사람의 여성들 이름자를 이어서 지은 것으로, 내포된 뜻이 풍부하다.

시민 경제의 번영에 따라, 명나라 중·후기에는 단편소설이 점차 번영했다. 만력·천계 연간에, 문인이 창작한 의화본(擬話本: 화본 형식의 소설)이 나날이 증가하여, 명나라 말기에 단편소설이 유행하는 기초를 형성했다. 그 가운데 걸출한 대표작으로는 풍몽룡(馮夢龍)의 '삼언(三言)'과 능몽초(凌濛初)의 '이박(二拍)'이 있다. '삼언'은 『유세명언(喩世明言)』·『경세통언(警世通言)』 및 『성세항언(醒世恒言)』을 합쳐 부르는 이름으로, 신흥 시민 계층의 가치관과 관료 사회·민간의 생활 백태를 묘사하여, 관료 사회 속의 드러나지 않는 규칙과 혼란을 폭로했다. '이박', 즉 『초각박안경기(初刻拍案驚奇)』와 『이각박안경기(二刻拍案驚奇)』는 예술적 성취면에서는 '삼언'에 훨씬 못 미치지만, 그것은 수공업자와 상인의 생활을 비교적 많이 다루어, 상당히 시대적 특색을 띠고 있다.

잡극(雜劇)과 남희(南戲)

명대의 희극은 정통 잡극이 점차 쇠락하고, 새로운 잡극과 전기희(傳奇戲)가 점차 흥성하는 과정을 거쳤다. 명나라 초기의 문화 억압 상태에서, 잡극 창작조차도 약간 교화희(敎化戲)·신선희(神仙戲)였는데, 명나라 중기에 비로소 문인들이 잡극의 형식과 내용이 경직된 것에 대해 불만을 갖기 시작하면서, 희극의 개혁을 시작했다. 개혁은 원래 잡극의 "4절(折: 연극의 '막')과 1설자(楔子:

4절의 각 절과 절 사이에 들어가는 짧은 막)"라는 고정된 격식의 제한을 타파하고, 1절부터 7~8절 내지 10개가 넘는 절이 있었으며, 내용상으로도 현실 생활을 더욱 많이 반영했다. 저명한 극작가와 작품들로는, 양진어(梁辰魚)의 〈완사기(浣紗記)〉와 완대성(阮大鋮)의 〈연자전(燕子箋)〉 등이 있다. 그리고 명대 희극의 집대성자는 임천파(臨川派)의 창시자인 탕현조(湯顯祖)다. 탕현조는 강서(江西) 임천(臨川) 사람으로, 만력 연간에 진사가 되었다. 그는 성격이 강직하여 관직이 맞지 않았으므로, 몇 년 동안 말단 관직에 있다가 고향으로 돌아와 희극 창작에 전념했다. 그의 대표작은《임천사몽(臨川四夢)》으로,《옥명당사몽(玉茗堂四夢)》이라고도 하며, 〈자차기(紫釵記)〉·〈환혼기(還魂記)〉·〈남가기(南柯記)〉 및 〈한단기(邯鄲記)〉 등 4부로 구성되어 있다. 그 중에서도 〈환혼기〉의 영향이 가장 크다고 여겨진다. 〈환혼기〉는 〈모란정(牡丹亭)〉이라고도 하는데, 여기에서 묘사하고 있는 것은 두려낭(杜麗娘)과 유몽매(柳夢梅)의 낭만적인 애정 이야기다.

명나라 중기에는 남희가 흥성하기 시작했다. 남희는 남쪽 지방의 민간에서 유행한 희곡 형식으로, 대체로 송 휘종 시기에 탄생한 이후, 줄곧 남쪽 지방 백성들 사이에서 전해졌다. 명나라 초기의 유명한 남희 작품들로는 〈비파기(琵琶記)〉·〈형차기(荊釵記)〉 및 〈배월정(拜月亭)〉 등이 있다. 정부의 엄격한 제약을 받았으므로, 남희 작품의 대부분은 전통극 작품이 각색된 것들이었고, 새로 창작한 작품은 많지 않았다.

남희의 곡조는 지역에 따라, 주로 해염강(海鹽腔)·여요강(餘姚腔)·익양강(弋陽腔) 및 곤산강(昆山腔)으로 나뉘며, 서로 다른 풍격의 강조(腔調: 계통을 이루는 곡조)를 채용하여 연출했다. 그 가운데 곤산강은 비록 유행한 지역이 넓지는 않았지만, 그것은 "유창하고 아름다우면서도 소리가 연하고 길게 이끌리는 느낌이 있어", 예술적 미감이 나머지 세 개의 강(腔)보다 뛰어났다. 이 때문에 가정(嘉靖) 시기에 위량보(魏良輔)를 우두머리로 하는 일부 음악가들의 노력으로, 곤강(昆腔: 즉 곤산강)은 남희 가운데 가장 흥성했다. 위량보는 당시 매우 뛰어난 재능을 가진 일부 극작가와 악기 연주자들을 불러 모아, 함께 힘을 합쳐 작업했다. 그는 수십 년을 거치면서 곤산강을 개혁할 방도를 찾아냈다. 창강(唱腔: 노래 곡조) 방면에서는, 곤강의 "유창하고 아름다우면서도 소리가 연하고 길게 이끌리는 느낌이 있는" 특색을 계속 유지하는 것 외에, 나머지 세 가지 강의 장점들을 흡수했으며, 또한 북곡(北曲)의 형식이 엄격한 성과를 참조하는 데에도 주의를 기울였다. 또 반주 방면에서는, 곤산강이 현악기를 사용하지 않는 제한을 바꾸어, 퉁소·현악기·고판(鼓板: 북과 박자판의 두 가지 타악기의 조합으로, 희극 악대의 지휘 악기다)의 세 가지 악기를 사용함으로써, 완벽한 반주 악단을 구성했다. 이리하여 곤강은 극정(劇情: 극의 정취)과 인물의 정감을 더욱 섬세하게 표현할 수 있게 되었다. 각 방면의 장점들을 골고루 받아들인 곤강은 마침내 남희의 주류가 되었다.

명(明) 1615~1620년

인물: 명 광종(光宗) 주상락, 이선시(李選侍) 지역: 북경 키워드: 정격(梃擊), 홍환(紅丸), 이궁(移宮)

명궁(明宮) 삼대안(三大案)

봉건 왕조에서, 왕조의 계승자를 확립하는 것은 가장 중요한 일로, '입국본(立國本: 나라를 세우는 근본)'이라고 불렸다. 명나라가 태자를 세우는 원칙은 바로 적자(嫡子)가 있으면 적자를 세우고, 적자가 없으면 서자(庶子) 중 나이가 많은 사람을 세운다는 것이었다. 명 신종(神宗) 시기에, 신종의 적처(嫡妻: 본처)인 왕황후(王皇后)에게는 아들이 없었다. 만력 10년(1582년)에 궁녀 왕씨(王氏)가 신종의 서장자(庶長子)인 주상락(朱常洛)을 낳았고, 만력 14년(1586년)에는 신종이 가장 총애하는 정귀비(鄭貴妃)가 그의 서차자(庶次子)인 주상순(朱常洵)을 낳았다. 장자를 세울 것인가, 아니면 총애하는 아들을 세울 것인가 하는 문제로, 명 신종과 조정 대신들은 일련의 정치 투쟁을 벌였다. 이 투쟁은 만력 14년부터 29년(1601년)까지 계속되었는데, 주상락은 이미 20세가 되어서야 비로소 태자에 책립되었고, 주상순은 복왕(福王)에 봉해졌다. 그런데 변화무쌍한 투쟁은 결코 끝나지 않았고, 또한 이 때문에 명나라 말기의 그 유명한 '정격(梃擊)'·'홍환(紅丸)'·'이궁(移宮)'이라는 3대 사건[案]이 발생했다.

◈ 백옥쌍이이배(白玉雙螭耳杯) | 명

이 옥배는 높이가 7.7센티미터, 직경이 8센티미터로, 1957년에 북경에서 출토되었으며, 현재 수도(首都)박물관에 소장되어 있다.

'정격안(梃擊案)'

만력 43년(1615년) 5월 4일, 한 시골뜨기 무뢰한이 손에 대추나무로 만든 몽둥이를 쥐고 황궁으로 돌진하더니, 사람이 보이면 곧 두들겨 패면서, 곧바로 황태자 주상락의 거처인 자경궁(慈慶宮)으로 뛰어들어, 문을 지

키는 내관(內官)을 때려서 상처를 입혔고, 결국 내관들에게 붙잡혔다. 처음에는 이 무뢰한이 미친 사람처럼, 단지 자기 이름은 장차(張差)라는 말만 하고, 나머지는 일절 자백하지 않았다. 후에 문관들의 반복적인 심문을 받자, 장차는 동향인 마삼도(馬三道)와 이수재(李守才)가 그로 하여금 성명을 알 수 없는 태감을 만나도록 도성으로 들여보냈으며, 일이 성공하고 나면 그에게 몇 묘(畝)의 농지를 주기로 했다고 자백했다. 도성에 들어온 다음 그는 거리 이름을 알 수 없는 대저택으로 데려가졌는데, 안에서 한 명의 태감이 그에게 궁궐 문으로 뛰어 들어가도록 부추기면서 그에게 말하기를, 사람을 만나면 때려죽이고, 만약 소부(小斧, 즉 태자)에게 상해를 입힐 수만 있다면 먹고사는 데 부족함이 없도록 해 주겠다고 말했다는 것이었다. 이 놀라운 자백이 밝혀지자, 명 신종은 곧 형부에 명령을 내려 18명의 관리들이 장차를 공동 심문하도록 했다. 장차는 다시, 자신을 도성으로 들어가게 시킨 태감은 방보(龐保)이고, 대저택에 사는 태감은 유성(劉成)이며, 마삼도와 이수재는 항상 방보가 사는 곳에 숯을 배달하러 갔는데, 방보와 유성 둘이서 마삼도와 이수재 두 사람으로 하여금 자신을 압박하여 궁중으로 들여보내도록 했다고 자백했다.

◈ 〈하천장행락도(何天章行樂圖)〉 | 명, 진홍수(陳洪綬)

화가는 주인공 하천장(何天章)을 마치 체구가 크고 훤칠한 조각상처럼 그렸고, 그의 애희(愛姬)는 귀엽고 작달막하면서 나긋나긋하게 그렸다. 그림은 행락도라고 이름 지었지만, 두 사람의 얼굴 표정은 냉담하고 기쁜 기색이 없어, 실로 즐거움이라 할 만한 것이 없으니, 이를 가지고 봉건 예교를 풍자한 것이다.

위와 같은 자백이 나오자, 큰 파문을 불러 일으켰다. 방보와 유성은 모두 신종이 총애하는 비(妃)인 정귀비의 궁중에서 총애를 받는 태감이었기 때문에, 이른바 '정격안'은 갈수록 거대한 정치적 음모처럼 되어 갔다. 문관 집단은 잇달아 글을 올려, 이 사건을 철저히 추적 조사하여, 반드시 정귀비 및 그의 동생인 정국태(鄭國泰)가 이 사건에 가담했는지를 밝혀야 한다고 요구하자, 신종 부자도 난처한 처지에 빠졌다. 결국 신종이 중간에서 조정하여, 정귀비는 태자 주상락에게 자신이 억울한 누명을 썼으며, 절대로 모해하여 태자의 승계권을 빼앗을 뜻이 없음을 표시했다. 주상락은 진심에서 우러났든지, 아니면 신종의 압력을 받았든지, 역시 문관들에게 '정격안'은 정귀비와 관련이 있다는 것을 믿지 않으며, 더 이상 부자의 정을 '이간'하지 말기 바란다는 뜻을 공개적으로 나타냈다. 결국 신종은, 장차를 처형하고, 마삼도와 이수재 두 사람은 멀리 귀양을 보냈으며, 방보와 유성은 후궁에서 장폐(杖斃: 장형을 받아 죽음)하도록 명령을 내림으로써, 궁궐에 뛰어들어 문제를 일으킨 대사건은 이렇게 마무리되었다.

'홍환안(紅丸案)'

만력 48년(1620년), 신종이 병으로 세상을 떠나자, 여러 해 동안 놀라고 무서워서 벌벌 떨며 살아온 태자 주상락이 즉위하여 황제가 되었으니, 그가 명 광종(光宗)이며, 연호를 태창(泰昌)으로 바꿨다. 즉위한 초기에, 광종은 신종이 마음대로 재물을 긁어모으던 방식과는 달리, 두 차례에 걸쳐 내탕(內帑: 임금의 개인 재산) 합계 160만 냥을 풀어, 요동 및 북쪽의 전선을 방어하는 군대에게 상으로 내림으로써, 군심(軍心)을 진작시켰다. 이어서 광종은 또한 만력 말년에 여러 차례 민란을 불러일으킨 광감(礦監)과 세사(稅使)를 폐지하도록 명령을 내림과 동시에, 만력 연간에 상소한 일로 인해 폄적(貶謫: 강등시켜 멀리 외진 곳으로 유배함) 처벌을 받은 일부 대신들을 다시 기용했다. 광종의 이러한 행동은 문관 집단을 기뻐하게 하고 고무시킴으로써, 참신한 정치 국면이 마치 금방이라도 조정에 출현할 듯했다.

그런데 신종의 죽음과 새 황제의 즉위는, 그 당시 가장 총애받던 후궁인 정귀비로 하여금 불안한 나날을 보내게 했다. 왜냐하면 '국본지쟁(國本之爭: 태자 책봉에 대한 논쟁)'과 '정격안'에서, 그는 모두 은근히 광종의 반대편에 서서 황권 쟁탈에 참여했기 때문이다. 생명과 지위를 보전하기 위해 정귀비는 온갖 방법을 다 동원하여 광종의 비위를 맞췄다. 한편으로는 광종이 총애하는 미녀인 이선시(李選侍: '選侍'란 명대에 비빈을 일컫는 칭호였다)와 관계를 맺었으며, 다른 한편으로는 미녀를 바쳐 광종의 환심을 샀다. 여태까지 한껏 푸대접을 받고 야박하게 대접받았던 광종은 음란함을 탐하고 욕정을 추구하는 것을 피하지 못하여 일상생활이 무절제해지자, 본래 생활의 억압으로 인해 허약해진 신체가 결국 원기를 크게 잃어, 중병에 걸리고 말았다. 태창 원년(1620년) 8월 14일, 사례감병필(司禮監秉筆) 겸 어약방(御藥房: 임금의 약을 담당하는 약방)을 관장하는 태감 최문승(崔文升)이 대황(大黃)으로 지은 양약(凉藥: 열이 있는 병을 치료하는 차가운 성질의 약)을 올렸는데, 이 약은 실제로는 일종의 설사약이었다. 광종은 먹고 나서, 하루 밤낮 동안 30~40번이나 설사를 하여, 병세가 더욱 심각해졌다. 조정 신하들은 잇달아 최문승이 의술을 알지 못해 대충 아무

◈ **화조문제갑**(花鳥紋提匣) | 명

이 제갑(提匣: 손잡이가 달린 상자)은 장방형이며, 뚜껑에는 정대누각(亭臺樓閣: 정자와 누각)·지수화목(池水花木: 연못과 꽃과 나무)·노옹복동(老翁僕童: 노인과 어린 사내 시종) 등 대량의 복잡한 도안을 새겨 놓았다. 인물의 형상이 매우 생동적인, 명대 조칠(彫漆)의 걸작이다. 현재 베이징 고궁박물원에 소장되어 있다.

렇게나 약을 지어 올렸다고 질책했다. 또한 최문승은 정귀비의 심복 태감이었기 때문에, 어떤 사람은 그가 정귀비의 사주를 받았다고 의심하기도 했다. 8월 29일, 홍려시승(鴻臚寺丞) 이가작(李可灼)이 내각에 가서, 스스로 '홍환(紅丸)'이라는 선약(仙藥)이 있으니 황제께 바치고 싶다고 말했다. 내각 대신들은 약의 효능을 조사한 다음, 쉽게 사용할 수 없다고 여겼다. 그러나 이가작이 잘 알고 있는 태감을 통해 광종에게 아뢰자, 병이 위중하여 마구 의사에게 진찰을 받던 광종은 곧 정오 무렵에 홍환 한 알을 복용했다. 약을 먹고 나자, 광종은 몸이 좋아지는 것을 느꼈고, 뭔가 먹고 싶은 생각이 들었으며, 또한 이가작이 충신이라고 크게 칭찬했다. 해질 무렵에, 광종은 다시 홍환 한 알을 올리라고 요구했다. 비록 어의들은 모두 반대했지만, 광종이 고집하자, 이가작이 다시 한 알을 바쳤다. 광종은 두 번째 홍환을 먹고 나서, 이튿날 새벽녘에 바로 사망했다.

사람들로 하여금 이상하다고 느끼게 하는 것은, 수보(首輔) 방종철(方從哲)이 이가작의 책임을 추궁하지 않았을 뿐만 아니라, 오히려 광종 명의로 은 50냥을 이가작에게 상으로 주었지만, 신하들이 크게 이의를 제기하자 다시 이가작에게 1년 감봉 처벌을 했다. 동림당(東林黨) 사람들은, 홍환은 정귀비가 광종을 독살할 음모였다고 여기고, 어사 왕순신(王舜臣)이 먼저 상소를 올려 이가작을 엄하게 다스리도록 요청했다. 이어서 안팎의 관리들도 잇달아 상주문을 올려 탄핵하기를, 최문승은 정귀비의 심복으로, 일부러 광종에게 해를 가했고, 신분이 내각 수보인 방종철은 약을 올리는 것을 힘을 다해 저지하지 못했으니, 또한 피할 수 없는 책임이 있다고 했다. 그리하여 이가작은 투옥되어 심문을 받고, 멀리 변방으로 유배되어 변경을 지켰으며, 최문승은 남경으로 유배되었고, 방종철은 사직하여 관직을 떠났다. 그 후 천계(天啓) 연간에 위충현(魏忠賢)이 권력을 장악하고 나서 '홍환안'을 다시 번복하자, 이가작은 변경을 지키는 처벌을 면했고, 최문승은 총독조운(總督漕運)에 임명되었다. 황제의 생사에 관련되었던 의문투성이의 이 사건은, 동림당과 엄당(閹黨: 환관 집단)이 권력과 이권을 쟁탈하고 이분자들에게 타격을 가하는 도구가 되었다.

'이궁안(移宮案)'

만력 48년(1620년) 8월, 광종 주상락이 사망하고 나서, 그의 장자인 주유교(朱由校)가 즉위했으니, 그가 바로 명 희종(熹宗)이며, 연호는 천계(天啓, 1621~1627년)다. 당시 광종이 가장 총애했던 이선시는 여전히 건청궁(乾清宮)에 살면서 떠나지 않았고, 또한 주유교를 신변에 데리고서 정세를 통제하면서 지위를 공고히 했다. 광종은 세상을 떠나기 전, 이미 이선시를 귀비(貴妃: 후궁들 중 가장 높은 직위)에 책봉했다. 이씨는 결코 여기에 만족하지 못하고, 주유교의 입을 통해 황태후에 봉할 것을 요구했기 때문에 문관 집단들과 의견 충돌이 발생했다. 문관 집단은 그가 정치에 간섭하려는 혐의가 있다고 여겼다. 바로 이선시가 건청궁을 나가려 하지 않자, 문관들은 그가 앞 황제 때의 수렴청정했던 선례를 모방하려 한다고 의심했다. 병부(兵部) 우급사중(右給事中) 양련(楊漣)의 선도하에, 대신 유일경(劉一燝) · 주가모(周嘉謨) · 장유현(張維賢)이 내궁(內宮)으로 밀고 들어가 새 황제를 만나게 해 줄 것을 요구했다. 이선시는 주유교를 자신의 방 안에 숨겨 두고, 나오지 못하게 했다. 문신들이 함께 들고일어나 항의하자, 이선시는 어쩔 수 없이 주유교를 풀어 줄 수밖에 없었다. 이어서 주유교는 대신들의 호위를 받으며 자경궁(慈慶宮)으로 돌아와 기거했다. 이 투쟁을 거치면서 신하들은 이선시에 대해 더욱 분개했다. 상서(尚書) 주가모 등은 이선시에게 건청궁에서 나가라고 요청했다. 이선시는 태감을 보내 주유교를 불러오게 하여, 그를 통해 신하들을 제압하게 하려고 시도했다. 이선시가 보낸 태감은 양련에 의해 저지당했는데, 양련은 조리 있고 엄숙하게 말했다. "전하가 동궁(東宮)에 있을 때는 황태자였지만, 지금은 이미 황제이시거늘, 선시가 무슨 자격으로 황제를 불러서 만난단 말이냐?"

이튿날, 신하들이 일제히 자경궁 밖에 모여, 주유교에게 이선시가 건청궁에서 나가도록 명령할 것을 요구했다. 양련이 수보 방종철에게 궁궐 안에 들어가 주유교를 독촉하라고 제의하자, 방종철은 "며칠 늦게 나가더라도 아무 문제없소"라고 한마디 했다. 그러자 양련이 꾸짖으며 말했다. "태자가 즉시 등극하여 천자가 되어야 하는데, 어디에 천자가 태자궁 안에서 거처하고, 반대로 일개 선시(選侍: 비빈)가 정궁(正宮: 황후가 거주하는 궁)에 거처하는 도리가 있단 말이오! 지금 만약 선시가 여전히 건청궁을 나가지 않는다면, 우리는 죽어도 가지 않겠소!" 그러자 다른 조정 신하들도 소리 높여 따라했다. 주유교는 그리하여 이선시에게 궁을 떠나라는 명령을 내렸다. 이러한 상황에서, 이선시는 어쩔 수 없이 궁중에 있는 궁비(宮妃)들의 양로원인 인수전(仁壽殿) 홰란궁(噦鸞宮)으로 옮겨갔다.

이 사건은 '이궁안'이라고 불리며, 그 전에 있었던 '정격안'·'홍환안'과 함께 명궁 삼대안이라고 불린다. '국본지쟁'과 명궁 삼대안은 황제와 문관 집단의 모순과 권력투쟁을 반영하고 있다. 이 삼대안에 대한 태도에 따라, 관료 집단 내의 서로 다른 파벌들이 같은 파벌끼리는 뭉치고 다른 파벌은 배척하여, 한바탕 격렬한 당쟁도 피할 수 없었다.

한 걸음 더

송응성(宋應星)과 『천공개물(天工開物)』

명대에 수공업 기술이 고도로 발전함에 따라, 일부 총괄성을 띤 대형 과학 저작들이 출현했다. 『천공개물』은 바로 그 가운데 가장 유명한 대표작으로, 작자는 송응성이다. 송응성은, 자가 장경(長庚)이며, 강서 봉신(奉新) 사람이다. 명 만력 15년(1587년)에 태어났으며, 대략 청 강희(康熙) 5년(1666년)에 사망했다. 그는 재능이 뛰어나고 박학다식하여, 저작과 연구 영역이 공업 기술·농학·물리학·화학·생물학·철학·경제학·문학 등을 망라했던 백과전서적 학자였다. 그의 가장 저명한 저작인 『천공개물』은 모두 3권 18편이며, 여기에서 서술하고 있는 내용은 농업 및 수공업 약 30개 생산 부문의 기술에 관련된 것들이다. 또 모두 123컷의 삽화가 실려 있는데, 그림이 매우 생생하며, 체계적이고 전면적으로 명대 수공업의 뛰어난 성취를 반영하고 있다. 예를 들면, 이 책은 최초로 구리와 아연 합금을 제련하는 기술에 관해 서술하고 있으며, 당시 사람들이 사용하던 가열연자법(加熱煉鋅法: 열을 가해 아연을 제련함) 및 일련의 완벽한 주조 기술들을 서술하고 있다. 또 공구와 무기에 대해 금속 표면을 강화하고 경도(硬度)를 높여 주는 냉열단조(冷熱鍛造) 방법도 기록되어 있다. 이 책은 후에 사람들에 의해 "중국 17세기의 공업 백과전서"라는 구체적인 이름으로 불린다.

명(明) 후기

인물: 고헌성(顧憲成), 고반룡(高攀龍), 위충현 지역: 북경 키워드: 동림당, 엄당

동림당쟁(東林黨爭)과 위충현의 권력 독점

명나라 중기 이후, 권신들에게 빌붙지 않고, 용감하게 내각의 보신(輔臣: 황제를 보필하는 신하로, 재상을 가리킴)과 부원(部院: '部'와 '院'자로 끝나는 6부 등 중앙의 주요 기관들) 대신들을 비판하는 청렴하고 고결한 풍조가 출현했다. 그 가운데 동림서원(東林書院)을 근거지로 하는 동림당은 바로 고결한 선비를 자임하면서, 재야파(在野派)로서 그들은 끊임없이 자신들의 정치적 주장을 제시했으며, 심지어는 대담하게 황제까지도 비판하여, 통치 계층 내에서 출신지별로 유대를 맺은 다른 당파들과 격렬한 당쟁을 벌였다. 문관 집단의 당쟁이 격렬해짐과 동시에, 태감 위충현(魏忠賢)은 명 희종(熹宗)의 신임을 이용하여, 유리한 형세를 틈타 일어나 내정(內廷)의 거대한 권력을 장악한 다음, 동림당 사람들을 마구 진압함으로써, 명나라 말기에 마지막 한 차례 환관의 권력 독점을 이루었다.

◈ **오채수류수도도형반**(五彩垂柳壽桃桃形盤) | 명 천계(天啓)

동림당쟁

만력 14년부터 42년까지(1586~1614년), 만력 조정에서는 태자를 확립하는 문제를 둘러싼 '쟁국본(爭國本)' 투쟁이 거의 30년 동안 진행되었다. 동림당은 바로 이 당쟁 과정에서 등장한 지주계급 내부의 반대파였다. 만력 22년(1594년), 이부낭중(吏部郎中) 고헌성(顧憲成, 1550~1612년, 자는 숙시叔時, 호는 경양涇陽, 무석 사람)이 주상락을 태자로 책립하려고 힘썼기 때문에, 신종에게 매우 미움을 샀다. 각신(閣臣: 742쪽

◈ 우시(無錫)에 있는 동림서원

동림서원의 옛 터는 우시시(無錫市) 동문(東門) 쑤자(蘇家) 거리 내에 있으며, 명나라 동림당 사람들이 학문을 강의하고 국정을 의논하는 중심이었다.

참조)을 추천할 때, 고헌성은 또 주상락을 옹립했기 때문에 해직되었던 원래의 수보(首輔)인 왕가병(王家屛)을 다시 추천했다가, 결국 신종에 의해 관직을 박탈당하고 파면되었다. 고헌성은 파면당한 후, 고향인 무석(無錫, 지금의 장쑤성에 속함)으로 돌아가 동생 고윤성(顧允成)과 함께 고향의 동림서원을 다시 수리하여, 의기투합하고 뜻이 맞는 친구들인 고반룡(高攀龍)·전일본(錢一本) 등을 모아 여기에서 학문을 강의하면서, 이해관계의 정치단체를 형성했다. 고헌성과 고반룡 등 8명은 '동림팔군자(東林八君子)'라고 불렸다.

고헌성·고반룡 같은 사람들은 사회·정치를 중시하여, 천하의 일을 자신의 소임으로 삼고, 집정대신(執政大臣)들을 과감하게 비평하면서, 고결한 선비로 자임했다. 이때는 바로 명나라 말기의 사회 모순이 나날이 격화되고 있었고, 정치가 부패하고 있었다. 동림 인사들은, 청렴결백하게 공무를 처리하고, 이치(吏治: 관리들의 품행과 치적)를 진흥시키고, 언로를 개방하고, 조야의 적폐를 혁파하고, 권귀(權貴)들의 탐장왕법(貪贓枉法: 횡령하고 뇌물을 받고 법을 어김)을 반대하고, 광감세사(礦監稅使: 759쪽 참조)의 약탈을 반대하고, 부역(賦役: 세금과 노역) 부담을 경감하고, 동남 지역의 경제를 발전시킬 것 등의 주장을 제시함으로써, 당시 사회적으로 광범위한 지지를 받았다. 동시에 또한 환관 및 각종 추종 세력들로부터 격렬한 반대를 받았다. 만력 36년(1608년), 고헌성은 남경광록시 소경(南京光祿寺少卿)에 임명되었는데, 그는 강서 길수(吉水) 사람 추원표(鄒元標)·북직예(北直隸) 사람 조남성(趙南星)과 더불어 '해내삼군(海內三君)'이라고 불렸다. 이때 동림당 사람의 범위도 점차 확대되어, 무릇 대담하게 국정을 비판하고, 국본지쟁(國本之爭) 과정에서 대담하게 신종과 정귀비를 비판하고, 명궁 삼대안 과정에서 과감하게 힘써 싸운 것은, 모두 동림당 사람으로 간주되었다. 그와 반대로, 동림당 사람에게 공격을 받거나, 동림당 사람에 의해 받아들여지지 않은 관리들은, 지역별로 서로 당파를 결성하여 동림당과 대항했다. 그 가운데 가장 큰 세 개의 당파는, 산동 출신 관리들로 구성된 제당(齊黨), 호광(湖廣: 호남湖南과 호북湖北을 합친 지역으로, 명대의 성省 이름) 출신 관리들로 구성된 초당(楚黨) 및 절강 출신 관리들로 구성된 절당(浙黨)이었다.

천계(天啓) 초년, 동림당은 '이궁안' 과정에서 희종이 즉위하도록 도운 공을 세움에 따라, 많은 당인(黨人)들이 다시 기용되자, 재야의 반대파에서 정권을 장악한 재조파(在朝派)로 바뀌었다. 천계 3년(1623년), 이부상서 조남성이 '경찰(京察: 이부가 경관京官에 대해 심사하던 제도)'의 기회를 이용하여, 제당·초당·절당 소속 관리들을 파면하고, 힘껏 동림당인들을 발탁했다. 그리하여 한때 수보 유일경(劉一燝)·차보(次輔) 섭향고(葉向高)·이부상서 조남성·예부상서 손신행(孫愼行)·병부상서 웅정필(熊廷弼) 등이 모두 동림당인이거나 동림당의 지지자들이 맡게 되어, 국정을 주도하는 주요 세력이 되었다. 『명사(明史)』는 이때를 이렇게 기록하고 있다. "동림의 세력이 왕성하여, 그 무리들이 조정을 가득 채웠다[東林勢盛, 衆正盈朝]." 그런데 당쟁 과정에서 패배한 다른 세 당파는 동림당에 받아들여지지 않자, 곧 잇달아 정권을 장악하고 있던 태감 위충현에게 빌붙었다. 후에 사람들은 이들을 '엄당(閹黨)'이라고 불렀다. 이후로 문관 집단 내부의 당쟁은 점차 동림당인과 '엄당' 간의 투쟁으로 바뀌었다.

위충현의 권력 독점

위충현은, 하간(河間) 숙녕(肅寧, 지금의 허베이성 쑤닝) 사람으로, 먹고 마시고 오입질하고 도박을 일삼는 시정 무뢰한이었는데, 20여 세가 되었을 때 노름빚을 져 궁지에 빠지자, 스스로 거세하고 궁궐에 들어가 태감이 되었다. 궁궐에 들어간 다음, 그는 태감 위조(魏朝)의 문하에 들어가, 성을 이(李)씨로 바꾸고, 이름을 진충(進忠)이라고 했다. 그는 감언이설로 위조의 호감을 사자, 원래의 성인 '魏'씨를 회복했다. 후에 위조가 그를 황손 주유교의 어머니인 왕재인(王才人)에게 추천하여, 식사를 관리하는 책임을 지게 되자, 위충현은 이 관계를 이용하여 이따금씩 주유교에게 접근했다. 주유교는 당시 아직은 단지 태자 주상락의 장자일 뿐이었고, 주상락은 결코 신종의 호감을 얻지 못했으므로, 매우 긴 세월 동안 심지어 사람들에게 냉대까지 받았다. 노름꾼 출신의 위충현은 뜻밖에 판돈을 주유교에게 걸었다. 그는 주유교가 유모 객씨(客氏)에 대한 감정이 매우 도탑다는 것을 알고는, 곧 온갖 방법을 동원해 객씨에게 가서 아첨을 하여, 객씨와 '대식(對食, 태감과 궁녀가 맺어져 부부처럼 지내는 것)'을 맺자, 객씨는 항상 주유교 모자의 면전에서 끊임없이 그를 대신하여 달콤한 말을 했다.

천계 원년(1621년), 주유교가 즉위하여 황제가 되었으니, 그가 바로 명 희종(熹宗)이다. 위충현은 황제의 총애에 의지하고, 객씨와 서로 작당하여, 일찍이 자신을 발탁했던 태감 왕안(王安)과 위조 두 사람을 궁정에서 내쫓고, 자신이 내정에서 가장 중요한 사례감 태감에 부임했다. 천계 3년(1623년), 위충현은 동창(東廠)을 지휘 감독하여, 명대의 가장 중요한 특무 기관인 동창과 금의위(錦衣衛)를 장악했다. 위충현은 요직을 탈취한 다음, 먼저 황제의 환심을 사서, 황제가 성색견마(聲色犬馬: 가무, 여색, 개 사육, 승마를 가리키는 말로, 옛날 지배층이 즐겨하던 부패하고 화려한 생활을 가리킴)에 탐닉하여 국정을 돌보지 않도록 유도했다. 명 희종에게는 한 가지 특수한 취미가 있었는데, 그는 목공(木工) 일을 특별히 좋아했다. 그는 도끼와 톱을 사용할 줄 알았을 뿐만 아니라, 집을 짓고 칠을 할 줄도 알았으며, 특히 소형 부품을 조각하여 제작하는 데 뛰어났다. 그는 이런 일을 할 때는 반드시 정신을 집중했다. 그때 만약 어떤 사람이 와서 국가 대사에 대해 상주하면, 그는 도무지 참지 못했다. 위충현은 곧 일부러 희종이 목공 일을 할 때를 틈타 상주문을 올렸고, 그때 희종은 왕왕 위충현 스스로 알아서 처리하도록 했다. 이렇게 되어 많은 일들은 상주할 수조차 없게 되자, 위충현의 뜻이 곧 황제의 뜻이 되었으며, 신하들은 분명히 그렇게 알았고, 또 그대로 처리할 수밖에 없었다. 황제를 장악하고 나자, 위충현은 곧 조정 신하들과 교제를 맺는 데 힘을 쏟으면서, 측근을 심어 넣고, 이색분자들을 박해했다. 위충현이 마음대로 권력을 휘두르는 상황에서, 권세 있는 자에게 아부하며 빌붙는 일부 무리들이 잇달아 위충현 문하에 들어가 악명 높은 '엄당(閹黨)'을 형성했다. 그 가운데 문신 최정수(崔呈秀)·전길(田吉)·오순부(吳淳夫)·이기룡(李夔龍)·예문환(倪文煥) 등 5명으로 이루어진 '오호(五虎)', 전이경(田爾耕)·허현순(許顯純)·손운학(孫雲鶴)·양환(楊寰)·최응원(崔應元) 등 5명의 무장(武將)으로 구성된 '오표(五彪)'는 사당(死黨: 죽음을 각오하고 뭉친 무리)이었으며, 그 밖에도 상서 주응추(周應秋)·태복시소경(太僕寺少卿) 조흠정(曹欽程) 등으로 구성된 '십구(十狗)' 및 '십해아(十孩兒)'·'사십손(四十孫)' 등도 있었다. 이들 주구(走狗)의 문하에 있는 앞잡이들은 더욱 많아 수를 헤아릴 수 없었다.

위충현이 동림당 사람들을 달래 보려고 했다가 단호하게 거절당하자, 이때부터 위충현은 곧 동림당과는 물과 불의 관계처럼 용납할 수 없는 관계가 되었다. 천계 4년(1624년), 동림당 사람인

◈ **명십삼릉(明十三陵)에 있는 문신석상(文臣石像)**

명십삼릉은 베이징 서북쪽 교외의 창핑구(昌平區) 내의 톈서우산(天壽山)에 있는, 명나라 황제의 무덤군으로, 영락제(永樂帝) 주체(朱棣)부터 숭정제(崇禎帝) 주유교(朱由校)까지 13명의 명나라 황제들이 매장되어 있다.

양련(楊漣)이 먼저 반란을 일으켜, 위충현이 "권력을 독차지하고 정치를 문란하게 했으며, 임금을 속이고 법을 무시했다"는 등 24가지 대죄를 지었다고 상소했다가 체포되어, 좌광두(左光斗)·위대중(魏大中) 등 수십 명과 함께 살해되었다. 위충현은 공부낭중(工部郎中) 만경(萬燝)을 장형(杖刑)으로 죽였고, 잇달아 대학사 섭향고·이부상서 조남성·좌도어사(左都御史) 고반룡·이부시랑 진우정(陳于廷) 등을 파면했으며, 또 중앙의 내각과 육부에서부터 지방에 이르기까지 사당(死黨)을 두루 배치했다. 그는 전국에 〈동림당인 명단〉을 공표하고, 수많은 동림당 인사들을 공개적으로 체포하여 박해했다. 천계 6년(1626년), 위충현은 고반룡·주기원(周起元)·주순창(周順昌)·무창기(繆昌期)·주종건(周宗建)·황존소(黃尊素)·이응승(李應升) 등 7명을 살해하고, 또 홍환안·정격안·이궁안 등 삼대안을 구실로 동림당에 타격을 가했다. 위충현은 또한 같은 패거리인 좌첨도어사(左僉都御史) 왕소휘(王紹徽)에게 『동림점장록(東林點將綠)』을 편찬하도록 사주하여, 『수호전』 이야기 속에 나오는 '삼십육천강(三十六天罡)'과 '칠십이지살(七十二地煞)'을 모방해, 동림당 명단을 모두 나열했다. 위충현은 다시 강학(講學)으로 분노를 옮겨 갔다. 그는 황제의 명령을 위조하여 전국 각지의 서원들을 헐어 버리고, 강학 활동을 금지하도록 했다. 국정을 장악했던 동림당은 고작 3년 만에 거의 모두 사라져 버렸다. 잔혹하게 살해당한 사람이 수십 명이었고, 하옥되었다가 견수(遣戍: 변방으로 유배되어 국경을 지키는 형벌)당한 사람이 수백 명에 달했으며, 기타 혁직(革職: 파면)·몽원(蒙冤: 누명을 씀)·주련(株連:

연좌)·타격을 당한 자가 수천 명이었다.

위충현은 대숙청을 통해 조정 신하들의 대대적인 교체를 실현하여, 그는 사실상 천하의 지배자가 되었다. 위충현의 앞잡이들은 그의 환심을 사기 위해 온갖 방법을 생각해 냈다. 왜냐하면 만약 그의 환심을 살 수만 있으면, 곧 벼락출세를 할 수 있었기 때문이다. 천계 6년(1626년), 절강순무 반여정(潘汝楨)이 뜻밖에 위충현을 위해 생사(生祠: 살아 있는 사람을 위해 지은 사당)를 짓자고 제안했다. 이 상주문은 단번에 위충현의 마음에 쏙 들었으므로, 즉각 희종의 명의로 허락했다. 반여정은 곧 자금을 모아 지으라고 명령을 내렸고, 백성들은 가산을 탕진하게 되었다. 이 바람이 한번 일자, 각지에서 서로 다투어 모방했으며, 심지어 또 어떤 국자감 감생(監生)은 마침내 국자감 옆에 위충현의 생사를 지어, 일자무식인 위충현으로 하여금 공자에게 제사를 지내게 하자고 주장하기도 했으니, 황당함이 극에 달했다고 할 수 있다. 당시 각지에서 서로 누가 잘 지었는지를 비교하는 바람에, 생사가 갈수록 크게 지어지자, 한 채의 생사를 짓는 데 적어도 수만 냥의 은을 소모했으며, 많은 경우에는 수십만 냥에 달하기도 했다. 단지 개봉 한 곳에서만, 생사를 짓느라고 2천여 채의 민간 가옥을 헐었다. 이처럼 국가와 백성들에게 재앙을 가져다주는 방법은 올곧은 관리들의 반대를 받았지만, 반대자들은 아무도 위충현 및 그 앞잡이들의 악랄한 수단을 피해 가지 못했다.

바로 위충현의 권세가 하늘을 뒤덮고 있을 때, 그가 의지하고 있던 산이 갑자기 무너져 내렸다. 바로 7년간 황제로 있던 희종이 갑자기 세상을 떠났으니, 그의 나이 겨우 23세였다. 희종에게는 아들이 없었으므로, 유명(遺命)에 따라 그의 동생인 신왕(信王) 주유검(朱由檢, 즉 명 사종思宗)이 제위를 이어받았고, 연호는 숭정(崇禎)이었다. 숭정제는 제위를 물려받고 나서 두 달도 안 되어, 먼저 최정수를 병부상서에서 파면했으며, 위충현을 위해 처음으로 생사를 세운 절강순무 반여정도 파면했다. 이어서 병부주사(兵部主事) 전원각(錢元慤)과 가흥(嘉興)의 공생(貢生: 1차 과거 시험에 합격한 사람) 전가징(錢嘉徵)이 글을 올려 위충현을 탄핵하면서, 엄당을 철저히 제거할 것을 요구했다.

천계 7년(1627년) 11월, 숭정제는 위충현을 봉양(鳳陽) 조릉(祖陵)의 사향(司香: 제사를 지낼 때 향을 피우는 일을 맡아보는 임시직)으로 강등시켜 귀양 보냈다가, 얼마 지나지 않아 다시 그를 체포하도록 명령을 내렸다. 부성(阜城, 지금의 허베이성에 속함)을 지나고 있던 위충현은 이 사실을 알고 나서, 황급히 목을 매 자살했다. 뒤이어 조정은 "반역 사건으로 규정하고", '엄당'에 대해 숙청을 진행했다.

명(明) 말년

인물: 이자성(李自成), 장헌충(張獻忠) 지역: 섬서(陝西) 키워드: 대순(大順) 정권, 대서(大西) 정권

명나라 말기의 농민 봉기

명나라 천계(天啓)·숭정(崇禎) 연간, 내부 통치 계층의 당쟁이 격렬해지고, 나날이 부패하여, 통치자의 하층 백성에 대한 착취와 억압은 더욱 가혹하고 과중해지면서, 사회 모순이 나날이 격화되었다. 또 외부에서는 후금(後金) 정권이 끊임없이 공격해 오자, 명 왕조가 지나치게 '요향(遼餉: 명나라 말기에 요동에 주둔하는 군대의 군비를 마련하기 위해 추가로 징수한 세금)'을 부과하여, 백성들은 안심하고 살 수가 없었다. 게다가 소빙하(小氷河) 시기의 독특한 기후 재해로, 각지에서 거의 해마다 재해를 당했으며, 전국적인 대가뭄이 끊이지 않고 이어졌다. 마침내 대규모의 농민 봉기가 섬서에서 시작되었고, 결국 명 왕조의 부패한 통치를 뒤집어엎음으로써, 새로운 왕조가 탄생할 길을 닦아 놓았다.

◈ **유민도**(流民圖) (일부분) | **명, 오신**(吳臣)

이 그림은 원래 의지할 곳을 잃고 떠돌아다니는 난민 총 25명을 그렸는데, 노인이든 어린아이든 병자든 장애인이든, 잘생겼든 못생겼든 현명하든 어리석든 막론하고, 모두 살아 있는 듯이 생생하다. 그래서 서심(徐沁)은 『명화록(明畵錄)』에서, "옛 모습과 기묘한 자태가, 면밀하면서도 쓸쓸하고 적적하여, 각자 그 의태가 극도로 드러나 있다[古貌奇姿, 綿密蕭散, 各極意態]"라고 평가했다. 이렇게 생활이 전체 사회적으로 최하층인 인물들을 그린 그림은 고대에는 매우 보기 드문 것이다.

이자성(李自成)과 대순(大順) 정권

명나라 말기에, 세금이 과중하고, 많은 지역들에서 기근이 끊이지 않자, 각지의 농민들이 반기를 들고 일어나, 잇달아 크고 작은 무장 폭동과 봉기를 일으켰다. 천계 7년(1627년), 왕이(王二)가 섬북(陝北) 징현(澄縣)의 굶주린 백성들을 인솔하여 현성(縣城: 현 관아의 소재지)으로 돌진하여 지현(知縣: 현의 최고 관직) 장두요(張斗耀)를 죽임으로써, 명나라 말기 농민 대봉기의 서막을 열었다. 이듬해, 왕가윤(王嘉胤)이 수천 명을 모아 반란을 일으키자, 왕이가 부대를 이끌고 와서 합류했다. 곧이어 안새(安塞, 지금의 산시성에 속함)의 고영상(高迎祥)이 봉기를 일으켰다. 고영상은 전공이 탁월했기 때문에, 봉기군들에게 '틈왕(闖王: 목숨을 아끼지 않는 용감한 왕이라는 뜻)'이라고 불렸다. 숭정(崇禎) 9년(1639년), 고영상이 흑수욕(黑水峪, 지금의 산시성 저우즈현周至縣에 속함)에서 명나라 섬서순무(陝西巡撫) 손전정(孫傳庭)에게 매복 공격을 받아 패배하고 사로잡혀 희생되자, 서북쪽 농민 봉기군은 한때 침체에 빠졌다. 그러나 얼마 지나지 않아, 이자성과 장헌충(張獻忠)을 우두머리로 하는 양대 농민 봉기군이 서북 지역에서 다시 들고 일어났다.

이자성(1606~1645년)은 섬서 미지(米脂) 사람으로, 조상은 대를 이어 농사를 지으며 살았다. 천계 연간에 섬북에는 해마다 흉년이 들었는데, 관청의 세금 징수는 오히려 한 푼도 줄어들지 않았다. 살길을 찾기 위해, 21세의 이자성은 은천(銀川) 역참에 가서 역졸(驛卒)이 되었다. 얼마 후, 채무를 갚을 수 없게 되자 채권자인 지방 토호를 때려죽이고, 이자성은 다시 조카 이과(李過)와 미지에서 봉기를 일으켜, 왕좌괘(王左挂)와 불첨니(不沾泥, 즉 장존맹張存孟)가 이끄는 농민 봉기군에 참가했다. 후에 왕좌괘와 불첨니가 명나라 조정에 투항하자, 이자성은 다시 이과와 형제들을 데리고 틈왕 고영상의 부대에 가담했다. 전투에는 용감했고, 일처리가 과감한 데다, 생각은 신중하고 치밀했기 때문에, 이자성은 매우 빠르게 고영상의 신임을 얻었으며, '틈장(闖將: 용맹한 장수)'이라고 불렸다. 숭정 9년(1636년), 고영상이 체포되어 희생당한 후, 이자성은 부하들의 추대로 '틈왕'이 되어 봉기군을 이끌고 계속 싸웠다. 각 방면의 봉기군들 사이에는 결국 여전히 관계가 느슨하여, 각자가 협동 작전을 벌일 수 없었으므로, 대부분이 정부군에 의해 각개 격파되었다. 숭정 9년부터 11년까지(1636~1638년), 봉기군 우두머리들 가운데 어떤 사람은 투항했고, 어떤 사람은 형세에 쫓겨 항복했다. 숭정 11년(1638년), 이자성은 감숙에서 섬서로 옮겨가, 동관(潼關)을 공격할 준비를 했다. 명나라 대신 홍승주(洪承疇)·손전정은 사전에 잘 파악한 다음, 동관 부근의 숭산(崇山) 준령(峻嶺) 속에 매복을 배치하고, 일부러 동관으로 통하는 대로를 열어 둠으로써, 이자성이 포위권에 들어오도록 유인했다. 이자성이 봉기군을 이끌고 출동하여 동관 부근의 산골짜기 지대에 이르렀을 때, 양 옆 산속에서 수많은 명나라 군대가 쏟아져 나왔다. 봉기군은 며칠 동안 악전고투를 벌이다가 대오가 흐트러져, 수만 명의 봉기군이 전투 과정에서 희생되었다. 이자성과 부하 장수 유종민(劉宗敏) 등 17명은 포위를 뚫고 섬서 동남쪽의 상락산(商洛山) 구역으로 도망쳤다. 이자성은 이 시간을 이용하여, 낮에는 말 타기와 활쏘기를 하고, 밤에는 독서를 하면서, 실패의 교훈을 종합하고, 때를 기다리며 동산(東山)에서 재기를 도모했다.

숭정 12년부터 13년까지(1639~1640년), 하남에서는 기근이 심각했는데, 명나라 통치자들은 여전히 전량(錢糧: 세금)을 독촉하자, 백성들의 원성이 들끓었다. 이자성은 시기가 이미 무르익었다고 여기고, 동쪽의 하남으로 나아가 다시 의병을 일으키니, 굶주린 백성들이 봉기에 호응하여, 수십 명이었던 인원이 매우 빠르게 수만 명을 보유한 대오로 발전했다. 봉기군은 성을 공격하여 빼앗고, 창고를 열어 빈민을 구제했으며, "농지를 골고루 나눠 주고, 세금을 면제한다[均田免糧]"라는 구호를 내걸었다. 이 구호는 농민들 속에서 즉각 거대한 힘을 발휘하여, 사람들이 밀물처럼 봉기군의 대오로 몰려들었다. 각지에서는 모두 이런 노래가 유행하며 불려졌다. "먹을 것도 없고, 입을 것도 없는데, 틈왕만 있으면 마음대로 먹고 입을 수 있다네. 노역을 하지도 않고, 세금도 내지 않으면서, 모두가 즐겁게 산다네[吃他娘, 穿他娘, 吃穿不盡有闖王. 不當差, 不納糧, 大家快活過一場]." 하남의 도처에서는 모두 틈왕의 부대가 조금이라도 일찍 오기를 간절히 바랐다. 몇 십 일 내에, 이자성의 부대는 곧 수십만의 병력과 전마(戰馬)를 보유한 부대로 확대되었다. 이자성은 새로 조직한 봉기군을 이끌고 하남 각지를 옮겨 다니며 싸웠는데, 그가 부대의 기율을 엄격히 단속하여, 부대가 지나온 지역에서는 추호도 규정을 위반하지 않았으므로, 기층 민중들의 신임을 얻었다. 이자성은 또한 적군에 대한 선전 와해 공작도 중시했다. 당시 명나라 관군은 부패가 매우 심해, 장수들이 군량을 가로채는 바람에 사병들은 헐벗고 굶주리면서 매우 고통을 당하고 있었다. 적과 대치할 때마다, 이자성은 곧 부하들로 하여금 적진 앞에 가서 소리를 질러 명나라 군대에게 항복을 권유하게 했다. 이 때문에 명나라 군대 병사들이 왕왕 진영 앞에 와서, 대거 봉기군에 참여하기도 했다. 게다가 이자성의 지휘가 능숙하고, 전략전술의 운용이 적절하여, 매우 빠르게 하남에서 "관군을 다섯 번 궤멸시키는" 빛나는 승리를 거두었다. 얼마 지나지 않아, 봉기군이 낙양을 함락시키고, 복왕(福王) 주상순(朱常洵)을 살해하자, 스스로 봉기군에 참여하는 백성들이 마치 흐르는 물처럼 밤낮없이 끊이지 않게 되어, 봉기군은 매우 빠르게 백만 명의 대오로 발전했다.

숭정 16년(1643년) 정월, 이자성은 군대를 이끌고 남하하여, 한 달도 안 되어 호북 북부의 각 현(縣)들을 거의 모두 점령했다. 명나라의 통치를 철저히 뒤엎기 위해, 이자성은 양양(襄陽, 지금의 후베이성 샹판襄樊)에서 중요한 군사회의를 소집하고, 다음과 같은 새로운 전략 방침을 확정했다. 즉 관중으로 진격하여, 당시 유일한 실력을 가진 명나라 대신인 손전정의 부대를 소탕한 다음, 동쪽으로 황하를 건너, 산서를 거쳐 곧바로 북경으로 돌진한다는 것이었다. 8월, 이자성과 손전정의 양쪽 군대는 예서(豫西: 지금의 허난성 서부 지역)의 겹현(郟縣)과 여주(汝州, 지금의 허난성 린루臨汝)에서 두 차례의 격렬한 큰 전투를 벌였다. 그 결과 손전정의 수십만 대군은 잇달아 궤멸적인 타격을 받았다. 이자성은 승세를 타고 전진하여, 10월에 동관을 돌파하고, 다시 진격하여 서안(西安)을 점령했다.

숭정 17년(1644년) 정월, 이자성은 서안에서 대순(大順) 정권을 수립하고, 연호를 영창(永昌)이라고 했다. 2월, 대군이 곧바로 태원(太原)을 겨냥하자, 명나라 군대는 소문을 듣고 투항했다. 그 후, 이자성은 병력을 두 방면으로 나누어 공격했다. 한 방면은 용맹한 장수 유방량(劉方亮)이 인솔하여 고관(故關, 지금의 산시성 냥쯔관娘子關 남쪽)을 나서, 진정(眞定, 지금의 허베이성 정딩正定)으로 달려가, 명나라 조정이 남쪽으로 도주하는 퇴로를 차단했고, 다른 한 방면은, 그가 친히 인솔하여, 흔주(忻州, 지금의 산시성 신현忻縣)·대주(代州, 지금의 산시성 다이현代縣)를 점령하고, 영무(寧武)를 격파했으며, 대동(大同)·선부(宣府)를 함락시킨 뒤, 곧바로 북경을 접수했다. 농민군은 줄곧 온갖 고난을 이겨 내며 진격했는데, 기세가 당당하여 막아 낼 수 없었다. 3월 상순에는 곧 거용관(居庸關: 북경의 서북쪽에 있는 요충지)으로 진입하여, 창평(昌平)을 점령했다. 16일에는 북경성을 포위했다. 이자성은 사람을 보내 숭정 황제에게 투항하라고 권유했다가 거절당한 후, 이튿날 북경에 대해 공격을 시작했다. 18일, 봉기군은 세 방면으로부터 포위 공격하여, 창의문(彰義門, 지금의 광안문廣安門)·서직문(西直門)·평칙문(平則門, 지금의 부성문阜成門)·덕승문(德勝門) 등지에서 전투가 매우 격렬하게 진행되었다. 저녁 무렵, 봉기군은 창의문을 함락시키고, 이어서 내성(內城)의 각 문들을 공격했다. 성안에 있던 고관과 귀족들은 놀라고 두려워서 어쩔 줄을 몰랐으며, 숭정 황제는 절망한 나머지 자신의 손으로 비(妃)와 딸을 베어 죽인 다음, 모산(謀山, 지금의 징산景山)에서 목을 매어 자살했다.

이튿날 동이 틀 무렵, 선무문(宣武門)과 정양문(正陽門)이 각각 이자성의 용맹한 부하 장수인 유종민과 조카 이과 등에 의해 함락되었다. 봉기군은 북경성으로 몰려 들어갔다. 북경성에 진입한 후, 이자성은 몇몇 조치들을 취해 승리의 성과를 공고히 했다. 예를 들면, 군기를 엄격하고 공정하게 했으며, 백성들에게 폐를 끼치는 것을 금지했고, 정권 기구를 완비했으며, 관직을 설계하여 확정했고, 과거를 시행하여 관리를 등용한 것 등등이다. 산해관(山海關)을 방어하고 있던 오삼계(吳三桂) 집단을 쟁취하기 위해, 이자성은 또한 사람을 보내 투항을 권유했다. 그러나 야심만만하던 오삼계는 아버지 오양(吳襄)이 고문을 당해 장물을 몰수당했고, 애첩인 진원원(陳圓圓)을 빼앗겼다는 것을 구실로, 청나라 군대를 산해관으로 끌어들여, 대순(大順: 이자성이 세운 정권) 군대와 일편석(一片石, 지금의 랴오닝성 쑤이중綏中 서쪽 70리에 있는 지우먼코우九門口)에서 격전을 벌였다. 4월 11일, 전혀 방비를 하지 않고 있던 대순 군대는 접전 과정에서 청나라 군대의 기습을 받고 참패하여 돌아갔다. 19일, 이자성은 자금성 무영전(武英殿)에서 황제가 되었다. 다음날, 농민군은 북경에서 철수했다. 그해 7월, 농민군은 서안으로 철수했다. 이듬해, 이자성은 청나라 군대의 추격을 받자 호광으로 옮겨가 싸웠다. 그해 4월, 나이 고작 39세의 이자성은 호북 통산현(通山縣) 구궁산(九宮山)에서 전사했다(승려가 되었다는 설도 있음-옮긴이).

장헌충(張獻忠)과 '대서(大西) 정권'

장헌충(1606~1646년)은, 자가 병오(秉吾)이고, 호는 경헌(敬軒)으로, 연안(延安) 부시(膚施, 지금의 산시성 딩볜定邊) 사람이다. 그는 빈곤한 가정 출신으로, 어려서부터 총명하고 고집이 셌으며, 아버지를 따라 조그마한 장사를 하면서 말린 대추를 판매했다. 그는 죄인을 잡아들이는 말단 관리가 되었고, 후에 다시 연수진(延綏鎭)에 가서 수비병이 되었다. 장헌충은 천성이 강렬하여, 약자 편을 들기를 좋아했으며, 이 때문에 하마터면 목숨을 잃을 뻔했다. 그는 사람들에게 모함을 당해 참수를 당하게 되었는데, "주장(主將)인 진홍범(陳洪範)이 그의 모습을 범상치 않게 여겨, 총병관(總兵官)인 왕위(王威)에게 그를 풀어 주도록 요청하여", 마침내 "채찍 100대로 감면받았다". 관직에서 파면된 다음, 그는 고향으로 도망쳐 와서 마을들을 떠돌아 다녔다. 숭정 3년(1630년), 장헌충은 왕가윤(王嘉胤)이 명나라에 반기를 들자고 호소하자, 이에 적극 호응하여 미지(米脂)에서 18개 마을의 농민들을 모아 하나의 봉기군 부대를 조직했다. 그는 스스로 '팔대왕(八大王)'이라고 불렀다. 그는 "키가 크고 말랐으며, 얼굴이 약간 누르스름했으므로", 군영에서는 '황호(黃虎)'라고 불렀다. 장헌충은 어렸을 때 약간의 책을 읽었고, 또 군사 훈련도 받았으며, 사람됨이 지모가 뛰어났고 과감하면서 용맹하여, 매우 빠르게 탁월한 지휘 재능을 드러냈기 때문에, 후에 점차 봉기군의 우두머리가 되어 갔다.

섬북(陝北)에서의 일련의 봉기가 명나라 통치자를 깜짝 놀라게 하자, 숭정 황제는 토벌과 위무를 함께 사용하는 책략을 이용하여 최대한 빨리 농민 봉기를 평정할 준비를 했다. 그리하여 삼변총독(三邊總督) 양학(楊鶴)은 위무를 주로 삼고 소탕을 보조로 삼는 정책을 집행하여, 농민 봉기군을 와해시키려고 시도했다. 명나라 군대의 주력 부대를 피하기 위해, 왕가윤이 군대를 이끌고 진(晉: 산시성山西省 지역) 지역으로 들어가자, 봉기의 중심이 산서로 옮겨 갔다. 왕가윤이 사망한 후, 장헌충·나여재(羅汝才)·이자성 등이 고영상 밑으로 들어갔으며, 고영상은 틈왕(闖王)으로 자처했다. 숭정 8년(1635년), 명나라 군대를 격퇴하기 위해, 13가(家: 큰 부대의 수령) 72영(營: 작은 부대

◈ 명나라 장성(長城) 유적

명나라는 중국 역사에서 장성을 쌓았던 마지막 왕조로, 홍무(洪武) 원년(1368년)부터 거용관(居庸關) 장성을 쌓기 시작하여, 16세기 말까지 모두 200여 년 동안, 전체 길이 1만 2,700리의 장성을 쌓았다. 지금까지 완벽하게 보존되어 있는 것은 주로 명나라 장성이다.

의 수령)의 봉기군 지도자들이 하남 형양(滎陽)에 모여, 진격할 것을 의결했다. 회의에서 회족(回族) 봉기군의 수령 마수응(馬守應)은 북쪽으로 황하를 건너 산서로 옮기자고 주장했는데, 장헌충 등은 반대했다. 이자성은 "군대를 나누어 진격 방향을 정하자"는 전략을 제시하면서, 연합 작전을 펼쳐, 군대를 나누어 명나라 군대를 맞이하여 격퇴하자고 주장했다. 이 전략이 대회에서 찬동을 얻었으므로, 봉기군 수령들은 병력을 다섯 방면으로 나누기로 결정했다. 첫째 방면은 남쪽으로 가서 호광(湖廣)과 사천 방면의 명나라 군대를 저지하고, 둘째 방면은 서쪽으로 가서 섬서의 명나라 군대를 막아 내며, 셋째 방면은 형양과 사수(汜水) 일대에 주둔하면서 황하를 방어하고, 고영상과 장헌충 등은 동쪽의 안휘 등지를

◈ **이자성 동상**

이자성은 섬서 미지 쌍천리(雙泉里) 이계천(李繼遷) 부락(지금의 헝산橫山에 속함) 사람으로, 처음 이름은 홍기(鴻基)였으며, 조상 대대로 농사를 지었다.

공격하며, 마수응은 왕래하며 협동 작전을 펼치기로 했다. 나중에 고영상이 희생되자, 봉기군은 점차 두 개의 정예 부대로 나뉘었다. 하나는 장헌충이 통솔하여, 호북·안휘·하남 일대에서 활동했으며, 다른 하나는 '틈왕'의 칭호를 계승한 이자성이 통솔하여, 감숙·영하·섬서 일대에서 활동했다. 숭정 10년(1637년), 장헌충은 명나라 군대의 총병관 좌량옥(左良玉)이 이끄는 부대의 공격을 받아 남양(南陽)·마성(麻城)에서 패하자, 결국 명나라 군대에 투항하여, 봉기는 침체 상태에 들어섰다. 이듬해 정월, 장헌충은 본부 봉기군을 인솔하고 곡성(谷城, 지금의 후베이성 샹양襄陽에 속함)에 진주하다가 조정의 사면을 받고 투항하여, 부장(副將)의 직책을 수여받았으며, 주둔지인 왕가하(王家河)의 이름을 태평진(太平鎭)으로 바꾸어 휴병(休兵: 휴식하며 정비하는 군대)임을 나타냈다.

장헌충은 1년의 휴식과 정비를 거쳐, 숭정 12년(1639년) 5월에 곡성에서 다시 군대를 일으켜, "적의 튼튼한 곳을 피하고, 허술한 곳을 공격하며[避實搗虛]" "빠르게 움직이면서 적을 제압하는[以走制敵]" 효과적인 전술을 채용하여, 명나라에 반대하는 기치를 다시 들어올렸다. 나산(羅山, 지금의 후베이성 주산현竹山縣 동남쪽)에서 명나라 주력 부대인 좌량옥 부대를 섬멸한 다음, 사천으로 옮겨가 달주(達州) 전투에서 대승을 거두고, 곧바로 병력이 호광으로 진격하여, 숭정 14년(1641년) 2월에 양양(襄陽)을 함락시켰다. 이자성과 장헌충은 잇달아 낙양·양양을 공격하여 점령하고, 명나라의 포위 소탕 정책은 파산했다고 선포했다. 총병관 좌량옥이 장헌충에게 완패를 당하자, 화가 난 숭정제는 병부상서 양사창(楊嗣昌)을 호광에 파견하여 장헌충을 포위 공격하게 했다. 양사창은 10만에 달하는 병력을 이끌고 양양에 와서 무용을 빛내며 위세를 떨쳤다. 그는 좌량옥 등 장수들을 인솔하여 봉기군의 사방을 포위했다. 장헌충이 태평(太平, 지금의 쓰촨성 완위안萬源)의 마노산(瑪瑙山)으로 이동할 때, 대오 안에 첩자가 잠입했으므로, 봉기군이 적의 포위권에 들어가 명나라 군대에게 패배하여, 대량의 금은·전마(戰馬)를 상실했다. 장헌충의 아내와 아들도 포로가 되었다. 장헌충은 천여 명의 기병을 이끌고 호광에서 사천으로 이동했다. 양사창은 바짝 추격하여, 행원(行轅: 임시 사령부)을 중경(重慶)으로 옮기고, 사천에서 봉기군을 섬멸하려고 했다.

양사창은 사천의 도처에 방을 붙여, 누구라도 장헌충을 사로잡는 사람에게는 황금 만 냥을 상으로 주고, 또 그를 후작(侯爵)에 봉하겠다고 했다. 이튿날, 양사창의 행원 안에서, 장헌충이 사람을 보내 붙여 놓은 표어가 발견되었는데, 거기에는 "양사창의 머리를 잘라 오는 사람에게는, 상으로 은(銀) 3전(錢)을 주겠다"고 씌어 있었다. 양사창이 많은 관군을 도처에 파견하여 봉기군을 추격하여 소탕하자, 장헌충의 봉기군은 오히려 동에 번쩍 서에 번쩍하면서 관군으로 하여금 종잡을 수 없게 했다. 명나라 장수 맹여호(猛如虎)·유사걸(劉士杰)이 매우 지친 병사들을 이끌고 서둘러 도착하자, 장헌충의 봉기군은 반대로 뒤로 돌아가 적들을 격퇴했다.

숭정 14년(1641년), 장헌충은 양사창이 대군을 모두 사천에 풀어 놓아 양양에는 병력이 없다는 사실을 알자, 곧 명나라 군대를 벗어나 갑자기 군대를 이끌고 사천을 떠나 동쪽으로 이동했다. 하루 밤낮 동안에 급히 3~4백 리를 행군하여, 양사창의 대군을 멀찌감치 뒤쪽으로 따돌렸다. 호광의 당양(當陽)에 도착하여, 또 다른 명나라 군대에게 차단당하자, 장헌충은 봉기군 장수 나여재를 보내 당양에 머물도록 하고, 친히 정예 부대를 이끌고 곧바로 양양으로 달려갔다. 양사창은 중경에서 소식을 듣고는 급히 사자를 양양에 파견하여, 양양의 명나라 군대로 하여금 빈틈없이 방어하도록 명령을 내렸다. 뜻밖에 사자는 도중에 장헌충에게 붙잡혔고, 장헌충의 수양아들인 이정국(李定國)이 대신 사신으로 위장하여 양양성에 잠입했다. 그날 밤, 양양에 잠입한 봉기군 병사들이 성안의 여러 곳에 불을 지르자, 온 성의 백성들이 잠결에 놀라 깨어나 도처에서 불빛이 치솟는 것을 발견하여, 성 전체가 큰 혼란에 빠졌다. 혼란한 와중에, 봉기군이 성문을 열어 큰 병력이 들이닥치자, 명나라 군대는 저항하려고 생각할 틈조차 없었다. 봉기군은 성에 진입한 다음, 한편으로는 사람을 보내 감옥을 열어 사로잡혔던 봉기군 병사와 가족들을 구해 냈으며, 다른 한편으로는 곧바로 양왕부(襄王府)로 달려가 양왕 주익명(朱翊銘)을 살해했다. 양사창은 양양이 함락되었고, 친왕(親王)이 살해되었다는 것을 알고는, 숭정제에게 책망당할 것을 두려워하다가, 처벌이 두려워 자살할 수밖에 없었다.

숭정 16년(1643년) 5월, 장헌충은 무창을 함락시키고, 초왕(楚王)을 강물 속에 던져 버렸다. 같은 해, 장헌충은 무창에서 대서왕(大西王)이 되어, 초보적으로 정권을 수립했다. 얼마 지나지 않아 봉기군은 장사(長沙)를 공격하여 점령하고, 3년 동안 전량(錢糧: 토지세)의 징수를 면제한다고 선포하자, 따르는 자가 갈수록 많아졌다. 이듬해, 장헌충은 군대를 이끌고 사천으로 들어갔고, 8월에 성도(成都)를 공격하여 함락시켰다. 이때 명나라 순무(巡撫) 용문광(龍文光)과 촉왕(蜀王) 주지주(朱至澍) 및 그의 비빈들은 모두 자살했고, 기타 관리들은 포로가 되었다. 봉기군은 성도에

◈ **장헌충의 대서 정권이 주조한 '서왕상공**(西王賞功)**' 동전**

진입하여, 60만 명으로 알려진 대군이 사천 대부분 지역의 주(州)·현(縣)들을 매우 빠르게 장악했다. 성도에서 장헌충은 먼저 진왕(秦王)이라고 칭했으며, 이어서 대서국(大西國) 건립을 선포하고, 연호를 대순(大順)으로 바꿨다. 그리고 성도를 서경(西京)으로 삼음과 동시에, 규칙과 제도를 정함으로써, 대서 정권은 초보적인 형태를 갖추었다. 장헌충은 대서 정권을 건립한 후, 정치 방면에서는 좌·우승상과 육부상서 등 문관 관직을 설치하고, 〈통천력(通天曆)〉을 반포하여 시행했다. 아울러, 과거를 통해 관리를 등용했는데, 30명을 선발하여 진사로 삼고, 군·현의 지방관에 임명했다. 경제 방면에서는 전국(錢局)을 설립하고 '대순통보(大順通寶)'를 주조하여 통용시켰으며, 또한 서남 지역 각 민족 백성들에 대해 "변경에는 3년 동안 조세를 면제해" 주었다. 군사 방면에서는, 오군도독부(五軍都督府)를 설치하고, 병력을 120영(營)으로 나눔과 동시에, 사방으로 출격하여 점차 사천성의 전 지역을 점령했다. 얼마 지나지 않아, 사천 각 지역의 명나라 장수들인 증영(曾英)·이점춘(李占春)·우대해(于大海)·왕상(王祥)·양전(楊展)·조훈(曹勛) 등이 잇따라 병력을 결집시켜 대서 농민군을 습격하고, 대서 정권의 지방 관리들을 살육함으로써, 대서 정권에 매우 큰 위협을 초래했다. 이에 대해 장헌충은 매서운 진압을 진행했다.

사천의 안전을 보장하기 위해, 장헌충은 북쪽으로 사람을 파견하여 한남(漢南) 지역을 평정함과 아울러, 한중(漢中)을 공격했지만, 이자성의 부장인 하진(賀珍)에게 패배했다. 청(淸) 순치(順治) 2년(1645년) 11월, 청나라 조정이 소탕과 위무를 함께 시행하는 책략을 사용하여, 한편으로는 하락회(何洛會)를 정서대장군(定西大將軍)으로 삼아 사천에 대한 토벌을 진행했고, 다른 한편으로는 사람을 보내 장헌충에게 투항하라는 조서를 내려, 그에게 청나라 조정으로 귀순해 오도록 권유했다. 그런데 장헌충은 이를 방치한 채 거들떠보지도 않았으며, 오히려 청나라에 저항할 결심을 더욱 확고히 하고, 한편으로는 사천 지역에 있던 명나라의 잔여 군대 및 지주 무장 세력과 맞섰으며, 다른 한편으로는 청나라 군대와 격렬한 투쟁을 벌였다.

순치 3년(1646년) 초, 청나라는 다시 숙친왕(肅親王) 하오거(豪格)를 정원대장군(靖遠大將軍)으로 파견하여, 오삼계(吳三桂) 등이 통솔하는 만한(滿漢: 만족과 한족) 대군과 함께, 온 힘을 다해 대서 농민군에게 공격을 가했다. 장헌충은 대패하여 성도로 돌아갔다. 7월, 섬서에 가서 청나라 군대에 반격을 가하기 위해, 장헌충은 성도를 포기하고, 북상하여 청나라 군대를 맞아 격퇴하기로 결정했다. 출발하기 전, 장헌충은 사천에서 전에 없던 방화와 살육과 파괴를 진행했다. 과거를 개최하여 인재를 등용한다는 것을 구실로 청양궁(青羊宮)에 선비들을 모아 살육했고, 또한 성도의 백성들을 중원(中園)에 생매장하여 죽였으며, 명나라 위군(衛軍) 수십만 명을 죽였고, 네 명의 장군을 각 현들에 파견하여 대량 학살을 했다. 또 수많은 보물들을 금강(錦江)에 던져 넣은 뒤, 둑을 무너뜨리고 물을 방류하여, 스스로 "아무 것도 후세 사람들은 갖지 못할 거다"라고 말했다.

11월, 장헌충의 대군은 서충(西充, 지금의 쓰촨성 난충南充에 속함) 봉황산(鳳凰山)에 주둔했다. 26일, 하오거는 호군통령(護軍統領) 오보이(鰲拜) 등의 장수들을 파견했고, 이들은 팔기호군(八旗護軍)을 나누어 이끌고 가벼운 무장으로 빠르게 행진하여, 불시에 농민군에게 습격을 가했다. 27일 아침, 청나라 군대는 태양계(太陽溪: 후베이성의 태양산 산록에 있는 하천)를 사이에 두고 장헌충의 농민군과 마주했다. 이렇게 뜻밖에 갑작스런 습격에 직면하자, 장헌충은 급히 전투에 응했다. 그는 농민군을 지휘하여 두 방면으로 나누어 청나라 군대에 반격을 가했지만, 자신은 결국 불행하게도 화살에 맞아 사망했으니, 당시 나이가 고작 41세였다.

장헌충이 희생된 후, 그의 부장인 손가망(孫可望)·이정국·유문수(劉文秀)·애능기(艾能奇)·풍쌍례(馮雙禮) 등이 농민군을 이끌고 남쪽으로 이동한 다음, 남명(南明)의 영력(永曆) 정권과 연합하여, 공동으로 청나라 군대에 저항하며 반격을 가했다. 서남부 각 성들의 광대한 지역을 옮겨 다니며 싸우기를 20년 가까이 지속하면서, 청나라 강희(康熙) 초년에 이르렀다.

한 걸음 더

서하객(徐霞客)과 『서하객유기(徐霞客遊記)』

서하객(1587~1641년)은, 이름이 홍조(弘祖)이고, '하객'은 그의 별호(別號)로, 명대의 걸출한 지리학자이자 여행가였다. 서하객은 22세 때부터 조국의 전체 영토와 산천(山川) 및 하류(河流)에 대해 걸어서 세밀한 관찰을 진행하여, 대량의 진귀한 자료를 남겨 놓았다. 그는 세계적으로 카르스트(karst) 지형에 대한 대대적인 고찰을 진행함과 아울러 상세히 기록한 최초의 사람이다. 그의 평생의 발자취는 지금의 화둥(華東)·화베이(華北)·동남쪽 연해 및 윈구이(雲貴) 지역 등 모두 16개 성(省)의 수많은 산천에 두루 퍼져 있다. 여행 도중에, 그는 항상 그날 경험하고 관찰한 것들을 기록했다. 이 여행기는 그가 갔던 지역의 지리·지형·지질·수문(水文: 물의 각종 변화와 운동 현상)·기후·식물·농업·광업·수공업·교통 운수 등 각 방면들을 다루고 있다. 필치가 우아하고 아름다우며, 후세 사람들의 편집을 거쳐 약 60여만 자의 『서하객유기』가 되었다.

명(明) 1644~1661년

인물: 홍광제(弘光帝) 주유숭(朱由崧), 영력제(永曆帝) 주유랑(朱由榔) 지역: 남경
키워드: 홍광(弘光) 정권, 영력(永曆) 정권

남명(南明) 정권의 건립과 실패

명(明) 숭정제(崇禎帝)가 사망한 후, 명나라는 남쪽에 있던 종친인 복왕(福王)·노왕(魯王)·당왕(唐王)·계왕(桂王) 등이 이어서 황제가 되었지만, 결국 명 왕조의 영토를 되찾을 수는 없었다. 황제가 된 이들 종친왕들 가운데, 계왕의 영력(永曆) 정권이 가장 오래 유지되었지만, 결국 역시 철저히 멸망하는 운명을 피해 가기 어려웠다.

홍광(弘光) 정권

명나라는 양경(兩京) 제도를 실행하여, 명 태조 시기의 도성인 남경(南京)에도 똑같이 6부(部) 제도와 관료 체계를 확립했다. 숭정(崇禎) 17년(1644년), 숭정제가 매산(煤山)에서 목을 매 자살한 뒤, 남경성(南京城)은 유일하게 남은 정치 중심으로서, 새 황제를 옹립하기 위한 일련의 정치 투쟁을 전개했다.

당시 남쪽으로 피난을 갔던 명나라의 가까운 종실 일가들로는 복왕 주유숭(朱由崧)과 노왕(潞王) 주상로(朱常淓) 두 사람이 있었다. 봉양총독(鳳陽總督) 마사영(馬士英)을 우두머리로

◈ 화룡출수(火龍出水) (모형)

명대에 제작한 수전(水戰) 화기인 화룡출수는, 용의 몸통은 5자[尺]의 대나무 통을 이용해 만들었으며, 앞뒤에 나무로 만든 용머리와 용꼬리를 설치해 놓았다. 용의 몸통 앞뒤의 양 옆에는 각각 하나씩의 커다란 화약통을 달아 놓아 용의 몸통이 비행하도록 추진했다. 용의 배 안에는 불화살이 장착되어 있다. 이는 세계 역사상 최초의 2단 화전(火箭)이다.

하는 일파의 관료들은 복왕 주유숭을 옹립하자고 주장했다. 왜냐하면 그는 명 신종(神宗)의 손자이고, 노왕 주상로는 신종의 조카여서, 주유숭이 숭정제와 혈맥이 더 가까우므로, 응당 친족을 세워야 한다는 것이었다. 그런데 남경병부상서 사가법(史可法)을 우두머리로 하는 동림당(東林黨) 일파는, 주상로가 비록 혈맥은 더 멀지만 주유숭보다 현명하니, 현명한 사람을 세워야 한다고 생각했다. 결국 마사영이, 실제 병권을 장악하고 있던 강북(江北) 4진(鎭)의 총병(總兵)들인 고걸(高杰)·황득공(黃得功)·유택청(劉澤淸)·유량좌(劉良佐)의 지지를 받아, 1644년 5월에 주유숭을 황제로 옹립하고, 연호를 '홍광'으로 정했다. 홍광 정권이 건립될 때, 청나라 군대의 주력은 온 힘을 다해 이자성의 대순(大順) 군대를 공격하느라, 잠시도 남하할 틈이 없었다. 하지만 홍광 정권의 황제와 신하들은 곧 나라가 망한다는 위기감을 결코 갖지 못했다. 홍광제는 주색에 심취하여 마음껏 향락을 추구했고, 마사영은 당쟁에 집착하면서, 오로지 청나라에 화의를 요청했으며, 기타 홍광 조정에 예속된 홍광 조정의 총병대장(總兵大將)들은 이미 군벌 세력으로 발전하여 지시를 따르지 않았다. 이렇게 서로의 모순이 중첩되어, 결국 남명 정권의 마지막 기회를 완전히 놓치고 말았다. 순치(順治) 2년(1645년) 4월, 청나라 군대가 양주를 공격하여 함락시켰고, 양주의 군대를 통솔하던 사가법이 목숨을 바쳐 순국했으며, 청나라 군대는 연속으로 10일 동안 성 안의 백성들을 모두 잡아 죽였다. 살해당한 백성이 수십만 명에 달해, 양주는 텅 빈 성이 되었는데, 역사는 이를 '양주십일(揚州十日)'이라고 일컫는다. 5월, 청나라 군대가 남경을 점령하자, 복왕

◈ **〈사가법상(史可法像)〉 | 청, 엽연란(葉衍蘭)**

사가법은, 자가 헌지(憲之)이고, 명나라 말기에 남경병부상서(南京兵部尙書)·동각대학사(東閣大學士)를 역임했다. 사가법이 양주(揚州)에서 순국한 후, 시신이 어디에서 어떻게 처리되었는지 알지 못했으므로, 그의 수양아들인 사덕위(史德威)가 그의 의관(衣冠)을 양주성 천영문(天寧門) 밖의 매화령(梅花嶺)에 묻었다.

은 황급히 무호(蕪湖)로 달아났다가, 결국 역시 붙잡혔다. 이리하여 홍광 정권은 고작 1년밖에 유지하지 못하고 멸망했다.

남경이 함락된 후, 상서(尙書)인 주대전(朱大典)과 장국유(張國維)가 노왕(魯王) 주이해(朱以海)를 소흥(紹興)에서 옹립하여 감국(監國: 황제가 부재시, 국정을 임시로 대행하던 사람을 일컫던 관직)이라 칭했고, 진강총병(鎭江總兵) 정홍규(鄭鴻逵)·남안백(南安伯) 정지룡(鄭芝龍)은 당왕(唐王) 주율건(朱聿鍵)을 복주(福州)에서 옹립하여 황제로 삼고, 융무(隆武) 정권을 수립했다. 이들 두 정권은 한쪽 모퉁이에 안거하는 것에 만족해하여, 힘이 미약했지만, 힘을 합쳐 청나라에 대항하지는 못하고, 권력과 영역을 다투기에 바빴다. 순치 3년(1646년), 청나라 군대가 절강을 공격해 들어가자, 노왕은 석포(石浦)를 방어하던 장수 장명진(張名振)의 옹호를 받으면서 남오(南澳, 지금의 광둥성 산터우汕頭에 속함)로 옮겨 갔다. 청나라 군대가 다시 복건을 공격해 들어오자, 정지룡은 아들 정성공(鄭成功)의 반대에도 불구하고, 청나라에 항복하기로 결의했다. 그리하여 복건 북부의 문호인 선하령(仙霞嶺)의 방어를 포기하도록 명령을 내림으로써, 결국 융무제 주율건은 정주(汀州, 지금의 푸젠성에 속함)에서 사로잡힌 다음, 복주(福州)에서 살해당하고 말았다.

영력(永曆) 정권

절강과 복건이 함락당하고, 노왕·융무 정권이 멸망한 후, 계왕(桂王) 주유랑(朱由榔)이 양광총독(兩廣總督) 정괴초(丁魁楚)·서광순무(西廣巡撫) 구식사(瞿式耜)의 옹립으로 광동(廣東)의 조경(肇慶)에서 황제가 되어, 영력 정권을 수립했다. 영력제가 통솔하는 부대의 주요한 인물로는 명나라의 옛 장수인 하등교(何騰蛟)가 있었고, 정성공은 그의 아버지인 정지룡이 청나라에 투항한 후에도 거듭 투항을 거부하면서, 옛 부하들을 소집하여 청나라에 항거했으며, 또한 계왕의 봉호(封號)를 받고, 금문(金門)·하문(厦門)을 근거지로 삼아, 복건·월동(粤東) 및 절강의 남부 연해(沿海)로 출격했다.

계왕이 황제가 된 뒤, 청나라 군대의 장수인 이성동(李成棟)이 군대를 이끌고 광동을 공격하자, 영력제의 군대는 막아 내지 못하고 광서(廣西)로 후퇴했다. 이때, 영력제의 주력 부대인 하등교의 군대는 호남에 있었으므로, 영력제 신변의 군대는 전투력이 부족했다. 영력제가 아무런 대책을 세우지 못하고 있을 때, 광동의 옛 명나라 관리들이 군대를 모아 광주(廣州)를 공격하자, 광서를 공격했던 청나라 군대는 어쩔 수 없이 광동으로 물러나 지켰다. 영력제의 군대는 이 기회를 틈타 다시 광서의 잃어 버렸던 땅을 수복했다. 순치 3년(1646년), 청나라 군대는 사천을 침공했고, 장헌충이 전사했다. 장헌충의 부장인 이정국과 손가망 등은 귀주(貴州)·운남(雲南)으로 후퇴했다. 순치

4년(1647년), 청나라 군대가 호남을 침공하자, 하등교는 어쩔 수 없이 후퇴하여 광서로 들어갔다.

순치 5년(1648년), 광동의 청나라 군대 장수인 이성동과 강서의 청나라 군대 장수인 김성환(金聲桓)이 군대를 일으켜 청나라에 반기를 들자, 영력제의 형세는 한때 호전되었다. 그러나 뒤이어 청나라 군대가 영력제에 대한 공격을 강화하자, 김성환·이성동·하등교 등이 잇달아 패배했다. 영력제는 광서와 광동의 조경 사이를 전전하다가, 나날이 곤궁해져 어쩔 도리가 없게 되자, 곧 이정국·손가망 등과 연합하기로 결정하고, 귀주로 가서 그들과 회합했다. 순치 9년(1652년), 이정국의 통솔하에, 명나라 군대는 청나라 군대에 반격을 가하여, 운남·귀주 일대에서 청나라 군대를 연파하고, 청나라 군대의 대장인 정남왕(定南王) 공유덕(孔有德)과 경근친왕(敬謹親王) 니칸(尼堪)을 살해했으니, 역사는 이를 '양궐명왕(兩蹶名王: 두 명의 왕을 대파하다)'이라고 부른다. 그리하여 광서 및 호남의 남부와 사천의 대부분을 수복했다. 이어서 이정국은 영력제에게, 사천으로 출병하여 청나라 군대의 주력이 남하하기 전에 서둘러 파촉(巴蜀)과 한중(漢中) 지역을 점령하고, 중원으로의 진격을 도모해야 한다고 주청했다.

그때, 청나라 조정은 명나라의 옛 장수인 홍승주(洪承疇)를 이용해 영력제를 공격했다. 홍승주는 용병에 뛰어났으므로, 명나라 군

◈ 〈이향군상(李香君像)〉 (軸) | 청, 최학(崔鶴)

이향군은 소주(蘇州) 사람으로, 명나라 말기에 진회(秦淮: 지금의 난징에 속함)의 기생이었다. 청나라 초기의 극작가인 공상임(孔尙任)은 일찍이 이향군의 인생 역정에 근거하여 유명한 희곡인 〈도화선(桃花扇)〉을 창작하여, 다른 각도에서 명나라가 멸망하고 청나라가 흥성한 초기의 사회 상황을 해석했다.

대는 처음에는 적수가 되지 못하고 연달아 패배했다. 이정국은, 순치 10년(1653년)에 광서로 후퇴했다가, 다시 이어서 방향을 틀어 광동을 공격했고, 순치 12년(1655년)에는 남녕(南寧)으로 물러나 지켰으며, 순치 13년(1656년)에는 영력제를 보호하여 운남으로 갔다. 순치 14년(1657년), 손가망이 청나라 군대에 투항하고, 통솔 부대를 인솔하여 대대적으로 운남을 공격했다. 양쪽 군대가 교전할 때, 손가망의 부하들이 지휘를 따르지 않아, 싸우기도 전에 이미 붕괴되자, 손가망은 달아났다. 손가망이 청나라에 투항한 것은 이정국으로 하여금 의심하고 우려하게 하여, 전선의 일부 장수들을 운남으로 귀환시키게 했다. 이때, 청나라 군대의 세 방면의 병력은 각각 사천·귀주·운남을 공격했는데, 거의 아무런 저항도 받지 않았다. 순치 15년(1659년) 12월, 청나라 군대가 운남을 침입해 오자, 이정국은 그 갈림길에서 저지하면서, 서남 지역을 보호하려고 힘썼다. 비록 동남쪽 연해의 정성공이 이끄는 대군이 숭명(崇明, 지금의 상하이에 속함)으로부터 장강(長江)으로 진입하여 청나라 군대를 견제함으로써, 청나라 조정에 명성을 떨치긴 했지만, 명나라 군대는 인원이 적고 힘이 약했기 때문에 기울어가는 대세를 만회하지는 못했다. 이정국은 할 수 없이 전서(滇西)로 들어갔고, 영력제는 미얀마(緬甸)로 도망쳤다. 순치 18년(1661년), 영력제는 이미 미얀마로 들어갔고, 이정국이 아직 전면(滇緬: 운남과 미얀마) 변경에서 굳건히 청나라에 저항한 것 외에, 다른 역량은 대부분 섬멸당해, 청나라 정권은 안정되어 가고 있었다.

영력제는 미얀마에 들어간 후에 곧 자유를 잃었는데, 이정국이 군대를 인솔하여 구하려고 했지만 성공하지 못했다. 같은 해, 오삼계가 군대를 파견하여 미얀마를 공격하자, 미얀마 왕은 청나라 군대의 공격을 두려워하여, 영력제를 청나라 군대에게 넘겨주었다. 이정국은 사전에 모의하여 도중에 오삼계를 공격했지만, 성공하지 못했다. 얼마 지나지 않아 영력제는 오삼계에게 활시위로 목이 졸려 죽임을 당했다. 그 후, 이정국은 미얀마를 격파하고, 타향에서 객사했다.

전문 테마 번영했던 명대의 상품경제

명대에 농업·수공업의 신속한 회복과 발전은, 상품경제의 발전을 추동하는 데 매우 큰 작용을 했다. 농업의 발전은, 시장의 번영을 위해 필요한 식량 상품을 제공했을 뿐만 아니라, 동시에 또한 광대한 농촌 시장도 창조했다. 그리고 수공업의 흥성과 발전에 따라, 각종 수공업 생산품이 출현하여, 교환에 사용할 상품을 제공했다. 명대 중엽에, 상공업 도시가 널리 번영하고, 상품경제가 폭과 깊이 면에서 모두 급속히 발전하여, 매우 활발한 국면이 출현했다.

상인과 도시[市鎭]

명대에 상품경제의 활성화는 우선 상업의 발전으로 나타났다. 상인들의 발자취가 전국 각지로 널리 퍼지면서, 또한 도시 경제의 번영을 선도했으며, 특히 상공업 도시의 발전을 선도했다. 명대 상공업형 도시의 발전은 두 시기를 거쳤다. 첫 번째 시기는 영락(永樂) 연간에 조운(漕運: 운하 등 수로를 통해 식량을 운송하는 제도)을 실시한 이후로, 남쪽의 식량을 북쪽으로 운반함에 따라, 운하와 인접해 있는 일대에 점차 상공업이 발달한 일부 도시들이 형성되었다. 두 번째 시기는 명나라 중엽 이후로, 강남 일대에도 상품 생산이 발전함에 따라 형성된 상당수의 상공업 도시들이 있었다. 이러한 도시들은 전국 각지에 모두 분포되어 있었는데, 그 가운데 상업적 농업·수공업이 매우 발달한 강남 지역이 특히 두드러졌다. 이들 도시들은 대부분 각자 자신만의 뚜렷한 특색을 지니고 있었다. 예를 들면 송강부(松江府)의 주경진(朱涇鎭)·풍경진(楓涇鎭)·칠보진(七寶鎭), 소주부(蘇州府)의 남상진(南翔鎭)·누당진(婁塘鎭)·외강진(外岡鎭) 등은 유명한 면방직업

◈ 오복봉수문(五蝠捧壽紋) 대금포(大襟袍) 펼침 모양

명대 귀족 남자의 평상복은 대부분이 포삼(袍衫: 남성용 저고리)이었는데, 그 양식은 옷섶이 크고 오른섶[右衽: 오른쪽 옷깃이 왼쪽 옷깃을 덮는 형식]이며, 옷소매가 넓고 크며, 옷자락이 무릎보다 길었다. 일반적인 재질은 주단(綢緞: 공단과 비단)이나 견(絹: 얇은 비단)이 주를 이루었고, 금단(錦緞: 무늬를 수놓은 비단)으로 만든 것도 있었다.

도시들이었고, 소주부의 성택진(盛澤鎭)·진택진(震澤鎭)과 호주부(湖州府)의 남심진(南潯鎭)·오청진(烏靑鎭) 및 가흥부(嘉興府)의 왕점진(王店鎭)·왕강경진(王江涇鎭) 등은 유명한 견직업 도시들이었던 것 등등이다. 도시의 번영은 상품경제 발전의 필연적 산물이자, 또한 상품경제의 활기찬 발전을 반영하는 것이기도 했다.

휘상(徽商)과 진상(晋商: 산서 지역 상인)

명대에 상업의 발전, 특히 상품경제 및 상업자본의 활성화에 따라, 명대 중·후기에는 전국 각지에서 점차 지방적 특색을 띤 몇몇 상인 집단들이 형성되었다. 이들은 일반적으로 상방(商幇)이라고도 불렀는데, 예를 들면 휘주 상방·산서 상방·광동 상방·복건 상방 같은 것들이다. 그들은 모두 매우 뚜렷한 지역적 특색을 띠고 있었으며, 일반적으로 지연·혈연·애향심으로 유대를 맺었고, 회관(會館)을 연락 장소로 삼아, 비교적 고정된 상품을 경영했으며, 일정한 시장 규칙을 준수하는, 상호 연계되고 상호 지지하는 상업적 집단이었다. 수많은 유명한 상방들 가운데, 가장 유명한 상방은 당연히 휘주 상방과 산서 상방으로 대표된다. 휘주 상방의 활동 범위는 매우 광범위했고, 취급한 상품 종류도 매우 많아, 소금·식량·목재·엽차·도자기·방직품·서적·문방사보 등과 같은 물품들이 있었다. 휘상은 대부분 소금을 판매하여 번성한 사람들이었고, 동시에 전당포·여관·창고를 개설한 상인들도 적지 않았다. 산서 상방의 활동 범위는 처음에는 주로 황하 유역에 집중되어 있다가, 소금업의 끊임없는 발전과 실력의 증강에 따라, 그들의 경영 활동은 점차 남쪽으로 확산되었고, 마침내 전국으로 퍼졌다. 산서 상방이 취급한 항목의 주요한 상품들로는 소금·식량·면직물·비단·엽차·철기·목재·가축·도자기·금융 전당업 등이 있었다. 이들 상방은 그들의 풍부한 자본·많은 인원·매우 큰 경영 범위·광활한 시장 및 어떤 업종을 독점하는 성격으로 인해, 그들은 상업 영역에서 중요한 활동 역량

◈ **명대의 하피(霞帔)**

하피는 중국 고대에 부녀자들이 입던 예복의 일부분으로, 오늘날의 숄과 유사하다. 송대 이래로 귀족 부녀자들의 명복(命服: 정장)이었으며, 모양과 문양 장식은 품급이 높고 낮음에 따라 차이가 있었다. 문무백관의 보복(補服: 가슴과 등 부분에 각종 동물 문양을 새겨 넣은 대례복)과 유사했다.

이 되었다. 그들이 상업계에서 활약하면서 일부 상업 무역을 조종한 것은, 명대에 고도로 발전한 상품경제 수준을 반영하고 있다. 그런데 주로 도시의 중소 상인과 수공업자들로 이루어진 시민 계층이 생겨나면서, 명대 후기에는 광감세사(礦監稅使: 759쪽 참조)들의 가렴주구에 반대하는 신흥 정치세력이 되어, 상품경제의 정상적 발전을 유지 보호했다. 상품경제가 사회생활 과정에서 하는 역할이 갈수록 뚜렷해지자, 명나라 정부는 부득불 해금(海禁: 744쪽 참조) 정책을 조정하여, 제한적으로나마 외부에 개방하도록 추동했다. 세계적으로 명성을 떨친 청화자기·비단·엽차 등 중국 특산품들이 동·서양 간의 무역에서 주요 상품이 되면서, 동남 연해의 항구들에는 유럽 상인과 기독교 선교사들이 모습이 빈번하게 출현했다.

은(銀)이 주요 화폐가 되다

16, 17세기 이후, 서양 나라들의 식민 활동이 활발해짐에 따라, 아메리카의 은이 대량으로 채굴되자, 스페인·포르투갈 등 식민자들은 선박을 이용해 대량의 은을 대서양의 반대편 해안으로부터 유럽으로 싣고 돌아왔다. 동시에 중국의 수많은 상품들이 유럽으로 수출되었다. 예컨대 도자기나 엽차 같은 것들로, 유럽의 식민자들은 은으로만 교환할 수 있었다. 이러한 대량의 은은 상품 무역을 통해 다시 끊임없이 중국으로 유입되었다. 명대에 상품경제가 발전하면서, 화물 교역량이 매우 커지자, 화폐가 교환 매개체로 요구되었다. 은은 동(銅)보다 귀중한 데다, 또한 분할하기도 편하기 때문에, 사람들이 즐겨 사용했다. 상품경제의 충격으로, 지조(地租: 소작료)·부세(賦稅: 세금)를 포함한 모든 것들이 화폐화하기 시작하면서, 은도 갈수록 보편적으로 유통되는 화폐가 되었다. 정통(正統) 원년(1436년), 명나라 정부는 일부 지역의 세량(稅糧: 쌀이나 보리 등으로 징수한 세금)을 은으로 환산하여 징수했는데, 이를 '금화은(金花銀)'이라고 불렀다. 이는 중국의 조세 제도에서 하나의 중대한 개혁이었다. 성화(成化) 21년(1485년), 명나라 정부는 공장(工匠: 수공업 기술자)들에게도 은으로 부역을 대체하도록 요구했다. 이렇게 명나라 재정에서 은은 관부에서 사용하는 주요 화폐가 되었다. 정덕(正德: 명 무종武宗의 연호로 1506년부터 1521년까지 사용) 이후로, 은은 더욱 보편적으로 유통되었다. 은이 중국의 당시 주요 화폐가 된 것은, 한편으로는 중국과 세계 각지의 경제 관계가 나날이 긴밀해졌음을 반영하는 것이고, 다른 한편으로는 명대의 상품경제가 새로운 수준으로 발전했음을 반영하는 것이기도 했다.

제10장

청(淸)

극도로 흥성했다가 쇠락한 천조상국(天朝上國)

청나라는 중국 역사상 마지막 봉건 왕조다. 1644년, 만족(滿族)의 용맹한 기병이 산해관을 통해 중원으로 들어와, 북경을 수도로 정했다. 1911년에 신해혁명(辛亥革命)이 일어나, 청 왕조가 멸망했다. 순치(順治)부터 선통(宣統)까지, 청 왕조는 모두 10명의 황제에 걸쳐, 268년간 존속했다.

중원의 통치자가 된 만족의 원래 이름은 여진(女眞)으로, 동북쪽 백산(白山)과 흑수(黑水) 사이에 살았으며, 주로 어렵과 농경에 종사했다. 여진의 수령 누르하치(努爾哈赤)가 각 부족을 통일하여, 후금(後金) 정권을 건립했다. 홍타이지(皇太極)는 즉위한 후, 여진을 만주(滿洲)로 고치고, 국호를 대청(大清)으로 바꿨다. 중원으로 들어오기 전의 후금 및 청나라는 중국 국경 내에 있는 지역적 민족 정권이었다.

1644년, 순치제(順治帝)는 북경의 황궁에서 등극하는 의식을 거행함과 아울러, 두 방면으로 대군을 파견하여 대순(大順) 농민군 주력을 추격하고 남명(南明) 정권을 무너뜨림으로써, 중국 전체를 통치하는 청 왕조를 건립했다. 청나라 초기에 23년의 동요와 혼란을 거쳐, 강희제(康熙帝)가 친정한 후부터 왕성하게 발전하는 강대국의 길을 걸었다. 18세기 중엽에, 청나라의 정치·경제·문화의 발전은 모두 새로운 전성기에 도달했으니, 역사는 이를 '강옹건성세(康雍乾盛世)'라고 부른다. 그때 경제가 번영하고, 문화가 창성하고, 사회가 안정되었을 뿐만 아니라, 또한 국가의 영역이 광활해져서, 가장 컸을 때는 1,200여만 평방킬로미터에 달했다. 통일된 다민족 국가의 공고함과 강대함은 중화 민족의 국가 동질감과 응집력을 크게 증대시켰다.

청나라는 비록 정치·군사적 공적이 혁혁했고, 종합 국력이 이미 세계 선두권을 차지했지만, 대내적으로는 봉건 전제 집권 제도를 완고하게 견지하고, 삼강오상(三綱五常)의 예교를 시행하여, 민주적이고 과학적인 사상의 탄생과 전파를 억제했다. 또 대외적으로는 관문을 걸어 잠그는 쇄국 정책을 채택하여, 맹목적으로 우쭐댔기 때문에, 갈수록 세계적 발전의 선진 조류에서 낙후되어, 서양 자본주의 국가와의 격차는 나날이 커졌다. 낙후하자 곧 공격을 받았다. 1840년의 아편전쟁 과정에서, 영국 침략자들이 견고한 전함과 성능 좋은 대포를 이용하여 중국의 문호를 열자, 낡은 중국은 점차 반(半)식민지 반(半)봉건 사회로 전락해 갔다. 풍부한 혁명 전통을 가진 중국 인민들이 분기하여 대항했고, 무수한 지사와 어진 사람들이 민족 부흥의 길을 탐색하는 데 힘을 쏟았다. 1911년에 발생한 신해혁명은 비록 제국주의와 봉건주의의 양대 산맥을 뒤엎지는 못했지만, 그것은 중국이 2천여 년 동안 실행해 온 봉건 군주제를 끝장내고, 중국 역사의 새로운 페이지를 열었다.

후금(後金)과 청(淸) 1619~1636년

인물: 누르하치, 홍타이지 **지역:** 사르후(薩爾滸), 성경(盛京) **키워드:** 사르후 전투

사르후 전투부터 홍타이지(皇太極)가 청(淸)을 건립하기까지

명나라 말기에, 정치가 부패하여 백성들은 안심하고 살 수 없었다. 동북 지역 건주(建州)의 여진족 수령 누르하치가 승세를 타고 일어나, 여진족의 여러 부족들을 통일했다. 정복 전쟁 과정에서, 그는 팔기(八旗: 청나라 특유의 군사·행정 조직으로, 자세한 내용은 820쪽 참조) 제도를 창립하여, 후금(後金) 정권을 건립하고, 이어서 무순(撫順: 지금의 랴오닝성에 있는 도시)을 공격함으로써, 명나라에 반항하는 전쟁의 서막을 열었다. 누르하치가 사망한 후, 그의 아들 홍타이지가 일련의 개혁을 통해 후금의 봉건화 과정을 가속화함과 동시에, 조선과 몽고의 위협을 제거하고, 전체 요서주랑(遼西走廊: 랴오닝성 진저우시錦州市와 허베이성 산해관 사이의 좁고 긴 지대)을 장악하여, 청나라 군대가 중원으로 진입[入關]하기 위한 길을 깨끗이 청소했다.

만족(滿族)의 조상

만족은 퉁구스족의 갈래에 속하며, 조상은 매우 일찍이 장백산 이북에서 살았다. 동쪽으로는 바닷가에까지 닿았고, 북쪽으로는 흑룡강(黑龍江) 유역까지 이르렀으며, 남쪽으로는 송화강(松花江) 상류의 광대한 지역까지 이르렀고, 어업과 수렵을 하며 살았다. 명나라 초기, 만족의 전신(前身)인 여진족은 3대 부족으로 나뉘었다. 바로 야인(野人)여진과 해서(海西)여진 및 건주(建州)여진이다. 3대 부족들 간에, 혹은 그 내부에서

◈ 누르하치의 옥새

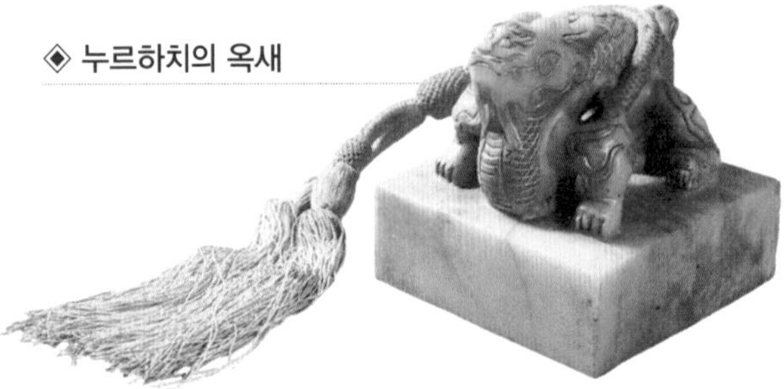

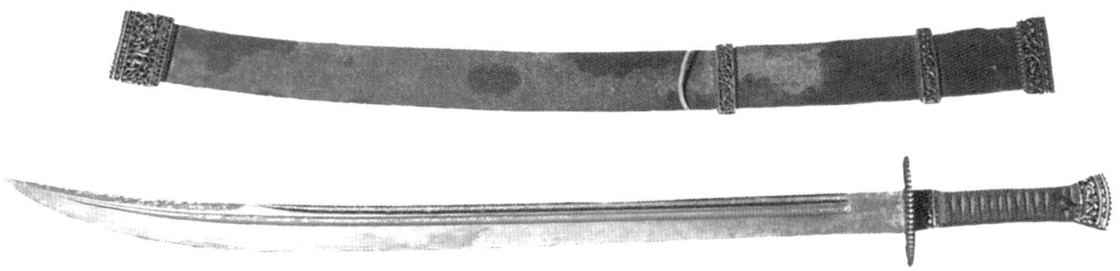

◈ **후금의 전사들이 사용한 강철제 칼**

후금 전사들이 사용한 칼은 '순도(順刀)'라고 불린다. 그 특징은 두 개의 혈조(血槽: 칼의 몸통에 파인 홈)가 있다. 그것을 만든 목적은 피를 흘리게 하려는 것이 아니라, 칼이 인체를 찌른 후에 칼의 몸통에 간격을 두어 근육에 끼이지 않게 하여, 쉽게 뽑아 다시 공격할 수 있게 하려는 것이다. 이러한 칼의 외형 설계는 말을 타고 전투를 하면서 사용하기에 매우 적합하다.

는 끊임없이 겸병과 약탈을 위한 전쟁이 벌어졌다. 야인여진은 항상 건주여진과 해서여진을 침입하여, "수시로 산채(山寨)의 사람들을 살육했고, 수없이 많은 전쟁이 멈추지 않았다[數與山寨讎殺, 百十戰不休]". 항상 야인여진의 침입을 받아, 편안히 살 수 없었기 때문에, 목단강(牡丹江)과 송화강이 합류하는 곳에서 살던 후리가이(胡里改) 부족의 아하추(阿哈出)와 오도리(斡朶里) 부족의 몽케티무르(猛哥帖木兒, 누르하치의 6대조) 두 부락은 홍무(洪武) 5년(1372년)경에 동남쪽으로 이주하기 시작했다. 영락 원년(1403년) 11월, 아하추가 명나라 수도인 응천(應天, 지금의 장쑤성 난징)에 조공하자, 명 성조(成祖)는 후리가이 부족의 거주지에 건주위(建州衛)를 설치하고, 아하추에게 명하여 지휘사(指揮使)로 삼았다. 영락 9년(1412년), 명나라 정부는 다시 건주좌위(建州左衛)를 증설하여, 오도리 부족의 수령인 몽케티무르가 관장하도록 했다. 정통 7년(1442년), 명나라 정부는 건주좌위에서 건주우위(建州右衛)를 분리해 내어, 몽케티무르의 아들인 충샨(董山)이 좌위를 관장하고, 몽케티무르의 동생 판차(凡察)가 우위를 관장하게 했다. 건주삼위(建州三衛)는 이렇게 형성되었다.

성화 3년(1467년) 이후, 건주삼위는 모두 점차 남쪽의 혼하(渾河)·소자하(蘇子河) 상류 지역으로 이주하여 정착했다. 소자하 가장자리는 지금의 랴오닝성의 푸순성(撫順城) 교외 동남쪽 20여 리(里: 1리는 500미터) 지점에 위치하는데, 주위에 구릉이 기복을 이루고 있으며, 첩첩이 산들로 둘러싸여 있다. 동서로 뻗은 구릉의 북쪽 기슭이, 계명산(鷄鳴山)을 등지고 있으며, 서쪽으로는 연총산(烟囱山, 후란하다呼蘭哈達)에 닿아 있고, 동쪽으로는 끊임없는 구릉이 이어져 있으며, 북쪽의 평지로부터 몇 리 밖은 계운산(啓運山)이다. 역사적으로 유명한 허투아라성(赫圖阿拉城)은 곧 이렇게 많은 산들로 둘러싸여 있는 골짜기 안에 자리 잡고 있다. 바로 사방 20~30리도 안 되는 이 골짜기 안에서, 건주여진은 이때부터 점차 강성해지기 시작했다.

명 만력 17년(1589년), 명나라 지휘사의 신분을 겸하고 있던 건주여진의 수령 누르하치가 건주

여진의 각 부락들을 통일했다. 만력 44년(1616년), 누르하치는 허투아라(지금의 랴오닝성 씬빈新賓 만족 자치현 쑤쯔하蘇子河 남안)에서 '후금' 정권을 건립했다. 후금 천총(天聰) 9년(1635년)에 홍타이지는 기존의 부족 이름을 폐기하고, '만주(滿洲)'로 고쳤다. 이 명칭은 줄곧 신해혁명까지 계속 사용된 다음에 비로소 '만족(滿族)'이라고 고쳐 불렀으며, 이때부터 '만족'이라는 명칭은 지금까지 계속 사용되고 있다.

누르하치

누르하치(1559~1626년)는 청 왕조의 기초를 다진 사람으로, 가정(嘉靖) 38년(1559년)에 태어났으며, 건주좌위 사람이다. 청년 시기에 명나라 요동총병(遼東總兵) 이성량(李成梁)의 부하가 되어, "모든 전투에서 반드시 제일 먼저 적의 성벽에 기어올라, 여러 차례 전공을 세우고", 한 명의 맹장(猛將)이 되었다. 누르하치는 근면하고 배우기를 좋아하여, 『수호전』과 『삼국연의』를 열심히 읽었고, 한족 선비나 영웅호걸들과 교제하면서 한족 문화의 영향을 깊이 받았다. 만력 시기에, 건주삼위의 세력이 점차 균형을 이루자, 건주좌위를 중심으로 각 부족들이 패권을 겨루면서 투쟁이 격렬했다. 당시 여진은 다시 4부(部)로 나뉘었는데, 건주부(建州部)·장백부(長白部)·동해부(東海部, '야인여진'이라고도 함)·해서부(海西部)가 그것이다.

만력 10년(1582년), 명나라의 요동 주둔 총병 이성량이 누르하치의 할아버지인 기오창가(覺昌安)와 아버지인 타크시(塔克世)를 향도로 임명하여, 아타이(阿臺)를 우두머리로 하는 여진 부락의 근거지인 고륵산(古勒山, 지금의 랴오닝성 씬빈현新賓縣 상자향上夾鄉 구루촌古樓村 서북쪽)을 공격하여 대승을 거두었는데, 기오창가와 타크시는 전투 과정에서 뜻밖에 명나라 군대에 의해 적으로 오인되어 죽임을 당했다. 만력 11년(1583년) 5월, 누르하치는 아버지의 건주좌위지휘사(建州左衛指揮使) 직책을 이어받자, 할아버지와 아버지가 남겨 놓은 13벌의 갑옷으로 자기의 소수 부하들을 무장시키고, 군대를 일으켜 니칸와일란(尼堪外蘭)을 공격했다. 니칸와일란은 누르하치를 당해 내지 못하고, 잔여 병력을 인솔하여 악륵혼(鄂勒琿, 지금의 지린성 지린시吉林市 남쪽)으로 도망쳤다. 누르하치는 이 전쟁 과정에서 100여 명의 병사와 30벌의 갑옷을 노획하여 세력이 점차 증강되자, 여진의 각 부락을 통일하는 전쟁을 개시했다.

이후 몇 년 동안, 누르하치는 사방으로 정복 전쟁을 벌여, 만력 17년(1589년)에는 건주여진의 각 부락들을 거의 통일했다. 누르하치의 행동이 해서여진 각 부락들의 경계심을 불러일으킴에 따라, 만력 21년(1593년) 9월에 예허부(葉赫部) 수령인 나린부루(納林布祿)가 해서여진의 예허·후이파(輝發)·하다(哈達)·우라(烏拉) 등 네 부락과 장백산의 너옌(訥殷)·주셔리(朱舍里) 두 부락 및 내몽고의 커얼친(科爾沁)·시보(錫伯)·궈왈차(卦勒察) 등 세 부락을 규합하여 9부(部) 연합군, 총 3만 명을 조직하여, 세 방면으로 나누어 누르하치를 공격했다. 누르하치는 위험에 직면해서도 두려워하지 않고 침착하게 맞이하여 싸웠다. 먼저 유리한 지형인 고륵산을 점령하고, 적을 깊숙이 들어오도록 유인하여, 예허를 매복 공격하여 성공함으로써, 연합군의 선두를 혼란에 빠뜨렸다. 그런 다음 누르하치가 군대를 이끌고 승세를 몰아 추격하자, 9부 사병들의 시체가 온 들판에 널렸고, 사상자를 헤아릴 수 없었다. 고륵산 전투에서, 누르하치는 적 4천 명을 죽이고, 말 3천 필과 갑옷 천 벌을 노획하여, 크게 위세를 떨쳤다. 9부 연합군을 분쇄한 다음, 누르하치는 승세를 타고 동진하여 장백부(長白部)를 정복했다. 이후 누르하치는 분리·와해시키면서 점차 잠식해 가는 책략을 채택하여, 해서여진의 각 부락들을 각개 격파했다. 만력 41년(1613년)에, 명나라가 지지하는 예허부를 제외하고, 해서여진의 나머지 각 부락들은 모두 누르하치에게 귀속되었다. 야인여진은 누르하치의 회유와 정복으로 인해, 잇달아 적지 않은 부락들이 귀순해 왔다. 만력 44년(1616년), 누르하치는 여진의 각 부족들을 거의 통일했다.

◈ 청 태조 누르하치

후금이 굴기하는 과정에서, 누르하치는 먼 나라와는 교류하고, 가까운 나라는 공격하며, 약자를 먼저 공격하고, 강자를 나중에 공격하는 전략을 채택하여, 13벌의 물려받은 갑옷으로 군대를 일으키면서부터, 10년의 시간에 걸쳐 건주여진의 각 부락들을 통일했다. 그후 다시 20여 년의 시간에 걸쳐 여진의 각 부족들을 통일하고, 마침내 후금을 건국했다.

후금의 건립

누르하치는 여진의 각 부족들을 통일하는 과정에서 팔기(八旗) 제도를 창립하고, 여진 문자 창제를 주관하여, '후금' 정권을 건립했다.

여진의 각 부족들이 발전함에 따라, 여진은 노예 사회로 진입했다. 노예주는 통치계급으로서, '버일러(貝勒)' 혹은 '어전(額眞)'이라고 불렸으며, 그들은 생산수단과 아하(阿哈, 즉 노예)를 점유했다. 노예의 공급원은 주로 전쟁 포로나 명나라와 조선에서 붙잡아 온 변방 주민들이었다. 자유민은 '쭈선(諸申)' 혹은 '일건(伊爾根)'이라고 불렸으며, 노동에 종사했고, 병사가 되어 복역했으며, 노예주에게 할당된 각종 부담을 담당했다. 여진의 각 부족들이 통일로 나아가는 과정에서, 무력 전쟁과 생산의 발전에 따라, 사회 조직이 나날이 완성되어 갔다. 이러한 기초 위에서, 누르하치는 팔기 제도를 창립했다. 팔기의 쭈선은 민병합일(民兵合一)이어서, 평소에는 수렵이나 농경을 하는 백성이었고, 전쟁이 나면 곧 갑옷을 입고 병사가 되었다. 팔기 제도는 여진인들의 전투력을 증강시켰으며, 사회적 생산력도 크게 제고시켜, 정권을 건립하기 위한 기초를 다졌다.

오랜 기간 동안, 여진인들은 자기 민족의 문자가 없었으므로, 어쩔 수 없이 말은 여진어로 하고, 기록은 몽고어로 했다. 이는 갈수록 여진 사회가 발전하는 데 장애가 되었다. 누르하치는 마침내 만문(滿文)을 창제할 것을 제안하고 주관했다. 만력 27년(1599년) 2월, 누르하치는 어르더니(額爾德尼)와 까까이(噶蓋)에게, 몽고 문자를 참조하고 여진어의 음(音)을 결합하여 음절을 만들도록 명령함으로써, 만문을 창제해 냈다. 이렇게 처음에 창제한 만문은 권점(圈點: 글자 획 가운데 작은 동그라미와 점)이 없어, 후세 사람들이 '무권점만문(無圈點滿文)' 혹은 '노만문(老滿文)'이라고 불렀다. 이때부터 만족은 자신의 표음문자를 갖게 되었다. 후금이 건립된 후, 통치자는 만문으로 대량의 한문 서적들을 번역하여 한족 문화를 섭취하는 데 크게 힘씀으로써, 후금 정권의 봉건화 과정을 가속화했다. 여진의 각 부족들을 통일하는 과정에서, 누르하치는 몽고·조선과 관계를 맺고 화목함을 나타냈고, 명나라에 대해서는 공손함을 보이면서, 여러 차례 친히 북경에 가서 조공을 하여, 여진족 내부의 반대 세력에게 타격을 가하는 데 중점을 뒀다. 누르하치는 허투아라를 정치·경제·문화의 중심으로 확립하고, 법률을 초보적으로 개정했다. 또 명나라와 무역을 강화하여, 식량·옷감·철기 등과 군사 물자를 교환함으로써 보급과 비축을 강화했으며, 인재를 초빙하고, 어진 사람을 선발하고, 능력 있는 사람을 임용하려고 노력했다. 일련의 준비를 거쳐, 명 만력 44년(1616년), 누르하치는 "천명을 받들어 여러 나라의 영명한 칸을 육성한다[承奉天命養育列國英明汗]"고 선언하고, 허투아라에 도읍을 정하여, 금나라 정권을 수립하고, 연호를 천명(天命)이라고 정했다. 역사는 이를 '후금'이라고 부른다. 건국 초기에, 누르하치는 여전히 명나라를 종주국으로 섬기면서, 속국임을 자처했다.

사르후(薩爾滸) 전투

명 왕조는 장기간 동안 여진족에 대해 민족 억압 정책을 시행하여, 여진인들의 전면적인 분노를 불러일으켰다. 누르하치는 이 기회를 틈타 군대를 일으켜 명나라에 반기를 들었다. 후금 천명 3년(1618년), 누르하치는 '칠대한(七大恨: 명나라가 역사적으로 여진족에게 가한 7가지 원한)'을 분향하여 하늘에 고한 뒤, 출정식을 열고 전투 의지를 고취시켜 명나라에 대항했다. 누르하치는 2만 명의 기병(旗兵: 팔기군 병사)을 이끌고, 병력을 두 방면으로 나누어 명나라 변경을 공격했다. 얼마 지나지 않아 무순(撫順)·동주(東州) 및 마근단(馬根單) 등의 성을 함락시키고, 전리품을 가득 실어 허투아라로 돌아오다가, 도중에 다시 복병을 배치하여 추격해 오던 만여 명의 명나라 군대를 완전 섬멸했다. 누르하치는 승세를 타고 전진하여, 다시 잇달아 아골관(鴉鶻關)·청하성(淸河城)·무안(撫安)·삼차아(三岔兒) 등지를 함락시켰다. 성을 공략하여 그 땅을 빼앗자, 그 위세가 요동을 충격에 빠뜨렸으며, 명나라 도성에서는 "온 조정이 깜짝 놀랐다".

명나라 정부는 급히 전국에서 10만 대군을 징집하여, 명 만력 47년(1619년) 2월에 요동으로 출동했다. 병력을 동(총병總兵 유정劉綎이 통솔)·서(산해관총병 두송杜松이 통솔)·남(요동총병 이여백李如柏이 통솔)·북(전임前任 총병 마림馬林이 통솔) 네 방면으로 나누어 진격했으며, 두송이 통솔하는 서로군(西路軍)을 주력으로 하여, 일거에 허투아라를 점령할 준비를 했다. 누르하치는 매우 빨리 이 소식을 듣고, 명나라 군대의 배치와 행동 계획을 잘 파악하여, "너희가 몇 놈이든, 나는 한 놈만 팬다"는 전략을 제시했다. 그에 따라 곧 우세한 병력을 집중하여, 명나라 주력인 서로군을 맞이하여 싸우는 것을 주요 작전 계획으로 세웠다.

계획에 따라, 명나라 군대의 행군 태세에 맞추어, 누르하치는 500명의 기병(旗兵)으로 명나라의 남로군을 견제하고, 6만 명의 기병을 집중하여 3만 명의 명나라 주력에 맞서 싸웠다. 3월 1일, 명나라 서로군은 사르후산(薩爾滸山, 지금의 랴오닝성 푸순 동쪽 훈하渾河 남안)에 도달한 다음, 사령관 두송이 병력 1만 명을 나누어, 친히 인솔하고 가서 부근의 계번성(界藩城, 지금의 랴오닝성 푸순에 속함)을 공격했다. 병력을 나누어 작전을 한 것이 바로 누르하치에게 각개 격파할 기회를 주었고, 누르하치는 기병 병력을 둘로 나누어 계번으로 가서 명나라 군대를 맞이해 싸웠다. 그는 친히 육기(六旗) 병력을 이끌고 사르후산을 포위하여 공격했다. 사르후산에 주둔하며 지키던 명나라 군대는 깜짝 놀라 간담이 서늘해졌고, 또 불을 피워 몸을 녹이느라 스스로 목표를 드러내고 말았다. 후금 장병들은 이 기회를 틈타 돌격하여 일거에 산 정상으로 공격해 올라가, 2만 명의 명나라 군대를 섬멸했다. 이어서 누르하치는 군대를 이끌고 계번을 구원하러 급히 달려가서, 명나라 군대의 퇴로를 차단하고 양쪽에서 협공을 하여, 계번에 있던 만여 명의 명나라 군대를 섬멸했다.

◈ **청 태종 홍타이지**

홍타이지는 50세 때, 진심으로 사랑하던 신비(宸妃)가 병으로 사망하자, 건강 상태가 급격히 악화되어, 청 숭덕(崇德) 8년(1641년) 8월에 심양의 청녕궁(淸寧宮)에서 병으로 사망했다.

이리하여 서로군 병력은 전멸하고, 사령관 두송은 전사했다. 3월 2일, 누르하치는 기회를 틈타 군대를 이끌고 북상하여, 명나라 군대의 북로군을 궤멸시켰다. 이와 동시에, 명나라 군대의 동로군은 두 방면으로 나누어, 허투아라로 돌진했다. 3일, 누르하치가 아들 홍타이지 등에게, 3만 명의 대군을 이끌고 두 방면으로 나누어 회군하여 허투아라를 급히 구원하도록 명령하자, 4일, 명나라의 동로군을 격파했다. 이러한 형세하에서, 명나라 남로군은 급히 심양(沈陽)으로 철수했다. 5일 동안에 명나라 군대의 문무 관리들 310명이 목숨을 잃었고, 사병은 4만여 명이 죽었다. 이 전투를 역사는 사르후 전투라고 부르며, 명나라와 금나라 간 전쟁에서 전환점이 되었다. 이후 명나라는 한번 무너지자 다시 일어서지 못하고 방어에 들어갔으며, 후금 세력은 나날이 강대해져, 명나라에 대한 전쟁은 매우 빠르게 공격으로 바뀌었다. 6월이 되자, 누르하치는 잇달아 개원(開原)과 철령(鐵嶺)을 함락시키고, 요심(遼沈)을 공격하기 위한 승리의 문을 열었다. 이후 거의 1년 동안, 누르하치는 휴식을 취하면서 재정비하고 훈련을 했으며, 후방을 공고히 하고, 역량을 축적하여 시기를 기다렸다. 동시에 몽고·조선과는 친교를 맺음으로써, 뒷걱정을 해소했다.

명 만력 48년(1620년), 명 신종(神宗)이 세상을 떠나고, 광종(光宗)이 뒤를 이었으나, 겨우 한 달 만에 병으로 죽자, 명 희종(熹宗)이 황위를 계승했다. 그때 명나라 조정은 환관들이 정권을 장악하고 있었고, 당쟁이 격렬하여, 국정이 혼란했다. 누르하치는 이 기회를 틈타 새로운 공세를 취할 준비를 했다. 이듬해 3월, 누르하치는 고작 3일 만에 심양을 점령하고, 명나라 군대 7만 명을 섬멸했다. 이어서 단지 2일 만에 요양(遼陽)을 공격하여 함락시키고, 명나라 군대 6만 명을 섬멸했다. 뒤이어 누르하치는 요양으로 천도하고, 동경(東京)이라고 고쳐 불렀다. 후금 천명 10년(1625년) 2월 9일, 누르하치는 다시 심양으로 천도했다. 천총(天聰) 8년(1634년), 심양은 성경(盛京)으로 높여졌다. 천명 11년(1626년) 정월, 누르하치가 군대를 이끌고 영원(寧遠, 지금의 랴오닝성 싱청興城)을 공격하자, 명나라 군대의 장수 원숭환(袁崇煥)이 '홍이대포(紅夷大砲)'로 팔기군을 격파했다. 누르하치는 평생 처음으로 패배를 당하고 심양으로 후퇴한 다음, 우울하게 지내다가, 7월에 등에 악성 종양이 생겨, 8월 11일에 세상을 떠났으니, 향년 68세였다.

홍타이지의 즉위

누르하치가 사망한 후, 그의 아들 홍타이지(1592~1643년)가 칸(汗)에 즉위하여, 1627년에 연호를 천총(天聰)으로 바꿨다. 홍타이지는 황위를 계승한 후, 일련의 조치들을 취하여, 후금 정권의 봉건화를 가속화했다. 또 몽고를 타일러 굴복시키고, 조선을 정복하여, 청나라 정권의 뒷걱정을 해소했으며, 서쪽과 남쪽으로 진격하여 명나라 군대와 싸워 중요한 승리를 거두고, 만족이 중원에 들어가 통치자가 되기 위한 기초를 한층 더 튼튼히 다졌다.

후금의 통치 영역이 확대됨에 따라, 그 통치를 받는 한족이 갈수록 많아지자, 홍타이지는 요심 지역에서 "호적에 편입시켜 백성으로 삼는" 정책을 널리 시행했다. 그리하여 한족의 노예 신분을 폐지하고 민호(民戶: 평민)에 편입시켜 한족 팔기군을 설립함으로써, "만족·몽고족·한족을 하나로 여긴다"는 점을 강조했다. 한족을 통치할 필요에 부응하기 위해, 홍타이지는 한족 관리와 한족 장수들을 힘껏 예우했다. 그 가운데 범문정(范文程)과 홍승주(洪承疇)를 중용한 것이 가장 돋보인다. 홍승주는 후금을 위해 제도를 확립하고, 항복한 장수들을 끌어들이고, 민심을 안정시켜, 홍타이지·순치·강희 세 황제의 중신(重臣)이 되었다. 홍승주는 원래 명나라의 명장이었는데, 숭덕(崇德) 7년(1642년)에 청나라 군대에게 사로잡혀 성경으로 압송되었다. 홍승주는 처음에는 죽음으로써 나라를 위해 충성을 다하려고 결심했다가, 나중에 홍타이지의 권유로 항복했다. 홍승주는 청나라에 항복한 이후, 청나라 군대가 중원에 진입하고 남하하는 전쟁 과정에서 큰 역할을 했다.

일반적으로 항복해 온 명나라의 한족 관리나 한족 장수들에 대해, 홍타이지는 모두 후하게 대우함으로써, 통치 경험이 매우 풍부한 한족 관리와 한족 장수들을 달랬다. 조대수(祖大壽)·공유덕(孔有德)·경중명(耿仲明)·상가희(尙可喜) 같은 사람들은 모두 홍타이지 시기에 잇달아 청나라에 항복하고 청나라 군대의 중요한 장수가 되어, 후금 정권의 봉건화를 촉진시켰다.

국호와 족칭(族稱)을 바꾸다

후금은 원래 노예제 정권이었다. 거기에는 시의에 맞지 않는 많은 제도들이 있었으므로, 갈수록 여진족은 요동 농업 지역의 사회 발전에 적응하지 못했다. 홍타이지는 결국 한족 봉건 왕조의 통치 경험을 받아들이고, 명나라의 제도를 본받아, 관료 제도를 다시 제정하고, 각급 통치기구를 설치함과 아울러, 후금 정권 내에 있는 낡은 제도에 대해 개혁을 진행하기로 결정했다.

누르하치는 생전에 각 기주(旗主: 팔기八旗 제도에서 각 기의 최고 통솔자들)인 버일러(貝勒)가 강대한 권세를 보유하고 있어, 격렬한 칸위(汗位) 쟁탈전을 벌이는 것을 감안하여, 천명 7년(1622년) 3월에, 이후부터는 8명의 호쇼버일러(和碩貝勒, 팔기의 기주)들이 함께 국정을 논의하는 제도를 실행한다고 선포했다. 그리고 새로운 칸은 8명의 버일러가 상의한 후에 "임명하고[任置]", 군대와 국정에 관한 대사는 8명의 버일러가 의논하여 처리했다. 천명 11년(1626년)에 누르하치가 병으로 사망하자, 홍타이지가 새로운 칸에 "추대되어", 3대 버일러들과 함께 군대와 국정에 관한 대사를 논의하여 처리했다. 이들 3대 버일러들은, 각각 누르하치의 둘째 아들인 다이샨(代善), 다섯째 아들 망굴타이(莽古爾泰) 및 홍타이지의 사촌형 아민(阿敏)으로, 그들은 양홍(兩紅: 팔기군 가운데 정홍기正紅旗와 양홍기鑲紅旗)·양람(兩藍: 정람기正藍旗와 양람기鑲藍旗)의 4기(旗)를 나누어 관장했다. 매일 아침 국사를 논의하면서, 홍타이지는 단지 3대 버일러들과 함께 앉아, 형제의 예를 행할 수 있을 뿐이었다. 이러한 연합 정치 체제가 계속 존재하자, 필연적으로 황권을 분산시켰다. 8명의 호쇼버일러들이 연합 집정하는 제도에 대해 홍타이지는 개혁을 진행했다.

먼저 팔기 기주들의 정권에 대한 제어력을 약화시켰다. 천총 5년(1631년), 홍타이지는 명나라의 정치 체제를 참조하여, 이(吏)·호(戶)·예(禮)·병(兵)·형(刑)·공(工) 6부(部)를 설립했다. 그 후, 홍타이지는 또 계속해서 도찰원(都察院)과 이번원(理藩院)을 설립했다. 숭덕 3년(1638년) 7월, 홍타이지는 버일러가 6부의 업무를 겸하여 관장하는 것을 중단하도록 명령을 내려, 팔기의 기주들이 6부와 양원(兩院: 도찰원과 이번원)의 사무에 간섭할 수 없게 하여, 정무(政務)를 기무(旗務)와 분리시킴으로써, 버일러들의 권력을 한층 더 약화시켰다. 그 다음으로, 3대 버일러의 정치적 지위를 낮추고, 그 세력을 약화시켰다. 암바버일러(大貝勒) 아민이 먼저 그 조치를 당했다. 아민은 홍타이지를 옹립하여 공을 세운 공로가 있다고 자처하면서 거만하게 굴었고, 또 야심을 이루지 못하자 마음속에 불만을 품고 있었다. 천총 3년(1629년) 10월, 홍타이지는 친히 대군을 이끌고 명나라를 정벌하여, 영평(永平)·난주(灤州)·천안(遷安)·준화(遵化) 등의 성들을 함락시키고, 아민에게 군대를 인솔하고 가서 견고히 지키라고 명령했다. 곧 뒤이어 명나라 군대가 대대적으로 반격을 가해 오자, 아민은 명령을 내려 성의 주민들을 모두 죽이고 성안에 있는 재물을 모조리 약탈한 뒤 성을 버리고 달아났다. 홍타이지는 아민이 성을 버리고 성의 주민들을 모두 죽인 일을 파악하고, 이어서 지난날의 과오까지도 추궁했다. 여러 버일러들이 모두 죄를 물어 사형에 처해야 한다고 주장했지만, 홍타이지가 관대하게 처벌하여, 유폐시키는 것으로 조정했다. 아민이 처벌을 받은 다음, 홍타이지는 다시 타격의 예봉을 망굴타이에게 겨냥했다. 천총 5년(1631년) 8월, 대릉하성(大凌河城, 지금의 랴오닝성 링허시凌河市)을 포위 공격할 때, 망굴타이는 홍타이지와 의견 충돌이 발생하여, 심지어 손으로 허리춤의 칼을 빼들기까지 했다. 홍타이지는 '황제 앞에서 칼을 빼든 죄'로 망굴타이의 암바버일러 작위를 박탈하고, 일반 버일러로 강등시켰다. 이 일이 있은 후에 참정(參政) 이백룡(李伯龍)은 "망굴타이가 황제와 나란히 앉는 것을 허락해서는 안 된다"고 제안했다. 홍타이지는 이백룡의 제의를 여러 버일러·대신들과 함께 토론했다. 암바버일러 다이샨은 홍타이지의 의도를 파악하고, 자리를 치워야 한다고 적극적으로 요청했다. 홍타이지는 추세에 따라 행동하여,

즉각 다이샨의 요청을 승인했다. 이듬해 정월, 홍타이지는 정식으로 "3대 버일러와 함께 남쪽을 바라보고 앉는[與三大貝勒俱南面坐受]" 옛 제도를 폐지하고, "칸 혼자만 남쪽을 향해 앉아 조례를 받는 것[汗南面獨坐]"으로 고쳤다. 조정 회의의 좌석 배열은 봉건 왕조의 등급 제도를 구현하여, 홍타이지만 남쪽을 향해 혼자 앉았으므로, 흡사 '유아독존(唯我獨尊)'의 제왕 같았다. 천총 9년(1635년) 2월, 몽고의 차하르부(察哈爾部) 링단칸(林丹汗)의 아들 에제이(額哲)가 전국옥새(傳國玉璽: 나라에서 나라로 전해지는 옥새로, 황제를 상징함)를 헌상하며, 후금에 귀순해 왔다. 전국옥새의 획득은, 홍타이지로 하여금 이는 "천명(天命)이 금나라 편이 되었다"고 인식하게 했다. 그리하여 천총 10년(1636년) 4월 11일, 홍타이지는 성경(盛京)의 대정전(大政殿)에서 황제에 등극하는 의식을 거행하고, 국호를 '대청(大淸)'으로 정했으며, 연호를 '숭덕(崇德)'으로 바꿨다. 산해관을 통해 중원에 진입하기 전의 청나라는 만족(滿族)이 건립한 지방 민족 정권이었다.

홍타이지는 국호를 '대청'으로 바꾼 이후, 으스대며 득의양양해하여, 다음 전략적 목표는 중원에 진입하여 통치자가 되는 것이었다. 일찍이 천총 원년(1627년), 홍타이지는 곧 '정묘지역(丁卯之役: 정묘호란)'을 일으켜 무력으로 조선을 굴복시키고, 그를 압박하여 '형제지맹(兄弟之盟)'을 체결함으로써, 명나라의 후금 정권에 대한 포위권을 무너뜨렸다. 천총 10년(1636년), 홍타이지는 다시 '병자지역(丙子之役: 병자호란)'을 일으켜, 조선으로 하여금 청나라 정권과는 '군신(君臣) 관계'임을 승인하도록 압박하자, 조선은 이때부터 완전히 명나라에서 벗어났으며, 또한 청나라 군대의 명나라 군대에 대한 작전에 참가했고, 몽고의 각 부족들도 잇달아 청나라 정권에 귀속되었다. 이리하여 청나라 주위에 있던 세 개의 적국들 중 단지 명나라만 남게 되어, 서쪽으로 진출하고 남쪽으로 뻗어가는 데 뒷걱정을 해소했다. 숭덕 5년부터 7년까지(1640~1642년), 청나라 군대는 송산(松山)·금주(錦州) 등지의 성들을 함락시켜, 산해관으로 진입할 문호를 장악함과 아울러, 명나라 장수인 조대수와 홍승주의 항복을 받았다. 그리고 숭덕 7년부터 8년까지(1642~1643년), 청나라 군대는 산해관 안쪽으로 공격해 들어가, 진(晉)·기(冀)·노(魯) 등지를 소탕하고, 수많은 인구와 재산을 약탈했다. 숭덕 7년 10월, 5대 달라이라마(五世達賴)의 대표와 몽고 오이라트부(厄魯特部) 수령 다이칭 추어지(戴靑綽爾濟)가 친히 성경에 와서 청나라와 친교를 맺었다. 숭덕 8년(1643년) 8월 9일 밤, 홍타이지는 갑자기 중풍에 걸려 급사했으니, 그의 나이 겨우 52세였다. 그는 비록 죽었지만, 생전에 이미 다민족 국가의 기본 형태를 갖추어 놓았다. 중원을 차지하자, 전국을 통일하는 것은 이미 물이 흐르는 곳에 도랑이 생기듯 자연스러운 형세를 나타냈다.

청(淸) 1644년

인물: 도르곤, 순치제 푸린 지역: 산해관, 북경 키워드: 체발령(剃髮令), 가정삼도(嘉定三屠)

청 군대의 입관(入關)과 북경에의 정도(定都)

청 태종(太宗) 홍타이지가 사망한 후, 그의 이복동생인 도르곤(多爾袞)이 6세의 조카이자, 홍타이지의 아홉째 아들인 푸린(福臨)을 옹립하여 황위를 계승하게 하고, 연호를 순치(順治)로 바꿨다. 도르곤은 '숙부섭정왕(叔父攝政王)'(그 후에 다시 '황숙부섭정왕皇叔父攝政王, 황부섭정왕皇父攝政王'으로 승진함)으로 받들어지며, 군정(軍政) 대권을 장악했다. 도르곤의 주도하에, 청나라 군대는 기회를 엿보아 움직여 중원을 차지하고, 중국 역사상 마지막 봉건 왕조를 건립했다.

청나라 군대의 입관(入關: 산해관, 즉 중국 경내인 중원으로 들어오다)

명나라 말기에 농민 봉기가 폭풍처럼 거세게 일어나, 이자성(李自成)의 대순군(大順軍)과 장헌충(張獻忠)의 대서군(大西軍)이 급격히 발전했다. 순치 원년(1644년) 3월 17일, 이자성의 군대가 북경성 밑에 다다르자, 19일에 명나라 숭정제(崇禎帝)는 매산(煤山)에서 목을 매 자살했고, 농민군은 북경을 공격하여 점령했다. 4월 4일, 범문정(范文程)은 도르곤에게 다음과 같은 글을 올렸다. "지금이 바로 섭정왕(攝政王: 도르곤)께서 공훈을 쌓고 업적을 세워 만세에 은택을 내리실 때이니, 마땅히 중원을 공격하고 유구(流寇: 농민 봉기군)와 싸워야 하며, ……대하(大河: 황하) 이북은 격문을 띄우면 평정할 수 있습니다." 도르곤은 이 건의를 받아들여, 4월 9일에 청나라 군대를 이끌고

◈ 홍타이지가 군대를 이동하거나 파견할 때 사용한 목신패(木信牌: 군대 내에서 전령이 문서를 전달할 때, 이 패를 일종의 신분증으로 삼았다.)

곧바로 산해관(山海關)으로 돌격했다.

이때 산해관은 명나라 장수 오삼계(吳三桂)가 지키고 있었는데, 이자성은 이미 그의 아버지인 오양(吳襄)의 항복 권유서를 보내 그를 도성으로 들어오라고 불렀고, 도르곤도 편지를 보내 항복을 권유했다. 오삼계는 형세를 관망하면서 결정을 내리지 못하고 망설이다가, 마지못해 천천히 도성으로 가기로 결정했다. 도중에 오삼계는 도성에서 도망쳐 나오는 가족을 만나, 자신의 아버지는 감옥에 갇혀 있고, 애첩인 진원원(陳圓圓)은 포로가 되었다는 것을 알자, 즉각 방향을 바꿔 산해관으로 돌아갔다. 동시에, 급히 서신을 보내 도르곤에게 구원을 요청했다. 4월 13일, 이자성은 친히 20만 대군을 이끌고 산해관으로 갔다. 바로 이렇게 긴급한 때, 도르곤이 답신을 보내 "반드시 고향땅을 하사하고, 번왕(藩王)으로 승진시켜 주겠다"고 약속하면서, 청나라에 투항하라고 권유했다. 4월 21일, 청나라 군대가 산해관 밖 10리 지점에 진주했다. 오삼계는 관문을 나가 도르곤을 알현하고, 두 사람은 생사동맹(生死同盟)을 맺었다. 다음날, 도르곤은 청나라 군대를 이끌고 세 방면으로 나누어 관내로 진입했다. 석하(石河) 서안에서, 도르곤은 먼저 오삼계가 인솔하는 부대로 하여금 오른쪽 날개에서부터 농민군에 대해 공격을 가하고, 이어서 팔기군 병사들이 농민군을 급습하도록 배치했다. 농민군은 양쪽에서 공격을 받자, 패하여 북경으로 돌아갔다. 4월 29일, 이

◈ **청 태종 효장문황후**(孝莊文皇后)**의 조복상**(朝服像)

그림 속의 인물은 바로 청나라 초기의 유명한 효장태후 보르지긴(博爾濟吉特)으로, 청 천명(天命) 10년(1625년)에 홍타이지에게 출가하여 측복진(側福晉: 황후를 적복진嫡福晉이라 하고, 후실들은 대복진大福晉, 측복진, 서복진庶福晉 등으로 서열이 있었다)이 되었다. 숭덕 8년(1643년), 순치제가 즉위한 후, 성모황태후(聖母皇太后)로 받들어졌으며, 강희제가 즉위한 후에는 태황태후(太皇太后)로 받들어졌다.

자성은 황급히 황제에 등극하고, 이튿날 북경에서 철수하여 서쪽으로 갔다. 그러자 도르곤도 오삼계를 평서왕(平西王)에 봉하고, 급히 오삼계 및 아지거(阿濟格)·도도(多鐸)로 하여금 정예병을 이끌고 서쪽으로 가서 농민군을 추격하도록 명령했다.

5월 2일, 도르곤이 명나라 문무 유신(遺臣: 이전 왕조의 신하)들의 영접을 받으면서, 북경으로 진입했다. 북경에 진입한 후, 도르곤은 먼저 형세를 안정시키고 정상적인 질서를 회복하는 데 진력했다. 한족 관리의 건의에 따라, 도르곤은 일련의 중대한 정책들을 결정했다. 첫째는, 명령을 내려 청나라 군대에게 다음과 같이 거듭 천명했다. "이번 일은 횡포하고 사나운 사람을 제거하여 백성을 구하고, 도적을 소탕하여 천하를 안정시키려는 것이다. 무고한 사람을 죽이지 말고, 재물을 약탈하지 말고, 민가를 불태우지 말아야 하며, 이행하지 않는 자는 처벌한다." 둘째, 명 숭정제의 장례를 치르고, 성안의 모든 관리와 백성들이 3일간 상복을 입도록 했으며, 예부(禮部)는 제왕의 예의로써 창평(昌平)의 명릉(明陵)에 장례를 치러 주고, 또한 군대를 파견하여 명나라 황제의 능을 보호하도록 했다. 셋째, 군기를 엄격히 하고, 사병들이 민가에 들어가는 것을 금지하여, 인심을 안정시켰다. 도르곤은 또한 병부로 하여금, 각 성(省)·주(州)·군(郡)·현(縣)에 격문을 돌리도록 명령하여, 명나라 관리들을 귀순시키고, 전량(錢糧)·호구(戶口)·병마(兵馬)의 책적(冊籍: 명부)을 보전하는 자는 모두 관직과 작위를 높여 주겠다고 했다. 이러한 방법은, 한족 지주계급의 지지와 협력을 얻는 데 유리하게 작용하여, 국면을 매우 빠르게 안정시켰다. 6월 초가 되자, 북경의 형세는 대체적으로 정상을 회복했다.

도르곤과 북경으로 들어온 여러 친왕(親王)·대신들은 마침내 북경으로 천도하기로 협의하여 결정했다. 8월 20일, 순치제는 종실 공주·태종의 후비(后妃) 및 여러 버일러(貝勒) 대신들과 함께 서쪽으로 이주하여 북경으로 왔다. 9월 19일, 북경에 도착하여, 정양문(正陽門)으로부터 명나라 황궁에 들어갔다. 당일 도르곤은 만족과 한족 관리들을 거느리고, 순치제에게 표(表: 임금에게 올리는 서류)를 올려, 북경에 수도를 정하고, 제위에 즉위하여 천하를 통치하도록 권유했다. 동시에 관리를 파견하여 누르하치와 태종 홍타이지의 신주(神主)를 모셔와 태묘(太廟)에 안치했다. 10월 1일, 수도를 정하는 성대한 의식을 외성(外城)의 천단(天壇)에서 거행했다. 7세의 푸린은 제왕·버일러들과 함께 천단에 와서 천지에 제사를 지내며 고하여, 대청 황제에 즉위했음을 선포하고, 〈대청시헌력(大淸時憲曆)〉을 반포했다. 10일, 도르곤은 순치제를 대신하여 자금성 '황극문(皇極門)'에서 천하에 조서를 내리고, 이렇게 선포했다. "10월 을묘일(乙卯日)에 천지·종묘·사직에 제사를 올려 고하여, 북경을 수도로 정하고, 천하에 대청(大淸)이라는 이름을 가진 나라를 건립하며, 연호를 순치(順治)로 한다." 이리하여 새로운 왕조가 정식으로 건립되었다. 소수민족이 중원의 통치자가 되어 건립한 이 전국적 정권은, 중국 역사상 마지막 봉건 왕조였다.

체발령(剃髮令)과 가정삼도(嘉定三屠)

중원의 통치자가 된 후, 청나라 통치자가 전국적 범위에서 만족(滿族)의 제도와 습속을 관철시키자, 한족 문화와 격렬한 충돌이 발생했다. 청나라 군대가 북경성에 진입하고 나서 얼마 지나지 않아, 도르곤은 곧 다음과 같은 포고문을 반포했다. "투항한 관리와 군민(軍民)들은 모두 체발(剃髮: 두발을 깎음)을 하고, 의관(衣冠)은 본 왕조의 제도를 잘 준수하라." 돌멩이 하나가 거센 파도를 불러일으켰다. 포고문이 나가자, 도성 안에서는 즉각 민심이 흉흉해지고, 당황하고 두려워서 불안해했으며, 심지어 매우 많은 사람들은 남쪽으로 도망칠 준비까지 했다. 도르곤은 이를 보고 잠시 '체발령'을 보류하여, 모든 신민들에게 이전의 차림새를 허용했다. 1년 후, 이자성의 농민군이 청나라 군대에게 진압되었고, 남경의 홍광(弘光) 정권도 이미 섬멸되어, 청나라 군대는 중원 지역을 거의 장악했다. 이 지역의 각 민족 백성들을 확실히 장악하기 위해, 청나라 정부는 권지령(圈地令: 만족 귀족들이 중원의 토지를 무단으로 약탈하기 위해 반포한 법령)·도인법(逃人法: 팔기八旗의 노예가 도망치거나 여타 팔기의 성원들이 소속된 기旗에서 도망치는 것을 금지하는 법령)·체발령·천계령(遷界令: 천해령遷海令이라고도 하며, 동남 연해 지역에 거주하던 주민들을 내륙으로 30~50리씩 이주하게 한 법령) 등 일련의 정책들을 강제로 시행했다. 만족의 이익을 위하면서 기타 민족 백성들의 이익을 침탈하는 이러한 정책들은 각 민족 구성원들의 강력한 반항에 직면했다.

순치 2년(1645년) 6월, 청나라 정부는 전국에 '체발령'을 공포했다. 명령에서, 모든 사람은 반드시 만족처럼 앞이마의 두발을 깎고, 변발(辮髮: 땋은 머리)을 기르도록 규정했다. 도성 안팎에서는 10일 내에 두발을 깎도록 하고, 지체하는 자나 명령을 거역하는 자는 모두 중죄로 다스렸다. 청나라가 파견한 지방 관리들은 또한 강남 각지에 "머리를 남겨 두려면 두발을 남겨 두지 말고, 두발을 남겨 두면 머리가 남아나지 못할 것이다[留頭不留髮, 留髮不留頭]"라는 포고문을 붙여, 백성들로 하여금 두발을 깎도록 강제했다. 청나라 통치자가 두발을 깎도록 강제로 명령한 것은, 곧 한족 사람들로 하여금 전통적인 생활 습속을 바꾸도록 강요한 것으로, 한족 백성들의 강력한 반항을 불러일으켰다. 그 중에서도 한족 문화의 분위기가 농후했던 강남 지역의 반항이 가장 비장했다.

강남의 백성들은 자발적으로 갖가지 방법을 이용해 두발을 보호했는데, 개인들의 체발을 반대하는 행동이 끊임없이 증가하고 누적되더니, 결국 일부 지역들에서는 집단적 반

◈ 청 세조 푸린(福臨)의 조복상(朝服像)

푸린은 청나라가 중원에 들어가 주인이 된 최초의 황제다. 그는 홍타이지의 아홉째 아들로, 숭덕(崇德) 3년(1638년)에 태어났으며, 생모는 보르지긴(博爾濟吉特), 즉 효장태후다.

항 투쟁이 폭발했다. 그 가운데 가장 대표적인 것이 강음(江陰)과 가정(嘉定) 두 지역이었다. 강음은 강남의 큰 현(縣)으로, 백성들의 생활이 풍족하고, 지리적으로 중요한 수륙 교통의 요충지여서, 평소에 "삼강의 강성한 요충지이자, 오호의 비옥하고 기름진 곳[三江之雄鎭, 五湖之腴膏]"이라고 일컬어졌다. 체발령은 전체 성안 백성들의 공포심과 분노를 초래했다. 윤달 6월 2일, 강음현령 방형(方亨)이 엄중하게 체발령을 발령하자, 수많은 강음의 덕망 있는 원로들이 현령 방형을 찾아가 머리를 기르게 해 달라고 요청했지만, 현태야(縣太爺: 현령 아래의 관직) 대매(大罵)에게 크게 질책을 받고 쫓겨났다. 체발을 하도록 명령한 기한의 마지막 날이 되자, 강음의 수재(秀才: 관청에서 운영하는 학교에 입학한 사람) 허용(許用) 등이 성안의 명륜당 가운데 서서, 명 태조의 초상을 높이 걸어 올리고, 수백 명을 모아 놓고 초상을 향해 무릎을 꿇고 엎드려 절을 하면서 통곡하며 이렇게 말했다. "머리는 자를 수 있어도, 두발은 절대 깎을 수 없사옵니다!" 오후가 되어, 여기에 모여든 사람들이 갈수록 많아지자, 울음소리로 천지가 떠나갈 듯했다. 뒤이어 허용 등이 감정이 격앙된 수많은 강음의 백성들을 데리고 거리로 나가 시위를 벌이자, 사방팔방에서 몰려나온 호응자들이 무려 수만 명에 달했다. 통제력을 상실한 군중들은 현의 관아로 돌진하여, 관아 안에 있는 시설들을 파괴하고, 현령 방형을 붙잡아 그를 처형했다.

이튿날, 전체 현의 인민들이 현성(縣城)에서의 투쟁에 호응했다. 멀리서 가까이서 농민들이 향병(鄕兵)을 조직하고, 그들이 공동으로 강음현의 주부(主簿)인 진명우(陳明遇)를 성주(城主)로 추대함과 동시에, 무기고를 열고 이전에 창고에 쌓아둔 화약 기계로 향병을 무장시켜 스스로 지킬 준비를 했다. 청나라에 저항하는 강음의 병력은 먼저 강음성 안에서 청나라 군대의 간첩 60여 명을 수색하여 체포한 다음, 다시 강음성의 네 문에 병력을 배치하여, 목숨을 걸고 고향을 굳건히 지켰다. 전임 전사(典史: 현령을 보좌하던 관직) 염응원(閻應元)은 진명우의 요청에 따라, 위급한 시기에 성을 지키는 지도자의 중임을 맡고, 성벽 위에 올라가 용감하게 지휘하여 피투성이가 되도록 싸워, 청나라 군대의 계속되는 공격을 와해시켰다. 강음의 각 계층 백성들은 모두가 한마음이 되어, 공동의 적에 대해 함께 적개심을 불태우면서, 강대한 항청(抗淸) 연합 전선을 형성했다. 이 강고한 방어선은 청나라 군대의 포화를 효과적으로 저지했다.

이후부터 두 달 동안, 강음성은 청나라 군대의 포화 속에서도 영웅처럼 우뚝 섰다. 청나라 군대는 오랫동안 공격해도 함락되지 않는 것을 보고는, 곧 성을 포위한 병력을 24만 명으로 증가시켰고, 또 남경으로부터 24문의 대포를 가져와 밤낮없이 성안을 향해 포격을 가하자, 성안의 사정은 갈수록 위급해졌다. 8월 21일 정오, 현성(縣城)의 서쪽 문이 청나라 군대의 강력한 포격에 의해 무너지자, 청나라 군대는 이곳을 통해 성안으로 벌떼처럼 몰려들어 왔다. 수백 명의 강음 지역 의사(義士)들이 청나라 군대와 격렬한 시가전을 전개했지만, 결국 모두 장렬히 희생되었다. 강음의 백성들은 83일 동안 성을 결연히 지키면서, 청나라 군대 7만여 명을 죽여, 강남 인민들의 포악한 세력을 두려워하지 않는 반항 정신과 민족 전통의 문화를 고수하려는 신념을 보여 주었다. 청나라 군대는 강음을 공격하여 함락시키고 나서, 결코 거기에서 멈추고 백성들을 위무한 게 아니라, "성안의 백성들을 모조리 죽인 다음에 멈추라"고 명령을 내렸다. 강음의 인민들은 다시 위세와 무력에 굴복하지 않고 높은 인품과 곧은 절개를 보여 주며 의연하게 죽음을 맞이했다. 동시에 강남의 또 다른 요충지인 가정(嘉定)에서도 체발에 반대하는 기세등등한 투쟁이 일어나자, 청나라 군대가 백성들의 투쟁을 진압하고, 세 차례에 걸쳐 대규모 도살을 진행했는데, 역사는 이를 '가정삼도(嘉定三屠)'라고 부른다.

강음과 가정, 번화하고 부유했던 이들 두 강남의 유명한 도시들이 청나라 군대의 피비린내 나는 살육으로 인해 폐허가 되자, 강남 인민들의 마음속에 지우기 어려운 기억을 남겨 놓아, 청나라의 훗날 통치에 심각한 영향을 미쳤다. 또 도르곤으로 대표되는 만족(滿族) 통치 계층을 구현해 냈고, 비록 이미 입관(入關)했지만, 그들의 사상은 여전히 강력한 야만성의 흔적을 지니고 있었고, 관외(關外: 중원 이외의 이민족 거주 지역) 민족들의 낙후된 통치 방식의 관성을 띠고 있었다.

한걸음더

명말 청초의 삼선생(三先生)

명·청 왕조가 교체될 무렵, 중국의 사상계와 학술계도 매우 활기를 띠었다. 그 가운데 세 사람의 대학자들, 즉 이주(梨洲) 선생 황종희(黃宗羲), 정림(亭林) 선생 고염무(顧炎武) 및 선산(船山) 선생 왕부지(王夫之)가 있었으며, 그들은 마치 세 개의 밝게 빛나는 별처럼 후세를 밝혀 주고 있다. 이들 세 명의 선생들은 모두 명나라 말기에 태어나, 청나라에 항거하는 투쟁에 참가했다가 실패한 후에는, 모두 산림에 은거하여 책을 쓰고 학설을 확립했다. 그 가운데 황종희(1610~1695년)는 『명이대방록(明夷待訪錄)』과 『명유학안(明儒學案)』을 저술한 것으로 유명하다. 『명이대방록』에서, 그는 "천하가 주인이고, 군주는 손님이다[天下爲主, 君爲客]"라는 유명한 명제를 제시했다. 고염무(1613~1682년)의 주요 저서로는 『일지록(日知錄)』·『천하군국이병서(天下郡國利病書)』 등이 있다. 그는 이른바 "나라가 망하는 것[亡國]"은 단지 조대가 바뀌는 것일 뿐이고, "천하가 망하는 것[亡天下]"은 곧 민족·문화의 멸망을 가리킨다고 여겼는데, 후세 사람들은 고염무의 이 사상을 "天下興亡, 匹夫有責(천하가 흥하고 망하는 것은, 보통사람에게도 책임이 있다)"이라는 여덟 글자로 요약했다. 왕부지(1619~1692년)의 중요한 저작들로는 『주역외전(周易外傳)』·『독통감론(讀通鑑論)』·『상서인의(尙書引義)』·『송론(宋論)』 등이 있다.

전문 테마 팔기(八旗) 제도의 성쇠

팔기 제도는 만족(滿族)이 중원을 자치하기 이전에 확립되었다. 팔기 조직은 군사·행정·생산 등 세 방면의 직능을 가지고 있었는데, "깃발로 군대를 통솔하고, 깃발로 백성을 통솔하여", 원래 상대적으로 분산되어 있던 여진족을 조직했으며, "(전쟁에) 나가면 병사가 되고, 들어오면 평민이 되었다". 홍타이지 시기에는 또 한족 군대 팔기와 몽고 팔기도 구성했다. 중원을 차지한 후, "만주를 가장 중시하는[首崇滿洲]"("만주가 근본이다[滿洲根本]"라고도 했음) 기본적인 국가 정책에 따라, 팔기 제도는 강화되어 단순한 군사 조직이 되었으며, 주경팔기(駐京八旗)와 주방팔기(駐防八旗)를 구성했다. 청대에 팔기 정예 부대는 지방 치안을 유지 보호하면서, 제정러시아(沙俄) 침략군을 호되게 공격하여, 알바진성(雅克薩城)을 수복하는 등 외래의 침략에 반대하는 전쟁 과정에서 중요한 역할을 하여, 청 왕조의 통치를 유지 보호하는 지주가 되었다.

◈ 〈북해빙희도(北海氷嬉圖)〉 | 청

이것은 청대의 빙희(氷嬉: 얼음지치기) 장면을 그린 궁정 회화다. 역사서의 기록에 따르면, 청나라 조정은 매년 겨울에 각지에서 천여 명의 "얼음지치기를 잘하는" 선수들을 선발해 와서 궁궐에 들여보내 훈련시킨 뒤, 동지부터 "삼구(三九: 여름의 '삼복'에 대응되는 겨울 절기로, 동지로부터 세 번째 9일, 즉 19일째부터 27일째까지를 가리킨다)까지 태액지(太液池, 지금의 베이징 베이하이北海와 중난하이中南海)에서 연기를 펼쳤다.

니루(牛錄)

여진족에게는 일찍이 원시 사회의 씨족 제도 시기에, '니루'라고 부르는 조직이 존재했었다. 사냥을 나가거나 군대가 출동할 때, 참가자들은 모두 한 세트의 활과 화살을 소지했는데, 10명이 1'니루'가 되었고, 그 중 한 명이 우두머리였으며, 그를 '니루에젠(牛錄額眞, 여기에서 額은 화살을 뜻하고, 眞은 주인을 뜻한다)'이라고 불렀다. 여진의 각 부족들을 통일하는 군사 행동 과정에서, 누르하치는 끊임없이 합병한 여진의 각 부족들 가운데 자유민인 '쭈선(諸申)'과 '일건(伊爾根)'을 '니루'에 편입시킴과 아울러, 그것을 확대했다. 300

명을 1니루로 삼고, 1니루마다 1명의 니루에젠을 두었으며, 그 밑에 2명의 다이서(代子: 말단 군관)를 두어 조수로 삼았다. 5개의 니루가 1'잘란(甲喇)'을 이루었고, 1명의 잘란에젠(甲喇額眞)을 두어 우두머리로 삼았다. 또 5개의 잘란이 1'쿠사(固山)'를 이루고, 1명의 쿠사에젠(固山額眞)을 두어 우두머리로 삼았으며, 2명의 메이레에젠(梅勒額眞)이 보좌했다. 1쿠사마다 하나의 깃발을 상징으로 삼았으므로, 쿠사는 기(旗)였으며, 쿠사버일러(固山貝勒)는 바로 기주(旗主)였다.

팔기의 건립

명 만력 29년(1601년), 누르하치는 정식으로 황(黃)·백(白)·홍(紅)·남(藍) 등 4기(旗)를 건립했다. 후에 전쟁에서 끊임없이 승리를 쟁취함에 따라 병력도 계속 확대되자, 만력 43년(1615년)에는 다시 테두리를 두른 황·백·홍·남 4기를 증설했다. 이리하여 만주(滿洲) 정황(正黃)·정백(正白)·정홍(正紅)·정남(正藍)·양황(鑲黃)·양백(鑲白)·양홍(鑲紅)·양남(鑲藍)(색깔 앞에 '正'자가 붙은 것은 테두리가 없는 단색 깃발이며, '鑲'자가 붙은 것은 테두리가 있는 깃발의 테두리 색깔을 가리킨다–옮긴이) 등 8기를 이루었다. 팔기들 간에는 각자 자신의 깃발을 세웠고, 서로 지배하거나 예속되지 않았다. 누르하치는 팔기의 최고 통솔자로, 친히 정황·양황 2기를 거느렸으며, 나머지 6기는 누르하치의 아들이나 동생들이 장악하여 거느렸다.

팔기 제도는 군사 제도일 뿐만 아니라, 세금 징수와 부역에 복무하는 직능도 함께 가지고 있어, 관용(官用) 식량이나 전시(戰時)에 급히 필요한 전마(戰馬)와 선박도 각 니루가 조달했다. 동시에 팔기 제도는 또한 후금이 요심(遼沈)에 진입하기 전의 특수한 정권 조직 형태이기도 했다. 팔기의 각급 에젠들은 칸의 명령을 집행하고, 모두 인부를 둔전에 파견하여 복무하게 하고, 사병들을 통솔하여 전투를 해야 했으며, 또한 칸의 명령을 받들어, 자기의 부하들을 통할해야

◈ 위에서부터 아래로, 양홍기(鑲紅旗) 깃발, 정홍기(正紅旗) 깃발, 양백기(鑲白旗) 깃발, 정남기(正藍旗) 깃발, 정백기(正白旗) 깃발이다.

만 했다.

팔기의 장정은 평시에는 농사를 짓거나 수렵을 하거나 목축을 하다가, 전시에는 갑옷을 입고 출정했다. 누르하치와 홍타이지는 팔기의 장정들 중에서 선발하여 팔기의 정예 부대를 조직했는데, 처음에는 5~6만 명이었던 것이 11~12만 명까지 발전했다. 후금 정권 초기에, 팔기 군대는 사르후(薩爾滸)·평양교(平陽橋)·송산(松山)에서 명나라 군대를 잇달아 대파하고, 여러 차례 국경을 넘어 천 리까지 들어가 기습을 가하고, 곧바로 북경성 밑에까지 이르러, 중원으로 진출하기 위한 튼튼한 기초를 다졌다.

만몽(滿蒙: 만족과 몽고족) 팔기

천총(天聰) 9년(1635년), 막남몽고(漠南蒙古: 고비 사막 이남 몽고)의 여러 부족들이 청나라에 귀순해 오자, 홍타이지는 원래의 몽고 니루와 새로 귀순해 온 몽고 각 부족들을 하나로 합쳐 편성하여 몽고팔기(蒙古八旗)를 구성했다. 그 편제는 만팔기(滿八旗: 만족으로 구성된 팔기)와 완전히 일치했다. 입관(入關)한 후, 청나라 정부는 몽고팔기에 대해서도 주경몽고팔기(駐京蒙古八旗)와 주방몽고팔기(駐防蒙古八旗)로 나누어 구성했다.

천총 5년(1631년), 홍타이지는 팔기의 기주인 여러 버일러들의 군사적 실력이 균형을 이루게 하기 위해, 한족이 화기에 정통했기 때문에, 한족을 선발하여 별도로 군대를 설치하고, 그 군대의 이름을 우전초하(烏眞超哈)라고 했으며('烏眞'은 한어로 '重'의 뜻이고, '超哈'는 한어로 '兵' 혹은 '軍'의 뜻이다), 동양성(佟養性)을 앙방장경(昻邦章京, 즉 총관總管)에 임명했다. 숭덕 원년(1636년), 한족을 2기로 나누어, 석정주(石廷柱)가 좌익(左翼) 기의 쿠사에센(한문 명칭은 도통都統)이 되었고, 마광원(馬光遠)이 우익(右翼) 기의 쿠사에센이 되었다. 숭덕 4년(1639년)에는 4기로 나누었다. 숭덕 7년(1642년)에는 8기로 증편되어, 모두 129개의 니루에, 2만 4,500명이 되었다. 입관한 후에 형세가 급변하면서, 한족 군대 팔기는 계속해서 새로 투항하고 개편된 한족 관병(官兵)들을 편입시킴에 따라, 270개 니루에, 병력은 2만 명으로 발전했다. 편제는 2배 이상 확대되었는데, 병력 숫자는 오히려 처음 창설되었을 때보다 줄었다. 그 이유는, 관리는 늘리고 병사는 줄임으로써, 투항한 한족 관리들을 달래는 정책을 구현했기 때문이다.

팔기의 개편

중원의 통치자가 된 다음, 청 왕조는 팔기 군대의 설립을 강화했다. 주경팔기는 효기영(驍騎營)·전봉영(前鋒營)·호군영(護軍營)·보병영(步兵營)을 설립했다. 그 후에 다시 화기영(火器營)·건예영

(健銳營)·내부삼기호군영(內府三旗護軍營)·전봉영·효기영 및 원명원팔기호군영(圓明園八旗護軍營)과 삼기호창영(三旗虎槍營) 등을 설립했다. 각지의 반청(反淸) 무장 세력을 평정하고, 전국의 1,700여 개 부(府)·청(廳)·주(州)·현(縣)들을 확고하게 통제하기 위해, 청 왕조는 계속해서 팔기군을 일부 중요한 도시들에 파견하여 주둔하면서 방어하도록 했는데, 이를 '주방팔기(駐防八旗)'라고 불렀다. 청대의 주방팔기는, 대체적으로 기보주방(畿輔駐防, 직예주방直隸駐防이라고도 불렀다)·동삼성주방(東三省駐防)·각 성(省) 주방 및 신강주방(新疆駐防) 등 4대 계통으로 나눌 수 있다. 이러한 일련의 개혁은 팔기 제도를 강화하고, 팔기를 직업군대로 만들었다.

녹영(綠營)의 설립

팔기군 제도를 강화한 것 외에, 팔기 병력의 한계성을 보완하기 위해, 청나라 정부는 한족 군대인 '녹영'을 설립했다. 팔기 군대와는 좀 구별하기 위해, 한족 군대는 녹색 깃발을 사용했기 때문에 녹영이라고 불렀다. 녹영의 병력은 마병(馬兵)·전병(戰兵)·수병(守兵)·수사(水師) 등 네 종류로 나뉘며, 북경과 각 성들에 나뉘어 주둔했다. 북경에 주둔하며 지키는 녹영 군대는 순포영(巡捕營)이라고 불렀으며, 보병 통령(統領)이 통솔했다. 각 성에 주둔하며 지키는 녹영 군대에는 독표(督標, 총독이 통할함)·무표(撫標, 순무가 통할함)·제표(提標, 제독이 통할함)·진표(鎭標, 총병이 통할함)·군표(軍標, 사천과 신강에 설치했고, 장군이 통할함)·하표(河標, 하도총독河道總督이 통할함)·조표(漕標, 조운총독漕運總督이 통할함)가 있었다. 표(標) 밑에는 협(協)을 두고, 부장(副將)이 통솔했으며, 협 밑에는 영(營)을 두고, 참장(參將)·유격(遊擊)·도사(都司)·수비(守備)가 나누어 통솔했다. 녹영의 설립은 만족·몽고족·한족 팔기의 역량이 부족한 것을 보완하여, 청 왕조 통치를 유지하는 또 하나의 중요한 군사적 버팀목이 되었다.

팔기의 공적

강희제가 '삼번(三藩)의 난'(826쪽 참조-옮긴이)을 평정하던 초기에, 팔기군 병사들은 오랫동안 안일하게 지내느라 전투 경험이 부족했고, 게다가 지휘관을 잘못 선발한 탓에 전쟁 초기에 청나라 군대가 연이어 패배하자, 병사들의 사기가 저하되었다. 강희제는 과감하게 유능한 신하인 투하이(圖海)와 라이타(賴塔)를 발탁하여 대장군에 임명하고, 무디얀(穆占) 등 용장(勇將)들을 임용하자, 팔기군의 사기는 다시 진작되었다. 강희제는 또 녹영의 장수를 중용하여, 그로 하여금 팔기군과 협력하여 작전을 펼치도록 했다. 전황은 이때부터 빠르게 바뀌었다. 녹영의 병사들이 중요한 역할을 발휘하고, 팔기군도 다시 군대의 위력을 보이면서, 강희 20년(1681년) 10월에 곤명(昆明)

◈ 청나라 팔기군 장병들의 갑옷과 투구

을 공격하여 함락시키고, 삼번의 난을 평정했다. 이후에 강희제는 다시 세 차례에 걸쳐 준가르(準噶爾)의 칸인 갈단(噶爾丹)을 정벌했다. 선후로 자신의 형인 유친왕(裕親王) 푸치오완(福全)과 삼등백(三等伯) 피양구(費揚古)를 대장군에 임명하여, 팔기군 병사 약 10만 명을 동원하고, 녹영과 몽고군으로 하여금 돕게 하여, 준가르 군대를 대파함으로써, 북쪽의 위협을 제거하고, 영토를 2만여 리나 개척했다. 강희제는 또 열네째 아들인 윤제(胤禵)를 무원대장군(撫遠大將軍)으로 삼아 파견하여, 팔기병·녹영병 및 청해몽고병(青海蒙古兵) 2만여 명을 이끌고 서장(西藏)을 쳐들어가, 준가르의 새 칸이 된 체왕아라푸탄(策妄阿拉布坦)의 군대를 몰아내고 서장을 안정시킴으로써, 서장을 청나라의 영토에 편입시켰다. 제정러시아 군대가 동북 지역을 침입한 것에 대해, 강희제는 전 흑룡강장군(黑龍江將軍) 사부쑤(薩布素)에게 팔기병 3천 명을 통솔하도록 명령하여, 흑룡강을 침입해 점령하고 있던 제정러시아의 식민 군대를 두 차례에 걸쳐 격파하고, 러시아 정부와 〈네르친스크(尼布楚) 조약〉을 체결했다. 이처럼 팔기군을 주력으로 삼는 청나라 군대는, 강희제 시기에 서북쪽과 서남쪽 지역을 안정시키기 위한 전쟁 과정 및 영토를 개척하고 영토를 보위하는 전쟁 과정에서 중대한 역할을 발휘했다.

팔기의 쇠락

청 옹정제 시기에 준가르 부족이 다시 반란을 일으키자, 옹정제는 푸르단(傅爾丹)을 정변대장

군(靖邊大將軍)에 임명하여, 팔기군을 주력으로 하는 북로군 3만여 명을 이끌고 준가르를 공격하도록 명령했다. 이때 팔기군은 개국(開國)한 지 오래되어, 사람들이 안일함에 길들여졌고, 장수들은 나태해졌기 때문에, 전투력이 약화되어 있었다.

건륭제가 황위를 계승한 이후, 군대를 정비하여 건예영(健銳營)을 조직하고, 유능한 신하와 용사를 발탁하여 등용하고, 나약한 장수와 변변치 못한 지휘관을 강등시켰다. 그는 잇달아 아꾸이(阿桂)와 용장 자오후이(兆惠)·푸캉안(福康安)을 발탁하여 정서장군(定西將軍)·정변장군(定邊將軍)·대장군(大將軍)에 임용하고, 팔기군을 주력으로 삼아 금천(金川)을 두 차례 정벌하고, 준가르 부족을 두 차례 정벌하여 회강(回疆: 신강의 천산남로 이남 지역을 통칭하는 말)을 평정했다. 그리하여 준가르 부족의 서북 지역에 대한 위협을 철저히 제거하여, 서북과 천서(川西: 지금의 쓰촨성 고원 지대) 지역을 안정시키고, 신강을 통일했다.

건륭 후기에 팔기군의 전투력은 크게 약화되었다. 그리하여 가경제(嘉慶帝)가 아직 황태자였을 때, 일찍이 건륭제를 따라 열병을 하면서 보았던 것은 대체로 "화살을 쏘면 화살이 빗맞고, 말을 몰면 사람이 땅바닥으로 굴러떨어지는 모습"이었다. 가경 연간에 9년 동안 백련교(白蓮教)의 봉기를 평정하는 과정에서, 북경의 팔기와 서안(西安) 등지의 주방기병(駐防旗兵)들은 유약하고 전투를 두려워하여 주력군으로서의 역할을 할 수 없었다. 이후 팔기군은 다시 끊임없이 쇠약해져, 결국 선통(宣統) 3년(1911년)에 청나라가 멸망한 뒤에는 완전히 해산되어 평민이 되었다.

청(淸) 강희(康熙) 시기

인물: 강희제 지역: 서남, 동남, 동북 지역 키워드: 삼번(三藩)의 난, 〈네르친스크 조약〉

통일을 유지 보호하기 위한 대내외 전쟁

중원의 통치자가 된 다음, 청나라 통치자는 통치 집단 핵심의 지위를 공고히 함과 동시에, 중원 지역의 전통 문명을 계승하여, 공자를 받들고 유교를 숭상함으로써, 한족 지주 계급의 지지를 얻어 통치를 빠르게 안정시키고 공고히 했다. 이와 동시에, 청나라 초기의 몇 대의 황제들, 특히 강희제 시기에는, 적극적으로 변방을 관리 경영하고, 영토를 개척하고, 반란을 평정하고, 소수민족 지역에 대한 관리를 강화했다. 변방 지역에 대한 효과적인 통치는 변방의 각 민족들과 중앙의 연계를 증강시킴으로써, 민족 단결을 촉진하고, 영토의 보전을 유지 보호했다.

삼번(三藩)을 평정하다

순치(順治) 18년(1661년) 정월, 순치 황제가 병으로 세상을 떠나고, 그의 아들인 아이신기오로 히오완예이(愛新覺羅 玄燁)가 황위를 계승하여, 이듬해에 연호를 강희(康熙)로 바꿨다. 강희제는 오보이(鰲拜) 및 그 패거리들을 철저히 제거하고 나서, 곧 통일을 유지 보호하고 주권을 수호하기 위한 대내외 전쟁에 착수했다. 먼저 그 단초를 연 것은 삼번의 난을 평정하는 것이었다.

◈ 청나라 강희제가 사용한 대인(對印: 한 쌍의 도장)

강희 초년, 운귀(雲貴)의 평서왕(平西王) 오삼계(吳三桂) · 광동(廣東)의 평남왕(平南王) 상가희(尙可喜) · 복건(福建)의 정남왕(靖南王) 경정충(耿精忠)이 지방의 군사 · 행정 · 재정 대권을 장악하고, 군대를 보유한 채 자중하고 있었다. 그런데 조정에서는 매년 반드시 삼번에

◈ 〈마술도(馬術圖)〉 | 청, 낭세녕(郎世寧)

낭세녕(1688~1766년)은 이탈리아 사람으로, 강희 연간에 중국에 와서 궁정화가가 되었다. 이 그림은 청나라 전기의 팔기병이 무예를 숭상했던 상황을 알려 주고 있다.

게 대량의 향은(餉銀: 군비)을 제공해야 했으므로, "천하의 재화와 세금 중 절반을 삼번에 사용하게" 되었다. 삼번 세력이 나날이 팽창하자, 청 왕조에게는 보이지 않는 커다란 우환이 되었다. 강희제가 친정을 펼친 이후, 번을 제거하는 것은 가장 중요한 일이 되었다. 강희 12년(1673년) 3월, 평남왕 상가희가 연로하고 병약해지자 상소를 올려, 자신은 늙었으므로 관직에서 물러나 요동으로 돌아가겠으니, 자신의 아들인 상지신(尙之信)이 남아서 계속 광동을 지키게 해 달라고 요청했다. 이 일은 강희제에게 번을 폐지할 구실을 주었다. 그는 상가희가 늙어서 퇴직한다는 것에는 동의했지만, 그의 아들이 남아서 지키는 것은 불허하자, 오삼계와 경정충이 이 소식을 듣고, 잇달아 번을 폐지하자고 요청하는 상소를 올려, 조정의 의도를 떠보았다. 이 일은 청나라 대신들의 격렬한 논쟁을 불러일으켰다. 강희제는 "번진(藩鎭)이 오래도록 강력한 군대를 장악하는 바람에, 황제가 신하인 번진을 통제할 수 없게 되어, 국가에 이롭지 못하다"고 판단하고, 결국 번을 폐지하기로 결심했다.

같은 해 11월, 오삼계는 스스로 '천하도초토병마대원수(天下都招討兵馬大元帥)'가 되어, 명 왕조를 부흥시키자고 호소하면서 솔선하여 반란을 일으켰다. 한때 오삼계는 각지의 패거리들과 명나라를 배반하고 청나라에 투항했던 일부 문무 관리들이 잇달아 군대를 일으켜 호응해 오자, 사천과 호남을 모조리 함락시켰다. 이듬해 3월, 경정충이 복주(福州)에서 군대를 동원해 반란을 일으켰다. 반란군은 성을 공략하여 그 땅을 빼앗아, 세력이 남쪽 지역에서 신속히 확대되었다. 오삼계의 반란은 온 조정을 뒤흔들었지만, 이제 갓 20세인 강희제는 위기에 직면해서도 흔들리지 않고, "소탕과 위무를 함께 사용하는" 책략을 사용했다. 즉 민(閩: 경정충이 지배하는 복건)·월(粵: 상가희가 지배하는 광동) 두 개의 번을 폐지하도록 명령하여, 삼번 진영을 분열 와해시킴과 동시에, 병력과 장수를 파견하여 오삼계를 집중적으로 토벌했다. 이때의 팔기병은 생활의 풍족함으로 인해 당초의 전투 의지를 이미 상실했으므로, 전쟁이 시작된 후 잇달아 패배하자, 전쟁의 형세는 청나라 군대에게 대단히 불리해졌다.

강희 13년(1674년) 12월, 섬감제독(陝甘提督) 왕보신(王輔臣)이 군대를 동원하여 반란을 일으켰다. 오삼계는 양 방면으로 군대를 나누어, 한 방면은 장사(長沙)에서부터 강서로 출병하여, 원주(袁州)를 공격하고, 평향(萍鄉)·안복(安福)·상고(上高)를 함락시켰다. 다른 한 방면은 사천에서부터 섬서를 넘보면서, 섬감제독 왕보신과 합류하여, 도성을 향해 진격하려고 시도했다. 강희제는 우선 소탕과 위무의 방법을 채택하여, 왕보신이 다시 귀순해 오게 함으로써 서북 지역의 형세를 안정시킨 다음, 병력을 집중하여 남쪽을 공격했다. 팔기병들의 전투력이 저하되어 있었기 때문에, 강희제는 대담하게 녹영병 장수들을 기용했다. 조양동(趙良棟)·요계성(姚啓聖) 등을 파격적으로 선발하여 중용했다. 청나라 군대가 매우 빠르게 형주(荊州)의 강북과 강서 두 방향으로부터 공격을 가하자, 오삼계의 군대는 양쪽을 다 방어하지 못하여 궤멸되기 시작했다. 강희 15년(1676년) 10월 4일, 경정충은 청나라의 대군이 영내로 압박해 오고, 내부 모순이 중첩된 상황에서, 부하들을 이끌고 투항했다. 강희 16년(1677년) 5월, 청나라 군대가 광동에 도달하자, 상지신(상가희의 아들)이 부하들을 이끌고 "바른 길로 돌아섰다[歸正: 항복했다는 의미]". 섬서·복건·광동 및 강서가 모두 잇달아 평온한 상태로 되돌아가자, 오삼계의 좌우 날개는 잘리게 되었다. 강희 17년(1678년) 이후, 전황은 오삼계에게 더욱 불리해졌다. 사기를 진작시키기 위해, 오삼계는 같은 해 3월에 호남의 형주(衡州)에서 황제에 즉위하고, 국호를 '주(周)'라고 정했다. 8월, 오삼계가 급사하자, 여러 장수들이 그의 손자인 오세번(吳世璠)을 맞이하여 황위를 계승하게 하고, 곤명(昆明)으로 후퇴했다.

강희 18년(1679년), 청나라 군대가 악주(岳州)·장사·형주 등지를 평정하자, 강희제는 조서를 내려, "지금 반란을 주도한 자들 가운데, 오로지 오삼계 한 사람만 처벌하고, 소속된 사람들은 모두 위협에 굴복하여 연루되었으니, 정상을 참작하여 가엾게 여겨 용서하겠다"고 한 것이, 반란군을 신속하게 와해시키는 작용을 했다. 강희 19년(1680년) 정월, 청나라 군대는 한중(漢中)을 평정하고, 성도(成都)를 수복하고, 중경(重慶)을 공격하여, 사천(四川)을 탈환했다. 강희제는, 청나라 군대에게 호남·광서·사천으로부터 병력을 세 방면으로 나누어 일제히 운남(雲南)을 공격하도록 명령했다. 강희 20년(1681년), 세 방면에서 공격해 온 청나라 대군이 운남에서 합류하여, 곤명을 포위 공격하자, 오세번은 자살하고, 나머지 반란군들은 투항했다. 8년에 걸친 삼번의 난은 이리하여 평정되었다.

삼번이 분열하여 할거한 것은 역사의 흐름을 위반한 것이었고, 청나라가 반란을 평정한 것은 곧 국가의 통일을 수호한 것이자, 민심에 순응한 것이었다. 반란을 평정하는 전쟁 과정에서, 강희제의 젊고 지혜롭고 용감함이, 걸출한 정치·군사적 재능을 드러냄으로써, 반란을 평정하고 승리하는 중요한 요소가 되었다. 삼번의 난을 평정하여, 지방 할거 세력을 소탕하고, 중앙 집권을 강화했다.

대만(臺灣)을 수복하다

명 천계(天啓) 4년(1624년), 네덜란드의 식민자(殖民者)가 대만을 불법으로 점거했다. 명나라 말기에 청나라에 항거했던 장수인 정성공(鄭成功)은 북진하여 남경을 공격했다가 실패한 후, 장기간 청나라에 대한 저항을 견지하기 위해, 대만을 수복하고, 이곳을 청나라에 저항하는 근거지로 삼기로 결정했다. 순치 18년(1661년) 3월, 정성공은 군대를 이끌고 네덜란드 식민자를 공격했다. 강희 원년(1662년) 정월, 정성공은 군대를 지휘하여 바다와 육지 양 방면으로부터 네덜란드 침략자에게 공격을 가했다. 중국 군대의 강력한 공세에 직면하자, 네덜란드군 사령관은 결국 투항 문서에 서명했다. 이리하여 네덜란드 침략자들에게 38년 동안이나 불법 점거되었던 대만이 마침내 중국에게 돌아왔다. 대만이 수복된 후, 정성공은 일련의 정치·경제·문화적 조치들을 취하여 대만을 경영함으로써, 대만의 개발과 건설을 촉진시켰다. 정성공이 사망한 후, 그의 아들 정경(鄭經)이 즉위했다. 강희제는 처음에 평화적인 방법으로 대만 문제를 해결하려고, 두 차례 사람을 파견하여 투항을 권유했다. 그러나 정경은 조선(朝鮮)과 마찬가지로, "머리도 깎지 않고, 옷도 바꿔 입지 않으면서", 독립 상태를 유지하기를 희망했지만, 강희제에게 단호히 거절당했다.

강희 20년(1681년) 정월, 정경이 사망하자, 그의 아들이 서둘러 왕위에 올랐다. 새로 왕위를 계승한 정극상(鄭克塽)은 국면을 통제할 능력이 없었다. 강희제는 기회를 틈타 군대를 동원했다. 시랑(施琅)을 복건수사제독(福建水師提督)에 임명하고, 수군을 이끌고 가서 팽호(澎湖)와 대만을 공격하도록 명령했다. 강희 22년(1683년), 시랑이 수군을 이끌고 복건 동산(銅山, 지금의 푸젠성 둥산東山)에서 출발하여 팽호를 공격했다. 당시 팽호를 지키던 장수인 유국헌(劉國軒)은 삼엄한 진지를 구축하고 적을 기다면서, 각 항구에 모두 강력한 군대를 파견하여 지켰다. 또 연안에는 20여 리의 성벽을 쌓고 포를 설치했는데, 그 화력이 맹렬하여 청나라 군대의 선박은 접안할 수가 없었다. 이때 다시 갑자기 발생한 구풍(颶風: 열대성 태풍)을 만나, 청나라 군대의 선봉이 동요하여 뿔

◈ 청 성조(聖祖) 강희제 반신상

강희제(1654~1722년)는 역대 제왕들 가운데 다재다능했다고 할 만하다. 그는 중국의 전적(典籍)들을 학습했을 뿐만 아니라, 또한 남회인(南懷仁: 벨기에 태생의 제수이트회 선교사) 등 서양 학자들에게 지도를 받아 서양의 과학 지식, 예컨대 기하학·천문학·의학·음악 등도 학습했다.

뿔이 흩어지다가, 유국헌이 파견한 전함에 의해 포위되었다. 시랑은 큰 배를 감독 통솔하여 포위망을 돌파하도록 지휘하고, 목숨을 걸고 분전하여, 마침내 위기를 벗어나 안전해졌다. 불리한 형세가 되자, 시랑은 신속히 전략을 조정했다. 병력을 세 방면으로 나누어, 양쪽 날개 부대는 돕고, 중앙 부대가 주도적으로 공격했다. 50척은 우심만(牛心灣)에서 출발하고, 50척은 계롱(鷄籠) 섬에서 출발하여 기병(奇兵: 적을 기습하는 군대)으로서 견제했다. 시랑은 친히 56척을 인솔하여, 8개 부대로 나누어 그 중앙을 공격했고, 80척을 후방부대로 삼았다. 뒤이어 공격을 가해, 하루 종일 격전을 벌여, 적함 190여 척을 불태웠다. 유국헌은 힘이 모자라 적을 감당하지 못하고, 대만으로 물러나 지켰다. 청나라 군대는 팽호를 점령한 후, 승세를 타고 추격했다. 정극상은 저항할 힘이 없자, 결국 사신을 파견하여 항복을 논의한 뒤, 청나라에 귀순했다. 이리하여 대만은 평정되고, 다시 대륙과 통일되었다.

강희 23년(1684년), 청나라 정부는 대만에 1부(府, 대만부) 3현(縣, 대만, 봉산鳳山, 제라諸羅)을 설치하고, 복건성 관할에 예속시켰다. 동시에, 대만에 순도(巡道) 1명, 총병관(總兵官) 1명, 부장(副將) 2명, 병력 8천 명을 배치했으며, 팽호에는 부장 1명과 병력 2천 명을 배치했다. 이때부터 청나라 중앙 정부의 통일적인 통치가 시작되었으며, 대만의 개발도 새로운 역사적 단계에 진입했다.

제정러시아에 반격을 가하다

16세기 후반기부터, 제정러시아 세력이 우랄 산맥을 넘어오기 시작하여, 50여 년 동안 전체 시베리아를 점령함과 동시에, 한 걸음 더 나아가 중국의 흑룡강 유역까지 노렸다. 명 숭정(崇禎) 16년(1643년), 코사크인 원정군 부대가 정기리강(精奇里江)의 지류인 포련탑하(布連塔河) 유역과 흑룡강 유역으로 진입한 뒤, 방화하고 죽이고 약탈을 자행하다가, 침입한 지 2년이나 되어서야 비로소 돌아갔다. 순치 6년(1649년) 봄, 제정러시아의 부상(富商) 하바로프가 두 번째 원정군을 조직하여 흑룡강 유역에 대해 무장 침입을 진행했고, 이듬해에는 야크사(雅克薩)를 점령했다. 순치 10년(1653년), 스테파로프가 하바로프를 대신하여 제정러시아 침략군을 통솔하여, 흑룡강 상류 후마르하(呼瑪爾河) 어귀에 보루를 쌓고 방어했다. 순치 12년부터 17년까지(1655~1660년), 청나라 군대는 여러 차례 러시아 군대에게 공격을 가하여, 스테파로프 군대를 거의 소탕하고 섬멸했다. 그러나 예니세이에서 온 일부 제정러시아 식민자들이 다시 네르친스크(尼布楚)를 점거했고, 강희 4년(1665년)에는 또 다른 제정러시아 침략자 무리가 다시 야크사를 침략하여 점령했다. 러시아 군대가 야크사와 네르친스크를 거점으로 삼아 끊임없이 흑룡강 유역의 영토를 잠식하면서, 야만적인 약탈과 살육을 자행하여, 그 지역 주민들을 도탄에 빠뜨렸다.

강희제는 처음에는 평화로운 방식으로 문제를 해결하려고, 몇 차례 사람을 파견하여 야크사와 네르친스크에 서신을 보내, 러시아인에게 물러가라고 명령했지만, 러시아 군대는 못 들은 척하면서, 오히려 더 심하게 굴었다. 삼번의 난이 평정된 후, 강희 24년(1685년) 2월, 강희제는 도통(都統) 팽춘(彭春)·부도통 랑탄(郎談)·흑룡강장군 사부쑤(薩布素)에게 병력 3천여 명을 이끌고, 수륙 양 방면에서 야크사를 공격하도록 명령했다. 5월 23일, 청나라 군대는 야크사 성 밑에 도달하여, 강희제의 명령에 따라 야크사의 러시아군 사령관 톨부진에게 경고를 보내고, 그에게 신속히 야쿠츠크로 철수하라고 요구했다. 성을 지키는 러시아 군대는 비록 450명에 불과했지만, 고집을 꺾지 않고 완강하게 저항했다. 이튿날 청나라 군대는 수군과 육군이 공동으로 야크사를 포위했다. 성 남쪽에 "흙으로 방벽을 쌓고, 궁노(弓弩: 큰 활과 쇠뇌)를 발사하여" 공격하는 척하면서, 홍이대포(紅夷大砲)를 성 북쪽에 설치하고, 또 양쪽 날개에는 신위장군대포(神威將軍大砲)를 설치하여 협공했다. 25일 동틀 무렵, 청나라 군대가 공격을 가하자, 러시아 군대는 피와 살점이 사방으로 튀길 정도로 참혹했으며, 사상자가 막대했다. 결국 러시아군의 우두머리인 톨부진은 할 수 없이 잔여 병력을 이끌고 성을 나와 투항했다. 청나라 군대는 그들을 관대히 처리하여, 자기 나라로 돌아가도록 풀어 주었다. 그런 다음 야크사 성을 파괴하고, 아이훈(愛琿, 지금의 헤이룽장성 헤이허시黑河市 아이후이구愛輝區 남쪽 35킬로미터 지점)으로 돌아가 주둔했다.

청나라 군대가 철수하고 얼마 지나지 않아, 톨부진의 잔여 병력은 600여 명의 지원군을 지원받자, 다시 야크사로 돌아와 성벽을 견고히 하고, 성을 보호하는 참호를 깊이 판 뒤, 장기간 웅거하려고 시도했다. 강희 25년(1686년) 2월, 강희제는 사부쑤에게 2천 명의 병력을 통솔하여, 배를 타고 흑룡강을 따라 거슬러 올라가 야크사를 공격하도록 명했다. 7월에 군대가 성 밑에 도달하자, 러시아 군대는 성이 튼튼하고 식량이 풍족하다는 것을 믿고, 험한 지형에 의지해 완강히 저항했다. 쌍방이 대치하여, 전투가 격렬했다. 11월 말, 톨부진은 대포에 맞아 사망했고, 러시아 군대는 고작 100여 명밖에 남지 않았다. 청나라 군대가 야크사를 3개월 동안이나 겹겹이 포위하여, 러시아 군대는 외부에서 지원군이 없었고, 내부적으로는 식량과 사료가 바닥난 데다, 많은 병사들은 병을 앓고 있었다. 그때 러시아 정부 대표가 북경에 도착하여 정전 협정을 요구하자, 청나라 군대는 마침내 포위를 풀었다.

강희 28년(1689년) 7월, 중국과 러시아 쌍방은 네르친스크에서 담판을 진행하여 〈네르친스크 조약〉을 체결했다. 이 조약은, 케르베치강(Kerbechi River, 格爾必齊河)과 아르군강(Argun River, 額爾古納河) 동쪽, 외흥안령(外興安嶺)부터 오호츠크해(鄂霍茨克海) 이남의 우수리강과 흑룡강에 이르는 유역, 사할린 섬(庫頁島)을 포함하는 광대한 지역이 모두 중국의 영토라는 것을 법률로 인정했다. 〈네르친스크 조약〉은 중국과 러시아 쌍방이 평등한 협상의 기초 위에서 체결한 최초의 국경 조약이다. 이 조약은 중국의 동북쪽 변경에 150년 동안의 평화를 가져다주었다.

몽고와 서장(西藏: 티베트)을 통일하다

청나라 초기, 중국의 서북쪽에 거주하는 몽고족이 3대 부족, 즉 막남(漠南: 고비 사막 남쪽) 몽고·막북(漠北) 할하몽고(喀爾喀蒙古)·막서(漠西) 오이라트몽고(厄魯特蒙古)로 나뉘었다. 막남 몽고는 청나라가 중원을 차지하기 전에 이미 귀순해 와 복속되었다. 막북 할하몽고는 다시 자삭투(札薩克圖)·투세투(土謝圖)·체첸(車臣) 등 세 부족으로 나뉘었다. 막서 오이라트몽고 부족은 다음과 같은 4대 부족으로 나뉘었다. 발하슈 호수 동쪽·천산(天山) 북쪽·이리하(伊犁河) 유역에서 유목 생활을 하던 부족을 준가르부(準噶爾部)라 불렀으며, 우루무치(烏魯木齊) 부근 지역에서 유목을 하던 부족을 호쇼트부(和碩特部)라 불렀고, 어얼치쓰하(額爾齊斯河) 연안에서 유목하던 부족은 도르베트부(杜爾伯特部)이며, 타르바가타이(塔爾巴哈臺) 부근 지역에서 유목하던 부족을 토르구트부(土爾扈特部)라고 불렀다.

17세기 이래로, 막서 오이라트몽고의 준가르부가 점차 강대해졌다. 강희 초년, 갈단(噶爾丹)이 자립하여 준가르부의 칸(汗)이 되었다. 한쪽 지방에 할거하려는 무모한 야심을 실현하기 위해, 갈단은 제정러시아 정부의 사주를 받아, 강희 27년(1688년)에 막북 할하몽고에 대해 갑자기 습격을 가했다. 제정러시아 침략자는 기회를 노려 할하몽고를 제정러시아에 투항하도록 유인했다. 할하부(部)의 종교 지도자 젭춘담바(哲布尊丹巴)는 제정러시아의 투항 권유를 거절하면서, 수십만 명의 부족 무리를 이끌고 남쪽의 내지로 몰려와 청나라에 귀순했다. 강희제는 그들을 호르친(科爾沁)에서 유목하도록 배치하고, 갈단에게는 군대를 철수하여 할하의 목초지를 돌려주라고 명령했다. 그러나 갈단은 제정러시아의 지지에 의지하여, 공공연하게 2만여 명의 기병을 이끌고, 할하몽고를 추격한다는 것을 명분으로 내몽고 깊숙이 들어왔다. 그 선봉이 우주무친(烏珠穆沁) 경계에 도달하자, 북경과는 고작 9백여 리밖에 떨어지지 않게 되었다. 이렇게 형세가 긴급해지자, 강희제는 결국 친히 원정에 나서기로 결정했고, 강희 29년(1690년)에 청나라 군대는 병력을 두 방면으로 나누어 출격했다. 오른쪽 날개 부대가 우주무친에서 전투를 벌여 패배하여, 갈단이 울란부퉁(烏蘭布通, 지금의 내몽고 츠펑시赤峰市 경계)까지 진입하자, 북경과는 거리가 700여 리밖에 되지 않았다. 그러나 왼쪽 날개의 청나라 군대는 우세한 화력으로 갈단의 '타성(駝城)'을 파괴하고, 반란군을 대파했다. 강희 35년(1696년), 청나라 군대가 차오모드(昭莫多, 지금의 몽골 울란바토르 동남쪽)에서 반란군을 차단하여 공격하니, 갈단은 패배하여 여러 날 밤을 새워 뿔뿔이 도망쳤다. 강희 36년(1697년), 강희제는 다시 친히 대군을 이끌고 영하성(寧夏城, 지금의 닝샤 인촨銀川)으로 가서 반란군을 포위했다. 갈단은 사면초가가 되어 막다른 골목에 이르자, 독약을 먹고 자살했다. 갈단의 반란이 평정된 후, 할하몽고의 각 부족들은 원래의 목초지로 돌아갔고, 각 부족의 우두머리들은 청나라의 봉호(封號)를 받았다. 이리하여, 외몽고의 각 지역들은 청나라 중앙 정부의 통할하에 완전히 통일되었다. 청나라는 호브드(科布多)·울리아스타이(烏里雅蘇臺) 등지에 장군과 참찬대신(參贊大臣)을 파견하여 현지의 군정 대권을 장악하고, 외몽고에 대한 통치를 강화했다.

◈ **'위원장군(威遠將軍)' 동포(銅砲)**

'위원장군'포는 강희 29년(1690년)에 제작된, 구경(口徑)이 크고 포신(砲身)이 짧은 유명한 화포다. 이 대포는 강희제가 준가르의 반란을 평정하는 과정에서 중요한 역할을 했다. 현재 중국 고대전쟁박물관 안에 진열되어 있다.

갈단이 사망한 후, 강희제는 체왕아라푸탄(策妄阿拉布坦)이 토벌 작전을 도와 공을 세웠기 때문에, 그가 준갈이의 칸이 되는 것을 승인함과 아울러, 알타이산(阿爾泰山) 서쪽의 광활한 토지를 그에게 방목하도록 떼어 주었다. 그러나 체왕아라푸탄은 실력이 충분히 강대해지고 나자, 역시 반란의 길로 나아갔다. 그는 천산(天山)의 남북을 지배했을 뿐만 아니라, 서장까지도 병탄하려고 망상했다. 강희 56년(1717년) 10월, 체왕아라푸탄은 군대를 보내 라싸(拉薩)를 공격해 들어가, 라짱칸(拉藏汗)을 살해하고, 라짱칸이 옹립한 제6대 달라이라마[1] 예쉐갸초(意希嘉措)를 감금한 뒤, 괴뢰 정권을 수립하여 서장을 통제했다. 강희 59년(1720년), 청나라 조정은 병력을 두 방면으로 나누어 서장으로 들어가 체왕아라푸탄을 공격했다. 강희제는 또한 북로군으로 하여금 진군함과 동시에 새로 책봉한 제7대 달라이라마 게상갸초(格桑嘉措)를 보호하여 서장으로 데리고 오도록 명령했다. 장족(藏族) 인민들의 도움을 받아, 청나라 군대는 신속하게 반란군을 몰아내고, 서장의 형세를 안정시켰다. 그해에 제7대 달라이라마가 라싸에서 등극하자, 강희제는 봉호를 하사함과 동시에, 대신을 파견하여 전장(前藏)과 후장(後藏)의 사무를 나누어 관장하게 했다. 또한 군대가 주둔하면서 서장을 지키도록 했다. 이리하여 서장 지역은 완전히 청나라 정부의 통할하에 귀속되었다.

한걸음 더

서장(西藏)의 주권 확립

일찍이 중국 관내에 진입하기 전, 청나라 정부는 서장과 관계를 맺고 있었다. 청나라 초기에 청장(青藏) 고원의 몽고 호쇼트부 구시칸(固始汗)과 달라이라마에 대해 명호(名號)를 하사하여, 그들의 통치 지위를 유지해 주었다. 순치(順治) 원년(1644년), 청나라는 사신을 서장에 파견하여, 5대 달라이라마를 북경으로 초청했다. 순치 9년(1652년) 정월, 제5대 달라이라마는 초청에 응해 북경에 와서 순치제를 알현했다. 제5대 달라이라마를 영접하기 위해, 순치제는 오로지 그를 위해 안정문(安定門) 밖에 황사(黃寺)를 건립하고, 호부(戶部)는 9만 냥의 은을 공양했다. 이듬해에 청나라 정부는 제5대 달라이라마를 '서천대선자재불소령천하석교보통와적라달라달라이라마(西天大善自在佛所領天下釋教普通瓦赤喇怛喇達賴喇嘛)'에 책봉하고, 구시칸을 '준행문의민혜구시칸(遵行文義敏慧固始汗)'에 책봉했다. 이때부터 달라이라마의 봉호와 그의 서장에서의 정교(政教) 지위가 마침내 정식으로 확정되어, 청나라의 서장 지방에 대한 주권을 확정했다.

1 6대 달라이라마: 달라이라마 계보를 보면, 제6대 달라이라마는 창양갸초(倉央嘉措)이며, 1683년에 태어나 1707년에 사망한 것으로 되어 있고, 예쉐갸초(意希嘉措)는 계보에 등장하지 않는다. 그 이유는, 라짱칸이 창양갸초를 파면하고 불법으로 임명한 예쉐갸초가 서장 지역 백성들의 반대로, 결국 청나라 조정으로부터 정식으로 책봉을 받지 못했기 때문이다. 얼마 후 청나라 조정은 예쉐갸초를 파면하고 이미 세상을 떠난 창양갸초의 전세영동(轉世靈童: 어린아이로 환생한 라마교의 활불)인 게상갸초를 창양갸초의 뒤를 잇는 제7대 달라이라마로 책봉했다.

청(淸) 1723~1735년

인물: 옹정제 지역: 북경 키워드: 탄정입묘(攤丁入畝), 개토귀류(改土歸流), 군기처(軍機處)

옹정제의 개혁

강희제의 재위 기간에, 황제의 여러 아들들 간에 황위 쟁탈이 계속되면서, 참혹한 학살 사건이 끊이지 않았다. 넷째 아들 윤진(胤禛)[2]이 자신의 재능을 드러내지 않고 참고 기다린 끝에, 마침내 승리를 거두고 황제에 즉위했으니, 그가 옹정(擁正) 황제(1678~1735년)다. 옹정제는 45세 때 즉위하여 13년간 재위했다. 이렇게 짧은 13년 동안에, 옹정제는 스스로 분발하여 개혁을 단행하고 위태로운 국면을 수습했으며, 수많은 개혁 조치들을 실행했다. 그 가운데 대표적인 주요한 것들로는 이치(吏治: 관리들의 품행과 치적)의 정돈, 탄정입묘(攤丁入畝), 개토귀류(改土歸流), 군기처(軍機處) 설치, 밀절(密折) 제도 확립 등이 있다.

이치(吏治)를 정돈하다

강희제에게는 모두 35명의 아들이 있었는데, 요절하거나 일찍 세상을 떠난 사람을 제외하고, 서열이 정해진 사람은 24명이었으며, 성년도 되고 책봉도 받은 사람은 20명뿐이었다. 이 아들들 가운데, 연령이 비교적 많은 사람은 12명이었다. 그들은 대아가(大阿哥: 황제의 맏아들. '阿哥'는 성년이 되기 전의 황제의 아들을 일컫는 호칭으로, 성년이 된 후에는 별도로 봉호封號를 받았다) 윤제(胤禔), 둘째 아가 윤잉(胤礽), 셋째 아가 윤지(胤祉), 넷째 아가 윤진, 다섯째 아가 윤기(胤祺), 일곱째 아가 윤우(胤祐), 여덟째 아가 윤사(胤禩), 아홉째 아가 윤당(胤禟), 열째 아가 윤아(胤䄉), 열두째 아가 윤도(胤

2 윤진(胤禛): 청나라는, 소수민족인 여진족(즉 만족)의 '아이신기오로 누르하치(愛新覺羅 努爾哈赤)가 건립한 후금(後金)을 계승하여 그의 아들 홍타이지(皇太極)이 건립한 정권이다. 따라서 황족의 성씨는 아이신기오로(愛新覺羅)다. 청 태조 누르하치와 청 태종 홍타이지, 그리고 청 세조 순치제(順治帝) 푸린(福臨)과 그의 아들인 청 성조(聖祖) 강희제(康熙帝) 히오완예이(玄燁) 대(代)에 이르기까지는 만주족의 방식으로 이름을 지었다. 그러나 강희제 때부터 자식의 이름을 지을 때 한족(漢族) 방식에 따라 돌림자를 사용했다. 따라서 이후부터는 이 책의 번역 표기 방침에 따라, 그리고 가독성을 높이기 위해, 청나라 황족의 이름을 한자의 한글 독음으로 표기한다.

◈ **네덜란드 동인도회사 마크가 그려진 탁완(托碗) | 청**

禑), 열셋째 아가 윤상(胤祥), 열넷째 아가 윤제(胤禵) 등이다. 이들 12명의 아들은 주로 세 집단으로 나뉜다. 첫째는 황태자 윤잉을 핵심으로 하는 태자 그룹, 둘째는 여덟째 아들 윤사를 핵심으로 하는 여덟째 아가 그룹, 셋째는 바로 넷째 아들 윤진을 핵심으로 하는 넷째 아가 그룹이었다.

강희 47년(1678년)과 51년(1682년)에, 태자 윤잉이 두 번 폐위되어, 황위에 오를 기회를 완전히 잃어 버렸다. 그런데 태자가 첫 번째로 폐위된 후, 여덟째 아들 윤사는 대신과 공모하여, 태자가 되기 위해 제멋대로 활동하는 바람에, 강희제로 하여금 매우 불만을 갖게 했으므로, 역시 즉위할 가능성을 잃었다. 결국 자신의 재능을 드러내지 않으면서 참고 기다린 넷째 아들이자 옹친왕(雍親王)인 윤진이, 열셋째 아들 윤상과 열일곱째 아들 윤례(胤禮) 및 대신 롱코도(隆科多)·연갱요(年羹堯) 등의 지지를 받으면서, 드러나지 않게 발전하여, 마침내 강희제의 호감을 샀다. 옹정(雍正) 원년(1723년), 윤진이 황위에 등극하여, 중국 역사상 그 유명한 옹정 황제가 되었다. 강희제는

◈ 〈청 세종(世宗)의 융장대열도(戎裝大閱圖)〉

옹정 초기, 청나라 군대는 연속해서 청해(青海)의 로푸창탄진(羅卜藏丹津) 반란과 서장(西藏)의 아이포파(阿爾布巴) 반란을 평정하고, 청해와 서장 지역의 형세를 안정시켰다.

나이가 많았기 때문에, 이치가 해이해지고, 독직과 부패가 만연했다. 옹정제가 즉위한 후, 과감하게 이치를 정비하고, 잇달아 11개의 지시를 내려 각급 관리들을 훈계했는데, 주요 내용은 다음과 같다. 가짜 이름으로 군대의 봉급을 가로채거나, 탐욕스럽게 착취하지 말 것. 뇌물을 받거나, 사람을 죽이지 말 것. 다양한 방법으로 재물을 강요하여, 관청이나 백성들에게 해를 끼치지 말 것. 마음대로 법을 어기면서, 자신의 재능을 믿고서 해서는 안 될 일을 하지 말 것 등등이다. 옹정제는 또한 각급 관리들에게 엄격하게 경고하기를, 만약 낡은 행태를 고치지 않고 답습하면, 반드시 무거운 죄로 엄벌에 처할 것이라고 했다. 옹정 원년(1723년) 2월에 옹정제는 명령을 내려, 전량(錢糧: 국가가 세금으로 거둬들인 돈과 곡식)을 결손나게 한 각급 지방 관리들을 즉시 파면하고 훔쳐간 것을 추징하여, 남겨 두고 사용할 수 없도록 하고, 추징한 재물은 모두 국고에 귀속시켜 백성들을 위해 사용하도록 했다. 같은 해 3월, 옹정제는 각 성(省)의 독무(督撫: 총독과 순무를 합쳐 부르는 말)에게 명령을 내려, 그들이 보유하고 있는 막객(幕客: 공식 관직이 없이 사적으로 업무를 보좌하던 참모)들의 성명을 관청에 보고하도록 하고, 관리들이 부하에게 지방을 협박하여 재물을 강요하도록 종용하여 지방 정부와 백성들의 부담을 증가시키는 것을 금지하도록 했다. 같은 해에 또한 회고부(會考府)를 설립하여, 재정의 수지를 정비했다. 그해에 파면되어 재산을 몰수당한 각급 관리들이 수백 명에 달했는데, 그 가운데 가장 많은 사람들은

3품 이상의 고관들이었다. 정비를 통해, 옹정 시기의 이치가 깨끗해지고, 불량한 습성이 점차 줄어들자, 공직자들은 훨씬 더 공무를 중시하고 법을 지키면서 백성들을 위해 일했고, 백성들의 사정과 형편을 보살펴 줌으로써, 백성들에게 많은 고통을 경감시켜 주었다.

탄정입묘(攤丁入畝), 개토귀류(改土歸流)

'탄정입묘'는 옹정제 재위 시기에 실행한 중대한 경제 개혁 조치다. 청나라 정부가 계속해서 시행한 것은 명나라의 세금 징수 제도로, 인두세와 토지세로 구분되어 있었다. 인두세는 정은(丁銀)이라고 불렸으며, 가정의 성인 남자 숫자에 따라 징수했으며, 토지세는 전부(田賦)라고 불렸고, 가구가 보유한 토지의 수량에 따라 징수했다. 이러한 세금 징수 방식은 사실상 농민이 두 배의 세금을 내야 한다는 것을 의미했다. 흉년이 들거나 전란을 만나면, 토지가 없거나 적게 가진 빈곤한 농민은 이 두 가지 세금을 아예 납부할 수 없자, 온 가족이 도망칠 수밖에 없었으므로, 수많은 사회적 불안정 요인을 만들어 냈다.

옹정제 시기에 '탄정입묘' 제도를 실행하여, 토지 보유량에 따라 정은을 수취하는 것으로 바꿨다. 각 지방 정부는 토지를 측량하여, 각 호구가 보유한 토지의 수량을 합산하여 장부를 만들고, 매년 가을에 추수한 뒤 세금을 걷을 때, 장부에 기록된 토지의 수량에 따라 납부할 세금의 액수를 정하여, 토지가 많은 사람은 많이 납부하고, 토지가 적은 사람은 적게 납부했으며, 토지가 없는 사람은 납부하지 않았는데, 이는 '탄정입지(攤丁入地)'라고도 부른다. 이리하여 법률상으로 인두세를 완전히 폐지했다. 이 조치는 중국 재정·조세의 역사에서 한 차례 중대한 혁명으로, 마침내 중국 역사상 성인 남자 수와 토지 보유량이라는 이중의 징세 기준을 마감했으며, 또한 세금 징수 절차도 간소화했다. 이는 일정 정도 백성들의 부담을 줄여 주어, 그들이 더 이상 세금 징수를 피하기 위해 사방으로 도망가지 않아도 되게 함으로써, 사회 안정과 국가의 세금 징수를 증가시키는 데에도 긍정적인 작용을 했다.

순치·강희 연간에, 운남·귀주·사천·광서·호남 등 소수민족이 모여 사는 지역들에서는 여전히 낡은 제도를 답습하고 있었으니, 주로 현지의 세습적 토사(土司: 족장)를 통해 통치를 진행했다. 원나라 때 처음 시행된 이 토사 제도는 폐해가 매우 많았다. 토사의 세력이 끊임없이 강대해짐에 따라 그들 간에 끊임없이 전쟁이 발생하여, 중앙 정부의 통치에 복종하지 않았을 뿐만 아니라, 현지 민중들에 대한 통치도 매우 잔혹해졌다. 또한 항상 이웃에 거주하는 한족들에게 소란을 일으켜, 그들이 정상적인 생활을 하지 못하게 방해했으며, 할거 세력이 되어, 국가 통일을 심각하게 위협했다.

토사들이 할거하는 폐해를 해결하기 위해, 옹정제 시기에 '개토귀류' 제도를 전면적으로 추진하여, 유관제(流官制)를 실시하고, 즉시 조정에서 파견한 유관(流官: 중앙 정부가 임명한 한족 관리)이 그 지역의 세습적 토사를 대체하여 통치를 진행했다. 옹정 4년(1726년), 운귀총독(雲貴總督) 얼타이(鄂爾泰)가 여러 차례에 걸쳐 글을 올려, 개토귀류, 즉 토사를 유관으로 바꿀 필요성을 주장하면서, 원래 사천에 소속되어 있던 동천(東川) 토사를 개토귀류하도록 주청했다. 옹정제는 이를 매우 높이 평가하고, 그에게 처리하도록 명했다. 이리하여 서남쪽 지역에서 처음으로 개토귀류를 강력하게 널리 추진했다. 옹정 황제 때, 서남쪽 지역들에서는 수많은 토사들이 정리되어 면직되었으며, 각각 부(府)·청(廳)·주(州)·현(縣)을 설치하고, 유관을 파견하여 관리했다. 조정에서 파견한 이들 유관은 세습적 토사와는 달리, 일정한 임기가 있었고, 임기가 끝난 후에는 다시 조정으로 돌아가 다른 곳에 배치되었다. 이렇게 함으로써 지방 수령이 세력을 결집하여 한쪽 지방에 할거하는 위험을 제거했다. 개토귀류에 대해 토사들이 무장하여 저항하자, 옹정제는 단호히 군대를 파견하여 평정했다. 이러한 과정에서 비록 수많은 무고한 백성들에게 화가 미쳐, 그 지역 백성들에게 상해를 입히기는 했지만, 장기적인 이익의 관점에서 말하자면, 다민족 국가의 통일에는 유리했다. 즉 서남쪽 소수민족 백성의 부담을 줄여 줌으로써, 백성들의 생활을 개선시킴과 동시에, 이 지역과 중원 지역의 사회·경제 및 문화의 연계도 촉진시켰다.

군기처(軍機處)를 설치하고, 밀절(密折) 제도를 수립하다

군기처는 옹정제가 처음 만든 기관이다. 옹정 연간에, 청나라 정부는 서북 지역에서 군대를 사용했는데, 군대에 관한 사무의 고효율과 기밀성을 보장하기 위해, 옹정 7년(1729년)에 옹정제는 군기방(軍機房)을 설립하도록 명령을 내렸다. 옹정 10년(1732년)에 판리군기처(辦理軍機處)로 명칭을 바꿨고, 줄여서 군기처라고 불렀다. 이때에 이르러 군기처는 의정왕대신회의(議政王大臣會議: 왕과 대신들이 함께 국정을 논의하던 제도)를 완전히 대체하여, 청나라 조정의 최고 정책 결정 기구가 되었으며, 황권의 통치가 한층 더 강화되었다. 군기처의 위치는 황궁 내정(內廷) 건청문(乾淸門) 우측의 평방(平房: 단층 건물) 안쪽에 두었다. 이곳은 경계가 삼엄했으며, 또 옹정제의 침궁(寢宮)인 양심전(養心殿)과 인접해 있어, 수시로 황제가 담당 관리를 불러 만나, 군정의 중요한 기밀 사무를 신속히 처리하기에 편리했다.

군기처는 군기대신(軍機大臣)과 군기장경(軍機章京)으로 구성되었다. 군기대신은 황제가 종실·대학사·6부 상서·시랑 등 만족(滿族)과 한족의 친귀(親貴: 황제의 인척이나 측근)들 가운데에서 지정하여 임명했으며, 군기장경은 내각·한림원 및 6부 아문에서 선발하여 임명했다. 군기대신과 군기장

◈ **법랑채부용치계문자옥호춘병**(琺瑯彩芙蓉雉鷄紋瓷玉壺春瓶) | 청

법랑채 자기는 청나라 강희 연간에 처음 제작되었고, 건륭 연간에 절정에 달했다. 이 옥호춘병(도자기의 전형적인 형태로, 아가리가 벌어져 있고, 목이 가늘며, 배 부위가 처져 있고, 둥근 굽다리가 있다-옮긴이)의 바닥에는 "乾隆年製"(건륭 연간에 만들다)라는 문구가 있으며, 바로 이때 만들어진 걸작이다. 호(壺)의 배[腹]에는 법랑채를 이용해 산석(山石)과 부용(芙蓉: 연꽃) 및 한 쌍의 꿩을 그려 넣었으며, 빛깔과 광택이 곱고 아름답다. 또한 "青扶承露蕊, 紅妥出闌枝"(푸른 줄기는 이슬 머금은 꽃술을 떠받치고 있고, 붉은 꽃은 뒤얽힌 가지를 껴안고 있네.)라는 시가 씌어 있어, 그림과 시가 결합한 독특한 정취를 띠고 있다.

경은 모두 겸직이었으며, 인원수는 정해져 있지 않아, 적을 때는 4~5명, 많을 때는 11~12명이었고, 일반적인 상황에서는 6~7명이었다. 군기처의 주요 직무는 "황제의 분부를 받들어 문서로 알리는 일[承旨書諭]"이었다. 매일 이른 아침, 군기대신과 군기장경이 모두 제시간에 군기처에 와서 만나, 황제의 소견(召見: 임금이 신하를 불러 만나는 일)을 기다렸다. 황제는 어떤 때는 한 사람만 불러 단독으로 만났고, 어떤 때는 한 번에 여러 사람을 불러 만나, 함께 국가의 국정 방침을 협의했다. 군기처는 황제의 뜻에 따라 일을 처리하여, 권력이 매우 컸는데, 그들이 받은 주절(奏折: 중요한 공문서의 하나로, 절자折子·주첩奏帖·절주折奏라고도 했다. 순치 연간에 처음 사용되었고, 이후에 보편적으로 사용되다가, 강희 연간에 고정된 제도가 되었으며, 청나라가 멸망할 때까지 약 200년 동안 사용되었다)은 내각과 의정처(議政處: 의정왕대신회의의 사무기구)를 우회하여 직접 총독과 순무의 수중에 송달할 수 있었고, 다른 사람은 뜯어볼 권한이 없었다. 이런 전달 방식을 '정기(廷寄)'라고 불렀고, 속도가 빨랐을 뿐만 아니라, 비밀을 보호하는 수준도 높았다. 군기대신은 또한 직접 각 지방에 가서 지방의 상황을 조사하고, 황제의 뜻을 전달함과 동시에, 백성들의 어려움을 직접 황제에게 전달함으로써, 위아래에 전달하는 역할을 했다. 이 기구는 황제로 하여금 국가의 군정(軍政) 대권을 자신의 수중에 확실히 장악하도록 하여, 전제적 황권의 범위를 한층 확대해 주었다.

일찍이 강희 연간에 밀절(密折) 제도를 시행했다. 밀절은 주절(奏折)의 일종으로, 오로지 황제의 명령만을 받는 관리가 단독으로 황제에게 보고하고, 황제가 직접 비유(批諭: 황제가 상소문에 답변을 적어 지시하는 일)하여 상소한 사람에게 발급하는 문서를 가리킨다. 옹정제가 즉위한 후, 밀절 제도를 한층 더 발전시킴과 동시에 완성시켰으며, 밀절을 사용하는 범위를 한층 확대하여, 점차 지방의 주방장군(駐防將軍)·총독·제독·순무 등 군사와 정치 분야 책임자들에게까지 확대했다. 그리하여 지방 관리들로 하여금 지방의 상황을 즉시 상주서에 기록하여, 그 가족이나 측근이 가장 빠르게 황제에게 전달하고, 황제는 친히 주비(朱批: 황제가 상소문에 붉은 글씨로 답을 적는 일)한 다음, 다시 밀봉하여 상소를 올린 사람에게 되돌려 보낼 수 있었다. 이러한 전달 과정에서, 밀절의 기밀을 더욱 보장하기 위해, 또한 일련의 기밀 보호 제도도 실행했다. 그것은 주로 특별히 제작한 '절갑(折匣: 상소문을 담는 상자)'을 황제가 지정한 모든 절주인(折奏人: 황제에게 주절을 올리는 사람)들에게 줌과 아울러, 열쇠를 배정하여, 황제와 절주인이 각각 하나씩 가졌기 때문에, 오로지 이들 두 사람만이 열 수 있었다. 동시에 또한 황제가 주비한 밀유(密諭: 황제가 내린 비밀 명령)를 서로 돌려 보거나 알려 주는 것을 금지했으며, 일단 발각되면 군사 기밀을 누설한 죄로 처벌 받았다. 밀절 제도의 실행은, 황제의 정보 원천을 증가시켜 주어, 황제의 중앙 및 지방에 대한 감독을 한층 강화시켜 주었다.

천민이 명부에서 벗어나다[脫籍]

천민은 사(士)·농(農)·공(工)·상(商)의 직무에 속하지 않는 계층의 사람을 가리키며, 또한 이 신분은 대를 이어 전해졌고, 바꿀 수 없었다. 옹정 초기에, 천민은 주로 산서와 섬서의 악호(樂戶: 음악과 가무를 전업 활동으로 삼는 천민으로, 죄를 지은 일부 양민을 관청에 편입시켜 이런 일을 시키기도 했다)·휘주의 반당(伴當: 부자의 신변에 따라다니면서, 수시로 그를 위해 시중을 드는 노비)·마성(麻城)과 영국(寧國)의 세부(世仆: 대대로 세습되는 노비)·절강의 타민(惰民: 일정한 일에 종사하지 않고 떠도는 유민, 거지)·광동의 단호(疍戶: 강이나 바다에서 수상생활을 하는 사람) 등을 포괄했다. 천민은 통치자의 정적이나 범죄자들이 주를 이루었다. 예를 들면 명나라 성조(聖祖) 주체(朱棣)가 건문제(建文帝)와 황위를 다투면서, 남경을 공격해 들어간 다음, 건문제를 지지한 사람들을 천민으로 신분을 강등시켰다. 천민은 과거 시험에 참가할 수 없었고, 관리가 될 수도 없었으며, 심지어는 일반 백성들과 결혼도 할 수 없었다. 천민은 일상생활 방면에서도 엄격한 제한을 받았다. 예를 들면 물고기 잡는 일을 직업으로 하는 광동의 단호는, 단지 배만을 집으로 삼을 수 있었고, 육지에 올라와 살아서는 안

되었다.

옹정 원년(1723년), 옹정제는 감찰어사 연희(年熙, 연갱요年羹堯의 아들)의 주장을 받아들여, 양민의 자녀를 노비로 파는 것은 명나라의 폐정이니 당연히 폐지해야 한다고 여겼다. 그리하여 잇달아 명령을 내려, 산서와 섬서 지역 악호의 악적(樂籍)을 폐지하고 "직업을 바꾸어 양민으로 삼았으며", 절강 소흥(紹興) 지역 타민의 개적(丐籍: 거지 명부)을 폐지했다. 옹정 5년(1727년)에는 명령을 내려, "기간도 오래되고, 매매계약서도 존재하지 않으며, 주인의 보호도 받지 못하는" 일부 반당·세부를 "풀어 주어 양민이 되도록" 허락했다. 옹정 7년(1729년)에는 명령을 내려, 광동 일대의 단호가 "일반 백성들과 마찬가지로 갑호(甲戶: 10호를 1갑으로 편성했기 때문에, 일반 호구를 갑호라고 불렀다)에 편입시킬 수 있도록" 했다. 이 밖에, 또한 강서의 붕민(棚民: 산속에 천막을 치고 사는 유민)과 소주 일대의 개호(丐戶: 거지)들도 모두 잇달아 천적(賤籍: 천민 명부)에서 벗어났다. 이리하여 1,000여 년 동안 존재했던 천민 제도가 폐지되었다. 이렇게 이들 사회의 하층 노동자들로 하여금 정식으로 민적(民籍: 일반 백성의 호적)에 새로 편입되도록 함으로써, 법률적으로 그들에 대한 차별 대우를 폐지했다.

옹정 13년(1735년), 옹정제는 병으로 세상을 떠났고, 하북성 역현(易縣) 태릉(泰陵)에 매장했다. 바로 그가 성실하게 정사를 보살피고, 개혁을 하고, 부정부패를 척결한 것 등의 조치들은, 중국 봉건 사회의 마지막 태평성세인 '건륭성세(乾隆盛世)'를 만들어 냈다.

한 걸음 더

조설근(曹雪芹)과 『홍루몽(紅樓夢)』

『홍루몽』은 중국 고대의 가장 우수한 현실주의 장편소설 중 하나로, 그 작자는 조설근(대략 1716~대략 1763년)이며, 이름은 점(霑)이다. 조설근의 증조모인 손씨(孫氏)는 강희제의 유모였고, 증조부 조새증(曹璽曾)은 강녕직조(江寧織造)를 역임했다. 옹정 5년(1727년), 조설근의 아버지 조옹(曹顒)은 황위 쟁탈에 참여했다가 연루되는 바람에, 파면당하고 가산을 몰수당하여 집안 형편이 쇠락했다. 조설근은 『홍루몽』을 창작하기 위해 심혈을 기울였는데, 전체 원고를 채 완성하지 못한 채, 그는 사랑하는 아들이 요절하자 몹시 슬퍼하여 병에 걸려 일어나지 못하고, "눈물만 흘리다가 세상을 떠났으니", 향년 50세가 안 되었다. 오늘날의 120회본 『홍루몽』은, 단지 앞쪽 80회만 조설근이 지은 것이며, 뒤쪽 40회는 고악(高鶚)이 이어서 보완한 것이다. 『홍루몽』은 한 편의 봉건 사회에 관한 백과전서로, 가보옥(賈寶玉)·임대옥(林黛玉) 및 설보차(薛寶釵) 등 세 사람을 중심으로 하는 연애와 결혼 이야기로 전개하여, 봉건 귀족 가정의 타락하고 부패하며 사치스럽고 음란한 생활에 대해 비판하면서, 전체 봉건 통치계급에 대해 사정없이 회초리를 가했다.

청(淸) 1735~1796년

인물: 건륭제 키워드: 금병체첨(金甁掣簽), 『사고전서(四庫全書)』

건륭제의 치국과 반란 평정

아이신기오로 홍리(愛新覺羅 弘歷, 1711~1799년: 이하에서는 '홍력'으로 표기함)는 옹정 13년(1735년) 9월에 즉위했고, 연호는 건륭(乾隆)이며, 당시 나이는 25세였다. 건륭제는 60년간 재위했고, 이어서 다시 3년여 동안 태상황이 되었다. 그는 재위 기간에 후세에게 과시하기에 충분한 문치무공(文治武功)을 세웠지만, 그의 집정 말년에 이치(吏治)가 느슨해져, 사치하고 낭비하며 독직하는 풍조가 성행했다. 동시에 또한 큰일을 하거나 공을 세우기를 좋아하여, 무력을 남용하여 전쟁을 일삼음으로써, 백성들을 힘들게 하고 국고를 낭비했다. 건륭 말기부터, 사회 각 방면에 잠복해 있던 위기도 계속 수면 위로 떠올랐다.

금병체첨(金甁掣簽) 제도를 확립하다

건륭제는 아버지의 뜻을 이어받아, 문치무공으로써 청나라 통치를 전성기에 이르도록 촉진했다. 그는 나라를 다스리는 방도에서 탁월한 효과를 거두었을 뿐만 아니라, 또한 반란을 평정하고, 변방을 공고히 하는 방면에서도 중대한 성취를 이루었다. 건륭 49년(1784년), 가마가쥐(噶瑪噶擧)파의 제10대 활불(活佛: 라마교의 최고 지도자) 최줍갸초(確朱嘉措)가 모반하고 구르카국(廓爾喀國: 지금의 네팔)으로 가서, 구르카를 사주하여 서장(西藏)을 침입했다. 건륭 53년(1788년), 구르카는 구실을 만들어 생트집을 잡아 도발을 하여, 대군이 서장을 침입했다. 청나라 조정은 이에 대해 몹시

◈ 신위무적대장군포(神威無敵大將軍砲)

◈ 〈청 고종(高宗) 만수원사연도(萬樹園賜宴圖)〉
| 청, 낭세녕(郎世寧)

이 그림은 건륭 19년(1754년) 5월, 건륭제가 피서산장(避暑山莊)인 만수원(萬樹園)에서 성대한 연회를 거행하여, 몽고 도르베트부(杜爾伯特部)의 높고 낮은 수령들을 환대하는 장면을 그린 것이다.

놀라, 군대를 파견하여 서장을 지원했다. 후에 큰 눈이 내려 산이 막히자, 구르카는 청나라 군대보다 한 발 먼저 네팔(尼泊爾)로 철수해 돌아갔다. 건륭 56년(1791년), 구르카 군대는 몇 방면으로 나누어 다시 서장을 침입하여, 천 리까지 깊이 들어가, 타쉬룬포 사원을 몽땅 약탈하고, 매우 위세를 떨치며 오만방자하게 날뛰었다. 건륭제는 급히 양광총독(兩廣總督) 푸캉안(福康安)으로 하여금 군대를 이끌고 서장으로 들어가도록 파견하자, 푸캉안은 군대를 이끌고 추위와 폭설을 무릅쓴 채 밤낮없이 쉬지 않고 행군한 뒤, 힘든 전투를 통해 구르카 군대를 경계 밖으로 완전히 몰아냈다. 이어서 청나라 군대는 적진 깊숙이 진입한 다음, 곧바로 구르카의 수도 성 밑에 도달하자, 구르카 국왕이 투항했다.

건륭제는 서장 지방의 폐단이 매우 많아, 강적이 국경을 침입해 와도 막아 낼 수 없다는 점을 감안하여, 서장 지역의 사무를 정돈하기로 결심했다. 건륭 58년(1793년), 건륭제는 사람을 파견하여 달라이라마·판첸(班禪: 라마교에서 달라이라마 다음으로 높은 지도자) 같은 승속(僧俗: 승려와 속인)의 주요 인물들과 상의한 뒤, 〈흠정장내선후장정이십구조(欽定藏內善後章程二十九條)〉를 제정하고, 청나라 조정이 서장을 통치하는 제도를 완성하여, 폭넓은 서장 백성들의 지지를 얻었다.

〈흠정장내선후장정이십구조〉의 주요 내용에는 다음과 같은 것들이 포함되어 있다. 주장대신(駐藏大臣: 서장에 주재하는 최고 장관)의 지위는 달라이라마·판첸라마와 동등하며, 서장의 사무를 감독 처리하고(이는 주장대신의 직책과 지위에 대해 최초로 명확히 규정한 것이다); 갈룬(噶倫)·다이번(代本)

등 승속의 고급 관리들은 달라이라마와 주장대신이 회동하여 선발하여, 중앙 정부에 임명을 요청하고, 하급 관리는 주장대신과 달라이라마가 회동하여 선발하며; 서장 지방에 건립한 상비군은 정원을 3천 명으로 한다는 것 등등이다. 이 밖에 또한 유명한 금병체첨 제도, 즉 각 대(代)의 달라이라마·판첸라마의 전세영동(轉世靈童: 티베트 불교 가마가쥐파가 최고 대활불의 지위를 전승하는 특유의 방식)은 반드시 주장대신의 감독하에, 건륭제가 하사한 금병(金瓶) 추첨을 거쳐, 다시 중앙 정부에 보고하여 비준을 받아야 하며, 그 후 자리에 올라도 반드시 주장대신이 "경계하고 감시하여" 황제에게 보고하도록 확정했다. 서장의 모든 외교 사무는 주장대신이 처리했다. 서장 지방 정부의 수입은 모두 주장대신이 검열했다. 이리하여 주장대신의 정치 권력은 더욱 공고해졌고, 달라이라마와 판첸라마의 평등한 종교적 지위와 정치적 지위는 한층 확립되어, 청나라가 서장을 통치하는 제도가 더욱 완비되었다. 건륭 58년(1793년)부터 민국(民國)에 이르기까지 200여 년 동안, 서장에는 70여 명의 활불들이 금병체첨을 통해 승인되었다. 1995년 11월, 라싸의 대소사(大昭寺)에서 금병체첨 방식으로 제10대 판첸 대사(大師)의 전세영동, 즉 제11대 판첸라마를 선정했다.

신강(新疆)을 통일하다

옹정 5년(1727년), 준가르의 칸 체왕아라푸탄이 사망하고, 그의 아들인 갈단체렝(噶爾丹策零)이 칸위를 계승했다. 건륭 10년(1745년), 갈단체렝이 사망하자, 준가르부는 장기간의 내란에 빠져들었다. 귀족 다와츠(達瓦齊)가 이 기회를 틈타 자립했지만, 휘하의 관민(官民)들이 잇달아 청나라에 투항하여, 그로 하여금 대중은 등을 돌리고 친한 사람들은 떠나가는 지경으로 몰아넣었다. 건륭제는 준가르부의 분열 할거 세력을 마지막으로 평정할 시기가 이미 무르익었다고 판단하고, 마침내 대거 출병하기로 결정했다. 건륭 20년(1755년) 봄, 청나라 군대는 북쪽과 서쪽 양 방면으로 나누어, 각 방면에서 병력 2만 5천 명과 말 7만 필씩이 이리(伊犁)를 향해 진격했다. 5월 초, 양 방면의 청나라 군대가 진격하여 이리에 도달했다. 다와츠는 남강(南疆: 신강의 천산天山 이남 지역의 한 부분)으로 도망쳤다가, 위구르족 군민들에게 붙잡혀 청나라 조정으로 보내졌다. 청나라 군대는 마침내 준가르부 전체 지역을 점령했다. 같은 해, 체왕아라푸탄의 외손자 아무르사나(阿睦爾撒納)가 이리에서 공개적으로 반란을 일으켰다. 이듬해, 청나라 정부는 군대를 보내 반란을 평정했다. 아무르사나는 궤멸되어, 러시아 영내로 도망쳤다. 청나라 정부가 준가르부를 물리쳤을 때, 일찍이 준가르부에게 노예로 부림을 당했던 대·소화탁목(大·小和卓木: '和卓' 즉 '和加'는, 아라비아어 '호자Khwaja'의 한자 표기이며, 그 뜻은 이슬람교의 창시자인 '무함마드의 후예'다. '木'은 위그르어의 단수 일인칭을 나타내는 어미다)이 이 기회를 틈타 고향으로 도망쳐 돌아왔다. 그들은 한쪽 지방을 독차지하려고, 위그르족 상층 사람들을 선동하여 반란을 일으켰다. 건륭 23년(1758년), 청나라 정부는 군대를 보내 진압했다. 이듬해, 반란이 평정되고, 대·소화탁목은 살해되었다. 청나라 정부는 카쉬가르(喀什噶爾) 등지에 관청을 설치하고 병력을 주둔시켜, 천산남로(天山南路)에 대한 관리를 강화했다.

청나라 정부는 준가르부와 대·소화탁목의 반란을 평정하고, 신강을 통일한 후, 군부제(軍府制) 통치를 실행했다. 건륭 27년(1762년), 이리장군(伊犁將軍)을 혜원성(惠遠城, 지금의 신장위구르자치구 훠청霍城)에 설치하고, 명서(明瑞)를 초대 이리장군에 임명하여 신강 전역을 통치하는 최고 관리로 삼아, 천산 남북 각지의 군정(軍政) 관할을 통일하여 행사했다. 이리장군 밑에는 별도로 도통(都統)·참찬(參贊)·판사(辦事)·영대(領隊) 등의 대신(大臣)들을 두어, 각지의 군정 사무를 나누어 관리했다. 청나라 정부의 신강 지역 각 민족 백성들에 대한 통치는 "각 지역의 구체적 실정에 맞게 적절한 대책을 세우고[因地制宜]" "그 지역의 풍속에 따라 통치한다[因俗施治]"는 원칙에 따라, 다른 방법을 채택했다. 예를 들면, 광대한 위구르족 거주 지역에 대해서는 예전과 다름없이 벡(伯克, 돌궐어의 음역으로, 지방 관리의 칭호) 제도를 실행했지만, 벡의 세습을 폐지하고, 벡의 임면권을 중앙 정부에 귀속시킴과 아울러, 정교(政敎) 분리를 엄격하게 실행했으며; 동강(東疆: 지금의 신장위구르자치구 하밀시哈密市)의 한족이 비교적 많이 사는 지역에서는 군현제(郡縣制)를 실행했고; 북강(北疆: 지금의 신장위구르자치구 북부)의 몽고족과 하밀·투루판(吐魯番) 지역의 위구르족에 대해서는 자사크제(札薩克制)를 실행하여, 왕·베이지(貝子: 버일러貝勒보다 낮은 작위)·공(公) 등 세습 작위를 책봉했다. 투루판 지역에서는 군부제와 자사크제를 병행했다. 청나라 정부는 관리의 임용 방면에서는 여전히 만족(滿族)을 주로 하고, 각 민족들을 함께 임용하는 정책을 채용했으며, 경제 방면에서는 농업을 주로 하면서, 농업과 목축을 병행하는 경제 조치를 널리 시행했으며, 세금을 줄여 주고, 중앙 정부의 재정에서 일정액을 보조해 주는 제도 등등을 채택했다. 청나라 통치 시기에, 신강의 사회와 경제는 비교적 큰 발전을 이루었다.

대금천(大金川)·소금천(小金川)을 평정하다

사천 서북부의 소금사강(小金沙江) 상류에는 대·소금천이라는 두 개의 지류가 있다. 이곳에서 생활하던 주민은 장족(藏族)과 같은 종족으로, 명대에 그 우두머리인 하리마(哈伊拉木)가 세습적인 토사(土司)에 봉해졌고, '금천사연화선사(金川寺演化禪師)'라는 칭호를 하사받았다. 하리마의 후예인 복아길세(卜兒吉細: 이 소절에서는 소수민족 인물의 본명 발음이 확인되지 않는 사람은 한자의 한글 독음으로 표기한다)가, 순치 7년(1650년)에 청나라에 항복했다. 강희 연간에 가납파(嘉納巴)가 '연화선사' 직위를 세습했고, 그의 증손자인 택왕(澤旺)에게까지 세습하며 전해졌다. 가납파의 첩 소생인 사라분(沙羅奔)이, 일찍이 강희 59년(1720년)에 청나라 군대를 따라 서장에 들어가 전투를 벌였고, 악종기(岳鍾琪) 휘하에서 전공을 세웠다. 그리하여 악종기가 보증하는 추천을 거쳐, 옹정 원년(1723년)에 사라분은 안무사(按撫使)에 봉해졌고, 관아는 대금천 동안(東岸)에 있는 갈이애(噶爾崖)에 설치했다. 예전 토사관(土司官)이었던 택왕의 관아는 소금천의 미락(美諾)에 있었다.

사라분은 건륭 11년(1746년)에 택왕을 협박하여 '연화선사' 인장을 빼앗고, 소금천을 합병했다. 이듬해, 사라분은 공개적으로 반란을 일으키고, 인근의 토사를 공격했다. 사천순무(四川巡撫) 기산(紀山)이 군대를 파견하여 진압에 나섰다가 사라분에게 패배했다. 그러자 청나라 정부는 운귀총독(雲貴總督) 장광사(張廣泗)가 통솔하는 3만 명의 병력을 파견하여 다시 진압에 나섰지만, 사라분과 그의 조카가 험준한 지형에 의지하여 늑오위(勒烏圍)와 갈이애를 굳게 지킨 데다, 장광사가 좌우에 부적절한 사람을 쓰는 바람에, 청나라 군대의 거동은 모조리 사라분이 알아 버렸다. 그리하여 오래 공격하고도 함락시키지 못해, 손실이 막대했다.

건륭 13년(1748년), 청나라 정부는 대학사 눌친(訥親)을 경략대신(經略大臣)으로 삼아 천서(川西: 지금의 쓰촨성 서부)에 가서 군대를 지휘하여 작전을 펼치게 했다. 갈이애의 지형이 험준했기 때문에, 청나라 군대의 사상자가 막대했다. 눌친은 결국 곤란에 처할까봐 두려워하는 마음이 생겨나, "오래도록 공을 세우지 못했다". 건륭제는 분노하여 장광사를 죽였고, 눌친에게는 사약을 내렸으며, 새로 악종기를 사천제독으로 삼고, 부항(傅恒)을 경략(經略)으로 삼아, 다시 군대를 통솔하여 사라분을 공격하게 했다. 악종기는 오랜 세월 동안 전장을 누볐고, 지휘가 능란하여, 청나라 군대를 이끌고 성을 공격하여 그 땅을 빼앗았고, 파죽지세로 사라분이 주둔하여 지키고 있던 늑오위를 압박했다. 늑오위를 포위한 후, 악종기는 단지 12명의 수행원만을 데리고 늑오위에 들어가, 사라분과 흉금을 털어놓고 지난날 사이좋게 지내던 정분을 이야기하면서, 그에게 투항하라고 권유했다. 이튿날, 사라분은 아들 낭길(郎吉)을 데리고 부항의 군대 앞에 가서 투항하고, 점령하고 있던 이웃 토사의 토지를 되돌려 주면서, 더 이상 침범하지 않을 것이며, 청나라에 복종하고, 규정된 시기에 공물을 바치겠다는 뜻을 나타냈다. 부항은 건륭제의 뜻을 받들어 사라분을 사면하고, 그의 원래 관직을 복직시키도록 명령했다. 후에 사라분이 나이가 들자, 그의 조카인 낭카(郎卡)가 그의 직위를 계승했다.

건륭 23년(1758년)부터 36년(1771년)까지, 낭카 및 그의 아들 색락(索諾)이 연속으로 세 차례 반란을 일으켰다. 건륭 황제는 사천총독 알타이·대학사 온복(溫福)·정서장군(定西將軍) 아계(阿桂)가 통솔하는 군대를 잇달아 파견하여 반란을 진압하도록 했다. 마침내 아계가 군대를 이끌고 건륭 40년(1775년) 말에 갈이애를 포위하고, 색락을 사로잡아 도성으로 압송했다. 청나라 정부는

◈ 〈청고종일전쌍록도(淸高宗一箭雙鹿圖)〉

이 그림은 건륭제가 말을 타고 사슴을 사냥하는 장면, 그것도 한 발의 화살로 두 마리의 사슴을 명중시킨 장면을 그렸다. 이 그림에는 그린 연도가 기록되어 있지 않지만, 건륭 황제의 약간 살이 찐 모습을 통해, 이 그림이 반영하고 있는 것은 건륭 황제 말년의 수렵 활동이라는 것을 추단할 수 있다.

20여 년에 걸쳐 마침내 대·소금천의 반란을 평정했다. 토사들이 계속 반란 일으키는 것을 방지하고, 관할을 강화하기 위해, 청나라 정부는 토사제를 폐지하고, 미락과 아이고(阿爾古)에 두 청(廳: 성省에 소속된 기관)을 설치하여 사천성에 예속시켰으며, 동시에 또 사천성 서북쪽 각지의 토사들을 계속해서 주(州)·현(縣)으로 바꾸었다. 이리하여 이들 지역과 내륙의 경제·문화 교류를 강화했을 뿐만 아니라, 사천부터 서장까지의 통로를 막힘없이 잘 통하게 했다. 그런데 전후 두 차례의 전쟁으로 은 7천만 냥을 소모하게 되어, 청나라 정부의 재정에 상당히 큰 영향을 미쳤다.

번영에서 쇠락으로의 전환점

중국 민족이 진(秦)·한(漢) 이래 2천여 년의 발전을 거쳐 강건성세(康乾盛世: 강희·건륭 시기의 태평성세)에 이르러, 그 경제가 유사 이래 최고의 성취를 거두었으며, 농업·수공업·무역·도시의 발전 등이 모두 대단한 성과를 거두었다.

농업을 보면, 경지 면적과 식량 생산량뿐만 아니라, 당시의 인구수에서도, 청나라는 모두 이전의 역사 시기를 훨씬 뛰어넘었다. 통계에 따르면, 강희 24년(1685년)에 전국에는 모두 6억 묘(畝: 1묘는 대략 667제곱미터)의 경지가 있었는데, 건륭제가 세상을 떠났을 때(1799년)는 전국의 경지가 대략 10.5억 묘였으며, 전국의 식량 생산량은 2,040억 근(斤: 1근은 대략 600그램)으로 급속히 증가했다. 당시 영국의 매카트니(George Macartney) 사절단을 따라 중국에 왔던 바로우(John Barrow)의 추정에 따르면, 중국의 식량 수확률은 영국보다 높았다. 밀의 수확률은 15:1(즉, 1근의 밀을 파종하여 15근을 수확함)이었는데, 당시 유럽에서 식량 수확률 1위를 차지하고 있던 영국조차도 겨우 10:1이었다. 건륭 59년(1794년)에, 중국의 인구는 대략 3.3억 명이었는데, 당시 전 세계의 총인구는 9억 명 정도로, 중국의 인구가 전 세계 총인구의 3분의 1을 차지했다.

◈ **겹사법랑이수**(掐絲琺琅異獸) | 청

겹사법랑은 명·청 시기에 유행했던 공예다. 그 방법은, 동사(銅絲: 구리로 만든 실)를 장식용 도안이나 무늬 모양으로 잘라, 동기(銅器)의 원형 위에 땜질하여 붙인 다음, 법랑 색채를 문양 속에 채워 넣고, 불에 넣어 구운 다음 갈아서 윤을 내어 만든다. 이 이수(異獸: 기이한 짐승)는 겹사법랑 공예의 특색을 충분히 보여주고 있다. 현재 베이징 고궁박물원에 소장되어 있다.

건륭 시기의 수공업도 상당 정도 발전했다. 생산 규모의 확대와 수공업 작업장·수공업의 점진적인 증가에 따라, 전국에는 수많은 수공업 중심지들이 출현했다. 예를 들면 광동의 야련업(冶煉業)·경서(京西)의 채매업(採煤業: 석탄 채굴업)·강남의 방직업·운남의 동광업(銅鑛業) 등이다. 동시에 상품 시장도 일정한 발전을 이루었는데, 식량·포필(布匹: 옷감)·면화·실[絲]·비단·차·소금이 주요 상품이었으며, 그것의 전국적인 유통액은 3.5억 냥의 은(銀)이었다. 만약 여기에 담배·술·설탕·기름·석탄·철·자기·목재를 더하면, 4.5억 냥이 넘어, 당시 인구를 3억 명으로 계산하면, 1인당 상품 유통액은 은 1.5냥씩이었다.

상업의 성장은 단지 국내 무역에서만 나타난 것이 아니라, 건륭 시기의 국제 무역도 매우 큰 발전을 이루었다. 당시 중국의 주요 수출 상품은 차(茶)·잠사(蠶絲)·토포(土布: 수직기로 짠 면포) 및 도자기 등이었다. 18세기 말, 영국 동인도회사는 매년 평균 중국으로부터 대략 400만 냥의 은에 해당하는 값의 엽차를 구매해 갔다. 반면 영국 상인이 중국에 운송해 와서 판매하는 전체 상품의 총액은 중국에서 수입하는 차 한 품목을 충당하기에도 부족했으니, 중국의 대외무역은 매우 큰 흑자 상태였다. 건륭 말기에, 매년 중국 세관의 관세 잉여는 무려 85만 냥의 은에 달했다.

강희·옹정·건륭 3대의 황제들이 온 힘을 기울여 나라를 다스림으로써, 10년 동안의 태평성세를 이루었지만, 그 찬란함 아래에서는 또한 부패의 횡행과 민생의 어려움이 동반하는 그림자도 나타났다. 일찍이 강희제 말년에 사치의 풍조가 이미 거세게 일어났으나, 후에 옹정제가 엄격히 절약을 실천하고 단호한 개혁을 단행하면서 다소 억제되었다. 하지만 건륭제 때, 경제가 번영하여 재력이 풍족해지자, 사치스런 낭비와 부패의 풍조가 다시 고개를 들었고, 또 갈수록 심해졌다. 건륭제는 큰일을 하여 공을 세우기를 좋아했고, 어둡고 혼란한 상황을 감추어 태평성세처럼 꾸미기 위해, 거금을 아끼지 않고 낭비하면서 각종 축전들을 거행했다. 건륭제는 강남을 여섯 차례 순행하여, 자연 경관을 감상하며 노닐었다. 이때 황제가 지나가는 연도에서는 어가(御駕)를 영접하고 환송했으며, 공물을 바치고, 토목 공사를 크게 벌였는데, 전에 없이 호화롭고 규모가 커서 낭비가 대단히 심했다. 위에서 하는 짓을 아랫사람들도 본받아, 높고 낮은 관리들은 어가를 영접할 때나 다른 기회를 빌려, 사치스럽고 호화롭게 하는 수완을 극진히 발휘했다. 통치계급의 생활이 사치스럽고 낭비를 일삼자, 왕왕 그것과 서로 수반한 것은 권력기구 안에서 보편적으로 뇌물을 탐내어 법을 어기고 정치가 부패하여 사회가 어두워졌다는 것이다. 건륭 중·후기에, 독직이나 부패와 관련된 대형 사건과 중요한 사건들이 잇달아 발생했다. 그 가운데 거물 탐관인 화신(和珅)은 건륭제의 비호하에 20여 년간 정권을 장악하여, 수탈한 사재가 그 액수를 헤아릴 수 없이 많았다. 가경제(嘉慶帝)는 그의 재산을 몰수하고, 거기에 모두 103개의 번호를 붙였는데, 거기에 포함된 것들을 은으로 환산하니 뜻밖에도 2억 냥에 달해, 당시 청나라 정부 재정 수입의 몇 배나 되었다. 당시 민요는 이렇게 읊었다. "화신(和珅)이 쓰러지니, 가경(嘉慶)이 배불리 먹었다네[和珅跌倒, 嘉慶吃飽]."

관료 사회의 부패는 또한 군사(軍事)의 태만과 방비(防備)의 소홀을 절정에 이르도록 했다. 건륭 후기에, 팔기병(八旗兵)은 개국한 지 오래되어, 사람들이 안일함에 빠지고, 훈련을 소홀히 했기 때문에, 전투력이 이미 크게 약화되었다. 조정은 전쟁이 일어나면 주로 녹영병(綠營兵)에 의지했다. 하지만 녹영병은 부패한 사회적 환경에서 역시 매우 빠르게 부패함에 따라, 관리들이 군인의 급료 및 보급품을 가로채거나 횡령하여 착복하는 등의 폐단이 속출하자, 군대의 작전 능력은 급속히 하락했다.

관료 통치기구가 사치하고 낭비하고 부패함으로써 초래된 필연적인 후과는, 바로 일반 백성들에 대한 억압 착취와 수탈을 강화한 것이어서, 방대한 민중의 생활을 나날이 빈곤해지게 만들었다. 건륭 중·후기에, 가혹하고 잡다한 세금이 나날이 증대되어, 기본 세금(전부田賦, 즉 토지세를 가리킴) 이외에도, 염과(鹽課: 소금 생산자와 소금 상인에게 부과한 세금)·관세·잡부(雜賦: 각종 잡다한 세금) 여러 가지 항목들이 있었다. 그 가운데 잡부에는 어세(漁稅)·아세(牙稅: 거간꾼에게 부과하는 세금)·

당세(當稅: 전당업자에게 부과하는 세금)·계세(契稅: 부동산을 거래할 때 부과하는 세금)·낙지세(落地稅: 각지의 정기적으로 열리는 시장에서 거래되는 상품들에 부과하는 세금) 등의 명목들이 포함되어 있었다. 세수(稅收) 총액을 보면, 건륭 36년(1771년)의 세수는 4,350여 만 냥으로, 순치 말기에 비해 1,790여 만 냥을 더 징수했다. 가경·도광 연간에는, 과중하고 잡다한 세금이 더욱 가혹해지고 많아졌다. 이러한 과중하고 잡다한 세금들에다, 다시 토지 겸병의 심각함까지 더해지자, 수많은 농민들은 토지를 잃게 되어 사회가 더욱 동요하고 불안해져, 농민 봉기의 발생 건수도 갈수록 많아졌다. 건륭 39년(1774년)에는 산동에서 왕륜(王倫)이 영도하는 농민 봉기가 폭발했고; 건륭 51년(1786년)에는 대만에서 임상문(林爽文)이 영도하는 봉기가 폭발하여, 청나라 정부는 1년여에 걸쳐서야 비로소 진압했으며; 건륭 60년(1795년)에는 호남·귀주 등지에서 묘족(苗族)의 대봉기가 폭발했는데, 가경 원년(1796년)이 되어서야 비로소 진압되었다. 가경 원년 4월에는, 9년에 걸쳐 호북·사천 등 5개 성들을 석권한 백련교(白蓮敎) 봉기가 폭발했다. 청나라는 16개 성의 병력을 동원하고, 2억 냥의 은을 소모하고서야 비로소 간신히 봉기를 진압했다. 백련교 봉기는 청 왕조에게 씌워져 있던 번영하고 태평한 성세(盛世)라는 외피를 발가벗기고, 그 부패하고 허약한 본질을 폭로함으로써, 청 왕조가 번영에서 쇠락으로 바뀌는 전환점이 되었다.

한 걸음 더

건가학파(乾嘉學派)

문자옥(文字獄)이 성행하면서 청대의 학자들 대부분이 더 이상 현실에 관심을 갖지 않았기 때문에, 학술은 경전과 사서에 대한 고증이 주류를 이루었다. 건륭·가경 두 시기에, 이러한 학술 풍조는 더욱 발양하여 빛을 발했으며, 또한 주류 학술 유파, 즉 이른바 '건가학파'를 형성했다. 건가학파는 주로 오파(吳派)와 환파(皖派)라는 양대 갈래로 나뉜다. 오파는 혜동(惠棟, 1697~1757년)을 우두머리로 삼았으며, 그 학풍은 가법(家法: 학파의 스승과 제자 간에 전승되는 이론과 주장)을 믿고 고훈(古訓: 옛 사람들의 교훈)을 숭상하고, 모든 것은 한대(漢代)의 고문(古文) 경학가들의 주장을 기준으로 삼았다. 환파는 대진(戴震)을 우두머리로 삼았다. 그의 학풍은 한나라를 존중하면서도 옛 것을 의심하면서, 한나라 유학자들도 견강부회한 부분이 있으므로 맹목적으로 추종해서는 안 된다고 여겼다. 청대에 건가학파의 유명한 학자는 모두 60여 명이 있었다. 그들은 경학(經學)이 근본이라고 여겼으며, 소학(小學, 즉 문자학)·음운학·천산학(天算學: 천문 계산법)·지리학·금석학(金石學, 고고학)·악률학(樂律學)·전장제도(典章制度)·목록·판본(版本)·교감(校勘)과 집일(輯佚: 유실되어 전해지지 않는 옛 사람의 글이나 작품을 수집하거나 수록하는 일) 등의 학문 방면에도 모두 매우 깊은 조예를 가지고 있었다.

청(淸)

인물: 강희제, 옹정제, 건륭제 지역: 북경 키워드: 『명사(明史)』 사건, 『남산집(南山集)』 사건

문자옥(文字獄)과 『사고전서(四庫全書)』

청대에는 문화 방면에서 양면적인 정책을 실행했다. 문자옥을 크게 일으켜 민족 억압과 사상적 전제(專制)를 엄격히 실시했을 뿐만 아니라, 또한 유교와 도교를 중시하고, 문치(文治)를 숭상했다. 이른바 문자옥이란, 통치자가 통치를 공고히 할 필요에서 비롯된 것으로, 고의로 문인의 작품 속에서 자구(字句)를 찾아 발췌한 뒤, 무고한 죄를 뒤집어씌운 억울한 죄목 사건이다. 청대는 문자옥이 가장 공포스러웠던 시대로, 타격을 입은 것은 주로 관리나 백성들 가운데 청나라에 반대하는 사상을 가졌거나 통치자에 대해 불만을 가진 사람들이었다. 이 밖에, 통치자는 또한 책을 편찬한다는 명분을 이용하여, 민간이 보관하고 있는 각종 서적들을 한꺼번에 몰수하여, 자신들의 통치에 불리한 내용을 삭제하거나 고쳤지만, 이 때문에 일부 백과전서적인 성격을 지닌 유서(類書)나 경사자집(經史子集: 경서經書·사서史書·제자諸子·문집文集)의 총서(叢書)들이 탄생하기도 했다. 『고금도서집성(古今圖書集成)』과 『사고전서』가 바로 그러한 것들 중 대표적인 것이다. 이로 인해 중국 전통 문화가 마지막 한 차례 번영하도록 촉진했다.

◈ 건륭제의 옥새

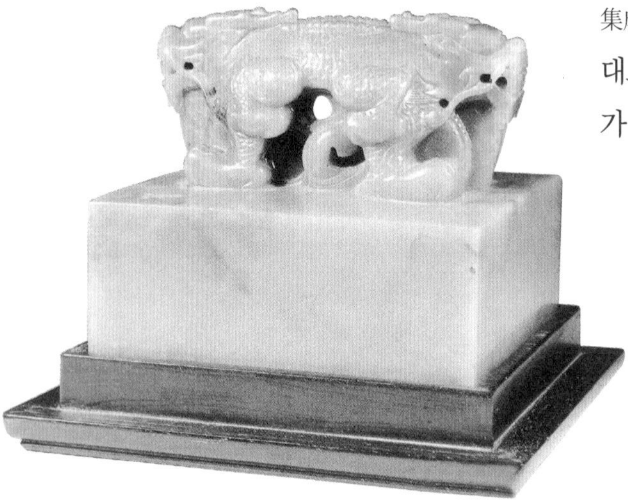

자주 대형 옥사(獄事)를 일으키다

청대의 문자옥은 순치 황제 때 시작되었으며, 순치 2년(1645년)에 두 번의 문자옥이 발생했다. 하나는 '황육기시사(黃毓祺詩詞)' 사건이다. 황육기가

쓴 "縱使逆天成底事, 倒行日暮不知還"(설사 하늘의 뜻을 거스르더라도 이 일을 이루고, 역행하여 날이 저물어도 돌아갈 줄 모르네)이라는 글이 청나라를 반대하고 명나라를 복위하려는 것이라고 지적당했다. 이로 인해 재산을 몰수당하고, 일가는 몰살되었으며, 자신은 육시(戮尸: 부관참시)되었다. 다른 하나는 하남(河南) 향시(鄕試) 사건이다. 하남에서 향시를 치르는 과정에서, 어떤 응시생이 '皇叔父(황숙부)'를 '王叔父(왕숙부)'라고 써서, 시기(時忌: 당시 사용이 금지된 말이나 글)에 저촉한 결과, 사람들에게 발각되어, 시험을 주관한 관리 두 사람이 형부에 압송되어 처벌받았다.

강희 시기의 큰 사건으로는 장정롱(莊廷瓏)의 『명사(明史)』 사건과 대명세(戴名世)의 『남산집(南山集)』 사건이 있다. 장정롱은 절강 호주(湖州)의 부유한 상인이었다. 그는 명나라 말기의 대학사인 주국정(朱國禎) 손자의 거처에서 주국정이 쓴 『열조제신전(列朝諸臣傳)』 초고를 구입하여, 사람들에게 주국정의 글 속에 누락된 숭정 시기와 남명(南明)의 역사를 보충하도록 요청하여 완성한 후에, 이름을 『명사』라고 바꾸고, 아울러 자신의 이름을 서명했다. 책 속에서 명나라 말기의 천계·숭정 두 시기의 역사적 사건들을 언급하면서, 만주의 선조들과 명나라의 예속 관계를 사실대로 서술했기 때문에, 강희 2년(1663년)에 사람들에게 고발당했다. 그 결과 장정롱은 부관참시당했고, 그의 가족 및 편찬에 참여했거나 책머리에 이름을 올렸거나, 책에 서문을 쓰고, 교열을 하고, 활자를 새기고, 인쇄를 하고, 책을 팔고, 책을 산 사람들을 비롯해, 연루된 사람들이 200여 명에 달했으며, 그 가운데 72명이 처형되었다.

◈ 〈청 세종 독서도(讀書圖)〉 | 청, 낭세녕

청 세종(世宗) 옹정제는 그의 아버지인 강희제와 마찬가지로, 수입된 서양의 기물들에 대해 깊은 흥미를 가지고 있었다. 예를 들면 온도계와 망원경을 즐겨 사용했으며, 서양화에 대해서도 매우 흥미를 느껴, 많은 진귀한 그림들을 남겼다.

강희 50년(1711년), 『남산집』 사건이 발생했는데, 이는 대명세 사건이라고도 부른다. 대명세는 안휘 동성(桐城) 사람으로, 관직이 한림원(翰林院) 편수(編修)에 이르렀다. 대명세는 아직 진사에 합격하기 전에, 유실되었던 글과 야사(野史)를 찾아 나섰는데, 이전 명나라의 유신(遺臣: 이전 왕조 때부터 남아 있는 신하)들을 찾아가 구하여 문집을 저술한 뒤, 자신의 고향인 남산강(南山岡)으로 문집의 이름을 지어 『남산집』이라고 했다. 『남산집』에서는 명말 청초의 청나라에 항거했던 사실들을 서술했고, 또한 남명의 홍광(弘光)·융무(隆武)·영력(永曆) 연호를 사용했기 때문에, 결국 좌도어사 조갑교(趙甲喬)에게 고발당하여, 대명세는 능지처참을 당했고, 대명세의 가문 중 16세 이상인 사람들은 모두 참수되었다. 또한 서문을 쓰고, 책을 각인(刻印)하고, 판매한 자 등 수백 명이나 연루되었다.

옹정 시기, 강희 말년에 여러 황자들이 황위 쟁탈 투쟁을 벌였던 것에 영향을 받아, 옹정제는 이색분자 세력들을 극력 진압했고, 법률은 더욱 엄격해졌다. 옹정 시기의 문자옥은 사사정(查嗣庭) 사건이 가장 유명하다. 사사정은 관직이 내각학사·예부시랑에 이르렀으며, 옹정 4년(1726년)에 강서주고(江西主考: 강서성의 과거 시험을 주관하는 관리)에 부임하여, 『시경』에 있는 "維民所止(온통 상민商民들의 거주지다)"를 선정하여 시험 문제로 출제했다. 그 결과 어떤 사람에게 '옹정'의 머리를 자르려는 것이라고 고발당했다. 옹정제는 이 때문에 사사정을 체포했고, 얼마 지나지 않아 사사정은 아직 사건이 종결되기도 전에 옥중에서 병으로 사망했지만, 다시 부관참시하여 효수(梟首: 목을 베어 매달아 놓음)되었고, 아들은 죽임을 당했으며, 가족들은 유배되었다. 옹정 6년(1728년), 증정(曾靜)·여유량(呂留良) 사건이 발생했는데, 이는 청대의 가장 큰 문자옥이다. 여유량(1629~1683년)은 절동(浙東)의 유명한 도학(道學) 선생으로, 일찍이 강희제가 박학홍사(博學鴻詞)에 임용하자 이를 거절했다. 그 후 옹정 시기에 호남 영흥(永興) 사람인 증정(曾靜)이 도성에 가서 과거 시험에 응시했다가, 여유량의 글을 보고 대단히 탄복했다. 고향으로 돌아와 얼마 지나지 않아 제자 장희(張熙)를 절강에 있는 여유량의 집에 보내 가르침을 구하고 책을 구해 오도록 했다. 그때 여유량은 이미 세상을 떠난 뒤여서, 그의 아들인 여의중(呂毅中)이 아버지의 시문집을 증정과 장희에게 주었다. 옹정 7년(1729년), 장희는 천섬총독(川陝總督) 악종기로 하여금 군대를 일으켜 청나라에 항거하도록 모반을 획책했다가, 체포되어 투옥되었다. 매우 빠르게 증정도 체포되었고, 또한 여유량도 연루되었다. 옹정제는 명령을 내려, 여유량의 아들 여의중을 참수하고, 여유량의 시문집을 판각했거나 개인적으로 소장했거나 그의 시문에 맞장구를 친 사람들은 모두 연좌시켰다. 또 여씨 직계의 친족들 중 16세 이상 남자는 모두 참수하고, 나머지 가족들은 죽임을 당하거나 군대에 충당되어 노예가 되었다.

◈ **건청궁**(乾淸宮)

건청궁은 명·청 두 왕조 시기에 황제가 거주하고, 정무를 처리하고, 또 황제가 세상을 떠났을 때 매장을 하기 전에 시신을 잠시 안치하던 곳이다. 청나라 때부터 대전(大殿) 안에는 '正大光明'이라는 편액을 걸어 놓았는데, 옹정제가 처음으로 비밀입저제도(秘密立儲制度: 황제가 생전에 비밀리에 혼자서 황태자를 지명해 놓는 제도)를 실시한 다음에는, 보관함을 만들어 '正大光明' 편액 뒤에 두고, 황제가 선정하여 친필로 쓴 황위 계승자의 이름을 함 안에 넣어 두었다. 그리고 황제가 사망하면 왕후공경들이 이를 공증하고, 함 안에 있는 밀지(密旨)에서 지정한 황자가 황제에 즉위했다.

건륭 시기에 이르러서는 법률이 더욱 엄밀해져, 걸핏하면 죄명을 꾸며 내어 억울한 옥사를 크게 일으켰다. 건륭조 때 장정옥(張廷玉)과 오르타이(鄂爾泰)의 두 파벌 붕당 세력이 서로를 비방하자, 국정에 크게 불리했다. 건륭제는 두 파벌 세력에 타격을 가하기로 결심하고, 한 차례 문자옥 사건을 일으켰다. 당시 한림학사 호중조(胡中藻)는 오르타이의 문하생으로, 『견마생시초(堅磨生詩鈔)』라는 저서가 있었는데, 그 안에 실려 있는 시에 "一把心腸論濁淸(한 줌의 심장으로 탁하고 맑음을 논하리라)"라는 구절이 있었다. 건륭제가 이를 보고 나서 일부러 크게 화를 내면서 이렇게 말했다. "국호인 '淸'(맑을 청)자 위에 '濁'(흐릴 탁)자를 둔 것은, 무슨 의도냐?" 시 속의 "與一世爭在醜夷(천하 사람들과 이민족의 땅에서 분투했네)" "斯文欲被蠻(중화의 문화와 제도가 이민족에게 널리 퍼지기를 바라노라)" 등의 구절들은 '夷'(오랑캐 이)·'蠻'(오랑캐 만) 자가 있기 때문에, 만족(滿

族: 청나라를 세운 여진족)을 욕하는 것이라고 지탄을 받았다. 그 결과 호중조는 죽임을 당하고, 가족들 중 나이가 16세 이상인 자들은 모두 참수되었다. 오르타이의 위패는 현량사(賢良祠: 청나라가 왕공대신이나 공신들의 위패를 모셔 놓고 제사를 지내는 사당)에서 퇴출되었고, 그의 조카인 오창(鄂昌)은 호중조와 교류하면서, "가깝게 지내며 칭송했다[比昵標榜]"는 이유로 처벌받았다.

청대의 문자옥은 역대 왕조의 문자옥들 중 으뜸이었다고 할 수 있다. 통계에 따르면, 순치 5년(1648년)부터 건륭 53년(1788년)까지 140년 동안, 순치·강희·옹정·건륭 네 시기에 모두 갖가지 문자옥이 무려 82번이나 발생했다. 그것은 봉건 전제주의가 전에 없이 강화된 데 따른 산물로, 그 기본적인 목표는 사상·문화 영역에서 군주 전제와 만족(滿族) 귀족 통치의 절대 권위를 확립하려는 것이었다. 그것은 물론 사상의 통치를 강화하는 데는 유리했지만, 또한 사상을 심각하게 속박하고, 언로를 막고, 문화와 학술의 생명력을 질식시킴으로써, "만 필의 말들이 있지만, 한 마리도 울지 않는[萬馬齊喑: 백성들이 자유롭게 생각을 표현하지 못하는 억압적인 상황을 비유하는 말]" 국면을 조성했다. 이는 봉건 전제주의가 나날이 부패하고 몰락해 가고 있음을 반영한 것이었다.

『고금도서집성(古今圖書集成)』

『고금도서집성』은 강희제가 명령하여 황삼자(皇三子: 황제의 셋째 아들) 성친왕(誠親王) 윤지(胤祉)가 주관하여 편찬한 것으로, 대문인인 진몽뢰(陳夢雷)가 명을 받들어 편찬한 다음, 옹정 초기에 장정석(蔣廷錫)의 교정을 거쳤다. 진몽뢰(1650~1741년)는, 복건 후관(侯官) 사람으로, 자는 즉진(則震), 호는 성재(省齋)이며, 말년에 스스로 송학노인(松鶴老人)이라고 불렀다. 진몽뢰는 젊은 시절에 진사에 합격하여, 관직이 한림원 편수(編修)에 이르렀다. 후에 경정충(耿精忠)과 함께 반란에 연루되었기 때문에 흑룡강으로 유배되어 변방을 지켰다. 강희제가 동순(東巡: 동쪽 지방을 순시하며 점검함)할 때, 진몽뢰는 어전에 시(詩)를 지어 바쳐 억울한 누명을 진술하고, 사면되어 도성으로 돌아왔다.

이 책은 강희 40년(1701년)부터 편찬을 시작하여, 강희 45년(1706년)에 초판을 완성하기까지, 단지 6년의 시간밖에 걸리지 않았다. 전체 책은 역상(曆像)·방여(方輿)·명륜(明倫)·박물(博物)·이학(理學)·경제(經濟) 등 6편(編)으로 나뉘며, 그 밑에 32전(典)이 있고, 6,109부(部)로 세분하였다. 각 부에는 또한 휘고(彙考)·총론(總論)·도표(圖表)·열전(列傳)·예문(藝文) 등의 항목을 두었다. 이 책은 조리가 분명하며, 수집된 자료가 광범위하고 풍부하여, 지금까지도 여전히 수많은 학자들이 중시하고 있다. 그런데 초판이 완성된 후 10년 동안, 진몽뢰가 다시 약간 가공하여 윤색하는 작업을 한 다음, 강희 55년(1716년)에 정식으로 강희제에게 바쳤다.

옹정제가 즉위한 후, 진몽뢰는 두 번째로 흑룡강에 유배되었다. 이때 『고금도서집성』의 증집(增輯: 증보) 작업은 아직 완성되지 않았으므로, 다시 대학사 장정석 등이 황제의 명을 받들어 수정하여, 옹정 4년(1726년)에 정식으로 책을 완성했다. 그리고 그해에 동활자(銅活字)로 조판하여 인쇄하기 시작하여, 옹정 6년(1728년)에 완성하고, 1질의 시험 인쇄한 견본과 함께 모두 65질을 인쇄했다. 각 질의 본문은 1만 권(卷)이며, 5,020책(冊)으로 나누어 제본했다. 문헌 기록에 따르면, 청나라 정부는 황친(皇親: 황제의 친척)과 국척(國戚: 황제의 외척) 및 봉강대사(封疆大使: 총독이나 순무 등 지방 각 성省의 최고 장관)들 거의 대부분에게 『고금도서집성』 한 질씩을 하사했다고 한다.

"강희백과전서(康熙百科全書)"

『고금도서집성』 전서(全書)는 모두 1만 권이며, 목록이 40권이고, 6휘편(彙編) 32전(典)에, 6,109부(部)로 나뉜다. 6휘편은 다음과 같다. (1) 역상편은 다시 건상(乾象)·세공(歲功)·역법(曆法)·서징(庶徵) 등 4전(典)으로 나뉜다. (2) 방여편은 곤여(坤輿)·직방(職方)·산천(山川)·변예(邊裔) 등 4전으로 나뉜다. (3) 명륜편은 황극(皇極)·궁위(宮闈)·관상(官常)·가범(家範)·교의(交誼)·씨족(氏族)·인사(人事)·규원(閨媛) 등 8전으로 나뉜다. (4) 박물편은 예술(藝術)·신이(神異)·금충(禽蟲)·초목(草木) 등 4전으로 나뉜다. (5) 이학편은 경적(經籍)·학술(學術)·문학(文學)·자학(字學) 등 4전으로 나뉜다. (6) 경제편은 선거(選擧)·전형(銓衡)·식화(食貨)·예의(禮儀)·악률(樂律)·융정(戎政)·상형(祥刑)·고공(考工) 등 8전으로 나뉜다. 전(典)은 다시 부(部)로 나누었고, 부는 다시 문(門)으로 나누었으며, 도표·열전·예문·기사(紀事)·잡록(雜錄) 등을 부가했다. 각 부(部)의 서술은, 시간 순서에 따라 한 항목 한 항목 나누어 서술했으며, 상고 시대부터 시작하여 강희 시대에서 끝난다. 또한 각 부분마다 모두 일차 자료의 근원과 상세한 출처에 대해 상세히 주를 달아 밝혀 놓았다. 이 책은 내용이 풍부하고, 체제가 완벽하여, 대량의 청나라 역사 자료를 제공해 줄 뿐만 아니라, 또한 해당 사건과 관련된 역대 자료들도 모아 놓아, 교차 연구(cross search: 일정 기간 내의 서로 다른 시점에서 연구 대상에 대해 몇 번의 관찰과 자료 수집을 진행함으로써, 사물 발전의 과정·추세·변화 등을 기술하는 연구 형태)를 하는 데 편리하도록, 정치·경제·역사·문화·전장제도 등의 방면들에 관한 자료를 조사하여 밝혀 놓았다. 또한 유실되어 전해지지 않는 고서(古書)를 재구성하거나 고서를 비교하여 바로잡을 수도 있어, 자료 가치가 매우 크다.

『고금도서집성』은 모두 대략 1억 6천만 자(字)로 이루어져 있다. 이 거작은 스스로 체계를 세웠으며, 수집한 자료가 풍부하고, 분류가 상세하다. 『영락대전(永樂大典)』이 유실된 이후, 그것은 중국에 현존하는 가장 완전하고, 용도가 가장 폭넓고, 규모가 가장 큰 유서(類書)가 되었다. 그 규모는 『대영백과전서(大英百科全書: *Encyclopedia Britannica*)』(제11판)보다도 3~4배나 커서, 중국 고전 문화의 결정이자 인류 문화사의 거작이라고 할 만하며, 외국인들에게 "강희백과전서"라고 불리고 있다.

문화의 전성기

청대에, 문치 방면은 건륭 시기에 전성기에 이르렀다. 그 가운데 가장 두드러진 것은 바로 10여 년에 걸쳐 편찬한 『사고전서』로, 그것은 중국 역사상 규모가 가장 큰 총서(叢書)다. 이 책을 주관하여 편찬한 사람은 저명한 학자인 기윤(紀昀)이다. 그는 저명한 인사 359명을 조직하여, 사고관(四庫館)에 재직하면서, 건륭 38년부터 52년까지(1773~1787년) 15년에 걸쳐 이 총서를 편찬했다. 이 총서는 모두 3,457종(種), 79,070권(卷)의 책을 수록했고, 목록에 있는 것이 6,766종, 93,551권이며, 36,275책으로 장정하여, 건륭조 이전의 중국 역사상 주요 전적들을 거의 포괄하고 있는 중국 최대의 총서다. 책을 완성한 후, 모두 7질을 필사하여, 중국 황궁 안에 있는 문연각(文淵閣)·원명원(圓明園)의 문원각(文源閣)·심양(沈陽)의 문소각(文溯閣)·승덕(承德) 피서산장의 문진각(文津閣)·양주(揚州)의 문휘각(文匯閣)·진강(鎭江)의 문종각(文宗閣) 및 항주의 문란각(文瀾閣)에 나누어 따로 보관했으며, 별도로 부본(副本: 사본) 한 질을 북경의 한림원에 보관했다. 이 책을 편찬하는 과정에서, 당시 수많은 유명한 학자들, 예를 들면 우민중(于敏中)·육석웅(陸錫熊)·임대춘(任大椿)·대진(戴震)·요내(姚鼐)·옹방강(翁方綱)·왕념손(王念孫) 등이 모두 편찬에 참여하여, 제요(提要: 개요)를 썼다.

『사고전서』는 크게 경(經)·사(史)·자(子)·집(集)의 네 부류로 나뉘며, 각 부류를 다시 수많은 세목들로 분류했다. 『사고전서』가 편찬된 후, 기윤 등은 다시 『사고전서총목제요(四庫全書總目提要)』 200권을 집필하여, 수록된 각 책들의 연원·판본·주요 내용을 대략적으로 소개함으로써, 『사고전서』를 이용하기 편리하게 하였다. 『사고전서』는 내용이 풍부하고 광범위하며, 방대한 범위를 망라하고 있는, 중국 고대 사상·문화유산의 결집체로서, "전통 문화의 총체"·"고대 전적(典籍)들의 집결지[淵藪]"라고 칭송되고 있다.

청(清) 1839~1842년

인물: 임칙서 **지역:** 광동 호문(虎門) **키워드:** 삼원리항영(三元里抗英), 남경 조약

호문소연(虎門銷烟)과 아편전쟁

1820년, 가경(嘉慶) 황제가 세상을 떠나고, 민녕(旻寧)이 황위를 계승했으니, 그가 도광제(道光帝)다. 가경·도광 연간에 청나라는 쇠락하는 형세가 더욱 뚜렷해졌고, 서양 식민자들은 중국에 대해 더욱 호시탐탐했다. 도광(道光) 연간(1821~1850년)에, 영국·프랑스 등의 상인들이 광주(廣州) 지역에서 미친 듯이 아편을 팔아, 중국 인민에게 해를 끼치면서, 대량의 은을 수탈해 갔다. 1839년 6월 3일, 양광총독(兩廣總督) 임칙서(林則徐)가 명령을 내려 호문(虎門)의 해변 모래사장에 모인 대중들 앞에서 아편을 불태우고, 전 세계를 향해 중국 인민의 반침략·반압박의 두려움을 모르는 투지를 표명했다. 그런데 부패하고 무능한 청나라 정부는 서양 침략자들의 강력한 해군을 막아 내지 못하자, 서양 침략자들은 연속 두 차례 아편전쟁을 일으키고, 무력으로 청나라 정부를 핍박하여 일련의

◈ 인민영웅기념비 위에 새겨진 '호문소연' 부조

주권을 상실하는 치욕스러운 불평등 조약들을 체결했다. 중국은 이때부터 반식민지(半植民地) 반봉건(半封建) 사회로 전락하기 시작했다. 1840년에 일어난 중국과 영국의 아편전쟁은 중국 근대사의 시작을 상징한다.

호문소연

18세기 중·후기부터 19세기 초까지 수십 년간, 중국과 영국의 정상적인 무역 과정에서, 중국의 차(茶)와 생사(生絲)는 유럽 시장에서 잘 팔렸는데, 중국인은 영국의 방직품에 대해 반대로 관심이 없었다. 서양의 공산품은 중국의 자급자족적 자연경제 앞에서 대량으로 수입하게 할 도리가 없자, 중국의 생사와 차를 구매하기 위해, 영국 상인들은 많은 양의 은을 중국에서 잃어 버렸다. 이런 국면을 바꾸어, 대(對)중국 무역에서의 열세를 반전시키기 위해, 영국 상인들은 회계에서 균형을 이루게 할 물건, 바로 아편을 찾아냈다. 영국 정부는 인도에게 아편을 재배하여 중국의 은으로 바꾸어 갖고, 그것으로 영국의 방직품을 구매하도록 강요했고, 영국은 아편으로 중국의 차와 생사를 바꾸어, 세계 각지로 운송하여 판매함으로써, '면방직품—아편—차와 생사'라는 '삼각 무역 관계'를 형성했다. 아편이 '삼각 무역'에서의 핵심 고리가 되자, 영국 정부는 곧 최대의 아편 중개인이 되었다. 가경 연간에, 매년 아편 수입량은 4천여 상자에 달했었는데, 아편전쟁 전의 몇 년 동안에는 매년 4만 상자 이상이나 되었다. 죄악의 아편 밀거래가 식민자들에게는 폭리를 가져다주었지만, 중국 사회에는 무한한 해악을 가져다주었다.

아편의 대량 수입은 중국 은화의 대량 유출을 초래하여, 아편전쟁 전야에 청나라 정부가 매년 유출한 은은 무려 1천만 냥에 달했다. 당시 청나라 정부의 매년 재정 수입은 4천만 냥이었다. 은의 대량 유출은 '은귀전천(銀貴錢賤: 은은 귀하고 돈은 흔함)' 현상을 초래하여, 금융 질서를 교란시켰을 뿐만 아니라, 보이지 않는 가운데 백성들의 부담도 나날이 가중시켰다. 은값의 상승은 또한 각 성의 체납 세금을 갈수록 증대시킴에 따라, 청나라 국고를 텅 비게 만들어, 재정이 나날이 곤란해졌다. 전체 사회적으로 아편 흡연자들이 갈수록 많아지자, 각지에 연관(烟館: 아편을 팔거나 피우게 하는 영업장)이 난립했다. 위로는 왕공대신들로부터 아래로는 평민 백성들에 이르기까지 이를 이용하면서, 도광 15년(1835년)에는 아편 흡연자가 마침내 200여만 명에 달했다. 이는 중국 사회의 한정된 구매력이 대량으로 아편에 흡수당하게 함으로써, 상공업이 온통 생기를 잃고 불황에 빠지게 했을 뿐만 아니라, 또한 아편은 중국인의 심신 건강도 심각하게 훼손했다. 이 밖에도 아편 밀거래는 청 왕조의 관료기구를 타락시켜, 정치의 부패를 가중시켰다. 아편 밀거래가 전체 사회에 대해 심각한 피해를 입힌 것을 감안할 때, 아편의 흡연을 금지하는 것은 마침내 청나라 정부가 직면한 절박한 문제가 되었다. 당시 조정의 대신들은 두 파로 나뉘었다. 하나는 태상시소경(太常寺少卿) 허내제(許乃濟)로 대표되었으며, 아편 무역에 대해 가혹하게 무거운 세금을 물리자고 주장하여, 이금(弛禁: 금지령을 해제함)이라고 불렸다. 다른 하나는 호광총독(湖廣總督) 임칙서로 대표되었으며, 엄격히 금지하여, 흡연자와 판매자에 대해 엄격히 처벌하고 관용을 베풀지 말아야 한다고 주장했다. 도광제는 주저하며 결정을 못 내렸으므로, 줄곧 진정한 아편 금지를 철저히 실시하지 못했다. 임칙서는 복건 후관(侯官, 지금의 푸저우福州) 사람으로, 가경 연간에 진사가 되었다. 도광 18년(1838년), 임칙서는 황제의 명을 받들어 호광총독 임지에서 북경으로 부임해 왔다. 아편 금지에 대한 임칙서의 구체적인 의견과 조치를 듣기 위해, 도광제는 8일 동안 연속으로 임칙서를 불러 8차례나 만났으며, 또한 임칙서에게 자금성 안에 있는 기마(騎馬)를 하사했다(대신들에게 이는 엄청나게 큰 특별한 영예였다). 마침내 도광제는 임칙서를 흠차대신(欽差大臣)에 임명하여, 광동의 수군을 통솔하고 광동에 가서 아편을 금지시키도록 했다.

이듬해 정월, 임칙서는 광주에 도착하여, 신속하고 강력하게 금연 운동을 전개했다. 임칙서는 먼저 외국 아편 상인과 결탁하여 밀수한 뒤 다른 곳에 판매하는 한 무리의 관리들을 체포했다. 그런 다음 외국 상인들에게는 수중에 가지고 있는 아편을 정해진 기간 내에 모두 내놓도록 통지하고, 또 그들이 서약서를 제출하여 보증한 이후에는 더 이상 아편을 운반하여 판매해서는 안 된다고 요구했다. 당시 영국 정부가 파견하여 광주에 주둔하고 있던 상무(商務)감독관 찰스 엘리엇(Charles Elliot)은 아편 판매상들에게 아편을 내주지 말라고 교사했다. 그러자 임칙서는 영국 상관(商館)을 포위하고, 중국과 영국의 무역을 일시 중단시키도록 명령했다. 이러한 형세에서, 엘리엇은 술책을 바꾸어, 영국 상인들에게 아편을 먼저 자신에게 넘기면, 다시 자신이 영국 상무감독관의 명의로 중국 정부에 넘기겠다고 명령했다. 또한 미국 상인들도 그대로 따라 하도록 동원하여, 영국 정부가 손실을 배상하겠다고 보증함으로써, 아편 분규를 중국과 영국 양국 정부 간의 모순으로 확대시키려는 음모를 꾸몄다. 4월 22일(6월 3일), 임칙서는 영국과 미국의 상인들이 내준 2만여 상자, 약 230여만 근의 아편을 전부 호문에서 불태웠으며, 5월 15일(6월 25일)에 마침내 2만여 상자의 아편을 완전히 처리했다. 호문소연은 외국 아편 판매상들의 범죄적 활동에 심각한 타격을 가하고, 민족의 존엄을 지킴으로써, 처음으로 전 세계에 중국인의 반침략에 대한 결연한 의지를 표명하여, 중국 인민의 기개를 크게 신장시켰다.

제1차 아편전쟁

중국이 아편을 금지했다는 소식이 영국에 전해진 후, 영국 자산계급은 즉각 중국에 대해 전쟁

을 벌이자고 미친 듯이 떠벌임과 동시에, 청나라 정부에 대해 압력을 가했다. 영국 외무대신 파머스턴(Palmerston)도 중국을 침략하는 전쟁을 일으킬 것을 주장했다. 그는 떠들어 대기를, 중국을 다루는 유일한 방법은 "바로 먼저 그들에게 일격을 가한 다음, 다시 설명하는 것이다"라고 했다. 중국에서 도망쳐 온 거대 아편 판매상 윌리엄 자딘(William Jardine) 등도 영국의 상하 인사들을 분주히 찾아다니면서, 중국에 대해 침략 전쟁을 일으키도록 부추겼다. 도광 20년(1840년) 1월 18일, 영국 정부는 희망봉 함대 사령관 조지 엘리엇(George Elliot, 찰스 엘리엇의 사촌형)을 중국에 대한 담판 전권공사에 임명했다. 3월 9일, 영국 의회는 정식으로 중국에 대한 침략 전쟁을 일으키는 의안을 통과시키고, 군대를 파견하여 중국을 침략했다. 그해 5월, 엘리엇이 이끄는 16척의 군함과 26척의 수송선 및 4천여 명의 육군으로 이루어진 '동방 원정군'이 광동 해상에 도착하여, 정식으로 이 침략 전쟁을 개시했다.

양광총독을 맡고 있던 임칙서는 적극적으로 전쟁 준비를 강화하고, 포대(砲臺)를 구축했으며, 광동의 군대와 백성들은 진지를 확고하게 정비하고 적을 기다렸다. 광동에 허술한 곳이라고는 전혀 없음을 보자, 영국 군대는 일부 전함들로 주강(珠江) 입구를 봉쇄한 다음, 주력 함대로 하문(厦門)을 침범하고, 정해(定海)를 공격하여 함락시켰으며, 또한 한때 백하(白河) 어귀까지 도달하

◈ 〈'남경 조약' 체결 의식 유화(油畵)〉 | 영국, 존 플랫

이 그림은 1842년 8월 29일(청 도광 22년)에, 중국과 영국의 대표들이 영국 전함 콘월리스(Cornwallis) 호에서 〈남경 조약〉을 체결하는 광경을 사실적으로 재현했다. 현재 영국 브라운대학 도서관에 소장되어 있다.

여 북경을 위협하기도 했다. 도광제의 아편 금지 결심은 함포의 위협을 받자 크게 동요했다. 그는 직예총독(直隷總督) 기선(琦善)을 흠차대신으로 광주에 파견하여 영국인과 교섭을 진행함과 아울러, 임칙서를 면직시키고 진상을 조사하여 처벌했다. 기선이 부임한 뒤, 주강 어귀의 방어 공사를 취소하고, 수군을 해산시켜, 제멋대로 영국 침략자들의 비위를 맞춰 주었는데, 영국인들은 결코 "고맙게 여기지" 않고, 도광 21년(1841년) 정월에 홍콩(香港) 섬을 난폭하게 점령했다. 기선의 타협 활동이 매우 빠르게 북경에 전해지자, 도광제는 압력에 쫓겨 영국에 대해 전쟁을 벌이도록 명령을 내리고, 종실인 혁산(奕山)을 장군에 임명했으며, 또한 기선을 파면하고 진상을 조사하여 처벌했다. 혁산이 광동에 도착하기도 전에 영국군이 호문의 포대를 함락시켜, 수군 제독 관천배(關天培)와 400여 명의 수비군이 모두 희생되었다. 혁산은 부임한 후, 전투에는 무능했지만, 나라를 팔아넘기는 것에는 재주가 있었다. 그는 엘리엇과 〈광주화약(廣州和約)〉을 체결하여, 청나라 군대를 거느리고 광주성에서 철수해야 했을 뿐만 아니라, 또한 600만 원(元)을 배상해야 했다. 더 이상 참을 수 없었던 애국적 군중들은 자발적으로 침략자들에 반항하는 투쟁을 진행했는데, 광주성 밖의 삼원리(三元里) 군중들이 영국에 대항하여 분기했다. 이는 근대 중국 인민이 침략자에 반항하여 자발적으로 일으킨 최초의 투쟁이었다.

도광 21년(1841년), 영국 군대는 다시 중국 동남쪽 연해의 각지를 침략하여, 불을 지르고, 사람을 죽이고, 약탈을 자행했으며, 하문·정해·진해(鎭海)·영파(寧波) 등지가 잇달아 함락되었다. 이듬해 5월, 영국 군대가 장강(長江) 어귀의 오송(吳淞)을 공격하자, 제독 진화성(陳化成)이 군대를 이끌고 결연히 저항하다가, 결국 장렬하게 희생되었다. 이후에 영국 군대는 연속으로 상해·진강을 점령하고, 그해 6월에 영국군 함대가 남경의 강 위에 도달하자, 나약하고 무능한 청 왕조는 마침내 굴욕적인 강화 요청을 선택했다. 7월 24일, 청나라 정부의 강화 회담 대표인 기영(耆英)·이리포(伊里布)가 남경의 강에 있는 영국 군함 위에서 주권을 상실하여 국위를 실추시킨 〈남경 조약〉을 체결했으며, 제1차 아편전쟁은 이렇게 종결되었다. 〈남경 조약〉은 중국 근대사에서 최초의 불평등 조약으로, 그 규정에 따르면, 청나라 정부는 홍콩 섬을 영국에 할양해 주어야 하며, 또한 광주·하문·복주·영파·상해를 통상항으로서 개방해야 하고, 2,100만 원을 배상해야 한다는 것 등등 막대한 손실을 입었다. 도광 23년(1843년), 영국은 다시 청나라 정부에게 〈호문(虎門) 조약〉을 체결하도록 강요하여, 중국 거주 영국인들은 영사재판권을 향유하고, 영국은 중국에서 일방적인 최혜국대우를 향유하며, 영국 군함은 통상항에 마음대로 정박할 수 있다는 것 등등을 규정했다. 미국과 프랑스도 잇달아 와서, 청나라 정부를 압박하여 〈망하(望厦) 조약〉과 〈황포(黃埔) 조약〉을 체결하자, 중국은 반(半)식민지 반(半)봉건 사회로 전락하기 시작했다.

한 걸음 더

위원(魏源)과 『해국도지(海國圖志)』

위원(1794~1857년)은, 자가 묵심(默深)이고, 호남 소양(邵陽) 사람으로, 도광 연간에 진사가 되어, 지현(知縣)과 지주(知州)를 역임했다. 위원은 아편을 엄격히 금지할 것을 주장했다. 아편전쟁 기간에 그는 절동(浙東)에서 영국에 대항하는 투쟁을 계획하는 데 참여했다. 〈남경 조약〉이 체결된 후, 그는 또한 임칙서가 번역한 『사주지(四洲志)』 및 기타 중국과 외국의 문헌 자료들에 근거하여, 각국의 역사·지리 및 중국이 마땅히 채택해야 할 대외정책들을 종합적으로 서술하여, 『해국도지』라는 책을 편찬했다. 초판은 50권이었고, 후에 100권으로 증보했다. 책에서 위원은 "사이장기이제이(師夷長技以制夷: 서양 오랑캐의 장점을 배워서 그 오랑캐를 제압하자)"라는 사상을 제시하면서, 서양 자본주의 국가가 부강해진 까닭은 군대의 장비가 우수하고 근대화된 공업을 보유하고 있기 때문이므로, 중국은 마땅히 "서양의 장기(長技)를 최대한 터득하여, 중국의 장기로 삼아야 한다"고 여겼다. 『해국도지』는 중국의 사상에 대해 비교적 큰 영향을 미쳤다. 그것은 또한 일본에 전해져, 일본의 학술과 정치에 대해서도 중대한 영향을 미쳤다.

청(淸) 1851~1864년

인물: 홍수전(洪秀全) 지역: 남경 키워드: 영안건제(永安建制), 천조전묘제도(天朝田畝制度)

태평천국(太平天國) 봉기

태평천국 봉기는 중국 역사상 규모가 가장 컸던 농민 전쟁이다. 그것은 정권을 수립하고, 〈천조전묘제도(天朝田畝制度)〉를 반포하여, 농민들이 봉건적 토지 소유 제도를 폐지할 것을 요구하던 강렬한 바람을 반영했다. 그리고 태평천국이라는 개인 영도자는 또한 서양에게 배우고 자본주의를 발전시키자고 주장했는데, 이는 당시로서는 대단히 기특한 일이었다. 태평천국은 14년 동안 투쟁을 지속하면서, 600여 개의 성을 공격하여 함락시키고, 그 세력이 중국의 절반 이상을 석권하여, 청나라 봉건 통치자들과 외국 자본주의 침략 세력에게 엄청난 타격을 가했으며, 만청(晩淸: 1840~1912년의 청나라 말기를 일컫는 말)의 정국과 사회에 심각한 영향을 미쳤다.

금전(金田) 봉기

아편전쟁 후, 외국 자본주의의 침략은 청 왕조 내부의 계급 모순을 격화시켰다. 세금 부담이 가중되고, 천재(天災)와 인재(人災)가 빈발하면서, 방대한 인민 대중은 더 이상 물러설 곳이 없는 궁지에 몰리자, 봉기를 일으킬 수밖에 없었다.

아편전쟁 이후 9년 동안, 전국 각 민족 인민의 봉기나 대규모 항연(抗捐: 납세 거부)·항량(抗糧: 소작료 납부 거부) 폭동이 무려 200여 차례나 발생했다. 그 가운데 가장 사람들의 주목을 끄는 것은 바

◈ 풍우귀주비연호(風雨歸舟鼻煙壺) | 청

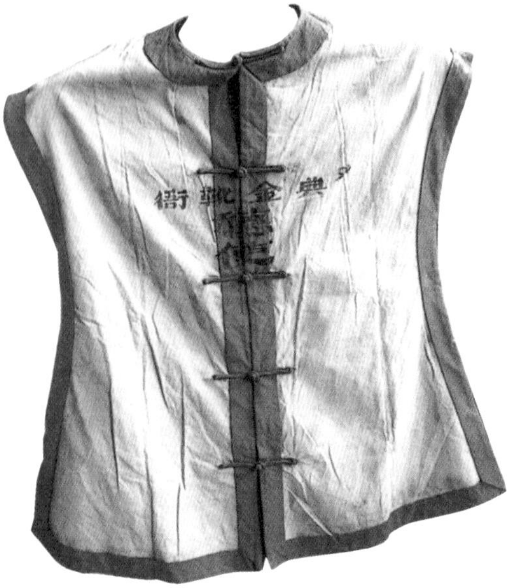

◈ **태평군의 전금화아**(典金靴衙) **청사**(聽使: 심부름을 하는 사람)**의 호의**(號衣: 병사나 심부름을 하는 사람이 입는, 번호가 달린 제복)

로 홍수전(洪秀全)·풍운산(馮雲山) 등이다. 그들은 '배상제회(拜上帝會)'라는 단체를 창립하여 봉기 역량을 조직하고, 도광 30년(1851년) 12월 10일에 광서 계평현(桂平縣) 금전촌(金田村)에서 청나라에 반대하는 대봉기를 일으켰으며, 국호를 '태평천국'이라고 정했다.

금전 봉기 후, 태평천국 봉기군은 줄곧 옮겨 다니면서 전투를 벌임으로써, 청나라 군대의 포위 추격과 차단을 돌파했다. 함풍 원년(1851년) 2월, 태평군은 옮겨 다니며 전투를 벌이다가 광서 무선현(武宣縣) 동향(東鄕)에 도달하자, 홍수전은 '천왕(天王)'이라고 칭했다. 8월에 태평군은 영안주(永安州, 지금의 광시성 멍산현蒙山縣)를 공격하여 함락시키고, 홍수전은 여기에서 '배상제회'의 몇 명의 핵심적인 인물들을 '왕'에 봉했다. 양수청(楊秀淸)을 동왕(東王), 소조귀(蕭朝貴)를 서왕(西王), 풍운산을 남왕(南王), 위창휘(韋昌輝)를 북왕(北王), 석달개(石達開)를 익왕(翼王)으로 삼았다. 홍수전은, 여러 왕들이 동왕의 지휘 통솔을 받도록 규정함과 아울러, 군사·정치 방면의 제도를 정립하고, 천력(天曆: 1852년에 태평천국 관할 지역에서 시행한 역법)을 반포하여 시행했다. 뒤이어 태평군이 영안에서부터 포위를 돌파하고 광서를 나와, 호남에서 옮겨 다니며 전투를 벌이다가 다시 호북으로 들어갔으며, 함풍 2년(1852년) 12월에 무창(武昌)을 공격하여 함락시킴으로써, 명성과 위엄을 크게 떨쳤다. 이듬해 정월, 태평군은 수륙 양 방면으로 동시에 공격을 가해, 잇달아 구강(九江)·안경(安慶)·무호(蕪湖) 등지를 함락시키고, 병력이 남경성 밑에 이르렀다. 태평천국 봉기군은 마침내 남경을 수도로 정하고, '천경(天京)'이라고 고쳐 불렀다. 뒤이어 태평군은 북쪽과 서쪽으로 원정에 나서, 청나라 군대의 강남·강북의 큰 군영(軍營)을 공격하여 격파하고, 천경 외곽에 있던 잔적(殘賊)들을 일소하여, 군사적으로 전성기에 도달했다.

천경에 수도를 건립한 후, 태평천국 정권은 〈천조전묘제도〉를 반포하고, 시정(施政) 강령으로 삼았다. "모든 천하의 토지는, 천하 모든 사람이 함께 경작한다"는 원칙을 제시하여, 토지를 균등하게 분배했으며, 25가구를 1'냥(兩)'으로 삼았다. 지방의 기층 정권에는 향관(鄕官) 제도를 확립했다. "모든 사람은 사사로이 받아 갖지 말아야 하며, 모든 물건은 하느님에게 맡겨야 한다[天下人

人不受私, 物物歸上主]"고 규정하고, '성고(聖庫)'를 건립하여, 현물 공급제를 실행했다. 이리하여 "농지가 있으면 함께 경작하고, 옷이 있으면 함께 입고, 돈이 있으면 함께 사용하고, 어느 곳도 균등하지 않은 곳이 없으며, 어느 누구도 배부르게 먹고 따뜻하게 입지 않는 사람이 없는" 이상 사회를 건설하려 했다. 이 제도는 농민들이 토지와 빈부의 균등함을 요구하는 바람을 반영했지만, 사회 경제 생활 과정에서의 절대 평등주의는 현실과 동떨어졌고, 사회 경제 발전의 법칙을 위배했으며, 또한 전쟁이 진행 중이던 당시의 환경에서는 아직 진정으로 실시하기도 어려웠다. 그리하여 현실에서는, 기본적으로 여전히 "예전대로 세금을 납부했으며", 지주는 토지를 점유하고 농민은 예전대로 조세를 납부하는 것을 원래대로 인정했다.

내란으로 태평천국이 망하다

태평천국 정권이 건립된 후, 지도 집단은 매우 빠르게 타락하고 변질되어, 가무와 여색에 미련을 갖고, 다투어 사치와 호화로움을 추구하면서, 내부적으로 권력과 이익을 다투는 투쟁을 전개하다가, 마침내 '천경사변(天京事變)'을 초래하고 말았다. 사변의 원인은, 동왕 양수청의 권력욕이 악질적으로 팽창하자, 천부(天父: 하느님)를 대신하여 전하는 방식으로 홍수전에게 자신을 '만세(萬歲: 최고 통치자를 일컫는 대명사)'에 봉하도록 핍박함으로써, 태평천국 지도 집단의 내부 모순을 격화시킨 데 있었다. 홍수전은 즉시 북왕 위창휘 등에게 양수청과 그 가족 및 부하들을 죽이라고 명령했다. 이에 맞서 양수청의 부하들이 분연히 일어나 반항하면서, 쌍방은 2개월에 걸친 혈전을 벌였다. 혼전 과정에서 쌍방의 전사자가 모두 2~3만 명에 달하여, 금전 봉기 이래의 수많은 우수한 장병들이 자기편끼리 잔혹하게 죽인 이 내란에서 사망했다. 후에 석달개가 무창에서 천경으로 급히 돌아와, 위창휘가 무고한 사람들을 함부로 죽인 데 대해 불만을 표시했다. 그러자 위창휘는 다시 살의가 발동하여, 석달개를 죽이려고 했다. 석달개는 밤을 새워 천경을 빠져나가 도망쳤다. 위창휘는 천경에 남아 있던 그의 가족들을 전부 살해함과 아울러, 군대를 파견하여 석달개를 추격하여 살해하도록 했다. 석달개는 안경(安慶)으로 도망쳐, 부하 4만 명을 소집하여 군대를 일으켜 위창휘를 토벌했다. 이 사변은 위창휘가 홍수전에 의해 처형됨으로써 막을 내렸다. 그러나 얼마 지나지 않아, 석달개는 홍수전이 자신을 시기하고 견제하는 데에 불만을 품고, 함풍 7년(1857년) 5월, 2만여 명의 정예 부대를 이끌고 천경을 떠나 단독으로 작전을 벌였다. 태평천국 내부 지도 집단의 분열은, 태평군의 전투력을 극도로 약화시켰으며, 또한 태평군으로 하여금 적을 섬멸할 좋은 기회를 놓치게 했다. 그런데 청나라 군대는 이렇게 유리한 형세를 이용하여 반격을 가해, 강남과 강북에 다시 큰 군영을 설치하고, 천경을 포위하는 형세를 갖추었다.

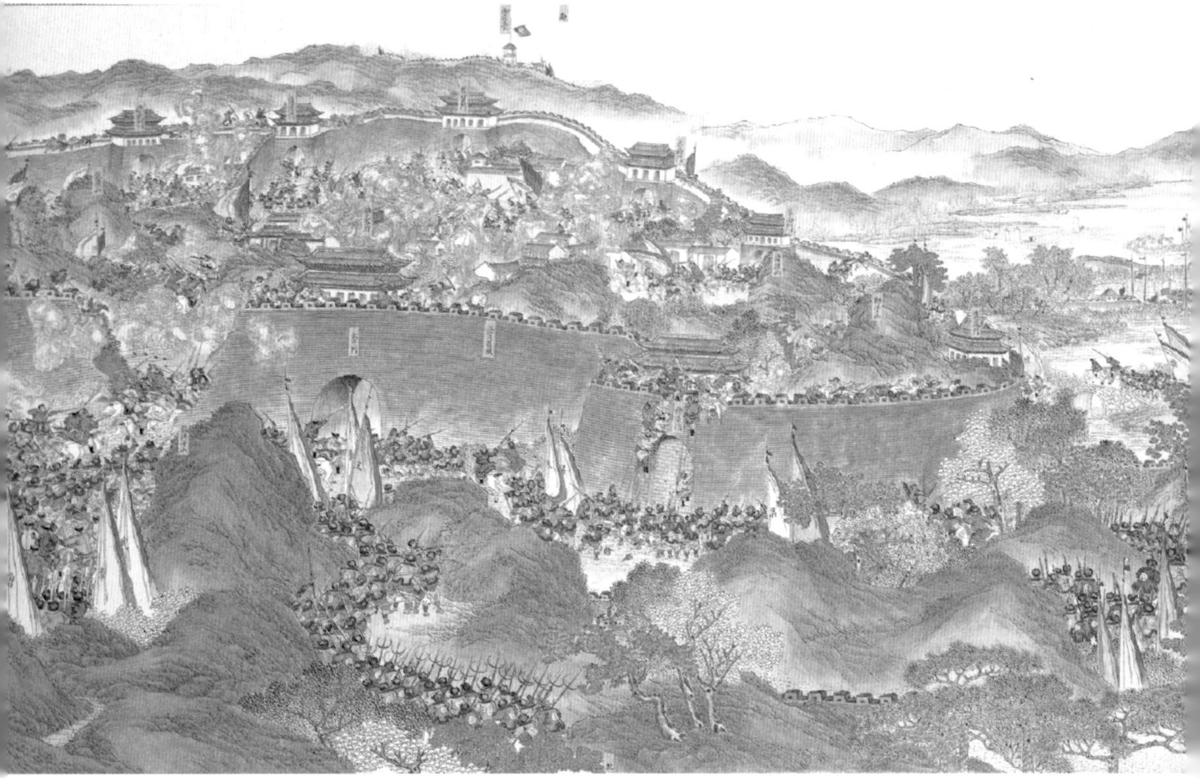

◈ 〈금릉(金陵) 탈환도〉 | 청

1864년 7월 19일, 청나라 군대가 남경의 태평문(太平門)을 공격하여 파괴하자, 3년에 걸친 천경 보위전은 천경의 함락으로 끝을 맺었다. 천경 보위전의 패배는 태평천국 운동이 기본적으로 끝났음을 상징한다.

홍수전은 위기 국면을 전환시키기 위해, 대담하게 이수성(李秀成)·진옥성(陳玉成) 등 젊은 장수들을 기용했다. 함풍 8년(1858년) 6월, 이수성과 진옥성은 각 방면의 장수들을 불러 모아 군사 회의를 개최하고, 연합 작전을 펼쳐 천경의 포위를 해제시키기로 결정했다. 8월, 태평군은 강북의 큰 군영을 공격하여 격파했고, 10월에는 '삼하진(三河鎭, 지금의 안후이성 페이시현肥西縣) 대첩'을 거두어, 상군(湘軍: 태평군을 진압하기 위해 호남 상향湘鄕 사람인 증국번이 조직한 군대) 주력을 섬멸했다. 이어서 승세를 타고 진격하여 환북(皖北)을 수복함으로써, 천경 상류의 형세를 안정시켰다. 함풍 9년(1859년) 3월, 홍수전의 사촌 동생인 홍인간(洪仁玕)이 홍콩에서 천경으로 왔고, 4월에는 간왕(干王)에 봉해져 국정을 총괄했다. 얼마 지나지 않아 홍인간은 『자정신편(資政新篇)』을 저술하여, 서양을 본받아 자본주의를 발전시키자고 주장했다. 이는 근대 중국인이 처음으로 제시한, 가장 체계적이고 가장 완벽한, 서양을 학습하고 자본주의를 발전시킬 방안이었다. 비록 이 방안이 사회 발전의 객관적 요구에 부합하기는 했지만, 농민의 절박한 바람과 요구를 반영하지 못한 데다, 더구나 당시에는 필요한 객관적 조건도 부족했기 때문에, 『자정신편』은 결코 실시되지 못했다. 함풍 10년(1860년) 윤3월, 이수성과 진옥성은 다시 태평군을 이끌고 협력하여 강남의 큰 군영을 격파했으며, 4월에는 강소성과 절강성의 수많은 주·현들을 점령하고, 소남(蘇南: 강소성 남부) 지역을 확보했다. 이렇게 되자, 태평천국은 잠시 군사적으로 불리했던 국면을 되돌려 놓았다.

태평천국의 군사적인 우세는 단지 일시적인 것에 불과했다. 태평천국의 맹렬한 기세를 대하자, 함풍 10년(1860년) 4월 16일, 함풍제는 증국번(曾國藩)을 양강총독(兩江總督)에 임명하고, 흠차대신 직위를 추가해 주어, 강남의 군사적 사무를 지휘 감독하게 했다. 자희태후(慈禧太后)가 정권을 잡고 나서는 다시 증국번에게 감성(贛省: 강서성)·환성(皖省: 안휘성)·소성(蘇省: 강소성)·절성(浙省: 절강성) 등 4성의 순무(巡撫) 이하 관리들과 대강(大江: 양자강) 남북의 수륙 각 군대를 통솔하는 전권을 부여했다. 증국번은 즉각 군대를 세 방면으로 나누었는데, 증국전(曾國荃)은 군대를 이끌고 안경(安慶)으로 진격했고, 좌종당(左宗棠)은 군대를 이끌고 절강으로 진입했으며, 이홍장(李鴻章)은 회군(淮軍)[3]을 이끌고 상해로 출동했다. 청나라 정부는 또한 정식으로 영국과 프랑스 등에게 "군대를 빌려 태평군 소탕을 도왔다[借師助剿]". 상군과 회군은 외국의 양창대(洋槍隊: 서양제 총으로 무장한 군대)와 연합하여, 외곽에서부터 태평천국을 공격했다. 태평군은 용감하게 저항한 다음, 거듭해서 패배했다. 안경과 강소·절강 등의 전략적 요충지들이 잇달아 함락되자, 천경은 포위되어 고립된 성이 되었다. 동치(同治) 3년(1864년), 상군이 천경을 격파하면서, 태평천국 봉기는 실패했고, 나머지 부하들이 다시 양자강 남북에서 4년간 투쟁을 지속했다.

염군(捻軍)이 청나라에 반항하다

염군은 염당(捻黨)이 발전한 것이다. '捻'은 회북(淮北: 지금의 안후이성 북부에 위치한 요충지)의 방언으로, 염승(捻繩: 새끼줄)에서 유래한 것인데, 그 의미는 한 무리 한 집단이 단결하면 곧 힘이 된다는 것이다. 일찍이 가경 연간에 중국의 북쪽 지방에서 염군의 활동이 있었다. 함풍 2년(1852년), 회북 지역의 박현(亳縣) 등지에 큰 가뭄이 들어 백성들이 안심하고 살 수 없게 되자, 농민들은 잇달아 염군에 가입했다. 함풍 5년(1855년), 염군의 유명한 우두머리인 장낙행(張樂行)이 각지의 염자(捻子: 염군)를 치하집(雉河集)에 소집하여 회맹(會盟)한 뒤 봉기했다. 만장일치로 장낙행을 맹주

3 회군(淮軍): 청나라 말기에 태평군의 수중에 있던 강소(江蘇) 지역을 회복하기 위해, 증국번의 지시에 따라 이홍장이 소집하여 훈련시킨 군대를 가리키며, 근대 중국군의 전신이다. 장병들이 주로 안휘성의 강회(江淮) 일대 출신들이었기 때문에 '회군'이라고 불렀다.

로 추대하고, 황(黃)·홍(紅)·남(藍)·백(白)·흑기군(黑旗軍) 제도를 확립했다. 그 인원이 한때 10만 명에 달했고, 이때부터 염군은 중국 북쪽의 반청(反淸) 무장 세력의 주력이 되었다. 함풍 7년(1857년), 장낙행은 태평천국의 관직을 받자, 이때부터 바꾸어 태평천국의 깃발을 사용하고, 장발을 길렀다(청나라 정부는 백성들에게 변발을 강요했는데, 태평천국은 변발을 거부하고 머리를 길렀음-옮긴이). 홍수전은 장낙행을 옥왕(沃王)에 봉했다. 염군은 치하집을 근거지로 삼아, 도처로 출격하여 청나라 군대를 견제했다.

제2차 아편전쟁 후, 청나라 군대는 염군을 추격하여 소탕하는 데 박차를 가했다. 대장 셍게린친(僧格林沁)이 염군 소탕을 지휘했다. 셍게린친은 몽고의 친왕(親王: 왕공들 중 가장 높은 작위)으로, 그는 부임한 후에 전력을 다해 염군의 근거지를 공격했다. 동치 2년(1863년)에 셍게린친이 10만여 명을 집중하여 치하집을 공격하자, 2만여 명의 염군 장병들이 희생되었고, 장낙행은 반역자가 배반하는 바람에 철수하는 도중 사로잡혀 참혹하게 살해되었다. 장종우(張宗禹)가 장낙행의 뒤를 이어, 계속해서 청나라에 반항하는 깃발을 높이 들어올리고, 하남·호북·산동의 각지를 옮겨 다니며 끝까지 버티면서 투쟁을 계속하자, 염군의 대오는 끊임없이 강대해졌다. 동치 4년(1865년), 염군은 산동 하택(菏澤) 서북쪽의 고루채(高樓寨)에서 셍게린친을 통렬하게 공격했다. 여기에서 셍게린친을 살해하고, 몽고 기병 7천여 명을 섬멸하자, 청나라 조정은 깜짝 놀랐다. 동치 황제는 놀랍고 분해서 3일 동안이나 조회에 나가지 않았다.

그 후, 청나라 군대는 대병력을 추가하여 염군을 추적하며 소탕했다. 증국번을 흠차대신에 임명하여, 염군 소탕 업무를 감독하게 했다. 증국번은 먼저 방어 시설 설치에 중점을 두어, 이정제동(以靜制動: 움직이지 않음으로써 움직임을 제압한다는 뜻으로, 청나라 군대는 안휘·하남·산동·강소성 등지에 중점 방어 시설을 설치했다) 전술을 채택한 후에, 다시 "취병방하(聚兵防河: 병력을 모아 강을 방어한다는 뜻으로, 산동·하남·안휘성의 경내에 있는 황하·운하運河·회하淮河 등의 강변을 따라 방어 시설을 설치하고, 청나라 군대가 구역을 나누어 방어를 책임졌다)" 방침을 채택했다. 염군은 민첩한 기동 전술로 여러 차례에 걸쳐 증국번의 상군에게 심각한 타격을 가하자, 증국번의 계획은 실패로 끝나고 말았다. 청나라 정부는 어쩔 수 없이 이홍장을 초염통수(剿捻統帥: 염군 토벌

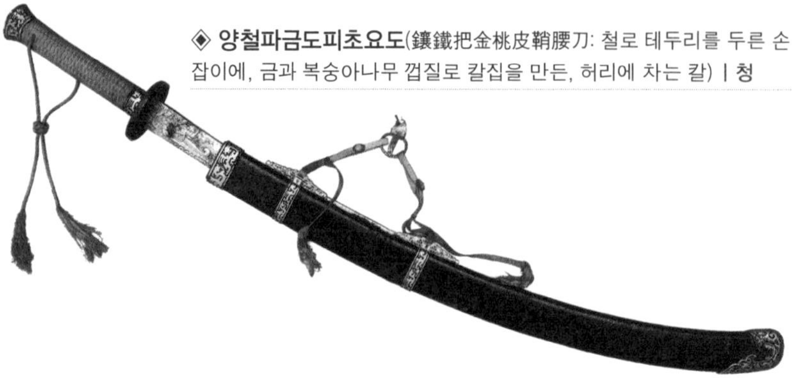

◈ **양철파금도피초요도**(鑲鐵把金桃皮鞘腰刀: 철로 테두리를 두른 손잡이에, 금과 복숭아나무 껍질로 칼집을 만든, 허리에 차는 칼) | 청

사령관)에 임명하여, 증국번을 교체했다. 이홍장이 채택한 염군 소탕 방침은, 지역을 지키며 포위하여 토벌하고, 황하 운하를 중점적으로 방어하며 지키는 것이었다. 청나라 군대의 추격을 피하기 위해, 염군은 병력을 두 방면으로 나누어 따로 작전을 펼쳤다. 동염군(東捻軍)은 산동·하남·호북 등지에서 활약했으며, 서염군(西捻軍)은 장종우의 영도하에 섬서의 각지를 옮겨 다니며 전투를 벌였다. 동치 6년(1867년), 동염군이 산동 수광(壽光)에서 회군(淮軍)에게 포위당해 심각한 타격을 받았다. 동염군의 잔여 부대는 뇌문광(賴文光)의 영도하에, 비록 분발하여 포위를 뚫고, 두 방면의 방어선을 돌파하긴 했지만, 이홍장이 매우 교활하고 간교하여, 겹겹이 방어선을 둘러쳐서 서로 맞물리도록 해 놓았기 때문에, 뇌문광은 결국 이홍장의 포위망을 뚫지 못하고 양주 부근에서 포로가 되었다. 서염군은 동염군이 위급하다는 것을 알자, 장종우가 부대를 이끌고 회군하여 지원에 나섰다가, 황하를 건넌 후에야 비로소 동염군이 이미 패배했다는 것을 알고는, 어쩔 수 없이 기중(冀中)에서 청나라에 대한 저항을 계속했다. 동치 7년(1868년), 이홍장의 10만 대군이 서염군을 추격하자, 서염군은 산동의 황하와 운하 사이의 좁은 지대에 갇혀, 전군이 몰살당했다. 무려 16년에 달하는 염군의 봉기는 실패로 끝났지만, 그들은 청 왕조의 통치에 심각한 타격을 가함으로써, 청 왕조는 태평천국과 염군의 봉기라는 충격을 겪고 나자, 이미 곧 무너질 수밖에 없는 상태가 되어 있었다.

한걸음 더

제2차 아편전쟁

함풍 6년(1856년), 영국은 이른바 '애로(Arrow)'호 사건을 구실로 삼아, 프랑스와 연합하여 영·프 연합군을 결성하고, 중국을 침략하는 제2차 아편전쟁을 일으켰다. 함풍 8년(1858년)에 영·프 연합군이 천진(天津)을 공격하여 함락시키자, 청나라 정부는 어쩔 수 없이 〈천진 조약〉을 체결했다. 함풍 10년(1860년), 영·프 연합군은 2만여 명의 병력과 군함 200여 척으로 대고구(大沽口) 포대(砲臺)를 공격하여 점령했다. 이어서 영·프 연합군이 도중에 북경으로 돌진하자, 함풍제는 후비(后妃)를 데리고 황급히 북경을 빠져나가 도망쳤다. 그해 8월 22일, 영·프 연합군 병사들이 '만원지원(萬園之園: 모든 원림 중의 원림)'이라고 불리는 황실 원림인 원명원(圓明園)을 마구 약탈했다. 그 후, 그들의 강도적 범죄 행위를 덮어 감추기 위해, 영국 공사 엘긴(Elgin)은 영국 군대에게 명하여 원명원을 불태웠다. 그리하여 큰 불이 3일 동안이나 꺼지지 않았으며, 원명원은 곳곳에 무너진 담벼락만 남게 되었다. 그 후, 청나라 정부는 다시 잇달아 영국·프랑스·러시아와 〈북경 조약〉·〈아이훈(瑷琿) 조약〉 등 일련의 불평등 조약들을 체결하고, 선후로 구룡(九龍)·바라시호(巴爾喀什湖: 지금의 카자흐스탄 동남부에 있는 호수) 이동(以東) 및 이남(以南)을 포함하는 100여만 평방킬로미터에 달하는 영토를 할양했으며, 훨씬 많은 국가 주권을 상실했다.

청(淸) 1861~1908년

인물: 자희태후 지역: 북경 키워드: 신유정변(辛酉政變), 동치중흥(同治中興)

자희태후(慈禧太后)의 수렴청정

자희태후(1835~1908년)는, 성(姓)이 예허나라(葉赫那拉)이고, 함풍 2년(1852년)에 함풍제에게 선택되어 입궁한 뒤, 난귀인(蘭貴人)에 봉해졌으며, 함풍 7년(1857년)에 귀비(貴妃: 황제의 비빈들 중 황후 바로 다음의 직위에 해당하는 봉호)에 봉해졌다. 함풍 11년(1861년) 7월 17일, 함풍제가 열하(熱河, 지금의 허베이성·랴오닝성 및 네이멍구의 접경지대로, 성도省都는 지금의 허베이성 청더承德였다)에서 병으로 사망하자, 그의 아들 재순(載淳)이 황위를 계승한 뒤, 그를 성모황태후(聖母皇太后)로 받들었으며, 존호(尊號)를 자희(慈禧)라고 했다. 9월 30일, 자희태후는 정변을 일으켜 숙순(肅順) 등 8명의 찬양정무왕대신(贊襄政務王大臣: 나이 어린 황제의 집정을 보좌하는 왕공대신으로, 보정대신輔政大臣의 또 다른 명칭이었다) 직무를 파면했다. 10월 5일, 연호를 기상(祺祥)에서 동치(同治)로 바꾸고, 이때부터 수렴청정과 훈정(訓政: 황제가 있어도 태상황이나 황태후가 정무를 맡아 처리하는 것으로, 수렴청정과 비슷한 개념) 등의 수단으로 무려 47년에 달하는 기간 동안 국정을 조종했다.

정변을 일으켜, 수렴청정하다

함풍 11년(1861년) 7월 17일, 함풍제가 열하(이곳에 황제의 피서산장이 있음—옮긴이)에서 병세가 위급해지자, 6살짜리 외아들

◈ **자희태후 사진**

이 사진은 광서(光緖) 29년(1903년)에 촬영한 것으로, 자희태후의 70세 생일을 전후하여, 청나라의 주일(駐日)·주프랑스 공사 유경(裕庚)의 둘째 아들 훈령(勛齡)이 촬영했다. 현재 베이징 고궁박물원에 소장되어 있다.

재순을 황태자로 세웠으며, 재원(載垣)·단화(端華)·숙순(肅順) 등 8명을 '찬양정무왕대신'으로 삼아, 나이 어린 재순이 황제(즉 동치제)가 되어 국정을 주관하도록 보좌하라는 유명(遺命)을 남겼다. 재순은 이듬해에 연호를 기상(祺祥)으로 바꾸기로 정하고, 자신의 생모를 자희태후로 높였다. 함풍제 생전에, 8명의 대신들은 공친왕(恭親王) 혁흔(奕訢) 및 조정의 일부 신하들과 불화했다. 이 때문에 혁흔에게는 권력을 나누어 갖지 못하게 하고, 그에게는 단지 수도인 북경에서 일체의 사무만을 처리하도록 명령했다. 자희태후는 권세욕이 매우 강해, 그는 동궁(東宮)의 자안태후(慈安太后: 자안태후는 함풍제의 황태후로 신분이 자희태후보다 높았으나, 귀비인 자희태후는 동치제의 생모였다-옮긴이)와 연합하여 8명의 대신들과 권력을 다투면서, 몰래 북경에 있는 혁흔에게 도와달라고 연락했다.

혁흔은 영국 침략자와 비밀리에 모의한 후, "황제의 장례를 치르러 간다[奔喪]"는 것을 구실로 8월 1일에 열하에 가서, 자희태후와 비밀리에 모의하여 수도 북경으로 돌아가 정변을 일으키기로 했다. 당시 어사 동원순(董元醇)이 직접 나서서 자희태후와 자안태후 두 사람에게, "임시로 국정을 수렴청정하고", 찬양정무왕대신 8명 이외에 친왕 한두 사람을 더 파견하여 정무에 참여시킬 것을 주청했다. 8월 11일, 조정의 중신들은 동원순의 주청을 심의하면서, 격렬하게 논쟁했다. 8명의 대신들은 청나라에 이러한 선례가 없었다고 여기고, 군기처로 하여금 의지(擬旨: 상주문 말미에 황제가 내려야 할 비답批答 내용을 각신閣臣들이 미리 적어 놓는 것)로 논박하여 물리치도록 명령했다. 자희태후는 자안태후에게 어인(御印)[4] 찍는 것을 거절하도록 교사하여, 비답을 보류하고 발표하지 않았다. 그러자 8명의 대신들은 "집무를 중단"하는 것으로 시위를 하면서, 양 궁(동궁과 서궁. 황후인 자안태후는 동궁에 기거했기 때문에 '동태후'라고도 했고, 자희태후는 서궁에 기거했기 때문에 '서태후'라고도 불렀다-옮긴이)의 태후들로 하여금 양보하고, 동원순의 상소를 거절하는 명령을 발표하도록 압박했다. 그리고 뒤이어 혁흔은 북경으로 돌아가 준비했는데, 조정 내에서 대학사 가정(賈楨)·주조배(周祖培), 호부상서 심조림(沈兆霖), 형부상서 조광(趙光) 및 병권을 장악하고 있던 생게린친·승보(勝保) 등의 지지를 얻어, 정변을 일으킬 준비를 차질없이 진행했다.

양 궁의 태후들의 독촉을 받자, 8명의 대신들은 북경으로 환궁하기로 동의했다. 자희·자안 두 태후는 어린 황제 재순과 함께 열하를 떠나 북경으로 돌아갔다. 숙순 등은 함풍제의 영구(靈柩: 시신이 담긴 관)를 호송하여 나중에 출발했다. 9월 29일, 두 태후는 북경에 도착하자, 곧 먼저 북경에 돌아와 있던 혁흔을 불러 만나 대책을 세웠다. 9월 30일, 자희태후는 정변을 일으키고, 재원·

4 어인(御印): 함풍제는 임종하기 전에 자신이 '御賞'과 '同道堂'이라고 새긴 두 개의 도장을 각각 황후인 자안태후와 황자(皇子)인 재순에게 주면서 말하기를, 이후에 새로 황제가 반포하는 일체의 조서에는 모두 반드시 이 두 개의 어인이 찍혀 있어야 비로소 유효하다고 했다. 그런데 재순에게 준 어인은 그의 어머니인 자희태후가 관장했다.

◈ **백도모수정상**(白度母水晶像) | 청

이것은 수정으로 조각하여 만든 장전불교(藏傳佛教: 티베트 불교)의 백도모(白度母: White Tara. 티베트어 시타타라Sitatara의 음역으로, 관세음보살의 화신이며, 7개의 눈을 가졌다고 함) 조각상이다. 재료는 수정으로, 온 몸이 투명하기 때문에 더욱 거룩하고 깨끗하며 침착해 보인다.

단화·숙순 등 8명의 대신들의 직무를 해제했으니, 역사는 이를 '신유정변(辛酉政變)'이라고 부른다. 10월 1일, 혁흔을 의정왕(議政王)에 임명하여 군기처를 관장하게 하고, 계량(桂良)·심조림·문상(文祥)을 군기대신으로 삼았다. 10월 5일, 조서를 내려 '기상'이라는 연호를 폐지하고, 이듬해를 동치(同治) 원년으로 삼도록 했다. 다음날, 다시 조서를 내려 재원과 단화는 자살하고, 숙순은 "즉각 참수"하라고 명령했다. 이어서 또 8명의 대신들의 일당을 완전히 제거했다. 10월 9일, 재순이 정식으로 즉위했으니, 그가 동치 황제다. 이때부터 두 태후들이 수렴청정을 했지만, 실제로는 자희태후가 최고 권력을 장악했다. 자희태후는 수렴청정으로 청나라 정권을 40여 년이나 장악했으며, 그가 널리 추진한 대외 '우호' 정책, 양무(洋務) 집단과 한족 군벌 관료들을 중용한 통치 정책은 청나라 말기의 정국에 심각한 영향을 미쳤다.

한족 관리를 중용하고, 군대를 빌려 소탕을 돕다

자희태후가 최고 통치권을 탈취한 것은, 외국인의 지지와 떼어 놓을 수 없다. 왜냐하면 외국인들은, 그들과 협력하는 반식민지 정부의 통치를 유지하여, 중국 인민의 반항을 박멸하는 것이 중국에서 그들의 이익을 보호하는 데 유리하다고 보았기 때문이다. 〈북경 조약〉이 체결되자, 프랑스와 러시아 두 나라가 맨 먼저 청나라 정부에게 태평천국을 진압하는 것을 돕겠다고 제안했다. 프랑스의 전권대사 장 바티스트 루이스 그로(Jean-Baptiste Louis Gros)는 "이 나라의 각 항구에 정박한 모든 선박과 병사들은 모두 나의 지시를 따라야 한다"는 입장을 밝혔다. 러시아 공사 니콜라이 파블로비치 이그나티예프(Nikolay Pavlovich Ignatyev)는 혁흔을 만나 남쪽의 태평군을 진압하기 위해, 청나라 군대에게 육로로 공격하도록 요청하면서, "이 나라가 군대 3~4백 명을 파견하여 수로를 통해 함께 공격하면, 반드시 순조롭게 소탕할 수 있을 것"이라고 밝혔다. 이어서 러시아는 이전에 청나라 정부에 보내주기로 승낙한 1만 자루의 총과 몇 문의 대포를 중국으로 운반해 왔다.

'외국 군대를 빌려 올 것인가 말 것인가'라는 이 문제에 대해, 청나라 조정은 몇 차례 토론을 벌였는데, 소수가 반대했고, 혁흔 등 다수의 관리들은 "중국과 외국이 한마음으로 적을 섬멸하는 것을 목표로 한다"며 환영했다. 이와 동시에, 상해에 있는 매판 관료·대지주·대상인들을 무리지어 모이게 하여, 활동을 강화하고, 서양인들이 양창대(洋槍隊: 서양제 총으로 무장한 부대)를 조직하는 것을 지지하게 했다. 자희태후는 마침내 관례를 깨고, 한족 관리인 증국번에게 강소·안휘·강서·절강 등 네 개 성의 군무를 통할하는 권한을 부여함과 아울러, '차사조초(借師助剿: 군대를 빌려 소탕을 돕는다)'한다는 조서를 발표했다.

동치 원년(1862년) 3월, 영국은 군함을 파견하여 이홍장의 회군을 안경(安慶)에서 상해로 이동시켰다. 그리고 영국·프랑스와 함께 '중외회방국(中外會防局)'을 결성하고, 상해는 서양인이 방어하기로 협의 결정하여, 청나라 정부의 비준을 얻었다. 영국인과 프랑스인은 수천 명의 '상승군(常勝軍: 항상 승리하는 부대라는 뜻)'을 조직하여, 청나라 정부가 태평군을 공격하는 것을 도왔다. 러시아도 청나라에 50문의 대포와 1만 자루의 총을 보내옴과 동시에, 직접 병력을 파견하여 상해를 공격하는 태평군을 저지했다. 각국 '양창대'가 전력을 다해 도와, 상군과 회군의 전투력을 극도로 증강시켰다. 그러나 태평천국의 상황은 갈수록 악화되어, 결국 패국을 전환시킬 수 없었다. 동치 3년(1864년) 6월 16일, 증국번의 아홉째 동생인 증국전이 상군을 이끌고 '양창대' 앞에서 천경(天京: 남경)을 포격하여 파괴하고, 약탈한 다음 초토화시켜 버렸다. 태평천국의 간왕(干王) 홍인간은 사형이 집행될 때, 길게 탄식하며 이렇게 말했다. "우리 왕조가 화를 당한 근원은, 바로 서양인이 요괴를 도운 일이다. ……만일 서양인이 적군을 돕지 않았다면, 우리는 결단코 오래 지탱할 수 있었을 것이다." 그 후, 각국 '양창대'의 적극적인 참여하에, 청나라 군대는 사천의 대도하(大渡河) 주변을 옮겨 다니며 전투를 벌이던 석달개 부대와 북쪽에서 활동하던 염군을 매우 빨리 소탕했다.

요약하자면, 청 왕조는 한족 관리들을 중용함으로써, 상군과 회군을 골간으로 하는 단련(團練: 송대부터 민국 초기까지, 농민 봉기를 진압하기 위해 존재했던 지주계급의 지방 무장 조직)의 역량을 조직했고, 〈북경 조약〉을 이용해 영·프 연합군에게 타협함과 동시에, "그들의 군대를 빌려 반란군 소탕을 도와", 안팎으로 동시에 곤경에 처한 국면을 다행히도 벗어나고, 눈앞의 위기로부터 힘겹게 버텨 냄으로써, '동치중흥(同治中興)'의 길로 나아갔다.

대권을 독점하고, 변법(變法)을 짓밟다

동치 13년(1874년) 12월, 동치제가 병으로 세상을 떠났는데, 생전에 후사(後嗣: 황위를 계승할 아들)가 없어, 자희태후는 순친왕(醇親王) 혁현(奕譞)의 아들 재첨(載湉)을 사황제(嗣皇帝: 황위 계승자)로 삼았다. 혁현은 함풍제의 친동생이고, 재첨의 생모는 자희태후의 친동생이다. 이렇게 이중의 혈연 관계를 가지고 있어, 자희태후는 재첨을 "소아두(小阿斗: 작은 아두. '아두'는 촉한을 세운 유비의 아들 유선의 아명으로, 매우 어리석은 황제가 되었다가 촉한의 멸망을 초래했으므로, 후세에 매우 어리석은 사람을 일컫는 말이 되었다)"로 삼아 조종할 수 있으리라고 여겼다. 재첨이 4세에 등극하자, 자희·자안 두 태후가 수렴청정했다. 자안태후는 함풍제의 황후로, 직분은 자희태후보다 높았으나, 후에 거듭 언어가 신중치 못했기 때문에 자희태후의 기분을 상하게 했다. 자희태후는 그를 눈엣가시처럼 여겨, 그를 제거하여 뒤를 개운하게 하려고 했다. 얼마 지나지 않아 자안태후가 갑자기 사망하자(민간에 전해지는 이야기에 따르면, 독살되었다고 한다), 자희태후가 대권을 혼자서 장악하기 시작했다.

공친왕 혁흔은 비록 자희태후가 권력을 탈취하는 것을 도운 원로 중신이었지만, 그는 신분이 양무파(洋務派)의 우두머리로서, 지위도 높고 권세도 커서 자희태후의 질투를 샀기 때문에, 그는 자희태후와 한편으로는 연합하면서, 또 한편으로는 충돌했다. 광서(光緖) 10년(1884년), '오문안(午門案)'이 발생했다. 자희태후가 태감을 보내 자신의 친정에 물건을 보내면서, 사전에 경사방(敬事房: 청나라 황궁 내에 있던 기구로, 내무부에 예속되어 있었고, 태감과 궁녀의 상벌 업무를 관장했으며, 황제의 잠자리에 궁녀를 선발하여 들여보내는 일도 했다. 그 최고 책임자는 '경사방태감'이라고 불렸다)이 수문호군(守門護軍: 궁궐 문을 지키는 호위병)에게 자희태후의 지시를 전달하지 않아 호군이 제지하자, 태감이 불복하면서, 쌍방 간에 구타 사건이 발생했다. 태감이 자희태후에게 보고하자, 자희태후는 당번 호군에게 곤장을 치라고 했다. 그러자 혁흔이 이렇게 간언했다. "곤장을 치는 것은 이전 왕조에서 시행했던 가혹한 정치이니, 본받아서는 안 됩니다." 자희태후는 답하기를, "그대는 사사건건 나를 거스르는데, 그대가 누구요?" 혁흔이 대답했다. "신은 선종(宣宗)의 여섯째 아들입니다!" 다시 자희태후가 말했다. "나는 그대를 면직했소!" 혁흔이 다시 맞받았다. "신의 왕작(王爵)을 면직한 것이지, 신의 황자(皇子)를 면직할 수는 없습니다." 자희태후는 물러설 수밖에 없었지만, 이때부터 혁흔에 대한 원한은 더욱 깊어져, 후에 혁흔은 모든 직무에서 해임되었다.

광서 2년(1876년) 4월 21일, 광서제가 육경궁(毓慶宮)에서 독서를 시작했다. 광서제가 매우 열심히 독서를 하자, 자희태후는 그를 이렇게 칭찬한 적이 있다. "참으로 공부를 좋아하여, 앉으나 서나 누우나 모두 책과 시를 읽는구나." 그러나 광서제가 총명하고 공부를 좋아하면 할수록, 자희태후는 그에 대해 더욱 엄격하게 통제하고 경계했다. 그는 태감 구연재(寇連材)를 파견하여 광서제를 감시했다. 그런데 뜻밖에 구연재가 광서제의 언행에 감동을 받아, 어느 날 결국 죽음을 무릅쓰고 간언하기를, 황제는 영명하고 어질고 효성이 지극하다고 모두 사실대로 말하면서, 자희태후에게 너그럽게 대하도록 요청했다. 이 말을 듣고 자희태후는 진노하여, 구연재에게 장형(杖刑)을 가한 다음 참수했다. 구연재는 생전에 기록을 남겨 놓았는데, 그 가운데 한 단락에서 자희태후와 광서제가 함께 지내는 장면을 다음과 같이 밝혔다. "서후(西后: 서태후, 즉 자희태후)는 황제에게 말을 격하게 하고 굳은 표정을 짓지 않은 적이 없으며, 소년 시절에는 매일 꾸짖는 소리가 끊이지 않았고, 조금이라도 뜻대로 안 되면 항상 꾸짖거나, 혹은 벌로 몸을 꼿꼿이 세우고 무릎을 꿇도록 했다. 때문에 강대한 위세의 나날들이 길어지면서, 황제가 서후를 대하기를 사자나 호랑이를 대하듯이 전전긍긍하며, 몹시 무서워했다." 이로부터 자희태후가 얼마나 고심을 하며 광서제를 통제하고 조종했는지 알 수 있다.

◈ **반룡문백옥병**(蟠龍紋白玉瓶) | 청

이 옥병(玉瓶)은 백옥으로 만들었으며, 병의 몸통 바깥에는 병목을 휘감고 있는 긴 용을 부조로 새겨 놓았는데, 그 자태가 대단히 민첩해 보인다. 전체 옥병은 결백하면서 윤이 나는, 청대 옥 조각의 진품으로, 현재 옌타이시(烟臺市)박물관에 소장되어 있다.

광서 13년(1887년) 정월 15일, 광서제가 친정을 시작하면서, 53세의 자희태후는 표면적으로는 이화원(頤和園)으로 물러나 천수를 누리기 위해 몸과 마음을 수양했지만, 실제로는 여전히 국가의 정무를 장악하고 있었다. 자희태후는 이틀에 한 번씩 광서제가 반드시 친히 자신에게 정무를 보고하고, 훈시를 들어야 하며, 중대한 사정이 있으면 수시로 보고하고 분부를 주청하도록 규정했다. 광서제는 명칭이 황제였지만, 실제로는 꼭두각시에 불과했다. 자희태후는, 한편으로는 곳곳에서 광서제의 권력을 제한하여, 국가 대사는 모두 자신의 명령을 받들어 처리하도록 했으며, 다른 한편으로는 또한 자신의 질녀인 융유황후(隆裕皇后) 및 심복 태감인 이연영(李蓮英) 등을 통해 몰래 광서제의 행적을 감시했다.

광서제가 친정을 펼친 11년 동안은, 자희태후와 정치·권력 투쟁을 벌인 11년이었다. 중·일 간의 갑오전쟁(甲午戰爭)부터 무술변법(戊戌變法) 때까지, 쌍방의 모순은 갈수록 첨예해졌다. 갑오전쟁 과정에서, 광서제를 우두머리로 하는 제당(帝黨: 황제 당파) 세력은 전쟁을 주장했지만, 자희태후를 우두머리로 하는 후당(后黨: 태후 당파) 세력은 화의를 주장했다. 결국 갑오전쟁에서 패해, 영토를 할양하고 배상을 했다. 광서제가 강유위(康有爲)·양계초(梁啓超) 등의 영향을 받아 유신정치(維新政治)와 부국강병을 시도하자, 열강도 어느 정도는 지지를 보냈다. 광서 24년(1898년) 4월 23일, 광서제는 〈명정국시조(明定國是詔)〉를 반포하여, 변법을 선포하고, 서학(西學)을 널리 받아들였으며, 신정(新政)을 폭넓게 시행했다. 수구 대신들은 유신 변법이 자신들의 권력과 이익에 저촉되었기 때문에, 잇달아 자희태후에게 의지했고, 자희태후는 광서제가 추진하는 개혁의 성공이 자신의 권력에 영향을 미칠 것을 깊이 두려워했기 때문에, 온 힘을 다해 변법을 방해했다. 같은 해 8월 6일, 자희태후는 정변을 일으켜 광서제를 중남해(中南海)의 영대(瀛臺)에 감금하고, 유신당 사람들을 체포하여 살해했다. 담사동(譚嗣同) 등 6명을 북경 채시구(菜市口)에서 참수했다. 자희태후는 다시 친히 나서서 훈정(訓政: 황제가 있음에도 상황이나 황태후가 정무를 처리하는 것)을 하면서, 다방면으로 광서제를 능욕하고 학대함과 동시에, 광서제를 폐위시키려고 했다. 그러자 광서제도 자희태후의 험악한 심보를 잘 알고, 밤낮으로 놀라고 무서워서 안절부절 못하면서, 하늘을 향해 길게 탄식하며 이렇게 말했다. "나는 한(漢)나라 헌제(獻帝: 동한의 말제末帝)만도 못하구나!" 광서제가 유폐된 뒤, 자희태후가 다시 수렴청정했다.

중국의 물력(物力)으로, 동맹국의 환심을 사다[量中華之物力, 結與國之歡心]

광서 25년(1899년) 12월 24일, 자희태후는 조칙(詔勅)을 반포하고, 단군왕(端郡王) 재의(載漪)의 아들 부준(溥儁)을 궁궐로 불러들여 동치제 목종(穆宗)을 계승할 후계자로 삼고, '대아가(大阿哥: 청대의 황태자를 일컫는 말)'라고 불렀으니, 역사는 이를 '을해건저(乙亥建儲)'라고 한다. 자희태후는 경자년(庚子年), 즉 광서 26년(1900년)에 광서제의 선위(禪位: 황위를 물려 줌) 의식을 거행하고, 연호를 '보경(保慶)'으로 바꿀 예정이었다. 그러나 도성 안팎에서 의론이 분분했다. 각국 공사들은 잇달아 이의를 제기했고, 각종 세력들도 계속해서 반대하자, 이 일은 잠시 중단되었다.

그런데 바로 이때 의화단(義和團) 운동이 '부청멸양(扶清滅洋: 청나라를 도와 서양 세력을 소멸시키다)'의 기치를 내걸고 매우 왕성하게 발전하여, 신속히 북쪽 대지를 석권하자, 투쟁의 칼끝은 곧바로 서방 침략 세력을 겨냥했다. 4월 하순, 의화단이 경진(京津: 북경과 천진) 지역으로 진입했다. 5월 4일, 영국·프랑스·러시아·미국·일본·이탈리아 해군 300명이 북경 사관구(使館區: 외국 대사관들이 모여 있는 지역)에 진입했다. 의화단을 진압하기 위해, 영국 해군 중장 세이무어(Edward Hobart Seymour)도 8국 연합군 약 2천 명을 인솔하고 천진에서 북경으로 진입했다.

폭풍우 같은 의화단 운동과 기세등등한 8국 연합군을 대하자, 청나라 정부는 양쪽에서 적을 맞이하는 곤경에 빠졌다. 양무파는 의화단에 대해 단호한 진압을 주장했고, 일부 배외(排外) 사상이 투철한 완고파는 의화단 단원들을 이용하여 8국 연합군에 저항할 것을 주장했다. 자희태후는 동요하며 결정을 내리지 못했는데, 그가 동요한 기준은 바로 어떻게 해야 자신의 최고 통치 권력을 지켜 낼 것인가에 맞춰져 있었다. 그는 물론 의화단이 코앞에서 일어난 재난이라는 것을 알고 있었지만, 열강에 대해서도 의심하고 있었다. '무술변법'부터 '을해건저'까지, 열강의 불만에 대해 그는 이미 잘 알고 있었다. 특히 의화단 문제에 불만이 많다는 것을 잘 알고 있었다. 자희태후는 『자림서보(字林書報)』에 실린 글 한 편을 떠올렸는데, 그 글에서 서양인들은 끝내 "광서제를 찾아서 그를 다시 황제의 자리에 앉힐 수 있기를 희망한다"고 공개적으로 선동하고 있었다. 자희태후는 열강이 자신의 권력을 박탈하거나 약화시킬 수 있다는 것을 매우 두려워했기 때문에, 한편으로는 잇달아 조서를 내려 의화단에 대해 소탕과 위무를 함께 사용했고, 다른 한편으로는 총리아문(總理衙門)을 통해 열강과 교섭을 진행하여, 열강에게 북경으로 병력을 진입시키지 말도록 애걸했지만, 결국 거절당했다.

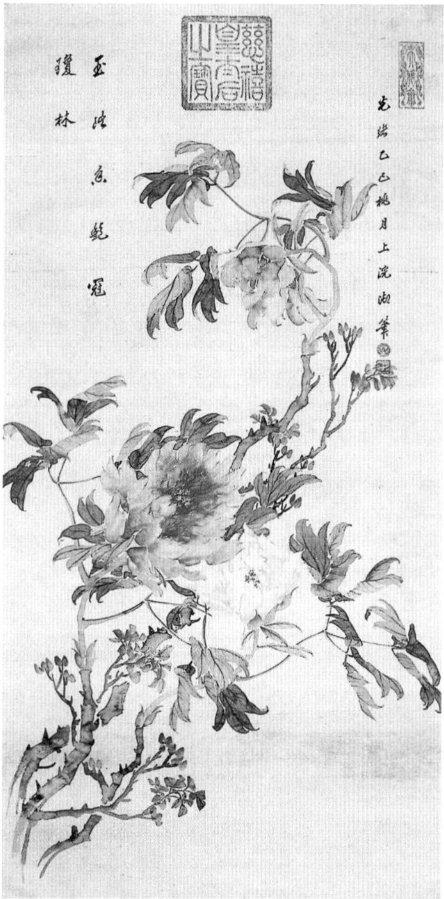

◈ 자희태후의 낙관이 있는 화훼도

자희태후는 적지 않은 공필화(工筆畵: 세밀한 필치의 그림)와 백묘화(白描畵: 먹으로만 그린 단색화) 화법으로 그린 화훼 작품들이 전해지고 있는데, 그것은 자희태후 본인의 작품이라고도 하고, 궁정화가가 대신 그린 뒤, 자희태후 전용의 인장을 찍었을 뿐이라고도 한다.

얼마 지나지 않아, 8국 연합군은 의화단 단원들의 저지를 돌파하여, 천진을 함락시키고, 북경을 향해 나아갔다. 5월 20일, 자희태후는 어전회의를 개최하여, 전쟁을 할 것인지 화의를 할 것인지의 문제를 토론했다. 주화파(主和派)가 전쟁을 벌여서는 안 된다고 극력 진언하자, 광서제는 다년간 외교를 해온 허경징(許景澄)에게 전쟁을 벌여야 하는지 말아야 하는지 질문했다. 허경징은 무릎을 꿇고 이렇게 아뢰었다. "시비득실을 막론하고, 한 나라가 여러 나라를 모두 대적할 방도는 없습니다." 주전파(主戰派)는 민심과 의화단 단원들의 도창불입(刀槍不入: 총과 칼에도 다치지 않음)하는 '신술(神術)'에 의지하여 전쟁을 벌일 수 있다고 강력히 주장했으며[의화단은 미신이 결합한 일종의 종교단체로, 일정 기간 수련을 하면 일반적인 병장기를 견딜 수 있고, 더 수련을 하면 총칼도 막아 낼 수 있다고 선전했다-옮긴이], 자희태후가 결정을 내리도록 독촉하기 위해, 열강이 자희태후로 하여금 정권을 광서제에게 돌려줄 것을 요구한다는 외교문서를 위조했다. 이 '위조문서[僞照會]'는 자희태후의 권력욕과 맹목적인 자존심을 매우 크게 손상시켰다. 5월 25일, 자희태후는 광서제 명의로 선전(宣戰) 조서를 반포하여, "그와 함께 적당히 생존을 도모하여 만고에 부끄러움을 남기는 것이, 어찌 대대적으로 토벌하여 승부를 결정짓는 것만 하겠는가"라고 밝혔다.

자희태후가 열강에 대해 전쟁을 결정한 것은, 단지 마음속으로 서양인에 대한 불만을 털어놓은 것이었다. 그래서 그가 공격 명령을 발포한 것은 단지 시늉일 뿐이었다. 선전 조서는 매우 기괴하여, 어떤 나라와 전쟁을 하는지도 명확히 밝히지 않았을 뿐만 아니라, 어떤 형식으로도 열강에게는 문서를 보내지 않았고, 단지 국내에 대해서만 선포했다. 의화단이 벌떼처럼 일어나 북경의 대사관과 천진의 조계(租界)를 포위하여 공격할 때, 청나라 조정에 주재하는 외국 기구와 남쪽의 각 성(省)들은 여전히 열강과 정상적인 관계를 유지하고 있었다. 이 밖에 자희태후는 의화단과 일부 군대로 하여금 대사관을 공격하게 했지만, 총이나 대포를 쏘지도 않았고, 또 비밀리에 서양인들에게 과일과 음식물을 보내 주어 "그 처지에 대해 동정"을 나타냈다. 이러한 행동이 말해 주는 것은, 매우 교활하고 간사한 자희태후는 필경 순간적인 충동으로 행동하는 우매한 사람과는 달리, 그는 사전에 퇴로를 남겨 두고, 두 가지 방법을 동시에 사용하는 관망의 책략을 택했다는 것이다. 5월 29일, 즉 선전 조서를 발포한 지 겨우 4일 후, 그는 곧 동교민항(東交民巷)의 대사관에 대한 공격을 중지함과 동시에, 군대를 보내 보호하도록 명령을 내렸다. 다른 한편으로, 자희태후는 의화단을 소탕하도록 명령을 내리고, 보군통령(步軍統領: 보병 사령관)에게 "모반을 일으킨 권비(拳匪: 의화단)를 철저히 체포하여 형부에 넘겨 주어 사형에 처함과 동시에, 성안에 있는 단붕(壇棚: 의화단이 설치한 제단과 천막)을 모조리 헐어 버리도록" 명령했다. 그리고 급히 이홍장을 북경으로 보내 화의를 논의했으며, 또한 원세개로 하여금 군대를 인솔하고 가서 의화단 단원을 진압하도록 파견했다. 7월 20일, 8국 연합군이 북경을 공격하여 점령하자, 자희태후는 광서제를 데리고 황급히 서안(西安)으로 도망쳤다. 8월 14일, 자희태후는 도망치는 도중에 광서제 명의로 명령을 발포하여, 전쟁의 책임을 모두 의화단에게 떠넘기면서, 각 성은 책임지고 "엄격한 형벌로 조사하여 처벌하고, 반드시 모두 잡아 죽이라"고 명령했다. 서안에 도착한 후, 자희태후는 날마다 불상에 절을 하며, 평화로운 국면이 빨리 이루어지게 해 달라고 빌었다. 11월 1일, 8국 연합군은 청나라 정부에게 〈의화대강12조(議和大綱12條)〉를 제시했다. 자희태후는 자신을 결코 원흉으로 삼아 처벌하지 않기로 하여, 자신이 계속 부귀영화를 누릴 수 있다는 것을 알았을 때, 끝내 감격하여 눈물을 흘리면서, 광서제 명의로 '자책지조(自責之詔: 자책하는 조서)'까지 발포하여, 후안무치하게 아첨을 하며 이렇게 말했다. "지금 화의하여, 우리의 주권을 침해하지 않고, 우리의 영토를 분할하지 않았으니, 열방(列邦: 8국을 가리킴)의 용서를 생각하면, 우매하고 포악한 무지가 미워지고, 사후에 돌이켜보니 부끄러움과 분노가 뒤섞여,[疾愚暴之無知, 事後追思, 慚憤交集]", "중국의 물력(物力)으로, 동맹국의 환심을 얻겠다[量中華之物力, 結與國之歡心]"고 보증했다. 〈신축(辛丑) 조약〉을 체결한 후부터, 청나라 정부는 완전히 "서양 사람의 조정(朝廷)"이 되었으며, 중국은 완전히 열강이 공동 관리하는 반(半)식민지로 몰락하고 말았다. 자희태후는 대외적으로는 타협하여 투항했고, 대내적으로는 엄혹하게 통치하여, 민족의 위기를 더욱 심각하게 만들었으며, 중국 인민을 극도로 고통스러운 상황에 놓이게 했다.

광서 34년(1908년) 10월 22일, 자희태후가 병으로 사망했다. 향년 74세로, 그는 국가와 백성에게 재앙을 초래한 죄악의 일생을 마쳤다.

한 걸음 더

경극(京劇)의 탄생

경극의 전신(前身)은 휘극(徽劇, 곤곡崑曲, 이황二黃 및 진강秦腔 등)으로, 통틀어 피황희(皮黃戲)라고 부른다. 피황희가 경극으로 변화 발전하면서, 대체로 두 차례의 합류(合流: 학술이나 예술의 서로 다른 두 유파가 하나로 합쳐짐)를 거쳤다. 바로 진휘(秦徽: 진강과 휘극)의 합류와 휘한(徽漢: 휘극과 호북湖北의 한극漢劇)의 합류였다. 건륭 연간에, '4대 휘반(徽班: 휘극 극단)'이 수도인 북경으로 진출하여, 이황조(二黃調)를 위주로 창(唱)을 했고, 곤강과 취강(吹腔) 등 각 강조(腔調)도 겸해서 창을 하여, 매우 빠르게 진강을 압도했다. 진강반(秦腔班: 진강 극단)의 연기자들 일부가 휘반에 가입하면서, 휘강(徽腔: 휘극의 곡조)과 진강이 합작하는 국면을 형성했다. 도광(道光) 연간에, 호북의 연기자들이 북경으로 들어와, 호북의 서피조(西皮調)와 안휘의 이황조를 융합시켜, 제2차 합류를 이루었다. 광서(光緖)·선통(宣統) 연간에, 북경의 피황반(皮黃班)이 상해에 가서 공연했는데, 듣기 좋고 감동적인 경조(京調: 북경의 곡조)로 안휘의 피황반에게 승리를 거두자, 사람들은 이를 '경희(京戲)'라고 불렀다. '경희'라는 이름은 마침내 상해에서 수도 북경에 전해졌다. '경극'이 형성된 초기에 곧 궁정에 진입하여, 황실의 제창에 따라 빠르게 발전함과 동시에, 역대 명가(名家)들의 노력에 따라 더욱 완미해져서, 중국에서 영향력이 가장 크고 가장 대표적인 희곡의 종류가 되었으니, 사람들은 이를 '국수(國粹: 국가나 민족 고유문화의 정수)'라고 불렀다.

청(淸) 1860년대

인물: 이홍장, 장지동 **지역:** 안경(安慶), 남경, 복주(福州)

키워드: 강남제조총국(江南製造總局), 복주선정국(福州船政局), 한양병공창(漢陽兵工廠)

양무(洋務) 운동

1860년대, 청나라 정부는 통치 위기를 만회하기 위해, 위로부터 아래까지 서양의 군사 장비·기계 생산 및 과학기술을 도입하는 것을 주요 내용으로 하는 자구(自救) 운동을 널리 시행했는데, 역사는 이를 '양무 운동'이라고 부른다. 양무 운동은 30여 년 동안 계속되었으며, 크게 두 단계로 나눌 수 있다. 즉 동치 말년 이전에는 주로 '구강(求强: 강한 군사력을 추구함)'이라는 구호 아래 군수(軍需) 공업을 집중적으로 창설했고, 그 후에는 중심을 '구부(求富: 경제적 부유함을 추구함)'로 옮겨, 민수(民需) 기업의 창설에 힘을 쏟았다.

군수 기업을 창설하다

양무 운동은 동치·광서 두 시대를 거쳤다. 그 대표적인 인물은, 중앙 정부 안에는 공친왕(恭親王) 혁흔(奕訢)과 군기대신(軍機大臣) 문상(文祥) 등 만족(滿族) 귀족들이 있었고, 지방에는 증국번·좌종당·이홍장 및 나중에 시작한 장지동 같은 한족(漢族) 독무(督撫)들이 있었다. 그들은 봉건적인 완고파의 방해를 뚫고, '중체서용(中體西用: 중국의 유교 문화를 본체로 삼고, 서양의 과학기술을 이용함)'을 지도 사상으로 삼아, '차법자강(借法自强: 방법을 빌려 스스로 강해짐)'했다. '중체(中體)'는 봉건 전제 제도 및 윤리강상(倫理綱常: 윤리와 삼강三綱 오상五常)을 핵심으로 하는 봉건적 사상 문화를 가리

◈ 강남제조총국이 제조한 선당동포(線膛銅砲)

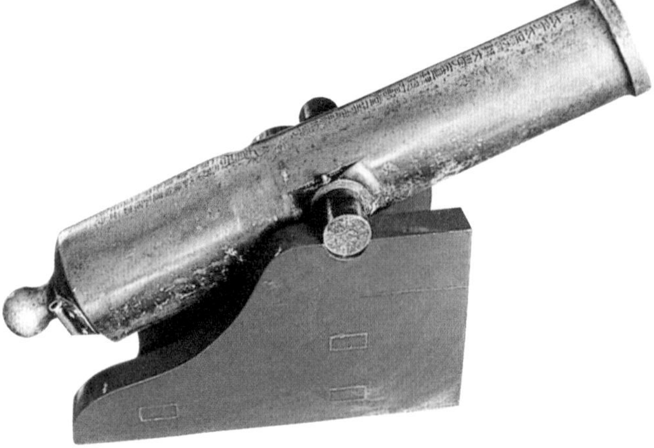

키며, '서용(西用)'은 일반적으로 근대 공업 기술과 자연과학을 가리킨다. 양무파는, 중국의 사회 제도가 서양보다 훨씬 우위에 있으며, 사람들에게 부족한 것은 오로지 과학기술뿐이라고 생각했다. 이 때문에 그들은 전통 체제를 유지 보호하는 것을 나라를 다스리고 발전시키는 근본으로 삼고, 서학은 봉건 통치를 공고히 하는 수단으로 삼았다. 이러한 '중체서용' 이론은 양무 운동의 내용을 결정했으며, 또한 양무 운동의 발전을 제한하기도 했다.

양무파가 창설한 군수 공업 가운데, 최초의 기업은 증국번이 창설한 안경군계소(安慶軍械所)다. 몇 개월 후, 이홍장은 상해에 양포국(洋砲局)을 창설했지만, 규모가 매우 작았다. 동치 2년(1863년), 이홍장은 태평천국군이 점령하고 있던 소주(蘇州)를 함락시킨 후, 소주양포국을 설립하고, 근대적 기계를 설치하여 사용했다. 동치 4년(1865년), 이홍장의 부하 정일창(丁日昌)이 미국 상인의 기기철창(旗記鐵廠)을 매입하여, 소주양포국의 일부 기계와 상해양포국 및 용굉(容閎)이 미국으로부터 구매한 기계들을 철창에 합병하여 강남제조총국(江南製造總局)을 창설했다. 동치 6년(1867년), 강남제조총국은 상해성(上海城) 남쪽의 고창묘(高昌廟)로 이전하여, 여기에서 규모를 확대하고 설비를 확충하면서, 착실히 발전했다. 강남제조총국의 생산품은 매우 많았는데, 총기와 탄약을 주로 하고, 선박의 수리와 건조를 보조로 했다. 강남제조총국의 생산 능력이 저하하고, 생산품의 품질도 나빠지자, 외국의 총포를 모방함과 동시에, 서양의 총포도 구매하였다.

동치 4년(1865년), 이홍장은 소주에 있던 양포국을 남경으로 옮겨 금릉제조국(金陵製造局)을 창설하고, 이홍장의 영국인 막료인 매카시(Macartney Halliday)가 책임지고 운영했다. 이 금릉제조국은 대포와 탄약의 생산을 주로 하는, 회군(淮軍: 869쪽 참조)의 무기 공급 기지였다. 중·프 전쟁과 중·일 전쟁 기간에, 금릉제조국은 전방에 필요한 것들을 공급하는 책임을 졌다. 동치 9년(1870년), 이홍장은 직예총독(直隸總督)에 부임하자, 명령을 받들어 천진기기국(天津機器局)을 인수하여 운영했다. 그는 강남제조총국에서 심보정(沈葆楨)을 차출해 와서 업무를 총괄하도록 함과 동시에, 많은 기술자들을 데려와 10여 년 동안 고심하여 열심히 경영함으로써, 천진기기국은 중국 북쪽의 최대 무기 공장이 되었다. 이홍장은 자강(自强)을 추구하기 위해 무기 공장을 창설했는데, 비록 자강의 목적을 실현하지는 못했지만, 근대 국방의 건설과 기계 제조·선박 건조 및 강철 생산 등 근대 공업의 발전을 위한 기초를 다졌다.

동치 5년(1866년) 여름, 좌종당과 심보정의 주관하에 청나라 정부는 복주 마미(馬尾)에 공장을 건설할 준비를 하고 선정국(船政局)을 설립할 사무를 시작했다. 선정국은 약 600묘(畝: 1묘는 100평)의 땅 위에, 각종 작업장 수십 곳과 4곳의 조선대(造船臺) 및 1곳의 철제 부양식 도크를 보유했으며, 직원과 노동자는 무려 3천여 명에 달해, 당시 아시아 제1의 조선소라고 칭송되었다. 동치 8

◈ 강남제조총국의 조포창(造砲廠) 내부 전경도

년(1869년) 6월 10일, 복주선정국이 자체 제작한 최초의 윤선(輪船)인 '만년청(萬年靑)'호가 완공되어 진수했다. 이 배는 목조 증기(蒸氣) 윤선으로, 선체의 길이가 238척(尺: 1척은 약 33센티미터이므로, 약 80미터), 너비가 27.8척(약 9.3미터), 흘수(吃水: 물에 잠기는 배의 아래 부분)가 14.2척(약 4.8미터), 배수량이 1,370톤, 적재 중량이 450톤이고, 프로펠러 추진식이었으며, 돛을 보조 동력으로 장착했고, 항속은 10노트였다. 광서 10년(1884년)에 중·프 전쟁이 발발했는데, 8월 23일의 마강(馬江) 해전에서, 대부분 복주선정국이 건조한 군함으로 이루어진 복건 수군은 거의 전멸했다. 비록 피동적으로 두들겨 맞은 근본 원인은 청나라 정부가 전쟁을 피하고 화의를 추구한 것이었지만, 선박의 전투 효능이 낮았던 것도 원인의 하나였다. 그러나 어떻든 간에, 복주선정국은 중국 역사상 최초의 근대 해군 전함 공장으로서, 역경을 거쳐 온 중국 근대 해양 방위 공업이 앞으로 나아가기 시작했다는 것을 상징한다.

양무파의 실업(實業)

양무파가 군수 공업을 창설하는 과정에서, 자금 조달과 원료 공급 및 교통 운수 등 많은 곤란에 직면하자, 방향을 틀어 민수 기업을 창설하여 "경제적 부유를 추구했다[求富]". 동치 11년(1872년)에 이홍장이 상해에 윤선초상국(輪船招商局)을 설립한 것을 발단으로 하여, 중·일 갑오전쟁 전까지, 양무파는 광업·제련·방직·체신·교통 등 각종 기업 20여 개를 창설했다. 그 가운데 중요한 것들로는, 윤선초상국 외에도, 이홍장이 광서 4년(1878년)·광서 5년(1879년)에 잇달아 설립한 개평광무국(開平鑛務局)·상해기기직포국(上海機器織布局) 및 천진전보총국(天津電報總局), 그리고 광서 16년(1890년)에 장지동이 설립한 한양철창(漢陽鐵廠) 등이 있다.

양무 운동 기간에, 청나라 정부는 근대 군수 공업을 발전시키고, 총포를 제조하고, 전함을 제조하기 위해, 서양 국가들로부터 대량의 철강을 수입했다. 1867년에 철강 11만 담(擔, 약 8,250톤)을 수입했는데, 1891년에는 173만 담(대략 13만 톤)으로 증가했다. 이러한 상황에서, 열강의 중국에 대한 강철의 봉쇄와 통제를 벗어나기 위해, 호광총독 장지동은 호북의 한양철창과 대야철광(大冶鐵鑛) 등 대형 기업들을 주관하여 건설하기 시작했다. 광서 16년(1890년) 말, 장지동은 무창(武昌)에 철정국(鐵政局)을 설립하고, 한양(漢陽)에 공장을 건립하기로 선정했다. 한양철창은 광서 16년 10월(1890년 11월)에 건설을 착공했다. 광서 19년 8월(1893년 9월), 연철창(煉鐵廠: 제철소)·숙철창(熟鐵廠: 단철소)·패색마로강창(貝色麻爐鋼廠: '貝色麻'는 Bessemer의 한자 표기)·마정로강창(馬丁爐鋼廠: '馬丁爐'는 Martin furnace, 즉 평로平爐)·강궤창(鋼軌廠)·강재창(鋼材廠) 등 10개의 분야별 공장들이 건설되어, 이듬해 6월에 조업을 개시했으며, 노동자 3천 명과 외국인 기술자 40명을 보유했다. 제철은 철사(鐵砂: 철광석 가루)와 석탄 등 원료와 연료를 필요로 하자, 장지동은 다시 독일 기술자를 호북 대야(大冶) 부근에 보내 현지 탐사를 진행했다. 그 결과 여기에 철광석이 풍부하게 매장되어 있다는 사실을 발견함에 따라, 중국 최초로 근대적 기술을 이용하여 채굴하는 노천 철광인 대야철광을 건설했다. 이어서 장지동은 또 강서 평향(萍鄕) 등에서 탄광을 개발했다. 이렇게 제철소를 중심으로 하면서, 또한 철광석 채굴과 석탄 채굴 및 제강이 일체를 이룬, 중국 근대 최초이자, 극동 지역 최초의 강철 연합 기업을 건설했다. 이는 중국 근대 강철 공업의 흥기를 상징했으며, 중국 중공업의 효시가 되었다. 그런데 전통적으로 관영(官營)의 각종 폐단은 고치기 어려웠기

◈ **대열을 갖추어 행진 훈련을 하는 북양신군**(北洋新軍)

1895년의 중·일 갑오전쟁 후, 청나라 정부는 천진(天津)의 간이역에서 군사 훈련을 시작했다. 원세개는 독일과 일본의 육군 편제와 훈련 교본 수칙을 모방하여, 7천여 명의 '신건육군(新建陸軍)', 즉 훗날의 북양신군을 훈련해 냈다.

때문에, 한양철창은 건설을 계획하면서부터 재정 적자가 시작되자, 장지동은 어쩔 수 없이 광서 22년(1896년)에 "자본가들에게 도급을 주었다". 그리하여 "관료이자 자본가인" 성선회(盛宣懷)에게 철창을 관리하도록 위탁하여, "정부에서 감독하고 자본가가 운영하는[官督商辦]" 길로 나아갔다. 이후로 한양철창은 다시 대야철광·평향탄광과 계열을 형성하여, 한동안 매우 활기를 띠었다. 광서 34년(1908년), 성선회는 한양철창·대야철광·평향탄광을 합병할 것을 황제에게 상주하여 허락을 받고, 민간인이 운영하는 한야평매철창광(漢冶萍煤鐵廠鑛) 주식회사로 바꾸어, 신해혁명 전에 연간 생철(生鐵: 무쇠) 약 8만 톤, 강철 약 4만 톤, 강궤(鋼軌: 강철 레일) 약 2만 톤을 생산했다. 한양철창은 비록 영리의 목적을 달성하지는 못했지만, 그것이 건설됨에 따라 무한(武漢)과 그 주변에 일련의 근대 공업 기업을 형성함으로써, 훗날 무한 및 장강 중류 지구에 근대 공업이 발전하는 데 일정한 기초를 다졌다. 이 밖에 장지동은 또한 중국 최초로 계통을 완비한 군수 공장인 한양병공창(漢陽兵工廠)을 창건했다. '한양조(漢陽造: 한양병공창 제조)' 보병총은 이때부터 중국에서 유명해졌으며, 중국 근대 군대의 건설 및 국방에 중요한 작용을 했다.

공업을 창설함과 동시에, 양무파는 또한 신식 군대를 편성하여 훈련하는 데에도 착수했다. 처음에 양무파는 근대적인 방법으로 육군을 훈련시켰는데, 동치 13년(1874년)에 일본이 대만을 침략하자, 해안 방어와 해군을 계획하여 실시하자는 건의가 뒤따라 거세게 일어났다. 이듬해 4월, 청나라 정부는 직예총독 이홍장과 양강총독 심보정을 각각 북양(北洋)과 남양(南洋)의 해상 방위 사무를 담당하도록 임명하고, 신식 해군의 건립을 계획하기 시작했다. 청나라 정부는 10년 내에 북양·남양 및 복건(福建) 등 3개의 해군을 건립하기로 계획했다. 광서 14년(1888년), 북양함대가 정식으로 편성되었으며, 3개의 해군 중 실력이 가장 강했다. 양무파는 또한 많은 신식 학당(學堂)을 설립함과 아울러, 사람들을 국외로 유학 보냈으며, 기구를 설립하여 외국의 서적과 잡지를 번역했다. 이러한 조치는 서양의 자연과학과 기술을 전파하고, 많은 과학기술 인재를 길러 냈다. 예를 들면 저명한 철로(鐵路) 기사 첨천우(詹天佑)와 계몽 사상가인 엄부(嚴復) 같은 사람들이 바로 이 시기에 파견된 유학생 출신들이다.

양무 운동은 '구강(求强)'과 '구부(求富)'를 목표로 삼아, 서양의 기술과 설비를 도입하여, 일련의 근대 공업을 창설함으로써, 국방 역량을 강화하고, 중국 민족 자본주의의 탄생과 발전을 촉진했으며, 중국 근대화의 과정을 열었다. 그런데 양무파는 진부한 봉건 제도를 저촉하지 않는다는 전제하에, 서양 자본주의의 일부 장점들을 이용하여 봉건 전제 통치를 유지하려고 시도했다. 이는 역사 발전의 도도한 추세와 서로 어긋난 것으로, 그것이 소기의 효과를 거둘 수 없으리라는 것은 정해진 운명이었으니, 후에 일어난 중·일 갑오전쟁이 바로 이를 가장 잘 증명해 주었다.

한 걸음 더

대만(臺灣)에 성(省)을 설치하다

강희 연간에, 청나라 정부는 정씨(鄭氏: 정성공·정경 부자)의 수중에서 대만을 수복한 다음, 대만에 1부(府) 3현(縣)을 설치하고, 복건성에 예속시켰다. 광서 10년(1884년), 중·프 전쟁이 일어나자, 프랑스 군대는 해군 중장 쿠르베(Am, d, e Anatole Prosper Courbet)가 이끄는 극동 함대를 파견하여 대만 침략을 시도하고, 청나라 정부로 하여금 굴복하도록 강요했다. 중·프 전쟁 후, 청나라 정부는 명령을 내려 대만에 성을 설치하고, 회군(淮軍) 장수 유명전(劉銘傳)을 초대 순무(巡撫)에 임명했다. 유명전은 대만순무로 재임하는 기간에, 대만의 자원 개발에 특별히 주목하여, 경제 건설을 진행하고, 산악 지대의 교통 조건을 개선했다. 광서 21년(1895년), 중·일 갑오전쟁 후에 대만은 일본에게 할양되었다. 유명전은 비분강개하여 앓아누웠다가 일어나지 못하고, 같은 해 11월 28일(1896년 1월 12일)에 사망했다.

청(淸) 1894~1895년

인물: 이홍장, 등세창 　지역: 조선 평양, 중국 여순 　키워드: 〈마관 조약〉, 삼국간섭과 요동 반환

갑오전쟁(甲午戰爭)

광서 20년부터 21년까지(1894~1895년), 일본은 중국 침략 전쟁을 도발했는데, 1894년이 중국 간지(干支)에 따라 기록하는 연대로 갑오년이었기 때문에, 역사는 이를 '갑오전쟁'이라고 부른다. 결국 부패하고 무능한 청나라 정부는 전쟁에서 패배하여, 주권을 상실하고 나라를 욕되게 한 〈마관 조약(馬關條約: 시모노세키 조약)〉을 체결했다. 그런데 갑오 중·일 전쟁 후에, 영국·러시아·미국·일본·프랑스·독일 등의 나라들이 마침내 서로 중국에서의 권익 쟁탈전을 벌여, 조차지(租借地)를 강점하고, '세력 범위'를 나누어 가지면서, 중국을 분할하는 거센 물결을 일으키자, 중국 민족에게는 전에 없는 위기가 출현했다.

갑오전쟁

1894년 봄, 조선에서 동학당의 농민 봉기가 일어나자, 조선 정부는 청나라 정부에게 군대를 파견하여 진압을 도와 달라고 요청했다. 일본은 한편으로는 중국이 출병하도록 유인하면서, 다른 한편으로는 대본영(大本營)을 설치하고, 전쟁을 일으킬 준비를 했다. 6월 8일, 직예제독(直隷提督) 섭지초(葉志超) 등이 부대를 이끌고 조선에 도착했다. 일본 정부는 교민을 보호한다는 것을 구실로, 기회를 틈타 군대를 파견하여 조선 황궁을 점령하고, 대원군을 우두머리로 하는 꼭두각시 정권을 도우면서, 조선을 압박하여 자신들과 〈조일 동맹〉

◈ **북양해군의 장갑함**(裝甲艦) **'진원**(鎭遠)**'호의 주묘**(主錨: 배의 앞머리에 있는 닻)

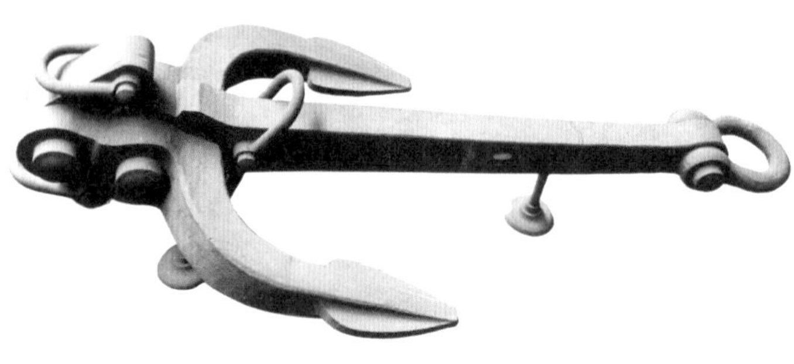

◈ 이화원(頤和園)의 도크

일본이 전국의 힘을 다 쏟아 군비를 확장하고 선박을 건조하여 전쟁을 준비하고 있던 그 시기에, 청나라 정부는 오히려 국방 건설을 느슨하게 하고, 1888년부터는 더 이상 북양해군을 위해 새로운 군함을 사들이지 않았으며, 1891년부터는 더구나 해군의 탄약 비용마저 지급하지 않았다. 그 이유는 뜻밖에도 자희태후의 생일을 축하하기 위해 이화원을 짓는 삼해공정(三海工程: '삼해'란, 자금성 서쪽에 위치한 태액지로, 북해·중해·남해로 이루어져 있어 붙여진 이름이다) 때문이었다.

을 체결함과 동시에, 조선 정부 명의로 중국에게 군대를 철수하도록 요구했다. 그러자 청나라 정부는 곧 일본도 동시에 철수할 것을 요구했지만, 일본은 전쟁을 일으키기로 결심하고, 계속해서 조선에 군대를 증파했다. 7월 25일, 일본은 풍도(豊島, 지금의 한국 인천시 서쪽) 부근의 해역에서 중국의 병력 수송선 '고승(高升)'호 및 호위함에 대해 갑작스런 습격을 가함과 동시에, 충청도 아산현에 주둔하며 지키고 있던 청나라 군대를 공격했다. 8월 1일, 청나라 정부가 어쩔 수 없이 대일 선전포고를 하자, 일본이 즉각 중국에 대해 정식으로 선전포고를 하면서, 갑오전쟁이 폭발했다.

8월 상순, 총병(總兵) 위여귀(衛汝貴)·좌보귀(左寶貴) 등이 조선을 지원하는 네 개 부대의 청나라 군대 만여 명을 인솔하고 평양에 도착했다. 9월 15일, 일본군은 세 방면으로 나누어 평양을 공격하면서, 전투가 대동강 남안·현무문(玄武門) 밖·성의 서남쪽 등 세 곳에서 벌어졌다. 일본군은 주로 현무문을 공격했는데, 총병 좌보귀는 성에 올라 지휘하다가 포에 맞아 희생되었고, 현무문은 함락되었다. 저녁에 섭지초 등은 성을 버리고 도망쳤고, 26일에는 청나라 군대가 전부 압록강 이북의 중국 영내로 물러가자, 일본군이 조선 전역을 점령하게 되었다. 일본 육군이 조선 반도를 쟁탈함과 동시에, 일본 해군도 황해도 서부까지 출동했다. 9월 상순, 청나라는 해로를 통해 지원군을 평양으로 보냈고, 북양함대가 명을 받들어 호위했다. 17일, 북양함대는 호위 임무를 완수한 다음 바로 대동구(大東溝: 압록강 하구)에서 밖으로 회항할 준비를 하고 있다가, 일본 함대와 조우하면서 황해 해전이 벌어졌다. 북양함대의 전투에 참가한 군함은 10척이었고, 일본 해군은 12척이었다. 전쟁이 시작된 후, 북양함대는 일본의 많은 군함들에게 심각한 타격을 가했다. 그러나 북양함대 가운데 '치원(致遠)'호도 심각한 손상을 입자, 관대(管帶: 해군 함장을 일컫는 명칭) 등세창(鄧世昌)은 기함(旗艦: 함대 사령관이 타고 있는 지휘함)을 보호하기 위해 적의 선봉함인 '요시노(吉野)'호를 향해 맹렬하게 돌진하도록 명령을 내려, 함께 희생되려고 했는데, 불행하게도 적의 어뢰에 맞아 200여 명이 희생되었다. 전투는 총 5시간여 동안 지속되었는데, 쌍방의 사상자가 막대해지자, 일본 함대는 전장에서 철수했고, 북양함대도 여순으로 돌아갔다. 이 전투 과정에서, 북양함대 5척이 침몰했고, 일본 군함 5척이 심각한 손상을 입었다(나중에 2척은 침몰했다). 북양함대가 여순으로 돌아온 후, 이홍장은 해군에게 위해항(威海港)으로 피하도록 명령을 내려, '함대를 보호하면서 적을 제압하는' 소극적 방어 방침을 실행했다. 이는 황해의 제해권(制海權)을 순순히 넘겨주는 거나 마찬가지였다.

청나라 군대가 패배하여 중국 영내로 후퇴한 뒤, 청나라 정부는 사천제독(四川提督) 송경(宋慶)을 제군(諸軍) 총통(總統)에 임명하여, 청나라 군대 총 82영(營: 대대) 약 3만 명을 통솔하고 압록강 북안에 가서 주둔하며 지키도록 했다. 그러나 각 부대들 간에 협조가 부족했고, 송경의 지시에 불복했으며, 사기가 부진했다. 10월 24일, 일본군은 헤엄쳐서 강을 건넜고, 그날 밤에는 다시 호산(虎山, 지금의 랴오닝성 단둥丹東) 부근의 강물에 부교(浮橋)를 가설하여 군대를 도하시켰다. 25일 새벽, 일본군은 호산을 향해 공격을 감행했다. 청나라 군대의 수장(守將) 마금서(馬金叙)·섭사성(聶士成)이 부대를 통솔하여 용감하게 반격을 가했는데, 세력이 약해 사상자가 심각했기 때문에 어쩔 수 없이 철수하자, 일본군이 호산을 점령했다. 청나라 군대의 다른 부대들은 호산이 점령당했다는 사실을 알고는, 싸우지도 않고 도망쳤다. 26일, 일본군이 구련성(九連城)과 안동현(安東縣, 지금의 랴오닝성 단둥에 속함)을 점령하면서, 압록강 방어선 전체가 무너졌다.

10월 24일, 또 다른 방면의 일본군 2만 5천 명이 군함의 엄호하에, 여순 뒤쪽의 화원구(花園口: 황하 남안에 있는 포구)로 상륙했다. 11월 6일, 일본군은 금주(金州, 지금의 다롄大連)를 공격하여 점령했다. 17일, 일본군은 여순구(旅順口)를 향해 진격을 개시했다. 이곳에 주둔하며 지키던 청나라 군대는 1만여 명이었지만, 오래 전에 군인들의 정신이 해이해져, 싸우고자 하는 의지가 전혀 없었

◈ **1904년, 러일전쟁 기간의 일본군 사병들**

사진에서 지휘도(指揮刀)를 쥐고 있는 사람은 일본군 군관이며, 두 명의 검정색 군복을 입은 일본군 군조(軍曹: 옛날 일본 육군의 하사관 계급)와 기타 일본군 사병들이 쥐고 있는 것은 일본이 자체 생산한 메이지(明治) 30년(1897년)식 '금구(金鉤)' 보병총이다. 일본과 러시아 쌍방은 자신들의 이익을 위해, 1904년에 중국 영토에서 한바탕 대단히 추악한 전쟁을 벌였다. 이 전쟁을 통해 일본은 중국 동북 지역에서 대량의 식민지 이권을 수탈했다.

다. 22일, 일본군은 여순구를 공격하여 함락시키고, 여순구의 주민들에 대해 사람들이 깜짝 놀랄 만큼 잔인무도한 피비린내 나는 대대적인 살육을 진행했다. 그리하여 전체 성 주민들 중에 최후까지 요행히도 이 재난을 모면한 사람은 고작 36명뿐이었다.

여순이 함락된 뒤, 북양함대는 여전히 함정 26척을 보유하고 있었지만, 이홍장의 방어 방침에 따라 위해위(威海衛) 항구 안에 들어박혀 있었다. 1895년 2월 3일, 일본군이 위해위 성(城)을 공격하여 점령하자, 해군 제독 정여창(丁汝昌)이 현지에 주둔하며 지휘하고 있던 유공도(劉公島)는 외딴섬이 되었다. 5일 동틀 무렵, 기함(旗艦) '정원(定遠)'호가 어뢰에 맞아 좌초되었다. 10일, '정원'호의 탄약이 바닥나자, 함장 유보섬(劉步蟾)은 전함을 폭파하여 침몰시키라고 명령을 내림으로써, 적의 수중에 들어가는 것을 용납하지 않고, 함정과 함께 자살하여 모두 사망했다. 11일, 정여창도 스스로 목숨을 끊고 순국했다. 12일, 미국인 호위(Howie: 미국 출신의 고문관으로, 파면되었다가, 후에 민국 수립 후에 이름을 중국명인 정벽광程璧光으로 바꾸고 북양 정부에서 해군 총장을 지냈으나, 후에 피살되었다)가 정여창의 이름을 빌려 일본군에게 투항했다. 17일, 일본군이 유공도에 상륙하여, 위해위의 해군 기지가 함락되었고, 북양함대 대원은 전멸했다. 일본 군대는 청나라 군대의 압록강 방어선을 돌파한 다음, 잇달아 봉황성(鳳凰城, 지금의 랴오닝성 단둥에 속함)·해성(海城, 지금의 랴오닝성 안산鞍山에 속함) 등지를 점령했다. 청나라 정부는 양강총독(兩江總督) 유곤일(劉坤一)을 흠차대신으로 파견하여, 열세를 만회하기를 기대했다. 1895년 1월 17일부터, 청나라 군대는 여러 차례에 걸쳐 대규모로 해성에 대해 반격을 가했으나, 모두 좌절당하고 말았다. 3월 상순, 산해관(山海關) 밖의 우장(牛莊)·영구(營口)·전장대(田庄臺)가 잇달아 함락되었다. 10일 동안에, 청나라 군대 6만여 명이 요동 전선으로부터 패주했다. 위해위가 함락된 후, 청나라는 이홍장을 일본에 보내 평화 담판을 벌였다. 4월 17일, 중·일 간에 〈마관 조약〉을 체결함으로써, 갑오전쟁은 막을 내렸다.

중국을 분할하는 물결

광서 20년 2월(1895년 3월), 이홍장 등이 독일 윤선(輪船)을 타고 곧바로 일본의 시모노세키(馬關)로 출발했다. 20일, 이홍장이 시모노세키에 도착하여, 슌반로(春帆樓)라는 요정에서 일본 수상 이토 히로부미(伊藤博文)·외상 무쓰 무네미쓰(陸奧宗光) 등과 정전(停戰) 담판을 벌였다. 1개월이 넘는 담판을 거치면서 이홍장은 일본의 무력 위협에 쫓기자, 결국 주권을 상실하고 나라를 욕되게 하는 〈마관 조약〉을 체결했다. 〈마관 조약〉의 주요 내용에는 다음과 같은 것들이 포함되어 있다. 즉, 중국은 조선의 '독립'을 승인하고(실제로는 일본이 조선을 지배하는 것을 허락한 것임); 일본에게 은 2억 냥을 배상하며; 요동 반도와 대만 전체와 그 부속 도서들 및 팽호(澎湖) 열도를 "영원히 일본에게 양여하고"; 일본이 중국 내지에 공장을 짓는 것을 허락하며; 통상항구(通商港口)를 추가로 개항한다는 것 등등이다. 대만이 일본에 할양되었다는 소식이 섬 안에 전해지자, 전체 대만의 비통함이 절정에 달하여, 사람들이 순무아문(巡撫衙門)으로 몰려가 대만 할양을 반대했다. 대만의 군사 업무를 협력하여 처리하던 청나라 군대의 장수 유영복(劉永福) 등은 군인과 민간인들을 통솔하여 일본의 침략에 반항했다. 그들은 거의 반년 동안 완강히 버티면서, 100여 차례의 크고 작은 전투를 통해, 일본군 2개 사단과 1개 해상 함대의 공격에 저항하며 반격을 가하여, 일본군 3만 2천여 명을 죽이거나 다치게 했다. 그러나 결국 역량이 크게 모자랐기 때문에, 섬 주민들의 반항은 실패로 끝났다. 이리하여 대만은 50년에 달하는 일본의 식민지로 전락하고 말았다.

〈마관 조약〉이 체결된 후, 러시아는 일본이 요동 반도를 분할 점령하자, 곧 자신들이 중국 동북 지방으로 확장하는 데 방해가 될 것으로 여겼으므로, 프랑스·독일 양국과 연합하여 일본 정부에 각서를 보내, 요동 반도를 중국에 돌려주도록 요구했다. 일본은 세 나라의 군사적 행동에 대항할 힘이 없자, 어쩔 수 없이 요동 반도를 돌려주었지만, 청나라 정부에게 3천만 냥의 '요동 보상비[贖遼費]'를 지불하라고 요구했다. 이후 서방 열강은 중국을 분할하는 거센 물결을 일으켰다. 러시아는 광서 22년 4월 23일(1896년 6월 3일), 이홍장에게 〈중·러 어적상호원조 조약(禦敵相互援助條約: 상호방위 조약)〉을 체결하도록 강요했다. 이 조약은 러시아로 하여금 중국 철로 부설권을 취득하게 함으로써, 자신들의 동북 지역에서의 독점적 지위를 강화하게 했다. 독일은 청나라 정부에게 〈교오조계 조약(膠奧租界條約: 천진과 한구漢口를 조계지로 인정하는 조약)〉을 체결하도록 강요하여, 교주만(膠州灣)을 독일에 조차(租借)해 주며, 조차 기간은 99년으로 삼는다고 규정했다. 독일은 이 조약을 통해 산동을 자기의 세력 범위로 만들었다. 광서 23년(1897년), 프랑스는 청나라 정부로 하여금, 베트남에 가까운 운남·양광(兩廣: 광서와 광동)을 타국에 조차하거나 할양하지 않을 것을 보장함과 아울러, 광주만(廣州灣)을 프랑스에게 조차해 준다고 발표하도록 강요했다. 이리하여 운남성·광서성·광동성 3성은 프랑스의 세력 범위가 되었다. 열강이 중국에서 수탈한 권리를 나누어 향유하기 위해, 광서 25년(1899년) 8월부터 10월 사이에, 미국은 각각 영국·러시아·독일·일본·이탈리아·프랑스 등 열강들에게 '문호 개방' 정책을 제시하면서, 다음과 같이 선언했다. 즉 각국의 중국에서의 '세력 범위'와 어떠한 기득권도 다른 나라가 간섭할 수 없으며; 각국이 '세력 범위' 안에 있는 각 항구의 화물을 운송해 가면, 중국이 중국의 현행 약정 세율에 따라 세금을 징수한다는 것 등등이다. 러시아·독일·영국·프랑스·일본은 서로 이익과 관련한 마찰을 없애기 위해, 미국의 선언에 기본적으로 동의했다. 이렇게 열강은 사실상 중국을 공동으로 침략한다는 합의를 이루었다.

제국주의 열강은 청나라 정부가 갑오전쟁에서 참패한 기회를 이용하여, 중국이 위급한 틈을 타 한몫씩 챙겼다. 즉 한편으로 항구를 강제로 임차함과 아울러 세력 범위를 획정하여 나누어 가짐으로써, 중국을 분할하는 거센 물결을 불러일으켰고, 동시에 또한 청나라 정부에게 차관을 빌려주거나, 중국의 철도 부설권과 광산 채굴권을 쟁탈하거나, 중국에 공장을 설립하는 등의 방식을 통해 대대적으로 자본을 수출함으로써, 중국의 이권을 수탈하고, 청나라 정부의 경제적 명맥을 통제했다. 제국주의가 중국에서 격렬한 쟁탈을 벌이면서, 중국에게는 영토가 분할되는 대재앙이 눈앞에 닥쳐왔으며, 국가와 민족의 멸망이 나날이 가까워지고 있었다.

청(淸) 1898년

인물: 광서제, 강유위, 담사동 지역: 북경 키워드: 공거상서(公車上書), 정국시조(定國是詔)

백일유신(百日維新)

중·일 갑오전쟁 후, 강유위·양계초·담사동을 우두머리로 하는 유신파(維新派)는 학당을 세우고, 신문과 잡지 등 간행물을 발행하면서, 변법도강(變法圖强: 법과 제도를 고쳐 강성대국을 도모함)하여, 민족을 생사존망의 위기에서 구해 내자고 호소했다. 광서 24년 4월 23일(1898년 6월 11일), 유신파 사상의 영향을 받은 광서제는 '명정국시(明定國是)'라는 조칙을 내려, 변법유신(變法維新: 법과 제도를 고쳐 개혁함)을 선포했다. 이때부터 8월 6일(9월 21일)까지 103일 동안, 유신파의 주도적 건의를 받아, 광서제는 순차적으로 100여 개의 조령을 반포하고, 신정(新政)을 추진했다. 그러나 변법이 자희태후를 우두머리로 하는 봉건 수구 세력의 권익에 저촉되자, 그들은 갖가지 수단으로 유신 운동을 파괴하고 진압했다. 8월 6일, 자희태후는 궁정 정변을 일으켜, 광서제를 감금하고, 황제 파벌의 관리들을 파면하고, 유신 인사들을 잡아 죽임으로써, 신정은 기본적으로 전복되었고, 변법은 실패했다.

◈ 강유위의 친필 글씨

변법을 주창하다

광서 20년(1894년), 중·일 갑오전쟁에서 청나라 정부는 참패했다. 이듬해에 청나라 정부는 강요에 못 이겨 중·일 〈마관 조약〉을 체결하고, 대만과 팽호 열도를 일본에 할양해 줌과 아울러, 2억 냥의 은을 배상하고, 기타 일련의 주권을 상실하고 나라를 욕되게 하는 조치 등을 취했다. 갑오전쟁 전에, 매우 많은 중국인들은 줄곧 일본은 '오랑캐 섬나라[蠻夷島國]'로 얕잡아 보며, 언급할 것이 못 된다고 여겼다. 이렇게 손바닥만한 작은 나라가 자신들을 모조리 쳐부수고, '아시아 제일'이라고 일컬어지던 북양해군 모두를 몰살시키리라고는 생각하지 못했었는데, 일본 군대가 여순을 방화하고 죽이고 약탈하자, 온 나라가 진동했다. 청나라 정부는 나약하고 무능하여, 뜻밖에 일본에게 영토를 떼어 주고 배상을 하자, 민심이 격분했다. 일부 유망한 인재들은 더 이상은 앉아 있을 수만은 없었다. 그들은 일본이 지난날의 방국(邦國: 왕국이나 제국 이전의 작은 나라를 일컫는 말)으로서 중화 대국과 싸워 승리를 거둘 수 있었던 이유는, 메이지 유신을 실행하여 서양을 배우고, 변법을 하여 군주 입헌을 실행한 데 있으므로, 중국이 강대해지려면

◈ **〈광서황제대혼도(光緒皇帝大婚圖)〉 | 청, 경관(慶寬)**

광서 14년(1898년) 10월, 자희태후와 광서 황제는 복수로 선발한 수녀(秀女: 궁중에 뽑혀 들어간 여성 관리)들 중에서 황후를 확정하고, 진정한 의미에서의 중국 역사상 마지막 황제의 혼례를 거행했다.

역시 일본의 길로 나아가, 서양의 변법유신을 배워야 한다고 여겼다. 변법을 주창한 대표적 인물로는 먼저 강유위(康有爲)를 첫손에 꼽는다. 강유위(1858~1927년)는, 자는 광하(廣廈), 호는 장소(長素)이며, 광동 남해(南海) 사람이다. 그가 광주(廣州)에서 '만목초당(萬木草堂)'을 개설하고 학생들을 모집하여 변법 사상을 선전하자, 양계초는 그의 명성을 사모하여 그의 문하에 의탁했다. 강유위의 저서로는 『신학위경고(新學僞經考)』와 『공자개제고(孔子改制考)』가 있다. 전자는 낡은 것을 타파하는 것이고, 후자는 새로운 것을 확립하는 것이었으니, 한편으로는 통치적 지위를 차지하고 있던 봉건 의식 형태를 동요하게 하면서, 다른 한편으로는 '탁고개제(托古改制: 옛 것에 의탁하여 제도를 고침)'의 공자 형상을 수립하였다. 이 두 권의 책은 사대부들에게 비교적 큰 영향을 미쳤다.

청나라 정부가 〈마관 조약〉을 체결할 때는, 바로 각 성(省)의 거인(擧人: 향시에 합격하여 조정이 3년마다 실시하는 회시에 응시할 자격을 가진 사람)들이 북경에 가서 진사 시험을 치르는 날이었다. 소식이 전해지자, 제당(帝黨: 황제 파벌)의 관리인 문정식(文廷式) 등이 회시(會試)에 참가한 거인들과 함께 잇달아 글을 올려, 화약(和約: 강화 조약)의 체결을 거부하도록 요청했다. 양계초가 먼저 광동의 거인 190여 명과 연합하여 조정에 글을 올리자, 기타 각 성의 거인들도 소문을 듣고 동요했다. 이틀 후, 강유위는 각 성의 거인들에게 연락하여 선무문(宣武門) 밖에 있는 달지교(達智橋) 송균암(松筠庵)에서 집회를 열고, 글을 올려 청원하는 문제를 토론했다. 송균암 집회가 끝난 후, 많은 거인들은 강유위로 하여금 상주서를 기초하도록 추천했다. 강유위는 뜨거운 피가 끓어올라, 하루 낮 이틀 밤에 걸쳐 1만여 자의 청원서인 「만언서(萬言書)」(즉 〈상청제제이서上淸帝第二書〉)를 작성했다. 이 글에서 화약 체결을 거부하고, 천도하여 항전하고, 변법도강할 것 등 세 가지 주장을 제시했다. 또한 서양의 의회 제도를 모방하여, 10만 호당 한 명의 '의랑(議郎)'을 추천하여 황제에게 자문을 제공하고, 함께 국가의 정사를 상의할 것도 건의했다. 강유위는 이 글에서 일본의 변법을 학습하자고 공개적으로 건의하면서, "일본은 작은 섬나라일 뿐인데, 낡은 법을 고칠 수 있었기에, 마침내 대담하게 우리의 유구(琉球: 지금의 오키나와로, 당시는 중국령이었다)를 멸망시키고, 우리 대국을 침략하였습니다. 선조들의 실패는 거울로 삼을 만합니다"라고 했다. 양계초 등이 베껴 쓴 다음, 각 성의 거인들이 거주하는 곳으로 나누어 보내, 모두에게 서명을 받았다. 그리하여 「만언서」에는 1,300명의 거인들이 서명했다.

광서 21년 4월 8일(1895년 5월 2일), 강유위는 각 성의 거인들을 인솔하고 위풍당당하게 도찰원(都察院) 앞으로 가서, 도찰원에 직접 건네주는 것으로 황제에게 상주하는 것을 대신할 준비를 했다. 한(漢)나라는 공가(公家: 공공기관)의 거마(車馬)를 이용해 회시에 응시하는 사람들을 수도로 태워 보냈으므로, 후세에 '공거(公車)'는 회시에 응시하는 사람들이 수도에 가서 시험을 치르

는 것을 대신하는 말이 되었다. 이 때문에 이 일을 역사는 '공거상서(公車上書)'라고 일컫는다. 당시 강력히 화의를 주장하던 군기대신(軍機大臣)이 이 사실을 알고 나서, 즉각 사람을 보내 각 성의 거인들에게 그만두라고 말렸으며, 심지어는 위협하기까지 했고, 도찰원도 화약은 이미 체결되었다는 이유로 「만언서」의 접수를 거절했다. 「만언서」는 결국 도찰원에 건네줄 수 없었고, 당연히 광서 황제의 수중에도 들어가지 못했다.

◈ **아조암순합**(牙彫鵪鶉盒) | 청

이것은 사실적인 아조(牙彫: 상아 조각) 동물 작품으로, 한 마리의 엎드려 있는 메추라기인데, 몸집이 비대하며, 깃털이 섬세하고, 표정과 태도가 생동감 넘친다. 현재 베이징 고궁박물원에 소장되어 있다.

비록 '공거상서'는 실현되지 못했지만, 「만언서」는 사회에 폭넓게 필사되어 전해지면서 대단히 큰 영향을 미쳤다. 강유위의 명성은 멀리 전해졌으며, 심지어 광서제의 스승인 옹동화(翁同龢)의 주목을 끌게 되었다. 그는 여러 차례 강유위를 만나 변법에 관련된 일을 협의했으니, 공거상서는 백일유신의 전주곡이었다고 할 수 있다.

유신변법

강유위는 '공거상서'가 있고 나서 몇 년 동안 줄곧 변법을 위한 준비를 하고 있었다. 그는 북경에서 『중외기문(中外紀聞)』을 출판하고, 강학회(强學會)를 조직했다. 동시에 엄부(嚴復)는 천진(天津)

에서 『국문보(國聞報)』를 책임 편집하여 유신변법을 선전했으며, 담사동·당재상(唐才常) 등은 호남에서 남학회(南學會)를 설립하고, 『상보(湘報)』를 창간했다. 전국에서 당시의 정치 상황에 대해 논하면서, 변법을 선양하는 분위기가 이미 점차 형성되었다.

광서 23년 10월(1897년 11월), 독일이 교주만(膠州灣)을 강제로 점거하자, 전국의 민심이 격분했다. 12월, 강유위는 시기가 성숙되었다고 보고, 다섯 번째로 광서제에게 글을 올려, 당시 중국의 형세를 진술하면서, 열강이 중국을 분할하려고 시도하고 있다고 지적했다. 광서 24년 정월 8일(1898년 1월 29일), 강유위는 유명한 「응조통주전국절(應詔統籌全局折)」을 써서, 광서제에게 변법을 진행하도록 호소하면서, 상주문에서 이렇게 지적했다. "변하면 곧 온전할 수 있으며, 변하지 않으면 곧 망합니다. 완전히 변하면 곧 강해지고, 조금 변하면 역시 망합니다!"

광서 24년 4월 23일(1898년 6월 11일), 광서제는 마침내 강유위의 권유에 따라, 조칙 〈정국시조(定國是詔)〉를 반포하여 변법할 결심을 나타내면서, 짧은 개혁이 시작되었다. 비록 광서제가 보여준 것은 위에서부터 아래로의 개혁 태세였지만, 이 유신은 사실상 봉건 통치의 근본을 결코 건드리지 않았다. 강유위의 "국회를 설립하고" "헌법을 제정하자"는 등의 주장은 근본적으로 광서 황제의 마음속에 있지 않았고, 황제가 관심을 가진 것은 오로지 이 변법을 통해 자희태후의 자신에 대한 통제를 떨쳐 버리고, 조정 내에서 그와 대립하는 대신들을 제압하여, 다년간 열강에게 괴롭힘을 당한 국면을 바꿔 보려는 것뿐이었다. 그리하여 이 변법 과정에서 실시한 것은 단지 "농상공(農商工)·노광(路鑛: 철도와 광산) 총국(總局)을 설립하고, 실업의 설립을 제창하고, 철로를 건설하고, 지하자원을 개발하고, 상회(商會)를 조직하고, 재정을 개혁하며; 정치적으로는 언로를 넓게 열어, 백성들이 글을 올려 사안에 대해 말하는 것을 윤허하며; 녹영(綠營: 823쪽 참조)을 감축하고, 신군(新軍)을 편성하여 훈련시키며; 팔고(八股: 과거 시험에서 채용했던, 8부분으로 구성된 형식이 엄격한 문체)를 폐지하고, 서학(西學)을 일으키고, 경사대학당(京師大學堂, 지금의 베이징대학)을 설립하고, 역서국(譯書局)을 설립하고, 유학생을 파견하고, 과학 저작과 발명을 장려한다"는 것 같은 문화·경제·군사적인 조치들뿐이었다.

그러나 이러한 조치들조차 모두 수구파들에게 받아들여지지 않았고, 청나라 정부 안에 있는 일부 권세가와 관료들은 신정(新政) 조치들에 대해 겉으로는 지지하면서도 속으로는 거부했다. 이는 제도국(制度局)을 설치하는 일 하나만 보더라도 알 수 있다. 즉, 강유위가 1898년 초에 이 상주문을 광서제에게 올리자, 황제는 총리아문대신에게 주어 상의하도록 했다. 그런데 두 달 후에 경친왕(慶親王) 혁광(奕劻)이 강유위의 건의를 반대하자, 광서제는 거듭 군기대신에게 총리아문대신과 만나 다시 상의하도록 명령했는데, 예친왕(禮親王) 세탁(世鐸)은 다시 상주하여 강유위의 건의를 거부했다. 이렇게 이 기간에 변법을 반대하는 목소리가 계속 끊이지 않자, 단지 암암리에 진행할 뿐이었다. 역사 자료들로부터 알 수 있듯이, 광서제가 변법을 선포한 지 5일째 되는 날, 자희태후는 연속 세 번 명령을 내려, 경진(京津: 북경과 천진) 지역의 군정(軍政) 대권에 대해 인사이동을 단행하여, 자신의 심복으로 교체했다. 이 기괴한 조치로부터, 자희태후는 여전히 황제의 행동을 장악할 수 있었으며, 또한 그때 이미 정변을 일으킬 준비를 하고 있었다는 것을 쉽게 알 수 있다.

변법이 실행되고 나서 얼마 지나지 않아, 곧 기괴한 유언비어가 돌기 시작했다. 그것은 자희태후가 광서제를 폐위하고 새로운 황제를 옹립할 준비를 하고 있다는 내용이었다. 9월 중순, 광서제는 몇 차례 유신파를 소집하여 대책을 상의했지만, 유신파는 모두가 일부 젊은 선비들로, 경력도 없었을 뿐만 아니라, 군대도 없어서, 단지 광서제에게 원세개를 중용하고, 그의 신군(新軍)을 이용하여 변법의 실시를 유지 보호하자고 건의할 수밖에 없었다. 9월 16일과 17일 이틀간, 광서제는 잇달아 원세개를 불러 만난 뒤, 특별히 후보시랑(候補侍郎) 직책을 수여했고, 18일 밤에는 담사동이 비밀리에 원세개를 방문하여, 원세개에게 군대를 동원하여 곤경에 처한 황제를 돕도록 권했지만, 즉각 원세개에게 배신당하고 말았다. 9월 21일 이른 새벽, 자희태후는 갑자기 이화원에서 자금성으로 돌아오더니, 곧바로 황제의 침궁으로 들어가, 광서제를 중남해(中南海: 자금성 서쪽에 있는 호수)의 영대(瀛臺)에 감금한 다음, 훈정(訓政: 황제가 있는데도, 상황이나 황태후가 국정을 처리하는 것) 조서를 반포하고, 다시 조정에 나가 훈정을 실시했다. 이어서 자희태후는 도망치고 있던 강유위와 양계초를 잡아 죽이고, 담사동·양심수(楊深秀)·임욱(林旭)·양예(楊銳)·유광제(劉光第)·강광인(康廣仁) 등을 체포하도록 명령했다. 9월 28일, 북경 채시구(菜市口)에서 담사동 등 6명은 살해당했고, 동시에 강유위와 양계초 등은 지명 수배되었다. 모든 신정(新政) 조치들은 경사대학당을 제외하고는 모두 폐지되었다.

6월 11일부터 9월 21일까지, 103일 동안 진행된 변법유신(속칭 '백일유신')은 이렇게 실패로 끝나고 말았다. 백일유신은 중국 사회에 심대한 영향을 미쳤다. 그것은 한 차례 애국구망(愛國救亡: 나라를 사랑하여 멸망으로부터 구해 냄)의 정치 개혁 운동이었을 뿐만 아니라, 근대 중국의 한 차례 사상 해방 운동이자 신문화 운동이기도 했다. 그것의 실패는, 더욱 많은 지식인들이 혁명의 길로 나아가도록 재촉했다.

청(淸) 1900년

인물: 자희태후 **지역:** 북경 **키워드:** 의화단, 신축 조약(辛丑條約)

8국 연합군의 북경 침입

제국주의 열강 세력이 중국에서 끊임없이 확장함에 따라, 특히 일부 서양 선교사들이 중국 영토에서 제멋대로 행동하면서 나쁜 짓을 저지르자, 19세기 말에 산동과 직예(直隷: 지금의 허베이성)의 농민들이 자발적으로 반항하기 시작했다. 그리하여 '부청멸양(扶淸滅洋: 청나라를 돕고 서양을 멸망시킴)'의 기치를 내세운 의화단(義和團) 운동이 일어났다. 의화단 운동을 진압하기 위해, 영국·프랑스·독일·오스트리아·이탈리아·일본·러시아·미국 등 8국 연합군이 광서 26년(1900년) 7월에 북경을 공격하여 함락시켰다. 이후 열강은 9개월여에 달하는 논쟁을 거쳐, 광서 27년(1901년) 7월 25일에 청나라 정부를 압박하여 〈신축 조약(辛丑條約)〉을 체결하고, 은 4.5억 냥을 배상하되, 39년에 나누어 갚으며, 연리 4%로 하여, 원금과 이자는 총 9.8억 냥으로 환산하고, 중국의 해관세(海關稅)·상관세(常關稅)·염세(鹽稅)를 차압했다. 이 배상은 역사에서 '경자배관(庚子賠款)'이라고 부르는, 아편전쟁 이래 가장 큰 한 건의 배상이었다. 그것은 당시 청나라 정부의 12년 치 재정 수입 총액에 해당하는 것이었다.

◈ 〈신축 조약〉 복사본. 〈신축 조약〉 원본은 현재 타이페이 고궁박물원에 보존되어 있다.

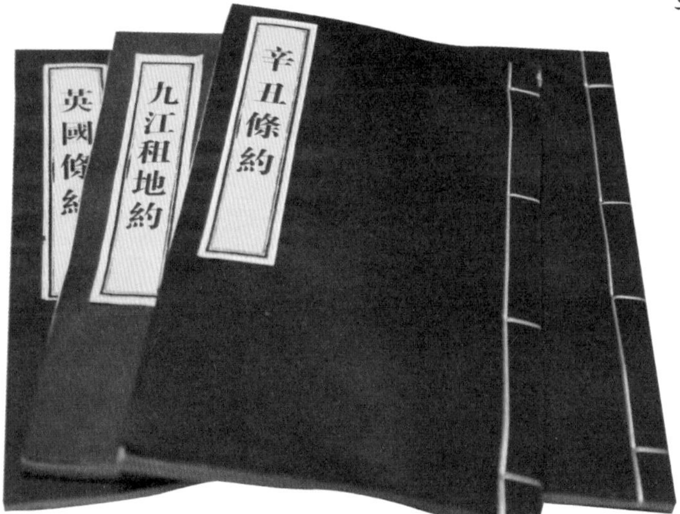

의화단의 흥기

의화단은 원래 의화권(義和拳)이라고 불렀으며, 산동·직예 등지에서 장기간 유행한 민간 비밀 조직이었다. 청나라 말기에 정부가 부패하고 무능하자, 서양 열강은 청나라 정부에 대해 차츰 접근하여, 중국에서 더욱 많은 이익을 수탈하려고 했다. 이러한 상황에서, 의화단은 책략을 바꿔, '반청복명(反淸復明: 만족의 청나라에 반대하고 한족의 명나라를 부활시킴)'의 구호를 '부청멸양'으로 바꾸고, 수많은 대중이 가입하도록 하여 흡수함으로써, 기세가 끊임없이 커졌다. 갑오전쟁 후, 독일은 교주만을 점령하고, 산동성 전체를 강제로 떼어 내어 자신들의 세력 범위로 삼았다. 외국의 교회는 서양의 군사적 우위에 의지하여, 산동에서 세력을 확장했다. 일부 선교사와 교민(敎民: 청나라 말기에 천주교나 기독교를 믿는 중국인을 일컫던 용어)들은 마을을 휘젓고 다니면서 온갖 나쁜 짓을 저질러 백성들의 분노를 불러일으켰다. 교민과 여타 중국인들의 충돌 과정에서, 서양의 교회나 서양의 정부 대표들은 종종 직접 나서서 간섭하기도 했다. 지방관은 서양 세력을 늘 매우 두려워했기 때문에, 그들의 간섭하에서는 공정한 판결을 하기가 매우 어려웠다. 이리하여 일반 대중들이 교회에 대해 원한이 쌓여 원수가 되자, 각지에서 교회에 반대하는 투쟁이 잇달아 일어나면서, 의화권도 외국 침략 세력에 반대하는 중요한 조직 형식이 되었다. 산동의 의화권이 교회에 반대하는 투쟁을 벌인 후, 현지 선교사는 청나라 정부에게 엄중히 진압하도록 요구했다. 산동순무 장여매(張汝梅)가 청나라 정부에게 건의하여, 통제를 편리하게 하기 위해 의화권을 단련(團練: 민간 자위 집단)으로 개편하고, '의화권'을 '의화단'으로 명칭을 바꾸자, 의화단 세력은 산동과 직예에서 급속히 발전했다.

백일유신 후, 자희태후는 광서제를 폐위하고 새로운 황제를 옹립하려고 했으나, 서양 각국의 반대에 부딪혔다. 그러자 그는 의화단을 이용하여 서양 열강에 맞서려고 하여, 의화단 단원들이 대거 수도로 진입했다. 1900년 6월 10일, 러시아·영국·미국·일본·독일·프랑스·이탈리아·오스트리아 등 서양 열강은 "북경의 대사관을 구원한다"는 것을 명분으로, 영국 해군 중장 시모어(Edward Hobart Seymour)를 사령관으로 하는 2천여 명의 연합군을 조직하여, 천진으로부터 북경을 향해 침범했다. 경진(京津: 북경-천진) 철로 연변의 각 부락 의화단들은 즉각 행동을 개시하여, 철로와 교량을 파괴하고, 연도에 있는 전신주를 잘라 쓰러뜨려, 북경과 천진 간 철로와 전신을 완전히 단절시켰다. 연합군은 서둘러 철로를 건설하면서 매우 조심스럽게 전진했다. 6월 11일 저녁, 8국 연합군은 낙대(落垡, 지금의 허베이성 랑팡廊坊에 속함)에 도착하자마자 즉각 의화단과 청나라 군대의 공격을 받았다. 적들은 역과 객차 속으로 후퇴하여 숨어, 서양제 소총과 대포에 의지하여 저항했다. 의화단은 재래식 대포를 끌고와 맹렬한 반격을 가했다. 천진에서부터 북경까지, 화차는 단지 몇 시간밖에 걸리지 않았지만, 시모어가 인솔하는 연합군은 의화단의 완강한 저항을 받자, 대응할 방법이 없어, 4일을 이동하고서야 비로소 낭방(廊坊)에 도착했다. 6월 14일 새벽, 연합군이 낭방에 도착하자, 숨 돌릴 틈도 없이 곧 의화단의 맹렬한 공격을 받았다. 쌍방은 이틀 남짓 동안 격전을 벌였는데, 의화단의 용감한 작전 때문에, 연합군은 한 발짝도 움직이지 못했다. 6월 16일, 연합군 사령관 시모어는 천진으로 후퇴하라고 명령을 내렸다. 6월 18일, 의화단은 청나라 군대의 협조를 받아, 양촌(楊村)역으로 철수한 적군에 대해 맹렬한 공격을 가했다. 청나라 군대가 사격을 가하여 적의 화력을 유인하자, 의화단 단원들이 유리한 형세를 틈타 돌진하여, 연합군 병사들과 육박전을 벌였다. 연합군은 선진적인 무기에 의지하여 전투를 하면서 퇴각하다가, 마침내 천진 조계(租界)에서 파견한 지원군의 지원을 받아, 10일 만에야 간신히 천진 조계로 철수했다. 이 전투 과정에서, 연합군 쪽은 손실이 막심하여, 사상자가 300여 명이나 되었다.

경진(京津: 북경과 천진)**을 침범하다**

각국 공사들은 청나라 정부가 이미 형세를 통제할 수 없다고 보았고, 총리아문도 "조정이 엄격한 진압 조치를 취하도록 설득시킬 능력이 없자", 곧 직접 출병하여 간섭할 계략을 꾸몄다. 5월 28일, 영국·프랑스·독일·오스트리아·이탈리아·일본·러시아·미국 등 8개국은 각국의 중국 주재 공사 회의에서 정식으로 군대를 출동시켜 의화단을 진압하기로 결정하고, "공사관을 보호한다"는 것을 명분으로, 군대를 북경으로 이동시켰다. 5월 30일부터 6월 2일까지, 8개국의 해군 육전대(陸戰隊) 400여 명이 속속 천진으로부터 기차를 타고 북경에 도착하여 동교민항(東交民港)에 진주했다. 뒤이어 각국은 계속해서 중국에 군대를 증파하여, 각국 군함 24척이 대고구(大沽口) 밖에 결집했으며, 천진 조계에 모인 침략군은 2천여 명에 달했다. 6월 6일 전후, 8국이 연합하여 중국을 침략하는 정책이 잇달아 각국 정부의 비준을 받자, 중국을 침략하는 전쟁이 발발했다.

6월 15일부터 20일까지, 의화단과 청나라 군대는 다시 서십고(西什庫)의 천주교 교회당(속칭 '서당西堂') 및 동교민항의 외국인 공사관을 향해 맹렬한 공격을 가해, 외국 침략자들에게 매서운 타격을 가했다. 8국 연합군이 중국을 침략한 기간에, 청나라 정부는 열강 각국을 향해 '선전포고'를 했다. 8월 4일, 8국 연합군 1만 8천여 명이 천진에서부터 북경을 공격하기 위해 출발했다. 13일, 8국 연합군은 북경 공격을 개시했다. 16일, 8국 연합군이 북경을 침입하여, 북경을 지키던 청나라 군대가 궤멸되었다. 이튿날 새벽, 8국 연합군이 동화문(東華門)을 공격했다. 자희태후는 소식을 듣고 너무 놀라, 황급히 광서 황제 등을 데리고 세 대의 마차에 나누어 타고서, 자금성을 떠나 서안으로 도망쳤다. 21일, 선화(宣化)에 도착한 자희태후는 경친왕(慶親王) 혁광(奕劻)에게 화

급히 북경으로 돌아가, 이홍장을 만나 각 나라들과 평화 담판에 관해 교섭하도록 명령했다. 9월, 도망치는 도중에 자희태후는 의화단을 소탕하라는 조서를 여러 차례 반포했다. 10월 26일, 자희태후가 서안에 도착하자, 그는 한편으로는 끊임없이 북경에 있는 혁광과 이홍장에게 연락을 취하면서, 의화단의 전개 상황을 자세히 파악하려고 했다. 다른 한편으로는 열강의 비위를 맞추기 위해 끊임없이 조칙을 반포하여, 이번 중국의 변란으로 우방의 기분을 상하게 했지만, 그것은 조정이 바라는 바가 아니었으며, 원흉(의화단)에 대해서는 반드시 엄중히 처벌하여 화근을 뿌리 뽑겠다고 말했다.

◈ 8국 연합군 군관들이 북경에서 찍은 단체 사진

사진으로부터 침략자의 득의양양함을 한눈에 알 수 있다. 이들 12명의 서양식 군복을 입고 있는 군관들은 각각 독일·영국·프랑스·이탈리아·러시아·일본 및 미국에서 온 사람들이다. 그들은 북경의 한 사합원(四合院: 중국 전통의 ㅁ자형 주택) 앞에 모여 이렇게 무력을 과시하는 사진을 찍었다. 바로 그들이 떠나고 나서 얼마 지나지 않아, 이 사합원 안에 있던 가치가 적지 않은 장식품들은 그들의 사병들에 의해 하나도 남김없이 약탈당했으며, 심지어 사진 속에 있는 두 개의 화분과 궁등(宮燈)조차도 모조리 남아나지 않았다.

광서 26년 11월(1900년 12월), 열강 각국(군대를 파견한 8국 외에도, 벨기에·네덜란드·스페인 3국이 추가됨)은 청나라 정부에게 〈의화대강(議和大綱: 평화 협정을 체결하기 위한 대강)〉을 제시한 다음, 다시 상세한 조항을 확정하고, 이듬해 9월 7일에 북경에서 정식으로 조인했으니, 역사는 이를 〈신축 조약〉이라고 부른다. 〈신축 조약〉의 주요 내용은 다음과 같다. 열강에게 '죄를 지은' 관리들을 처벌하며; 친왕(親王)과 대신들을 독일과 일본에 파견하여 사죄하며; 청나라 정부는 중국인이 침략군에게 저항하는 각종 조직을 결성하거나 참가하는 것을 금지한다고 공개적으로 명령하며; 배상금 4.5억 냥의 은을 39년에 나누어 청산하고, 원금과 이자는 총 9.8억 냥의 은으로 환산하며; 북경의 동교민항 일대에 공사관 구역을 설치하여, 각국은 공사관 구역에 병력을 주둔시킬 수 있고, 중국인은 이 구역 내에 거주할 수 없도록 하며; 대고(大沽) 포대(砲臺) 및 북경부터 천진까지의 해안에 있는 포대를 철거하며; 각국은 북경부터 산해관까지의 철로 연변에 병력을 주둔시킬 수 있다.

〈신축 조약〉이 체결된 후, 중국은 완전히 반식민지 반봉건 국가로 전락했다.

청(淸) 1905년

인물: 손중산 지역: 일본 도쿄 키워드: 삼민주의(三民主義)

손중산(孫中山)이 동맹회(同盟會)를 창립하다

광서 31년(1905년) 7월 20일, 흥중회(興中會)·화흥회(華興會) 및 기타 혁명 조직들이 일본 도쿄에서 연합하여 중국동맹회(中國同盟會, 줄여서 '동맹회'라고 부름)를 결성하고, "달로(韃虜: 한족이 만주족 정권인 청나라 조정을 비하하여 일컫는 말)를 몰아내고, 중화(中華)를 회복하며, 민국(民國)을 건립하고, 토지 소유권을 평등하게 한다[驅除韃虜, 恢復中華, 建立民國, 平均地權]"는 자산계급 혁명 정강을 확정했다. 동맹회의 출현은 중국 자산계급 민주 혁명이 새로운 단계에 진입했으며, 전국적인 혁명의 고조가 머지않아 닥쳐올 것임을 명시했다.

흥중회의 결성

광서 24년(1898년)에 백일유신이 실패한 후, 유신파는 심대한 좌절을 겪었고, 유신구국(維新救國)의 길은 기본적으로 차단당했지만, 잠시 침울했던 겉모습 뒤에는 더욱 커다란 역량을 잉태하고 있었으니, 곧 한바탕 혁명의 폭풍이 도래한다. 의화단 운동이 있은 후, 청나라 정부는 이른바 '신정(新政)'을 널리 추진했는데, 학당을 설립하고 유학(留學)을 장려한 것이 '신정'의 주요 내용이었다. 신식 학당 출신이나 유학에서 돌아온 학생들은 '서학(西學)'과 '신학(新學)'의 영향을 받아, 세계관에 매우 큰 변화가 일어났으니, 이러한 사람들이 새로운 혁명 역량이 되었다.

◈ 『민보(民報)』

『민보』는 1905년 11월에 도쿄에서 창간되어, 동맹회의 기관지로서 혁명 사상을 선전했다. 손중산은 『민보』 발간사에서 정식으로 민족(民族)·민권(民權)·민생(民生)의 3대 주의(主義)를 제시했다. 이 그림은 『민보』 창간호의 표지다.

◈ 〈채원배(蔡元培)와 광복회(光復會)〉 유화

1904년 11월, 같은 혁명 단체인 광복회가 상해에서 결성되어, 채원배를 회장에, 도성장(陶成章)을 부회장에 추천하여 선출했다. 동맹회가 결성될 때, 일본 도쿄에 있던 일부 광복회 회원들이 동맹회에 가입했다.

일찍이 광서 20년(1894년)에, 손중산은 미국의 단향산(檀香山, 지금의 미국 하와이)에서 혁명 조직인 흥중회를 결성하여, "만주족 정권을 몰아내고, 중국을 회복하며, 합중(合衆: 합작) 정부를 창립한다"고 맹세했다. 흥중회는 중국 최초의 현대적인 의미의 정당 조직으로서, 중국에서 '당 설립의 시작'이었다. 이듬해, 손중산은 광주에서 봉기를 거행하려고 준비하다가, 사전에 비밀이 누설되는 바람에 실패하자, 어쩔 수 없이 해외로 도피했고, 청나라 정부는 그를 중요 국사범으로 삼아 도처에 많은 현상금을 걸고 지명수배했다. 광서 22년(1896년), 손중산은 영국 런던에서 청나라 정부의 영국 주재 공사관에 의해 유인당해 체포되었다가, 구출되어 풀려났다. 이후 2~3년 동안, 손중산은 유럽을 고찰함과 아울러, 구미 각국의 진보적인 인사들과 접촉하면서 중국 혁명의 앞날에 대해 생각했다. 광서 26년(1900년), 손중산은 다시 혜주(惠州) 봉기를 조직하고 지도했으나, 불행히도 실패하자, 그는 다시 국외로 도피했다. 이후 여러 해 동안, 그는 일본·베트남·하와이·아메리카 각국 등지를 왕래하면서, 혁명을 선전하고, 흥중회 조직을 발전시켰다.

손중산이 해외에서 비교적 일찍 창립한 흥중회 외에도, 규모와 영향력이 비교적 컸던 혁명 단체들로는 또한 호남의 화흥회(華興會)와 호북의 과학보습소(科學補習所) 및 절강의 광복회(光復會)가 있었다. 광서 29년 12월 30일(1904년 2월 15일), 화흥회가 장사(長沙)에서 정식으로 창립되어, 황흥(黃興)을 회장에, 송교인(宋教仁)과 유규일(劉揆一)을 부회장에 공동으로 추대했다. 화흥회의 창립자인 황흥은 당시 가장 명망 있던 혁명 지도자의 한 사람이었는데, 그와 여타 회원들의 노력으로 화흥회의 회원이 빠르게 늘어났다. 그 회원의 절대 다수는 일본에서 유학하고 돌아왔거나 국내 학당에서 학업을 마친 지식인들이었다. 화흥회는 호북의 혁명 운동에 적극적인 영향을 미쳤으니, 송교인은 화흥회가 창립된 후에 호북 무창(武昌)으로 돌아와, 다른 동지들과 함께 과학보습소 설립을 적극적으로 준비했다. 7월 3일, 무한(武漢)의 군인과 학계 인사 30여 명이 집회를 열고 과학보습소를 정식으로 창립했으며, 여대삼(呂大森)이 소장을, 호영(胡瑛)이 총간사를, 송교인이 서기를 맡았다. 과학보습소는 호북 최초의 중요 혁명 단체로서, 그 활동의 중점은 처음부터 새로운 군사 방면에 둠과 동시에, 경험으로서 남겨 놓아, 20세기 초에 호북 지역 혁명 운동에서 하나의 전통을 형성했다. 이것은 또한 후에 신해혁명이 맨 먼저 호북 무창에서 일어나는 원인의 하나이기도 했다. 호남과 호북 지역의 혁명 조직이 잇달아 창립됨과 동시에 적극적으로 활동을 전개할 때, 강절(江浙: 강소와 절강) 지역의 혁명당원들도 적극적으로 회당(會黨: 청나라 말기의 혁명적 비밀결사 조직)에 연락을 취하고, 혁명 활동을 계획하여, 광서 30년(1904년) 겨울에 상해에서 혁명 단체인 광복회를 창립했다. 광복회가 창립되고 나자, 세력이 절강성 등지로 급속히 확장되었다. 국내 혁명 단체가 대량으로 출현함으로써, 민주 혁명의 고조가 머지않아 도래할 것임을 예고했다.

동맹회를 설립하다

각지에서 대량으로 생겨나는 소규모 혁명 단체들은 비록 숫자는 많았지만, 청나라 정부를 전복시킬 만한 통일적 행동을 취하기 어려웠다. 그러나 형세의 발전은 각지에 분산되어 있는 혁명 역량들을 연합하여, 하나의 전국적인 통일 혁명 조직을 건립하고, 혁명 운동을 힘차게 앞으로 추진할 것을 요구했다. 이러한 상황에서, 손중산은 처음으로 민주 혁명을 제창함과 아울러 적극적으로 실천했으므로, 국내외의 혁명적 청년들 가운데에서 대단히 높은 명망을 누리고 있었다. 따라서 자연히 뭇사람들이 기대하는 공동의 우두머리가 되어, 각 방면의 혁명 역량을 단결시킬 수 있는 사람이 되었다.

광서 31년 6월 17일(1905년 7월 19일), 손중산은 일본 요코하마에 도착했고, 이어서 다시 유학생들이 집중해 있는 도쿄로 갔다. 도쿄에서, 손중산은 유학생들 사이에서 명망이 매우 높은 황흥을 찾아 통일 조직을 설립하는 문제를 상의했다. 7월 28일, 손중산은 또 화흥회의 핵심인 송교인·진천화(陳天華) 등과도 회담했다. 다음날 황흥·송교인·진천화·유규일 등이 함께 화흥회 회원이 동맹회에 참가하는 일을 상의했다. 7월 30일, 손중산과 황흥은 사람을 보내 따로 각 성(省)의 혁명에 경도된 유학생들을 초청하여, 도쿄에서 동맹회를 건립할 주비회의(籌備會議: 예비회의)를 거

◈ 동맹회 입회 증서

행했는데, 이 회의에 참가한 사람은 17개 성에서 온 70여 명의 유학생들이었다. 회의에서, 손중산·황흥 등은 선후로 강연을 하여 당시의 형세를 분석하고, 통일혁명조직을 결성할 필요성을 천명했다. 거듭하여 협상을 한 뒤, 모두가 마침내 조직의 명칭을 '중국동맹회', 줄여서 '동맹회'로 하기로 하고, "만주족 정권[韃虜]을 몰아내고, 중화(中華)를 회복하며, 민국(民國)을 건립하고, 토지 소유권을 평등하게 한다"는 것을 동맹회의 정치 강령으로 삼기로 확정했다. 8월 13일, 황흥·송교인 등이 발기하여, 도쿄에 있는 후지미루(富士見樓)에서 중국 유학생과 화교들이 손중산을 환영하는 집회를 거행했다. 손중산은 집회에 온 1,300여 명의 중국 유학생들에게 강연을 했는데, 유학생들이 중국의 내일을 위해 힘써 분투하여, 유혈(流血)을 대가로 치르는 것도 서슴지 말고, 인민의 공화국을 건립하자고 호소했다. 손중산의 강개하고 격앙된 언어는 집회에 참석한 청중을 깊이 감동시켰다.

8월 20일, 중국동맹회가 도쿄에서 정식으로 창립 대회를 거행했다. 회의에 참여한 사람은 백여 명이었다. 대회는 황흥·진천화·송교인 등이 책임지고 기초한 장정(章程) 초안을 수정하여 통과시키고, 동맹회의 정치 강령을 확인했으며, 모든 다른 혁명 단체들 중 종지(宗旨)가 서로 같으면서도 연합하여 하나가 되는 것을 원하는 것들은 모두 동맹회 회원으로 삼기로 규정했다. 장정은 규정하기를, 동맹회 본부는 임시로 도쿄에 두고, 본부 기구는 삼권분립의 원칙을 준수하여, 총리 밑에 집행(執行)·평의(評議)·사법(司法)의 3부(部)를 두기로 했다. 대회는 만장일치로 손중산을 총리로 추대하고, 황흥을 집행부 서무과(庶務科) 서무로 임명하여, 손중산 총리를 도와 일체를 계획하고, 본부의 업무를 주관하게 했다. 동맹회의 정치 강령의 시작은 바로 다음과 같은 16자의 맹세였다. "驅除韃虜, 恢復中華, 建立民國, 平均地權(만주족 정권을 몰아내고, 중화를 회복하며, 민국을 건립하고, 토지 소유권을 평등하게 한다)." 광서 31년 10월 30일(1905년 11월 26일), 손중산은 동맹회의 기관지인 『민보(民報)』 발간사에서, 그것을 '민족(民族)·민권(民權)·민생(民生)'의 3대 주의(主義)로 명확하고 상세하게 설명했다.

손중산을 우두머리로 하는 중국동맹회는 근대 중국 최초의 전국적 혁명 정당이었다. 그것의 탄생은, 중국이 새로운 역사 시기로 진입했음을 예시해 주었으며, 민주 혁명 운동이 고조되는 새로운 출발점이 되었다.

청(清) 1901~1911년

인물: 재풍(載灃), 여원홍(黎元洪), 황흥 **지역:** 무창 **키워드:** 예비입헌, 〈임시약법(臨時約法)〉

청나라 말기의 신정(新政)과 무창(武昌) 봉기

20세기 초, 내우외환에 대응하고, 청 왕조의 통치를 유지 보호하기 위해, 청나라 정부는 차례로 '신정'과 '예비입헌(預備立憲)'의 기치를 내걸고 사회 변혁의 실시에 착수하여, 나날이 심각해지는 국내의 위기에 대처했다. 그런데 이렇게 봉건 통치를 유지 보호하기 위해 진행한 이른바 '신정'이 집중한 것은 하나의 기만책이었으니, 근본적으로 첨예한 사회 모순을 변화시킬 수 없었다. 그리하여 1911년 신해년(辛亥年)에 사천(四川)의 보로 운동(保路運動: 일부 철로의 국유화 정책에 대한 반대 운동)과 신해혁명이 잇달아 일어나, 중국 최후의 봉건 왕조인 청 왕조의 통치는 마침내 전복되고 말았다.

요절한 신정

광서 27년부터 31년까지(1901~1905년), 청나라 정부는 여러 가지 '신정' 조치들을 시행했는데, 주로 4가지 방면에서 구체적으로 나타났다. 정치 방면에서는, 정치 기구를 개혁하고, 법률을 개정했으며; 총리아문을 외무부로 바꾸어, "품계를 6부의 앞에 두었으며"; 불필요한 아문(衙門: 관청)을 폐지하고, 서리(書吏: 말단 관리)와 차역(差

◈ **경친왕(慶親王) 혁광(奕劻)**

선통(宣統) 3년(1911년), 청나라 정부는 군기처를 폐지하고, 혁광을 '황족내각(皇族內閣)' 총리대신에 임명하여, 경친왕 내각을 구성했다.

役: 하급 관청의 심부름꾼)을 감축했으며, 연납(捐納: 돈이나 곡식을 상납하여 벼슬을 얻는 것) 제도를 폐지하고, 이치(吏治)를 정돈했다. 광서 28년(1902년)에는 법률을 개정하기 시작하여, 능지처참과 효수(梟首) 등 가혹한 형벌을 폐지하고, 가벼운 범죄는 노동으로 벌을 대신하게 하거나, 수용하여 기술을 익히게 했다. 군사 방면에서는, 군제(軍制)를 개혁하고, 신군(新軍)과 경찰을 편성하여 훈련시켰으며; 녹영(綠營: 823쪽 참조)과 연용(練勇: 지방의 자위를 담당하는 병사)을 감축하고, 무과(武科) 과거를 폐지했으며; 각 성(省)들에 무비학당(武備學堂: 군사학교)을 설치했다. 경제 방면에서는, 민간 실업을 제창했으며; 상부(商部)를 설립하고, 일련의 상무(商務) 규칙들의 제정에 착수하여, 개인 자본이 자유롭게 발전하도록 장려했으며; 발명 창조자를 표창했다. 문화와 교육 방면에서는, 과거제를 폐지하고, 학당을 설립했으며; 학당의 규정을 제정하여, 학제(學制)를 통일하고, 각 성들에 훈령을 내려 유학생을 선발하여 파견하도록 했으며, 유학하고 귀국한 자들을 표창했고; 광서 31년(1905년)에는 학부(學部)를 설립하여, 전국의 교육을 통합 관리했다. 비록 '신정'의 목적이 청 왕조의 통치를 유지 보호하고 강화하는 데 있었지만, 객관적으로는 민족 자본주의의 발전과 신식 지식인 대오의 형성에 분명히 유리했다. 그러나 청나라 정부가 '신정'의 비용을 해결하기 위해 온갖 명목의 잡다한 새로운 세금을 증가시켰고, 각급 관리들이 이 기회를 틈타 사기와 협박으로 재물을 갈취하자, 하층 민중들은 그 고통을 참을 수 없게 되어, 오히려 각종 사회 모순을 격화시켰다. 신정 과정에서, 원세개를 우두머리로 하는 북양 군벌 집단이 그 형세를 이용하여 떨쳐 일어나, 만청(晩淸) 정국을 좌지우지했다.

러일 전쟁이 러시아의 패배로 끝나자, 청나라 통치 집단의 일부 깨어 있는 관료와 자산계급 상층 인사들을 강렬하게 뒤흔들어 놓았다. 그들은 잇달아 '입헌(立憲)'을 호소했는데, 이때 국내의 혁명 풍조가 나날이 고조되자, 청나라 정부도 '예비입헌(預備立憲)'으로 사회 여론과 혁명 풍조에 대응하려고 생각했다. 광서 31년(1905년) 9월, 청나라 정부는 재택(載澤)과 단방(端方) 등 다섯 명의 대신들을 서양에 파견하여 "정치를 고찰하도록" 했다. 다섯 명의 대신들은 고찰하고 귀국한 뒤, 청나라 조정에 상주하기를, 입헌을 해야 "황위(皇位)가 영원히 확고해지고" "외환(外患)이 점차 줄어들고" "내란이 멈추게" 할 수 있다고 진술했다. 청나라 정부는 광서 32년(1906년) 7월에 정식으로 '예비방행헌정(預備仿行憲政: 헌정을 본받아 시행할 준비를 함)'을 선포했다. 각지의 자산계급 상층 인사들은 깨어 있는 관신(官紳: 관리나 지역 유지)들과 연합하여 잇달아 사회단체를 설립했다. 그 가운데 유명한 대표적 인물 및 그 단체들로는, 장건(張謇)이 상해에서 조직한 최초의 입헌 단체인 '예비입헌공회(預備立憲公會)', 양계초가 일본에서 건립한 '정문사(政聞社)' 등등이 있다. 이러한 결사 단체들이 입헌의 기세를 크게 조성하자, 국내외에서 멀리 떨어져서도 서로 호응하면서, 입헌

운동을 불러일으켰다. 그러나 청 왕조는 '예비입헌'이라는 명분을 빌려 실제로는 만주 황족에게로의 권력 집중을 실행함으로써, 관제(官制) 개혁 과정에서 친귀(親貴: 황제의 인척이나 측근)를 만족시켜 주었지만, 한족 관료, 특히 지방의 한족 봉강대리(封疆大吏: 지방 행정장관, 즉 총독)의 권세에는 극력 타격을 가했다. 예를 들면 원세개는 겸직하고 있던 8가지 직책에서 면직되어, 4진(鎭)의 신군(新軍)을 넘겨줄 수밖에 없었다. 청나라 정부는 또한 겉으로는 영전한 것 같지만 실제로는 좌천시키는 방법을 이용하여, 또 한 사람의 지방 실권파(實權派) 총독인 장지동(張之洞)을 중앙으로 전근시켰다. 청나라 정부의 이러한 조치들은 한족 관료 집단의 이반 경향을 격화시킴으로써, 자신들을 갈수록 고립시켰다.

◈ **십팔성기**(十八星旗)

십팔성기는 원래 호북의 혁명 단체인 공진회(共進會)의 회기(會旗)였는데, 무창 봉기가 성공한 후, 중화민국 호북군정부(湖北軍政府)가 수립을 선포하면서, 십팔성기는 그 깃발이 되었다.

이 때문에 입헌파는 여론을 동원하여, 청나라 정부가 시간을 끌면서 입헌에 성의가 없음을 비판했으며, 일부 지방 독무(督撫: 총독과 순무, 즉 지방장관)와 대신들도 청나라 정부가 입헌에 박차를 가하라고 주청했다. 안팎의 압력에 쫓기자, 청나라 정부는 광서 34년(1908년) 8월 1일에 〈흠정헌법대강(欽定憲法大綱)〉을 반포하고, 9년 동안을 입헌 예비 기간으로 삼겠다고 선포했다. 11월에 광서제와 자희태후가 잇달아 사망하자, 부의(溥儀)가 즉위하여, 연호를 선통(宣統)으로 바꾸고, 그의 아버지인 재풍(載灃)이 권한을 대행했다. 재풍은 원세개를 면직시키고, 고향으로 돌아가도록 명령함과 아울러, 계속해서 군정 대권을 만족(滿族) 권세가들의 수중으로 회수했다. 입헌파는 각 성의 자의국(咨議局)이라는 합법적 기구를 이용하여, 연합해서 청나라 정부에게 입헌을 가속화하라고 재촉함과 아울러, 열강에게 빼앗겼던 철도와 광산의 이권을 회수하는 운동을 벌였다. 선통 원년(1909년) 12월부터 선통 2년(1910년) 9월까지, 입헌파는 잇달아 세 차례의 대규모 청원 운동을 벌여, 속히 국회를 열고 책임 내각을 구성할 것을 요구했다. 선통 3년(1911년) 4월, 청나라 정부는 책임 내각을 구성했는데, 각료 13명 중 한족 관리는 고작 4석만 차지했고, 만족과 몽고족이 9석을 차지했으며, 그 중 7명이 황실 소속이었다. 이 때문에 우스갯소리로 '황족내각'이라고 불렸으니, 명칭은 입헌이었지만, 실제로는 전제(專制)였다. 이리하여 입헌파의 환상이 철저히 깨지자, 매우 많은 입헌파 인사들과 지방 고위 관리들이 혁명 진영으로 돌아섰다. 신해혁명이라는 폭풍우가 몰아치기 전야에, 청나라 정부는 철저히 외톨이가 되어 버렸다.

무창(武昌) 봉기

광서 31년(1905년), 최초의 전국적 자산계급 혁명 정당인 '중국동맹회'가 일본 도쿄에서 결성된 후, 해외의 애국적인 화교 및 국내의 기타 회당(會黨)들과 적극적으로 연락을 취하면서, 무장 봉기의 방식으로 부패하고 반동적인 청나라 정부를 뒤엎는 것을 취지로 하는 운동을 적극적으로 전개했다. 동맹회 회원들의 다수는 신식 교육을 받은 엘리트들로, 그들은 수많은 신식 학교나 회사(會社: 정치나 학술 결사체)들에 자기의 회원들을 배치함과 동시에, 발전하면서 더욱 많은 사람들이 입회했다. 심지어 청나라 정부의 신군(新軍) 군관 훈련학교인 운남육군강무당(雲南陸軍講武堂)에서는, 전체 47명의 교직원들 가운데 동맹회 회원이 무려 17명이나 되었으니, 여기에서 바로 훗날 혁명을 위한 수많은 핵심 역량을 직접 배양해 냈다. 동맹회는 또한 호북의 과학보습소·일지회(日知會)·공진회 등 혁명 결사 단체들에 연락하여, 신군에 깊숙이 들어가 혁명을 선전했다. 무창 봉기 전야에는, 호북의 신군 가운데 이미 3분의 1의 사병들이 혁명 조직에 참가하여, 봉기의 주력군이 되었다. 선통 3년(1911년), 광주 황화강(黃花崗)에서의 봉기가 실패한 후, 송교인은 "중부 동맹을 조직하여 장강(長江) 혁명을 도모하자"고 제의하여, 장강 중·하류 지역에 있는 각 성들에서 동시에 함께 봉기를 일으켜 혁명 정권을 수립한 다음, 북쪽을 정벌하자고 주장했다. 7월 31일, 동맹회 중부 총회가 상해에서 정식으로 개최되었다. 동맹회 중부 총회의 노력으로, 호북 지역의 혁명 조직이 대연합을 실현했다.

선통 3년 5월 21일(1911년 6월 17일), 사천에서 보로 운동이 폭발하여, 무한(武漢)의 신군 대부분이 사천으로 투입되자, 동맹회는 무창 봉기의 조건이 무르익었다고 판단했다. 9월 24일, 혁명 단체인 문학사(文學社)와 공진회가 무창에서 연석회의를 개최하고, 10월 9일에 봉기를 일으키기로 결정함과 아울러, 문학사 사장인 장익무(蔣翊武)를 임시 총사령관으로 추대하고, 공진회의 지도자인 손무(孫武)를 참모장으로 삼아, 상응하는 봉기 계획을 확정했다. 10월 9일 오전, 손무가 한구(漢口)의 러시아 조계에서 급히 폭탄을 만들다가 부주의로 폭발 사고가 발생하는 바람에, 순포방(巡捕房)의 주의를 끌어, 제정 러시아의 순포가 소리를 듣고 달려왔고, 봉기와 관련된 문건이 모

두 압수당했다. 호광총독(湖廣總督) 서징(瑞澂)이 이어서 조계에서 전해온 소식을 들은 후, 혁명당 사람들을 수사하여 체포하라고 명령을 내림으로써, 무창의 기관이 파괴되자, 형세가 대단히 심각해졌다. 이렇게 긴급한 고비에, 신군 내에 있던 혁명당 사람들이 자발적으로 행동을 시작했다. 10월 10일 저녁 7시경, 공정(工程: 공병대) 제8영(營: 대대)

◈ **유화 〈신해삼걸(辛亥三杰)〉**(황흥, 손중산, 송교인)

무창 봉기가 폭발했는데, 자산계급 혁명파의 우두머리로서, 손중산은 미주(美洲)에서 혁명 운동을 위해 자금을 마련하고 있었으므로, 중대한 역사적 의의를 갖는 이 무장 봉기를 직접 지도할 수 없었다. 무창 봉기가 성공한 후, 손중산은 미국·프랑스·영국 등 각 나라들에서 분주하게 다니며 광범위한 활동을 전개하여, 열강의 지원을 얻으려고 시도했다. 1911년 11월 24일, 국내에서 전보를 쳐서 귀국을 독촉하는 상황이 되자, 손중산은 프랑스 마르세유에서 배를 타고 귀국길에 올라, 12월 25일 상해에 도착했다. 1912년 1월 1일, 정식으로 중화민국 임시 대총통에 취임했다.

혁명당의 총대표이자 반장(班長)인 웅병곤(熊秉坤)이 이 부대를 이끌고 먼저 행동했다. 그는 10여 명의 사병들을 이끌고 곧바로 초망대(楚望臺)의 군계고(軍械庫)로 달려갔고, 창고를 지키고 있던 본영(本營) 좌대(左隊)의 사병이 총을 쏘며 협력하자, 매우 빨리 그들은 순조롭게 초망대를 점령했다. 그리고 공정영(工程營: 공병 대대) 연장(連長: 중대장)인 오조린(吳兆麟)이 임시 총지위관으로 추천되었다. 그날 밤 11시경, 혁명군은 공정영을 주력으로 삼고, 세 방면으로 나누어 독서(督署: 총독이 근무하는 관아)를 향해 맹공을 개시하자, 호광총독 서징은 성을 버리고 도망쳤다. 11일 새벽 2시, 혁명군이 총독부를 공격하여 함락시킴으로써, 무창 봉기는 승리를 거두었다. 이어서 혁명군은 다시 잇달아 한양·한구·무한 등 세 개의 진(鎭)들을 점령하고, 신속히 호북군정부(湖北軍政府)를 수립했다. 그러나 원래의 봉기를 주도한 우두머리들은 체포되거나 살해당했기 때문에, 혁명군에는 지도자가 없었다. 그리하여 곧 신군 가운데 일정한 명망이 있는 제21 혼성협통령(混成協統領) 여원홍(黎元洪)을 군정부도독(軍政府都督)으로 추대하고, 호북자의국(湖北咨議局) 의장이자 입헌파의 우두머리인 탕화룡(湯化龍)을 총참의(總參議)로 천거했다. 처음에 여원홍은 혁명이 성공할 수 없다고 여겼으므로, 꾀병을 부리며 맡으려고 하지 않다가, 5일 후에야 비로소 마지못해 선서하고 취임했다. 여원홍은 부임한 후 즉각 군정부를 개편하여, 그 자신을 우두머리로 하는 구관료와 입헌당 사람들이 호북군정부를 통제하는 국면을 조성했다.

10월 12일, 청나라 정부는 육군대신 음창(蔭昌)이 인솔하는 북양신군을 양진(兩鎭: 한양, 한구)에 파견하여 남하하면서 혁명군을 공격했다. 11월 1일, 한구가 함락되었다. 3일, 상해에서 무창으로 온 지 얼마 안 된 동맹회 우두머리인 황흥이 위험과 재난의 시기에 임명되어, 전시총사령(戰時總司令)을 맡았다. 16일, 황흥은 부대를 이끌고 몰래 한수(漢水)를 건너, 한구를 향해 역습을 했으나 실패하여, 다음날 한양으로 퇴각했다. 21일, 청나라 군대가 한양을 공격하자, 황흥은 혁명군을 이끌고 용기를 내어 저항했는데, 결국 중과부적으로 인해 27일에 한양도 함락되었고, 혁명군은 청나라 군대와 강을 사이에 두고 대치하는 국면을 유지했다. 비록 군사적으로는 대패했지만, 정치적으로는 혁명군이 오히려 찬란한 성과를 거두었다. 호북군정부가 수립된 후, 즉시 청나라의 '선통' 연호를 폐지하고, 국호를 중화민국(中華民國)으로 바꾼다고 선포했다. 또 〈중화민국 악주약법(鄂州約法)〉을 공포하자, 전국 각지에서 잇달아 호응하여, 두 달도 안 되어 전국의 14개 성이 독립을 선포했으니, 청나라 정부의 통치는 완전히 붕괴되었다. 12월 29일, 17개 성의 대표들이 남경에서 회의를 거행하고, 손중산을 임시 대총통으로 선출했다. 아울러, 1912년 1월 1일에 남경에서 중화민국 임시정부를 수립하고, 임시 참의원을 수립하여, 〈중화민국 임시 약법〉을 통과시켰다. 2월 12일, 청나라 황제는 어쩔 수 없이 퇴위를 선포함으로써, 순치제가 북경에 도읍을 건립하면서부터 시작된 청나라 268년의 봉건 전제 통치는 종결을 고했다. 이 혁명이 마지막 봉건 왕조를 뒤엎고, 공화정체(共和政體)를 수립하긴 했지만, 제국주의와 봉건주의의 압박을 뒤집어엎지는 못하여, 중국 인민의 제국주의와 봉건주의에 반대하는 민주 혁명은 아직도 완성되려면 한참 멀리 있었다.

부록 중국사 주요 사건 연표 Chronology of Event

※ 연도 앞에 '前'자는 '기원전'을 의미한다.

조대	시 기	중국사 주요 사건
전설 시대·하·상·서주	유소씨(有巢氏)	나무를 얽어 짜서 집으로 삼았다. 이는 원시 사회에 소거(巢居: 나무 위에서 삶)·혈거(穴居)했던 상황을 말해 준다.
	수인씨(燧人氏)	나무를 문질러서 불을 얻었고, 사람들에게 음식을 익혀 먹는 법을 가르쳤다. 이는 원시 사회가 자연 발생한 불을 사용하던 것에서 인공으로 불을 채취하는 것으로 발전했음을 말해 준다.
	복희씨(伏羲氏)	백성들에게 그물을 짜서 물고기 잡는 법을 가르치고, 팔괘(八卦)를 창제했다.
	신농씨(神農氏)	온갖 풀들을 맛보아, 약초를 발견했다고 전해지는, 중의학의 시조다.
	황제(黃帝)	성은 희(姬)씨이고, 호는 헌원씨(軒轅氏)·유웅씨(有熊氏)이며, 염제(炎帝)와 함께 합쳐서 '염황(炎黃)'이라고 불리는, 중국 민족의 인문(人文) 시조다.
	요(堯)	도당씨(陶唐氏)이며, 이름은 방훈(放勛)이고, 방국(邦國) 연맹의 수령이다.
	순(舜)	유우씨(有虞氏)이며, 이름은 중화(重華)이고, 방국 연맹의 수령이다.
	우(禹)	하후씨(夏后氏)이며, 성은 사(姒)씨이고, 이름은 문명(文命)이다. 치수에 공을 세웠기 때문에, 순임금 사후에 즉위하여, 방국 연맹의 수령이 되었다.
	계(啓)	우임금 사후에, 원래 정해져 있던 계승인인 백익(伯益)이 우임금의 아들인 계에게 양위하자, 계가 왕위를 계승하여, 아버지가 죽으면 아들이 계승하는 세습 제도를 창립했으며, 하 왕조를 건립했다.
	태강(太康)	계(啓)의 아들로, 사냥을 좋아하여, 유궁씨(有窮氏, 지금의 산둥성 평위안平原 일대)의 수령 후예(后羿)에게 쫓겨났다.
	소강(少康)	소강이 한착(寒浞)을 격퇴하여 죽이자, 하 왕조가 중흥했다.
	前 1600년경	하걸(夏桀)이 명조(鳴條)에서 전쟁에 패하여, 하나라가 멸망했다.
	前 1600년경	상탕(商湯)이 이윤(伊尹)을 이용해 집정하여, 상나라를 건립했으며, 박(亳)에 도읍을 정했다.
	前 1300년경	상왕(商王) 반경(盤庚)이 도성을 엄(奄)에서 은(殷)으로 옮겼다.
	前 1075~ 前 1046년	상왕(商王) 제신(帝辛), 즉 주왕(紂王)이 재위하다가, 주 무왕(武王)에게 멸망했다.
	前 1046~ 前 1043년	무왕 희발(姬發)이 상나라를 멸망시키고 주(周)나라를 건립하여, 제후들에게 분봉했다.
	前 1042~ 前 1021년	주 성왕(成王)이 재위했으며, 주공(周公) 단(旦)이 정치를 보좌했다.
	前 1020~ 前 996년	주 강왕(康王)이 재위했다.
	前 995~ 前 977년	주 소왕(昭王, '邵王'이라고도 함)이 재위했다.
	前 976~ 前 922년	주 목왕(穆王)이 재위했다.
	前 877년경~ 前 841년	주 여왕(厲王)이 재위했다.

조대	시 기	중국사 주요 사건
전설 시대·하·상·서주	前 841년	국인(國人: 성시城市에 거주하는 평민 계층)이 폭동을 일으켜, 왕궁을 공격하여 진입한 뒤, '공화(共和)' 정치가 시작되었다.
	前 828년	여왕이 체(彘)에서 사망하고, 주 선왕(宣王)이 즉위하면서, '공화' 시대가 끝났다.
	前 782년	선왕이 사망하고, 그의 아들 궁(宮)이 즉위했으니, 그가 유왕(幽王)이다. 선왕 때, 주나라가 중흥(中興)했다고 일컬어진다.
	前 780년	호경(鎬京)에 대지진이 일어나, 삼천(三川, 경수涇水, 위수渭水, 낙수洛水)이 고갈되고, 기산(岐山)이 무너져 내렸다.
	前 776년	9월 6일, 일식(日食, 日蝕)이 발생했다. 『시경』에서 이 일식에 대해 기록하고 있는데, 이는 세계 최초이자, 가장 확실한 일식 기록이다.
	前 774년	유왕이 신후(申后)와 태자 의구(宜臼)를 폐위한 뒤, 포사(褒姒)를 왕후로 옹립하고, 그의 아들 백복(伯服)을 태자로 삼았다. 태자 의구는 신(申)나라로 도망쳤다.
	前 771년	신후(申侯)가 증(繒)·견융(犬戎)과 연합하여, 호경을 쳐부수고, 유왕을 살해했으며, 포사를 사로잡아 가자, 서주는 멸망했다. 제후들이 태자 의구를 옹립했으니, 그가 평왕(平王)이다.
춘추전국	前 770년	진(秦) 양공(襄公)이 군대를 보내 주 평왕을 호송하여 동쪽의 낙읍(洛邑)으로 천도하자, 평왕이 양공을 제후에 봉했다.
	前 722년	『춘추』가 처음으로 사건을 기록하기 시작했으며, 정백(鄭伯)이 언(鄢)에서 단(段)을 물리쳤다.
	前 685년	제나라 공자 소백(小白)이 먼저 제나라에 들어갔으니, 그가 제환공이며, 관중(管仲)을 재상에 임명했다.
	前 679년	제(齊)·송(宋)·진(陳)·위(衛)·정(鄭) 다섯 나라가 견(鄄)에서 회맹하여, 제나라가 패권을 잡기 시작했다.
	前 651년	제나라가 제후들을 소집하여 규구(葵丘)에서 회합했다.
	前 636년	진(秦) 목공(穆公)이 군대를 일으켜 진(晉)나라 중이(重耳)를 귀국시켰으니, 그가 진 문공(文公)이다.
	前 632년	진(晉)과 초(楚)가 성복(城濮) 전투를 벌여, 초나라가 대패했다.
	前 624년	진 목공이 융(戎)을 정벌하여, 영토를 천 리나 개척하고, 서융(西戎)을 제패했다.
	前 606년	초(楚) 장왕(莊王)이 주강(周疆)에서 관병(觀兵)하고, 천하를 제패할 준비를 했다.
	前 522년	오자서(伍子胥)가 오나라로 달아났다.
	前 506년	오(吳)가 초(楚)를 정벌하여, 백거(柏擧)에서 초나라 군대를 대파하고, 영도(郢都)로 공격해 들어갔다.
	前 494년	오왕 부차(夫差)가 군대를 이끌고 월(越)을 공격하여, 부초(夫椒)에서 월을 격파했다.
	前 479년	공자(孔子)가 세상을 떠났다.
	前 473년	월(越)이 오(吳)를 멸망시키자, 오왕 부차가 자살했다.
	前 453년	한(韓)·조(趙)·위(魏) 세 나라가 함께 진(晉)나라 대부인 지백(智伯)을 멸망시키고, 그 영토를 나누어 가졌다.
	前 412년	위(魏) 문후(文侯)가 이괴(李悝)를 재상에 임명했다.
	前 389년	오기(吳起)가 초나라 영윤(令尹)이 되어, 변법을 주도했다.
	前 356년	진(秦)이 상앙(商鞅)을 좌서장(左庶長)에 임용하여, 변법을 실시했다.
	前 353년	제(齊)나라가 조(趙)나라를 도와, 위(魏)나라 군대를 계릉(桂陵)에서 대파했다.

조대	시 기	중국사 주요 사건
춘추전국	前 341년	제나라 전기(田忌)·손빈(孫臏)이 마릉(馬陵)에서 위나라 군대를 격파하자, 위나라 군대의 주장 방연(龐涓)이 자살했다.
	前 338년	진(秦) 효공(孝公)이 세상을 떠나고, 혜문왕(惠文王)이 즉위했으며, 상앙이 거열형을 당했다.
	前 328년	진(秦)나라가 장의(張儀)를 재상에 임명했다.
	前 307년	조(趙) 무령왕(武靈王)이 '호복기사(胡服騎射)'를 널리 시행하기 시작했다.
	前 284년	악의(樂毅)가 다섯 나라의 군대를 이끌고 제(齊)나라를 공격하여, 임치(臨淄)를 함락시켰다.
	前 279년	연(燕)나라는 기겁(騎劫)을 악의 대신 주장에 임명했다. 제나라 전단(田單)이 즉묵(卽墨)에서 연나라 군대를 격파했다.
	前 266년	범저(范雎)가 진(秦)나라 재상이 되었다.
	前 260년	진(秦)나라 장수 백기(白起)가 장평(長平)에서 조(趙)나라 군대를 격파하고, 포로 40만 명을 생매장해 죽였다.
	前 240년	여불위(呂不韋)가 빈객들을 불러 모아 『여씨춘추(呂氏春秋)』를 저술했다.
	前 237년	진(秦)나라가 축객령(逐客令)을 내리자, 이사(李斯)가 글을 올려 중단하도록 간언했다.
	前 232년	한비(韓非)가 진나라에 들어가, 이사에게 모함당해 투옥되었다가, 독살당했다.
	前 227년	연나라 태자 단(丹)이 형가(荊軻)로 하여금 진왕(秦王)을 살해하게 했는데, 실패하여 죽임을 당했다.
	前 225년	진(秦)나라 장수 왕분(王賁)이 위(魏)나라를 공격하자, 위왕 가(假)가 항복하여, 위나라가 멸망했다.
	前 223년	진나라 군대가 초나라 도성인 수춘(壽春)을 공격해 들어가, 초나라가 멸망했다.
	前 222년	진나라 장수 왕분이 요동을 공격하여, 연왕(燕王) 희(喜)를 포로로 잡았고, 연나라가 멸망했다.
	前 221년	진나라 장수 왕분이 제나라 도성인 임치(臨淄)를 공격해 들어가, 제나라가 멸망했다.
진(秦)·한(漢)	前 221년	진왕(秦王) 영정(嬴政)이 시황제(始皇帝)에 즉위하고, 차궤(車軌)·문자·도량형·화폐를 통일했다.
	前 213년	진 시황이 분서령(焚書令)을 내렸다.
	前 210년	진 시황이 사구(沙丘)에서 병사하자, 조고(趙高)·이사(李斯)가 조서를 위조하여 왕자 호해(胡亥)를 황제로 옹립했다.
	前 209년	진승(陳勝)·오광(吳廣)이 900명의 수졸(戍卒)을 이끌고 대택향(大澤鄕)에서 봉기를 일으켰다.
	前 207년	항우(項羽)가 거록(巨鹿)에서 진나라 군대를 대파했다.
	前 206년	유방(劉邦)의 군대가 패상(灞上)에 이르자, 자영(子嬰)이 항복하여, 진나라가 멸망했다.
	前 202년	유방이 해하(垓下)에서 항우를 포위하자, 항우는 오강(烏江)에서 목을 베어 자살했다. 유방은 황제가 되었으니, 그가 한(漢) 고조(高祖)다.
	前 195년	유방이 죽고, 혜제(惠帝) 유영(劉盈)이 즉위하자, 여후(呂后)가 권력을 장악했다.
	前 180년	여후가 죽자, 주발(周勃)·진평(陳平)이 여씨들을 주살하고, 대왕(代王) 유항(劉恒)을 맞이하여 황제로 삼았으니, 그가 한 문제(文帝)다.
	前 154년	조조(晁錯)가 삭번(削蕃)을 건의하자, 오(吳)·초(楚) 7국이 반란을 일으켰다.
	前 141년	경제(景帝) 유계(劉啓)가 죽고, 태자 유철(劉徹)이 즉위했으니, 그가 한 무제(武帝)다.

조대	시 기	중국사 주요 사건
진(秦)·한(漢)	前 138년	장건(張騫)이 대월지(大月氏)에 사신으로 나가, 서역에 "처음 길을 내는[鑿空]" 여정을 시작했다.
	前 134년	동중서(董仲舒)가 천인삼책(天人三策)을 올려, 백가(百家)를 배척하고, 유술(儒術)만을 존숭했다.
	前 104년	사마천(司馬遷)이 『사기(史記)』를 저술하기 시작했다.
	前 74년	곽광(霍光)이 위태자(衛太子)의 손자인 유순(劉詢, 본명은 병이病已)을 황제로 옹립했으니, 그가 한(漢) 선제(宣帝)다.
	前 34년	호한야선우(呼韓邪單于)가 한나라에 입조하자, 한 원제(元帝)가 후궁(後宮)의 양가집 딸인 왕장(王嬙: 왕소군)을 호한야선우에게 시집보냈다.
	5년	왕망(王莽)이 평제(平帝)를 독살하고, 선제(宣帝)의 현손(玄孫: 고손자)이자 어린아이인 영(嬰)을 태자로 세웠다.
	8년	왕망이 황제를 자처하며, 국호를 신(新)으로 고쳤다.
	23년	유수(劉秀)·왕광(王匡)이 곤양성(昆陽城) 밑에서 왕망의 군대를 대파했다. 상인 두오(杜吳)가 점대(漸臺)에서 왕망을 살해했다.
	25년	유수(劉秀)가 황제가 되었으니, 그가 광무제(光武帝)이며, 적미군(赤眉軍)이 장안을 공격해 들어갔다.
	73년	반초(班超)가 서역 여러 나라들을 진무(鎭撫)하자, 서역과 한나라가 65년간 단절되었다가, 이때에 이르러 다시 한나라 조정에 귀속되었다.
	89년	두헌(竇憲)이 계락산(稽落山)에서 북흉노를 격파하고, 국경을 넘어 3천여 리나 진격해 들어갔다.
	91년	서역도호(西域都護)·기도위(騎都尉)·무기교위관(戊己校尉官)을 설치하고, 반초를 도호로 삼았다.
	92년	화제(和帝)와 중상시(中常侍) 정중(鄭衆)이 함께 모의하여 두헌을 주살했으며, 이때부터 환관이 권력을 농단했다.
	132년	태사령(太史令) 장형(張衡)이 지동의(地動儀)를 만들었다.
	141년	양상(梁商)이 죽자, 그의 아들 양기(梁冀)를 대장군에 임명했다.
	159년	한 환제(桓帝)와 환관 장형·단초(單超)가 양기를 주살했다.
	166년	제1차 당고(黨錮)의 화가 일어났다.
	168년	환관 조절(曹節) 등이 두무(竇武)와 진번(陳蕃)을 주살했다.
	169년	제2차 당고의 화가 일어났다.
	184년	황건(黃巾)이 봉기를 일으켜, 장각(張角)이 스스로 천공장군(天公將軍)이라고 부르자, 전국에서 호응했다.
	189년	환관 장양(張讓) 등이 대장군 하진(何進)을 죽이자, 원소(袁紹) 등이 군대를 궁궐로 불러들여, 환관 2천여 명을 죽였다. 동탁(董卓)이 한 헌제(獻帝)를 세우고, 국정을 농단했다.
	220년	조비(曹丕)가 황제가 되어, 국호를 위(魏)라 했다.
	221년	유비(劉備)가 황제가 되어, 국호를 촉(蜀)이라 했다.
	229년	손권(孫權)이 황제가 되어, 국호를 오(吳)라 했다.
	249년	사마의(司馬懿)가 고평릉(高平陵)에서 정변을 일으켰다.
	263년	조위(曹魏)가 촉한(蜀漢)을 멸망시켰다.
	265년	사마염(司馬炎)이 황제가 되어, 국호를 진(晉)이라 했다.

조대	시 기	중국사 주요 사건
삼국·양진·남북조	280년	서진(西晉)이 오(吳)를 멸망시키고, 전국을 통일했다.
	291년	팔왕(八王)의 난이 시작되었다.
	308년	흉노의 수령 유연(劉淵)이 황제가 되었다.
	316년	흉노의 한국(漢國)이 장안을 공격하여 함락시키고, 진(晉) 민제(愍帝)를 포로로 잡자, 서진이 멸망했다.
	317년	사마예(司馬睿)가 건강(建康)에서 황위에 올라, 동진(東晉)을 건립했다.
	319년	석륵(石勒)이 왕을 칭하며, 조(趙)를 국호로 삼았으니, 역사는 이를 후조(後趙)라 한다.
	328년	동진(東晉)·전량(前凉)·성한(成漢)·전조(前趙)·후조(後趙)가 병존하는 국면이 형성되었다.
	356년	환온(桓溫)이 낙양(洛陽)을 수복했다.
	370년	진왕(秦王) 부견(苻堅)이 군대를 파견하여 전연(前燕)을 멸망시켰다.
	383년	비수(淝水) 전투가 있었다.
	386년	탁발규(拓跋珪)가 북위(北魏)를 건립하고, 평성(平城)에 도읍을 정했다.
	417년	유유(劉裕)가 장안을 공격해 들어가자, 후진(後秦)이 멸망했다.
	420년	유유가 유송(劉宋) 왕조를 건립했고, 동진이 멸망했다.
	439년	위(魏) 태무제(太武帝)가 북방을 통일했다.
	466년	풍태후(馮太后)가 국정을 장악하고 섭정했다.
	479년	소도성(蕭道成)이 송(宋)을 대체하여 제(齊)를 건립했다.
	485년	위(魏) 효문제(孝文帝)가 균전제(均田制)를 반포하고 실행했다.
	494년	위 효문제가 낙양으로 천도하고, 한화(漢化) 개혁을 널리 시행했다.
	502년	소연(蕭衍)이 제(齊)를 대체하여 양(梁)을 건립했다.
	524년	북위(北魏)에 육진(六鎭)의 봉기가 발발했다.
	528년	이주영(爾朱榮)이 하음(河陰)의 변을 일으켰다.
	534년	북위가 동위(東魏)와 서위(西魏)로 분열했다.
	548년	후경(侯景)의 난이 발생했다.
	550년	고양(高洋)이 동위를 대체하고 황제가 되어, 북제(北齊)를 건립했다.
수(隋)·당(唐)·오대(五代)	557년	진패선(陳霸先)이 진(陳)나라를 건립했으며, 우문각(宇文覺)이 서위를 대체하고 황제에 즉위하여, 북주(北周)를 건립했다.
	577년	북주가 북제(北齊)를 멸망시키고, 북쪽을 통일했다.
	581년	양견(楊堅)이 황제가 되어, 수(隋)를 건립했다.
	585년	'대색모열(大索貌閱)'과 '수적정양(輸籍定樣)'을 반포하여 실행했다.
	589년	수(隋)가 진(陳)을 멸망시키고, 남북을 통일했다.
	604년	수 문제(文帝)가 사망하자, 태자 양광(楊廣)이 제위를 계승했으니, 그가 수 양제(煬帝)다.
	605~610년	대운하를 개착했다.
	610년	왕박(王薄)이 장백산에서 군대를 일으키자, 수나라 말기의 농민 봉기가 폭발했다.
	617년	이연(李淵)이 태원(太原)에서 군대를 일으켜, 관중(關中)으로 진격하여, 장안을 공격해 점령했다.
	618년	이연이 황제가 되어 당(唐)을 건립했으니, 그가 당 고조(高祖)이며, 연호를 무덕(武德)으로 고쳤다.
	626년	현무문(玄武門)의 변으로, 이연이 태자 이세민(李世民)에게 황위를 물려주었으니, 그가 당 태종(太宗)이다.

조대	시 기	중국사 주요 사건
수(隋)·당(唐)·오대(五代)	630년	서북 지역 각 종족의 추장들이 당 태종을 "텡그리칸(天可汗: 하늘의 칸)"으로 받들었다.
	635년	이정(李靖)이 토욕혼(吐谷渾)을 대파했다.
	640년	안서도호부(安西都護府)를 설치했다.
	641년	문성공주(文成公主)가 토번(吐蕃)에 들어가 화친했다.
	646년	『대당서역기(大唐西域記)』가 편찬되었다.
	655년	당 고종이 왕황후(王皇后)를 폐위하고, 무측천(武則天)을 황후로 삼았다.
	690년	무측천이 예종(睿宗) 이단(李旦)을 폐위하고, 황제가 되어, 국호를 주(周)로 바꿨다.
	705년	장간지(張柬之) 등이 정변을 일으켜, 당 중종(中宗) 이현(李顯)이 복위했으며, 국호를 다시 당(唐)으로 고쳤다.
	709년	금성공주(金城公主)가 서장(西藏)에 들어가 토번의 찬보(贊普: 토번의 왕)와 화친했다.
	753년	고승 감진(鑑眞)이 동쪽으로 항해에 성공하여, 일본에 도달했다.
	755~763년	안사(安史)의 난이 일어났다.
	780년	조용조(租庸調) 제도를 폐지하고 '양세법(兩稅法)'을 실행했다.
	805년	영정(永貞) 혁신이 있었다.
	813년	이길보(李吉甫)가 『원화군현도지(元和郡縣圖志)』를 편찬했다.
	817년	이소(李愬)가 눈 내리는 밤에 채주(蔡州)를 습격했다.
	835년	감로(甘露)의 변이 발생했다.
	874~875년	왕선지(王仙芝)·황소(黃巢)가 봉기를 일으켰다.
	907년	주온(朱溫)이 황제가 되어, 후량(後梁)을 건립했으며, 당(唐)이 멸망했다.
	923년	이존욱(李存勗)이 후당(後唐)을 건립했다.
	936년	석경당(石敬瑭)이 후진(後晉)을 건립했다.
	937년	이변(李昪)이 남당(南唐)을 건립했다.
	947년	유지원(劉知遠)이 황제가 되어, 국호를 한(漢)으로 정했으니, 역사는 이를 후한(後漢)이라 한다.
	951년	곽위(郭威)가 황제가 되어, 이듬해에 국호를 주(周)라 정했으니, 역사는 이를 후주(後周)라 한다.
	959년	주(周) 세종(世宗) 시영(柴榮)이 북벌을 단행했다.
송(宋)	960년	진교병변(陳橋兵變)으로, 조광윤(趙匡胤)이 황제가 되어, 국호를 송(宋)이라 했다.
	961년	'배주석병권(杯酒釋兵權)'으로, 석수신(石守信) 등을 파직하고 금병(禁兵)을 장악했다.
	975년	조빈(曹彬)이 금릉(金陵)을 함락시키자, 강남의 맹주 이욱(李煜)이 항복하여, 남당이 멸망했다.
	976년	송 태조가 사망하고, 동생 조광의(趙光義)가 즉위했으니, 그가 송 태종(太宗)이다.
	979년	송(宋)과 요(遼)가 고량하(高梁河) 전투를 벌여, 송나라 군대가 참패했다.
	993년	왕소파(王小波)·이순(李順)이 봉기를 일으켰다.
	1004년	송과 요가 화의를 이루고, 송은 매년 은 10만 냥과 비단 20만 필을 바쳤으니, 역사는 이를 전연지맹(澶淵之盟)이라 부른다.
	1033년	유태후(劉太后)가 죽고, 인종(仁宗)이 친정을 펼쳤다. 범중엄(范仲淹)이 용병(冗兵: 남아도는 병사)을 줄이고, 용관(冗官: 남아도는 관리)을 줄이고, 용비(冗費: 불필요한 비용)를 삭감할 것을 주청했다.
	1038년	원호(元昊)가 황제가 되어, 국호를 하(夏)로 정했다.

조대	시 기	중국사 주요 사건
송(宋)	1041년	송(宋)과 하(夏)가 호수천(好水川)에서 격렬한 전투를 벌여, 송이 대패하고, 대장 임복(任福)이 전사했다.
	1044년	송과 하가 화의를 체결하고, 송이 매년 은 7만 냥, 비단 15만 필, 차 3만 근을 바치기로 했으니, 역사는 이를 경력화의(慶曆和議)라고 부른다.
	1069년	송 신종(神宗)이 왕안석(王安石)을 참지정사(參知政事)로 임명하여, 변법을 개시했다.
	1084년	『자치통감(資治通鑑)』이 편찬되었다.
	1094년	희녕구법(熙寧舊法)을 회복시키고, 구당(舊黨)에 타격을 가했다.
	1100년	철종(哲宗)이 사망하고, 동생 조길(趙佶)이 즉위했으니, 그가 송 휘종(徽宗)이다.
	1102년	송 휘종이 동관(童貫)에게 명하여 소항제작국(蘇杭製作局)을 설치했다. 단례문(端禮門)에 원우당인비(元祐黨人碑)를 세웠다.
	1120년	방랍(方臘)이 청주(青州)에서 봉기를 일으켰다.
	1122년	동관이 요(遼)를 정벌하여, 야율대석(耶律大石)에게 패했다.
	1127년	정강(靖康)의 변이 일어나, 강왕(康王) 조구(趙構)가 남송에서 황제에 즉위했으니, 그가 고종(高宗)이며, 연호를 건염(建炎)으로 바꿨다. 역사는 이를 남송(南宋)이라 부른다.
	1130년	종상(鍾相)이 봉기를 일으켰다가 실패했다. 한세충(韓世忠)이 황천탕(黃天蕩)에서 금(金)나라 올술(兀術)을 대파했다.
	1140년	악비(岳飛) 군대가 영창(潁昌)에서 금나라 군대를 격파했다.
	1142년	악비가 죽임을 당했다.
	1161년	송 우윤문(虞允文)이 채석(采石)에서 금나라 군대를 대파했다.
	1163년	송나라 군대가 대대적으로 금나라 정벌에 나섰다가, 부리(符離)에서 대패했다.
	1164년	송(宋)과 금(金)이 화의를 체결하여, 송은 금을 숙부로 받들고, 해주(海州)·사주(泗州)·당주(唐州)·등주(鄧州) 등을 할양했다.
	1177년	주희(朱熹)가 『논어집주(論語集注)』·『맹자집주(孟子集注)』를 완성했다.
	1178년	송나라가 악비에게 무목(武穆)이라는 시호를 하사했다.
	1206년	개희(開禧) 북벌을 실시했다.
	1207년	한탁주(韓侂胄)가 살해되었다.
	1208년	송나라가 사미원(史彌遠)을 지추밀원사(知樞密院事)로 임명했다.
	1234년	송과 몽고가 연합하여 금나라를 멸망시켰다.
	1239년	몽고가 송나라 중경(重慶)을 공격했다.
	1249년	송나라가 가사도(賈似道)를 지강릉부(知江陵府)로 삼았다.
	1258년	몽고가 송나라를 대대적으로 공격했다.
	1265년	송나라가 가사도에게 태사(太師) 직위를 추가하고, 위국공(魏國公)에 봉했다.
	1267년	몽고가 양양(襄陽)을 공격했다.
	1279년	장세걸(張世杰) 군대가 애산(厓山)에서 패했으며, 육수부(陸秀夫)가 황제를 업고 바다에 투신하여, 송나라가 멸망했다.
	907년	야율아보기(耶律阿保機)가 거란(契丹) 부락연맹 우두머리가 되었다.
	916년	거란 야율아보기가 황제에 즉위했으니, 그가 요(遼) 태조(太祖)다.
	926년	야율아보기가 병으로 죽자, 술율후(述律后)가 섭정했다.
	927년	야율덕광(耶律德光)이 즉위했으니, 그가 요 태종(太宗)이다.
	938년	유(幽)·운(雲) 16주를 취득하고, 유주를 남경(南京)으로 승격시켰다.

조대	시 기	중국사 주요 사건
요(遼)·금(金)·서하(西夏)	947년	야율덕광이 거란을 요(遼)라고 바꾸었다.
	951년	요 세종(世宗)이 야율찰할(耶律察割)에게 살해되고, 요 목종(穆宗)이 즉위했다.
	982년	요 성종(聖宗)이 즉위하자, 황태후 소연연(蕭燕燕)이 국정을 섭정했다.
	1004년	요(遼)와 송(宋)이 전연지맹(澶淵之盟)을 체결하고, 형제의 나라가 되기로 약속했다.
	1032년	서하(西夏) 이원호(李元昊)가 즉위하여, 성을 외명씨(嵬名氏)로 바꾸고, 스스로를 '올졸(兀卒: 황제라는 뜻)'이라고 했다.
	1040년	하(夏)와 송(宋)이 삼천구(三川口) 전투를 벌여, 하가 승리했다.
	1041년	하와 송이 호수천(好水川) 전투를 벌여, 하가 승리했다.
	1042년	하와 송이 정천채(定川寨) 전투를 벌여, 하가 승리했다.
	1044년	하와 송이 화의를 이루어, 이원호는 송나라에 신하가 되어 복종하기로 하자, 송나라는 이원호를 하국주(夏國主)에 책봉했다.
	1063년	요나라가 야율중원(耶律重元)의 반란을 평정했다.
	1101년	요 도종(道宗)이 혼동강(混同江) 행궁에서 사망하고, 야율연희(耶律延禧)가 즉위했으니, 그가 요나라 천조황제(天祚皇帝)다.
	1115년	완안아골타(完顔阿骨打)가 황제가 되어, 국호를 '대금(大金)'으로 정했으니, 그가 금(金) 태조(太祖)다.
	1125년	요 천조제가 금나라 장수 누실(婁室)에게 사로잡혔고, 요나라가 멸망했다.
	1126년	금나라가 변량(汴梁)을 함락시키고, 송 휘종(徽宗)·흠종(欽宗)을 포로로 잡아갔다.
	1142년	금·송이 화의를 체결했다.
	1153년	금나라가 연경(燕京)으로 천도했다.
	1206년	몽고 테무친(鐵木眞)이 대칸(大汗)에 즉위하고, '칭기즈칸(成吉思汗)'이라고 칭했다.
	1211년	몽고가 남하해 금나라를 공격하여, 중도(中都) 가까이까지 도달했다.
	1223년	금 선종(宣宗)이 병으로 사망하고, 태자 완안수서(完顔守緖)가 즉위했으니, 그가 금 애종(哀宗)이다.
	1227년	몽고군이 서하의 성읍(城邑)들을 함락시키자, 하 말제(末帝)는 어쩔 수 없이 나와서 항복한 뒤, 죽임을 당하자, 서하는 멸망했다.
	1232년	몽고가 금나라 중경 낙양을 공격하여 함락시키자, 금 애종이 귀덕(歸德)으로 도망쳤다.
	1234년	송·몽고가 연합하여 금나라를 공격하자, 채주성(蔡州城)이 함락되고, 금나라가 멸망했다.
원(元)	1206년	대몽고국이 건립되고, 테무친이 칭기즈칸이라 칭했다.
	1207년	칭기즈칸이 서하를 정벌했다.
	1215년	몽고가 금나라 중도(中都)를 함락시켰다.
	1219년	칭기즈칸이 서역을 정벌했다.
	1227년	칭기즈칸이 사망했으며, 몽고가 서하를 멸망시켰다.
	1229년	오고타이(窩闊臺)가 대칸에 즉위했다.
	1234년	몽고가 금나라를 멸망시켰다.
	1235년	화림성(和林城)을 처음 건립하고, 장자(長子)가 서역을 정벌했다.
	1236년	야율초재(耶律楚材)가 중원의 부세 제도(賦稅制度)를 확립할 것을 주청했다.
	1251년	몽케(蒙哥)가 대칸에 즉위했다.
	1253년	훌라구(旭烈兀)가 서역을 정벌하고, 쿠빌라이(忽必烈)가 대리국(大理國)을 정복했다.

조대	시 기	중국사 주요 사건
원(元)	1259년	몽케가 조어성(釣魚城) 전투에서 사망했다.
	1260년	쿠빌라이가 칸에 즉위하여, 연호를 중통(中統)이라고 정했다.
	1264년	연호를 지원(至元)으로 바꾸고, 연경(燕京)을 중도(中都)로 바꾸었다.
	1271년	나라를 세우고, 국호를 '대원(大元)'이라 했다.
	1272년	중도를 '대도(大都)'로 바꾸었다.
	1273년	원나라 군대가 번성(樊城)을 함락시키자, 송나라 양양(襄陽)을 지키던 장수 여문환(呂文煥)이 항복했다.
	1274년	바얀(伯顔)이 대군을 이끌고 송을 공격했다.
	1275년	마르코 폴로가 중국에 왔다.
	1279년	원나라 군대가 애산(厓山)을 점령하자, 남송이 멸망했다.
	1282년	왕저(王著)가 아흐마드(阿合馬)를 살해했다.
	1293년	대운하가 개통되었다.
	1313년	조서를 내려 과거를 시행했다.
	1333년	토곤테무르(妥歡貼睦爾)가 황제에 즉위했으니, 그가 원 순제(順帝)다.
	1335년	텡기스(唐其勢)가 정변으로 살해되었다. 바얀이 과거를 폐지했다.
	1340년	바얀을 파면하고, 과거를 복원했으며, 토크토(脫脫)가 중서우승상(中書右丞相)에 부임했다.
	1343년	송(宋)·요(遼)·금(金) 삼사(三史)를 편찬하도록 명령했다.
	1350년	초법(鈔法: 지폐 발행에 관한 법)을 다시 개정했다.
	1351년	가노(賈魯)가 치수(治水)를 했다. 홍건군의 봉기가 일어났다.
	1355년	유복통(劉福通)이 한림아(韓林兒)를 소명왕(小明王)에 옹립하고, 나라를 세워 송(宋)이라 했으며, 연호를 용봉(龍鳳)으로 바꿨다.
	1360년	진우량(陳友諒)이 서수휘(徐壽輝)를 살해하고, 황제가 되어, 국호를 한(漢)이라 했으며, 연호를 대의(大義)라고 정했다.
	1363년	파양호(鄱陽湖) 대전에서, 진우량이 사망했다.
	1368년	명나라 군대가 대도를 공격해 들어가자, 원나라가 멸망했다.
명(明)	1368년	주원장(朱元璋)이 황위에 올라, 국호를 대명(大明)이라 하고, 연호를 홍무(洪武)라 했으니, 그가 명 태조(太祖)다.
	1369년	왕들에게 분봉하는 제도를 확정했다.
	1370년	『원사(元史)』를 편찬했다.
	1371년	이선장(李善長)을 파면하고, 호유용(胡惟庸)을 재상으로 삼았다.
	1373년	〈대명률(大明律)〉이 완성되었다.
	1375년	대명보초(大明寶鈔)를 처음 발행하고, 초법(鈔法)을 반포했으며, 민간에서의 금·은 교역을 금지했다.
	1376년	행성(行省)을 승선포정사사(承宣布政使司)로 바꿨다.
	1380년	호유용(胡惟庸) 사건이 발생했다. 중서성을 폐지하고, 승상을 폐지했으며, 대도독부를 중·좌·우·전·후 5군 도독부로 개편했다.
	1381년	국자학(國子學)을 국자감(國子監)으로 바꾸었다.
	1382년	금의위(錦衣衛)를 설치했다.
	1393년	남옥(藍玉) 사건을 철저히 조사하여 처리하고, 〈역신록(逆臣錄)〉을 배포했다.

조대	시 기	중국사 주요 사건
명(明)	1397년	〈대명률고(大明律誥)〉를 반포했다.
	1398년	주원장이 사망하여, 효릉(孝陵)에 매장했다. 황태손 주윤문(朱允炆)이 즉위했으니, 그가 건문제(建文帝)다. 삭번(削藩)을 주장했다.
	1399~1402년	정난(靖難)의 역(役)이 발생했다.
	1402년	주체(朱棣)가 남경으로 공격해 들어가, 황제에 즉위했으니, 그가 성조(成祖)다.
	1403년	북평(北平)을 북경(北京)으로 고쳐 불렀다.
	1405년	정화(鄭和)가 처음으로 서양(西洋)을 항해했다.
	1407년	『영락대전(永樂大典)』이 편찬되었다.
	1409년	누르간도사(奴兒干都司)를 설립했다.
	1410년	성조가 친히 달단(韃靼: 타타르)을 정벌했다.
	1411년	송례(宋禮)가 통회하(通會河)를 소통시켜, 남북 운하를 통하게 했다.
	1414년	성조가 친히 오이라트(瓦剌)를 정벌했다.
	1420년	동창(東廠)을 처음 설치했다.
	1421년	북경으로 천도했다.
	1424년	주체가 제5차 북벌을 하고, 돌아오던 도중에 유목천(榆木川)에서 사망하자, 장릉(長陵)에 매장했다. 태자 주고치(朱高熾)가 즉위했으니, 그가 인종(仁宗)이다.
	1425년	주고치가 병으로 사망하자, 태자 주첨기(朱瞻基)가 즉위했으니, 그가 선종(宣宗)이다.
	1430년	정화가 제7차 서양을 항해하고, 1433년에 귀국했다.
	1435년	선종이 사망하고, 태자 주기진(朱祁鎭)이 즉위했다.
	1449년	토목(土木)의 변이 발생하여, 영종(英宗)이 포로가 되었다. 그의 동생인 성왕(郕王) 주기옥(朱祁鈺)이 즉위했으니, 그가 경태제(景泰帝)다. 우겸(于謙)이 북경 보위전을 벌여 승리를 거두었다.
	1450년	주기진이 오이라트에서 돌아오자, 남궁(南宮)에 유폐되었다.
	1457년	영종(英宗)이 복벽되어, 우겸 등이 죽임을 당했다.
	1461년	조석(曹石)의 변이 발생했다.
	1477년	서창(西廠)을 설치하고, 태감 왕직(汪直)이 이를 관장했다.
	1497년	『대명회전(大明會典)』을 편찬했다.
	1506년	주후조(朱厚照)가 즉위했으니, 그가 무종(武宗)이며, 연호를 정덕(正德)으로 고쳤다.
	1508년	내행창(內行廠)을 설치하고, 태감 유근(劉瑾)이 이를 관장했다.
	1511년	유육(劉六)·양호(楊虎)가 봉기를 일으켰다.
	1519년	영왕(寧王) 주신호(朱宸濠)가 반란을 일으켰다.
	1521년	무종 주후조가 사망했다. 흥헌왕(興獻王)의 세자 주후총(朱厚熜)이 즉위하고, 이듬해를 가정(嘉靖) 원년으로 삼았으니, 그가 세종(世宗)이다. 대예의(大禮議)가 시작되었다.
	1542년	임인궁변(壬寅宮變)이 발생했다.
	1567년	장거정(張居正)이 입각했다. 융경개관(隆慶開關)이 있었다.
	1571년	알탄 칸(俺答汗)을 순의왕(順義王)에 봉했다.
	1572년	목종(穆宗)이 사망하고, 주익균(朱翊鈞)이 즉위하여, 연호를 만력(萬曆)으로 바꿨으니, 그가 신종(神宗)이다. 장거정이 수보(首輔)로 승진했다.
	1577년	포르투갈인이 명나라 관리들에게 뇌물을 주고, 마카오(澳門)에 들어와 살았으며, 아울러 마카오를 거점으로 삼아 중개무역에 종사했다.

조대	시 기	중국사 주요 사건
명(明)	1581년	전국적으로 일조편법(一條鞭法)을 널리 시행했다.
	1592년	명나라가 군대를 파견하여 조선을 도와 일본과 싸웠다.
	1596년	광감세사(鑛監稅使)를 처음 파견했다.
	1611년	동림당쟁(東林黨爭)이 시작되었다.
	1615년	정격안(梃擊案)이 발생했다.
	1616년	누르하치가 칸에 즉위하여, 국호를 금(金, 역사는 이를 후금後金이라 한다)이라 하고, 연호를 천명(天命)이라 했다.
	1618년	후금이 무순(撫順)을 공격하여 함락시켰다. 명나라 조정이 요향(遼餉: 요동에 주둔한 군대의 급료와 보급품을 위해 징수한 세금)을 추가로 징수했다.
	1619년	양호(楊鎬)가 네 방면으로 명나라 군대를 이끌고 후금을 공격했다가, 사르후(薩爾滸)에서 대패했다.
	1620년	주상락(朱常洛)이 8월에 즉위하여, 연호를 태창(泰昌)으로 고쳤으니, 그가 광종(光宗)이다. 9월에 홍환안(紅丸案)이 발생하여 주상락이 사망했다. 이궁안(移宮案)이 발생했다.
	1621년	주유교(朱由校)가 즉위했으니, 그가 희종(熹宗)이며, 연호는 천계(天啓)다.
	1622년	광녕(廣寧) 전투가 있었다.
	1623년	위충현(魏忠賢)이 동창(東廠)을 지휘 감독했다.
	1625년	육군자(六君子) 옥사(獄事)가 발생했다. 누르하치가 심양(沈陽)으로 천도하고, 이름을 성경(盛京)으로 고쳤다.
	1626년	원숭환(袁崇煥)이 영원(寧遠) 대첩을 벌였다. 누르하치가 사망하고, 홍타이지(皇太極)가 칸에 즉위했다.
	1627년	주유교가 사망하고, 주유검(朱由檢)이 즉위하여, 이듬해에 연호를 숭정(崇禎)으로 바꿨다.
	1628년	섬북(陝北)에서 왕이(王二)가 봉기를 일으키자, 명나라 말기의 농민 대봉기가 정식으로 폭발했다.
	1635년	고영상(高迎祥) 등 13명의 봉기군이 형양(滎陽)에서 대회를 개최했다.
	1636년	홍타이지가 황위에 올라, 국호를 청(淸)으로 고쳤다. 이자성(李自成)이 틈왕(闖王)이 되었다.
	1637년	송응성(宋應星)이 『천공개물(天工開物)』을 편찬했다.
	1642년	명나라 군대가 송금(松錦)에서 대패했다.
	1643년	이자성이 서안(西安)을 함락시키고, 서경(西京)으로 삼았다. 장헌충(張獻忠)이 무창(武昌)을 격파하고, 대서왕(大西王)이 되었다.
	1644년	대순군(大順軍)이 북경을 공격해 들어가자, 명나라 사종(思宗) 주유검이 목을 매 자살하여, 명나라 정권이 멸망했다.
청(淸)	1644년	도르곤(多爾袞)이 군대를 이끌고 산해관(山海關)으로 진입했다. 청(淸)나라 군대가 명나라의 항장 오삼계(吳三桂)와 손잡고 대순(大順) 농민군을 석하(石河) 서안에서 대파했다. 청나라가 북경에 도읍을 정하고, 청 왕조를 건립했다.
	1645년	청나라 군대가 양주성(揚州城)을 도륙하여, 사가법(史可法)이 순국하고, 복왕(福王) 정권이 멸망했다.
	1646년	남명(南明)의 계왕(桂王) 주유랑(朱由榔)이 조경(肇慶)에서 황제가 되어, 연호를 영력(永曆)으로 정했다.
	1651년	순치제(順治帝)가 친정(親政)했다.

조대	시 기	중국사 주요 사건
청(淸)	1652년	달라이라마가 북경에 와서 황제를 알현했다.
	1661년	순치제가 사망하고, 아이신기오로 히오완예이(愛新覺羅 玄燁)가 즉위했으니, 그가 강희제(康熙帝)다. 정성공(鄭成功)이 네덜란드 식민자의 수중에 있던 대만(臺灣)을 수복했다.
	1662년	평서왕(平西王) 오삼계가 남명의 영력제(永曆帝)를 살해하자, 남명 정권이 멸망했다.
	1663년	장정룡(莊廷瓏)이 〈명사안(明史案)〉을 일으켰다.
	1664년	시랑(施琅)이 대만을 공격했다.
	1673~1681년	삼번(三藩)의 난이 일어났다.
	1682년	병부(兵部)가 매년 9월에 목란위장(木蘭圍場)에서 추선(秋獮: 가을 사냥)을 거행한다고 규정했다.
	1683년	대만을 통일했다.
	1685년	알바진(雅克薩) 전투가 있었다.
	1689년	중국과 러시아가 〈네르친스크 조약〉을 체결했다.
	1690년	강희제가 친히 제1차 갈단(噶爾丹) 원정을 하여, 울란부퉁(烏蘭布通)에서 갈단을 격파했다.
	1696년	강희제가 친히 제2차 갈단 원정을 하여, 차오모드(昭莫多)에서 그들을 격파했다.
	1697년	강희제가 친히 제3차 갈단 원정을 하여, 그를 자살하게 했다.
	1699년	순천(順天)의 고관(考官: 과거 시험 감독관)이 뇌물을 수수한 사건이 발생했다.
	1711년	대명세(戴名世)가 『남산집(南山集)』 사건으로 죽임을 당했다.
	1713년	청나라 조정이 판첸(班禪) 호톡투(呼圖克圖)를 '판첸라마(班禪額爾德尼)'에 봉했다.
	1716년	『강희자전(康熙字典)』이 편찬되었다.
	1721년	대만에서 주일귀(朱一貴)가 봉기를 일으켰다.
	1722년	강희제가 사망하고, 윤진(愛新覺羅 胤禛)이 즉위하여, 이듬해를 옹정(雍正) 원년으로 삼았다.
	1723년	산서(山西)·섬서(陝西)의 악호(樂戶) 명부를 폐지하고, 소흥(紹興)의 타민(惰民) 명부를 폐지했다.
	1724년	탄정입지(攤丁入地: 인두세를 폐지하고, 보유한 토지 수량에 따라 세금을 징수함) 제도를 실시했다. 모선귀공(耗羨歸公)과 양렴은제(養廉銀制)를 제정했다.
	1725년	연갱요(年羹堯)·룽커도(隆科多)가 죄를 지었다. 『고금도서집성(古今圖書集成)』이 편찬되었다.
	1726년	운(雲)·귀(貴) 5성(省)이 개토귀류(改土歸流)를 시작했다.
	1729년	여유량(呂留良) 사건이 발생하여, 『대의각미록(大義覺迷錄)』을 배포했다.
	1731년	내정(內廷)에 군기방(軍機房)을 설치했으며, 후에 군기처(軍機處)로 발전했다.
	1735년	옹정제가 사망하고, 홍력(弘曆)이 즉위하여, 이듬해를 건륭(乾隆) 원년으로 삼았다.
	1747년	제1차 금천(金川) 전투가 시작되었다.
	1751년	건륭제(乾隆帝)가 제1차 남순(南巡)을 실시했다.
	1759년	신강(新疆)이 대·소화탁목(大·小和卓木)의 반란을 평정했다.
	1771년	우바시(渥巴錫)가 토르구트부(土爾扈特部)를 거느리고 조국으로 돌아갔다. 제2차 금천 전투가 시작되었다.
	1773~1782년	『사고전서(四庫全書)』가 편찬되었다.
	1781년	감숙(甘肅)의 성(省) 전체 관리들이 모진(冒賑: 빈민 구제기금을 가로챔)하여 결손을 초래한 사건이 발생했다.

조대	시 기	중국사 주요 사건
청(清)	1790년	4대 휘반(徽班)이 북경에 들어왔다.
	1792년	금병체첨 제도(金瓶掣簽制度)가 제정되었다.
	1793년	〈흠정장내선후장정(欽定藏內善後章程)〉을 반포했다. 서장(西藏)과 곽이객(廓爾喀, 지금의 네팔)의 국경을 확정했다. 영국 사절 매카트니(馬戛爾尼)가 중국에 왔다.
	1794년	광동(廣東) 수군의 전함을 제조했다.
	1795년	건륭제가 열다섯째 아들 옹염(顒琰)에게 제위를 물려주고, 이듬해를 가경(嘉慶) 원년으로 고쳤다.
	1796~1804년	백련교(白蓮教)가 봉기를 일으켰다.
	1799년	태상황 건륭이 사망하고, 가경제(嘉慶帝)가 친정을 펼쳤으며, 화신(和珅)에게 사약을 내려 자결하게 했다.
	1805년	시험 삼아 해운(海運)을 실시했다.
	1813년	천리교(天理教) 이문성(李文成)이 봉기를 일으켰고, 임청(林淸) 등이 자금성을 공격해 들어갔다.
	1815년	아편(鴉片)을 압수하는 장정(章程: 규정)을 제정했다.
	1820년	가경제(嘉慶帝)가 사망하고, 차남 민녕(旻寧)이 즉위하여, 이듬해를 도광(道光) 원년으로 고쳤다. 영국이 아편 5천여 상자를 추가로 들여왔다.
	1839년	임칙서(林則徐)가 호문소연(虎門銷烟)을 단행했다.
	1840년	아편전쟁이 발발했다.
	1842년	중국과 영국이 〈남경 조약〉을 체결했다.
	1850년	태평천국(太平天國) 봉기가 일어났다. 선종(宣宗) 민녕이 사망하고, 혁저(奕詝)가 즉위하여, 이듬해를 함풍(咸豊) 원년으로 삼았다.
	1856년	천경사변(天京事變)이 발생했다. 제2차 아편전쟁이 발발했다.
	1860년	영국·프랑스 연합군이 북경을 침입하여, 원명원(圓明園)을 불태웠다. 〈북경 조약〉을 체결했다. '총리각국사무아문(總理各國事務衙門)'을 설립했다.
	1861년	함풍제(咸豊帝) 혁저가 사망하고, 재순(載淳)이 즉위하여, 이듬해를 동치(同治) 원년으로 삼았다. 찬양정무왕대신(贊襄政務王大臣) 숙순(肅順) 등이 죽임을 당하고, 양궁(兩宮)의 황태후들이 수렴청정했다. 공친왕(恭親王) 혁흔(奕訢)이 '양무(洋務)'를 거국적으로 시행하여 '자강(自强)'할 것을 주청했다.
	1864년	천경(天京)이 함락되고, 태평천국이 실패했다.
	1874년	동치제(同治帝) 재순이 사망하자, 자희태후(慈禧太后)가 재첨(載湉)을 황제로 세우고, 이듬해를 광서(光緖) 원년으로 삼았다.
	1884년	중국·프랑스 전쟁이 발발했다. 신강(新疆)에 성(省)을 설치하고, 유금당(劉錦棠)을 초대 순무(巡撫)에 임명했다.
	1885년	진남관(鎭南關, 지금의 우의관友誼關) 대첩이 있었다. 대만이 새로 행성(行省)이 되었고, 유명전(劉銘傳)이 초대 대만순무(臺灣巡撫)에 임명되었다. 청나라 정부가 해군아문(海軍衙門)을 설치했다.
	1894년	중·일 갑오전쟁이 발발했다. 손중산(孫中山)이 흥중회(興中會)를 설립했다.
	1895년	〈마관 조약(馬關條約: 시모노세키 조약)〉이 체결되었다. 강유위(康有爲)가 공거상서(公車上書)를 올렸다.
	1898년	유신변법(維新變法)이 실패하여, 육군자(六君子)가 의롭게 희생되었으며, 광서제(光緖帝)가 감금되었다.

조대	시 기	중국사 주요 사건
청(淸)	1900년	의화단(義和團)이 경진(京津: 북경과 천진)으로 진입했다. 8국 연합군이 북경을 침입했다.
	1901년	〈신축 조약(辛丑條約)〉이 체결되었다. '개현경법조(改弦更法詔)'를 반포하고, '신정(新政)'을 시작했다.
	1905년	중국동맹회(中國同盟會)가 설립되었다. 과거 제도를 폐지했다.
	1908년	광서제(光緒帝)·자희태후가 사망하고, 부의(溥儀)가 즉위하여, 이듬해를 선통(宣統) 원년으로 삼았다.
	1911년	무창(武昌) 봉기가 일어났다. 각 성(省)의 대표들이 손중산을 중화민국 임시 대총통으로 선출했다.
	1912년	손중산이 남경에서 중화민국 임시 대총통에 취임했다. 부의가 조서를 내려 퇴위했으며, 청나라가 멸망했다.